全 世 界 无 产 者 ， 联 合 起 来 ！

列 宁 全 集

第二版增订版

第五十七卷

《俄国资本主义的发展》
一书准备材料

1888—1913年

中共中央　马克思　恩格斯　著作编译局编译
　　　　　列　宁　斯大林

人 民 出 版 社

《列宁全集》第二版是根据
中国共产党中央委员会的决定，
由中共中央马克思恩格斯列宁
斯大林著作编译局编译的。

凡　例

1. 笔记卷的文献编排,根据各卷的具体情况,采取不同方式：有的卷系按时间顺序排列,有的卷分类后各按时间顺序排列,而另一些卷则保持列宁原笔记本的顺序。

2. 文献标题下括号内的日期是编者加的。编者加的日期,公历和俄历并用时,俄历在前,公历在后。

3. 1918年2月14日以前俄国通用俄历,这以后改用公历。两种历法所标日期,在1900年2月以前相差12天(如俄历为1日,公历为13日),从1900年3月起,相差13天。

4. 列宁笔记原稿中使用的各种符号,本版系根据俄文版本照录。原稿中的不同着重标记,在俄文版本中用多种字体表示,本版则简化为黑体或黑体加着重号。

5. 笔记卷中列宁作批注的非俄文书籍、报刊以及其他文献的摘录或全文,本版系根据俄译文译出,有的参考了原文。

6. 在引文中尖括号〈　〉内的文字和标点符号是列宁加的。

7. 未说明是编者加的脚注为列宁的原注。

8.《人名索引》、《文献索引》条目按汉语拼音字母顺序排列。在《人名索引》条头括号内用黑体字排的是真姓名；在《文献索引》中,带方括号〔　〕的作者名、篇名、日期、地点等等,是编者加的。

目　　录

第 三 部 分
资本主义在工业中的发展形式和阶段

附　　录

插　　图

前　　言

　　本卷收载列宁为写作《俄国资本主义的发展》一书(见本版全集第3卷)所收集的各种资料以及相关的笔记。

　　列宁于19世纪90年代投身革命活动时,俄国已确立资本主义生产方式,资本主义在俄国正缓慢地向前发展着,而原封未动的沙皇专制制度和严重的农奴制残余成了俄国资本主义发展的障碍。资本主义的发展在俄国的历史命运在当时"成了俄国社会主义者的主要理论问题,最热烈的争论都集中在这个问题上,最重要的纲领性原理的解决都以这个问题为转移"(见本版全集第1卷第232页)。列宁为了确定俄国革命的性质、任务、目标和方针,开展了对这一重大问题的研究。从总体上讲,资本主义的发展虽然会带来若干消极影响,但它符合俄国当时整个社会发展的利益;随着资本主义在俄国的发展,新生的无产阶级也将不断壮大。列宁通过这一研究得出如下政治结论:俄国面临着资产阶级民主革命,俄国无产阶级首先要发动和联合农民,推翻沙皇专制统治,消灭农奴制残余,促进资本主义的充分发展,以提高社会生产力,改变社会的阶级结构,进而实行反对资产阶级的社会主义革命。

　　列宁的俄国资本主义发展问题研究是对马克思主义的创造性运用和发展。众所周知,马克思写作《资本论》,剖析资本主义经济的整个运行过程,是把已经实现工业化的英国作为典型形态的。

而俄国的条件则与英国大不相同,资本主义在俄国的发展不像在英国那样典型,它具有自身的许多特点。马克思已注意到俄国的这些特点,他专门研究过俄国1861年改革后的经济材料,曾打算以俄国为例把他关于地租和资本主义在农业中的发展的学说进一步具体化并加以发挥,但他的计划未能实现。这一工作是由列宁来继承的。列宁对俄国地租的研究,不仅注意到了资本主义下的地租,而且更多地注意到了与此并存的农奴制和半农奴制下的地租,以及由此向资本主义地租过渡的形式。俄国地租制度的纷繁复杂决定于俄国土地制度的纷繁复杂。列宁在探索资本主义在农业中发展的问题时,牢牢把握住了俄国土地制度这一关键。可以说,列宁对整个俄国资本主义发展的研究是从农业开始的,是从农业领域进入工业领域的。这同俄国当时仍然是一个落后的农民国家的情况分不开。列宁开拓了马克思主义研究商品经济不甚发达、人民文化水平较低国家中的资本主义发展问题这一新的领域,从而丰富了马克思主义政治经济学的内容。

列宁1895年至1899年写成的《俄国资本主义的发展》一书是他19世纪90年代有关俄国资本主义发展问题的一系列著作的最后总结,也是他进行艰苦准备的产物。在长达数年的时间内,无论是在彼得堡的监狱,还是在西伯利亚的流放地,他都怀着高度的革命热情,孜孜不倦地发愤研究、努力著述。为使研究和写作建立在扎实的科学基础之上,他收集了他当时所能收集到的资料。他在《俄国资本主义的发展》一书中引用和提到的书籍、报刊、文章以及各种统计汇编、年鉴、政府部门的简报、报告和记录等约600余件,而他在研究和写作过程中阅读和使用过的文献比这还要多。为了以马克思主义作为研究和写作的指南,他刻苦研读马克思和恩格

斯的著作。他在使用各种非马克思主义文献时,都从科学的角度
进行了严格的审视。他着眼于这些文献的学术价值,并不因为作
者的政治态度而影响对他们的科学成果的吸收。对资产阶级学者
的著作,他并不随便鄙薄,而是认真对待,从中取出哪怕是些微的
真知灼见。他不仅考察俄国资本主义发展的历史进程,更注意分
析其现状。他最为重视社会调查材料,尽管它们中有不少是出自
沙俄政府统计官员之手,只要是材料里包含有合理成分就不会被
他放过。在《俄国资本主义的发展》一书中,他之所以能做到旁征
博引,正是由于他掌握第一手材料的基本功非常深厚。本卷作为
该书的准备材料,展现了他系统而严整的研究过程。他对收集到
的材料进行整理,通过综合和分类,把一些对一般公众几乎无用的
死材料变成了活材料。他在这些材料上写各种批语、作各种标记
和计算,还将不同材料加以对比,提出需要进一步探索的问题。他
的分析很好地把定性和定量结合了起来。为了取得说明资本主义
在某个部门或某个地区发展情况的可靠指数,他采用或自行编制
各种图表。统计表格中的数字错讹和文献中的误刊,他一一加以
纠正。

　　列宁在研究俄国资本主义发展问题时,首先碰到的一个问题
是如何利用俄国民粹派在这方面的大量材料。对此,他采取了实
事求是的原则。民粹派在探索俄国革命的道路时,对俄国资本主义
发展的问题作过认真研究。他们的"农民社会主义"表达了农民群
众反剥削、反压迫的朴素的社会主义理想,但他们对社会主义所作
的经济论证,他们关于俄国能避免资本主义而直接过渡到社会主
义的断言是错误的。在列宁以前,格·瓦·普列汉诺夫曾对民粹
派及其经济纲领进行了批判,为在俄国传播马克思主义作出了重

要的理论贡献。但普列汉诺夫的批判并不彻底，列宁沿着普列汉诺夫所开创的道路继续走下去。《俄国资本主义的发展》一书在一定意义上可以说是一部同自由主义民粹派进行论战的著作。19世纪80—90年代的自由主义民粹派放弃老民粹派的革命理想，不再提反对沙皇专制制度的正义要求，力图缓和农村中的阶级斗争，指望在保存现有社会基础的条件下去"改善"农民的处境。自由主义民粹派的观点和主张是同无产阶级的科学社会主义完全对立的。列宁对自由主义民粹派理论的清算是建立在科学研究的基础之上的，并未仅仅停留于政治批判。他首先搜集了自由主义民粹派的各种著作和文献资料并仔细加以分析。在《俄国资本主义的发展》一书中，他引用自由主义民粹派的著作之多，对他们的论点的了解之透彻，令人折服。他曾说："俄国社会民主党人始终认为必须从民粹主义的理论和倾向中汲取其革命的一面。"（见本版全集第4卷第201页）因此，他即使是在批判自由主义民粹派的错误政治倾向时，也不抛弃他们的有价值的学术见解。列宁特别重视他们所积累的大量实际材料，从中引出他们所无法引出的科学结论。本卷作为准备材料编入的列宁使用过并加有批注的民粹派文献有：瓦·沃·（即瓦·巴·沃龙佐夫）的《俄国资本主义的命运》，尼·亚·卡雷舍夫的《国民经济概述》、《根据地方自治局的统计资料所作的俄国经济调查总结》、《俄国国民经济资料》，维·斯·普鲁加文的《弗拉基米尔省尤里耶夫县的村社、手工业和农业》、《弗拉基米尔省手工业》，谢·安·哈里佐勉诺夫的《萨拉托夫省统计资料汇集》，亚·伊·丘普罗夫的《收成和粮价对俄国国民经济某些方面的影响》，潘·阿·维赫利亚耶夫的《特维尔省统计资料汇编》，瓦·安·约诺夫的《萨拉托夫省私有经济和农民经济方面的特有现象》，费·安·舍尔比纳的《沃罗涅日省 12 个县综合汇编》，尼·费·安年斯基的《下诺夫哥罗德省地方自治局统计处处长关于巴甫洛沃区手工业者状况的报告》，康·安·维尔涅尔的《1890 年莫斯科省博戈罗茨克县的手工业》，德·尼·日班科夫的《斯摩棱斯克省的工厂卫生调查》等。

　　列宁在研究俄国资本主义发展问题时对俄国地方自治局的各种统计资料的使用，说明一个马克思主义者在科学研究工作中是如何对待官方编纂的文献的。列宁像马克思和恩格斯一样，从不为了表示"革命性"，而对官方文献一概盲目排斥。列宁重视地方自治局的统计资料，是因为从中可以采集到科学研究所需要的"原材料"。地方自治局是沙皇政府为使专制制度适应资本主义发展的需要而在改革后逐步设立的。地方自治局曾对俄国农村开展大规模的多层次的调查研究，以了解改革后农民的经济状况。从 19世纪 90 年代起，大量知识分子投入地方自治局的统计工作，其中有很多民粹派或持民粹主义观点的学者，还有自由派经济学家，也有社会民主党人。他们编纂的各种统计汇编受到列宁的高度评价。本卷涉及的地方自治局的各种统计汇编为数超过一般学者的专著。其中一些出自在地方自治局工作的民粹主义者之手（上面已提到），还有一些则出自地方自治局的其他统计学者、农学家、卫生事业活动家和官员等之手，如尼·安·布拉戈维申斯基的《地方自治局按户调查经济资料综合统计汇编》、E.И.克拉斯诺彼罗夫的《彼尔姆省统计材料》、《1896 年下诺夫哥罗德全俄工业和艺术展览会上的手工工业》，德·阿·季米里亚捷夫的《俄国工业历史统计概述》、Г.Н.贝奇科夫的《诺夫哥罗德县 3 个乡农民经济状况和经营按户调查试验》、尼·伊·捷贾科夫的《赫尔松省农业工人及其卫生监督组织》,彼·安·奥尔洛夫的《欧俄(包括波兰王国和芬兰大公国)工厂一览表》等。除地方自治局的各种统计汇编外,本卷还涉及俄国官方的其他重要统计汇编,如《俄罗斯帝国统计资料》、《莫斯科省统计资料汇编》以及马克思研究过的《军事统计汇编》等。

列宁就俄国资本主义发展问题对自由主义民粹派进行批判时曾和后来被称为"合法马克思主义者"的著作家结成暂时的理论上的统一战线。列宁称合法马克思主义者在这方面的批判是"马克思主义在资产阶级著作中的反映"(见本版全集第1卷第297页);合法马克思主义者在进一步发展中都"从'马克思的批评家'变成庸俗的资产阶级经济学家了"(见本版全集第3卷第27页)。但合法马克思主义者最初在利用马克思主义来批判民粹派的经济观点时,充分阐述了俄国资本主义发展的历史必然性和合理性,在学术上有可取之处。列宁既指出他们的某些理论错误,也肯定了他们的一些正确提法。在《俄国资本主义的发展》一书中,列宁使用了他们的多种著作所提供的批判民粹派的材料。列宁阅读著名合法马克思主义者米·伊·杜冈-巴拉诺夫斯基的文章《资本在我国手工工业发展中的历史作用》和多卷本报告《俄国工业发展统计总结》时所作的批注也都收进了本卷。

本准备材料的内容结构大体上和《俄国资本主义的发展》一书的框架相应,分为三部分。第一部分是《在卡·马克思〈资本论〉各卷上作的有关批注》,所占篇幅不大。占主要篇幅的是第二部分《资本主义在农业中的发展和农民的分化》以及第三部分《资本主义在工业中的发展形式和阶段》,而尤以第三部分所占篇幅最大,但准备材料各部分篇幅的大小并不说明原书相应部分的分量的大小。

第一部分表示列宁为写作《俄国资本主义的发展》而作的理论准备。列宁大概从 1888 年开始,先后认真阅读了《资本论》第 1 卷和第 2 卷的德文版和俄文版。1894 年,恩格斯出版该书第 3 卷德文版后,列宁又阅读了这一卷。列宁研究《资本论》所得到的收获主要表现在他对该书作者所提供的方法论武器的掌握上。例如,他正是根据《资本论》中关于资本主义国内市场问题的基本原理来批判民粹派断言俄国国内市场不可能形成,从而资本主义不可能得到发展的错误理论的。

收载于第二部分的准备材料说明,在资本主义发展的情况下,俄国的村社和农民经济正经历着深刻的变化过程。由于村社农民剧烈分化,旧的宗法式的农民彻底瓦解,新型农民在俄国形成了。这就是农村资产阶级(主要是小资产阶级)和农村无产阶级,即农业中的商品生产者阶级和农业雇佣工人阶级。农民资产阶级在数量上只占农民的少数,约为农户总数的五分之一,但在整个农民经济中(在生产资料总数和农产品总数中)却占绝对优势。农村无产阶级,在俄国当时,指"有份地的雇佣工人",包括无产的农民(其中有完全无地的农民),但最典型的是有份地的雇农、日工、小工、建筑工人和其他工人,他们不下于农户总数的一半。以上两类农民是商品经济和资本主义生产占统治地位的社会的基础。介于这两类农民之间的是中等农民,他们的特点是商品经济发展得最差;他们从事独立的农业劳动,但地位极不稳固;他们勉强地维持着生活,在大多数情况下入不敷出。农民的分化导致为两极,使中等农民减少并落入无产阶级的队伍。随着农民的分化,俄国地主经济也开始向资本主义制度演进。在农奴制时代,占统治地位的地主经济结构是徭役制,徭役制随着农奴制的废除而遭到破坏。在资本主义经济还不能一下子产生时出现了一种既包括徭役制度特点又包括资本主义制度特点的过渡的制度，这就是工役制。作为徭役制经济直接残余的工役制仍然是建立在自然经济、落后的耕作技术和农民对地主的人身依附关系之上的，它与商品经济的发展不相容。纯粹资本主义雇佣劳动的发展、商业性农业的发展进一步削弱了工役制的存在。商业性农业的增长扩大了资本主义国内市场，这表现在：农业的专业化引起商品交换；农业愈是被卷入商品流通，农村对个人消费品的需求，从而对生产资料的需求也增长得愈快；对劳动力的需求也产生了。

　　收载于第三部分的准备材料说明，资本主义的发展使俄国出现了大工业。俄国农村中的小手工业的发展是资本主义在工业中发展的起点。俄国的手工业者不过是按照完全原始的、几乎一直都未变动的手工技术对原料进行加工的农民。农民小手工业的经济结构，像小农的经济结构一样，是典型的小资产阶级结构。它的扩大、发展和改善，只能是一方面分出少数小资本家，另一方面分出多数雇佣工人或生活得比雇佣工人更坏的"独立手工业者"，因此，在最小的农民手工业中可以看到最明显的资本主义萌芽。小商品生产者建立较大的作坊，使分散进行的活计集中到较大作坊来进行，由此产生了资本主义的简单协作，这是向比较高级的工业形式过渡的开始。工场手工业是一种以分工为基础的协作，它把农民变为工匠，变为"局部工人"，但手工生产仍保存着。由于拥有较多工人的作坊逐渐实行分工，简单协作变为工场手工业。工场手工业的产生的另一途径是：小手工业者的商业资本达到最高的发展，使生产者处于替别人加工原料以获取计件工资的雇佣工人的地位，并进一步在生产中实行系统的、使小生产者的技术得到改革的分工。工场手工业作为简单协作和大机器工业之间的中间环节，在资本主义工业形式的发展中具有重大的意义。工厂工业是工业中资本主义的高级阶段，这个阶段的最重要的标志是在生产中使用机器体系。从工场手工业向工厂过渡，标志着技术的根本变革，它把手工技术远远抛开，在新的合理的基础上改造生产，有系统地将科学成就应用于生产。随着技术变革而来的必然是社会生产关系的最剧烈的破坏，各个生产参加者集团之间的彻底分裂，与传统的完全决裂，资本主义的一切阴暗面的加剧和扩大，以及劳动的大量社会化。这就要求有计划地调节生产和对生产实行社会监督。

编入本卷的材料说明，列宁在《俄国资本主义的发展》一书出版后，并未停止有关这个问题的研究。继续研究的成果体现在他对这一著作的修订上，1908年的该书第2版就是经过修订才刊印的。本卷收载了列宁在该书第2版上作的批注和计算，还把该书第2版合同作为附录编入。本卷第二部分和第三部分所载的是列宁1899—1913年期间的材料，还有对亚·瓦·波果热夫《俄国工人的数量和成分统计》一书（1906年）的摘录和对《1912年统计年鉴》的摘录以及在《奔萨省估价统计调查总结》一书（1913年）上作的批注等。

在《列宁全集》第2版中，本卷的编排是根据《列宁全集》俄文第5版"附册"刊印的《〈俄国资本主义的发展〉一书准备材料》，仅对第一部分中5件文献的排列次序作了调整。列宁所作的《资本论》批注全部刊载于本版全集第59卷，本卷刊载的这5件摘录是与《俄国资本主义的发展》所涉及的马克思的原理有关的部分。在本卷中，俄文版编者为便于读者阅读，在摘录某些文献时，在其前或其间加有引导性的话语（用不同字体区别），本版均未作变动。

弗·伊·列宁

（1897 年）

《俄国资本主义的发展》
一书准备材料[1]

第 一 部 分

在卡·马克思《资本论》各卷上作的有关批注[2]

《资本论》德文版第1卷

卡·马克思《资本论》第1卷上册:
资本的生产过程。1872年汉堡版

(不早于1888年底)

[389]^①　上面所考察的简单形态的协作,是同规模较大的生产结合在一起的,但是并不构成资本主义生产方式的一个特殊发展时代的固定的具有特征的形式。它至多不过在仍然保持手工业性质的初期工场手工业中,在那种和工场手工业时期相适应的、仅仅由于同时使用的工人的数量和所积聚的生产资料的规模才和农民经济有本质区别的大农业中,近似地表现出来。

[392]　因此,一方面工场手工业在生产过程中引进了分工,或者进一步发展了分工,另一方面它又把过去分开的手工业结合在一起。但是不管它的特殊的出发点如何,它的最终形态总是一样的:一个以人为器官的生产机构。

　　为了正确地理解工场手工业的分工,把握住下列各点是很重要的。首先,在这里生产过程分解为各个特殊阶段是同手工业活动分成各种不同的局部操作完全一致的。不管操作是复杂还是简单,它仍然是手工业性质的,因而仍然取决于每个工人使用工具时的力量、熟练、速度和准确。手工业仍旧是基础。

[394]　工场手工业在工场内部把社会上现存的各种手

---

① 方括号内的页码系《马克思恩格斯文集》第5卷(即《资本论》第1卷)的页码,下同。——编者注

工业的自然形成的分立再生产出来,并系统地把它发展到极端,从而在实际上生产出局部工人的技艺。

[397—398] 局部劳动本身又可以作为彼此独立的手工业进行,如在瓦特州和纳沙泰尔州就是这样;在日内瓦则有大钟表手工工场,也就是说,那里局部工人在一个资本指挥下进行直接的协作。但即使在日内瓦,指针盘、发条和表壳也很少是在手工工场本身内制造的。在这里,结合的工场手工业生产,只有在例外的情况下才是有利的,因为在家里劳动的工人之间的竞争十分激烈,生产分为许多异质的过程,使人们不大可能使用共同的劳动资料;而且在分散生产的情况下,资本家可节省厂房等的费用。不过,这些在家里为一个资本家(工厂主)劳动的局部工人的地位,也是和仅仅为自己的顾客劳动的独立手工业者的地位完全不同的。**3**

[403] 在这种场合,不同的结合的工场手工业成了一个总工场手工业在空间上多少分离的部门,同时又是各有分工的、互不依赖的生产过程。结合的工场手工业虽有某些优点,但它不能在自己的基础上达到真正的技术上的统一。这种统一只有在工场手工业转化为机器生产时才能产生。

[405] 因此,工场手工业发展了一种劳动力的等级制度,与此相适应的是一种工资的等级制度。

[410] 在工场手工业时期,世界市场的扩大和殖民制度(二者属于工场手工业时期的一般存在条件),为社会内部的分工提供了丰富的材料。

[411] 反过来,工场手工业分工的特点是什么呢?那就是局部工人不生产商品。

[415] 总的说来,工人和他的生产资料还是互相结合的,就像蜗牛和它的甲壳互相结合一样,因而工场手工业的起码基础还不具备,也就是说,生产资料还没有独立化为

资本而同工人相对立。

[417] 真正的工场手工业不仅使以前独立的工人服从资本的指挥和纪律,而且还在工人自己中间造成了等级的划分。

[426] 同时,工场手工业既不能掌握全部社会生产,也不能根本改造它。工场手工业作为经济上的艺术品,耸立在城市手工业和农村家庭工业的广大基础之上。**4**

[434] 直到瓦特发明第二种蒸汽机,即所谓双向蒸汽机后,才找到了一种原动机,它消耗煤和水而自行产生动力,它的能力完全受人控制,它可以移动,同时它本身又是推动的一种手段;这种原动机是在城市使用的,不像水车那样是在农村使用的,它可以使生产集中在城市,不像水车那样使生产分散在农村……

[436] ……(101)

[438—439] 在纸张的生产上,我们可以详细而有益地研究以不同生产资料为基础的不同生产方式之间的区别,以及社会生产关系同这些生产方式之间的联系,因为

---

(101) 在大工业时代以前,毛纺织工场手工业是英国主要的工场手工业。所以,在18世纪上半叶,绝大部分实验都是在毛纺织工场手工业中进行的。在毛纺织业上取得的经验为棉纺织业带来了好处,棉花的机械加工需要的准备工作不像羊毛那样费力;后来则相反,机械毛纺织业是在机械棉纺织业的基础上发展起来的。毛纺织工场手工业的某些要素,直到最近几十年才纳入工厂制度内,例如梳毛就是这样。"在'精梳机',尤其是李斯特尔式精梳机……被采用以后,机械力才广泛应用到梳毛过程上……其结果无疑使大批工人失业。过去羊毛多半是在梳毛工人家里用手来梳。现在一般都在工厂内梳,除了少数几种仍然宁可用手梳羊毛的特殊操作外,手工劳动被淘汰了。许多手工梳毛工人在工厂内找到了工作,但手工梳毛工人的产品比机器的产品要少得多,所以很大一批梳毛工人依然找不到工作。"(《工厂视察员报告。1856年10月31日》第16页)

注意

德国旧造纸业为我们提供了这一部门的手工业生产的典型,17世纪荷兰和18世纪法国提供了真正工场手工业的典型,而现代英国提供了自动生产的典型,此外在中国和印度,直到现在还存在着这种工业的两种不同的古亚细亚的形式……

在专门制造蒸汽机、走锭纺纱机等等的工人出现以前,走锭纺纱机、蒸汽机等等就已经出现了,这正像在裁缝出现以前人就已经穿上了衣服一样。但是,沃康松、阿克莱、瓦特等人的发明之所以能够实现,只是因为这些发明家找到了相当数量的、在工场手工业时期就已准备好了的熟练的机械工人。这些工人中,一部分是各种职业的独立的手工业者,另一部分是联合在像前面所说的分工非常严格的手工工场内的。随着发明的增多和对新发明的机器的需求的增加,一方面机器制造业日益分为多种多样的独立部门,另一方面制造机器的工场手工业内分工也日益发展。这样,在这里,在工场手工业中,我们看到了大工业的直接的技术基础。

[441] 但是,工农业生产方式的革命,尤其使社会生产过程的一般条件即交通运输手段的革命成为必要。正像以具有家庭副业的小农业和城市手工业为枢纽(我借用傅立叶的用语)的社会所拥有的交通运输手段,完全不再能满足拥有扩大的社会分工、集中的劳动资料和工人以及殖民地市场的工场手工业时期的生产需要,因而事实上已经发生了变革一样,工场手工业时期遗留下来的交通运输手段,很快又转化为具有狂热的生产速度和巨大的生产规模、经常把大量资本和工人由一个生产领域投入另一个生产领域并具有新建立的世界市场联系的大工业所不能忍受的桎梏。

[443] 在简单的协作中,甚至在因分工而专业化的协作中,社会化的工人排挤单个的工人还多少是偶然的现象。

而机器,除了下面要谈的少数例外,则只有通过直接社会化的或共同的劳动才发生作用。因此,劳动过程的协作性质,现在成了由劳动资料本身的性质所决定的技术上的必要了。

[483] 使用劳动工具的技巧,也同劳动工具一起,从工人身上转到了机器上面。工具的效率从人类劳动力的人身限制下解放出来。这样一来,工场手工业分工的技术基础就消失了。因此,在自动工厂里,代替工场手工业所特有的专业工人的等级制度的,是机器的助手所要完成的各种劳动的平等化或均等化的趋势,代替局部工人之间的人为差别的,主要是年龄和性别的自然差别。

[488] 工人在技术上服从劳动资料的划一运动以及由各种年龄的男女个体组成的劳动体的特殊构成,创造了一种兵营式的纪律。这种纪律发展成为完整的工厂制度,并且使前面已经提到的监督劳动得到充分发展,同时使那种把工人划分为劳工和监工,划分为普通工业士兵和工业军士的现象得到充分发展。

[512] 机器生产用相对少的工人人数所提供的原料、半成品、劳动工具等等的数量不断增加,与此相适应,对这些原料和半成品的加工也就分成无数的部门,因而社会生产部门的多样性也就增加了。机器生产同工场手工业相比使社会分工获得无比广阔的发展,因为它使它所占领的行业的生产力得到无比巨大的增加。

采用机器的直接结果是,增加了剩余价值,同时也增加了体现这些剩余价值的产品量,从而,在增加供资本家阶级及其仆从消费的物质时,也增加了这些社会阶层本身。

[516—517] 根据某些由经验提供的事实,工厂工人就业人数的增加往往只是表面的,也就是说,这种增加并不是由于已经建立在机器生产基础上的工厂扩大了,而是由于附属

部门逐渐和它合并。例如,"1838—1856 年期间,机械织机及其使用的工厂工人的增加,就(不列颠)棉纺织工厂来说,完全是由于这个生产部门的扩大,而在另外一些工厂中,则是由于过去用人的肌肉力推动的织毯机、织带机、织麻布机等等现在采用了蒸汽力。"因此,这些工厂工人的增加只是表明就业工人总数的减少……　然而我们知道,尽管机器生产实际地排挤和潜在地代替了大量工人,但随着机器生产本身的发展(这种发展表现为同种工厂数目的增多或现有工厂规模的扩大),工厂工人的人数最终可以比被他们排挤的工场手工业工人或手工业工人的人数多。

[518]　例如,在 1835 年,联合王国的棉、毛、精梳毛、亚麻、丝等纺织厂的工人总数只有 354 684 人,可是到 1861 年,仅蒸汽织机占用的织工(八岁以上的各种年龄的男女)就有 230 654 人。当然,如果考虑到 1838 年不列颠的手工织布工人以及和他们一起工作的家属还有 80 万人,这种增加也就不算大了;而且这里还根本没有提到亚洲和欧洲大陆上被排挤掉的那些手工织布工人。

注意

[518—519]　但是,一旦工厂制度达到一定的广度和一定的成熟程度,特别是一旦它自己的技术基础即机器本身也用机器来生产,一旦煤和铁的采掘、金属加工以及交通运输业都发生革命,总之,一旦与大工业相适应的一般生产条件形成起来,这种生产方式就获得一种弹性,一种突然地跳跃式地扩展的能力,只有原料和销售市场才是它的限制。一方面,机器直接引起原料的增加,例如轧棉机使棉花生产增加。另一方面,机器产品的便宜和交通运输业的变革是夺取国外市场的武器。

注意

[520]　……(234)

见第 808 页 [5]
注意

(234)　美国的经济发展本身就是欧洲特别是英国的大工业的产物。目前(1866 年)的美国,仍然应当看做是欧洲的殖民地。

[523] 可见,工厂工人人数的增加以投入工厂的总资本在比例上更迅速得多的增加为条件。

[531] 机器生产的原则是把生产过程分解为各个组成阶段,并且应用力学、化学等等,总之应用自然科学来解决由此产生的问题。这个原则到处都起着决定性的作用。因此,机器时而挤进工场手工业的这个局部过程,时而又挤进那个局部过程。

[531—532] 这种所谓的现代家庭工业,与那种以独立的城市手工业、独立的农民经济、特别是以工人家庭的住宅为前提的旧式家庭工业,除了名称,毫无共同之处。现在它已经转化为工厂、手工工场或商店的外部分支机构。资本除了把工厂工人、手工工场工人和手工业工人大规模地集中在一起,并直接指挥他们,它还通过许多无形的线调动着另一支居住在大城市和散居在农村的家庭工人大军。例如,蒂利先生在爱尔兰的伦敦德里所开设的衬衫工厂,就雇用着 1 000 个工厂工人和 9 000 个散居在农村的家庭工人。

注意

注意

现代工场手工业中对廉价劳动力和未成熟劳动力的剥削,比在真正的工厂中还要无耻,因为工厂所拥有的技术基础,即代替肌肉力的机器和轻便的劳动,在现代工场手工业中大多是不存在的;同时,在现代工场手工业中,女工或未成熟工人的身体还被丧尽天良地置于有毒物质等等的侵害之下。而这种剥削在所谓的家庭劳动中,又比在工场手工业中更加无耻,这是因为:工人的反抗力由于分散而减弱,在真正的雇主和工人之间挤进了一大批贪婪的寄生虫,家庭劳动到处和同一生产部门的机器生产或者至少是工场手工业生产进行竞争,贫困剥夺了工人必不可少的劳动条件——空间、光线、通风设备等等,就业越来越不稳定,最后,在这些由大工业和大农业所造成的"过剩"人口的最后避难所里,工人之间的竞争必然达到顶点。

注意

注意

[534] 关于现代工场手工业(这里指除真正的工厂之外的一切大规模的工场)中劳动条件的资本主义的节约……

注意

[535]　　……(256)

比较我国
花边业
"工厂"

[537]　　花边整理**6**当做一种家庭劳动,或者是在所谓"<u>老板娘家</u>"进行的,或者是在妇女家里由她自己或同她的子女一道进行的。那些开设"老板娘家"的妇女本身也是贫穷的。工场就是她们的私宅的一部分。<u>她们从工厂主或商店老板等人那里承揽订货</u>,使用妇女、少女和幼童的劳动,其人数要看她们房间的大小和营业需要的变动情况而定。

注意

[540]　　在上述两个工业部门中,工资一般都低得可怜(在草辫学校,儿童的最高工资在例外的情况下可以达到3先令),而由于实行<u>实物工资制</u>(这种制度在花边业区特别盛行),工资<u>比它的名义数额就更低了</u>。

注意

[542—543]　　<u>但这些手工工场又允许分散的手工业生产和家庭生产作为自己的广阔基础与自己一起并存下去</u>……　　缝纫机对工人的直接影响,同所有在大工业时期征服新生产部门的<u>机器的影响大体相似</u>。<u>年龄最小的儿童被排挤了</u>。同家庭工人(其中很多人都是"穷人中的最穷者")相比,<u>机器工人的工资提高了</u>。

注意

[544]　　社会的生产方式的变革,生产资料改革的<u>这一必然产物,是在各种错综复杂的过渡形式中完成的</u>……　　例如,在劳动(主要通过简单协作)多半已经组织起来的女时装业中,缝纫机最初只是工场手工业生产的一个新因素。在裁缝业、衬衫业和制鞋业等行业中,种种形式交织在一

　　(256)　《公共卫生。第6号报告》1864年伦敦版第30页。西蒙医生指出,伦敦25—35岁的裁缝和印刷工人的死亡率实际上还要高得多,因为他们的伦敦雇主从农村得到大量的30岁以下的青年"学徒"和"实习生"(即那些想提高自己手艺的人)。这些人在调查中算做伦敦人,他们使伦敦死亡率的计算基数增大了,但是并没有使伦敦死亡的人数相应增加,因为他们当中<u>大部分人要返回农村去,特别是在患重病的时候</u>。(同上)

注意

Dieser Fortschritt in der Rate der Schwindsucht muss dem opti-
mistischsten Fortschrittler und lügenfauchendsten deutschen Freihan-
delshausirburschen genügen.

Der Fabrikakt von 1861 regelt das eigentliche Machen der
Spitzen, soweit es durch Maschinerie geschieht, und diess ist die
Regel in England. Die Zweige die wir hier kurz berücksichtigen,
und zwar nicht, soweit die Arbeiter in Manufakturen, Waarenhäusern
u. s. w. koncentrirt, sondern nur sofern sie sog. Hausarbeiter sind,
zerfallen 1) in das finishing (letztes Zurechtmachen der maschinen-
mässig fabricirten Spitzen, eine Kategorie, die wieder zahlreiche Unter-
abtheilungen einschliesst), 2) Spitzenklöppeln.

Das Lace finishing wird als Hausarbeit betrieben entweder in
sog. „Mistresses Houses" oder von Weibern, einzeln oder mit ihren
Kindern, in ihren Privatwohnungen. Die Weiber, welche die „Mis-
tresses Houses" halten, sind selbst arm. Das Arbeitslokal bildet
Theil ihrer Privatwohnung. Sie erhalten Aufträge von Fabrikanten,
Besitzern von Waarenmagazinen u. s. w. und wenden Weiber, Mäd-
chen und junge Kinder an, je nach dem Umfang ihrer Zimmer und
der fluktuirenden Nachfrage des Geschäfts. Die Zahl der beschäf-
tigten Arbeiterinnen wechselt von 20 zu 40 in einigen, von 10 zu
20 in andren dieser Lokale. Das durchschnittliche Minimalalter, worin
Kinder beginnen, ist 6 Jahre, manche jedoch unter 5 Jahren. Die
gewöhnliche Arbeitszeit währt von 8 Uhr Morgens bis 8 Uhr Abends,
mit 1¹/₂ Stunden für Mahlzeiten, die unregelmässig und oft in den
stinkigen Arbeitslöchern selbst genommen werden. Bei gutem Ge-
schäft währt die Arbeit oft von 8 Uhr (manchmal 6 Uhr) Morgens
bis 10, 11 oder 12 Uhr Nachts. In englischen Kasernen beträgt
der vorschriftmässige Raum für jeden Soldaten 500—600 Kubikfuss,
in den Militärlazarethen 1200. In jenen Arbeitslöchern kommen
67—100 Kubikfuss auf jede Person. Gleichzeitig verzehrt Gaslicht
den Sauerstoff der Luft. Um die Spitzen rein zu halten, müssen die
Kinder oft die Schuhe ausziehn, auch im Winter, obgleich das Est-
rich aus Pflaster oder Ziegeln besteht. „Es ist nichts ungewöhn-
liches in Nottingham 14 bis 20 Kinder in einem kleinen Zimmer
von vielleicht nicht mehr als 12 Quadratfuss zusammengepökelt zu
finden, während 15 Stunden aus 24 beschäftigt an einer Arbeit, an

起了。有的地方是真正的工厂生产；有的地方是中间人从
资本家头儿那里取得原料，在"小屋"或"阁楼"里把10—
50或者更多的雇佣工人聚集在缝纫机周围；

‖ 注意

[545—546]　最后，用蒸汽机代替人，在这里也像在一切
类似的变革过程中一样，具有决定性的意义……　例如，
英国生产服饰的庞大领域，正如大部分其他行业一样，现
在正经历着从工场手工业、手工业、家庭劳动过渡到工厂
生产的变革。但在这以前，所有这些形式已经在大工业的
影响下完全变样、解体，变得畸形了，它们没有显示出工厂
制度的积极发展因素，却老早就再现了工厂制度的一切可
怕的方面，甚至有过之无不及。**7**

‖ 注意
"现在"

‖ 注意

[550]　在那些尚未受工厂法约束的工厂和手工工场里，
在所谓旺季，由于突如其来的订货，周期性地盛行着骇人
听闻的过度劳动。在工厂、手工工场和商店的那些分支机
构里，即在本来就极不规则的家庭劳动领域里，原料和订
货完全取决于资本家的情绪，在这里，资本家根本不用去
考虑厂房、机器等的利用问题，而只是拿工人的生命去冒
险。这个领域，正系统地培育着一支随时可供支配的产业
后备军，这支后备军在一年的一部分时间里由于被迫从事
非人的劳动而遭到摧残，在另一部分时间里则由于没有工
作而穷困堕落。**8**

‖ 注意

[727]　……(78)

――――――――――――

(78)　英格兰和威尔士人口调查表明：
全体从事农业的人员(土地所有者、租地农场主、园丁、牧人等等
都包括在内)1851年为2 011 447人，1861年为1 924 110人，减
少87 337人。毛织厂——1851年为102 714人，1861年为
79 242人；丝织厂——1851年为111 940人，1861年为101 678
人；印染工人——1851年为12 098人，1861年为12 556人，虽然
生产大为扩大，但人数增加很少，这就意味着就业工人人数相对地
大为减少。制帽工人——1851年为15 957人，1861年为13 814
人；草帽及便帽工人——1851年为20 393人，1861年为
18 176人；麦芽工人——1851年为10 566人，1861年为10 677

Цит. K.①,

49—50

[873—874]‖靠自己劳动挣得的私有制,即以各个独立劳动者与其劳动条件相结合为基础的私有制,被资本主义私有制,即以剥削他人的但形式上是自由的劳动为基础的私有制所排挤。

一旦这一转化过程使旧社会在深度和广度上充分瓦解,一旦劳动者转化为无产者,他们的劳动条件转化为资本,一旦资本主义生产方式站稳脚跟,劳动的进一步社会化,土地和其他生产资料的进一步转化为社会地使用的即公共的生产资料,从而对私有者的进一步剥夺,就会采取新的形式。现在要剥夺的已经不再是独立经营的劳动者,而是剥削许多工人的资本家了。

这种剥夺是通过资本主义生产本身的内在规律的作用,即通过资本的集中进行的。一个资本家打倒许多资本家。随着这种集中或少数资本家对多数资本家的剥夺,规

---

*) 人;蜡烛工人——1851年为4 949人,1861年为4 686人,人数减少的原因之一是煤气灯的增多。制梳工人——1851年为2 038人,1861年为1 478人;锯木工人——1851年为30 552人,1861年为31 647人,由于锯木机的推广,人数增加很少;制钉工人——1851年为26 940人,1861年为26 130人,人数减少是由于机器的竞争;锡矿和铜矿工人——1851年为31 360人,1861年为32 041人。相反,棉纺织业——1851年为371 777人,1861年为456 646人;煤矿——1851年为183 389人,1861年为246 613人。"一般说来,1851年以来,工人人数的增加在那些直到现在还没有成功地采用机器的部门最为显著。"(《1861年英格兰和威尔士人口调查》1863年伦敦版第3卷第35—39页)

	1851	1861
*) 农业总人数	2 011 447	1 924 110
工业中(所引用的数字)	924 673	1 035 384(+12%)

---

① 列宁的缩写词无法辨认。——俄文版编者注

模不断扩大的劳动过程的协作形式日益发展,科学日益被
自觉地应用于技术方面,土地日益被有计划地利用,劳动
资料日益转化为只能共同使用的劳动资料,一切生产资料
因作为结合的、社会的劳动的生产资料使用而日益节省,
[各国人民日益被卷入世界市场网,从而资本主义制度日
益具有国际的性质]①。随着那些掠夺和垄断这一转化过
程的全部利益的资本巨头不断减少,贫困、压迫、奴役、退
化和剥削的程度不断加深,而日益壮大的、由资本主义生
产过程本身的机制所训练、联合和组织起来的工人阶级的
反抗也不断增长。资本的垄断成了与这种垄断一起并在
这种垄断之下繁盛起来的生产方式的桎梏。生产资料的
集中和劳动的社会化,达到了同它们的资本主义外壳不能
相容的地步。这个外壳就要炸毁了。资本主义私有制的
丧钟就要响了。剥夺者就要被剥夺了。‖

原文是德文

---

① 方括号内的话是 1890 年恩格斯校订出版《资本论》时增补的。——俄文版编
者注

《资本论》俄文版第1卷⁹

卡·马克思《资本论》第1卷上册：
资本的生产过程。1872年圣彼得堡版

（不早于1888年底）

[92] 我把这个增殖额或超过原价值的余额叫做**剩余价值**（*Mehrwerth, surplus value*）*。可见，原预付价值不仅在流通中保存下来，而且在流通中改变了自己的**价值量**，加上了一个**剩余价值**，或者说**增殖了**。正是这种运动**使价值转化**为资本。

[486－487] ……⁽⁶⁷⁾

---

* “*Mehrwerth*”一词，我们最初拟译成“**额外价值**”，因为该词结构完全符合俄语精神，而且用一个复合词比用两个单词好。但是后来，为了在语源上保持与“剩余劳动”（Mehrarbeit）一词的相似（在经济学领域内的这两个词有其相似之处），我们不得不译成“剩余价值”。当然，最好把 *Mehrarbeit* 译成一个词，但是很遗憾，Mehrarbeit、Mehrproduct 这类词尚无相应的俄语词汇。——俄译者注

（67） ……雷德格雷夫提供了有关**俄国棉纺织厂**的非常详尽的材料。这些材料是一位不久前还在俄国工厂任厂长的英国人提供给他的。在这块**俄国土地上***⁾，英国工厂制度幼年时期原先那些骇人听闻的现象还非常盛行。管理工厂的当然都是**英国人**，因为土生土长的俄国资本家非常愚蠢，不会管理工厂。尽管工人从事过度劳动，夜以继日地干活，而且报酬却微乎其微，但是俄国的工厂主完全靠对外国人采取的禁止办法才得以勉强维持。

*⁾ 原著中加进了“充满种种丑事的”内容。

[649—650]　一个资本家打倒许多其他资本家。随着这种集中或**少数资本家对多数资本家的剥夺**，规模不断扩大的劳动过程的协作形式日益发展，科学日益被自觉地应用于工艺，土地日益被适当地利用，劳动工具日益转化为只适用于共同使用的劳动工具，一切生产资料因作为结合的社会劳动的共同生产资料使用而日益节省。

劳动
过程

《资本论》德文版第2卷

卡·马克思《资本论》第2卷下册：
资本的流通过程。1885年汉堡版

（不早于1893年）

[23]^①　　洛贝尔图斯在经济学其他方面的成就，也是这个水平。他把剩余价值搞成乌托邦的做法，马克思在《哲学的贫困》中已经无意中进行了批判；关于这一点还要说的话，我已经在该书的德文译本的序言中说到。他把商业危机的原因解释为工人阶级的消费不足，这种说法在西斯蒙第的《政治经济学新原理》第四卷第四章中已经可以看到。只是西斯蒙第在这个问题上始终注意到世界市场，而洛贝尔图斯的眼界却没有超出普鲁士的国界。洛贝尔图斯关于工资来源于资本还是来源于收入的那些思辨议论，属于经院哲学的范围，并且已经在这个《资本论》第二册的第三篇中完全澄清了。<u>他的地租理论仍然是他的唯一的财产，在马克思批判这一理论的手稿出版以前</u>，还可以安睡一会。**10**

[528]　　<u>因而，在分析年再生产的产品价值时，把对外贸易引进来，只能把问题搅乱，而对问题本身和问题的解决不会提供任何新的因素。因此，我们把它完全撇开</u>……**11**

原文是德文

---

①　方括号内的页码系《马克思恩格斯文集》第6卷（即《资本论》第2卷）的页码。——编者注

《资本论》俄文版第 2 卷

卡·马克思《资本论》。弗·恩格斯编。第 2 卷下册：
资本的流通过程。1885 年圣彼得堡版

（不早于 1893 年）

[437—438]① 当考察社会总资本及其产品价值时，这种 注意
<u>仅仅从形式上来说明的方法</u>，就不够用了。产品价值的一
部分再转化为资本，另一部分进入资本家阶级和工人阶级
的个人消费，这就构成社会总资本赖以产生的产品价值本
身的运动。这个运动不仅是价值补偿，而且是物质交换，
因而既要受社会产品的价值组成部分相互之间的比例的
制约，又要受它们的使用价值，<u>它们的物质形态的制约</u>。¹² 注意
[482—483] 社会总资本的产品却不是这样。再生产的
一切物质要素，都必须以它们的实物形式形成这个产品
本身的一部分。已经消耗的不变资本部分，只有当全部 注意
再现的不变资本部分以能够实际作为不变资本的新生产
资料的实物形式在产品中再现的时候，才能得到补偿。
因此，在简单再生产的前提下，由生产资料构成的那部分
产品的价值，必须等于社会资本的不变价值部分。

其次，个别地考察，资本家通过新追加的劳动，只
是生产他的产品价值中的可变资本加上剩余价值，而
不变价值部分是由于新追加劳动的具体性质转移到产

---

① 方括号内的页码系《马克思恩格斯文集》第 6 卷（即《资本论》第 2 卷）的页码，
　　下同。本篇按俄文版译出，与现行中文版的文字有差异。　　编者注

品中去的。

从社会的角度来考察,生产生产资料的社会工作日部分,也就是说,既把新价值加到生产资料中去,又把在它们的生产上所消费的生产资料的价值转移到生产资料中去的社会工作日部分,生产的**不是新的不变资本**,用来补偿第Ⅰ部类和第Ⅱ部类以旧生产资料形式消费的不变资本。它只生产用于生产消费的产品。所以,这个产品的全部价值是这样的价值,这种价值能够重新作为不变资本起作用,只能够买回实物形式的不变资本,因而,从社会的角度来考察,它既不分解为可变资本,也不分解为剩余价值。[485—486] 这是完全正确的。实际上这是每个儿童都懂得的道理。但是往下又说:一切其他商品的价值都是如此。应当说:**一切消费资料**的价值,即进入消费基金的那部分社会产品的价值,也就是可以作为收入花费的那部分社会产品的价值,都是如此。所有这些商品的价值额,确实等于在商品中消费的全部生产资料(不变资本部分)的价值加上最后追加的劳动所创造的价值(工资加上剩余价值)。全体消费者能够支付这个价值额的全部,因为尽管每个单个商品的价值是由 c+v+m 构成的,但是,一切进入消费基金的商品的价值总额,充其量也只能等于分解为 v+m 的那部分社会产品价值,也就是等于由当年耗费的劳动加到原有生产资料——不变资本价值——中去的价值。但是,说到不变资本价值,那么,我们看到,它是按照两种方式由社会产品量来补偿的。第一,是通过生产生产资料的第Ⅰ部类的资本家和生产消费资料的第Ⅱ部类的资本家之间的交换。由此就产生了一种说法,似乎对一个人是资本的东西,对另一个人就是收入。但是,事情并不是这样。以价值2 000的消费资料形式存在的2 000ⅡC,对第Ⅱ部类的资本家阶级来说,形成不变资本价值。因此,虽然这种产品,按照它的实物形式来说,是要用于消费的,但是,第Ⅱ部类的资本家自己却不能消费

注意

它。另一方面，2 000I(v＋m)是第 I 部类的资本家阶级和工人所生产的工资加上剩余价值。它们以生产资料的实物形式存在，这些物品本身的价值是不能消费的。因此，在这里，我们有一个 4 000 的价值额，而在交换之后和在交换之前一样，其中的一半只补偿不变资本，另一半只形成收入。第二，第 I 部类的不变资本用实物来补偿，一部分是通过第 I 部类的资本家之间的交换，一部分是通过每个单个企业中的实物补偿。　　　　　　　　　　　　　注意

关于全部年产品价值最终必须由消费者支付的说法，只有把消费者理解为两种完全不同的消费者即个人消费者和生产消费者，才是正确的。但是，说产品的一部分必须**生产地**消费，那无非是说，这一部分必须作为**资本来起作用**，不能作为**收入来消费**。　　　　　　　　注意

[489—490]　(a) 资本主义社会把它所支配的年劳动的较大部分用来生产生产资料(即不变资本)，而生产资料既不能以工资形式也不能以剩余价值形式分解为收入，而只能起资本的作用。　　　　　　　　　　　　　　　　注意

(b) 野蛮人在制作弓、箭、石槌、斧子、筐子等等的时候，他非常清楚，他这样做并不是把时间花在生产消费资料上，也就是说，他是在满足自己对生产资料的需要，仅此而已。**13**此外，野蛮人由于对时间的浪费漠不关心，还犯了一个严重的经济上的过失。例如，像泰罗所说的，他往往用整整一个月的时间来制造一支箭。

某些政治经济学家求助于一种流行的看法来摆脱理论上的困难，即对如下现实联系的理解：对一个人是资本的东西，对另一个人就是收入；反过来说也一样。这种看法，部分地说是正确的，如果把它说成一种通例，那就是完全错误的(所以，这种看法包括对在年再生产中进行的全部交换过程的根本误解，也就是对这种部分正确的东西的事实根据的误解)。

[525]　在两个场合，对外贸易都能起补救作用；在第一个

注意

场合,是使第Ⅰ部类保留货币形式的商品转化为消费资料;在第二个场合,是把过剩的商品销售掉。但是,对外贸易既然不是单纯补偿各种要素(按价值说也是这样),它就只会把矛盾转到更广的范围,为这些矛盾开辟更广阔的活动场所。

[527—528] 资本主义生产离开对外贸易是根本不行的。假定正常的年再生产规模已定,那也就是假定,对外贸易是以使用形式即实物形式不同的物品来替换本国的物品 **14**,而丝毫不影响价值关系,也丝毫不改变生产资料和消费品这两个部类互相交换的价值关系,同样也不改变每一部类的产品价值所能分解成的不变资本、可变资本和剩余价值的关系。因而,在分析年再生产的产品价值时,把对外贸易引进来,只能把问题搅乱,而对问题本身和问题的解决不会提供任何新的因素。因此,根本不应给予考虑;因此,在这里把黄金也应看做年再生产的直接要素,而不是看做通过交换从外国输入的商品要素。

[563] 现有的货币量也同样必须更大,(1)因为在资本主义生产中,一切产品(新生产的贵金属和生产者自己消费的少量产品除外)都是作为商品生产的,所以,必须通过蜕化为货币的阶段;(2)因为在资本主义制度下商品资本的量及其价值量,不仅绝对地增大,而且无比迅速地增

注意

大;(3)因为日益增大的可变资本必须不断转化为货币资本;(4)因为新货币资本的形成和生产的扩大同时并进,因而必须有贮藏这些资本的材料。

《资本论》德文版第3卷上下册

卡·马克思《资本论》第3卷上下册。

第3卷:资本主义生产的总过程。1894年汉堡版

（1894 年 12 月 25 日以后）

1. 上　册

[373]^①　从封建生产方式开始的过渡有<u>两条途径</u>。生产者变成商人和资本家,而与农业的自然经济和中世纪城市工业的受行会束缚的手工业相对立。这是真正革命化的道路。或者是<u>商人直接支配生产</u>。不论后一条途径在历史上作为过渡起过多大的作用——例如 17 世纪英国的呢绒商人曾经把那些仍然是独立的织布业者置于自己的控制之下,把羊毛卖给他们,而向他们购买呢绒——,就它本身来说,它并没有引起旧<u>生产方式</u>的变革,而不如说保存了这种生产方式,把它当做自己的前提予以维持。

[374]　<u>在那些过去用手工业方法经营,或者作为农村副业经营的部门向工场手工业过渡时,可以看到类似的情况</u>。随着这种独立的小本经营的技术发展——这种小本经营本身已经使用手工操作的机器——,也会发生向大工业的过渡;机器将改用蒸汽推动而不是用手推动;例

---

①　方括号内的页码系《马克思恩格斯文集》第 7 卷(即《资本论》第 3 卷)的页码,下同。——编者注

如,最近英国织袜业中出现的情况就是这样。

可见,这里发生了三重过渡:**第一,商人直接成为工业家**;在各种以商业为基础的行业,特别是奢侈品工业中情形就是这样;这种工业连同原料和工人一起都是由商人从外国输入的,例如在 15 世纪,从君士坦丁堡向意大利输入。**第二,商人把小老板**变成自己的中介人,或者也直接向独立生产者购买;他在名义上使这种生产者独立,并且使他的生产方式保持不变。**第三**,工业家成为商人,并直接为商业进行大规模生产。

波珀说得对,在中世纪,商人不过是行会手工业者或农民所生产的商品的"包买商"。**商人成了工业家**,或者不如说,他让那些手工业性质的小工业,特别是农村小工业为他劳动。[15]

2. 下　册

[755—756]　这一点,从一开始就把以现代世界市场为基础的殖民地国家,同以前的特别是古代的殖民地国家区别开来。现代殖民地是通过世界市场现成地得到衣服、工具等等产品的,而在以前的情况下这些产品必须由这些国家自己生产。[16] 美国南部各州只有在这个基础上,才能把棉花作为主要产品来生产。允许它们这样做的,是世界市场的分工。所以,从它们很年轻,人口比较稀少来看,它们**好像**能生产出非常多的剩余产品,但是,这并不是由于它们的土地肥沃,也不是由于它们的劳动富有成效,而是由于它们的劳动,从而体现它们的劳动的剩余产品,具有一种片面的形式。

原文是德文

第 二 部 分

资本主义在农业中的发展和农民的分化[17]

在瓦·沃·（瓦·巴·沃龙佐夫）的书上作的批注[18]

《俄国资本主义的命运》1882 年圣彼得堡版

（1889 年 9 月 5 日〔17 日〕和
1893 年 8 月 20 日〔9 月 1 日〕之间）

[9]　　　　　第 一 章
资本主义生产和国际贸易

[10]　确实，在加工工业领域内，例如，有许多事实证明大生产比较迅速地在我国的土地上建立起来；也有许多事实表明大生产的对抗者——手工业欣欣向荣。　　　　?

[15]　就是说，一个国家的资本主义工业发展愈迅速，其产品就愈迅速地充斥国内市场，于是就需要国外市场；资本主义生产愈发展、愈流行，对国外市场的需求就愈强烈，对国内销售就愈不满足。　　　　?!

　　在该书第 13 — 14、17、20 — 21、24 页的页边上，列宁

在作者论述不发达国家同较发达的资本主义国家相比资本主义发展有哪些特点的地方作了标记。列宁特别划出了瓦·沃·关于俄国资本主义幼芽将被西方资本主义竞争所摧残，俄国要争夺国外市场很困难，俄国资本主义是一个"死胎"等论点。

> [29]　……有关大工业的数据使我们得出结论：最近10年大工业接近绝对衰落。

[32]
第 二 章
机器制造业的成就

[69—70]　石油业正在转到美国人手里；他们去巴库，在那里大概会买到前不久被各种上层人士瓜分的巴拉哈内油田的土地；在高加索地峡的另一端，在黑海地区，也有一个叫什么特韦德尔的美国人挤进石油业。在克里木，一家法国公司正在找石油。就连西伯利亚，外国资本家也不嫌弃；例如托木斯克"来了一伙丹麦人，他们拥有几百万卢布的资本，打算在托木斯克和西伯利亚的其他地方建立各种工厂和开办各种工业企业"。哥卢别夫先生曾在代表大会上预言"外国势力将击败我们"，他的确说得很对。不过，他们击败的实际上并不是我们，而是我国的资本家。

！

而不是"上层"人士吗？

？！

[70]
第 三 章
手工业的资本化

瓦·沃·在该书第3章《手工业的资本化》（第70—124页）中，试图论证俄国手工业不经资本主义道路而发展的特殊道路。列宁仔细研究了这位民粹派思想家所引的关于莫斯科省手工业的实际资料，用数码分别标出各种手工业，给文中有关这些手工业的资料作了着重标记，并划出瓦·沃·关于俄国将走"人民"生产道路的结论。

[74]　这些资料收入两本出版物:安·伊萨耶夫《莫斯科省手工业》,这些手工业包括<u>家具业</u>¹、<u>细木工业</u>²、<u>金属业</u>³、<u>陶器业</u>⁴……

[125]

第 四 章
地主经济的现状及其
对劳动力的态度

[139—140]　试问,我们想方设法扩大我国粮食外销、战胜美国等等,究竟是为了谁?……　况且这里有大生产,这里还有农作物;<u>这里有的</u>¹⁾只是对<u>土地和人的掠夺,对当代人和子孙后代的掠夺</u>!因此,难道还不该放弃对无特色的**生产**和销售的关注,把注意力放到组织**生产者**上面,设法从土地上驱逐那些靠我们尽力关照而在此栖身的盘剥者骗子吗?

∨

1)　对!这**无疑**标志着资本主义的萌芽。资本主义快要到来了——由此应得出这个结论,而不是**瓦·沃·**先生的那个结论。

[142]　现代的包买主奴役农夫。但是,这种奴役不能被认为单纯是经济发展的自然结果。支付的重担由劳动承担,而不是由财产和收入承担,这种现象并<u>不是经济原因</u>造成的;并不是经济原因使这些支付不断提高,使各种农民被割去的土地增多;决心限制农民租用国家土地,因而在国家和农民之间有既掠夺民众也掠夺国家的非法营利的承租人插足,这也不应看做是受了经济的影响。

∨

那是什么原因呢?

[165]　……只要地主仍然按照卑鄙的利己动机行事(希望他永远如此),而不是抱着——哪怕是照英国方式——改革我国社会经济制度的崇高志向,那就还会保留劳动和资本主义农业之间的现存关系。

∨

[173]
第 五 章
大农业、资本和农产品外销

[200]　直到现在国家面临着小农业和大农业这两种体系，以及由代表这两种体系的人构成的两个阶级。这两个阶级的利益是不一致的：农民的利益要求扩大他们在经营上的独立性，而地主的利益则坚持使农民的份地不足以保证他们的生活，否则谁也不会受雇去耕种地主的土地。国家遇到这两类互相矛盾的要求，不得不在自己的经济政策上犹豫不决……

? 它不会犹豫不决

[222]
第 六 章
经 济 衰 落

[231]　可见，椴皮席业者要把自己将近一半的工钱以利息的形式交给恩人盘剥者。

[236]　根据有关下诺夫哥罗德打铁业的文章中所引的事实来看，大概可以得出这样的结论：只要产品的销售和材料的购买组织得有利于手工业者，同时，如果人民日益贫困的过程，即农民被迫成批地抛弃农业并不管怎样找到个营生的过程（这本身就造成各种手工业品充斥市场）停止了，那么我们的手工业者要完全战胜用机器生产钉子的行业也并不很困难。

注意

[240—241]　……手工业者的破产、盘剥者对他们的奴役不可避免地在发展……　据扬松先生统计，每个俄国人每年需要口粮（小麦）300 米……如果以 1870 年的数字为

注意升?

100,以后一些年的……粮食收获量如下：

纯 收 获 量		4 年	5 年
1870	100		
1871	80		
1872	80	$346 \div 4 = 86$	
1873	86		$451 \div 5 = 90$
1874	105		
1875	71		
1876	79	$352 \div 4 = 88$	
1877	97		$436 \div 5 = 87$
1878	103		
1879	86		94

　　……但是此时我们感兴趣的不是粮食的消耗量,而是粮食的产量,而且读者看到,尽管居民对粮食的需要在增长,粮食产量还是缩减了。

从数字中看不出来

　　[270]　这两种情况下的这种衰落比例相差很大,以至要在俄国生活中找到证据来证明按西欧样式发展工业的经验规律(我们认为这些规律有全人类发展的科学规律的意义),是根本办不到的……　就是说,小生产过分迅速地发展起来,而大生产却趋于衰落。

你们是谁？

　　[272]　……按照我们所研究的理论,手工业者自己不会想到组织成一个劳动组合,那么资本应担负起组织社会形式的劳动的工作:盘剥者把一些工人集中到一起,给他们划分各道工序,这样就能提高劳动生产率。

问题不仅仅在于要"想到"。

　　[277—278]　随着改革时期的到来,应当确定我国经济发展所遵循的方向和政府打算加以保护的方向:是支持人民的独立经济,按劳动组合原则促进社会形式的劳动的发展,还是着手建立由资本来组织的大工业。选择哪条道路——这取决于我国社会总的发展情况,取决于特权阶级利己主义强烈的程度,取决于这些阶级以及新闻

难道是这样吗？

界对政府的影响,取决于改革派首脑人物的才能和远见卓识。但是,一旦选好走哪条道路,一旦决定是由人民生产还是由资本主义生产来作为我国继续前进的基础,则改革的全部担子都应由这中选者来承担。这不仅是公正的要求,也是一般推测的要求*)……

*) 什么是"资本主义生产",瓦·沃·先生也不懂得。

[280]　采取所有这些妥协办法,结果人民多半还要为已减少的份地继续交纳和原来同样多的代役租,这就是说,从刚取得自由地位那时起,农民便失去在困难情况下得到地主帮助的资格并且必须适应新环境,从那时起,他们在经济方面具有的条件还不如农奴制时期……

更多的

[290]　因此,农民向地主争取农业管理权愈强烈、愈坚决,就不得不把自己更多的收入让给别人,而用到自己身上的就愈来愈少,就是说,农民愈来愈贫困和破产。

注意

载于 1940 年《列宁文集》俄文版
第 33 卷(非全文)

在尼·亚·卡雷舍夫的
书评上作的批注[19]

《国民经济概述》,载于 1893 年圣彼得堡
《俄国财富》杂志第 5 期

(1893 年 5 月 20 日〔6 月 1 日〕和
8 月 31 日〔9 月 12 日〕之间)

[23]　现在我们来研究一下收成由于各种因素而波动的情况。福尔图纳托
夫先生在他的著作的这一部分中是一个真正的统计能手。

[27—28]　其次,研究**居民的工资**对农民的收成和地主的收成之间的**差额
波动情况**的影响,是有很大意义的。结果是,工钱**愈贵**,这一差额就**愈大**(在
工钱最贵的省份差额为 25.8%,在其次——22.7%、20.0%、17.3%;在工钱
最便宜的省份为 12.4%)(151)。这一考察结果很有价值。可见,资本主义农
场的工资提高,引诱工人丢下自己的土地不种,因而就会降低这些土地的产
量。这是关于资本主义生产对提高全国农业生产率的作用的最新说明,这一
说明有很大的理论意义,因此人们盼望看到对作者所涉及的问题的更为详细
的研究。

[40]　……一个国家的收成不单单取决于自然原因,而且取决于社会原
因…… 人类无力排除不利的自然条件(如在非黑土地上造出黑土,把干燥的
气候变成较湿润的气候,等等),而只能**适应**这些自然条件;但是人类能够完

β

全消除不利的社会条件,**改造**这些条件,使工人不必丢下自己的家业,增加供

给群众的农业资本(牲畜、农具、种子,等等),扩大农作物区,举办信贷、歉收^α
保险、产品销售等等。

　　换句话说,扩大和巩固商品经济(见 α),同时消除由这种商品
经济所产生的对农民的剥夺(见 β)。啊,多机灵的卡雷舍夫先生!

在尼·亚·卡雷舍夫的
书上作的批注[20]

《根据地方自治局的统计资料所作的
俄国经济调查总结》。第2卷。
农民的非份地租地。1892年多尔帕特版

（不晚于1893年春）

[1] 　　　　第 一 章
非份地租地面积

<table>
<tr><td>[3—4] 1.在以下的叙述中引用的租地户数字被夸大了……　所有这些县都采用了有关各栏的总数，而不是租地户户数。但是很明显，同一农户只要兼有不同的租地方式，在计入总数时就可能重算几次。汇编中有29个县采用了这种弄虚作假的方法……</td><td>注意

占28.2%(以上)</td></tr>
<tr><td>　2.其次，某些县的农户户数也被夸大了，因为在有关的汇编中未能把非份地租地户同份地租地户分开。我们有这种情况……　总共13个县。要确定这种情况下误差有多大是不可能的。</td><td>注意</td></tr>
<tr><td>　3.最后，其余县的农户户数却被缩小了……　这类汇编共包括10个县。</td><td>29+13+10＝52或50.5%，即超过总县数的¹⁄₂</td></tr>
</table>

在租地农户户数与所有农户现有户数的比例表(第5—6页)中,列宁摘录了以下各县:

布古利马县	32.4%
布祖卢克县	44.4%
布古鲁斯兰县	45.5%
尼古拉耶夫斯克县	49.3%
斯塔夫罗波尔县(萨马拉省)	52.8%
萨马拉县	63.5%

在农户租地与农民私有地的比例表(第12—13页)中,列宁摘录的也是这些县:

布古利马县	15.4%
尼古拉耶夫斯克县	17.0%
布古鲁斯兰县	19.8%
布祖卢克县	21.8%
斯塔夫罗波尔县	31.6%
萨马拉县	76.6%

44 [21]　　[113]

第 三 章

租地同租地户富裕程度的
依存关系

[117]　所以,毋庸置疑,租用非份地最多的是前地主农民和皇族农民,其次是前国家农民、切特维尔梯农民和哥萨克。

[122]　租地随份地而增减。使用别人土地起不到拉平的作用。(在其他条件相同的情况下,在出租土地远近相同的情况下,租地较多的是份地较多的人,反之亦然。)

[130]　可见,农民自有土地愈多,就愈容易靠租地达到更高的富裕程度。

[133]　如果注意到几乎所有比较富裕的农民都租地这一

<u>点,就应该得出结论:在份地不足的广大农民中,能租地</u>
<u>的只是一小部分,而大部分都无钱租地。</u>

[139]　……由于这两种情况,拥有租地较多的是(a)**土地**
较少的各等农户,然而是(b)各等农户中**较富裕的各**
类农户。显然,我们在这里看到的是两种截然相反的影
响,如果把它们混淆起来就会妨碍人们去理解每种影响
的意义。①

[154—155]　份地、劳动力和农业资本(役畜)较富裕的
农户显然拥有在这一斗争中取胜的条件,把较贫穷的农
户排挤到次要地位。<u>因此,在众多的租地户中就产生了</u>
<u>分解过程。</u>农民中分出较富裕的阶层,它能够较顺利地
满足自己对租地的需求。这一情况就成了他们比他们的
那些不大走运的同村人幸福的原因。

　　把这两个原因对比一下,所求的租地规模和租地户
富裕程度之间的依存关系就十分明显了。②　　　　　　　?

[156]　(**在其他条件相同的情况下**,争取租地的斗争对
较殷实的人有利。在占有的土地数量相等和租地远近相
同的情况下,谁的土地、劳力和资本更雄厚,谁就更容易
获得租地。

　　其余的人怎么办? 他们只能在较富裕的竞争者之后
得到一点剩下的供出租的土地。这种土地的出租量就很
小了,远远抵不上他们的实际需要。他们自己的经济不
够富裕既是他们使用别人土地不足的原因,又是由此产
生的后果。因此,上述两大类农民之间富裕程度的差别
随着时间的推移必然愈来愈大。最贫穷的人不得不去挣
非农业方面的外水,我们在上面已经看到,这种现象的发
展是非份地租地发展中的不良征兆。③)

---

① 见本版全集第3卷第78页。——编者注
② 同上书,第78、147页。——编者注
③ 同上书,第78页。——编者注

77   [157]

第 四 章
集体租地和个人租地

[159] 在租地农民与各类土地出租者的关系中,看来产生着两种原则——村社原则和个人原则之间的斗争。前者体现在由整个村团承租土地,后者体现在农民个人自己出钱并自担风险承租或大或小的地块。中间形式是劳动组合即协作社租地。①

原文如此!

[160] 劳动组合追求同样的目的,但是是为了某一企业参与者集团的利益。——村社是通过每个村社社员在本社地域内用自己的劳动经营所租的地块来达到上述目的。个人如何经营所租的土地仍然要看租地的多少来定,或者用自己的劳动,或者用资本主义方式——如果用他个人的力量种不过来,或者借助于雇佣工人,或者把小块土地按高价转租出去。劳动组合采用两种经营方法,时而

原文如此!

接近这种方法,时而接近那种方法,要看组员人数和租地多少而定。

?

[186] 通过集体租地在各户主间对租地进行比较不平均②的分配。

137   [234]

第 五 章
租地的条件

---

① 参看本版全集第 3 卷第 65 页。——编者注
② 列宁将"不平均"改为"平均"。——俄文版编者注

在 C.卡普斯京的书上作的批注[22]

《何谓土地村社。从〈土地村社研究
材料汇编〉得出的结论》1882 年圣彼得堡版

(1896 年 1 月 2 日〔14 日〕和
1899 年 1 月 30 日〔2 月 11 日〕之间)

[3—4] 最后,我国的民族学用这些调查得来的大量材料充实了自己的内容,可以说是,突然壮大到已经能够在研究人民生活的大量复杂现象方面进行完整的工作。其中最重要的工作就是如下两项:根据俄罗斯帝国地理学会制定的大纲对人民的法律习惯进行调查,以及对土地村社的制度和类别进行调查。

的确,《汇编》[23]对民族学的兴趣大大超过对经济方面的兴趣。

[5] 整理这些有关俄国人民生活的资料遇到了很多困难。最大的困难就是,第一,我国人民的生活方式极其特殊,这种生活方式按其原则来说与我们的城市生活方式完全不同,而我们的法律观点和习惯与人民的观点和习惯也不一样;第二,关于同样一些人民生活现象却存在着大量矛盾的、各不相同的记述。

注意

[7] ……所谓村社——就是农村人的思想和行为中的一切! 这是家庭关系、社会关系的世界;这是由此产生的一切道德和法律概念的世界;是整个宗教世界观,最后,这是直接间接地从经济活动、经营活动中,从对村外存在和活动的一切的关系中得出的一切。

绝妙的定义!

[8] ……我们这里谁也不认为自己有义务,例如,养活

而农民村

社的情况
不同吗?
事实何在?

丰富的思想*)

挨饿的人,让无家可归的人有栖身之地。的确,我们有时也这样做,但把这说成是行善;任何人和任何东西都不能强迫我们这样做……

[12] ……在正常的村社里,即在没有被诸多不利条件破坏瓦解的村社里,整个重分制度不过是为耕种土地而对土地进行分配的一种方法。这种分配主要有一个目的:按照每个人的个人素质、财力和现有家庭情况,给予他种得过来的那么多土地。

　　*)　这就是"结论":"重分是为耕种土地而对土地进行的分配"! 难道这不是最无聊的同义反复吗? 难道除卡普斯京先生外谁还不知道重分就是分配,土地是为了耕种吗?

　　简直是胡诌:第一,在《汇编》所描述的 10 个村社中[把穆拉耶夫尼亚乡算做一个村社,并把利奇科夫的评注抛开不谈],有 5 个村社从第十次登记[24]以来,土地就没有重分过,就是说,土地的数量是由登记丁口人数决定的。在 3 个村社里是按劳动力进行分配,在 2 个村社里是按协议:在牢记"谁拿土地,谁纳税"的前提下查清"分地人口"(《汇编》第 242 页)。第二,分配土地的"主要目的"是交纳赋税。证据:收回土地是由于欠交税款(多半如此);各项赋税总额与土地份额成正比;即使遇到不幸、经济衰落等等,仍按"谁拿土地,谁纳税"的规矩办,大部分赋税并不蠲免(只有 2 个村社缓期 1 年,1 个村社暂免)。

按照第10卷[25],
甚至在"城市"
也是如此。见
对第 12 页的评
注这里并没有

[14] 在重新分配地块时,如果交出份地,秋播黑麦收割下来归为耕种它而付出劳动的交出份地者;已经翻耕的田地重新分配时转手给新主,后者应付给前者翻耕费……

　　只有在欠税者没有能力在土地上劳动时,才收回其土地。

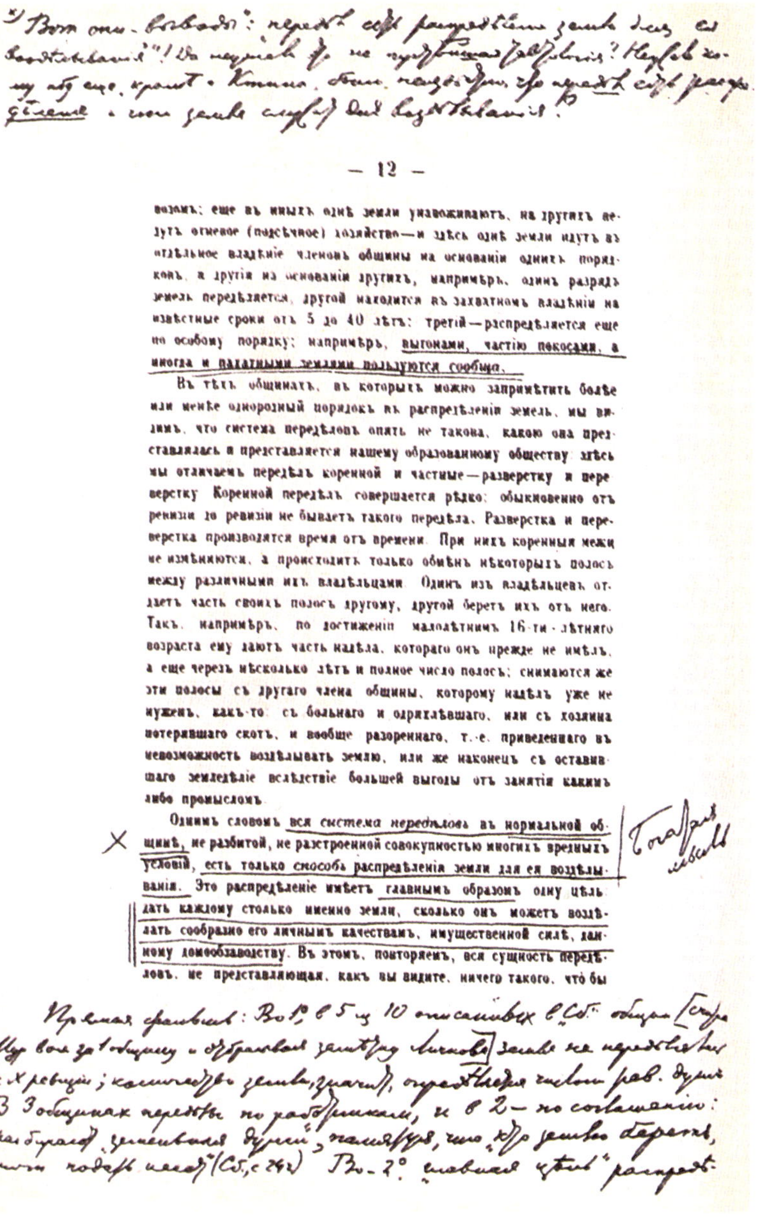

[Рукописная запись вверху страницы, частично неразборчива]

"Вотъ отъ "воеводъ": передѣлъ есть распредѣленіе земли всей съ воеводствами"! Да неужели же не нужны [передѣлы]? Къ чему же ему кромѣ... Кто же, откуда надобно, его предѣлъ есть распредѣленіе... и вся земля есть одно безъ воеводства!

— 12 —

возьмемъ; еще въ иныхъ однѣ земли унавоживаютъ, на другихъ ведутъ огневое (подсѣчное) хозяйство—и здѣсь однѣ земли идутъ въ отдѣльное владѣніе членовъ общины на основаніи однихъ порядковъ, а другія на основаніи другихъ, напримѣръ, одинъ разрядъ земель передѣляется, другой находится въ захватномъ владѣніи на извѣстные сроки отъ 5 до 40 лѣтъ; третій—распредѣляется еще по особому порядку; напримѣръ, <u>выгонами, частію покосами, а иногда и пахатными землями пользуются сообща.</u>

Въ тѣхъ общинахъ, въ которыхъ можно запримѣтить болѣе или менѣе однородный порядокъ въ распредѣленіи земель, мы видимъ, что система передѣловъ опять не такова, какою она представлялась и представляется нашему образованному обществу здѣсь мы отличаемъ передѣлъ коренной и частные—разверстку и переверстку Коренной передѣлъ совершается рѣдко: обыкновенно отъ ревизіи до ревизіи не бываетъ такого передѣла. Разверстка и переверстка производятся время отъ времени. При нихъ коренныя межи не измѣняются, а происходитъ только обмѣнъ нѣкоторыхъ полосъ между различными ихъ владѣльцами. Одинъ изъ владѣльцевъ отдаетъ часть своихъ полосъ другому, другой беретъ ихъ отъ него. Такъ, напримѣръ, по достиженіи малолѣтнимъ 16-ти лѣтняго возраста ему даютъ часть надѣла, котораго онъ прежде не имѣлъ, а еще черезъ нѣсколько лѣтъ и полное число полосъ; снимаются же эти полосы съ другаго члена общины, которому надѣлъ уже не нуженъ, какъ-то: съ больнаго и одряхлѣвшаго, или съ хозяина потерявшаго скотъ, и вообще разореннаго, т.-е. приведеннаго въ невозможность воздѣлывать землю, или же наконецъ съ оставившаго земледѣліе вслѣдствіе большей выгоды отъ занятія какимъ либо промысломъ.

Однимъ словомъ <u>вся система передѣловъ въ нормальной общинѣ, не разбитой, не разстроенной совокупностью многихъ временныхъ условій, есть только способъ распредѣленія земли для ея воздѣлыванія.</u> Это распредѣленіе имѣетъ <u>главнымъ образомъ одну цѣль</u>дать каждому столько <u>именно земли, сколько онъ можетъ поддѣлать сообразно его личнымъ качествамъ, имущественной силѣ, данному домообзаводству</u>. Въ этомъ, повторяемъ, вся сущность передѣловъ, не представляющая, какъ вы видите, ничего такого, что бы

×

[на полях справа, рукописная пометка, неразборчиво]

[Рукописная запись внизу страницы, частично неразборчива]

Прямое сравненіе: Во 1°, 5 изъ 10 описанныхъ въ Сб. общинъ [старое ... за общиной ... землю ... земля не передѣлена съ Х ревизіи; каждый ... земли, значитъ, опредѣленное число рев. души. Во 3 общинахъ передѣлы по разбивкамъ, и въ 2—по соглашенію: разбирали ... душъ, память, что ... земля даровая, тоже даръ ... (Сб, с. 7...) Во 2° ... распредѣл.

列宁作有批注的 C. 卡普斯京《何谓土地村社》一书 1882 年版第 12—13 页

могло позволить отождествить эту сущность съ сущностью общины.

Душа общины видится напротивъ въ иномъ, болѣе объемистомъ понятіи.

Это понятіе присуще каждому, самому разнообразному проявленію крестьянской жизни; оно даетъ о себѣ знать, какъ объ управляющемъ началѣ во всѣхъ многочисленныхъ и разнообразнѣйшихъ явленіяхъ жизни.

И дѣйствительно, нѣтъ такого дѣйствія въ крестьянской общественной жизни, въ его самоуправленіи, въ бытѣ каждой семьи, наконецъ въ жизни каждой отдѣльной личности, въ ея притязаніи на какое либо право,—гдѣ бы это начало не являлось въ смыслѣ управляющаго начала.

Еще задолго до приступа, такъ сказать—къ коллективному изслѣдованію русской земельной общины, многіе изслѣдователи юридическихъ обычаевъ народа, промысловой и земледѣльческой его жизни и общиннаго его быта, указали на первенствующее значеніе въ имущественномъ правѣ крестьянъ *личнаго труда* и вполнѣ выяснили коренное отличіе воззрѣній крестьянства на наслѣдованіе имуществомъ отъ воззрѣній, положенныхъ въ основу нашихъ городскихъ законовъ о наслѣдствѣ.

Позднѣйшія изслѣдованія юридическихъ обычаевъ народа значительно расширили передъ нашими глазами область дѣйствія личнаго труда, въ различныхъ отношеніяхъ между собою жителей селеній.

Данныя же «Сборника» о поземельной общинѣ, позволяютъ возвести *понятіе о трудѣ* въ *одно изъ основныхъ началъ* всего крестьянскаго быта.

———————

Изъ множества крупныхъ и мелкихъ данныхъ «Сборника» видно, что все вещное право крестьянства, право наслѣдства, построено на понятіи о личномъ трудѣ. Кровное, самое близкое родство не имѣетъ, напримѣръ, въ правѣ наслѣдованія никакого значенія. Членъ семьи, не работавшій на семью, не наслѣдуетъ, а пріемышъ, трудившійся для семьи, получаетъ при открытіи наслѣдства долю, наравнѣ съ работниками-сыновьями; точно также

　　凡是做了有益于村社的事,凡是以某种方式为村社效力者,村社都要减轻他的其他的村社劳务作为酬劳,例如:免于出大车。

　　凡由全村社完成的村社劳务,则严格计算出每个人所付出的劳动量。

　　在向每户派工割草时,他们通常是在一起干活的。

[15]　……个人劳动原则作为起支配作用的原则也表现在如下事实上:常年挣外水而不在的社员每年要向村团交纳一定款额,以补偿村社失去他这个劳力的损失。

[17]　……村社社员做的好事比城市公社的每个社员都要多得多……　每个村社社员正是这样劳动的:他们为生病的户主或可怜的寡妇耕地或收割庄稼,给农舍被烧毁的社员运送盖房用木料,为划给老弱病孤的贫苦户的土地付钱,为免费拨给他们修理农舍用的木材、编篱笆和取暖用的材料付钱,用自己的钱埋葬死者,替破产者交纳各种赋税,给马匹死亡或被盗户提供马匹耕地,给遇火灾者送粮、送粗麻布等物,收养孤儿,此外每个村社社员还做许多其他事情……

任何"特殊的原则"

这并非个人劳动原则。而是**农奴**劳动原则

在《汇编》的大多数村社里都没有这种情况

载于1940年《列宁文集》俄文版
第33卷(非全文)

在尼·安·布拉戈维申斯基的汇编上作的计算和农户分类[26]

《地方自治局按户调查经济资料综合统计汇编》。
第 1 卷。农民经济。1893 年莫斯科版

(1896 年 1 月 2 日〔14 日〕和
1899 年 1 月 30 日〔2 月 11 日〕之间)

在按县划分的表格(资料第 1—203 页)中,列宁把他最感兴趣的那些栏摘了出来,省名和县名;调查年份;男女人口数;户主和农户数;无份地户的百分比;靠雇工耕种自己的份地和出租自己的份地的农户数;无役畜、有一头役畜、无牲畜等农户数及其他栏。

列宁在表格中把许多说明农户经济情况的数字都画上着重线,或加上方括号。列宁在他就布拉戈维申斯基的书所作的笔记(见本卷第 48—56 页)中引用了某些省份的总结资料。

列宁核对了表格并指出作者所犯的错误。例如,在该资料第 133 页从事本地副业和外出做零工的户数和男人数一栏中,列宁在切尔尼戈夫省旁边写道:

胡说　　见第 95 页

列宁在作者未引资料的哈尔科夫和波尔塔瓦两省旁边写道:

1 县
─────　有　见该页
9 县

[207]　　　　　　　# I. 圣彼得堡省

[209]　　**按奶牛头数的农户分类情况**①

县	有　奶　牛　的　农　户					没有奶牛的农户
	5头以上者	4头者	3头者	2头者	1头者	
格多夫………	762	1 350	3 531	6 788	5 020	3 249
卢　加………	1 300	1 833	3 592	5 103	3 432	3 045
彼得戈夫………	192	364	1 009	2 813	3 017	1 922
圣彼得堡………	475	342	583	1 090	1 620	3 457
施吕瑟尔堡……	593	366	620	1 168	1 939	1 578
扬　堡………	145	381	1 238	3 088	2 551	1 945
总　计……	3 467	4 636	10 573	20 050	17 579	15 196

无奶牛户　—　　15 196　共有奶牛　—　　平均每户　—

有 1 头奶牛户　17 579　〃〃〃〃　17 579　〃〃〃〃　1

〃 2 〃 〃 〃　20 050　　　　　　40 100　〃〃〃〃　2

〃 3 〃 〃 〃　10 573　　　　　　31 719　〃〃〃〃　3

〃 4 〃 〃 〃　 4 636　　　　　　18 544　〃〃〃〃　4

〃 5 头以上奶牛户 3 467　〃〃〃〃　21 211　〃〃〃〃　6.1

　　　　　　　　　71 501　　　　　129 153　　　　　1.8

[210]　　引证圣彼得堡县外来居民的基本资料并非多

余……　已经调查登记的共 33 559 户,其中男子 55 265　　　79 089

人,女子 23 824 人……

---

　　① 参看本版全集第 3 卷第 242—244 页。——编者注

[211]   II. 特维尔省

1) 头3个县的
   农户数不
   符(第4页)

[213]   有按奶牛头数的农户分类情况[1]:

农 户	上沃洛乔克	卡利亚津	新托尔若克	勒热夫	斯塔里察	总 计
无奶牛户	1 648	447	6 368	4 201	4 899	17 563
有1头奶牛户	6 866	7 333	6 918	6 238	6 991	34 346
有2头奶牛户	8 096	5 849	7 435	5 035	6 577	32 992
有3头以上奶牛户	5 880	2 265	3 931	3 577	4 099	19 752
	22 490	15 894	24 652	19 051	22 566	104 653

参看第249页

[249]   按奶牛头数的农户分类情况

农户总数	奶牛总数	省 份	县数	农 户			
				无奶牛者	有1头奶牛者	有2头奶牛者	有3头以上奶牛者
71 501[1]	129 153	圣彼得堡省…………	6	15 196	17 579	20 050	18 676
104 653[2]	172 007	特维尔省…………	5	17 563	34 346	32 992	19 752
95 609[3]	146 788	斯摩棱斯克省………	6	20 367	32 528	25 913	16 801
17 316[4]	16 398	莫斯科省…………	1	6 210	7 284	2 982	840
289 079	464 346						
	13 042[*]	奥廖尔省…………	1	5 644	9 062	1 556	326
	16 984	叶卡捷琳诺斯拉夫省	1	4 981	7 697	3 003	949
		总 计	20	69 961	108 496	86 496	57 344

1) 数字相符(第 126 页)　　　　　71 501
2) 不符,同上页　　　　　　　　114 684
3) 不符　　　　　　　　　　　　97 766
4) 不符　　　　　　　　　　　　19 311
　　　　　　　　　　　　　　　303 262

4 省 18 县总计

				奶牛
无奶牛户 —	59 336 (20.5%) —	—		奶牛
有 1 头奶牛户	91 737 (31.7%) —	91 737	19.8%
有 2 头奶牛户	81 937 (28.4%) —	163 874	35.3%
有 3 头以上奶牛户	56 069 (19.4%) —	208 735	44.9%
	289 079	464 346	

*) 奥廖尔省和叶卡捷琳诺斯拉夫省的两个县①

　　　　　　农户

无奶牛	10 625	0		
有1头奶牛	16 759	16 759	—	1
有2头奶牛	4 559	9 118	—	2
有2头以上奶牛	1 275	4 149	—	3.2
	33 218	30 026		0.9

农户也这么多(见第 64 页和第 100 页)

载于 1940 年《列宁文集》俄文版
第 33 卷(非全文)

---

① 奥廖尔省博尔霍夫县和叶卡捷琳诺斯拉夫省斯拉维扬诺塞尔布县。——俄
文版编者注

根据尼·安·布拉戈维申斯基汇编的资料作的关于农户按役畜分类和外出做零工情况的笔记

《地方自治局按户调查经济资料综合统计汇编》。第1卷。农民经济。1893年莫斯科版

(1896年1月2日〔14日〕和
1899年1月30日〔2月11日〕之间)

布拉戈维申斯基：综合汇编

坦波夫省(12县)　　摘自**布拉戈维申斯基的综合汇编**

按役畜头数的农户分类情况

农　户	农户数	%	马　匹	%
(a) 无役畜者………	72 164	24	—	—
(b) 有1头者………	95 563	31	95 563	19.9
(c) 有2头者………	73 767	24	147 534	30.7
(d) 有3头以上者…	63 878	21	237 277	49.4
总　　计	305 372	100	480 374	100

见下页①

---

① 见下面第50页坦波夫省的资料。——编者注

库尔斯克省 15(县)

按役畜头数	农 户	%	马 匹	%
(a) 0 头………	74 143	25.1	—	—
(b) 1 头………	78 161	26.5	78 161	16.7
(c) 2 头………	119 604	40.6	239 208	51.1
(d) 3 头以上…	22 925	7.8	150 832	32.2
*)总计	294 833	100	468 201	100

*)就是说,**c** 类的⅓占农户的 13.5%　——　马匹的 17.0%

　　　+**d** 类〞〞〞　7.8%　——　〞〞 32.2%

　　　　　　〞〞〞 21.3%　——　〞〞 49.2%

要想判断关于非黑土地带 4 省 18 县按奶牛头数的农户分类情况的资料(第 249 页[①])是否具有典型性,只要引证如下资料即可:

(1) 每 1 户平均奶牛头数(所有户,不仅仅是份地户)及

(2) 无牲畜的农户的%。

这些资料如下:

2 963 683 户(21 省[②],122 县)——奶牛 3 467 430 头。

平均每 1 户——1.17 头

2 983 733 户(22 省,123 县)——无牲畜的农户

387 763＝13%

而 18 县,303 262 户——奶牛 464 346 头

——每户 1.5 头

无牲畜的农户——52 514 户＝17%。

---

① 见本卷第 46 页。——编者注

② 缺哈尔科夫省。——俄文版编者注

坦波夫省

能否得出关于上等户即多马户的**土地占有情况**的概念?

有份地的农户	305 323
宜耕份地	2 950 039 俄亩
购买地	81 617 俄亩
租用的耕地	485 525 俄亩

(据卡雷舍夫,附录第 1 号①)

使用土地总计　　　　　3 517 181。

平均每 1 有份地的农户=11.5 俄亩。

多马户(¹/₅)的土地比中等农户多 1—1½ 倍,即每户有土地 23—28 俄亩。

梁赞省,4 县

	农　户	%	马　匹	%
无马的	28 988	35.6	—	—
有 1 匹马的	23 467	28.9	23 467	23.1
有 2 匹马的	15 705	19.3	31 410	30.8
有 3 匹马以上的	13 133	16.2	46 848*⁾	46.1
	81 293	100	101 725	100

*) 马匹总数 101 725—54 877=46 848

---

① 尼·亚·卡雷舍夫《根据地方自治局的统计资料所作的俄国经济调查总结》。第 2 卷。农民的非份地租地。1892 年多尔帕特版。——编者注

奥廖尔省,6县

	农　户	马　匹
无马的	27 545	—
有1匹马的	36 764	36 764
有2匹马的	30 388	60 776
有3匹马以上的	15 775	60 704*)
	110 472	158 244

*) 马匹总数 158 244－97 540＝60 704

特维尔省,5县

	农　户	马　匹
无马的	24 139	—
有1匹马的	49 738	49 738
有2匹马的	27 966	55 932
有3匹马以上的	6 837	22 916
	108 680	128 586

布拉戈维申斯基,第133页

　　要试试把**按役畜头数分类的农户的户数**资料(按4类)总结一下,就不得不把一部分只有3类农户资料的县撇开,即:

县·

萨拉托夫省10县。**10**县中只有**5**县(阿特卡尔斯克、卡梅申、彼

	农　户	
	无役畜的	有1头的
按5县计:	36 912	37 351

萨拉托夫省7县。7县中有2县(萨马拉和斯塔夫罗波尔)的资料。

| 按2县计: | 11 040 | 17 141 |

比萨拉比亚省1县。1县,没有资料——删掉

| | — | — |

18县中,11县无资料,7县有资料。

共删去11县。

按**7**县计[①]:

其余的		
105个县:	565 286	657 764[1)]
21个省中的112个县共计[②]:	613 238	712 256
%:	24.7%	28.6%

因此,他们的役畜头数	—	712 256
%:	—	18.6%

在这2 486 915户中共有居民约14 995 897人(见下页)

1) 加上萨拉托夫的80 737和萨马拉的67 575为806 076,而

2) 按第26栏(第126页),总计＝2 304 441,但此栏根本对不

3) 把1对犍牛算成1头役畜。

---

① 在笔记中这一栏未填。——俄文版编者注

② 参看本版全集第3卷第117—118页。——编者注

得罗夫斯克、萨拉托夫和察里津)的资料。{共删去5县}

农　户		总　计		
有2头的	有3头以上的	农　户	马　匹	犍　牛
29 331	42 586	146 180	239 548	86 618

{共删去5县}

16 309	24 941	69 431	165 430	3 978
—	—	—	—	—
600 260	447 994	2 271 304 [2]	2 990 616	776 266
645 900	515 521	2 486 915	3 395 594	866 862
26.0%	20.7%	100%		
1 291 800	1 824 969 [3]	✕	3 829 025 [3]	
33.7%	47.7%		100%	

布拉戈维申斯基统计的为806 676(第132页)。我核对了我的数字。上。其中无份地户(第33栏)=144 824。差额=2 159 617。

如果把马和犍牛如数加在一起,则役畜

总头数为	4 262 456
其中多马户占	2 258 400
无马户和有 1 匹	
马户占	2 004 056

为了确定这 112 县 2 486 915 户的人口数,我认为最好是按平均数计算,因为只有按**所有**这 112 县计算才能总计出绝对数字,但这些县的户数与 2 486 915 这个数字不符。

汇总表中现有居民总户数 2 983 733,

共有	17 996 317 人
就是说,平均每户	6.03 人
而 2 486 915 户应为	14 995 897 人。

现在让我们纠正一下关于副业的资料(第 86 栏和第 89 栏),以便使这些资料适用于这 **112** 县。

	第86栏	第89栏
删除萨拉托夫省	?[*]	6 201
萨马拉省	16 736?[**]	10 765
比萨拉比亚省	14 811	?)
删除	31 547	16 966
余	1 041 955	109 149

但这不是 **112** 县的,而只是……[①]

---

[*]　在总计中只有 4 个县的。

[**]　在总计中只有 1 个县的(16 736)。

---

① 这句话到此中断。——俄文版编者注

试按布拉戈维申斯基对基对副业资料进行汇总(外出者单列)

省　份	县数	现有人口			副　业		
		户	男女人口	男工	产	本地的（男的）	外出的
圣彼得堡省　(a)	4	46 932	252 603	63 371	44 817	39 576	17 524
特维尔省	5	114 684	646 739	152 818	?	35 633	72 343
诺夫哥罗德省	2	25 592	140 299	32 825	15 960	25 987	3 497
维亚特卡省	6	211 788	1 238 584	286 405	103 183	148 813	82 140
彼尔姆省	1	59 709	307 265	76 075	55 357	80 719	1 945
斯摩棱斯克省　(b)	6	97 776	573 753	142 927	?	?	60 802
莫斯科省	1	19 311	102 361	27 162	12 294	?	13 733
下诺夫哥罗德省	3	60 018	316 444	76 643	31 558	18 487	21 358
梁赞省	4	81 308	530 245	132 261	37 324	?	42 591
萨拉托夫省	3	71 818	394 285	100 635	24 031	?	11 482
萨马拉省　(c)	7	346 134	2 026 966	463 293	?	103 185	29 230
奥廖尔省	5	99 116	643 728	153 669	46 113	18 885	44 733
库尔斯克省	14	272 321	1 749 699	437 644	168 825	115 519	119 582
沃罗涅日省　(d)	6	139 584	979 581	234 968	85 570	88 086	30 164
切尔尼戈夫省	4	70 663	420 948	96 271	31 190	38 372	11 081
叶卡捷琳诺斯拉夫省	3	60 411	383 869	79 574	?	39 213	10 692
赫尔松省	2	82 179	420 862	96 687	?	?	3 850
比萨拉比亚省	1	37 434	168 231	47 822	14 811	5 905	11 269
波尔塔瓦省	9	212 938	1 168 225	284 620	?	69 971	26 883
19省	86			2 985 670			614 899

（a）格多夫县只有经营副业户户数（第11页）

施吕瑟尔堡县全县共6 264户，33 588男女人口，8 392男工，经营副业的5 845户，共有手工业者5 745人（不分当地的和外出的）。

（b）只有1县有当地手工业者的资料（6 062），第23页，只有5县有经营副业户的资料（76 468）。

坦波夫省。只有经营副业户户数：143 396——关于手工业者人数，没有任何资料。

总共12县。户数：317 051。男工：504 342。男女人口：2 108 588。

（c）姆岑斯克县经营副业户6 712户，手工业者8 452人（当地的+外出的）（14 349农户——21 829工人——人口：88 791人）。

（d）3县当地手工业者+外出手工业者共97 168人，户数——67 851（87 236农户——146 895工人——男女人口：590 267）。

载于1940年《列宁文集》俄文版
第33卷

在维·斯·普鲁加文的书上
作的计算和批注²⁷

《弗拉基米尔省尤里耶夫县的村社、
手工业和农业》1884年莫斯科版

(1896年1月2日〔14日〕和
1899年1月30日〔2月11日〕之间)

[65] 尤里耶夫县亚麻籽榨油业得到广泛的发展①……油坊主平均年收入 150—200 卢布…… 下表根据伊利因斯卡亚乡按户登记资料编制，它使我们对油坊主和居民群众的物质生活状况有一个比较。

每户平均:		居民群众	油坊主	
按人口分配的份地	在有份地的1989户中	2.6	4.0	注意
马		1.3	2.8	
牛		1.4	3.0	
小牲畜		3.1	6.5	
男性人口		2.6	4.6	
女性人口		3.06	4.7	
男女人口		5.66	9.3	

[86] 最近 10—15 年以来,亚麻和豌豆的种植在这里获得了特别广泛的发展。②在格卢莫夫斯克区,农民的春播

---

① 见本版全集第 3 卷第 266 页。——编者注
② 同上书,第 250 页。——编者注

作物主要是这两种作物。

[87]　亚麻在这里是<u>最有收益的农作物</u>之一。

[88]　但是在这种情况下应该注意到<u>农民在种植亚麻时所付出的巨大的、艰苦的劳动</u>。

[89]　<u>某些家庭人口多的农户每年出卖亚麻达 300—500 卢布以上。</u>他们种的是普斯科夫亚麻或称鄂毕亚麻。<u>他们在罗斯托夫城按 2 卢布 50 戈比—3 卢布 1 俄斗购买亚麻种。</u>①

在维·普鲁加文的书的第 2 章附录（第 1—153 页）中，对有两千多农户的伊利因斯卡亚乡各村庄进行了按户调查。列宁利用这些调查资料，按役畜头数把农户作了分类。列宁在每页的页边上按类记下了逐页统计的结果：

　　　　　a——无马户

　　　　　b——有 1 匹马户

　　　　　c——有 2 匹马户

　　　　　d——有 3 匹马户

　　　　　e——有 4 匹马以上户。

现将有列宁的统计的该书第 98 页作为例子复制如下。

	编号	姓　　　　名	单独的工商企业	独立生产者，工匠或织布作坊主	牲　畜		
					马	奶牛	小牲畜
a—1	40	斯捷潘·萨韦利耶夫…………	织布作坊	每户	1	1	6
b—2	41	米哈伊尔·萨韦利耶夫………	无	〞〞	2	2	7
c—1	42	加甫里尔·安德列耶夫………	〞	〞〞	1	2	1
d——	43	德米特里·伊万诺夫…………	家庭小酒馆	—			
e——							
		自耕农					
		I. 别利亚伊哈村					
	1	尼尔·安德列耶夫…………	无	—	1	1	7
	2	加甫里尔·安德列耶夫……	〞	—	—	1	1

注意：自上

────────

① 参看本版全集第 3 卷第 250 页。——编者注

编号	姓　　名	单独的工商企业	独立生产者,工匠或织布作坊主	牲　畜		
				马	奶牛	小牲畜
3	亚历山大·伊万诺夫…………	无	—	4	3	18
4	安德列·瓦西里耶夫…………	〃	—			
5	叶戈尔·瓦西里耶夫…………	〃	—	3	4	14
6	萨姆松·叶尔莫拉耶夫…………	〃	—	3	4	16
7	瓦西里·赫里斯托福罗夫………	〃	—	2	1	8
8	奥尼西姆·弗拉索夫…………	碾米厂	—	2	3	12
9	佩尔菲尔·基里洛夫…………	磨　坊	—	2	3	15
10	雅柯夫·奥努夫里耶夫…………	无	—	2		8
11	伊万·阿列克谢耶夫…………	〃	—	3	6	11
12	叶夫多基姆·斯基潘诺夫………	〃	—	—	1	
13	阿林娜·尼基京娜…………	〃	—			
14	佩拉格娅·伊万诺娃…………	〃	—	—	1	3
15	亚历山大·皮梅诺夫…………	〃	—	1	1	5
16	格里戈里·伊万诺夫…………	〃	—	1	2	6

II.索罗古日诺村

1	尼基塔·费多罗夫…………	铁匠铺	—	—	1	—
2	安德里安·伊万诺夫…………	无	每户	1	1	
3	伊万·伊万诺夫…………	〃	〃	1	1	1
4	弗罗尔·安德列耶夫…………	〃	〃	2	2	3

注意
自下

a—6
b—5
c—5
d—3
e—1

[105]　淀粉沉淀后剩下的水,淀粉磨坊主不再弃而不用。筛出的马铃薯渣,泡软后用来喂牲口。①　　　　‖　注意

淀粉磨坊主的经济状况比其他居民群众要强得多。例如,淀粉磨坊主饲养牲畜的情况和居民群众相比如下:

---

①　参看本版全集第 3 卷第 264 页。——编者注

村　　名	淀粉磨坊主人数	他们的牲畜头数			每个淀粉磨坊主的平均头数			务农的居民群众中每户的平均头数		
		马	奶牛	小牲畜	马	奶牛	小牲畜	马	奶牛	小牲畜
米尔斯拉夫乡										
1.瓦西列沃小村	3	9	14	27	3	4.7	9	1.3	2.3	4.2
2.费佳科沃村	5	9	18	26	1.8	3.6	5.2	1.0	1.9	3.5
安科夫斯克乡										
1.桑恰洛沃村	1	3	6	8	3	6	8	1.4	2.0	3.1
锡姆乡										
切尔诺库洛沃村	11	21	38	63	1.9	3.4	5.7	1.3	2.3	4.2
总　　计	20	42	76	124	2.1	3.8	6.2	1.2	2.1	3.7

注意

[106]　这样一来我们看到,淀粉厂主饲养的**牲畜几乎**要比其余农户饲养的牲畜**多1倍**……　在淀粉厂中,安科夫斯克乡维亚佐维齐村的淀粉厂完全是例外的情况,它属于罗斯托夫县亚基莫夫村农民伊万·巴甫洛夫。他在这里租了安科夫斯克乡乡长 И. С. 库利科夫的土地。工厂建于1876年,伊·巴甫洛夫花费了1 500多卢布。工厂雇了12个工人;马铃薯浆要过6—8道筛子。在活比较多的一年,他要磨马铃薯2 000多俄石。淀粉磨坊还附设一间干燥室。

注意

伊·巴甫洛夫在自己的农场中种植马铃薯供磨碎用。农场实行轮作,休耕,秋播,种马铃薯,春播,种三叶草(3年)。每俄亩收割三叶草约300普特。农场雇有7—8个"包季工",从复活节一直雇到圣母瞻礼日**28**,每人工资60卢布。伙食吃场主的,衣服穿自己的;有时还喝点酒,茶叶是厂主的。①

---

① 参看本版全集第3卷第264页。——编者注

По старому разделу							По новому разделу				
Надел на 1 двор	Число дв.	Скота м.	обод ж.	Число душ на 1 надел	Число м.п. на 1 надел		Надел на 1 двор	Число дворов	Скота м.	обод ж.	Число душ на 1 надел	Число м.п. на 1 надел
1	24	36	58	3.9	1.5		1	23	28	57	3.6	1.2
2	57	126	166	2.5	1.1		2	36	75	104	2.4	1.0
3	27	37	90	2.3	1.2		3	29	94	81	2.0	1.1
4	11	49	59	2.4	1.1		4	15	56	59	1.9	0.9
5	1	9	7	3.2	1.3		5	6	30	25	1.8	1.0
							6	4	24	24	2.0	1.0
							7	1	7	7	2.0	1.0
							9	1	9	7	1.7	1.3
268 наделов	120	317	380	2.8	1.2		312 наделов	115	323	364	2.2	1.0

列宁就维·斯·普鲁加文《弗拉基米尔省尤里耶夫县的村社、手工业和农业》一书 1884 年版所作笔记的一页，上面有列宁的摘录和计算

[115]　叶尔绍夫有一间干燥室,也用来选麻。这里冬天有 25 人干活,夏天有 5—6 人…… 叶尔绍夫雇用 6—10 人整理麻屑(打麻)。他们打 1 普特麻得 10 戈比;每天每人约打 2 普特多一点。

　　叶尔绍夫是这里唯一的一个有压榨机的麻商,所以往圣彼得堡送麻就便宜得多…… 压榨机花费叶尔绍夫 90 卢布,连同整套设备花费 200 卢布。①　　　　　‖

[136—137]　在工业企业广泛发展的基础上出现的经济上的日益不平等很快成为农民村社正确向前发展的严重障碍。现在已经不能把农民群众看做是某种同一样的农民。在他们中间,由于已产生的经济分化,目前相当明显地分成三个农户阶层:殷实的盘剥者农民、经济上中等的"中农"和贫农无产者,后者是由无马农户阶级中产生的。在这种不均衡的情况下,前两类农民在村社解决各种土地纠纷和分歧的斗争中有更多的取胜机会。　　　　　‖ 注意　　‖ 注意

[144]　于是,个人利益之争导致在村社中建立完全公正的生活关系形式。　　　　　‖ !!

[145]　总之,村社农民的生活是一系列复杂的生活妥协,由此而取得协调一致的发展和高度公正的人际关系形式。　　　　　‖ !!

榨油业　　　　　　　　　　　　　　　　(α)65②

雇工种地的例子

第 26—27 页

第 146—147 页

---

①　参看本版全集第 3 卷第 253 页。——编者注
②　同上书,第 266 页。——编者注

淀粉业

（β)103—106

载于 1940 年《列宁文集》俄文版
第 33 卷(非全文)

根据维·斯·普鲁加文的著作作的关于农户分类的笔记

《弗拉基米尔省尤里耶夫县的
村社、手工业和农业》1884 年莫斯科版

(1896 年 1 月 2 日[14 日]和
1899 年 1 月 30 日[2 月 11 日]之间)

弗拉基米尔省尤里耶夫县的村社、手工业和农业

阿萨夫·巴拉诺夫出版。**维·斯·普鲁加文**的学术著作。
1884 年莫斯科版,定价 1 卢布 50 戈比(库什涅列夫印刷厂)

普鲁加文的这本书对村社制度的描述很肤浅,但是提供了关于从根本上重新分配取决于土地各项费用高低的某些(重要)资料。

对手工业的论述极其简略。作者让参阅《弗拉基米尔省手工业》一书。

但是书中**按户调查资料**却饶有趣味和极为重要

(1)伊利因斯卡亚乡所有村庄*)　　　　　2 069 户

(2)锡姆乡切尔诺库洛沃村　　　　　　　53 户

(3)帕尔申斯克乡奥萨诺维茨村　　＋⎰　95 户
　　　　　　　　　　　　　　　　　　⎱　34

[[所以,总共 2 251 户]]

---

*) 关于这些村庄的一般资料(总计和某些其他支付等等)在专门表格中提供。

在表格中**关于每一户的**资料**分栏如下**：(1)单独的工商企业。——(2)它是否早已有之。——(3)最多工人数和最少工人数。——(4)独立经营者或是织布作坊主，或是为业主工作。——(5—8)和(9—12)工人的构成，本户工人和雇佣工人。——(13—15)牲畜(马、奶牛、小牲畜)。——(16—19)家庭人口(男人、女人、男工、女工)。——(20—23)识字的和上学的。——(24—25)零工(当地的和外出的)。——(26)所生产的商品的种类。——(27)份地。——(28)土地的耕作。——(29—31)个别农户的租地(何种农业用地？俄亩数？租金？)。——(32)购买地。——(33)附注。

1881年重新分配前后弗拉基米尔省尤里耶夫县伊利因斯卡亚乡**索罗古日诺**村份地的分配。重新分配前是按列入丁籍的税丁占有的，而重新分配则是按现有男性人口进行的。

使用份地要支付专项费用，另加2—3卢布的"补贴"[29]。

一户的份地	户数	按 照 旧 分 法		平均每1份地的男女人口数	平均每1份地的男性人口数
		这 些 户 的 家 庭 人 口			
		男 人	女 人		
1	24	36	58	3.9	1.5
2	57	126	166	2.5	1.1
3	27	97	90	2.3	1.2
4	11	49	59	2.4	1.1
5	1	9	7	3.2	1.8
268 份地	120	317	380	2.6	1.2

一户的份地	户数	按　照　新　分　法		平均每1份地的男女人　口　数	平均每1份地的男性人　口　数
		这些户的家庭人口			
		男　人	女　人		
1	23	28	57	3.6	1.2
2	36	75	104	2.4	1.0
3	29	94	81	2.0	1.1
4	15	56	59	1.9	0.9
5	6	30	25	1.8	1.0
6	4	24	24	2.0	1.0
7	1	7	7	2.0	1.0
9	1	9	7	1.7	1.0
312 份地	115	323	364	2.2	1.0

维·普鲁加文列了这个表格[前5栏是普鲁加文的],是想证明使土地分配均等的"从根本上重新分配的巨大意义"(第5页)。不难看出,他的数字完全不能证实这一结论。

重新分配前少地者[*]占 67.5%;他们的土地占 51.5%。

重新分配后少地者占 51.3%;他们的土地占 30.4%。

可见,重新分配前每 1%户(少地者)平均有土地 0.76%,而重新分配后——0.59%。所以,不均等的程度增长了。

重新分配前少地者占男性人口的 51.1%;占男女人口的 55.4%。

重新分配后少地者占男性人口的 31.9%;占男女人口的 38.6%。

---

[*] 作者对有 1　2份地的业主的称呼。

> 农民共有土地1 217俄亩1 143平方俄丈＝1 217.5俄亩。
> 重新分配前每1男性人口平均4.44俄亩,重新分配后为3.76。
> 重新分配前每1份地平均4.54俄亩,重新分配后为3.90俄亩。

在重新分配前(有份地4以上的)多地者占农户的10%,份地的18.2%;男性人口的18.3%;男女人口的17.8%。重新分配后为农户的23.3%,份地的41.3%;男性人口的39.0%;男女人口的36.1%。

在伊利因斯卡亚乡

马匹				
	(a)	无马户	——393户?	
918	(b)	有1匹马户	——918户?	
1 108	(c)	有2匹马户	——554户	
	(d)	有3匹马户	——153户	
674	(e)	有4匹马户 ——37 有5匹马户 ——7 有6匹马户 ——4 有8匹马户 ——1		49
2 700			2 067?[应为2 069]	

栏目

1. 户数

2— 5. 家庭人口 { 男人　女人
　　　　　　　男工　女工

6— 9. 识字的(男人和女人)和上学的

10—12. 牲畜＋a＋b——无马户,无任何牲畜

13. 份地

14—16. 租地——户数、俄亩、租金

17—18. 购买地(户数、俄亩)

19—24. 全部、自己种一部分、租赁、雇工、出租

25. 手工业作坊(a)

26. 业主(b)

27—29. 他们的工人(总数——本户工人＋雇佣工人)

30—31. 最多工人数和最少工人数

32—35. 当地零工 $\left(\begin{array}{l}\text{总数、在农舍织布的,}\\ \quad\text{在作坊织布的}\end{array}\right)$

当地的(α) 农舍织工

(β) 作坊织工

(γ) 当雇农

(δ) 独立手工业者

(ε) 乞丐

36. 外出的(α) 到工厂作坊干活

(β) 当工人

(γ) 住在外面

(δ) 独立手工业者

暂时义务农

农户数	家庭人口		工人		识 字 的			上 学 的			无牲畜户
	男人	女人	男工	女工	农户	男人	女人	农户	男人	女人	
(a) 37	53 + 64		29	32	9	9	—	—	—	—	26
(b) 131	310 + 342		156	174	45	49	4	3	3	—	—
(c) 74	223 + 241		117	128	40	48	2	1	—	1	—
(d) 26	104 + 113		52	59	15	24	3	1	1	—	—
(e) 10*)	50 + 44		24	23	7	11	—	2	3	—	—
278	740	804? 803?	378	416	116	141	9	7	7	1	26

*) 马 $6 \times 4 + 3 \times 5 + 1 \times 8 = 47$

$$24 + 15 \quad + 8$$

因此,马—404 匹

		租金	土地的耕种					
			耕 种		全部出租	自种	受雇	雇工
			全部	部 分（部分出租）				
零工								
1) 木匠	a a	113.25	10	5	7	1	14	—
2) 同上	b b	157.50	127	4	—	120	—	11
3) 同上	c c		74	—	—	67		7
4) 裁缝加倍	d	104 ++	26		—	22		4
[—3.3 俄亩 其中一半的 租金 = x]	e	69	10	—	—	5		5
		443.75	247	9	7	215	14	27

牲　畜			份地	无 地 的				份地俄亩数	租　地	
马	奶牛	小牲畜		总数	士兵	贫苦农民	份地交村社		农户	俄亩数
—	12	15	35	15	4	7	4		—	
131	159	302	304 1/4	—	—	—	—		13	17 1/2
148	114	337	216 1/4	—	—	—	—		12	20.3
78	67	178	105	—	—	—	—		7	15.8
47	26	93	49	—	—	—	—		5	11.3
404	378	925	709 1/2	15	4	7	4		37	64.9

外 出 做 零 工				有 做 工 工 人 的 家 庭 总 计			
进工厂	当工人	为他人做工	单　干	受雇	为他人做工	单干	行　乞
4	3	10	1[1]	17	10	2	1
13	1	18	2[2]	83	18	3	—
7	—	6	3[3]和[4]	39	6	6	—
6	—	2	—	9	2	—	—
1	—	1	—	3	1	—	—
31	4	37	6	151	37	11	1

按役畜分类	户数	家庭人口					识字人数				上学人数			
		人口数			工人		户数	男性	女性	共计	户数	男性	女性	共计
		男性	女性	共计	男工	女工								
	1	2	3	4	5	6	7	8	9	10	11	12	13	14
a. 无马户	37	53	64	117	29	32	9	9	—	9	—	—	—	—
b. 有1匹马户	131	310	342	652	156	174	45	49	4	53	3	3	—	3
c. 有2匹马户	74	223	241	464	117	128	40	48	2	50	1	—	1	1
d. 有3匹马户	26	104	113	217	52	59	15	24	3	27	1	1	—	1
e. 有4匹马以上户	10	50	44	94	24	23	7	11	—	11	2	3	—	3
总　计	278	740	804	1 544	378	416	116	141	9	150	7	7	1	8

按役畜分类	土地(份地)的耕种					单独的工商企业							
	种地户数					企业数							
	全部	部分出租	出租	自种	受雇雇工	有这种企业的农户	织布作坊	脱粒厂	磨粉坊	铁匠铺	碾米厂	油坊	其他
	31	32	33	34	35	36	37	38	39	40	41	42	43	44
a. 无马户	10	5	7	1	14	—	1	1	—	—	—	—	—
b. 有1匹马户	127	4	—	120	—	11	7	2	2	1	1	—	—	1
c. 有2匹马户	74	—	—	67	—	7	9	7	2	—	—	1	—	1
d. 有3匹马户	26	—	—	22	—	4	8	4	2	1	—	1	1	—
e. 有4匹马以上户	10	—	—	5	—	5	4	1	3	—	1	—	—	1
总　计	247	9	7	215	14	27	29	15	9	2	2	2	1	3

无牲畜户	牲畜				份地		无地户				购买地		租地		
	马	奶牛	小牲畜	折算成大牲畜的总头数	份地	俄亩数	总数	其中:士兵	贫苦农民	中份地交村社	户数	俄亩数	户数	俄亩数	租金
15	16	17	18	19	20	21	22	23	24	25	26	27	28	29	30
26	—	12	15	13.5	35		15	4	7	4					
—	131	159	302	320.2	304¼								13	17½	113.25
—	148	114	337	295.7	216¼								12	20¼	157.50
—	78	67	178	162.8	105								7	15¾	104
—	47	26	93	82.3	49								5	11¼	69
26	404	378	925	874.5	709½		15	4	7	4			37	64¾	443.75

织布作坊工人数 现有人数					当地做零工的户数 织布					织工人数		外出做零工的户数				有做工工人的家庭总计		
本户的	雇佣的	共计	最多数	最少数	在农舍	在作坊	当雇农	独立零工	行乞	共计	男工	进工厂	受雇	单干	为他人做工	受雇	单干	为他人做工
45	46	47	48	49	50	51	52	53	54	55	56	57	58	59	60	61	62	63
2	6	8	8	8	1	4	5	1	1			4	3	1	10	17	2	10
2	13	15	15	15	18	51		1	—			13	1	2	18	83	3	18
14	60	74	74	74	3	29	—	3	—			7	—	3	6	39	6	6
11	38	49	49	49		3						6			2	9	—	2
5	10	15	15	15	1	1						1			1	3		1
34	127	161	161	161	23	88	5	5	1			31	4	6	37	151	11	37

①

① 手稿上下面还有两个表格未填。——俄文版编者注

β 脱粒厂	59	1 α 织布作坊	136
ε 碾米厂	13	2 β 脱粒厂	59
η₁ **缫丝工具**	7	3 γ 磨坊	
η₂ 工匠	2	（包括风磨）	32
α **织布作坊**	136	4 δ 铁匠铺	9
γ 磨坊	29	5 ε 碾米厂	13
η₃ 波里斯绒切断作坊	1	6 ζ 油坊	17
δ 铁匠铺	9	7 η 其他	
ζ 油坊	17	（7 种）	23
η₄ 蜂场	8		
η₅ 面包铺	2		
η₆ 小工厂主	2		
γ 风力磨坊	3		
η₇ 染坊	1		
	289[30]		

载于 1940 年《列宁文集》俄文版
第 33 卷

根据 E. И. 克拉斯诺彼罗夫的
调查资料作的关于沃兹涅先斯克乡
农民的收支和按播种面积的
农户分类情况的笔记[31]

《彼尔姆省统计材料》。彼尔姆省奥汉斯克县沃兹涅先斯克乡。

1890 年所作的彼尔姆省奥汉斯克县村民经济状况

按户调查统计资料总结。1893 年彼尔姆版

(1896 年 1 月 2 日〔14 日〕和 1899 年

1 月 30 日〔2 月 11 日〕之间)

沃兹涅先斯克乡农民的**货币**开支	单位卢布
各农户定期雇用的(男女)工人 ················	1 486.05
按日计算的各种农活开支和工役开支(割草、脱粒、	
收割庄稼、耕地等等)················	5 469.19
买木柴、竿子、木橛子、圆木和木板 ················	3 320.26
买羊毛 ················	132.25
买黑麦面粉和小麦面粉 ················	2 812.14
肉、鱼、盐、茶、糖、酒 ················	13 612.61
肥皂、煤油、蜡烛 ················	2 056.73
送新兵和津贴当兵户的开支 ················	2 734.5
总 计 ················	31 623.73

购买谷物(单位普特)	用于播种 ················5 013.86
	用作粮食 ················2 998.50
	8 012.36

贷款总额(12 075 卢布 80 戈比)中用于赋税的只占总额的 **1.8**%。

主要项目	%
用于食品 ·································	21.6
用于播种 ·································	17.7
用于购买牲畜 ·····························	17.3
用于建筑物、农具、租金、各种经营所需···········	15.4
用于工商企业 ·····························	20.7

赋税总额

　　18 146 卢布 $51\frac{1}{4}$ 戈比。

$+$　　6 639 卢布 60 戈比(实物税[32])

　　24 786.$11\frac{1}{4}$　　　　　　　$2\,515 \times 2.64 = 6\,639.60$

1 445 户,但有 6 户未加入村团。

按播种面积的 农户分类情况	按播种面积 概算		
无份地也未播种16 ⎱ 18 有份地但未播种 2 ⎰	0	1 018 255	
不满 5 俄亩······ 509	$\grave{a}\,3 = 1\,527$		$\grave{a}\,2.5 = 1\,273$
〃〃 10 〃 ······ 643	$\grave{a}\,8 = 5\,144$		$\grave{a}\,7\ \ = 4\,501$
〃〃 15 〃 ······ 218	$\grave{a}\,12 = 2\,616$		$\grave{a}12\ \ = 2\,616$
$>$ 15 〃 ······ 51	9 287	$\Sigma = 8\,390$	
1 439	?　20	918	(即$\grave{a}$ 18) 918 9 308

(第 22 页表格)

总播种面积

9 307.75 俄亩

(正文第 18 页)

可见,标准过高。

这里最低数

$= 15 \times 51 = 765$

　　为了把播种面积的分配情况弄确切,必须列出 4 个四元方程式(见第 22 页表 α—δ)。

α. $26x+ 25y+ 6z+ 3w= 373.62$

β. $29x+ 37y+ 13z+ 4w= 565.57$

γ. $68x+202y+ 79z+19w=3\,006.80$

δ. $509x+643y+218z+51w=9\,811.50$

由(β): $4w=565.57-29x-37y-13z$

　　　　　$w=141.395-7.25x-9.25y-3.25z$

由(α): $6z=373.62-26x-25y-3\times141.395+3\times7.25x+3\times$

$\times 9.25y+3\times3.25z-424.185+21.75x+27.75y+9.75z=$

$2.75y--4.25x-50.565+9.75z-3.75z=-50.565+2.75y-$

$4.25x$

　　　　$z=13.485-$ [①]

---

①　手稿到此中断。——俄文版编者注

塔夫利达省统计汇编中

《塔夫利达省

(1896 年 1 月 2 日〔14 日〕和 1899

1. 汇编第 1 卷附录。梅利托波

第 1 编。1885 年辛菲罗波尔

[**B**190—**B**195]

农民类别	按播种面积划分的户主类别	1884年调查登记的农民					有雇佣工人的户主人数	牲畜		农
		现有户主人数	男　人			妇女		役马	折算成大牲畜的头数	犁和快耕犁
			总数	18岁至60岁	其中残废者和现役士兵					
		总数							总数	
		1	3	4	5	6	11	13	21	34
全县总数	……不种地者………	2 596	5 546	2 690	187	5 153	106	523	2 250	67
	种地不满5俄亩者……	4 163	9 370	4 565	229	9 857	112	2 849	8 417	421
	种地5俄亩以上10俄亩以下者……	7 462	19 621	9 308	364	19 961	174	11 973	29 339	2 675 ½
	种地10俄亩以上25俄亩以下者……	13 789	47 737	21 869	1 168	45 399	1 186	36 916	95 697	12 914 ½
	种地25俄亩以上50俄亩以下者……	5 860	26 264	11 962	734	24 344	1 995	27 585	78 565	9 305
	种地50俄亩以上者……	1 614	8 952	4 058	266	8 502	1 056	11 782	50 763	4 426
	总计………	35 484	117 490	54 452	2 948	113 207	4 629	91 628	265 031	29 809

230 697　　113 216

　　35 484 户中有 7 474 户(种地 25 俄亩以上),即农户的 21% (=男女人口的 29.5%——男女人口总数 230 697 中的 68 062)在 220 767 俄亩租地中有 146 485 俄亩,即占 66.3%。

　　40%的贫苦户〔男女人口 69 508=30.1%〕在 220 767 俄亩租地中有 12 424 俄亩,即占 5.6%[①]。

---

　　① 见本版全集第 3 卷第 81 页。——编者注

的农户统计和农户分类[33]

统计资料汇编》

年 1 月 30 日〔2 月 11 日〕之间）

尔县各村镇经济状况统计表。

版

具	公共的租地	购买地	耕地的租赁		播种的俄亩数	挣外水的户数
割草机和收割机	土地? **总数**	俄亩数	租地户主人数	所租的俄亩 总数	总 数	的户数
35	41	44	57	58	60	70
4	22 304.8	2 045.8	—	—	—	1 413
—	29 877.9	607.6	605	1 800.75	14 953.55	145
14	67 787.65	742.5	2 611	10 623.45	60 208.55	1 178
178½	179 436.3	1 965.75	8 194	61 858.5	226 389.21	1 688
432	138 632.65	7 881.5	4 670	78 784	206 181.4	691
044	58 064.9	34 855.56	1 421	67 701.25	122 970.54	214
672	496 104.2	48 098.7	17 501	220 767.46*)	630 703.35	6 635

1451

*) 6 091—
146 485,
即 35%—
66.3%

$$68\ 062 \div 230\ 697 = 29.5$$
$$146\ 485 \div 220\ 767 = 66.3$$
$$69\ 508 \div 230\ 697 = 30.1$$
$$12\ 424 \div 220\ 767 = 5.6[1]$$

① 这些统计出的数字是列宁写在资料的单页上的。——俄文版编者注

列宁研究了该书第 **10** 页和第 **11** 页上的表 **D**,该处有按播种面积、男劳力和役畜的农户分类情况,他把"租地"一栏划出,并逐行算出每户的平均俄亩数。在有 **0** 个男劳力这类农户中,按播种面积分户的幅度为 **1** 至 **34** 俄亩。在此表下面,列宁作了如下笔记:

有 0 个男劳力一栏中租地总计——282 个租地户共租地 2 433 俄亩。平均每 1 户——8.6。

载于 1940 年《列宁文集》俄文版
第 33 卷(非全文)

2. 第 5 卷。别尔江斯克县
各村镇经济状况统计表。
1887 年辛菲罗波尔版

[**B**190 — **B**195]

按 播 种 面 积 划 分 的 户 主 类 别	1886 年调查登记的农民			有雇佣工人的户主人数
	现 有 户 主 人 数	男	女	
不种地者………………………	1 940	4 475	4 294	76
种地不满 5 俄亩者……………	3 459	8 191	8 615	20
种地 5 俄亩以上 10 俄亩以下者…	6 317	17 497	17 919	116
种地 10 俄亩以上 25 俄亩以下者	10 882	40 584	37 068	994
种地 25 俄亩以上 50 俄亩以下者	5 393	22 788	21 677	2 172
种地 50 俄亩以上者…………	803	4 363	4 173	544
总 计………………	28 794	97 898	93 746	3 922

按 播 种 面 积 划分 的 户 主 类 别	牲　畜		犁　和快耕犁	割草机和收割机
	马	折算成大牲畜的头数		
不种地者 ……………………	518	1 922	93	3
种地不满5俄亩者 …………	1 890	6 167	519	5
种地5俄亩以上10俄亩以下者 …	8 252	23 294	3 338	20.5
种地10俄亩以上25俄亩以下者…	26 875	77 518	14 262.5	502
种地25俄亩以上50俄亩以下者…	26 029	77 876	10 610	2 166.5
种地50俄亩以上者 …………	5 710	23 622	2 653.5	605
总　计…………	69 274	210 298	31 476	3 302

按 播 种 面 积 划分 的 户 主 类 别	份地耕地俄亩数	购买地俄亩数	所租的俄亩数	出租的土地总俄亩数	播　种俄亩数	挣外水者户数
不种地者 …………	13 326.25	5 975	172.05	12 909.9	—	1 370
种地不满5俄亩者……	23 971.1	2 250.75	1 323.45	12 942.85	11 575.36	1 503
种地5俄亩以上10俄亩以下者 …………	57 148.77	—	6 623.77	13 486.87	49 319.17	1 286
种地10俄亩以上25俄亩以下者 …………	153 594.04	6 396	38 970.93	12 818.9	176 359.7	1 522
种地25俄亩以上50俄亩以下者 …………	149 293.4	11 533.75	46 791.2	4 095.2	185 955.55	721
种地50俄亩以上者……	29 549.4	25 103	23 805	1 852.65	58 957	201
总　计………	426 856.49 82	47 258.5 51	117 686.4	58 106.72	482 166.78	6 603
	82.96					

下诺夫哥罗德省统计汇编中的
农户分类和计算[34]

《下诺夫哥罗德省土地估价材料》。经济部分

1. 第2编。卢科扬诺夫县。
1897年下诺夫哥罗德版

(1898年9月12日〔24日〕和
1899年1月30日〔2月11日〕之间)

注意 ‖ [IX] ……按户调查,其中包括说明各村镇每一住户状况的资料。与以前调查的各县不同。卢科扬诺夫、谢尔加奇、阿尔扎马斯和阿尔达托夫等县的按户调查所涉及的不单单是注册农民,而且还有农民庄园居住区内的所有居民。就卢科扬诺夫县本身来说,对其他某些虽坐落在非份地上但有农民性质的村庄,也按户作了登记。1890年按户调查大纲同1889年的这种调查大纲大致相同,所不同的只是所列的农业问题比手工业问题略为多一些……
[X] ……(*)

[174—175] XX。按各项农活计算劳动力……

耕地(犁地和耙地)和播种				马 铃 薯	
黑 麦		马 铃 薯		种	刨
马	驭手	马	驭手	妇	女
5.7	5.6	10.3	10.3	10	40

注意 ‖ (*) 拟出版的全省总的经济汇编中更详细的资料,可代替单独发表的有关第一部分的资料(各个县总的经济资料)。

[IV—V] I. 按乡和农民类别

乡和农民类别	登记人口总数 户 总数	现有居民的手工业							
		经营手工业户	有手艺的工人					总数	其中无份地者
			不务农的			务农的			
			当地的	外出的	当地的和外出的	当地的	外出的	当地的和外出的	
·········· 15. 新斯洛博茨科伊乡…	1 306 671	330	162	5	244	12	2	755	20

[XIV—XV] II. 按份地大小不同划分的村社类别

每一登记丁口有份地的村社类别	村社数	
··········		
2½俄亩以上3俄亩以下·············	25	
3俄亩以上3½俄亩以下·············	95	136
3½俄亩以上4俄亩以下·············	16	

2. 第4编。克尼亚吉宁县。 1888年下诺夫哥罗德版

(1896年1月16日〔28日〕和1899年 1月30日〔2月11日〕之间)

[109] 这些资料提供的每普特(干)黑麦的平均价格 为 52 戈比。　　所以1俄石[①] ＝4卢布68 戈比

---

① 俄石是俄国旧容量单位,用于散体物等于209.91公斤,用于液体物等于 3.0748公斤。此处1俄石干黑麦等于9普特。　　编者注

[XXXIV—XXXVIII]

农户类别	人口总数			雇工的农户数		挣外水的农户总数	役畜马	男·女·人·口
	农户	男	女	年工	夏季工		马	
A.住在本村的	1	2	3	9	10	15	16	
I.有4匹马以上者………	573	2 923	2 855	45	124	234	2 617	5 778
份 II.有3匹马者…	1 809	7 359	7 387	48	170	580	5 427	14 746
地 III.有2匹马者…	4 503	14 067	14 592	51	196	1 212	9 006	28 659
IV.有1匹马者…	4 852	11 719	12 784	10	63	1 349	4 852	24 503
户 V.无马者…	5 785	10 773	11 938	4	4	4 115		22 711
总计(I—V)………	17 522	46 841	49 555	158	557	7 490	21 902	96 397

[XXXIX—XLI]

农户类别	购买地。宜耕地	租本村社的份地 俄亩数			租地总俄亩数(耕地+割草场)
		耕地		割草场	
		秋播	春播		
A.住在本村的	42	48	49	50	
份 I.有4匹马以上者…	6 671.3	312.3	290.6	130.9	4 506.4
II.有3匹马者………	7 449.3	550.2	550.2	238.8	8 956.1
地 III.有2匹马者……	7 911.5	1 082.2	1 058.6	458.7	13 980.4
户 IV.有1匹马者……	3 396.0	710.6	698.1	304.3	7 106.6
V.无马者………	2 198.4	125.8	115.0	48.1	1 445.9
总计(I—V)	27 626.5	2 781.1	2 712.5	1 180.8	35 995.4

折算成大牲畜总头数	有工商企业的户主人数	宜耕地的俄亩数	出租的份地数						出租土地总俄亩数·（耕地+割草场）
			租给本村社农户的			租给外人的			
			耕地		割草场	耕地		割草场	
			秋播	春播		秋播	春播		
25	29	30	35	36	37	38	39	40	
5 176.2	144	9 136.2	22.3	21.7	7.2	19.3	6.7	0.7	77.9
11 356.7	276	22 523.4	32.0	33.2	11.3	7.3	6.0	1.2	91
18 761.0	337	41 810.9	65.4	64.5	32.3	59.3	14.6	15.0	251.1
11 588.8	145	34 678.4	225.8	212.2	94.1	76.8	35.1	17.7	661.7
4 311.5	81	28 629.3	1 712.3	1 691.3	754.0	140.1	117.5	74.8	4 490
51 194.2	983	136 778.4	2 057.8	2 022.9	898.9	302.8	179.9	109.4	5 571.7

地

外村社的份地			非份地			两种耕地播种总面积	各类土地使用情况（份地+租地+购买地-出租地）
俄亩数			俄亩数				
耕地		割草场	耕地		割草场		
秋播	春播		秋播	春播			
52	53	54	56	57	58	60	
533.0	286.2	124.4	1 489.5	1 040.0	299.5	11 206.0	I.20 233
633.1	277.6	78.9	3 214.0	2 429.4	983.9	22 768.6	II.38 837
691.4	323.9	156.9	4 914.5	3 932.7	1 361.4	36 979.7	III.63 452
242.4	103.2	45.6	2 412.9	1 978.0	611.5	24 853.2	IV.44 519
31.2	13.2	6.9	568.5	405.6	131.8	13 013.0	V.27 783
2 131.1	1 004.1	412.7	12 599.2	9 785.7	3 388.2	108 820.5	194 824

注意第XLVI页：大穆拉什基诺村删掉①

---

① 见下页。——编者注

[XLVI]　1.在表格 I(a 和 b)中,有些总数(按乡、区和农民类别得出的)**不包括**,有些**包括**大穆拉什基诺村和卡姆金村。这样做是因为大穆拉什基诺村纯属手工业村……

大穆拉什基诺村(第 II 页及以下表格)

856　户(现有注册的)——男女人口 3 473 人——工人 839 人

640　户在**当地**挣外水,37 户外出挣外水

782　男工在**当地**挣外水,43 男工外出挣外水

　　挣外水户总数——668

581　无马户(份地户中)

　　经营工商企业户主人数——39

　　份地全部出租者——664

　　　部分出租者——　一

　　租地者 3 户

　　种地——47 俄亩

853　户不种地①

载于1940 年《列宁文集》俄文版
第 33 卷(非全文)

---

①　见本版全集第 3 卷第 366 页。——编者注

3. 第9编。瓦西里县。1890年下诺夫哥罗德版

(1896年1月16日〔28日〕和
1899年1月30日〔2月11日〕之间)

[180] ……引用关于干草正常收割的资料……

割 草 场 面 积（单位俄亩）				割草场干草总收获量（单位普特）			
份地的	私有的	各机关的	总　计	份地的	私有的	各机关的	总　计
……							
共计 21 939.0	11 244.2	3 251.9	36 435.6	2 452 308	1 411 377	387 213	4 250 898
	γ	δ			α	β	

1 798 590(α+β)÷
14 497(γ+δ)=
=**124.0**普特
2 452 308÷
21 939=111.3
普特

[181] ……"只有在过节时才能吃到"干草这句话用于
瓦西里县的奶牛比用于韦特卢加县的奶牛一定更恰当。 ‖ !!

对有关农民经济状况的资料（第Ⅱ—ⅪⅩ页），列宁特别注意瓦西里县
的尤里诺、拉特希哈、图巴纳耶夫卡和斯帕斯科耶等土壤较肥沃的地区。在
第 **117**、**121** 页及 **ⅩⅩⅩⅢ** 页背面，都有列宁的批注——"图巴纳耶夫卡
区"、"尤里诺区"和记下的数字：

地区No	户		专门从事副 业 者	份地户（总数）	无马户
	总　数	挣外水的			
5.尤里诺村及周围4村	713	635	488	(769)	58%
				(63.5%)	

[142—143] X.供计算种地费用的材料

活 计 名 称

......

2)亚麻

耕三遍,耙三遍,种亚麻 1 俄亩………………………………

除草 1 俄亩…………………………………………………………

拔亚麻 3 000 捆 …………………………………………………

运亚麻(3 000 捆)到露浸池边,然后运到场上…………

露浸亚麻 3 000 捆……………………………………………

剥亚麻 3 000 捆 …………………………………………………

打亚麻籽 3 000 捆 ………………………………………………

人 （徒步）	
男	女
平　　均	平　　均
67	—
—	22.5
—	6
3.9	—
—	10
—	8
—	6

70.9＋52.5＝123.4 日??

对照谢苗诺夫县,第133页

$(57—63$ 日$)$①

---

① 《下诺夫哥罗德省土地估价材料》。经济部分。第11编。谢苗诺夫县。1893年
下诺夫哥罗德版。——编者注

[XX—XXV]

使用的全部土地（份地＋购买地＋租地－出租地）		农户类别 A.住在本村的	人口总数			有雇佣工人户数	挣外水的总户数	役马	折算成大牲畜的牲畜总头数
			户	男	女				
			1	2	3	9	14	19	28
12 677		I.有4匹马以上者……	355	1 921	1 909	37	146	1 580	3 304
24 370	份	II.有3匹马者…	1 183	5 473	5 504	66	475	3 549	7 368
60 771	地	III.有2匹马者…	4 427	16 153	16 618	103	1 855	8 854	18 656
65 208	户	IV.有1匹马者…	8 041	21 227	22 626	41	3 330	8 041	18 524
18 807		V.无马者………	4 980	10 133	10 894	3	3 521	—	2 821
181 833		总计(I－V).	18 986	54 907	57 551	250	9 327	22 024	50 673

[XXVI—XXIX]

租地总俄亩数		农户类别 A.住在本村的	宜耕地的俄亩数	向本村社农户所租份地					向外
				为期几年		为期1年			为期
				耕地	割草场	秋播作物	春播作物	割草场	耕地
			49	58	59	60	61	62	64
3 348		I.有4匹马以上者……	3 826.6	307.9	<u>44.9</u>	38.5	40.3	<u>23.7</u>	26.5
5 903	份	II.有3匹马者…	3 202.4	780.1	<u>137.8</u>	71.6	73.0	<u>38.2</u>	33.0
12 659	地	III.有2匹马者…	4 218.0	1 667.8	<u>275.8</u>	159.1	167.4	<u>80.5</u>	41.6
8 695	户	IV.有1匹马者…	1 843.2	1 215.5	<u>213.4</u>	111.7	120.6	<u>55.2</u>	25.6
740		V.无马者……	317.5	148.5	<u>20.3</u>	17.5	16.7	<u>8.3</u>	0.5
31 345		总计(I－V)…	13 407.7	4 119.8	<u>692.2</u>	398.4	418.0	<u>205.9</u>	127.12

宜耕地的俄亩数	份地租给本村社农户					份地租给外村社农户					出租土地总数
	为期几年		为期1年			为期几年		为期1年			
	耕地	割草场	秋播作物	春播作物	割草场	耕地	割草场	秋播作物	春播作物	割草场	
33	38	39	40	41	42	43	44	45	46	47	
5 546.2	27.7	2.9	—	—	4.2	2.4	6.6	—	—	—	44
15 322.2	15.1	3.3	2.4	3.4	5.2	18.2	9.3	—	—	—	57
44 087.1	98.5	14.6	4.2	6.6	5.3	24.9	38.9	—	—	—	193
55 560.4	551.4	112.1	67.4	66.6	26.1	32.3	33.0	0.4	1.1	—	890
22 250.5	3 161.3	528.7	282.1	289.9	126.6	75.2	18.9	6.1	6.6	4.6	4 501
142 766.4	3 854.0	661.6	356.1	366.5	167.4	153.0	106.7	6.5	7.7	4.6	5 685

村社农户所租份地				租非份地					两种耕地播种总面积（单位俄亩）	
几年	为期1年			为期几年		为期1年				
割草场	秋播作物	春播作物	割草场	耕地	割草场	秋播作物	春播作物	割草场		
65	66	67	68	70	71	72	73	74	76	
4.4	7.8	1.7	—	1 537.3	775.0	117.0	120.5	302.9	5 586.7	3 348.4
8.0	18.4	8.2	15.7	2 843.3	788.6	393.6	284.6	408.0	11 550.7	5 902.1
21.1	38.4	22.7	55.0	5 531.1	1 777.1	973.8	743.5	1 105.3	29 317.9	12 660.2
4.2	21.3	22.9	16.3	3 718.8	1 137.5	660.6	463.5	908.4	31 251.9	8 695.5
2.0	1.9	1.3	—	373.3	90.6	26.9	12.8	22.5	8 319.5	743.1
39.7	87.8	56.8	87.0	14 003.8	4 568.9	2 171.9	1 624.9	2 747.1	86 026.7	31 349.3

4. 第12编。马卡里耶夫

(1896年1月16日〔28日〕和

[XXXVIII—XLIII]

农户类别 A. 住在本村的	人口总数			有雇佣工人户数	挣外水的总户数	役马	折算成牲畜的大畜总头数	宜耕地的俄亩数
	户	男	女					
	1	2	3	9	18	19	28	33
份地户 I. 有4匹马以上者……	293	1 429	1 458	54	230	1 314	2 503	5 347.4
II. 有3匹马者…	820	3 288	3 379	84	515	2 460	4 955	12 514.9
III. 有2匹马者…	2 828	9 547	9 774	166	1 735	5 656	12 664	37 740.1
IV. 有1匹马者…	6 703	16 952	18 330	134	4 924	6 703	18 317	68 612.6
V. 无马者………	5 108	10 672	11 114	129	4 279	—	3 213	29 834.5
总计(I－V)	15 752	41 888	44 045	567	11 683	16 133	41 652	154 049.5

………………… 44 055

总计(I－VI)

无份地户 B. 住在外地的 85 933

…… 45 273 | 48 714

共计(A.B.) 93 987

46 299 | 49 557

95 856

县。1889年下诺夫哥罗德版

1899 年 1 月 30 日〔2 月 11 日〕之间）

份地租给本村社农户					份地租给外村社农户					
为期几年		为期1年			为期几年		为期1年			
耕地	割草场	秋播作物	春播作物	割草场	耕地	割草场	秋播作物	春播作物	割草场	出租土地总数
38	39	40	41	42	43	44	45	46	47	
7.5	2.1	·	·	·	40.6	3.8	·	·	·	54
15.4	1.9	0.8	0.9	7.7	40.2	6.6	3.4	2.3	2.5	82
53.6	4.4	2.2	7.7	27.9	156.6	10.1	17.3	2.1	9.5	292
309.0	19.6	16.8	113.1	58.8	193.8	62.7	13.1	36.7	16.6	841
2 857.1	213.1	261.5	416.1	308.6	1 466.3	894.6	77.8	143.2	110.3	6 749
3 242.6	241.4	281.3	537.8	403.0	1 897.5	977.8	111.6	184.3	138.9	8 018

[XLIV—XLVII]

农户类别	购买的宜耕地俄亩数	向本村社农户所租份地					向外村社	
		为期几年		为期1年			为期几年	
		耕地	割草场	秋播作物	春播作物	割草场	耕地	割草场
A.住在本村的	49	58	59	60	61	62	64	65
I.有4匹马以上者	1 701.5	934.0	37.0	34.9	36.3	26.2	296.8	12.5
II.有3匹马者……	1 140.9	621.1	67.7	85.1	101.0	46.8	506.5	16.8
III.有2匹马者……	3 085.9	1 000.9	111.5	109.5	191.8	144.0	651.0	75.8
IV.有1匹马者……	4 544.8	1 163.6	103.9	82.0	207.0	171.2	254.3	39.0
V.无马者…………	454.1	124.2	6.8	4.1	12.9	20.0	16.8	3.2
总计(I－V)	10 927.2	3 843.8	326.9	315.6	549.0	408.2	1 725.4	147.3

份地户

农户所租份地			租 非 份 地					两种耕地播种总面积（单位俄亩）	租地总俄亩数
为期1年			为期几年		为期1年				
秋播作物	春播作物	割草场	耕地	割草场	秋播作物	春播作物	割草场		
66	67	68	70	71	72	73	74	76	
·	5.9	51.2	675.5	119.9	52.0	34.9	50.8	3 542.0	2 367
12.9	24.6	54.2	1 020.3	319.0	178.0	101.8	212.5	6 864.3	3 369
38.7	61.9	259.0	2 162.8	542.7	243.7	154.8	714.5	18 726.2	6 467
11.8	39.9	290.5	1 523.3	553.2	224.5	153.8	1 021.9	30 328.2	5 839
0.6	2.2	42.7	223.2	74.4	4.9	1.4	87.8	8 498.5	625
64.0	134.5	697.6	5 605.1	1 609.2	703.1	446.7	2 087.5	67 959.2	18 667

载于1940年《列宁文集》俄文版
第 33 卷

波尔塔瓦省统计汇编中按播种

《波尔塔瓦省

1. 第8卷。霍罗尔县。第1编。

[255]

各 区 各 等 级 总 计	为期几年的租地			土 地 耕 种			
				农 户 数			雇工种地户在有地户中所种所占的%
	租户	俄亩	其中转租的俄亩数	用自己牲口耕种的	插犋耕种的	雇工耕种的	
…… 全县各类村民	1 457	25 455	6 287	3 610	11 146	4 401	23.0

和租地面积划分的农户类别[35]

经济统计汇编》

1888 年波尔塔瓦版

播种面积(单位俄亩)						
黑麦	秋播小麦	春播小麦	大麦	燕麦	荞麦	其他庄稼
34 063	2 176	24 322	22 000	3 295	6 193	2 327

$$\sum = 94\ 376$$

[298—299]

职　业　名　称	总　计		共计
	种地者	不种地者	
……			
房屋的建筑和修理	254	135	389

在第 **299** 页上。列宁综合了霍罗尔、康斯坦丁格勒、皮里亚京三县的这些资料。后两县的资料,列宁摘自波尔塔瓦省经济资料汇编第 **14** 卷和第 **15** 卷。

霍罗尔县……………………	389	254＋135
康斯坦丁格勒县……………	403	221＋182
皮里亚京县…………………	648	458＋190
3 县…………………………	1 440	933＋507

[全省 15 个县]

2. 第 14 卷。康斯坦丁格勒县。1894 年波尔塔瓦版

(1896 年 1 月 2 日〔14 日〕和 1899 年
1 月 30 日〔2 月 11 日〕之间)

[76]　使用雇佣工人的农户全县平均为 4.1%;在各等级和各区的比例数如下:

等　　　级	雇　工 农户的%
哥萨克……………………………	14.2
种官地的农民……………………	4.7
自耕农民…………………………	2.1
卡尔洛夫农民**36**………………	1.9
移居农民…………………………	7.0
小市民等等………………………	11.7

[129]　在上述128个居民点,调查时大约有620台风车和420台马拉脱粒机。我们说大约,是因为据以进行按户调查的卡片上没有单独列出脱粒机和风车的问题……

[135]　……在调查时看到的以新式犁代替木犁的趋向,必然导致许多农户丧失经营独立性……

[142]　一般说来,如果把租地分成三类,即(1)每一租地者的租地不满10俄亩者,(2)10—30俄亩者,(3)超过30俄亩者,那么每类的资料如下:①

	租地者 的相对 数　字	租地的 相　对 数　字	每个租 地者平 均租地	租地转 租　的	
租地少的(不满 　10俄亩)…………	86.0%	35.5%	3.7俄亩	6.6%	
租地中等的(10— 　30俄亩)…………	8.3%	16.6%	17.5俄亩	3.9%	注意
租地多的(超过 　30俄亩)…………	5.7%	47.9%	74.8俄亩	12.9%	
共　　计	100%	100%	8.6俄亩	9.3%	

---

①　见本版全集第3卷第104页。——编者注

[275]　　　　　　　　　　　　　　　　　　　按各区、各等级和

各等级和各区的总数	为期几年的租地			耕　　　地			
				耕地农户数			雇工种地户在所有种地户中占的百分数
	租户	俄亩	其中转租的俄亩数	用自己的牲口	插犋	雇工	
…… 村民（没有小市民）	2 404	20 173	1 748	7 715	11 900	4 637	19.1

[276—277]

县	全部播种面积（单位俄亩）	按播种面积划分				
		没有播种面积者	播种不满1俄亩者	播种1俄亩和不满2俄亩者	播种2俄亩和不满3俄亩者	播种3俄亩和不满6俄亩者
		144	145	146	147	148
康斯坦丁格勒…	152 325	4 538	205	1 803	3 063	9 774
皮里亚京………	115 597	3 837	673	2 341	3 796	8 414
霍罗尔…………	94 376	4 412	619	2 357	3 357	7 826
3县 …………	362 298	12 787	1 497	6 501	10 216	26 014
平均每户的大致播种面积……	—	—	0.5	1.5	2.5	4.5
各类农户的播种面积…………	—	—	749	9 751	25 540	117 063

全县的总计

播种面积(单位俄亩)						
黑麦	秋播小麦	春播小麦	大麦	燕麦	荞麦	其他庄稼
55 300	3 720	38 330	36 771	7 213	5 128	5 863　∑ 152 325

的农户类别

播种6俄亩和不满9俄亩者	播种9俄亩和不满15俄亩者	播种15俄亩和不满20俄亩者	播种20俄亩和不满50俄亩者	播种50俄亩以上者	农户总数①
149	150	151	152	153	
5 169	2 987	656	526	69	28 790　康斯坦丁格勒县
3 042	1 271	202	105	3	23 684　皮里亚京县
2 946	1 444	327	237	33	23 558　霍罗尔县
11 157	5 702	1 185	868	105	=76 032
7.5	12	17.5	35	56.8	
83 682	68 424	20 737	30 380	5 972	

$$362\ 298$$
$$8类 \ 总计 = \overline{356\ 326}$$
$$5\ 972$$
$$\div 105 = 56.8$$

---

① 参看本版全集第3卷第103—104页。——编者注

	农　户	%	播种面积	%
不满2俄亩	20 785	27.3	10 500	2.9
2—3俄亩	10 216	13.5	25 540	7.0
3—6俄亩	26 014	34.2	117 063	32.3
6—9俄亩	11 157	14.7	83 682	23.1
9俄亩以上	7 860	10.3	125 513	34.7
	76 032	100	362 298	100

50%农户—播种面积18.6%

20%农户—播种面积50%。

载于1940年《列宁文集》俄文版
第33卷(非全文)

3. 第15卷。皮里亚京县。1893年波尔塔瓦版

(1896年1月2日〔14日〕和
1899年1月30日〔2月11日〕之间)

注意 ‖ [87]　……为了查明农村各等级居民手中的私有地供养其业主的能力,我们也像在描述洛赫维察县的情况时那样,假定播种各种庄稼近3俄亩就足以养活一个中等家庭。

[92]　最后,我们把那些既能说明全县各非特权等级的状况,也能说明其中每一等级与另一等级相比的及每一等级各自单独的状况的主要数字指标归结一下。这些数字如下:

各等级所占的百分数：

等级	农户	居民	男劳力	土地总数	牲畜总数	役畜	自己的耕地	所租的耕地	播种地
哥萨克…………	23.3	23.1	23.1	35.2	26.5	26.4	32.8	25.7	27.8
国家农民………	0.3	0.3	0.3	0.5	0.4	0.4	0.5	0.4	0.4
种官地的农民…	9.9	10.1	9.7	14.0	10.5	10.3	14.5	6.6	11.6
自耕农…………	64.0	64.1	64.5	47.7	60.8	61.1	49.9	65.2	58.4
小市民等………	2.5	2.4	2.3	2.6	1.8	1.8	2.3	2.1	1.8
共　计	100	100	100	100	100	100	100	100	100

！对照按役畜划分的类别！

　　所有这些数字表明,小市民对畜牧业和农业最为淡漠,而自耕农尽管缺少土地,但在农业中却力图同那些较幸运的条件超过自己的等级并驾齐驱……

[187—188]

各区各等级 总 计	播种面积(单位俄亩)							此外,所收烟草(单位普特)
	黑麦	秋播小麦	春播小麦	大麦	燕麦	荞麦	其他庄稼	
	137	138	139	140	141	142	143	144
…… 全县村民总数(没有小市民)	35 863	316	9 070	20 244	9 710	7 583	5 998	26 813

$\sum$=115 597

按播种面积划分的农户类别									
没有播种面积的农户数	播种不满1俄亩者	播种1俄亩和不满2俄亩者	播种2俄亩和不满3俄亩者	播种3俄亩和不满6俄亩者	播种6俄亩和不满9俄亩者	播种9俄亩和不满15俄亩者	播种15俄亩和不满20俄亩者	播种20俄亩和不满50俄亩者	播种50俄亩以上者
145	146	147	148	149	150	151	152	153	154
3 837	673	2 341	3 796	8 414	3 042	1 271	202	105	3

皮里亚京县

播种总数

在沃罗涅日省统计汇编上作的批注[37]

《沃罗涅日省统计资料汇编》
第3卷第1编。泽姆良斯克县。1886年沃罗涅日版；
第5卷第1编。科罗托亚克县。1888年沃罗涅日版

（1896年1月2日〔14日〕和
1899年1月30日〔2月11日〕之间）

在沃罗涅日省泽姆良斯克和科罗托亚克两县统计资料汇编中，列宁记下了这两县的县名。

泽姆良斯克
科罗托亚克

在第144—145页的科罗托亚克县农户分类比较表上，列宁标出了各类农户耕种土地的资料：

农 户 类 别		土 地 的 耕 种							
按土地	按 雇 工	用自己的牲畜				雇 工			
		全　部		部　分		全　部		部　分	
		农户	俄亩	农户	耕种的俄亩	农户	俄亩	农户	耕种的俄亩
		96	97	98	99	100	101	102	103
全县总计	当雇工的农户………	1 011	5 705.5	304	1 439	212	512.8	159	480.7
	不雇雇工也不当雇工的农户………	13 979	80 962.1	1 356	7 007.5	1 004	2 758.1	400	774.3
	雇用雇工的农户……	748	7 146.5	25	774.2	31	108.9	4	7.8
	总　计…………	15 738	93 814.1	1 685	9 220.7	1 247	3 379.8	563	1 268.8
									$\sum=1\ 263$

载于 1940 年《列宁文集》俄文版
第 33 卷（非全文）

在特维尔省统计汇编上作的计算 [38]

《特维尔省统计资料汇编》

(1896 年 1 月 16 日〔28 日〕和
1899 年 1 月 30 日〔2 月 11 日〕之间)

1. 第 4 卷。斯塔里察县。1890 年特维尔版

[146—147] 按副业种类划分的副业详表（按乡）

副 业 名 称	全 县 总 计		共 计
	本地的	外出的	本地的和外出的
木工………	472	2 956	3 428
锯工………	84	34	118
房盖工………	3	72	75
填缝工……… ……	1	41	42
火炉工………	19	585	604
瓦工………	18	1 208	1 226
石匠………	8	120	128
灰泥匠……… ……	13	689	702
铺路工……… ……	—	46	46
油工………	3	114	117

斯塔里察县。建筑工人总计:6 486,本地的 621,

外出的 5 865。

在关于农户的统计资料中,列宁标出了关于农户数量、无劳动力者数量的资料,以及年龄等资料。

2. 第8卷。特维尔县。第1编。
1893年特维尔版

[167]　在特维尔县当地的小型副业中,**温室业是收入领先的行业之一**……

这种副业的分布情况从下表就可看出:

有温室的乡和村		业主人数	温床框数
图尔吉诺沃乡	萨维诺村	1	—
戈罗坚乡	奥特罗科维奇村	1	48
伊利因斯卡亚乡	叶兹维诺村	22	841
—	苏什科沃村	14	586
—	图罗沃村	10	189
—	波杜布基村	8	150
—	韦斯基村	4	82
—	伊利因斯科耶村	3	41
—	伊利因斯卡亚大村镇	3	—
—	列利村	3	42
—	克利莫季诺村	1	30
—	伊利因戈尔基村	1	24
—	卢克扬诺沃村	2	42
—	拜科沃村	1	28
—	谢苗斯科耶村	1	12
—	科罗贝伊诺村	2	24
—	戈里戈罗沃村	2	30
—	科贝尔基诺村	1	12
—	索齐村	1	12
—	诺温基村	1	14
—	别古诺沃村	1	12
贝科沃乡	杜金佐村	10	248
—	科舍列沃村	5	140
—	柳巴列沃村	3	160

有温室的乡和村		业主人数	温床框数
贝科沃乡	科洛希诺村	1	24
—	利托博耶沃村	2	40
—	别利-阿尔希耶雷斯科耶村	2	93
—	科贝利诺村	1	18
—	普罗科菲耶沃村	1	—
—	别利齐村	4	71
—	博尔季诺村	1	—
—	奥泽列茨科耶村	2	72
谢尔比尼诺乡	克瓦克希诺村	3	71
—	伊兹迈洛沃村	9	177
—	兹韦特科沃村	13	—
—	热尔尼诺村	3	80
—	马斯洛沃村	3	45
—	诺文村	1	30
—	巴克舍耶沃村	1	60
—	扎赫耶沃村	7	121
—	谢尔比尼诺村	2	30
—	格里什基诺村	1	87
尼库林斯克乡	沃洛季诺村	3	113
别列库沙尔斯克乡	拉梅尼耶村	1	15
—	普尔戈索沃村	2	26
—	托瓦诺沃村	2	33
沃斯克列先斯克乡	费多罗夫村	2	70
—	谢里诺沃村	1	22
—	梁赞诺沃村	4	128
—	马克西莫夫斯科耶村	1	35

私有主所有的

贝科沃乡		1	—
伊利因斯卡亚乡	图罗沃小村	1	102
谢尔比尼诺乡	马斯洛沃村	1	36
—	诺文村	1	30
—	穆希诺村	1	30
—	布拉舍沃村	1	—
—	弗拉斯耶沃村	1	—

171 家农民
+7 家私有主
＞4 431 温床框
　4 431÷178
＝24[39]

　　特维尔县的早熟蔬菜历来是由地主人工催育的,而它作为农民的副业是在农奴制以后发展起来的;开始从事这种行业的是地主教会种菜的原农奴,以及在特维尔温室经营者那儿当过工匠的农民。这种行业是前不久才得到较广泛发展的,由于临近铁路和燃料便宜,它还在发展。它对于农民经济有很大的帮助,不过这只是对富裕农民有帮助。

　　……温室总是设在宅园地和菜园里。主人亲自在温室里工作,由其家属协助;如果温室超过20个温床框,就要雇用工人。其实,雇用工人主要是在新建温室、在主人还不熟习生产这段时间,由他们来教。①

载于 1940 年《列宁文集》俄文版
第 33 卷

3. 第 10 卷。卡申县。1894 年特维尔版

	建　筑　工　人		
	本 地 的	外 出 的	共　计
卡申县	136	1 335	1 471
斯塔里察县	621	5 865	6 486
新托尔若克县	786	3 570	4 356
特维尔县	612	2 660	3 272
4 县	2 155	13 430	15 585

----

① 参看本版全集第 3 卷第 274 页。——编者注

<table>
<tr><td rowspan="2">注意</td><td>[77]　例如,在制靴业特别发达的科尔库诺沃村,只有两个业主有自己的作坊。每个业主雇工 10 至 20 人,视季节而定。雇用的工人是按件付给工资的,冬季每周挣 60 戈比至 1 卢布,吃业主的伙食。</td></tr>
</table>

　　列宁根据各乡的副业详表计算出卡申县本地的和外出的建筑工人的总数,并且在第 82 页上记下:

建筑工人总计　　　　　　　　本地的　 136　⎫
　　　　　　　　　　　　　　　外出的 1 335　⎬ 1 471
　　　　　　　　　　　　　　　　　　　　　　⎭

[1]　　　　　　　　# 农民村庄
经济状况资料表格附注

I. 博布罗夫乡

[2]　9. **马兰伊诺村**……　铁齿耙;一个户主有一台木制脱粒机。种的是雷宾斯克燕麦,但没有成熟;亚麻是长茎亚麻。每人送粪 35 车;有的户主从外面补买粪肥(按每车 15 戈比向无地的贫苦农民购买)。

[3]　14. **科尔涅伊哈村**……　用旧式木犁耕地;铁齿耙;3 户有木制脱粒机……

　　15. **佩列捷里耶村**……　每人送肥料 35 车;谁不够就向无地的贫苦农民购买(每车 15 戈比),或者施稀一点;"送粪期"从 6 月初开始……

　　17. **达尼尔科沃村**……　3 台脱粒机(科伊制的每台 8 卢布),10 盘手推磨,用来碾米和磨燕麦面……

　　19. **尼基特基诺村**……　铁耙;3 台脱粒机(用自己的木材做,每台脱粒机花 3—5 卢布)……

[4—5]　20. **巴甫洛沃村**……　有的人向无地的贫苦农民买粪(每车 15—20 戈比)……

22. **普尔舍沃**……　23 台脱粒机;铁耙……　手工业者有:油工、商人、火炉工、细木工、木工、马具匠、1 人做脱粒机、1 人收购鸡蛋、1 家小杂货铺……

24. **鲁杰伊哈**……　5 台脱粒机,几乎每户都有磨盘,每户都有犁,有些人家种着丛生黑麦,亚麻是长茎亚麻,燕麦是矮秆的,土豆有红皮的和白皮的;每人送粪 820 普特;给宅园地送粪 4—5 车……

26. **巴甫洛沃**……　有的人在外边按每车 15 戈比买粪;给黑麦和春播作物追三遍肥……

II. 布雷林乡

1. **布雷林诺**……　铁耙,1 户有脱粒机,1 户有簸谷机,几乎全都试种丛生黑麦,但都没有收成;燕麦是矮秆的……

[7]　11. **库尔涅沃村**……　铁耙,4 台脱粒机。燕麦是矮秆的,英国种,黑麦是丛生黑麦;在租地上种三叶草;1888 年买了 108 卢布的种子,去年买了 100 卢布的种子。

[8]　18. **巴甫洛夫斯科耶村**……　孩子们在本村教会小学上学。有 3 家客店,1 家小饭馆,2 家小杂货铺;有两个牲口贩子。

[9]　25. **奥舍伊基诺和马克里季诺**……　铁耙;有两户试种丛生黑麦,矮秆燕麦,但来不及成熟,应该早种,而且要种在洼地上;彼得节**40**前两星期送粪,每百平方俄丈上粪 7 车,菜地上粪 30 普特……

26. **利斯基诺**……　铁耙,2 台脱粒机……

29. **费涅沃村**……　铁耙,1 台马拉脱粒机;矮秆燕麦;红皮土豆;有两户试产化瓶,——第一次很好;每百平方俄丈上粪 8 车;菜地每人上粪 40—45 普特。

[10]   **III. 万丘戈夫乡**

2.**米洛斯拉夫**……   副业有:从卡申往萨韦利诺车站拉脚,把货物、管院子的人、马车夫送往彼得堡;<u>有 1 个农民用油粕和干草喂养羊羔近 500 只,再把这些羊羔卖到彼得堡;还有公牛</u>。

[14]   20.**瑟索耶沃**……   <u>有一户在购买地上种三叶草</u>……

24.**舍韦列沃**……   黑麦是普通的;燕麦是英国种子(俄国种子只有 5 户种);<u>在购买地上种了少量的三叶草</u>;耕地深 2½俄寸①。

[15]   27.**拉科沃**……   种子是普通的;有些户种的是雷宾斯克燕麦;<u>在自己的地上种三叶草(洛帕季诺镇)</u>;总共——3 普特。

[18]   **IV. 瓦西扬乡**

[19]   7.**弗拉斯耶沃村**……   有<u>两户倒卖牲口</u>;<u>过手的约有羊羔和绵羊 400 只、牛犊 400 头和 20 多头奶牛</u>。

[65]   **XIII. 梅德韦季茨乡**

[67]   20.**科尔库诺沃**(**克洛库诺沃**)……   <u>耕两遍</u>。<u>铁耙</u>。

---

①   1俄寸约等于 4.4 厘米。——编者注

在尼古拉耶夫斯克县
统计汇编上作的笔记

《萨马拉省统计资料汇编》。经济统计篇。
尼古拉耶夫斯克县。第 6 卷。1889 年萨马拉版

（1896 年 1 月 2 日〔14 日〕和
1899 年 1 月 30 日〔2 月 11 日〕之间）

在从事各种副业的"农民和外地人"人数统计表（原书第 **132—185** 页）中,列宁着重划出全县各种专业建筑工人的资料,并计算出他们的总人数:

建筑工人

1 339

木工

灰泥工

火炉工

油工

烧砖工

瓦工

[204]　　**巴拉科沃村**　　　　　表格,第
　　　　　　　　　　　　　　　14 页及以
　　　　　　　　　　　　　　　下各页**41**

[235]　种烟草 1 俄亩以<u>上</u>的富裕户大多使用雇佣劳动,中　　注意
　　　等富裕户靠自己家人的集体劳动来做各种活……

载于 1940 年《列宁文集》俄文版
第 33 卷（非全文）

在萨拉托夫省
统计资料汇编上作的批注[42]

《萨拉托夫省统计资料汇编》

1. 第10卷。库兹涅茨克县。
1891年萨拉托夫版

(1896年1月16日〔28日〕和
1899年1月30日〔2月11日〕之间)

[241] ……在下表中,只要把各乡比较大的类别研究一下,就可以看到牲畜头数的影响,不过,有意义的主要不是居民普遍拥有大量牲畜,而是与大麻田面积相比的牲畜头数(见最后一栏)。

按全部土地每俄亩平均的牲畜头数	乡	赞成的村社的百分数	按现有男女人口每百人平均的牲畜头数	按登记丁口每百人平均的大麻田面积	按每十亩大麻田平均的牲畜头数
?	……				
	全 县	48.0	51.8	15.8	85.5

[243] ……从在一定条件下对土地更加精耕细作等等妨碍特别大的土地占有形式来看。

载于1940年《列宁文集》俄文版
第33卷(非全文)

2. 第11卷。卡梅申县。1891年萨拉托夫版

（1893年秋以前）

[183]　各类农户每头役畜的平均播种面积相差63%，所以土地多的农户的役畜显然比土地少的农户的役畜干活更重；每一单位面积所需耕畜和农具，大农户比小农户要少。　　　注意

[201]　结论是：每一耕作工具平均播种面积为12.9俄亩；某些类别有这样的波动：

农户类别	每一耕作工具平均播种俄亩数
0　　　俄亩……………	8.7
不足2.5俄亩……………	7.2
2.5—5　俄亩……………	8.3
5—10　俄亩……………	11.4
10—20　俄亩……………	14.7
超过20　俄亩……………	17.9

这些数据明显地证实一个普遍规律，即大农户每一单位耕作面积所需农具要比小农户少；因此大农户的工具得到补偿要比小农户更快，这就使前者有可能使用更贵更完善的农具。　　　注意

[203]　……大农户每一单位播种面积使用的运输工具要比小农户少。　　　注意

在经济统计表中，列宁根据**1886**年的调查对**卡梅申县索斯诺夫卡乡**的**男女人口数作了计算并注明总数**为："38 471"。

在萨拉托夫省
统计资料汇集上作的批注

《萨拉托夫省统计资料汇集》。第1册。统计表。

谢·安·哈里佐勉诺夫主编。1888年萨拉托夫版

（1896年1月2日〔14日〕和

1899年1月30日〔2月11日〕之间）

在谢·安·哈里佐勉诺夫所写的导言中,列宁对涉及如何评论常用的按户调查方法和整理原始资料问题的某些论点作了着重标记。

[24] 所以,农民的农业和副业的一切基本要素、家庭成员和教育程度,都是评定每个农户时的依据。

[36] 瓦·沃·说道:"把数字材料同村或村社这一基本单位联系起来,并不能全面理解过程……必须使数字资料不是同村或村社这种形形色色农民经济类别的聚合体联系起来,而是同这些类别本身联系起来①……"

注意！

[46] 在收获、割草和做零活方面短期雇工不在考虑之中:这种雇工虽然是极普遍的现象,但不能作为经济强弱的突出标志。②

---

① 见本版全集第3卷第83—84页。——编者注

② 同上书,第76—77页。——编者注

在斯·费·鲁德涅夫
《欧俄农民的副业》一文上作的计算[43]

《萨拉托夫地方自治机关汇编》。第6号。
1894年萨拉托夫版

（1896年1月2日〔14日〕和
1899年1月30日〔2月11日〕之间）

列宁根据斯·费·鲁德涅夫文章中发表的县和省农民副业资料,计算了从事副业者的人数,并在相应栏内记下了总数:

	农 业	手艺和手工业	工 厂	其 他	共 计
······· 15个省中97个县总计········	526 567	466 089	141 978	522 882	1 657 516

载于1940年《列宁文集》俄文版
第33卷

在《俄国工业历史统计概述》上作的关于商业性农业发展情况的笔记和计算[44]

《俄国工业历史统计概述》。

德·阿·季米里亚捷夫主编

(1896 年 1 月 2 日〔14 日〕和
1897 年 2 月 17 日〔3 月 1 日〕之间)

1. 第 1 卷。1883 年圣彼得堡版

[1]　　　　　　　农业性工业概述

[12—13]　至于耕作本身,根据大田经济各种不同的条件和形式,可以划分为如下几个农作物区:

　　　(1)休耕经营的区域……

　　　(2)以畜牧业为主的区域……

[14]　(3)以谷物为主的区域……

[15]　(4)甜菜地区……　　上述经济地区是不久以前在欧俄境内出现的,并且每年还在不断地发展和独特化。①

---

① 见本版全集第 3 卷第 224 页。——编者注

[23]　　　　　　　# 粮 食 产 量

[45]　下诺夫哥罗德省马铃薯加工厂和糖浆厂数量增加，
使得马铃薯涨价 75%—100%；其结果是，几乎各县的农
民及土地占有者都扩大马铃薯的播种面积；某些业主的马
铃薯竟占春播作物播种面积的 15%。

注意

[67]　　　　　　　　**И. О. 列维茨基**

[68]　　　　　　　# 特 种 作 物

[87—88]　由于亚麻业几乎到处都掌握在农民手中，商
品亚麻的买卖现在<u>大部分是</u>零散少量成交的，这就产生<u>一
个人数众多的中间人阶级</u>，他们使生产者无法获得生产的
全部收益。在大部分亚麻地区，农民很少直接把亚麻卖给
大商人；商品亚麻通常要过几道手——<u>小包买主</u>和中间
<u>人</u>——西部各省的犹太人、普斯科夫省的<u>麻贩</u>以及其他
地方的<u>所谓盘剥者</u>。[①]
[95]　俄国大麻种植面积减少是不容置疑的。

注意

---

　　① 参看本版全集第 3 卷第 252 页。——编者注

[112—113]   关于制糖用甜
             1876—1877   1877—1878

工厂所属播种面积（单位俄亩）	工厂进料总量（包括从外人手中购买的）（单位别尔科维茨①）	工厂所属播种面积（单位俄亩）	工厂进料总量（包括从外人手中购买的）（单位别尔科维茨）
· · · · · ·			
欧俄共计············ 110 051	17 137 910	91 859	12 955 002
· · · · · · ·			
波兰王国共计······ 4 088	2 129 169	3 168	1 964 076
全俄总计······ 114 139	19 267 079	95 027	14 219 078

[1]　蔬菜业和果园业

注意　[2]　随着农奴制的崩溃,地主果园业和蔬菜业几乎在全俄国一下子就迅速破产了。②

[3]　……最近10—12年来,由于铁路的修筑,俄国的果园业和蔬菜业在经济方面和技术方面有了全面好转③。

注意　[11]　……罗斯托夫县每年约有半数成年人外出做零工,去当园艺师和菜农。

[13]　大部分香草就在罗斯托夫县提取易挥发的香精油(和兰芹油、洋苏叶油、德国和英国薄荷油)。有两家工厂

注意　(米库申和乌斯京诺夫)在1879年提取45普特香精油,价值11 500卢布……

[19]　砍洋白菜的工作是由来自沃洛科拉姆斯克县的雇

---

① 旧俄重量单位。1别尔科维茨等于10普特或163.8公斤。——编者注
② 见本版全集第3卷第271页。——编者注
③ 同上。——编者注

菜生产的资料

	1878—1879		
工厂所属 播种面积 (单位俄亩)	工厂的 收获量	工厂进料 总量(包括 从外人手 中购买的)	
	(单位别尔科维茨)		
94 117	7 622 248	13 530 106	
6 959	383 955	2 154 450	
101 076	8 006 203	15 684 556	

```
   17 137 910
   12 955 002
   13 530 106
   43 623 018:3＝14 541 006
                2 082 565
               16 623 571

   7 622 248 │ 94 117
     752 936   80.
      92 888   81.

   2 129 169
   1 964 076
   2 154 450
   6 247 695÷3＝2 082 565
```

[141]

A. A. 舒尔茨

佣工人来做的。①
[42]

亚·费·巴塔林

[1]　　　　　　家　　畜

[43]　在1856年至1866年的10年中,平均每年输出30 000头,价值1 130 000卢布;在1867年至1871年的5年中,平均每年93 000头;在1872年至1876年的5年中,平均每年41 000头。

注意

	头数②	金额
1877 年……………………	47 324	2 921 150 卢布
1878 年……………………	47 647	3 169 379 卢布
1879 年……………………	47 762	2 147 809 卢布
1880 年……………………	36 170	1 266 102 卢布
	178 903	9 504 440

---

①　见本版全集第3卷第273页。——编者注
②　牛的头数。——俄文版编者注

[43—44]   俄国肉类输出量有很大的波动……

	普特	金额	
1877年······42 430		291 575	卢布
1878年······77 886		525 534	卢布
1879年······64 590		393 530	卢布
1880年······49 257		558 098	卢布

234 163÷4 1 768 737

=58 541

	普特	金额	
······			
1877年输出皮革	321 802	3 542 215	卢布
1878年输出皮革	237 938	3 140 628	卢布
1879年输出皮革	268 201	3 994 510	卢布
1880年输出皮革	442 098	5 049 125	卢布

15 726 478

[55]   俄国输入的羊毛:

1875 年	653 651 普特,金额	19 775 260 卢布
1876 年	479 129 普特,金额	12 725 406 卢布
1877 年	358 562 普特,金额	11 526 607 卢布
1878 年	811 129 普特,金额	24 487 205 卢布
1879 年	989 449 普特,金额	29 694 183 卢布

3 291 920   98 208 661

[63]   下表列有这些年来家禽业每种产品的输出数字。

年份	蛋:	
	个	金额(单位卢布)
1875······	36 336 656	412 402[①]
1876······	54 587 320	622 239
1877······	109 054 175	1 201 989
1878······	141 862 648	1 612 338
1879······	140 797 620	1 572 000
1880······	77 485 570	948 295

523 787 333   5 956 861

---

① 1875 年的资料已被列宁勾掉。——俄文版编者注

[70]　　　　　　　　**В.Г.科捷利尼科夫**

2. 第 2 卷。1886 年圣彼得堡版

[1]　　　　　　**I. 甜菜制糖业**

[19]　甜菜种植园占用的土地面积扩大的速度,从下面的资料中可以看到:[1]

俄亩数:

时期	帝国:	波兰王国:	
1862—63 年	45 962		
1863—64 年	50 596		
1864—65 年	50 580	不详	
1865—66 年	53 027		253 141÷5
1866—67 年	52 976		=50 628
10 年后	———		
1876—77 年	110 051	4 088	
1877—78 年	91 859	3 168	
1878—79 年	94 117	6 959	390 702 ÷ 4
1880—81 年	94 675	3 875	=97 675

[45]　　　　　　　　**A. 哥卢别夫**

[1]　　　　　　**II. 酿酒业和烧酒业**

[44]　……1 维德罗[2]40%的酒,合股者和酒厂厂主平均　　28 000 ÷ 375＝75
花费(包括消费税 2 卢布 80 戈比)3 卢布 75 戈比。　　　　2 800 ÷ 40＝70

---

① 参看本版全集第 3 卷第 258 页。——编者注
② 1 维德罗等于 12.3 升。——编者注

[64]　　　　　　　　　　　　　　　　　　　**E. 拉普**

[102]　　　　　　**5. 淀粉业和糖浆业**①

[121]　　现在我们要举出在经营淀粉业方面以及在1880年的产品数量方面有某些特点的俄国省份。

我们先从我国淀粉业发源地的**特维尔**省说起。这里（卡利亚津市）有11家工厂，生产98 840普特淀粉，价值384 860卢布。

[122]　**梁赞**省共有17家工厂，生产122 400普特淀粉，价值221 400卢布……

雅罗斯拉夫尔省有12家工厂，生产28 900普特淀粉，价值62 750卢布。

[123]　**弗拉基米尔**省有7家工厂；它们生产5 500普特淀粉，价值20 000卢布……

科斯特罗马省有16家工厂，生产7 400普特小麦淀粉，价值26 850卢布。

特维尔市	——11—	384 860
梁赞市	——17—	221 400
雅罗斯拉夫尔市	——12—	62 750
弗拉基米尔市	—— 7—	20 000
科斯特罗马市	——16—	26 850
		715 860

[136]　　　　　　　　　　　　　　　　**И. 林科、Ф. 库凯尔**

---

① 参看本版全集第3卷第261页。——编者注

在 Γ. H. 贝奇科夫的
调查材料上作的批注[45]

《诺夫哥罗德县 3 个乡农民经济状况和
经营按户调查试验》1882 年诺夫哥罗德版

（1896 年 1 月 2 日〔14 日〕和
1899 年 1 月 30 日〔2 月 11 日〕之间）

[40]　这里仅举出冬春两季男性居民挣外水的情况,这些副业包括锯木、运送和流送木材和薪材、开采和运输石头等等;妇女参加这些副业的都比较少,所以受恶劣天气的影响和有时甚至危及生命的副业的影响不大。	注意
[70]　最好能弄清楚,农民对畜牧业的衰落、对牲畜头数的减少的抱怨有多少是符合实情的……只有依据在当地的亲自调查,才能确认牲畜头数减少这一明显的事实。	注意 注意
[75]　……到处是农民家养的普通马、"托斯卡纳"种的俄国小奶牛、腿长体瘦毛少的羊和农民家养的普通猪。在好心的生产者帮助下或靠自己来改良品种的迹象几乎到处都看不到,只有极少数村庄例外(如杜布罗夫卡、索巴奇–戈尔贝、涅科霍沃),它们或者是离司令部近,在那里能直接出售牛奶,或者是所在地有不错的牧场和草场,还有早已发展起来的牛犊饲养业。只有在这些地方可以看到体重达 15—16 普特、年挤奶量达 50 至 60 维德罗的个大体重的奶牛。	注意

[87]　……而另一种人——力量较单薄,不大稳定——他们跑出去……"外出做零工",<u>并且一直是拿自己挣外水的收入"白白地"为自己的份地付款。</u>

注意

[97]　……富农、小酒馆老板和乡长的"帮助"就更谈不上了,<u>乡长们热衷于倒腾燕麦、面粉、干草等买卖,把从他们(居民)那里买来的农产品又卖给其所管辖的居民。</u>

注意

[101]　有些乡<u>饲养牛犊</u>;不过这种副业,就其实质来说,是那些拥有<u>很多奶牛的</u>、<u>本来就很富裕</u>的农民的一笔收入,因为<u>仅有一头奶牛</u>,有时甚至有<u>两头产奶量少的奶牛</u>,<u>饲养牛犊是不可能的</u>^①:奶不够牛犊吃的。

根据1897年《工厂索引》对干酪制造厂和乳脂制造企业的数量作的统计

（1897年9月和1899年1月30日〔2月11日〕之间）

干酪制造企业[1]

第648页[2]——沃罗涅日省1家,附属于其他生产部门

　690　　——卡卢加省1家,同上

　714　　——科夫诺省7家,独立经营

　749　　——里夫兰省45家,同上

　792　　——莫斯科省1家

　796　　——下诺夫哥罗德省8家

　812　　——奔萨省1家

　894　　——斯摩棱斯克省1家,附属于其他生产部门

　910　　——坦波夫省1家

　916　　——特维尔省1家

　968　　——爱斯兰省23家

---

① 参看本版全集第3卷第232—233页。——编者注

② 这里标的是《工厂索引》(1897年圣彼得堡版)的页码。——俄文版编者注

在尼·伊·捷贾科夫的报告上作的批注[46]

《赫尔松省农业工人及其卫生监督组织。

根据医疗膳食站 1893 — 1895 年的材料所编》。

尼·伊·捷贾科夫向赫尔松省地方自治局

医生和代表第十三次全省代表大会作的报告。

1896 年赫尔松版

（1896 年和 1899 年 1 月 30 日〔2 月 11 日〕之间）

据谢·柯罗连科计算——515 000①

〔8〕 由于医疗人员不足,远非所有在雇工市场上待过、因而也应受到监督的工人都进行了登记。所以,如果把来赫尔松省的工人人数算做 125 000,那么,在 1894 年受到实际卫生监督的约占全部工人的一半。

〔9〕 在组织监督的所有 18 个集合站,包括卡霍夫卡在内,登记的工人超过 10 万,其中有午饭吃的 20 806 人,在诊所就医的 10 137 人,即全部工人的 10%。

〔11〕 遗憾的是,赫尔松省地方自治局所建立的医疗膳食站……由于莫名其妙的误解而到处都得不到当地地主的支持。在这个机构活动的初期,某些地主就开始发牢骚,说什么地方自治局采取这种措施会促使工资提高……指责省地方自治局,说它会完全使工人变懒…… 这些毫无

---

① 谢·亚·柯罗连科《从欧俄工农业统计经济概述看地主农场中的自由雇佣劳动和工人的流动》(第 5 编《根据业主方面的材料所编的农业统计资料》1892 年圣彼得堡版)。——编者注

根据的指责本来不值得一提,但是很遗憾,在审议组织工
人监督问题的某些县的会议的决议中也有这种指责……

[12]　地方自治会议①明确表示赞成工人的免费医疗,但　　不赞成(1)
否决了在集结地建立工人的廉价食堂……　阿纳尼耶夫
会议不赞成廉价食堂,认为这会促使雇工工钱提高……　　不赞成(2)

遗憾的是,蒂拉斯波尔会议也像阿纳尼耶夫会议一样,担　　不赞成(3)
心建立这类设施会使劳动力价格更加提高。

　　亚历山德里亚地方自治会议明确表示赞成,认为市场　　赞成(4)
的医疗卫生监督应由省地方自治机关拨款建立。

[13]　然而,赫尔松会议反对这种组织……　敖德萨地方　　5(不赞成)
自治会议……　坚决主张建立农业市场……作为固定的　　6(赞成)
社会机构。

[15—16]　……在中部和西部21个省……**成年工人在**
满足当地农业和加工工业的全部需求之后仍有多余,人数
约有300万,他们不得不到外边去寻找工作……　在南部
和东南部8个省,即比萨拉比亚省、赫尔松省、塔夫利达
省、叶卡捷琳诺斯拉夫省、顿河州、萨拉托夫省、萨马拉省
和奥伦堡省,人口不足,缺额为1300万,**工人则缺少300**
万……　查斯拉夫斯基早就写道:“人们外出做农业零工
大多是去碰运气,颠沛流离既浪费了时间又浪费了精力,
染上了疾病,被送回家去,有时一个钱也没挣到就回来
了。这种流动不可能对国民经济有利。它是人民生活中
的一个阴暗面,也是造成国家某一地区人口过分稠密的农　　??
奴制的直接后果,然而几乎就在这种地区旁边就有广袤无
垠、人烟稀少的草原地区。”

---

①　伊丽莎白格勒县的。——编者注

[17]

	据柯罗连科计算的外出工人人数	身份证发证量
基辅省…………………	281 065	101 490
波尔塔瓦省……………	258 082	173 020
波多利斯克省…………	115 940	108 285
切尔尼戈夫省…………	172 379①	?
奥廖尔省………………	109 610	166 707
库尔斯克省……………	141 848	214 890
沃伦省…………………	111 312①	?
哈尔科夫省……………	129 715	157 280
沃罗涅日省……………	110 909	192 500
按 7 个省计：	1 147 169*)	1 114 172**)

*) 1 147 169
**) 1 114 172

D.② = 32 997

!!
而他们却占总
数的 40%！

35 514 ÷ 526
＝67.5

[26]　在**伊丽莎白格勒**县,131 个农户有工人 15 161 人,其中不包括日工,这些日工往往是从外来人中招雇,而不常从本地人中招雇。

[27]　526 个农户共有工人 35 514 人,其中来自其他省18 656 人,即占工人总数的 52.2%。③如果假定,所登记的工人数不少于全省工人总数的 27%,即认定所登记的工人总数在全省农户总数中的比例,与已有资料的农户数的比例相同,那么,5 个县中等农户和大农户的农庄工人数不下131 107 人,可见其中外来人将占 52%,即 68 176 男女人口。

仅仅是雇农,还是包括日工在内,这一点不清楚[有谁把按俄亩割麦的人计算在内?]

1) 全县雇佣工
人 16 464 人(第
25 页),即不到
4%

[32]　**伊丽莎白格勒**县登记的工人总数为 547[1]人,即约占领取身份证者总数的 10%。

① 列宁勾去了这些数字。——俄文版编者注
② Difference——差额。——编者注
③ 参看本版全集第 3 卷第 228 页。——编者注

[33]　当地业主极其需要劳动力,而需要工作的居民却跑出几十几百俄里去找工作。业主吃亏,工人也吃亏,因为工人抛弃了家乡的工作,到塔夫利达、黑海地区等地去冒找不到工作的风险。当地的经济生活调查者们应该找一找这种非常奇怪的现象的原因。①

?!!

[34]　在整个辽阔地区,在农业工人大批流动的地方,流动是以最原始的方式进行的。在大多数情况下,工人或独自或往往成群结队徒步走几十或几百俄里到需要劳动力的地方去。

[35—36]　乘火车的,比采取刚才提到的那些方法流动的,人数要少;据政府委员会收集的资料说,各种行业外出做零工的、沿着人流量最多的路线流动的工人乘单程火车的不超过20万人。工人很少利用铁路来流动的原因,还是在于火车票很贵……沿着铁路和水路……成百上千俄里地长途跋涉。②

注意
这种说法与
尼·—逊先生的
说法相反

流动办法	工人(1894年)		在卡霍夫卡		总　数	
	总数	百分数	总数	百分数	总数	百分数
徒步……………	31 092	55.1	2 044	10.5	33 136	43.6
随大车徒步………	16 144	28.5	4 002	20.4	20 146	26.3
徒步和坐火车……	4 562	8.0	1 170	5.9	5 732	7.6
徒步和坐轮船……	2 598	4.6	1 007	5.2	3 605	4.8
坐大木船………	123	0.2	6 851	35.0	6 974	9.2
徒步、坐火车和轮船………	222	0.4	2 755	23.6	2 977	3.9
流动办法不详……	1 723	3.2	1 742	9.4	3 465	4.6
	56 464	—	19 571	—	76 035	—

就是说,76 000
工人中坐火车的
占11.5%③

---

①　参看本版全集第3卷第220页。——编者注
②　同上书,第212页。——编者注
③　同上书,第209—210页。——编者注

……"不难想象。当这些步行者好不容易走到集市的时候,他们的双脚累成什么样子。工人们说,天气干燥,尘土飞扬,光着脚走路还没有什么;要是碰上道路泥泞,——这是常有的事,那就倒霉啦,特别是姑娘们;靴子沉甸甸的,脚磨肿了,到处是蹭伤和茧子。每走一步都痛苦不堪,但还得走:总不能一个人留在路上。大伙儿是不等的,他们要及时赶到集市,免得错过雇主;由于各种情况的促使,他们不能照顾疲乏的和有病的伙伴。于是,姑娘们脱掉靴子,在春天冰冷的泥泞中走着"……1894年在比尔祖拉、戈尔江、别列佐夫卡等站作过这种统计。结果表明,平均每个工人在路上要花费约10天的时间。1895年,在抵达别列佐夫卡的人中行程如下:

　427人——14 490天,平均每个工人用了34天。

　441人——7 027天,平均每个工人用了16天。

3 570人——29 850天,平均每个工人用了8天。

---

4 438人　51 367天　平均用了1—12天

[37]　1895年向比尔祖拉(工人进省的地方)的2 236个工人的调查表明,<u>路上的开销为4 357卢布,即平均每人约2卢布</u>。

[38—39]　……下表是各地外出工人占工人总数百分比的有关资料:

		a	b		c				按出发地点的远近
1	2	3	4	5	6				
省 和 县	徒步	随大车徒步	徒步和坐火车	徒步和坐轮船	徒步和坐大木船	徒步和轮、船、坐火车	不详	共计	(见第 28 页附图)算出乘坐蒸汽动力车船的百分数
基辅省	53.2	38.7	3.6	2.4	0.06	0.06	1.9	31 488	基辅省—6.06
波尔塔瓦省	57.6	16.6	14.4	7.0	0.3	0.6	3.5	14 173	波尔塔瓦省—22.0
切尔尼戈夫省	45.0	1.2	9.4	39.0	0.1	4.4	0.4	2 013	
波多利斯克省	73.8	4.2	13.1	0.1	—	—	8.8	4 008	波多利斯克省—13.2
赫尔松省	47.4	38.8	8.0	0.1	0.2	0.05	6.5	3 340	赫尔松省—8.15
沃伦省	59.4	14.6	12.3	3.1	—	3.1	7.5	261	沃伦省—18.5
奥廖尔省	47.1	2.7	38.6	1.1	0.2	0.6	9.8	548	奥廖尔省—40.3
库尔斯克省	40.5	5.0	41.1	—		2.5	10.9	197	库尔斯克省—43.6

[41] 根据 1893 年关于 23 367 名工人的资料,许多工人很早即 4 月和 5 月初就离开家乡;这是一些最贫困的工人,他们完全靠外出做零工为生。1892 年饥荒严重,动身早的特别多。但是,大多数工人外出较晚,到 6、7 月才来赫尔松省。约 5%一直留在该省……

注意

[43] ……境况稍好的工人离家较晚……

[46] 在卡霍夫卡没有受雇的工人大批地涌到赫尔松,大多徒步,很少坐轮船。汇集到赫尔松特罗伊茨克集市的还有途经尼古拉耶夫、喀山卡或克里沃罗格的其他工人。没有受雇的工人再从赫尔松去尼古拉耶夫、别列佐夫卡、雅

诺夫卡、敖德萨以及伊丽莎白格勒、博布里涅茨和其他市场。

[48]　在兹纳缅卡，工人们等火车要等几小时，有时要花一昼夜甚至更多的时间，特别是在秋天。然而这里却没有工人栖身之处……

注意　[56]　彼得罗维罗夫卡的市场到 6 月底和 7 月变得更加活跃，这时敖德萨的小市民和在敖德萨过冬的小工都来找地里活做。这就说明为什么这里工人的成分这样复杂。在加入敖德萨赤脚汉即所谓"纨袴子弟"队伍的工人中，很可能蔓延各种传染病，尤其是花柳病……

注意　[57]　到拉兹杰利纳亚来的也有敖德萨的小市民和小工；在这些小工中有很多奥廖尔人，他们冬天在敖德萨靠做小工生活。

注意　[58]　从波尔塔瓦省克列缅丘格县来的一批人先到赫尔松，在那儿没有受雇的便坐轮船到了敖德萨。工人们都不经其他市场而直奔敖德萨，以图在这里得到较高的工资。[①]从这些零星的考察就可以看出，敖德萨同那些把农业工人从基辅省和波尔塔瓦省吸引来的其他地点不相上下……

　　小雅诺夫卡距敖德萨 60 俄里，距别列佐夫卡 40 俄里，距彼得罗维罗夫卡 25 俄里，成了敖德萨县农户雇用工人的重要市场。这里都是在赶集的日子即每星期四雇用

注意　工人；在 6、7 月份每逢这个日子，工人们便从敖德萨、彼得罗维罗夫卡、别列佐夫卡及其他邻近的市场聚集到这里。

[59—60]　**赫尔松**是主要的劳动力市场之一，成千工人聚集到特罗茨克集市，在卡霍夫卡没有受雇的工人也都来到这里……　写开市期间赫尔松站工作报告的作者指出，夜盲症在发病率中占很大的百分数。这个不仅在赫

工人的境况
比当地人
更糟

尔松集市而且在卡霍夫卡集市登记下来的百分数在本地居民中是从未有过的，必须指出这同东奔西跑找工作做

---

①　见本版全集第 3 卷第 213 页。——编者注

的工人营养不足,以至生活的卫生条件差有直接的联系。

[61]　**新布格**……　广场上没有厕所——临时售货棚之间的空地就成了厕所,因而这些地方简直到处是人粪……

　　克里沃伊罗格地处工人从波尔塔瓦省向卡霍夫卡大批流动的中途,是雇用工人做农活和去当地矿上采矿的一个很大的地方市场。

注意

[62—63]　**小卡霍夫卡**,属塔夫利达省,位于第聂伯河左岸,与别里斯拉夫相望,是主要的雇工市场,工人们从各地来到这里,再到邻近的毗连三省的农户中去干活……同时聚集到这里的工人人数达 **2 万—3 万人**……　从 **5 月 3 日至 9 日**,即在大约 **5—6 天**时间内,经医疗人员登记的就有 **19 519 人**……　据警察局的资料说,5 月 8 日、9 日两天,雇用工人约 **15 000 人**,其余 **8 000—10 000 人**流向赫尔松……　集市广场上为工人搭有棚子……

在 24 000 人中,登记的有 19 500 人,即占 81.2% 15 000＋9 000 ＝24 000

[65]　以前,比较大的农庄派管家到工人住地去雇工人。这个办法在伊丽莎白格勒和亚历山德里亚两县的某些农场中沿用至今。管家来到雇工地点后,就去找村长和乡文书帮忙,事先请他们吃饭。乡公所把各种欠交税款的人和其他想受雇的人召集来。乡公所得到"好处"后就帮助管家尽快雇到工人……①　在像卡霍夫卡这样大的集市上,价格是由某些大的农庄来定……　小农户雇工总是比大农户贵些。**47**

注意

注意

注意
!! 奇怪

[66—67]　戈尔塔医疗膳食站前站长在他的报告中说,站上来了 10 多批辞退了工作的人,但他们既未得到工资,也未得到身份证;其中某些人连自己的背包都没带。他们都说离开是因为吃得太差,**还经常受气**,甚至挨打,这迫使工人离开,因而也就失去得到工资的权利。挨打的人当中有一个白头发的老头,站长亲自给他检查……

_____

①　参看本版全集第 3 卷第 218 页。——编者注

丰收年景劳动力价格开始上涨,工人们扔下自己的工作,到市场去待雇。但是,不管这些抱怨多么合理,不能不承认,工人与雇主关系中现在的混乱状况使工人更加吃亏。农业工人问题的公正的调查者都认为,农业工人的处境比所有其他工人都坏……　决不能责备谢·亚·柯罗连科特别同情工人,他也承认外出做工的工人所得到的结果是最不能令人满意的。

　　劳动力价格高得出奇的时期,在赫尔松省也已成为过去。由于外出当农业雇工的人愈来愈多,农具的迅速普及,在扩大播种方面停滞不前,由于农业危机彼伏此起,**劳动力的价格不断下降**。[①]……　外来工人降低工资导致本地工人工资减少。1891年外来工人把工资降到最低限度……　歉收和工人纷至沓来使各地劳动力价格在收割和打场期间也普遍降低……伊丽莎白格勒县因农庄**工作比约定期限提前一个月完成而解雇了季节工**。

[69—70]　工人只能分头去挣日工资;业主不再雇准备夏季用的固定工人……　相反,在赫尔松,已受雇的工人却放弃工作,指望做工资更高的工作……　在开始收割庄稼前,业主急于准备好劳动力……　丰收在望促使新来的工人提高要价;原先来的和已受雇的工人认为再干工资低的活不上算,所以找借口离开。当工人显得不够时,应省自治局的请求,地方军事长官就准许士兵休假去干地里活……　士兵们力求保持现有的高工资,尽管他们的工作效率要比农业工人低得多……7月份所有庄稼同时成熟,劳动力问题在7月份尖锐到了极点。业主双手一摊,不知对工人如何是好,工人也心中无数,不知按什么价格受雇才好,害怕价钱太贱,因为价格每天都在上涨。该省北部最感工人缺乏,7月份这里正是收割的大忙时节;这里往往是出多少钱也雇不到工人。但是,不管怎样埋怨劳动力不

左侧批注:
注意
正是这样!
注意
注意
注意
注意
!!

---

① 见本版全集第3卷第203页。——编者注

足和价钱太贵……**劳动力价格仍然没有超过丰收**年景的**价格**,例如就拿 1888 年来说吧……1888 年每俄亩平均收 45 普特,价格却与 1893 年平均收 85 普特相同。所以,如果按每收谷物 1 普特的工资计算,1893 年的工资比 1888 年减少近 50%……7 月份价格迅速提高……　1894 年,由于工人大批涌入,年景中常,农业机器在全省异常普及,所以劳动力价格很低,对工人的需求量很小……　各医疗膳食站前站长在报告中一致提到 1895 年市场上工人过剩和价格普遍下降。伊丽莎白格勒 6 787 个季节工中受雇的不到全部工人的一半,而且受雇的大多是半劳力和姑娘们。

[71—72]　在赫尔松省,农业机具的作用愈来愈大。例如,在伊丽莎白格勒县,根据 1884 年的调查就有 1 440 台马拉及手工脱粒机和 250 台蒸汽脱粒机;在亚历山德里亚县,1886 年有 64 台手工脱粒机、806 台马拉脱粒机和 85 台蒸汽脱粒机;在敖德萨县,约有 100 台蒸汽脱粒机。现在这些机器的数量估计至少要多一倍……　但是近两年,由于粮价跌落和必须**降低农活费用**,收割机尽管很复杂,仍开始如此迅速地推广起来,货栈已不能及时满足全部需要。[①]收割机和捆禾机现在几乎在每一个像样的农场里都可以看到,收割机甚至在许多比较富裕的农户里也有……　农具的配置,解除了大农场对工人的依赖,同时降低了对劳动力的需求,使工人陷于困难的境地……[②]

　　广泛采用自动收割机……不仅使工资降低,而且在对劳动力的总需求减少的情况下扩大了对妇女及青少年劳动的需求……　在农场里,能做各种农活的成年男子算是**整劳力**……　**第二类**农庄工人是**半劳力**,妇女和 20 岁以下的男子以及虽然超过 20 岁**但力气单薄的男子**都属于半劳力;男性半劳力又分为两类:(a)从 12、13 岁至 15、16

注意

三　个　县共有蒸汽机435 台

注意

---

①　见本版全集第 3 卷第 197、200 页。——编者注
②　同上书,第 203—204 页。——编者注

岁,这是真正的**半劳力**,(b)**力气大的半劳力**,农庄上称为 <u>"四分之三"劳力</u>,即从 16 岁至 20 岁的工人,除用大镰刀 割草外,能做整劳力所做的任何工作……　**第三类工人 是干零活的半劳力**,即 8 岁以上 14 岁以下的儿童……①
农具特别是收割机和捆禾机的配置大大改变对某些工人 的数量需求,并且使整劳力的劳动贬值,现在整劳力在大

	犁地工		赶牲口工		播种工	用大镰刀割草工	
	春季	秋季	春季	秋季		割草期	割麦期
1889	37	35	21	18	50	55	76
1890	32	38	19	25	43	51	102
1891	32.2	28.0	20	20	41.7	43	61
1892	28	29.3	16.5	16.3	31.8	33.8	<u>60.1</u>
1893	29.7	58.2	17.5	32.8	<u>55.3</u>	<u>51.1</u>	140
							88

[75—76]　……关于切尔尼戈夫的哥萨克有一句谚 语——"哥萨克名扬四方,家里却同狗窝相仿"……　别 列佐夫卡在劳动组合卡上登记的有 <u>5 703 名工人</u>……

注意　[77]　实际上,这成千上万的农业工人都是无地的农村 无产者,现在他们全靠外出做零工为生……<u>谁也没有牲 口……没有牲口</u>……　土地的被剥夺在飞快进行着,同

注意　时,农村无产阶级的人数也在不断增加……②　这样,在 别列佐夫卡登记的工人总数中,<u>约 2 000 人(151 批)完全 没有牲口</u>……

[78]　黑土地区缺地现象随着人口增加而日益严重,促 使一批又一批工人外出做零工。因此每年来该省的工人

注意　中**约有 30%是第一次外出谋生的新手**;这种新手的人数 在 1893 年占全部工人的 41.1%,在 1894 年占 21.6%。

---

① 见本版全集第 3 卷第 204 页。——编者注
② 同上书,第 212 页。——编者注

多数情况下完全可以用半劳力来代替……　妇女和半劳
力的工资到处都比整劳力几乎少一半,因此,在使用农
业机具的情况下,用半劳力代替整劳力对农场极为有利,
当然也就会用得愈来愈广泛。

注意

[73]　日工的工资比季节工和年工更不固定,这一点从
下表中可以看出(价格单位戈比):

搂草工	打捆工	连枷脱粒工	脱粒机工		
			滚筒工	整工	半工
32	46	42	77	52	32
33	64	—	93	53	30
27.5	38.7	35	67.7	43.7	29.3
22.3	36.6	35	58.0	39.0	23.4
40	93	75	106.3	74.5	45.3

是赫尔松省
全省平均吗?

5年平均

[80—81]　在为了受雇而来到赫尔松省的工人中,妇女占
12%—25.6%……　可见,妇女外出做零工逐年增加……
草原地区合理经营的趋向,机器和工具的推广,很快就会
使参加农业的妇女不少于进工厂的,甚至还会多得多。

注意

注意

[83]　根据这次登记,儿童在外来工人中为数不多。虽
然8岁以上14岁以下的儿童在农庄工人中总是占很大
的百分数,但是他们大部分是来自农场附近村庄的当地
居民,例如在伊丽莎白格勒县的当地农庄工人中儿童占
10.6%,而在外来工人中却只占2.3%……　因此,贫困
迫使妇女年纪轻轻地就外出做零工……

注意

注意

[85—86]　工人在夏季全部时间在草原上度过……
1890年秋,在视察伊丽莎白格勒县的农庄时,天气很冷,
在宿营地看到一些用干草匆忙搭成、可容5—10人的窝
棚……1890年在伊丽莎白格勒县和阿纳尼耶夫县的336

平均1个农场
有16个工人

个农场中有<u>年工</u> 5 393 人，即农庄工人总数的 <u>28%</u>。1893 年在伊丽莎白格勒县的 <u>100 个较大的</u>农场中工人人数如下：

	男	女	儿童	共计	百分数
年工……………	1 396	438	142	<u>1 976</u>	17.4
季节工…………	3 008	1 243	170	4 421	39.5
日工……………	2 591	1 721	488	4 800	43.1
总计……………	6 995	3 402	800	11 197	—
百分数…………	62.4	30.4	7.2	—	—

20 个工人

……在伊丽莎白格勒县的 80 个农场的年工和季节工总数中，冬季留下的有 <u>2 417</u> 人……

30 个工人

[87] 在视察叶拉涅茨区的农场时，帕什科夫斯基医生<u>在20 个农庄中没有看到一个农庄有专为工人造的、或多少符合他们需要的住所</u>…… 在 1889 年和 <u>1890 年</u>视察的伊丽莎白格勒县和亚历山德里亚县的 <u>30 个农庄</u>中，只有 <u>14 个</u>专为工人造的集体宿舍。在其余的农庄中，用作工人住所的是普通的<u>农庄厨房</u>，这些房屋连作厨房用也<u>并不都很适合</u>。

[89] 在有 200—300 工人的埃—尔先生的农庄里，只有 1 所可容 20 人的集体宿舍。就在这个农场里，<u>专门给本户工人建的住处紧挨着猪圈，甚至同猪圈在一起</u>。

注意

[90] ……<u>潮湿、寒冷、阴暗和肮脏</u>——这就是大家对土窑集体宿舍常用的评语。

注意

[92] <u>常常听到工人们埋怨伙食不好。这些抱怨往往是有充分道理的</u>，而且是工人离开农庄的主要理由之一……**农业工人的工作日长达 12.5 至 15 小时。**

[93] 除农业工人在履行自己义务期间的这些一般条件外，<u>某些农活</u>对他们的健康也产生有害的影响，如用马拉

脱粒机和蒸汽脱粒机的工作,除时常造成外伤外,由于经常在灰尘里干活,工人们难免得眼病,呼吸器官也时常得病…… 手工脱粒机现在已为马拉脱粒机所取代,它早就有了"凶手"的名声。马拉脱粒机比手工脱粒机更普遍,这些脱粒机不仅可在所有中等农庄里看到,而且在农民那里也可看到。4—8匹马拉的脱粒机,需要14—23个以至更多的劳动力,其中多半是妇女和少年儿童,即半劳力。马拉脱粒机出的不幸事故最多。所有大农场都拥有的8—10马力的蒸汽脱粒机,同时需要50—70个劳动力,其中多半是半劳力,即12—17岁的男女儿童。①

[94] ……脱粒通常到处是同时进行的,因为我国的农业生产是资本主义性质的,每一个土地占有者都急于尽快地脱粒并把粮食预售出去。仅本省北部两县即伊丽莎白格勒县和亚历山德里亚县脱粒所占用的劳动力大约不下65 000人,就全省来说数字大概要超过20万人……

	注意
	注意
	注意
	*)

*) (1)**土地占有者**的播种面积=409 010俄亩(第23页)409÷65=6.3

　　(2)**土地占有者**的播种面积=1 316 774俄亩　　1 317÷200=6。

古人说,农民的劳动是"最惬意而有益的工作",这种说法在资本主义精神统治着农业领域的现在,一般说来,未必合宜了。随着农业活动中使用机器耕作,农业劳动的卫生条件不仅没有改善,反而变得更坏了。机器耕作引起了农业领域前所未闻的劳动专业化,因而农村居民中的职业病增加了,严重的工伤事故大量发生。②

[95] ……得了重病或受了工伤的农庄工人……干脆被赶出农庄。下面有这样几个例子:……一个来自基辅省

	注意
	注意

---

① 见本版全集第3卷第202页。——编者注
② 同上书,第217页。——编者注

的工人菲力浦·斯—克,给科罗温村的一个地主 Б.某干活,得了斑疹伤寒。他们命令病人离开农庄,等痊愈后才能回来…… 来自阿纳尼耶夫县的叶菲姆·Ш—ко,给一个德意志族的 K.某干活,得了肺炎(并发心脏病)。因生病被赶出农庄,被扔在草原上无人照料…… 阿尔先尼·Д—ко(有心脏病,代偿官能失调加气肿)在敖德萨特辖市克里瓦亚巴尔卡给 Г.某干活。由于生病而被赶出大门。

注意　[96] 还不能不再提一提某些雇主对有病的季节工所采取的令人愤愤不平的做法——我们说的是从季节工资中扣除工人住院期间的工资。

[100] 在经常对一批批来吃饭的和找雇主的外来工人进行登记的各个站,给第一次来吃饭的 58 179 名工人供应了 120 255 份正餐(确切地说是份饭),每个工人平均 2.6 份。**总的来说,在廉价食堂用餐的,只占市场上聚集的和劳动组合卡上登记的全部工人的 35.7%**。只要看一下统计表,各年来吃饭的工人人数的差别、确切说最近两年人数的减少,是显而易见的。

[101] 比尔祖拉站站长在《大事记》中写道:"许多饥饿的工人拥挤在厨房门口,要喝红菜汤,而且往往指着价格说,'5 戈比——先不付钱,等挣了钱再付' ……一份饭两三

注意　个人吃。"

注意　[102] ……一份有热汤的饭好几个人吃,主要是为了把面包干泡软。

注意　[103] ……更穷的人——奥廖尔人、切尔尼戈夫人及其他一些把自己的全部积蓄都用光的人,把最后一点钱拿到食堂来吃最便宜的饭,等等。

注意　[106] ……食堂的工作要决定于集市日**初**来站上的工人的多少。要是工人们在市场久留不走——反对办食堂的人把这怪罪于食堂——,那就不会出现供餐份数和就餐者人数的曲线非常吻合的现象。如果工人乐意花 5 戈比

买一盆热红菜汤而在市场上待下来,那么供餐份数的曲线在新工人来得少的时候也会上升。

[111]　凡是食堂经营得当的地方,例如在博布里涅茨、伊丽莎白格勒、莫斯托沃耶和喀山卡,<u>食堂的开支靠供餐的收入就差不多能完全收回</u>……　大体上说,廉价食堂供餐的收入就差不多能做到收支相抵,即使有些贴补也不很多,只要各站经营得更加合理,那么贴补就会减少到微不足道的数额。

注意

注意

[112]　……<u>农业工人得流行病的比自耕农少</u>。在工人的流行病中最常见的是**肠伤寒**和**痢疾**。　在工人的其他传染病中,常见的是**间歇热**,而且外来的工人得疟疾的比自耕农和当地工人多50%。

[124—125]　通过对农庄工人发病率的直接观察,可以确认,在各种脱粒机和簸谷机旁工作的工人,由于这些机器排出的灰尘**不免**要刺激眼睛,几乎不可避免地患有卡他性接触传染结膜炎,可以说是职业病……<u>沙眼及其传染性也都在加重</u>。

注意

[126]　<u>丰收年景</u>,<u>由于脱粒期更长</u>,工作本身更紧张,在某些农庄和许多农户里,<u>甚至晚上都工作</u>,所以外伤增多。

注意
注意

　<u>伊丽莎白格勒</u>县地方自治机关医院和急诊室<u>在这个季节几乎全被严重骨折、大面积创伤、断肢等等外伤病号挤满</u>。这时地方自治机关诊疗所成了那些遭受农业机器和农具无情摧残的、不断从农业工人大军掉队下来的人们的野战医院。① 在1891年和1892年夏季几个月里,县诊疗所就做了<u>44例截肢手术</u>(上肢15例,下肢29例),其中<u>30例截肢手术</u>,是农业机器使工人成了残废;除截肢外,因受这类机器的损伤而做摘除手术的有<u>22例</u>。

原文如此!

[128—129]　……来自涅恰耶夫乡的一个<u>6岁</u>的男孩,

原文如此!!

---

①　见本版全集第3卷第205页。——编者注

被马拉脱粒机的传动齿轮砸断了脚掌……　<u>另一个 4 岁</u><u>的男孩,被簸谷机的齿轮砸断了右手小指的前两节指</u><u>骨</u>……农民叶梅利扬·P—нко　的整个<u>右手被自动收割</u><u>机完全割掉,另一只手伤势也很重,等等</u>……<u>机器造成的</u><u>轻伤则是大量的</u>……　索钦斯基大夫根据自己 <u>13 年</u>的经验,在他向叶卡捷琳诺斯拉夫医生省代表大会所作的报告中肯定地说,严重的机器致伤事故"<u>一年比一年增多</u>,最令人遗憾的是,几乎所有<u>这些</u>伤号都是精力旺盛、身体健壮的;其中还有年龄小的,甚至 <u>8 岁的孩子</u>(正如前面看到的,我们这里还有年龄更小的)"……　这里还必须提一下

注意

沃伊采霍夫斯基大夫的话,他说:"如果工厂企业可称做外伤实验室,那么完全可以把<u>农业加工工业算做这些</u>实验室的一个醒目的大厅,<u>外伤在这里就像流行病那样常见</u>"。

注意

如果拿全部**外伤病例**来看,那么在工人特别是外来工人中,即在农民中受伤率较高,<u>两年平均为 4.8%,在当</u><u>地工人中——7.2%,在外来工人中——8.3%</u>。

[130]　从农业工人的发病率中……就可看出<u>工人从走</u><u>出家门到被雇主雇用这段时间所遇到的那种对健康有害</u><u>的环境</u>……　那些离开家门时很健康的工人中有 9.5%病倒在路上,这是对上面所说的外出做农业零工遇到对健康有害的环境的一个最好的例证。

注意

[137]　……徒步、随大车步行和坐"大木船"沿第聂伯河流动等原始的<u>流动方式对工人身体有害的程度比他们坐</u><u>火车和坐轮船要小</u>。这种结论乍看起来似乎有点奇怪。

注意

[139]　坐轮船、火车和大木船旅行得<u>皮肤病</u>的较多。<u>一</u><u>般说来,工人们坐轮船在现有条件下是最有害健康的流</u><u>动方式</u>;从对工人健康产生有害影响这点来说,可与之相比的是坐火车……　<u>也许可以设想,工人们宁肯步行,步</u><u>行虽然浪费大量时间</u>。但确有自我保全感,也爱惜了自己的身体。

注意

!!

[142] ……外出做农业零工的许多有害方面对年轻的男工和女工的身体更为有害,这种有害的影响在 14 岁至 20 岁姑娘的发病率上尤为明显……外出做农业零工对外出的新手、年轻的男子和姑娘的影响更坏。

注意

注意

[150—151] 旅途条件以及在雇佣市场上逗留的境遇都很艰难,这在工人中引起许多疾病;外来的工人又带来各种传染病,然而农庄工人的生活条件则促使发病率更高,工人们带来的传染病在这里遇到完全适宜其继续蔓延的土壤……大中农场在全省共有 2 000 多个……同时集聚了 500—1 000 名工人的大农场,堪与工业企业媲美……①现在赫尔松全省只有两三个农场有医士和小药箱……

注意

注意

[153] 索钦斯基大夫在给叶卡捷琳诺斯拉夫医生代表大会的报告中说道:"工厂里的工人发生不幸事故尚有法律保护,厂主要被追究责任,可是关于农业工人的状况至今仍无人吭声。他(岂止他一个人)从未听说有脱粒机主人因工人受伤致残而被追究责任的事"。

注意

[154] **向第十三次代表大会的建议**

1. 为了在外来农业工人最主要的聚集点(雇佣市场、休息处所等地)对他们进行经常的卫生监督,应在夏季工人做季节工期间始终设立近 3 年来的那种**医疗膳食站**……

3. 在最主要的农业市场上,除供廉价食堂用的设备外,还必须刻不容缓地搭设工人避风雨的棚子……

6. 医疗膳食站在其活动扩大到具有**工人职业介绍所**的性质的情况下,对调节农业工人的流动可以起很大作用。②

[155] 9. 拥有大量人手的一切规模不同的大农场,都要受到实际的卫生监督。如同在工业企业中那样……③

---

① 见本版全集第 3 卷第 202 页。——编者注
② 同上书,第 217 页。——编者注
③ 同上。——编者注

注意

10. 对农庄实行卫生监督是医疗卫生人员职责范围内的事,他们应有权进入农庄。鉴于全省缺乏医疗人员,最好能在夏季临时增加医疗人员……

12. 为了保护工人免受机器的严重伤害,省<u>地方自治机关应</u>颁布<u>一些</u>关于使用农业机器的<u>强制性法令</u>……①

13. 被机器砸伤致残的工人应<u>有获得保障的权利</u>……

14. 农业机具造成的外伤都要<u>十分详细地登记</u>在专门的卡片上……

17. <u>以适当的方式</u>吁请改善用火车和轮船运送工人的<u>方法</u>,<u>以消除</u>火车车厢内和轮船甲板上的<u>拥挤现象</u>,<u>而且必须</u>在途中给他们供应优质饮用水。

载于1940年《列宁文集》俄文版
第33卷(非全文)

---

① 见本版全集第3卷第205页。——编者注

在彼·菲·库德里亚夫采夫的
报告上作的批注和计算

《1895 年塔夫利达省卡霍夫卡镇尼古拉耶夫市集的
外来农业工人和对他们的卫生监督》。

彼·菲·库德里亚夫采夫向赫尔松省地方自治局医生和代表
第十三次全省代表大会作的报告。1896 年赫尔松版

(1896 年和 1899 年 1 月 30 日〔2 月 11 日〕之间)

[6] 从 5 月 3 日至 9 日止登记的**外来农业工人**为 <u>19 571</u> 名。

注意

[7—8] **每批外来工人的规模。**每批的组成人数极不相同。在每批的登记卡上,最少人数和最多人数在 2—180 人之间浮动,各批登记的人数共为 1 256 人,平均每批为 15.4 人。关于"一批"这个词,还必须作补充说明;登记人员守则规定,按批登记卡只能登记<u>在同一时间从同一村庄一起外出的人</u>。但是在登记时这一规定并不总是得到遵守,因为有以下两种情况:(1)坐<u>大木船来的人</u>往往是在途中结成伴的,在大木船航行途中常有其他乡、县甚至省的工人加进来;(2)<u>有时还有来自不同省份的在干活时已经</u>

结成伴的工人;这大部分是在当地过冬的人,但这样的人很

注意

少……　在工人中男性占多数,占 72.73%(儿童不算),

妇女只占 27.27%……　值得注意的事实是,在工人市场

注意

上的女工几乎完全是少女,即不过是俄国人未来的母亲。

注意

[10]　不能不注意到外来工人中绝大多数是未婚青年。
毫无疑问,这一事实不能不对习俗和家庭观念产生影响,
虽然现在还很难十分明确地说出这种影响的表现。鉴于
已婚人数不多和现在缺少老人,可以预料,父权制家庭基
础在这种情况下无疑不是在巩固,而是在瓦解……　7 至
14 岁的少年登记的有 331 人,占工人总数的 1.69%。在
卡霍夫卡,随工人来的儿童有 586 人*),占 2.99%。

*)　这一点
"未表明"
参看第78—
9页? 附录,
儿童——9个

[11]　大多数外来工人是单身汉、小伙子、"青年人"和少
女;他们加起来占工人的 69.40%……　大家都知道,他
们在家乡时的情况很坏;但是他们外出挣外水时的处境
也很不好……　所以我们注意到外来工人的年龄:涌入

注意

工人市场的青少年逐年有所增加。例如,按 1891 年的资
料单身汉和少女占 59%,而按现在登记的资料已占

注意

68%。这种现象是由于农业机器的普及而造成的。

[13]　……识字的人在总数中占将近 15%。就俄国西南
部来说识字的人之所以有这样高的百分数,也许可能是因
为外出挣外水的大部分是男青年,他们多数是识字的……

[14]　现在我们把各省登记的工人的绝对数字和百分
比,按登记的工人人数的多少列表如下:

省　　份	工人的绝对数字	百分比		
波尔塔瓦……………………………	11 999	61.00		
基辅………………………	3 142	16.00		
切尔尼戈夫………………	2 329	11.09		
赫尔松…………………	1 514	7.22		
奥廖尔…………………	358	1.8		
库尔斯克………………	81	0.4		
莫吉廖夫………………	51	0.2		
斯摩棱斯克……………	19	0.1	‖	1
哈尔科夫………………	15	0.08		
比萨拉比亚……………	11	0.05		
明斯克…………………	8	0.01		
波多利斯克……………	7	0.03		
叶卡捷琳诺斯拉夫……	6	0.02		
格罗德诺………………	4	0.02		
图拉……………………	4	0.02		
维尔纳…………………	3	0.01		
沃伦……………………	3	0.01		
卡卢加…………………	2	0.01	‖	2
普斯科夫………………	2	0.01		3
塔夫利达………………	2	0.01		
沃罗涅日………………	1	0.005		
科夫诺…………………	1	0.005	1—3）3个	
喀山……………………	1	0.005	工业省总计	
坦波夫…………………	1	0.005	——0.12%	

[17]

过冬

省　份	1895 年 1 月 1 日以前离家
赫尔松………………………	0.07
基辅…………………………	0.71
波尔塔瓦……………………	0.29
奥廖尔………………………	6.86
库尔斯克……………………	3.23
切尔尼戈夫…………………	1.44
所有的省……………………	0.67

[19]　　流动方法	百分比
1. 坐大木船 ………………………	38.32
2. 坐大车 …………………………	17.43
3. 徒步 ……………………………	11.45
4. 徒步和坐火车 …………………	5.98
5. 徒步和坐轮船 …………………	5.06
6. 徒步和坐大车 …………………	4.63
7. 徒步、坐轮船和火车 …………	3.97
8. 徒步、坐大车和火车 …………	3.03
9. 徒步、坐大车和轮船…………	1.69
10. 坐火车和轮船…………………	1.47
11. 坐轮船、大车和火车 …………	1.19
12. 徒步和坐大木船………………	1.04
13. 坐大车和轮船…………………	1.01
14. 坐轮船和大木船………………	0.73
15. 徒步和坐木筏…………………	0.73
16. 坐大车和火车…………………	0.65
17. 坐火车…………………………	0.62
18. 坐轮船…………………………	0.60
19. 坐大木船和木筏………………	0.16
20. 徒步、坐轮船和大木船 ………	0.15
21. 坐大车和大木船………………	0.07
22. 坐大木船和火车………………	0.04

坐火车
16.95%

[20]　……流动方法……(1)**步行的**或**陆路的**……　第2类流动方法——**水路的**或**坐大木船**……　第3类——**靠蒸汽**交通工具——轮船和火车……　第4类——**混合的**……

所有这些方法都**部分地**靠蒸汽交通工具

[26]　……比较穷的人必须早出门,因为上路一无所有,所以必须半路上停下来挣点钱;选择哪种流动方法也取决于有没有钱:比较穷的人不得不步行——这是最慢的流动方法,用这种方法要浪费大量的时间和精力。

注意

[27]　如果说工人在夏季的流动量就全俄来说有200万—300万人,那么据日班科夫医生的计算(*),全年各类工人外出人数为500万人……至于流动方法对工人身体的直接影响,毫无疑问,步行和坐大木船这种原始的方法从卫生的角度看不如蒸汽交通工具……

注意

"一般地说"是这样参看捷贾科夫,第139页①

[32]　……从**别尔季切夫**(外出的工人总的说是少的,因为当地有活干……)……

注意

[35]　工人们在半路上停下来除了为了休息外,如我们所说,还为了挣点钱。在卡霍夫卡登记时注明这类工人有444人。工人们最常提到的临时工作地点有:叶卡捷琳诺斯拉夫、尼科波尔、梅利托波尔和别里斯拉夫;在上述444个人中,去过第一个地点的有102人,去过第二个地点的——16人,去过第三个地点的——79人,去过第四个地点的——16人。在叶卡捷琳诺斯拉夫和塔夫利达两省停下来挣

(*)　1895年《医生》杂志第23期《外出谋生对人口迁徙的影响》。

注意

---

①　见本卷第142页。——编者注

钱的要比在赫尔松省的多。除上述地点外，工人还提到以下地点：敖德萨、尼古拉耶夫、赫尔松、克里沃罗格、新布格、赫尔松县的别洛泽尔卡村和诺沃波尔塔夫卡村，其次是以下城市：基辅、克列缅丘格、塞瓦斯托波尔、刻赤、雅尔塔和亚历山德罗夫斯克……　在卡霍夫卡登记的工人总数中，有 13 067 人，即登记者总数的 80.24%，不是第一次出来的；有 3 218 人，即所有外来工人的 19.76%，是第一次出来挣外水的。

注意

[37]　**工人在途中的吃饭办法**。物质和社会经济状况相同，同乡（成批的工人往往来自同一个村庄）旅行的目的相同，而且常常是工人们要找工作做的地点也相同，——这一切使工人们在途中搭成一伙。常常是 20 个人一批，有时比这个人数还多得多，他们不是由同村人，而是由完全不同省份的人所组成。有时他们只是第一次见面，但在紧要关头都能互相帮助，把最后一点钱拿出来大家用；我们根据个人在赫尔松集市上的观察对此确信不疑，我们在卡霍夫卡也有这种印象。在赫尔松这种印象不过得到证实罢了。有关工人在途中的吃饭办法的数字也在某种程度上证实了这一点。

注意

[39]　下面是几个省份根据各省病人在集市患病者总数中所占的百分比（1913 年）排列的顺序：

省　　份	各省病人在卡霍夫卡患病者总数中所占的百分比	
	根据按批登记卡的资料	根据集市诊疗所的资料
波尔塔瓦……………………	58.04	64.14
基辅………………………	18.10	9.93
切尔尼戈夫…………………	14.76	15.84
赫尔松……………………	3.32	4.70
奥廖尔……………………	3.15	2.51

当地人（赫尔松人）得病的最少

卡霍夫卡病人总数的这种分布,是由各省来卡霍夫卡的工人人数比例决定的。这些省份根据所有登记的工人人数排列的顺序如下:

省　　份	各省工人在卡霍夫卡工人总数中所占的百分比
波尔塔瓦……………………………	61.44
基辅………………………………	16.05
切尔尼戈夫………………………	11.92
赫尔松……………………………	7.71
奥廖尔……………………………	1.79

[43]　根据集市诊疗所的数据得出的外来工人发病率和根据地方自治机关诊疗所7年的平均数据得出的赫尔松县居民的发病率(比例数)

病　　症	集 市 诊 疗 所				赫尔松县的常设诊疗所1887—1893年的平均百分比	外来工人同当地人相比
	赫尔松		卡霍夫卡			
	病人的绝对数	百分数	病人的绝对数	百分数		
Ⅰ. 流行病…………	21	3.42	21	1.10	7.73	<
Ⅱ. 其他传染病……	56	9.14	185	9.67	16.10	<
Ⅲ. 梅毒……………	2	0.33	9	0.47	1.33	<
Ⅶ.地方病…………	492	80.26	1 611	84.21	64.78	>
3. 嗅觉和呼吸器官…………	46	7.55	84	4.39	9.89	<
4. 消化器官……	61	9.95	182	9.51	21.21	<
8. 视觉器官……	248	40.46	976	51.02	4.85	≫

[55]　……在出远门的人中还有一些人什么也没带就离家走了,而在大多数情况下工人只带上三四卢布……平均每个工人带3卢布;从家里出来带钱最多是10卢布,在2 553个接受调查的人中,只有7个工人带了这么多的钱……

注意 | [59] "……工人外出挣外水几乎来自所有的县,**别尔季切夫县除外**;这个县**由于大量播种制糖用甜菜**(占宜耕地总面积的 52%),所以当地工人差不多都不外出。"

注意 | [61—62] **在卡霍夫卡集市和其他雇工地点的工人状况**…… 劳动力价格……日趋跌落,很大一部分外来工人被抛在一边,得不到任何工钱,就是说造成了经济学上所谓的劳动后备军——人为的过剩人口……① 如果我们说,现在收割机一方面是夏季劳动力价格的调节者,另一方面**也在解决外来工人对全县的作用这一问题本身****(在这种情况下这些工人的必要性已成为次要的了)**,那我们并没有说错。这些德意志垦殖者列普式机器,现在在新罗西亚十分普及。只要指出现在在新罗西亚有 20 多家铸铁厂全年主要生产列普式收割机这一点,就可以判断这些机器的普及程度。大体说来,这些工厂每年生产不下 1 万台机器。根据委员会报告中的资料,塔夫利达省在 1893 年就有 4 万台这种机器在收割庄稼。

见《工厂一览表》(1890 年),机器制造业,第 375 页。

叶卡捷琳诺斯拉夫省和叶卡捷琳诺斯拉夫县霍尔季茨村,**瓦尔曼—列普**工厂有 2 台 25 马力的蒸汽机,27 台各种机床,3 座熔铁炉,14 座煅工炉,1 台汽锤。制造农业机器。工厂附设技工学校(1850 年)

126 000 卢布,200 工人。

---

① 见本版全集第 3 卷第 204 页。——编者注

[63]　机器使工资降低到何种程度,从如下事实就可看出,1893 年第聂伯罗夫斯克县用机器割草每俄亩费用不到 1 卢布,吃自己的伙食。租来的机器收割又密又高的庄稼每俄亩才 2 卢布,堆垛是 2 卢布 50 戈比,打捆是 3 卢布 50 戈比……　以前市场上还没有机器,农庄只看重整劳力,雇用妇女很少,雇来也只是当厨娘,而男孩子只被派去做牧羊人、养牛犊人和养猪人的助手;他们并不适合干真正的**草原上的**活。

注意

注意

[65]　……比尔祖拉医疗膳食站站长对 6 月下半月情况的考察(1895 年《赫尔松省医务通讯》第 12 期)。

　　他说:"要想对这里的劳动力市场的情况有所了解,只要了解一下最近一次集市的结果就够了。在这次集市上连同以前已登记的共 138 人,而受雇的总共 4 人,其中 2 人——为期 2 个月,各 14 卢布;1 人——为期 3 个月,8 卢布;1 人——为期 2 个月,13 卢布 50 戈比。每次集市都能遇到面熟的工人。

注意

[66]　"……手工收割庄稼的价格如此低,竟使许多拥有机器的业主宁肯用手工收割而不用机器收割。"①

原文如此!!
注意

---

　　①　见本版全集第 3 卷第 204 页。——编者注

[80—81]

省　份	徒步	徒步和坐轮船	徒步和坐火车	徒步、坐轮船和火车	徒步和坐大木船	坐大木船	徒步和坐火车	坐大车	坐火车和轮船	徒步、坐大车和火车	坐火车
							旅		行		
比萨拉比亚	7	—	—	4	—	—	—	—	—	—	—
沃伦	—	3	—	—	—	—	—	—	—	—	—
沃罗涅日	—	—	—	—	—	—	—	—	—	—	—
维尔纳	—	—	—	—	—	—	—	—	—	3	—
格罗德诺	—	—	—	—	—	—	—	—	—	—	—
叶卡捷琳诺斯拉夫	4	—	—	—	—	—	—	—	—	—	—
科夫诺	—	—	—	—	—	—	—	—	—	—	—
喀山	—	—	—	—	—	—	—	—	—	—	—
卡卢加	2	—	—	—	—	—	—	—	—	—	—
库尔斯克	—	2	38	6	9	—	—	—	7	9	—
基辅	186	48	57	17	10	1 751	102	510	11	—	29
莫吉廖夫	11	22	—	3	—	—	—	—	6	—	—
明斯克	5	—	3	—	—	—	—	—	—	—	—
奥廖尔	87	5	58	45	14	98	16	5	—	—	—
卡美涅茨－波多利斯克	6	—	—	—	—	—	—	—	—	—	—
波尔塔瓦	997	264	666	424	139	4 535	640	1 873	74	527	9
普斯科夫	2	—	—	—	—	—	—	—	—	—	—
斯摩棱斯克	—	—	—	3	—	—	—	—	7	5	—
坦波夫	1	—	—	—	—	—	—	—	—	—	—
塔夫利达	—	—	—	—	—	—	—	—	—	—	—
图拉	—	—	—	—	—	—	—	—	—	—	—
哈尔科夫	8	2	2	—	—	—	—	—	—	—	—
赫尔松	23	11	—	—	—	467	35	728	142	—	69
切尔尼戈夫	705	547	244	208	13	—	36	—	13	—	3
未登记的											
各省总计	2 044	904	1 068	710	185	6 851	829	3 116	263	541	110

方　法										
坐轮船	坐大车和火车	坐大车和轮船	徒步、坐大车和轮船	坐大木船和火车	大木船徒步坐轮船和	徒步和坐木筏	坐大木船和木筏	坐轮船、大车和火车	坐大车和大木船	坐轮船和大木船
—	—	—	—	—	—	—	—	—	—	—
—	—	—	—	—	—	—	—	—	—	—
26	30	2	5	3	—	—	—	—	—	—
2	—	—	4	—	—	—	—	—	—	—
—	—	—	—	—	—	—	—	—	—	—
57	82	165	244	5	28	130	29	15	13	—
—	—	—	—	—	—	—	—	—	—	—
15	4	13	—	—	—	—	—	—	—	—
8	—	—	50	—	—	—	—	212	—	131
—	—	—	—	—	—	—	—	—	—	—
108	116	180	303	8	28	130	29	227	13	131

坐火车的共计
3 043＝17%

∑＝17 894(而据捷贾科夫统计为17 829)

在《1893年和1894年军马调查》汇编上作的计算和评注[48]

《俄罗斯帝国统计资料。第 37 卷。

1893 年和 1894 年军马调查》。

A. 瑟尔涅夫主编。1896 年圣彼得堡版

(1898 年 2 月 7 日〔19 日〕和

1899 年 1 月 30 日〔2 月 11 日〕之间)

〔V〕 ……所有 48 个省的马匹：

据 1888—91 年的调查 16 837 405

据 1893—94 年的调查 15 215 961

即减少＝1 621 444,或比上次调查

少马匹 9.63%。

〔VI—VII〕 ……只是在过了 6 年再作调查的维斯瓦河沿岸省份及以下 9 省有所增加：

省　份	1888年调查的马匹总数	1894年调查的马匹总数	增加的百分数
明斯克…………	312 035	356 645	14.30
格罗德诺…………	185 312	206 413	11.39
维尔纳…………	233 811	246 429	5.39
爱斯兰…………	73 013	76 009	4.10
维捷布斯克………	267 761	276 614	3.31
波尔塔瓦…………	302 458	307 733	1.74
普斯科夫…………	246 127	247 954	0.74
圣彼得堡…………	169 106	169 982	0.52
哈尔科夫…………	335 566	336 585	0.30
平均增加	4.66%		

＋

在其余15个省中,在相隔6年的调查期间,马匹全都减少了,各个省减少的情况如下:

省　份	1888年马匹的总数	1894年马匹的总数	减少的百分数
弗拉基米尔………	231 452	198 147	14.4
雅罗斯拉夫尔……	181 163	159 072	12.2
莫斯科…………	289 307	261 548	9.6
切尔尼戈夫………	599 605	547 138	8.8
波多利斯克………	546 882	503 986	7.8
卡卢加…………	296 020	273 763	7.5
诺夫哥罗德………	301 499	281 410	6.6
特维尔…………	393 389	368 856	6.2
斯摩棱斯克………	472 086	444 311	5.9
基辅…………	450 418	429 556	4.6
库尔兰…………	151 217	144 779	4.3
里夫兰…………	218 075	211 457	3.0
莫吉廖夫…………	458 560	447 853	2.3
科夫诺…………	343 804	336 062	2.3
沃伦…………	738 640	729 450	1.2

－

总之,在这24个省中,15个省的减少额比前9个省的增加额多235 554匹。

最后,在1893年进行过调查的省份中,无一例外地都减少了,有一个省(如坦波夫省)减少的数字竟达20万匹。

7个省在相隔5年的调查期间按减少额大小列表如下：

省　　份	1888年的马匹数	1893年减少的匹数	减少的百分数
坦波夫…………………	761 409	202 585	26.6
沃罗涅日…………	603 929	185 611	30.7
库尔斯克…………	669 414	103 432	15.4
梁赞……………	431 011	93 271	21.6
奥廖尔…………	544 650	70 942	13.0
图拉…………	413 286	70 120	16.9
下诺夫哥罗德……	287 677	61 313	21.3
共　　计………	3 711 376	787 274	

这些省份平均减少了21.2%，据最后一次调查马匹总数为2 924 102。

另外7个省在相隔两年的调查期间马匹减少统计表显示减少的百分数略小。[①]

省　　份	1891年的马匹数	1893年减少的匹数	减少的百分数
萨马拉…………………	1 061 776	191 495	18.0
奥伦堡…………………	538 254	126 089	23.4
萨拉托夫……………	621 110	115 122	18.5
喀山…………………	473 328	83 671	17.6
乌法……………………	744 214	65 675	8.9
辛比尔斯克………	346 957	60 388	17.4
奔萨…………………	337 886	58 060	17.2
	4 123 525	700 500	

[VIII]　总数3 423 025，减少17.0%。

[X]　总起来说，48个省马匹数与养马主人数的比例

---

① 参看本版全集第3卷第178页。——编者注

如下：

	马匹数	养马主人数	二者比例
1888—91年的调查	16 837 405	6 835 948	2.463
1893—94年的调查	15 215 961	6 807 627	2.235
差　额	1 621 444	28 321	

　　总之，养马主人数减少了28 321，马匹数与他们的比例也缩小了。

[XIX]　农户中有马户户数的变化情况见下表：

	农户总数	有马户总数	无马户的百分数
相隔两年作调查的7个省			
1891年……………	1 787 502	1 387 899	22.36%
1893年……………	1 788 108	1 290 780	27.81%
差　额……	+606	−97 119	
其余的7个省			
1888年……………	1 778 943	1 337 318	24.83%
1893年……………	1 849 947	1 239 211	33.01%
差　额……	+71 004	−98 107	

[XX]
24个省			
1888年……………	4 355 815	3 011 219	30.87%
1894年……………	4 650 932	3 117 242	32.98%
差　额……	+295 117	+106 023	
维斯瓦河沿岸10个省			
1888年……………	673 520	456 704	32.19%
1894年……………	706 020	493 120	30.15%
差　额……	+32 500	+36 416	

*)

*) 　38个省总计

	农户总数	有马户	无马户	%
1888—1891年——	7 922 260	5 736 436	2 185 824	27.6
1893—1894年——	8 288 987	5 647 233	2 641 754	31.9
		−89 203	+455 930①	

载于1940年《列宁文集》俄文版
第33卷(非全文)

---

① 见本版全集第3卷第119、178页。——编者注

在弗拉基米尔省农业概述上作的批注

《1896 年弗拉基米尔省农业概述》
1897 年克利亚济马河畔弗拉基米尔版

(1897 年 9 月 3 日〔15 日〕和
1899 年 1 月 30 日〔2 月 11 日〕之间)

[83]　菜园作物作为当地的消费品,其影响比果园作物要大。广大居民对菜园作物收成好坏总是非常敏感的。我们发现,弗拉基米尔省蔬菜栽培业在多数情况下都是为了满足农户的家庭需要,只有在极少的情况下才具有工业性质。工业性菜园也和果园一样,只有在中心城市和大商业村镇附近,总之是在确保有销售市场的地方才能见到。　　注意

[139—140]　如果把关于尤里耶夫、苏兹达利、佩列斯拉夫利和亚历山德罗夫等县所说的情况简要地总结一下,我们就会看到,农业危机的过重负担落在了主要从事农业的人的身上,迫使农民放弃农业而去挣外水。尤里耶夫县格卢莫夫斯克乡有一个农民Ф.Я.伊万诺夫给我们来信说,我们地区的居民主要从事农业,但最近两年外出做零工的明显地多起来了……当地居民为了弥补自己的开支不得不上工厂去找活干,或者外出做手工业零工。　　注意　　注意

　　现在我们来谈谈第三类地区,这一地区地处省的东部和南部,包括舒亚、弗拉基米尔、科夫罗夫、维亚兹尼基、戈罗霍韦茨、穆罗姆、梅连基、苏多格达和波克罗夫等县……整个这一地区具有完全从事手工业的性质。

在《收成和粮价对
俄国国民经济某些方面的影响》
论文集上作的批注和计算[49]

《收成和粮价对俄国国民经济某些方面的影响》。
亚·伊·丘普罗夫和亚·谢·波斯尼科夫教授主编

(1897 年 10 月 4 日〔16 日〕和
1899 年 1 月 30 日〔2 月 11 日〕之间)

1. 第 1 卷。1897 年圣彼得堡版

[I] 引　　言

从 1893 年特别是从 1894 年开始的谷物大跌价，至少初看起来一定给主要仍保留农业性质的国家的国民经济利益带来了极大损失……必须根据事实来检验上述意见，即弄清国民经济各个组成部分与粮食市场的实际关系，并

注意　尽可能准确地查明，究竟哪些人的收入是随着收成和价格的波动而变化的。

[II] ……19 个省缺粮。帝国的广大地区,即北方各省、沿湖省份、工业省份、白俄罗斯及立陶宛各省,即使在中常年景也要添购粮食。

[III] ……目前铁路网发达,用于交换的大部分粮食用铁路运输……1895 年在欧俄有铁路的 46 个省中,有 24 个省运出粮食,而有 22 个省运入粮食。

但远非全部

[V] 如果注意到,1883—1892 年这 10 年欧俄平均收获量约 17 亿普特,最近几年约 23 亿普特,那就是说,甚至根据铁路统计资料,进入交换的不超过全国总收获量的三分之一 [1)] …… 如果把每年发运的粮食数量同 1888—1890 年的平均年收获量的资料作一对比,那就会发现,小麦收获量的 84% 是用铁路运输的……

?

[VI] 由此可见,小麦生产者同粮价的利害关系特别密切……

[VII] 但是在每个省和县的范围内,有的农民有足够的份地,有的则份地很少;前者对价格问题所持的态度显然与后者不同。

[VIII] 就是在农业人口中也有一些不得不购买粮食的阶级,不但在上面划出的粮食输入区,而且在粮食输出区也有这种情况。

注意

[XI] 另一方面,农民收支中的实物部分和货币部分的比例决定于占有多少土地。可是沃罗涅日省一般农民的实物收入为 55%,实物支出为 61%,——一般说来土地比较有保障的国家农民的实物收入占 57%,实物支出占 63%;有赐地的农民的实物部分共 26%,而支出甚至达 24%。

∞ 注意

[XVIII] ……农民往往迫不得已在秋季那几个月出售粮食,到冬季和春季再买回来作口粮和种子用。

1) 除铁路外,运粮还用水路和兽力车,但是同铁路运输量比较起来,单独用水路和兽力车的运量不大。

注意
??!

他们在粮食
生产中所占的
份额不大

注意

??　*)

*)就是说,
大多数人既
有份地也有
租地

??　烧酒的价
格本来就取
决于黑麦的
价格

哈哈!

〔XIX〕　这种迫不得已售粮的做法在黑土地带和非黑土地带都同样采用……　所以,按自己存粮数量来说通常必须购买粮食的农民中,也有许多人在一年的某一季节成了粮食的出售者,这样就增加了市场的粮食供应并降低了粮价……　在粮价低的年月大量地出售粮食,有时在很大程度上抵消了丰收对农民经济有利的影响……　对农民来说,迫不得已的秋季售粮无疑是赔本的买卖……

〔XXIII〕　在非黑土地带……耕地占……27.7%,如果平均占有土地为 $23\frac{1}{2}$ 俄亩,三圃轮作的耕地就不到 $6\frac{1}{2}$ 俄亩,或者说秋播和春播的耕地为 4 俄亩。种这么一点地当然不能够再把谷物卖给别人,即使能卖,那也只是在极少的情况下,而且数量极小……

地方自治局统计汇编中有关占有 10 至 50 俄亩土地的这一类别的各项资料表明……　(2)农民土地占有者在这一类中占绝大多数(3)其他等级的土地占有者大多数把自己的土地租给农民……汇编的编者通常把占有 10 至 50 俄亩的作为整个一类同较小的即 10 俄亩以下的类别一并考察。这一类别和那一类别,都可以被认为是农民占有的土地……

〔XXV〕　举例来说,假如田庄的收入靠用黑麦酿制烧酒,而且不仅用自产的全部黑麦酿酒,还从外面购买黑麦,那么在这种情况下经营的利益无疑要求黑麦廉价。与此类似的田庄还不少,它们的主要收入来自乳品畜牧业和肉类畜牧业……

〔XXVI—XXVII〕　当然,对出租土地的土地占有者来说,粮价如何也不是无所谓的,因为对租地的需求和租金的高低都是视粮价而变化的;但是在这种情况下粮价的影响不是直接的,而是间接的……　如果按照三圃轮作的条件,某一年只有三分之二的耕地播种,那么黑土地带有耕地 5 563 000 俄亩,非黑土地带有 1 347 000 俄亩,两个地带加在一起共有<u>耕地 6 910 000 俄亩</u>,粮价就会在这一年直接影响这些耕地。这个面积在俄国属私人土地占有的 <u>91 000 000 俄亩</u>中当然只占<u>不大</u>的一部分。

其中还有不适宜耕种的。荒唐的比较！

[XLII]　毫无疑问,我国农业现在所经历的困难时期有时变得不堪忍受,是因为我们不久前无节制地利用了极易取得的贷款。

　　但是,除欠债外,还有其他一些原因,人为地使那些就田庄规模和经营条件来说本来可以不依赖市场的土地占有者也受市场的支配。在这类原因中,例如,学校极缺、儿童上学困难、学费昂贵在我们这里起着相当重要的作用。

这么庸俗的论调！

[LVII]　……<u>添购粮食的农户数在中常年景超过出售粮食的农户数</u>。

是这样的！

[1]　　农民经济中粮食的
　　　　生产和消费

[17]　据埃里斯曼教授调查,<u>在莫斯科省各工厂</u>的男工劳动组合中,<u>1 个成年工人平均每天消费</u>:

　　　各种面包…………………913.5 克
　　　稗子…………………………264.1 克
　　　黑麦面…………………… 21.3 克
　　　豌豆……………………………7.2 克
　　　土豆…………………… 58.2 克

<u>把各种食品折算成谷物,全年约合 22 普特</u>。

注意

[25]　为了便于评论,现把各个细小的类别合并为三类……第 1 类粮食没有保证的农民(每人不到 19 普特);第 2 类粮食和部分饲料有保证的农民(19 — 26½普特),第 3 类有余粮的农民(超过 26½普特)。

[26]   ……欧俄:

5.7×26.5

$=151.05$

第1类……男女人口 45 358 078 人,占 70.7%

第2类……男女人口 13 083 401 人,占 20.4%

第3类……男女人口 5 715 513 人,占 8.9%

$\sum = 64$

[31]   整个欧俄:

第1类…………46.6%

第2类…………22.8%

1893年

第3类…………30.6%

!!

[33] 如果我们假设,租地户属于占有方面最低的两个类别,其分布与这两类的户数成正比,看来是不会有多大错误的。①

??!! (([34—35] 可见,在租地户这一类中,租来的土地是按人口大致平均分配的。②

如果假设:(1)租地户主要属于占有方面最低的两个类别;(2)租来的土地在租地居民中是按人口平均分配的;

??!! (3)租地是决定农民从占有方面的最低类转到最高类的条件③……

在整个欧俄(46个省),各类农户份地和租地提供粮食的情况如下:

缺粮类…………………33 553 000 人 52.3%

刚够类…………………20 428 000 人 31.8%

余粮类…………………10 176 000 人 15.0%

注意 ……上面的全部计算无疑有些粗糙……我们对农民中由于在土地利用方面、乃至居民经济生活方面不平等而无疑存在的差别未加考虑。④

---

① 见本版全集第3卷第81页。——编者注

② 同上。——编者注

③ Л. Н. 马雷斯(该文作者)断言租地平均化,这是没有事实根据的。见本版全集第3卷第81页。——编者注

④ 参看本版全集第3卷第81页。——编者注

[46] 在份地和租地的数量方面,新乌津斯克县不仅在萨马拉省,而且在整个俄国,都是与众不同的。但是,那里居民的粮食情况如下:

农户类别:	户主	男女人口	不经营的	播种面积（单位俄面）	平均每户播种面积（单位俄面）	
无役畜者…………	8 968	36 738	4 318	19 054	4.1	
有 1 头役畜者………	6 792	33 233	984	33 617	5.8	)
有 2—3 头役畜者…	11 515	68 005	262	117 214	10.4	)
有 4 头役畜者………	5 454	36 983	31	85 337	15.7	
有 5—10 头役畜者…	8 992	74 222	35	230 345	25.7	)
有 10—20 头役畜者…	2 919	30 848	6	154 857	*)53.2	)
有 20 头役畜以上者…	662	7 635	1	96 381	145.8	
无地者……………	1 297	3 883	—	2 266	1.8	
				739 071		

38.6%
*) ∑ =481 583

[52] 俄国农民经济大多是纯自然经济,种粮食不是为了出售,而是为了自己消费,大部分甚至还不够自己消费。①

[54] 46 个省平均每年生产(扣除种子):

在农民的份地上……………	107 400 万普特		
在农民购买的土地上………	6 900 万普特	∑ = 1 577	127 500 万普特
在农民租来的土地上………	13 200 万普特		
在私有主的土地上…………	30 200 万普特		

　　私人土地占有者的粮食只占⅕(19.2%),而⅘属于农民。私人土地占有者经济出售的不超过 3 亿普特,其余 2 亿(甚至稍多,因为荞麦、黍、玉米、豌豆等未计算在内)给农民,但是,粮食完全够吃并有余粮的只有一类(约占所有农民的⅙)。这类农户从份地上收获约 4 700 万普特余粮;它们多半还掌握着购买地,从购买地上收获约 6 900万普特;它们从租地上,按最谨慎的计算,收获约 2 300 万

15.9%的人口
360＝收获量
1 275 的 28%

---

① 参看本版全集第 3 卷第 278 页。——编者注

普特[1]；最后，这一类是农民中最富裕的，他们还租种同村社人出租的份地；如上所述，不经营户占10%，有男女人口约600万；在粮食不够的这类居民中，从份地上平均每人约收12普特，因而，租份地使富裕农民约收 <u>7 000</u> 万普特粮食。富裕农民这一类别可以出售的余粮共约20 900万普特。

10(第35页)

$\times\ 26.5$

　265

$+209$

　474

还要＋15 100

万消费粮(第

26页)

$\sum=36\,000$ 万

普特

[60]　在某些场合下，是可以对居民拥有的购买手段作出

哈哈！　<u>相当正确的估计的</u>。

[72]　　　　　　　　　　　　　　　Л. 马雷斯

在 Л. Н. 马雷斯文章的附录(第86—92页)中列有一表，说明按占有份地划分的类别各有多少农民以及每一类的土地和粮食占有情况。在这张表上，列宁给说明富裕农民的份地和粮食占有情况的全省资料加了着重标记。在表的末尾，列宁对自己的计算作了总计并记录如下：

有着重标记的类别，即从份地上获得余粮的类别，共有 **22 523 000** 俄亩份地。

[97—98]　粮价对欧俄私人地产的影响

……是生产必要数量的和只够农场(纯消费农场)内部消费的粮食，是粮食数量不足，还是——最后——数量有余，

---

*) 参看第26
页和第35页

　　1)　如上面所表明的那样，在黑土地带约有11%的农民通过租种私有土地而从粮食刚够的那一类变为有余粮类；在这种情况下，平均每人约有余粮5普特，总计约2 300万普特。

都取决于农场规模……　在第一种情况下,粮食生产者虽
然与市场无关,对他来说,市场定的粮价没有决定性影响 1)
……应该根据私人地产的规模和使用土地的方法来考察
私人地产的分类。按规模分类将表明,所有私人占有者的
农场,不论其规模大小,是否都能向别人出售粮食……

[103]　"……一个小田庄的平均土地面积(16.3俄亩),
同被视为标准的劳动地块,即适合中等家庭劳动力的地块
很接近。这样大小的地块使人无法单靠地租(每年100卢
布)生存,也不可能充分保证在这块地上劳动的全家人的
生活……　它是大多数农村居民(农民)的理想。"

[104]　……农民购买土地主要是为了靠自家的力量来耕
种。用自己的农具耕种的土地数量以及每户平均拥有的
马匹数量都证实了这一点。

[107]　……地产不超过20俄亩的农户,除满足自己对食
粮的需要外,一般不可能生产出更多的、可以拿到市场出
售的谷物……

---

1)　当然,可能有这种情况,与自己农场里种的谷物相比,供
应市场的谷物是用较少的生产费用生产的,在这种情况下,消费
农场似乎也会有不种谷物而改种其他作物的兴趣,可见,只要谷
物的市场价格同消费农场的生产费用不一致,谷物的市场价格对
消费农场就有影响。但是我们不能考虑这一点。不种谷物而改
种其他农作物只有在如下两种情况下才有可能:代替谷物的作物
能谷物那样满足对食品的需要;或者,不种谷物而生产某种产
品,该产品投放市场可以得到足以购买粮食的钱。但是这两种改
变,且不说本来生产某种产品而要改种其他作物有很大难度,也
只有在具备一定的土壤和气候条件时才有可能,例如,不种黑麦
而改种小麦或烟草,就必须具备这种条件。此外,不需要作任何
进一步的论证就很清楚,在我国的气候下,不可能找到一种在食
粮意义上和谷物相等的产品,所以不生产谷物而改种其他作物通
常是不可能的;因而,消费式的谷物农场始终有它存在的合理根
据,所以在弄清粮价对各种农场的影响时决不可忽略这类农场。
(参看本版全集第3卷第225页。——编者注)

根据作物呢?

农民的"理
想"!无意中
说了实话。

??

如果把份地
和租地加在
一起呢?

而在商业意
义上呢!??

[108]　总之，由于所考察的地产是属于能够出售谷物的农民的，它已经被考虑在内了；在其余的大量地产中，我们这里要考察的是这样一种规模的地产，对这种地产来说，谷物的市场价格只有在必须购买谷物的时候才有影响。

??　*)

*)　远不能令人信服，因为无论如何**不能说**，粮价对这些占有者无关紧要。

[109]　可见，**非黑土**地带拥有 10 至 50 俄亩地产的土地占有者，从粮价对他们的影响来说，和拥有土地不足 10 俄亩的土地占有者归并为一类会更正确些。换句话说，粮价对所有这些地产来说，在粮食购进时比出售时影响更大。而在这种情况下，应当和 50.2% 的 10 俄亩以下地产（对它们来说，粮价低不吃亏反而有利）归并为一类的，还有非黑土地带面积在 10 至 50 俄亩的 80 242 份地产，这类地产共有 325 339 份，或占所有土地占有者的 66.6%。这个数字加上上述数字，即加上黑土地带 10 至 50 俄亩的 53 063 份地产，就得出私人土地占有者总数的 77.6% 和私人地产总面积的 4.6%，或私人占有耕地总面积的 7.8%，粮价对这些人的意义，我们在此也已作了考察。

小丑!

[113]　在黑土地带基辅、坦波夫、哈尔科夫、库尔斯克和叶卡捷琳诺斯拉夫等省，有不小的一部分耕地种糖用甜菜；在波尔塔瓦及其他一些省——种烟草，在塔夫利达、比萨拉比亚等省——种葡萄，在雅罗斯拉夫尔省部分地区种菜园作物和亚麻，在普斯科夫、斯摩棱斯克等省——种亚麻，等等。在许多省份栽种马铃薯起很大作用。简言之，无论在黑土地带还是在非黑土地带，田庄总数中有很大一部分是不种谷类作物的……　举例来说，假如田庄的收入靠用黑麦酿制烧酒，而且不仅用自产的全部黑麦酿酒，还从外边购买黑麦，那么在这种情况下经营的利益无疑要求黑麦廉价。

?

《资本论》第3卷下册第154页："用于生产其他农产品(例如亚麻、染料植物)和经营独立畜牧业等等的资本的地租,是怎样由投在主要食物生产上的资本所提供的地租决定的。"①这一点亚·斯密早已证明了。

[126—127] 那种虽然是自担风险经营、但不是用自己的农具而是靠对分制耕作的土地占有者的情况就有些不同了。在这里,即使粮价低也许还可以继续经营,因为在这种制度下耕作费用是用生产出来的部分产品来抵偿的,所以有可能在下一年还用同样的办法重新经营。

??

工役经济的特点是劳动生产率低于资本主义经济;它的(劳动)生产费用较高。低价格迫使降低产品的生产费用和价值,因而必须提高技术。这一点工役经济是做不到的。

…… 为弥补自己食粮不足而租地的农民,在粮价低的年份,如果又赶上丰收,就愿意租更多土地,相信自己的食粮会有保证;不仅如此,如果是对分制租地,他还愿意为租地分出比通常的份额更多的收成;如果是工役制,那就承担更多的劳务,因为毕竟可以指望好收成会给自己的劳动带来丰厚的报酬…… 因而,对租地的需求增长了,这就使土地占有者有可能提高租地条件。

!!但是谁不知道,"通常的"份额也会使农民破产,对他们来说是吃亏的。

[135] ……黑土地带不少于40%的大土地占有者或者不向市场出售谷物,因为这些谷物虽然是在他们的耕地上出产的,但它是靠佃农种出来的,而佃农在出售谷物时会直接关心谷物的价格;或者这些土地占有者也不得不自己销售谷物,但这些谷物并不是他们花钱生产的,而是靠出租土地获得的。

真是胡说!

[144]

尼·卡布鲁柯夫

① 见《马克思恩格斯文集》第7卷第694页。——编者注

[153]   **国家贵族土地银行特种**

经　济　耕

省　　份	有自营耕地的田庄			
	有自营耕地的田庄总数	田庄耕地总面积（单位俄亩）	其中自营的	
			耕地俄亩数	在耕地总面积中占的百分比
库尔斯克……………	261	214 653	66 115.3	31
坦波夫……………	281	210 095.4	89 356.2	42.5
奔萨……………	133	600 469.8	58 614.9	9.7
奥廖尔……………	393	123 920	117 360.3	94.6
切尔尼戈夫……………	102	35 617.2	16 714	46.9
图拉……………	244	89 297.4	65 722.8	73.6
梁赞……………	276	77 653	56 805.2	73.1
波尔塔瓦……………	491	383 817	178 451	46.4
哈尔科夫……………	208	168 310.7	92 721.1	55.1
沃罗涅日……………	94	88 270.5	39 024.8	41.9
基辅……………	95	76 605.2	34 741.8	44.2
波多利斯克……………	85	61 541.1	46 376.8	75.3
沃伦……………	34	22 374.7	16 801.3	75.1
比萨拉比亚……………	104	149 976	55 954.8	37.3
叶卡捷琳诺斯拉夫………	377	361 053.4	284 948	78.9
赫尔松……………	108	87 940.6	67 335.4	76.3
塔夫利达……………	14	9 021.6	7 460	82.7
阿斯特拉罕……………	2	387	152	39.3
喀山……………	182	109 633.1	32 851.1	29.8
下诺夫哥罗德……………	65	28 740.4	17 417.4	60.6
辛比尔斯克……………	192	148 144.4	91 444.6	61.7
萨拉托夫……………	160	270 219.6	106 407.6	39.3
萨马拉……………	81	99 093.9	64 866.6	65.5
乌法……………	53	47 052.9	30 877.7	65
奥伦堡……………	5	32 472.5	1 566.7	4.8
黑土地带总计……………	**4 040**	**3 496 360.4**	**1 640 087.4**	**46.9**

评估和常规评估资料

地　面　积

| 施肥和不施肥的田庄 | 其　　中 | | | | 按安年斯基的表格第170页（统计地图I） |
| | 施用自己的和购来的肥料的 | | 不施肥料的 | | |
	田庄数	在田庄总数中占的百分比	田庄数	在总数中占的百分比	
425	413	97.6	12	2.4	工役制的
325	275	84.6	50	15.4	〃　〃　〃
374	178	47.5	196	52.5	〃　〃　〃
485	441	90.9	44	9.1	〃　〃　〃
184	159	86.4	25	13.6	〃　〃　〃
762	463	60.7	299	39.3	〃　〃　〃
777	485	62.4	292	37.6	〃　〃　〃
949	380	40	569	60	混合制的
208	137	65.8	71	34.2	〃　〃　〃
162	103	63.5	59	36.5	〃　〃　〃
134	86	64.1	48	33.9	自由雇佣制的
85	46	54.1	39	45.9	〃　〃　〃　〃
38	28	73.6	10	26.3	〃　〃　〃　〃
60	32	53.3	28	46.7	〃　〃　〃　〃
388	314	80.9	74	19.1	〃　〃　〃　〃
243	36	14.8	207	85.2	〃　〃　〃　〃
13	12	92.3	1	7.7	〃　〃　〃　〃
1	1	100	—	—	
244	178	72.8	66	27.2	工役制的
84	82	97.6	2	2.4	〃　〃　〃
372	171	46.2	201	53.8	〃　〃　〃
221	137	61.9	84	38.1	自由雇佣制的
136	61	44.9	75	55.1	工役制的
59	42	71.2	17	28.8	〃　〃　〃
5	2	40	3	60	
6 734	**4 262**	**63.3**	**2 472**	**36.7**	

[接上页]

省　份	有自营耕地的田庄			
	有自营耕地的田庄总数	田庄耕地总面积（单位俄亩）	其中自营的	
			耕地俄亩数	在耕地总面积中占的百分比
莫斯科⋯⋯⋯⋯	81	9 340	4 742.5	50.7
卡卢加⋯⋯⋯⋯	138	27 472.8	18 882.2	65.1
弗拉基米尔⋯⋯⋯	34	5 285.6	3 083.8	58.3
雅罗斯拉夫尔⋯⋯	27	4 276	2 544	59.5
特维尔⋯⋯⋯⋯	76	13 855.9	5 892.3	42.5
斯摩棱斯克⋯⋯⋯	479	87 074	59 397.5	68.2
格罗德诺⋯⋯⋯	27	11 944.8	6 742.3	56.3
维尔纳⋯⋯⋯	11	19 103.4	2 583.8	13.4
科夫诺⋯⋯⋯	21	18 784.3	4 471.4	23.8
莫吉廖夫⋯⋯⋯	41	13 311	7 464.8	56.0
维捷布斯克⋯⋯⋯	19	27 278.7	5 028.6	18.4
明斯克⋯⋯⋯	21	10 756.33	4 696.5	43.6
科斯特罗马⋯⋯⋯	16	5 425.9	1 582	29.1
维亚特卡⋯⋯⋯	1	891	240	25.8
彼尔姆⋯⋯⋯	1	255.7	126	49.4
普斯科夫⋯⋯⋯	72	11 113.8	7 287.5	65.4
诺夫哥罗德⋯⋯⋯	95	6 778.5	4 973.3	73.3
圣彼得堡⋯⋯⋯	79	12 065.9	6 595	54.6
沃洛格达⋯⋯⋯	9	747.5	677.1	90.9
非黑土地带总计⋯⋯	**1 248**	**285 761.4**	**147 010.6**	**51.4**
共计⋯⋯⋯⋯	5 288 在 11 977	3 782 121.5*⁾	1 787 098	47.3

*) 在这一总数中私人占有的土地的耕作制分别为：

α) 工 役 制 为 主 的 省 ——1 827 000 俄亩共17省:黑土地带

β) 自由雇佣制为主的省 ——1 125 000 〃 〃 15 〃 〃 〃〃

γ) 混 合 制 为 主 的 省 —— 795 000 〃 〃 7 〃 〃 〃〃

3 747 000　　　　39[50]

施肥的和不施肥的田庄	其 中				
	施用自己的和购来的肥料的		不施肥的		
	田庄数	在田庄总数中占的百分比	田庄数	在总数中占的百分比	
111	74	66.6	37	33.4	自由雇佣制的
138	117	84.7	21	15.3	混合制的
80	41	52.2	39	47.8	工役制的
70	39	55.7	31	44.3	自由雇佣制的
220	105	47.7	115	52.3	工役制的
184	153	83.1	31	16.9	混合制的
34	33	97	1	3	自由雇佣制的
60	32	53.3	28	46.7	〃 〃 〃 〃 〃
68	40	58.5	28	41.5	〃 〃 〃 〃 〃
151	94	62.2	57	37.8	混合制的
109	67	61.4	42	38.6	〃 〃 〃 〃
53	35	66	18	34	自由雇佣制的
31	28	93.2	3	6.8	工役制的
1	—	—	1	100	
1	1	100	—	—	
93	88	94.6	5	5.4	工役制的
192	123	63.7	69	36.3	〃 〃 〃 〃
164	134	81.1	30	18.9	自由雇佣制的
26	12	46.1	14	53.9	
1 786	1 216	68.1	570	36.9	
8 520	5 478	64.3	3 042	35.7	

12 非黑土地带 5

$\dfrac{\begin{array}{l}8\ 〃\ 〃\ 〃\ 〃\ 〃\ 7\\ 3\ 〃\ 〃\ 〃\ 〃\ 〃\ 4\end{array}}{23\qquad\qquad 16}$

[157]　　　　**地主农场中的粮食
生产价值**

可见,资本
主义田庄的
收获量最高

丢掉7个省

注意 ✖✖

[165]　统计资料就些农场得出平均水平的结论,其实这些农场往往不能算做这个地区十分典型的农场;这类农场大部分都在中等水平之上。把已统计的这类农场的平均收获量的资料同相应地区所有农场的平均收获量对比一下就可以确信这一点。前者总是大大高于后者……

[169]　如果我们把私有主谷物农场规模很小的最北的省份(阿尔汉格尔斯克、奥洛涅茨、沃洛格达)以及东北和东南的省份(维亚特卡、彼尔姆、奥伦堡和阿斯特拉罕)抛开不谈,那么就欧俄的其余部分(不包括北高加索和维斯瓦河沿岸边疆区)来说,私有主耕地(未出租的)采取不同耕作方法和形式的地域范围就是如此。

[170]　在占欧俄大部分的其他地区——其西面和南面都是上面介绍过的自备农具的地主农场很普遍的地区——用农民的工具和牲畜耕作,采用货币计件雇佣制,或采取工役制形式,或按对分制耕作土地,几乎完全占主导地位,或者说很普遍,不过这里指的仅仅是未出租的耕地。自备农具和雇工的地主农场在这里固然还是有的,但是比较少。中部黑土地带的省份(沃罗涅日、哈尔科夫和波尔塔瓦)好像是介乎以地主的农具为主和以农民的农具为主这两类地区之间的地区,在这些省份以及在某些非黑土地带省份,这种或那种经营方式差不多同样普遍(如果不算出租的那部分耕地的话)。在北部黑土地带地区、伏尔加河中游地区和非黑土地带西北部(普斯科夫、诺夫哥罗德和特维尔等省),用农民的农具耕作和采取与此有关的租赁形式,显然占大多数。

	黑土地带	非黑土地带
19 个自由雇佣制占优势的省,私有主的播种面积 7 407 000 俄亩(83—87 年)	9	10
17 个工役制占优势的省,私有主的播种面积 6 281 000 俄亩(83—87 年)	12	5
7 个混合制占优势的省,私有主的播种面积 2 222 000 俄亩(83—87 年)	3	4
15 910 000	24	19

其余 7 个省－562 000＋15 910＝16 472(应为 16 473)。

可见,在 1 600 万俄亩中,约 8½采用自由雇佣制,7½采用工役制。[①]

[192—193] 这些数字表明,为了在我们的表格中作出平均水平的结论而掌握的资料决不能说是很多的,就某些地区来说还是很不够的。所以,表格的结论只能看做是大致的……　如果把黑麦的耕作、收割和脱粒的费用的总计数字(这方面我们掌握的资料最多)作为例子,按数字大小排列,可得如下的序列:

省　份　类　别	每俄亩的支出(单位戈比)
1.波罗的海沿岸各省……………………………	2 090
2.各工业省(东部地区)………………………	2 083
3.沿湖各省……………………………………	1 910
4.南部草原各省………………………………	1 905

---

① 参看本版全集第 3 卷第 167 页。——编者注

［接上页］

省　份　类　别	每俄亩的支出(单位戈比)
5.中部黑土地带各省……………………	1 821
6.西南各省……………………………	1 818
7.各工业省(西部地区)…………………	1 482
8.西部各省(非黑土地带)………………	1 385
9.伏尔加河下游各省…………………	1 228
10.伏尔加河中游各省…………………	1 189
11.北部黑土地带各省…………………	1 129

……我们的表格中上面头几个(最高的)数字和最后几个(最低的)数字一方面正好与工资最高和最低的地区相符，另一方面与土地耕作方法费钱和省钱的地区相符。

[224]　现在我们可以把上述这些费用的各种因素加在一起，来确定各类地区每1俄亩黑麦生产费用的总金额。

这些总计如下：

表 II

省　份　类　别	耕作、收割和脱粒	运肥和撒肥	总计	总费用	支出总额	
	卢布					
I.南部草原各省……	15.2	—	15.2	3.0	18.2—	9
II.西南各省…………	14.9	2.5	17.4	3.0	20.4	7
III.中部黑土地带各省	13.5	1.9	15.4	3.0	18.4—	8
IV.北部黑土地带各省	9.2	3.1	12.3	3.0	15.3—12	
V.伏尔加河中游各省	10.2	3.5	13.7	3.0	16.7—10	
VI.伏尔加河下游各省	12.0	1.1	13.1	3.0	16.1—11	
VII.各工业省：						
a)东部地区………	—	—	22.2	2.5	24.7	3
b)西部地区………	—	—	20.1	2.5	22.6—	5
VIII.沿湖各省：						
a)圣彼得堡省……	—	—	33.7	2.5	36.2	1
b)其他省份………	—	—	21.0	2.5	23.5	4
IX.西北各省…………	—	—	17.9	2.5	20.4	6
X.波罗的海沿岸各省	—	—	—	—	33.5	2

[229] 关于**多年来平均水平**的结论见下表格(y)。

表 y

省 份 类 别	黑 麦			收入（单位普特黑麦）
	每一俄亩的费用（单位普特谷物）	每一俄亩的纯收获量（单位普特）		
		1881—90	1883—92	
I. 南部草原省…………	**30**	34.5	31.5	4.5
II. 西南省…………	**33**	49	43	16
III. 中部黑土地带省…………	**31.5**	48	41	16.5
IV. 北部黑土地带省…………	**24**	45	42	21
V. 伏尔加河中游省…………	**26**	43	39	17
VI. 伏尔加河下游省…………	**29**	40	36	11
VII. 工业省：				
a)东部地区…………	**30**	48	47	18
b)西部地区…………	**28.5**	46	43	17.5
VIII. 沿湖省：				
a)圣彼得堡省…………	**35**	57	58	22
b)其他各省…………	**27**	48	45	21
IX. 西北省…………	**24**	37	34	13
X. 波罗的海沿岸省…………	**39**	67	65	28 *)

*)

[230] 这表明,<u>在**平均价格**和**中等收成**的情况下,任何一个地区的粮食生产也未亏损</u>。 注意

[231] 表 Φ

省 份 类 别	黑 麦		(1894 年)
	生 产 费用	纯 收 获量	
I. 南部草原省…………	59	52	— 7
II. 西南省…………	62	62.5	+ 0.5
III. 中部黑土地带省…………	74	71.5	— 3.5
IV. 北部黑土地带省…………	44	64	+20
V. 伏尔加河中游省…………	52	58	+ 6
VI. 伏尔加河下游省…………	59	48.5	—10.5

[接上页]

（1894年）	省　份　类　别	黑　麦	
		生产费用	纯收获量
	VII.工业省：		
＋ 1.5	a)东部地区…………………………	47.5	49
＋ 5	b)西部地区…………………………	43	48
	VIII.沿湖省：		
－ 9.5	a)圣彼得堡省………………………	53	43.5
＋ 3.5	b)其他各省…………………………	36	39.5
－ 1	IX.西北省…………………………	43	42
＋13	X.波罗的海沿岸省…………………	53	66

？可是在工役制下的劳动生产率如何呢？？

[235]　对分制和工役制，以这种或那种形式，仍在几乎所有地主经济发达的欧俄地区实行。在这种雇佣形式下，业主受粮食和劳动的市场价格波动的支配比在纯货币经济下要小得多……用实物支付——总的说来是廉价的——雇佣劳动报酬的办法很普遍，必然或多或少地减轻低粮价给地主农场造成的危机的严重性……

尼·安年斯基

[247]　　　论粮价和收成与俄国
　　　　　农业的某些变化的关系

这个课题太广了。为什么不把资料中的某些说明和意见等等收集起来呢？

……农业技术无疑是同收成和农产品价格的水平联系在一起的。遗憾的是，根据现时俄国农业统计材料根本无法分析在收成和价格变化的影响下技术的逐年变化。

[253] ……我们把价格、收成和面积波动的比较结果列表如下：

	1886 年至 1891 年价格的变动	1886 年至 1891 年收成的变动	1887 年至 1892 年面积的变动	1891 年至 1892 年价格的变动	1891 年至 1892 年收成的变动	1892 年至 1893 年面积的变动	1892 年至 1893 年价格的变动	1892 年至 1893 年收成的变动	1893 年至 1894 年面积的变动
黑麦………	+119.8%	−37.1%	− 9.1%	−30.5	+28.0	− 2.4	−31.8	+26.4	+ 2.5
秋播小麦……	+ 31.4	+36.6	+12.6	−21.7	+ 0.1	−24.7	−22.9	+57.3	+22.2
春播小麦……	+ 53.0	−15.4	+ 4.6	−31.8	+53.7	+ 7.6	−24.9	+53.2	− 3.9
燕麦………	+ 50.4	−24.6	− 6.8	−12.6	+ 9.5	− 2.8	−22.4	+53.2	− 0.9
大麦………	+ 55.5	− 9.1	+ 7.6	−19.3	+11.1	+ 2.7	−23.1	+70.2	− 0.9

相符
不符
相符
不符

面积的变动有 7 次与收成的变动 （ + 或 - ）
　　" 　 " 　 " 　 " 8 " 　 " 　 " 　 " 　（ " 　 " ）
　　" 　 " 　 " 　 " 9 " 　 " 　 " 　 " 　（ " 　 " ）
　　" 　 " 　 " 　 " 6 " 　 " 　 " 　 " 　（ " 　 " ）

[254]　　总的说来,上列表格表明,收成好坏对俄国粮食播种面积的影响,比粮价高低的影响更大一些。

[261]　　根据有关司局通讯员报道,1894年春天大部分作物的播种面积扩大了。然而,与此同时也看出一种倾向:地主土地上的谷物播种面积缩小,在西南各省改种糖用甜菜、豆类作物和油料作物,在靠北的各省则改种马铃薯。在非黑土地带各省继续缩减荞麦的播种面积,扩大燕麦作物,在西部则扩大三叶草、羽扇豆和野豌豆的播种面积。

注意

[263]　　霍京县和喀山省相距遥远,但在这两个地区的农民经济中都显示出同样的趋向:不种较贵的粮食而改种不那么贵的、但对耕作要求也不那么高的粮食;这种改变作物的原因当然不是争夺市场,而是力求保证获得粮食。

也许是由于土壤肥力衰竭或者农民的资金缺乏?

[266]　　　　　　　　　　　　　　　**阿·福尔图纳托夫**

[277]　　# 农民的非份地租地决定于
粮价和收成的波动情况

[278—279]　　在目前情况下,只有4个黑土地带省份(波尔塔瓦、奥廖尔、沃罗涅日和喀山)有数量较多的数字资料、有2个省(赫尔松和下诺夫哥罗德)则很少……上述6个省份可以代表西南部、南部、中部黑土地带和伏尔加河中游地区。

?

[283]　　在沃罗涅日省,最近3年来有资料可查的租金比前5年的低;不仅情况特殊的1891年和1892年是如此,1893年也是如此。

资料非常
非常少

[287—289]　　在所有这些可能发生的情况中,实际上只有两种(根据所引的材料)没有发生:**第3种**和**第6种**,即(a)在粮价和收成同时降低的情况下租金不提高,(b)在两者同时提高的情况下租金不下跌。所有其他情况从下表中都可以见到。上述各省在各年发生的情况列表如下:

情况	播种种类	波尔塔瓦省 年份	沃罗涅日省 年份	奥廖尔省 年份	喀山省 年份	赫尔松省 年份	下诺夫哥罗德省 年份	出现次数
第 1 种…	春播	1886,1888,1891	1886,1888,1893	1887,1888	1885,1887	1891	—	} 18
	秋播	1890	1887,1893	1887,1890	1885,1892	—	—	
第 2 种… <	春播	—	1891	1891	—	—	1893	} 7 ⎫
	秋播	1887	1890,1892	—	1886	—	—	⎬ 13
第 4 种…	春播	1889	1887	—	1888	—	1893	} 6 ⎭
	秋播	1888	—	—	1887	—	—	
第 5 种…	春播	1892	—	1894	1889	—	—	} 4 ⎫
	秋播	—	—	—	1888	—	—	⎬ 15
第 7 种… <	春播	1890	1889,1890	—	1890,1892	—	—	} 11 ⎭
	秋播	1886,1889,1891,1892	1888	1889	—	—	—	
第 8 种…	春播	1887	1892	1889,1890	1891	1892	—	} 13
	秋播	—	1889,1891	1888,1891	1889,1890,1891	—	—	

（左栏出现数：18；7；6；4；11；$\dfrac{13}{41}=18$）

我们计算一下所列表格中的数字就会发现,在所提到的6个省中,在注明的时间内,粮价**降低**而租金就提高的情况有18次,租金降低的情况有13次,粮价**提高**租金随之提高的情况有15次,租金降低的情况也有13次。这些数字相差无几,所以不能断定粮价的波动对货币地租高低的变动有什么**决定性**的影响。这种影响显然被另一种更强的因素的影响——收成的影响所掩盖所抵消……   不难看到,这一因素(收成)对租地价格波动的影响比前者(粮价)的影响明显得多。把后者与前者截然分开是不可能的,我们只能根据所引的资料猜测,粮食市场价格的波动从哪方面对货币地租的高低起作用(尽管其作用比收成的作用小)……

注意

原文如此！注意注意正是这样！所以这个资料是不适用的。

第1种情况:粮价下跌,收成好转,租地价格上涨。当市场粮食落价时,在其他条件相同的情况下谷物商品生产获利就少。因此对超过消费份额的租地的需求就不得不减少……①

*)

*)   但是怎么能得出"其他条件相同"的结论呢？为什么农民资产阶级"不得不"减少对租地的需求,而不采用机器以及其他办法来降低生产费用呢？

第2种情况,粮价降低,收成好转,租地价格下跌。发展谷物商品生产仍像第1种情况那样是不利的。*)由此可见,租地货币价格下跌在这里可能意味着以下两种情况中的一种:(a)或者减少对消费性租地的一切需求,或者(b)减少对租赁的货币形式的同样需求……

=消费性的！

*)   不对。粮价低时好收成带来的收入,不会少于粮价高时坏收成带来的收入。如果租地价格下跌,那只能意味着,粮价的降低比好收成的影响更大。

───────────

①   参看本版全集第3卷第71页。——编者注

第4种情况:粮价降低,收成变坏,租地价格下跌。这种情况与前一种情况有许多共同之处;它的影响不过是由于大田作物收成不好而比前一种情况更加强烈而已……

第7种情况:粮价提高,收成变坏,租地价格上涨。在这样的条件下消费性货币租地不可能发展,因为土地的产品数量减少,土地租金反而增加了。

!! 这里根本不提租地的性质。

这是胡扯。难道贫困不会迫使贫苦农民不顾条件如何而为土地支付非常昂贵的租金吗?

[290]　根据以上的全部论述,可以进一步看到这些因素对各种类型的粮食生产的影响。

粮价的降低会缩减供应市场的这种产品的生产……

臆断

[291]　结果必须承认:(a)粮价的降低会促进只是为了消费目的而租地的非份地租地的发展……

臆断

[292]　纯工役制形式的地租……按其价值来说差不多达到了对分制地租的数额。这两类形式的地租差不多总是略高于相应的货币地租……对分制地租不断在增长。

注意

[293]　对分制租价不断增长(往往通过外加工役的办法)的过程,在巴赫姆特(195)、顿河畔罗斯托夫(190)、梅利托波尔(94)、蒂拉斯波尔(262)、奥斯特罗戈日斯克(第 2 卷第 229 页)等县的汇编中都有几乎一字不差的描述。

[294]　……工役地租随着产品价格的增长而增加,随着产品价格的降低而缩小。

大概不容怀疑,影响人畜食物涨价的一切条件(歉收、土壤贫瘠等等)所造成的结果是,收实物地租的土地出租进一步发展,与此同时,对分制价格不断增长。

[297]　在其他条件相同的情况下,谷物市场价格降低会使工业租地的发展停顿,因而,会部分地缩减对租地的需求量——这是一方面;另一方面,这种现象会减少出租者自己的经营收益,因而,会部分地增加地主出租土地的供应量。如果这时收成增加,但还不足以补偿商品生产

臆

断

因粮食跌价而造成的亏损,那么上述工业租地户需求量的减少和出租者供应量的增多,就为以消费为目的的实物租地开辟更广阔的天地。

[302]   ……农民租地通常的条件是在收获粮食时付钱,所以当存款不够时,大批粮食就在同一时间汇集在市场上;因此这时农民粮食的价格有时比全年的正常价格要低50%,甚至更多。

注意

[304]   全省……农民租种的土地减少了……   因此在很多地方,虽然粮价急剧下跌,地主自营耕地的面积却扩大了……①

注意

[305]   在租给农民的土地面积减少的情况下,由于粮价提高地主自营耕地在1891年继续扩大,看来比上一年发展更加快……1891年看到"在农场中采用的各种改良农具和机器增多"等等……   货币租地面积在大多数地区依然如故,就是说并未减少(78.6%的回答);有的地方甚至增加(10.4%的回答);减少的地区几乎与增加的地区相等(11.0%的回答),然而,这是租地户因歉收和"严重长期干旱"而缺乏种子造成的(霍罗尔、罗姆内、普里卢基等县,这些地方"有许多土地尚未播种")。看来,地主自营耕地的增长也因此而减弱……

这么说,大多数情况下减少了

相反,并未减弱

[306]   在1886年粮价下跌的影响下,最近三年在全省"对租地的需求大为减少"。"人们不再向地主甚至农民租地了。实际上谁也不会无缘无故地去租土地。没有可播的种子,往往连耕地的农具也没有……"

注意

[307]   "有些地方农民无力向地主租地(作春播用),使地主不得不自己来利用耕地,尽管这样做得不到任何好处;有些地方只有在租价很低的情况下才能把土地租出去;最后,还有些地方农民并不如期交租,租金要拖很长时间

① 见本版全集第3卷第181—182页。——编者注

才交,有时要拖到新粮下来时……"

[311]　……粮食的跌价不会影响即减少对分制租地。　　　**?**

[312]　……从各县都听到对对分制租地的尖锐批评;指出对分制佃农不好好种地,地里长满杂草,损害土地的肥力,等等。　　　**注意**

[316]　……收成好转有助于货币租地的发展,而歉收则对货币租用非份地起压抑作用。　　　**注意**

[317]**51**　……最贫困的租地户力求不用货币而宁可用实物来租用别人的土地。　　　**注意**

[319]　在**尼古拉耶夫斯克县**,"**力量单薄的农户较多地采用**"这种租地方法①,因为"他们'到时候'没有钱,常常没有种子,有时连役畜也没有"(108)……　在**霍京县**,"在某些农民类别范围内,**用货币租地的主要是最富裕的农户,采取对分制的是小康农户或最贫困的农户**……"　其次,这里也和其他许多地方一样(这一点下面再谈),对佃户来说按对分制租地比货币租地贵得多(贵一倍),但它仍然存在,各类贫苦农民仍在采用。那些**不能**用货币**租地**的农户便按对分制租地(222)。　　　**注意**　**注意**　**注意**

[320]　……如果说上述价格的这种波动促使对分制租地面积扩大(这种租赁关系是由不大富裕和较贫困的广大农民来实行的),那么,由此可见,**粮食减价会帮助这部分农村居民租到***)**非份地的土地**……　　　*) 在极不利的条件下租到土地!

[321]　因此,这种因素对上述两类农户的影响有根本差别,这恐怕是不容争辩的。这两类农户同粮价波动的利害关系正好相反;在粮食便宜的年份,前者往往不得不减少耕地,从而减少他在另一种情况下可能从出售粮食中得到的利润,可是后者却有可能按对分制利用别人的土地稍事扩大自己的播种面积,以此来**更好地满足食物需要**。　　　温情脉脉的谎言!

---

　　① 指对分制租地。——编者注

[322]　　通讯员们的回答不但谈到上述1890年**萨马拉省**对分制发展的情况，而且还提到"用货币**租地**的**全是播种大户**"。这类租地户迫于粮价低廉而减少租用地主的土地，当年只是靠在农民份地上扩大耕地加以补偿，这些地是按较便宜的价格租来的，或者是"出借货币或种子所得的抵押品"。

原文如此！！

[323]　　小租地户在粮价下跌的年份有更大的可能利用别人的土地……

根据这么三点就作出这些结论是可笑的！

[325]

	主要靠雇佣工人经营的田庄	自营耕地不多（不超过½）。其余土地出租的田庄	无自营耕地的田庄。全部按对分制出租(3)
1）切尔尼戈夫……………	0.0%	29.0%	71.0%
2）博尔兹纳……………	9.0%	41.0%	50.0%
3）涅任……………	7.4%	36.0%	56.6%
4）新济布科夫……………	4.7%	66.3%	29.0%
5）科泽列茨……………	34.3%	20.9%	44.8%
6）科诺托普……………	12.7%	3.9%	83.4%
7）斯塔罗杜布……………	8.2%	38.3%	53.5%
8）格卢霍夫……………	9.6%	40.4%	50.0%
9）北诺夫哥罗德……………	8.1%	32.2%	59.7%
10）戈罗德尼察……………	22.0%	33.9%	44.1%

种植特种作物的资本主义农场！

　　(3)在这些田庄的宅旁用地上有<u>少量施肥的小块自营耕地</u>，由大田对分制佃农来耕作；这就是<u>菜园、烟草种植场，等等</u>。

[342] ……<u>货币地租总是比工役制地租便宜,比对分制地租更便宜</u>(将两者折合成钱)。

                                       注意

[344] 在比萨拉比亚省<u>霍京县</u>,详细计算一下地主所得的份额即可得出结论:租地户按对分制租一俄亩的费用约27卢布,而平均货币地租则为13.9卢布,<u>即便宜一半</u>(209)。

                                       注意

    租地户按对分制所得份额在那里算下来为30卢布,用货币租地约可得57卢布;据计算,租地户在前一种情况下<u>平均每日可挣</u>60戈比,在后一种情况下为86戈比。成年工人夏季日工资在35—50戈比之间浮动。结论是,对分制佃农的收入毕竟要比雇农的工资高*)①,但是却比货币租地户的收入低得多(212)。

*) 这是一个问题,因为还要扣除对分制佃农 52 的经营支出。

[346] 不难看到,<u>在俄国所有这些地方</u>,尽管它们的地理位置不同,除了极少数例外,<u>货币地租总是比实物地租便宜</u>。

                                       注意　注意

[347] 对于不住在自己田庄或自己根本不经营的地主来说,在一定期限内向佃户收取约定的钱款,比起注意对分制佃农同他的结算是否正确,保存从他们那里得到的产品并实现这些产品的价值,要方便一些。上述那些不便之处在某种程度上可以说明为什么通行货币地租,尽管<u>对分制租价对出租者更为有利</u>。

                                       可是技术呢?

[349]   **尼·卡雷舍夫**

[379]   **私有地产的债务**

    俄国地产的债务首次由内务部于1856年作了统计。结果表明,在国家信贷机关作抵押的登记丁口有 6 606 909

———————

    ① 见本版全集第3卷第174页。　—编者注

人,债款 398 246 424 卢布。在 1856—1858 年的 3 年间,抵押的农奴增加了 500 275 人,债款增加了 27 556 637 卢布,所以在 1859 年国家信贷机关停止发放贷款时,抵押的田庄总计 44 166 个,它们的农民登记丁口 7 107 184 人,有抵押的债款额达 425 503 061 卢布。

原文如此!!

[380]　"……总之发现,各个时期债款积累的多少同当时给予各省的优惠、分期付款、补助金和贷款的多少是完全一致的"。

[381]　关于赎买金额,可根据以下资料来判断:

付 给 地 主:

1862—1866 年	329 466 087 卢布 18 戈比
1867—1871 年	258 577 615 卢布 98 戈比
1872—1876 年	105 480 122 卢布 56 戈比
1877—1881 年	70 940 061 卢布 64 戈比
1882—1886 年	103 634 800 卢布 33 戈比
1887—1891 年	18 242 183 卢布 05 戈比
1892 和 1893 年	9 530 603 卢布 09 戈比

整个这一时期

(截至 1894 年 1 月 1 日)895 871 473 卢布 83 戈比

[383]　……贵族从信贷机关得到约 38 500 万卢布,加上赎金共计为 81 400 万卢布,其中用于向旧信贷机关偿还所欠债款的金额不足 8 000 万,所以到 1886 年约有 73 400 万卢布落入贵族之手。

注意

[388—389]　……在贵族地产比较稳固的地方,负债较多……

注意

[391]　……最近 30 年来,约有 15 亿卢布进了土地所有者的腰包,换句话说,在整个这 30 年期间,每年有金额达 5 000 万的资本落入他们手中。

注意

[402]　　　　　　　　　　　　　　　德·里希特

[423]
粮价和收成
对土地所有权变动的影响

[455] 平均占地 27 俄亩、即在俄国中部各省富裕农户中常见的那种地块，是最稳固的一类地产。

＋份地和
＋租地

[456] 这样规模的地产不大适宜商业性经营：这种地块适合大农户用来养家活口,在好年景才能有一些余粮出售。

！

[458] 与贵族不同,农民和商人买地一直多于卖地,以此不断扩大属于他们的土地面积……　由此可见,所有权在等级间转移的一般特点,就在于部分土地不断从贵族那里转到农民和商人手中。

注意

[459] ……在每个等级内部,买主都是比卖主更大的土地所有者,这一差别在各个地方和各个年度都一无例外地可以看到。各个等级的卖主和买主拥有土地的平均面积(单位俄亩)如下:

	贵　族		农　民		商人和小市民	
	卖主	买主	卖主	买主	卖主	买主
下诺夫哥罗德省(4 县)…	174	660	36	98	180	520
斯摩棱斯克省(4 县)……	298	461	34	87	294	614
坦波夫省………………	231	323	17	30	213	314
祖布佐夫县……………	159	235	13	45	49	142
姆岑斯克县……………	82	172	8	20	31	56

可见,各等级范围内所有权的转移有提高地产面积的趋势。买主到处都是比卖主大的土地占有者阶级。

[460]　假定低价年份土地卖出和购进的数量为100,与之相比高价年份的相应百分数如下:

省和县:	贵　族		农　民		商人和小市民	
	卖主	买主	卖主	买主	卖主	买主
下诺夫哥罗德省…	118	474 >	164	180 >	251	101 <
斯摩棱斯克省……	195	195 =	217	216 <	289	149 <
坦波夫省…………	176	194 >	157	167 >	240	145 <
祖布佐夫县………	202	89 <	173	311 >	79	195 >
姆岑斯克县………	126	127 >	208	159 <	115	100 >

结论过于武断!

[461]　我们所列举的地方中有三个地方的贵族和商人都<u>在高价年份卖出</u>,而农民购进的土地却比低价年份几乎多一倍。

[462]　……商人地产的增长与农民的不同,主要是在低粮价年份出现的。在这样一些年份商人买进的土地比卖出的多得多……

[463]　　　　　　　　　　　　　　　　**亚·丘普罗夫**

[465]　　　　　**亚·伊·丘普罗夫的
　　　　　　　文章的附录**

[466]　根据地方自治局统计资料,私人土地所有权的变动情况如下:

**—低于平均数
＋高于平均数**

年　　份	圣　彼　得　堡　省	
	所　有　8　个　县	
	圣彼得堡每一俄石黑麦的价格(单位卢布)	黑麦收成(种子量的倍数)
1870	−7.21	3.3 —
1871	−6.91	2.6 —
1872	−6.60	3.6 —

年　　份	圣　彼　得　堡　省	
	所　有　8　个　县	
	圣彼得堡每一俄石黑麦的价格（单位卢布）	黑麦收成（种子量的倍数）
1873	－ 6.65	3.5－
1874	－ 7.69	3.4－
1875	－ 7.80	3.5－
1876	－ 7.75	3.2－
1877	＋ 8.67	3.4－
1878	＝ 7.93	3.7－
1879	＋ 8.13	2.7－
1880	＋11.46	2.3－
1881	＋11.63	3.3－
1882	＋ 9.46	6.1＋
1883	＋ 8.92	3.9＋
1884	＋ 8.56	3.3－
1885	－ 7.34	3.8＝
1886	－ 6.66	4.6＋
1887	－ 5.97	4.9＋
1888	－ 5.61	4.9＋
1889	－ 6.09	4.4＋
1890	－ 6.37	4.5＋
1891	＋10.01	5.2＋
1892	＋ 9.0	4.0＋
1893	－	－
1894	－	－
1870－74	－ 7.01	3.3－
1875－79	＋ 8.05	3.3－
1880－84	＋10.01	3.8＝
1885－89	－ 6.33	4.5＋
1890－94	＋ 8.46	4.6＋
各年平均	7.93	3.8

[517]　　　　　　**农业劳动的价格
与收成和粮价的关系**

[518]　非黑土地带各省各个季度的日工资以及黑土地带各省春夏两季的日工资，一般说来升降幅度不大。要在仅限 11 年这一不长的考察时期内发现这种不大的起伏的某种规律性，是很困难的。所以，在进一步对比我们的表格所列的数字时，为了弄清日工资的波动与收成和粮价的波动之间的关系，我们只能局限于有关黑土地带各省的资料，并且只注意第三季度即秋季的工资。

随意性很大
很大！

[523]　　　　　　　　　　　　　**尼·安年斯基**

2. 第 2 卷。1897 年圣彼得堡版

[1]　　　　　　**农民的收支及其对
收成和粮价的依赖关系**①

注意　[5]　……数字说明农民的平均需要量和满足这些需要的手段。　293 个农户的家庭收支调查是所提出的工作的基础。

---

① 参看本版全集第 3 卷第 124—125 页。——编者注

[6]　家庭收支表极其重要的特点,首先在于决定农民需要量的平均值在俄国各地几乎是相同的。如果把农民的需要量用农民家庭开支总额除以农民家庭人数来表示,那么,俄国各个彼此相距很远的地方每一人口的<u>平均货币</u>支出额则是很接近的。

?

[7]　平均值的波动本身,可能部分地是由于根据对某些物品和项目的估价编制家庭收支表的方法不同,部分地则由于很难找出<u>该地区典型的中等农户</u>。

[8—9]　对那<u>些</u>不完备的家庭收支表作适当修改便可得出同样的结果,而<u>这些</u>不完备的家庭收支表可在刊印的资料中找到,<u>这些表是为中等农户,而不是为两个极端的农户编制的,即不是为特别富的,也不是为特别穷的农户编制的……</u>　在彼·彼·谢苗诺夫著作所附的 11 份家庭收支表中,有 1 户(贫困户)按人口平均的年开支只合 <u>14 卢布 89 戈比</u>,另一户(小康户)合 46 卢布 75 戈比,第三户(富裕户)合 <u>161 卢布 33 戈比</u>;在沃罗涅日省 67 份家庭收支表(载于《估价资料汇编》)中,在第一种情况下按人口平均合 <u>15 卢布 52 戈比</u>,在第二种情况下——34 卢布 71 戈比,在第三种情况下——<u>227 卢布 78 戈比</u>,等等……　既然……实际上毕竟表明,<u>说明农民需要的平均值是一致的</u>,那么很明显,这种现象就是国家现存的<u>经济和生活制度</u>的一种特点。

!!

:11

:15[53]

???

[10—11]　……按照沃罗涅日省 126 份家庭收支表,满足中等需要的平均值如下:

	按男女人口平均的土地（单位俄亩）	支 出
农民：		实物支出
国家农民…………	1.57	35卢布 04戈比，占63%
有地产农民………	1.02	30 〃 38 〃 〃59.5%
有赐地农民………	0.30	13 〃 34 〃 〃26.6%
按所有农民平均…	1.44	33 〃 58 〃 〃61.5%

完全未予证明

……在一般经济条件相等的情况下,农户占有土地愈少,它的货币支出就愈大……

[12] ……在博古恰尔县,农业的货币收入占29.2%,副业占28.6%;而在扎顿斯克县,前者占15.3%,后者占59%…… 由此可见,农民家庭收支有两大特点——*)以货币形式表现的家庭平均需要量的一致性,或者说至少很相似;由于生产和行业的性质不同家庭收支中实物部分和货币部分的比例有很大的可变性。

*) 是的,在统计"平均数"的情况下!

[13] 这就是农民家庭收支表最一般的特点,这些特点最终归结为一点,即份地具有重要意义…… 粮食产品无论在农民家庭收支的支出项或收入项中都占主要地位,这就非常清楚地表明,粮食的余缺和粮价的高低,都首先在消费方面影响农民的家庭收支。农民消费的粮食比出售的多,他们得来的一些钱主要不是来自出售粮食,而是来自副业和各种次要的经营项目。

小丑

?!

[14—15] 因此,一方面要考虑到各省现有的家庭收支材料,另一方面要考虑到各省的相近点及其最突出的经济特征,这些省份可以分为11类或11个地区……

家庭收支表份数

5

—

I.南部地区包括:比萨拉比亚、赫尔松、塔夫利达、叶卡捷琳诺斯拉夫三省、顿河军屯州和阿斯特拉罕省。

II.可列入西南地区的有:波多利斯克、沃伦、基辅和切尔尼戈夫四省。

总　　额

货币支出	按男女人口平均合计	
20 卢布　55 戈比,占 37%	<u>55 卢布</u> 59 戈比	
20 〃　　67 〃 〃 40.5%	51 〃　05 〃	1:1.1
<u>36 〃　　93 〃 〃 73.4%</u>	<u>50 〃　27 〃</u>	
21 〃　　02 〃 〃 38.5%	54 〃　60 〃	

家庭收支
表份数

　　III. 其次是中部黑土地带,包括的省份有:波尔塔瓦、　　126
哈尔科夫、库尔斯克、奥廖尔、沃罗涅日和坦波夫。

　　IV. 邻近的东南地区可包括:奔萨、萨拉托夫、辛比尔　　1
斯克、萨马拉、乌法和奥伦堡等省。

　　V. 从西往东自然而然地分出一个单独的西部地区,　　—
其中包括:格罗德诺、科夫诺、明斯克、维尔纳、莫吉廖夫、
维捷布斯克、斯摩棱斯克和普斯科夫等省。

　　VI. 再往东延伸是工业-农业地区,它包括卡卢加、图　　15
拉、梁赞和下诺夫哥罗德等省。

　　VII. 再靠东有三个省:喀山、维亚特卡和彼尔姆省,构　　39
成东部地区。

　　VIII. 其次,波罗的海沿岸区构成单独一类,它也包括　　—
三个省:爱斯兰、里夫兰和库尔兰。

　　IX. 紧靠波罗的海沿岸区有一向东延伸的狭长地带　　3
是工业地区,由特维尔、雅罗斯拉夫尔、弗拉基米尔和科
斯特罗马等省构成。

　　X. 圣彼得堡省和莫斯科省这两个首都省也应列为单　　—
独的地区,因为两个省在经济和经济工业方面有许多共
同点。

　　XI. 最后,属北部地区的省份有:诺夫哥罗德、奥洛涅　　<u>2</u>
茨、沃洛格达和阿尔汉格尔斯克。

共计＝191[54]

? 　[16]　对实物形式的经济来说，人口稀少的地方比人口稠密的地方更适宜……

地　　区	按农民人口平均的占		
	黑麦	小麦	燕麦
Ⅰ.南部地区……………	4.34	9.76	1.22
Ⅱ.西南地区……………	6.25	2.33	2.18
Ⅲ.中部黑土地带………	10.51	2.03	3.39
Ⅳ.东南地区……………	10.46	5.47	4.75
Ⅴ.西部地区……………	7.07	0.34	2.61
Ⅵ.工农业地区…………	9.72	0.30	4.08
Ⅶ.东部地区……………	11.11	1.47	6.63
Ⅷ.波罗的海沿岸地区……	5.67	0.68	2.69
Ⅸ.工业地区……………	9.49	0.33	4.55
Ⅹ.首都省份……………	7.46	0.01	4.29
Ⅺ.北部地区……………	6.36	0.29	4.00
全俄国…………………	8.57	2.64	3.65

*)而不是商品粮？

[26]　在南部地区，它[黑麦]的产量最少，但这里主要的食粮*)是小麦……

注意

[29]　最后，相当多的家庭收支表不是根据中等类型农户而是根据两极农户的状况编制的——其中很穷的农户较少，富裕农户较多……　要确定某一地方真正中等的家庭收支状况，是非常困难的……即使根据许多特征确定了典型的中等农户，在具体场合下，实际上还可能出现数字偏高或者偏低……　不言而喻，要消除单个家庭收支的这些出入，只有把这些收支情况综合起来并根据足够的此类综合资料算出其平均值，才能办到；但是除沃罗涅日省外，由于单个家庭收支表数量很有限，其他任何一个省都办不到。不仅如此。即使在调查沃罗涅日省时也发现，尽管非常精心地确定了中等农户的特征，但是选择典型中等农户的结果几乎总是得不到当地中等的家庭收支情况，而

原文如此!!

[25]　1883 至 1887 年这 5 年中,在中等收成条件下,各
个地区农民仅从自有土地上收获的 7 种主要粮食的比例
如下:

有量(单位普特):

大麦	黍	荞麦	马铃薯	共计
4.16	1.29	0.14	0.31	21.22
1.30	0.93	1.19	0.38	14.56
1.25	1.55	0.86	0.50	20.09
0.48	1.62	0.93	0.29	24.00
1.48	0.07	0.43	1.18	13.18
0.37	0.67	0.68	0.80	16.62
1.93	0.04	0.41	0.08	21.67
3.61	—	0.03	1.36	14.04
1.06	0.01	0.26	0.62	16.32
1.03	—	0.24	1.21	14.24
1.37	—	0.02	0.29	12.33
1.52	0.81	0.61	0.54	18.34

是比中等水平略高。问题在于,在编制家庭收支表时,通
常选择最精明、最能干、最机灵的业主,这些业主善于经　‖　注意
营,并且通晓经济周转的整个机制。

[33]　……在细节方面可能是明显的不确切之处,必然　‖　!!
在最后总的结论中互相平衡和抵消。

[35]　这样,在外水收入总额中就包括了全部个人副业　‖
的收入,而这些复杂的平均值大致如下:在东南地区每个　‖　!!
从事副业的男劳力平均为 55 卢布,在中部黑土地带、东
部和北部地区为 60 卢布,在南部、西南部、西部和工农业
地区为 65 卢布,在波罗的海沿岸和工业地区为 70 卢布,
在两个首都省份为 80 卢布。

[36]　平均每一人口所得的卢布和戈比:

	从自己的 土地上收的 粮食所得	从租来的 土地上收的 粮食所得	从禾秸、 糠秕和干 草所得	从蔬菜、 水果等 等所得
全俄国………	16.20	1.92	8.16	2.63

因为数字是
根据这些特征
"得出来的"

注意

[37]   不难发现,这些数字与上述各地区的一般经济特征是极其符合的。

[39]   Л. Н. 马雷斯所采取的标准与沃罗涅日省农户家庭收支的结论特别接近,所以我们在本书中大多以这些结论作依据。

[41]   因此,根据沃罗涅日省的 67 份和赫尔松、图拉、弗拉基米尔、彼尔姆、维亚特卡、诺夫哥罗德、坦波夫及萨拉托夫等省的 37 份家庭收支表的平均数,可以设定蔬菜开支占粮食开支的 12%,畜产食品开支占粮食开支的 36%。

注意

[42]   ……为此目的我们只利用沃罗涅日一个省的农户家庭收支表的资料……

[43]   按人口平均的各项支出的卢布和戈比:

用于粮食	用于牲口饲料（谷物除外）	用于蔬菜和水果	用于畜产食品	用于各项付款	用于租地	用于其他支出	共计
……							
全俄国 18.10	8.47	1.30	3.90	2.65	1.02	20.10	55.54

25 卢布

[44]   在所有其他情况下,各项支出是按某种标准推算出来的。粮食支出按每人平均 18 普特计算,蔬菜支出占粮食支出费用的 12%,畜产食品支出——36%,饲养牲畜的支出平均每头 17 卢布,等等。

[47]   在各个地区,把一般经济特征同主要的家庭收支项目对比一下,份地及务农和经营副业这两个方面对农户的意义就同样清楚地显露出来了。我们的任务是要说明不同的收成和粮价对农民家庭收支情况,也就是说对农民经济的影响,而这正是我们的任务的主要之点。

好像是这样!

[51]   不言而喻,实际上中等的农民家庭收支不单单取决于所指出的那些条件,而主要取决于单个农户物质保证的不同程度。农户的土地、牲畜、庄稼等等愈少,它自给的粮

正是这样!

食、饲料、畜产品等等当然就愈少,因而就愈需要购买。此外,这类农户往往必须出售的并不是多余的产品,而是家庭和经营所需的、以后还要买回来的那部分产品。这类迫不得已的出售也势必归入货币收入栏……

[53]　实际上中等的农民家庭收支情况,如上面已经指出的,包含了单个农户实物部分和货币部分的波动……到处都有经济力量和物质充裕程度不同的农户。

因此,"平均"统计数是相等的

[59]　可见,把本章所述的总结一下,便可得出如下的一般"结论"[*]:　农民经济的基础是农业,人民劳动的其余部门都是由农业来调整的……

[*]　小丑

[60]　因此,这张总的图表指明了家庭收支在四个主要收支项目上实物部分和货币部分的比例。

哈哈!

[61]　……数字图表直观地表明,饲料和粮食一样,是一种应该首先满足农户需要、然后才能出售的产品。

夸夸其谈

[62]　农民家庭收支在我国经济中具有纯属消费的意义……　因此,粮价愈高,粮价对家庭收支的最终结果的影响就愈不利,这是容易理解的。

那是当然的!非常"容易理解"!

[63]　在收成和粮价 8 种不同的配合情况下,把这些和那些数值增加或减少 10%,就可得到如下这张很有意思的表格,它包括了收成和粮价对家庭收支的各种影响的结果:

收入	支出	盈余(+)或亏损(-)	收入	支出	盈余(+)或亏损(-)

1. 在粮价不变而收成变化的情况下

A. 收成增加 10%　　　　　B. 收成减少 10%

	收入	支出	盈余(+)或亏损(-)	收入	支出	盈余(+)或亏损(-)
P. 1)	57.44	55.54	+1.90	53.82	55.54	-1.72
IO.2)	57.62	54.98	+2.64	53.88	54.98	-1.10
C. 3)	57.23	56.16	+1.07	53.75	56.16	-2.41

啊,深刻的理解!

---

1)、2)和 3)。在下文中也和此处一样,字母 P.表示与全俄国家庭收支情况相比,IO.表示与南部地区家庭收支情况相比,C.表示与北部地区家庭收支情况相比。

2.在收成不变而粮价变化的情况下

A.价格增加 10%　　　B.价格减少 10%

Р.	57.44	57.35	+0.09	53.82	53.73	+0.09
Ю.	57.62	56.72	+0.90	53.88	53.24	+0.64
С.	57.23	58.05	−0.82	53.75	54.27	−0.52

3.在收成和粮价变化一致的情况下

A.收成和价格增加 10%　B.收成和价格减少 10%

因此,这种情况最"有利"

Р.	59.43	57.35	+2.08	52.19	53.73	−1.54
Ю.	59.68	56.72	+2.96	52.20	53.24	−1.04
С.	59.15	58.05	+1.10	52.18	54.27	−2.09

多此一举!

[66]　高粮价对有盈余的家庭收支情况起有利影响,低粮价起不利影响……

!!

[74—75]　为欧俄某些地区或部分地区制定的家庭收支表,可以使我们得出十分明确的、并且可以认为在一般根据方面是不容争辩的结论。

[76]　中等的农民家庭收支是中等农户收入和支出的表现,而中等农户是以某种中等数量的家庭成员、劳动力、牲畜、农具、耕地面积等等为基础的……

原文如此!!

[78]　因此,扩大农民需求并尽可能完全正常地满足这些需求的各种条件,无疑蕴含着国家经济前途的因素……但是,人民小经济的不利和不足之处在这方面也就是国家经济的不利和不足之处。

[79]　　　　　　　　　　　　　　　　　**费·舍尔比纳**

[81]　**费·安·舍尔比纳的文章的附录……**

　　费·舍尔比纳在他的文章的开头写道,本文所用的材料是**293** 份农民家庭收支表。列宁根据文章附录所列的资料目录指出,这些资料只包括 **282** 份家庭收支表。在目录的结尾,列宁写下各省各有多少份。

[83]

沃罗涅日省	168	坦波夫省	3	共　计	
彼尔姆省	27	弗拉基米尔省	2	282 份家庭收支	
维亚特卡省	20	雅罗斯拉夫尔省	2	表为什么把莫斯	
				科省漏掉了	
下诺夫哥罗德省	14	卡卢加省	2	《莫斯科省的副	
赫尔松省	14	哈尔科夫省	2	业》、《食品业》	
梁赞省	11	特维尔省	1	等等	
诺夫哥罗德省	6	萨拉托夫省	1		
图拉省	5	切尔尼戈夫省	1		
科斯特罗马省	3	16 个省	282 份家庭收支表		

[97]　　论收成和粮价对手工业的影响

　　粮价可以通过两种方式影响农民兼手工业者的状况：
(1)决定他必须花在购买食粮上的钱数;(2)影响他挣钱的
多少,引起对他的制品的这种或那种需求,最后决定他从
自己的手工业品中能挣到的货币额。

[98]　……在我们所掌握的文献中有 85 份手工业户家庭
收支的大致记录,去掉那些可疑的、不够完备或在某方面
有明显偏差的情况,我们认为可以利用的有 65 份。我们
根据农业或副业在经济中意义的大小,把余下的家庭收支
表分为 4 类……　我们把用于全家口粮、衣服和鞋子等主
要支出项目,以及用于家务和经营的付款和支出同总支出
的百分比分列如下:

类别	家庭人口平均数	成年人口平均数	用于全家口粮	其中包括黑麦和小麦面粉		衣服和鞋子	各种经营支出	支付	共计
				自产的	购买的				
I	9.5	5	50	20	17	13	32	5	100
II	7	3.7	58	12	20	17	17	8	100
III	5.7	2.8	67	—	34	15	14	4	100
IV	3.6	2.8	67	—	28	15	14	4	100

[99] ……专门从事副业的手工业者,如巴甫洛夫斯克、图拉的手工业者和彼尔姆省的工厂手工业者(主要指的是第 III 类),对自己衣着的关心的确是普通的农民兼手工业者无法相比的。前者的生活方式和需求与其说接近农民,不如说更接近小市民,所以必然在外表上反映出来。

注意 ‖

[101] 1884—1894 年这 10 年一开始,由于工商业普遍停滞,农村居民外出谋生就极为困难…… 1886 年冬粮价便宜;冬天牲口的饲料很充足。但是,尽管 1886 年这个冬季的情况比较好,居民吃粮较充足(收成好,粮价便宜),甚至牲口喂养也好(冬季短而暖和,饲料充足),——居民挣外水的情况却不如去年。工业的停滞仍在继续。

注意 ‖

[104] 1889 年冬,据通讯员们的观察,挣外水情况不好这种影响超过了好收成的影响。

[105—106] ……1)

…… 有些行业有所好转,有些行业却继续衰退,独立小手工艺人因前几年的危机而进一步破产并为大企业主所取代……

注意 ‖

注意 ‖

[110] 1894 年的呢绒集市贸易情况不如上一年。人们认为这种下降的原因在于粮食普遍便宜……

马车和轮轴的买卖比上一年差 12%,据说这是因为粮价下跌……粮食买卖由于价格下跌而中断……

1892 年

1) 《1882 年莫斯科省统计年鉴》第 2 卷第 2 页。

粮食收割晚和<u>粮价便宜</u>对口袋和口袋麻布的买卖<u>产生不利影响</u>。

[115]　<u>各种农机具在市场上十分走俏</u>。大量脱粒机、簸谷机、收割机运往南方，而在北方的市场上各种<u>小型农具</u>的贸易也相应活跃……

　　　　　　　　　　米·普洛特尼科夫

注意

[117]　　　　收成和粮价
　　　　对俄国城市居民的影响

[126]　……具有农业性质的城市居民点的数目极少，而这些地方的居民数目，与市民总数比起来是非常小的。①

注意

[134]　市政管理委员会在莫斯科出版的《参考价格月报》上，不仅提到小工(男女日工)的日工资，<u>而且</u>提到最常见的各类工匠(<u>瓦工、房盖工、铁匠、油工、火炉工、粗木工、细木工、灰泥匠</u>)<u>的日工资</u>。我们把 1883—1893 年的这些按月统计数字化为每种职业的年平均工资，并算出所有这十种工人各年平均日工资，再把这些平均数同相应年份的收成加以对比，就可得出下表[该表见第 206 页。——编者注]：

注意　注意

[135]　　　　　　瓦·格里戈里耶夫

[171]　　　收成和粮价的波动
　　　　对人口自然迁徙的影响

[194]　……<u>工商业司出版的《各省和各区域经济状况资料汇编》</u>的数字……

这是什么东西？

────────

①　见本版全集第 3 卷第 513 页。——编者注

[207]　在第4类,北方黑土地带(图拉、梁赞、奥廖尔、库尔斯克、坦波夫、奔萨、切尔尼戈夫等省),情况如下:

	1893年	1894年	1870—1894年
结婚率……………	0.91	0.92	0.91
出生率……………	4.81	4.69	5.01
死亡率……………	3.65	3.68	3.68
人口增长率………	1.16	0.01	1.33
寿命………………	1.32	1.27	1.36
每1普特黑麦价格…	50戈比	32戈比	56戈比

在这里看到,在25年的平均数内,1894年不仅出生率,而且人口增长率都显著下降。显然,这里的居民比任何地方都更加艰难更加艰苦地经受着粮价下跌所引起的农业危机……

[238]

瓦·波克罗夫斯基

	1883年	1884年	1885年	1886年	1887年	1888年	1889年	1890年	1891年	1892年	1893年
黑麦收成(每1俄亩的俄石数)……	4.0	4.7	4.7	4.5	5.2	5.1	4.1	4.6	3.9	4.4	5.3
工人的年平均日工资(单位戈比)……	101	102	100	105	114	118	121	110	99	91	97

注意

$$\sum = \frac{1158}{11} = 105$$

载于1940年《列宁文集》俄文版
第33卷(非全文)

在潘·阿·维赫利亚耶夫的
统计汇编上作的批注和计算[55]

《特维尔省统计资料汇编》。第13卷。

第2编。农民经济。1897年特维尔版

(1897年和1899年1月30日〔2月11日〕之间)

[6]　为了判断购买地在居民中平均分配的程度如何,必须求出占有者在现有农户数中的百分比和平均占有量。就特维尔省来说,我们在这些方面所掌握的资料如下:

　　　占有者的百分比…………………………37.8%

　　　平均占有量………………………………7.7俄亩

[7]　……特维尔省比其他各省<u>较为平均地分享了</u>利用购买地的好处。

下结论的依据还少一点儿!

[10]　为此编制下表,<u>其中各村社按份地占有量分类。</u>

注意　哈哈!

类别编号	1 按人口分配的份地面积	2 占有者在有份地农户数中所占的百分数	3 购买地与份地的百分比	4 平均每个占有者拥有的俄亩数
I	3俄亩以下	46.6	45.4	6.4
II	3—4俄亩	37.7	25.6	6.1
III	4—5俄亩	42.0	28.0	7.1
IV	5—6俄亩	40.1	29.4	9.1
V	6—7俄亩	29.6	17.7	9.1
VI	7俄亩以上	22.9	12.5	10.5

??

[11] 由此可以得出一个总的结论:特维尔省农民购买土地具有使土地占有规模拉平的趋势。①

[13] 租地的农户共 144 913 户,每一租地户平均租地 4.7 俄亩,租地户占农户总数的 58.1%,租地占份地的 25.3%。

[17] 下面再来考察一下租地在农民经济中的作用和意义,最好看一看租地对份地的依从关系。由于这里有关的统计材料不同,这一点上面已经提到,现按某些县范围内的土地占有规模进行分类。

也是**村社的**吗?(参看第10页)

[18]

卡 申 县

按人口分配的份地	租地户的百分数	租地对份地的百分比	平均每户租地	所租地块的面积
I 3 俄亩以下	82.7	30.0	1.9	2.3
II 3—4 俄亩	70.3	17.1	1.5	2.1
III 4—5 俄亩	61.9	15.4	1.5	2.4
IV 5—6 俄亩	57.9	9.6	1.1	1.9
V 6—7 俄亩	57.6	3.8	0.5	0.8
VI 7 俄亩以上	9.2	3.2	0.5	0.3

??

……总之,租地也像购买地那样,具有**使土地使用规模拉平**的趋向。

[21] 我们在上面已经算出份地的平均面积为 11.1 俄亩,现有农户平均每户购买土地 2.9 俄亩,最后,平均租地 2.7 俄亩——因而,全省平均每户耕作面积等于 **16.7 俄亩**……

———————

① 见本版全集第 3 卷第 105 页。——编者注

[22]　现在让我们来……考察一下农民的土地使用情况,我们算出农民使用土地的平均面积为 4 059 842.0 俄亩,这个数字的各个组成部分可用如下的百分比来表示:份地占农民使用的全部土地的 65.8%,购买地占 17.5%,租地占 16.7%……

[27]　平均每一份地农户有 1.45 个劳力……

[30]　在 100 个现有的劳力中,外出做零工的有 **41 个**。

[31]　　　　　　　**每 100 农户**

劳力 总数	其中外出 做零工的	其中 务农的	
……			
全省…… <u>145</u>	<u>59</u> ＋	86	＝145,参看 第 27 页

[34]　<u>全省其余 8 个县有雇工的农户数占农户总数的 5.6%。</u>

[35]　<u>全省每一份地户的牲畜折合成大牲畜平均为 4.3 头。</u>

[36]　<u>全省所有的乡按每一份地户的牲畜头数可分为 8 类</u>:牲畜头数超过全省平均数的有 4 类,每一份地户的牲畜头数低于平均数的有 4 类。

　Ⅰ 类　每 1 户的牲畜超过平均数 50%以上,
　Ⅱ 类　每 1 户的牲畜超过平均数 25%至 50%,
　Ⅲ 类　每 1 户的牲畜超过平均数 10%至 25%,
　Ⅳ 类　每 1 户的牲畜超过平均数 0%至 10%,
　Ⅴ 类　每 1 户的牲畜低于平均数 0%至 10%,
　Ⅵ 类　每 1 户的牲畜低于平均数 10%至 25%,
　Ⅶ 类　每 1 户的牲畜低于平均数 25%至 50%,
　Ⅷ 类　每 1 户的牲畜低于平均数 50%以上(未见)。

乡的类别

[39]　下表提供每个县范围内<u>各乡分类</u>的一般情况:

	I 类	II 类	III 类	IV 类	V 类	VI 类	VII 类	VIII 类
	6.5 以上	5.5 | 6.4	4.8 | 5.4	4.3 | 4.7	3.9 | 4.2	3.2 | 3.8	2.1 | 3.1	2.0 以下
特维尔县…………	—	—	—	1	7	3	4	
科尔切瓦县………	—	—	—	3	6	6	1	
卡利亚津县………	—	—	—	—	1	5	6	
卡申县……………	—	—	—	—	5	12	2	
别热茨克县………	—	1	4	6	12	6	1	
韦谢贡斯克县……		2	5	8	6	3	—	
上沃洛乔克县……		3	9	6	4	3	—	
奥斯塔什科夫县…	5	9	8	2	2	2	1	
勒热夫县…………	—	—	3	4	7	3	2	
祖布佐夫县………	—	1	6	5	6	1	—	
斯塔里察县………	—	—	5	9	2	3	—	
新托尔若克县……	—	2	5	5	5	—	1	
全　省……	5	18	45	49	63	47	18	—

[40]　……土地占有规模与畜牧业规模相符的有188例，不符的有57例。按土地占有规模对村社进行分类的下列表格，进一步证实这一结论：

村社类别	按人口分配的份地面积	平均每一份地户拥有大牲畜头数
	不满3俄亩	3.6
	3—4俄亩	4.0
	4—5俄亩	4.3
	5—6俄亩	4.7
	6—7俄亩	4.7
	7—8俄亩	4.8
	8—9俄亩	4.9
	9—10俄亩	5.2
	10俄亩以上	5.5

[51—52]　鉴于无地农民中无马户的百分数很高，我们为了从这方面说明农民经济的特点，只讲份地户这类农户

……　在从区域的意义上来研究上述问题时只好局限于这11个县。特维尔省所有的份地农户(奥斯塔什科夫县除外)分类如下：

(1)无马农户的百分比……………12.2%

(2)有1匹马的农户的百分比………58.0%

(3)有2匹马的农户的百分比………24.7%

(4)有3匹马以上的农户的百分比……　5.1%①

[56—57]　……无马农户和多马农户之间有极大差别……　这一结果(无马农户的百分数加上多马农户的百分数)可以在某种程度上、诚然是很粗略地反映出农民经济的分化过程达到什么程度。就特维尔省的份地农户来说，无马农户占12.2%，多马农户占5.1%，这两极的农户共占17.3%。

> 正是这样！

[61]　……我们应该指出，由于购买和租赁土地农民经济中土地使用颇为均等——在这方面与黑土地带农民经济的情况有很大的差异——，因此，劳动力用于土地的最重要工具——役畜的分配上也颇为均等。

> 竟这样胡说八道！

[63—64]　……经调查的整个地区的无马户的百分比在1882年为21.70%，在1888年为21.22%。特维尔省在这方面的变化更具有本质的特点，无马农户从**1882年的19.16%降到1888年的17.88%**，比例为100∶93.3……表明农民经济在80年代有某些上升的事实，是同农民返回土地的意愿有普遍联系的，俄国北部的农民在土地的赋税负担减轻的影响下普遍具有这种意愿……

> 而农户数目本身变化如何呢？

> 原来如此！

[65]　所以，马匹减少的全是多马户，每一有马户的平均役马数的变化可作为对这一点的佐证：

> 或许是由于有马户数目减少

	1882年	1888年	1894年
每一有马户的平均役马匹数…	1.38	1.43	1.32

---

① 见本版全集第3卷第243页。——编者注

[72]　这一切使我们能够判明地方农业的基本情况之一，

?！ 　　就是在农业中缺乏资本化的因素。

[75]　特维尔省所有的份地农户分为以下 4 类：

（1）没有奶牛的农户的百分比……………………9.8%

（2）有 1 头奶牛的农户的百分比…………………33.4%

（3）有 2 头奶牛的农户的百分比…………………34.9%

（4）有 3 头奶牛以上的农户的百分比……………21.9%

[76]

注意

农　　　　户	马匹数量在总数中所占的百分比
有 1 匹马的………………………………	46.4
有 2 匹马的………………………………	39.7
有 3 匹马以上的…………………………	13.9

农　　　　户	奶牛头数在总数中所占的百分比
有 1 头奶牛的……………………………	16.6
有 2 头奶牛的……………………………	34.8
有 3 头奶牛以上的………………………	48.4
	99.8

这两种情况下的数字排列截然相反，——役马总数中近一半（46.4%）属于有一匹马的农户，奶牛总数中近一半（48.4%）则属于有 3 头奶牛以上的农户。[①]

＝增加没有奶牛的农户的百分比。真可笑！

！！？

[81]　因此，土地占有规模缩小，以及外出做零工的现象的发展，都导致很大程度上的分配均等……可以肯定，地方农业的现有条件在马和奶牛这两类最主要的农用牲畜的使用上造成普遍的均等。

就是说，有份地的雇农"最符合"俄国的条件……！

[86]　……部分劳动力从事农业劳动、部分劳动力挣外水的混合型经济，最符合地方经济的条件……

---

①　参看本版全集第 3 卷第 242 — 243 页。——编者注

[91]　近年来,1896 年经经济部门作过统计的那种型,作为耕具的作用开始具有极其重要的意义。特维尔省共有犁 51 266 部,有犁的户主占户主总数(按保险名单计)的 16.5%①。

[142]　每 100 俄亩春播地播种的作物如下:

	大麦	燕麦	马铃薯	亚麻	
全　省················	19.6	59.5	7.1	13.6	注意

[144]　······与份地不同,在购买地上大麦和马铃薯等粮食作物减少,在很大程度上作为市场作物的燕麦种植面积扩大。

[145]　······在租来的土地上亚麻作物得到更加广泛的发展······　例如,在祖布佐夫、别热茨克、卡申和卡利亚津这样一些县里,亚麻业带有明显的投机性质,亚麻竟占春播地的⅓到¾②。

[151]　······把 80 年代春播地作物的配比同现行统计所获得的连续 4 年(1893—1896)的资料作一对比,就可得出如下表格:

每 100 俄亩春播地播种:

	大麦	燕麦	马铃薯	亚麻
1883—89 年	19.0—19.2	58.4—59.4	6.7—6.8	14.5—15.7
1893—96 年	16.0	56.5	9.2	18.3

　　······春播地中最重要的粮食即大麦和燕麦都让位于马铃薯和亚麻。③　　　注意

[154]　······据此可以认为整个特维尔省属于黑麦-燕麦-亚麻地区。

[162]　······燕麦和亚麻这样一些有很大一部分产品进入市场的春播物,同土地占有面积变化的关系最明显······　　　注意

---

①　见本版全集第 3 卷第 199 页。——编者注
②　同上书,第 251 页。——编者注
③　同上。——编者注

[164]　因此,亚麻业的广泛发展是缺少土地而相应开垦份地的结果。

注意

[167]　……购买地中的耕地面积只占农民全部耕地的**7.2%**,这些土地的种草面积占农民种草面积的**15.8%**。由此可得出明显的结论:购置土地推动了农民牧草种植业的发展

[169]　每一户主三叶草的平均播种量依其播种地点而改变:在宅园地上播种牧草,每一户主平均播种**13.6俄磅**,在购买地上为**26.7俄磅**,在份地上为**12.6俄磅**。

[171]

县	播种三叶草的农户的百分数
特维尔………………	7.1
卡利亚津………………	0.5
卡申………………	16.9
别热茨克………………	1.9
韦谢贡斯克…………	2.4
勒热夫………………	1.4
祖布佐夫………………	10.6
斯塔里察………………	6.9
新托尔若克…………	1.1

在农民牧草种植业的发展上占首位的仍然是**卡申**县,差不多有三分之一的村庄播种牧草,收割三叶草的农户约占农户总数的1/6。[①]

[183]　大田种植牧草的自然过程导向六圃轮作制,但种种外部经济条件加在一起却使它遇到不可克服的障碍,正因为如此,在20年的实践过程中,没有一个村庄出现正常的大田耕作制度;农民靠自己的力量无法走上正确的发展道路。

---

① 参看本版全集第3卷第246页。——编者注

[219]　库德里亚夫采沃、叶季莫诺沃和维多果希这三
个村,是乳品畜牧业具有<u>有利可图的企业的意义</u>的 3 个
地点。[①]

[287]　现将每个县的收入额列表如下:

县	每一男女人口的平均收入(单位卢布)	相对值(全省平均值＝100)	
祖布佐夫……………	12.68	189.0	⎫
卡申……………	9.70	144.5	⎬ 参看第 295 页
别热茨克……………	8.08	120.4	⎭
韦谢贡斯克……………	6.96	103.5	
新托尔若克……………	6.32	94.2	
斯塔里察……………	6.21	92.5	
上沃洛乔克……………	5.87	87.5	
勒热夫……………	5.83	86.9	
科尔切瓦……………	5.55	82.7	
卡利亚津……………	5.54	82.6	
特维尔……………	4.69	69.9	
奥斯塔什科夫……………	2.76	41.1	
全　　省……	6.71	100	

　　<u>祖布佐夫、卡申和别热茨克三县是亚麻种植业广泛发</u>
<u>展的地区</u>,这里春播作物收益最多。

[289]　<u>全省平均每一人口购买粮食不足部分所需的开支</u>
<u>为 4 卢布 41 戈比。</u>　　　　　　　　　　　　　　‖ !!

[290]　特维尔全省<u>租地的货币支出约 131 万</u>(1 313 678
卢布 80 戈比),<u>现有份地居民平均每人 90 戈比。</u>　　　!!

---

　　①　参看本版全集第 3 卷第 246—247 页。——编者注

县	春播地 收　　入	粮食不 足部分 的价值	盈余 (+) 或 亏损 (—)	地租	税款	盈余 (+) 或 亏损 (—)
			(单位卢布)			
Ⅰ类:			每一男女人口平均			
祖布佐夫……	12.68	3.80	+8.88	2.20	3.80	+2.88
卡申……	9.70	2.99	+6.71	0.91	3.27	+2.53
别热茨克……	8.08	3.43	+4.65	0.87	2.75	+1.03
Ⅱ类:						
上沃洛乔克…	5.87	4.32	+1.55	0.40	2.47	—1.32
韦谢贡斯克…	6.96	5.55	+1.41	0.49	2.87	—1.95
斯塔里察	6.21	4.33	+1.88	1.27	3.26	—2.65
新托尔若克…	6.32	5.18	+1.14	1.00	3.59	—3.45
科尔切瓦……	5.55	4.96	+0.59	0.38	4.08	—3.87
Ⅲ类:						
勒热夫………	5.83	5.23	+0.60	1.26	3.46	—4.12
卡利亚津……	5.54	5.04	+0.50	1.05	3.93	—4.48
Ⅳ类:						
特维尔……	4.69	5.47	—0.78	0.66	3.44	—4.88
奥斯塔什科夫	2.76	3.81	—1.05	0.57	2.35	—3.97

[295]

‖ !!　‖

[308]　……农民经济的一切生产要素分配较均等,单个农户这些为数众多的构成人民生产总和的各个组成部分的经济实力变得彼此不相上下。由此得出的结论是:经济现象的演进并未带进资本化的因素,它是在人民经济(以农业劳动为其主要动因)的物质基础之上得到发展……只有在人民类型的生产中打下的物质基础,才能使辽阔的林区适于农作物的栽培,把林地变成耕地和草场。

这种民粹主义的、不可理解的东西是常见的！

原文如此!!

[310—311]　……货币交换关系从以下两个方面渗入自然经济:通过日益发展的亚麻业和昂贵的货币地租。春播地作物构成的逐年变化,主要表现在亚麻种植不断扩大上,这些变化告诉我们:农民经济已经走上这条道路,并沿着这条道路迅速走下去……

注意

在西欧农业史上,向经济发展的较高形式过渡是同引入牧草播种和块根作物联系在一起的。我们在特维尔省当前的农民经济中也发现这一过程的萌芽,这里的块根作物的地位被马铃薯所取代,马铃薯的栽培一年比一年扩大。

[312]　作为人民生产基础的原则总有一天会取得胜利,但在此以前,敌对因素的作用会造成人民贫困和无知等不少的牺牲。[①]

原文如此!!

[313]　这就是我们完全从事实和真实情况出发、对客观反映社会经济现象的数据进行考察所得出的结论。

似乎是这样!

载于1940年《列宁文集》俄文版
第33卷(非全文)

---

①　参看本版全集第3卷第105页。——编者注

在瓦·安·约诺夫的报告上作的批注[56]

《萨拉托夫省私有经济和农民经济方面的特有现象》。

帝国自由经济学会学报。第1卷。第2册。

1898年圣彼得堡版

(1898年3月11日〔23日〕和

1899年1月30日〔2月11日〕之间)

?

没有附录3

[22] 如果把牲畜的头数同所有主的人数作一对比,就会看到,3/5的役畜掌握在8500个富裕业主手中,而4万个贫困户却只有2/5的牲畜。这就是说,**富人手中还集中了几乎多6倍的畜力**。(见附录2和3)

在莫斯科省统计年鉴上作的批注[57]

《1897年莫斯科省统计年鉴》
1897年莫斯科版

(1898年1月9日〔21日〕和
1899年1月30日〔2月11日〕之间)

[1]　II. 1896—1897年度莫斯科省
农民的副业和非农业外水

I

在开始考察报告年度内农民挣工业外水的情况时，我们首先要谈谈地方手工业，因为从实质上说正是这些行业同农业的结合最可靠地保证了农村居民的福利。

[17]　关于本地的其他外水，可引述如下的报道：

注意

"乳品业兴旺起来了。乳品商的生活有明显的改善。这一行业盈利如何，可以根据乳品商人数逐年增长这一情况来判断。每个乡村都有几个乳品业老板。全部买卖都掌握在他们自己手里。农妇需要茶叶、糖、面粉、奶油，就向乳品商要，而不是在这些东西比较便宜的小铺里买；需要用钱，——钱没有，就拿些货物吧，否则就不收牛奶。牛奶价格冬天每一维德罗为64戈比，而乳品商却卖1卢布，或卖90戈比。夏天便宜一些，每一维德罗40戈比。这个工作很费力，而且要求干净清洁。"（莫斯科县切尔基佐沃乡，**B. И. 库德里亚绍夫**）"<u>我们这里有 5 户经营牛奶业</u>。虽然这一行业的盈利和收入尚未打听出来，但是看来日子<u>很好过</u>。"（**莫斯科县弗谢赫斯维亚特乡，C. П. 戈尔杰耶夫**）

[18]   这里说的显然不是某个新的经济部门，而只是说向莫斯科销售牛奶这种常见的活动成了一种专门的行业，而且有了自己的包买主，这说明在农民<u>销售自己的农产品</u>方面开始了<u>资本化的过程</u>。

[35]   ……<u>在大多数情况下每个工人自己开伙需 4—6 卢布（平均约 5 卢布）</u>。——而外出的手工业者<u>平均每月挣 14—15 卢布，伙食自理</u>（36 例）；这不包括某些钳工、镀银工和圣像画工，因为他们的工资特别高（25—45 卢布，吃自己的伙食）。手工业年工的工资每月<u>平均约 13 卢布（16 例）</u>，临时工约 15 卢布（15 例）。

在费·安·舍尔比纳的
汇编上作的批注[58]

《沃罗涅日省 12 个县综合汇编》
1897 年沃罗涅日版

(1898 年 11 月 8 日〔20 日〕和
1899 年 1 月 30 日〔2 月 11 日〕之间)

[421]　　## 表 格 目 录

[267]　　　　　　XXIV

沃罗涅日省 11 个县(沃罗涅日县未计)农户统计资
料总表(a)有人当雇工的,(b)没有雇工也没有人当雇工的
和(c)有雇工的

[269]

农民出身的雇工人数(雇工+半雇工,年工+半年工)=43 237。

农民雇佣的雇工人数(雇工+半雇工,年工+半年工)=19 590
(>40%,将近 45%)。

[385]　　　　　　　　　　XXX

　　沃罗涅日省<u>8个县</u>(下杰维茨克、科罗托亚克、博布罗夫、新霍皮奥尔斯克、博古恰尔、巴甫洛夫、比留奇和瓦卢伊基)的<u>村庄按土地面积和役畜分类综合表[59]</u>。

[605]　　　　　　　　　　XXXIX

　　沃罗涅日省4个县根据农民自诉在调查前10年间农户情况比较统计表。

[607]　　10年间农户的变化:

按土地划分的类别	县份	各 种 等 级							
		现有农户总数	其中有10年变化情况的资料的农户						
			共计	状况恶化的农户	百分数	状况好转的农户	百分数	状况没有变化的农户	百分数
所有农户	····共计	113 535	77 447	40 003	51.6 ∨—	7 351	9.5 ∨+	30 093	38.9 ∨=

按役畜分类

327[①]——3个县

380　——2个县

422　——村庄分类。

载于1940年《列宁文集》俄文版
第33卷(非全文)

---

①　该书页码。——俄文版编者注

在《欧俄马铃薯的栽培》一书上作的批注和计算[60]

《根据业主方面的材料所编的农业统计资料》。
第 7 编。欧俄马铃薯的栽培。1897 年圣彼得堡版

(1898 年 12 月 4 日〔16 日〕和
1899 年 1 月 30 日〔2 月 11 日〕之间)

[1] ……我国马铃薯作物引进和发展的历史,在本国经济经验资料中显然找不到任何依据,哪怕是极为有限的依据,所以它是直接受了西欧各国榜样的影响……

[2] ……政府过问的直接缘由是,上一世纪 60 年代提出了为饥饿的芬兰农民寻找"花销不大的"救济办法问题,况且医学协会在 1765 年初就这一问题上书参议院时也陈述了自己的意见:"预防这种灾难最好的方法就是栽种英国称之为马铃薯的土豆"。

[3] 随参议院 1765 年 5 月 31 日的命令下发的训示在极有意思的引言部分,就栽培马铃薯"对于治家大有好处"作了如下扼要解释:"在欧洲移栽的美洲果实中,任何一种都不像这种土豆(也称做土梨,有的地方称做山芋和洋芋)(2)那样在任何气候下都能长得很好,其好处之大是种粮食所

---

(2) **马铃薯**这个名称是在 1826 — 1850 年才完全确定下来……

不能相提并论的。

[4]　……最初马铃薯的栽培进展很慢;政府在这方面的关怀并未产生明显效果,因为"对这种普通老百姓吃的新品种蔬菜抱有迷信的偏见,认为它是一种不能吃的果实,把它叫做讨厌的土豆"……

[12]　……我国马铃薯总产量在本世纪 30 年代还不很大……

!

[14]　1.所有有共耕地的村庄都开始种马铃薯,从每块地里划出一块来种这种东西……①

??

[16]　但是与此同时不能不指出,东部各省某些地方,这些措施的最近的历史命运是同人民风潮即主要由于居民群众极其愚昧无知而发生的所谓马铃薯暴动的不幸事件紧密相关的……

注意

问题在于:"在农民的概念里把栽种马铃薯同建立他们所痛恨的义务共耕制混淆了"(2)……

的确如此

[17]　……在愚昧无知的农民群众看来,如同彻底推行一种侵犯个人及经济的独立和不受侵犯的制度……

?

[20]　由于政府在我国推广马铃薯方面所采取的上述一系列措施,以及在若干年经验已证明的栽培这种块根作物受益较大而且收获量相当稳定的影响下,马铃薯的栽培在 1840—1843 年这一短短的期间内就成了整个欧俄普通的和正常的现象……

注意

(2)扎布洛茨基-杰夏托夫斯基《基谢廖夫伯爵和他的时代》第 2 卷第 108 页。摘自基谢廖夫给皇上的有关风潮的呈文。

另见戴维《彼尔姆省的马铃薯暴动》1874 年旧鲁萨版第 5 册和 M.瓦列夫斯基《彼尔姆边疆区外乌拉尔地区的农民风潮》,1879 年旧鲁萨版第 11 册和第 12 册。

---

①　摘自 1840 年 8 月 8 日关于栽种马铃薯的命令。——编者注

[21]　我国马铃薯栽培的逐渐推广在很大程度上还取决于工厂对这种产品的加工从 40 年代起迅速发展……

[24]　……在 1886—1895 的最近 10 年,特别是在后 5 年,马铃薯栽培在数量方面取得了极大的成绩。总播种面积扩大了 80%以上……

[25]　……最近许多地方出现了这种作物的纯工业性栽培,而且有相当大的发展……酿酒用的马铃薯总量在 1866—1867 年度只有 6 183 000 普特,在 1881—1882 年度几乎增加到 4 400 万普特,就是说 15 年内增加了 600% 以上,而在随后的 15 年底,则已达到 9 500 万普特,即又增加了一倍多,可见,在上述这段时间内,即不到 30 年,酿酒所用的马铃薯增加了 14 倍多;同时,在马铃薯酿酒业发展最晚的地区,特别是在中部农业区、工业区和中伏尔加地区,80 年代初许多地方酿酒用马铃薯数量比 60 年代增加近 100 倍……

　　1891 年以后的,特别是中部农业区和工业区的统计表证实,种植面积扩大最多的是马铃薯……

注意

[26]　……在 1871 年欧俄 50 个省这种作物播种面积约为 790 000 俄亩,在 1881 年增加到 1 374 638 俄亩,就是说差不多增加了 75%,在 1895 年增加到 2 154 438 俄亩,也就是说在最近 15 年中增加了 55%以上①,而在某些地区增加的数字达到 100%以至 150%……

---

　　①　参看本版全集第 3 卷第 223 页。——编者注

[28—35]

					马铃薯收获量		
	1881 年	1882 年	1883 年	1884 年	1885 年	1886 年	1887 年
I.黑土地带							
1.中部农业省份							
·····							
总计·········	10 740	11 629	10 362	11 329	7 022	10 248	11 709
·····							
欧俄总计·····	54 935	53 657	44 147	49 617	40 774	46 796	52 892

*) 这些省份的收获量 1881—85·····51 082 100%,
　　　　　　　　　　1886—90·····54 447
　　　　　　　　　　1891—95·····85 445 166%

[47]

省　份	1895 年的总播种面积	1895 年末播种马铃薯的春播面积	1895 年马铃薯的播种面积	马铃薯播种面积的百分比	
	单　位　俄　亩			与所有播种面积	与其他春播面积
·····					
欧　俄总　计	61 893 973	43 998 820	2 154 438	3.5	4.9

注意

[51] 马铃薯除在大田种植外,往往不采取大田轮作,而是在菜园子或专用地块上种植……

[53] 马铃薯大田种植主要是在中部农业省份、工业省份、立陶宛、白俄罗斯、维斯瓦河沿岸、波罗的海沿岸省份、部分地是在西南省份和沿湖省份,而且在这里种植具有重要的经济意义……

注意

列宁在欧俄轮作情况表(资料第58—59页)中标出了那些普遍实行四圃轮作、八圃轮作和九圃轮作的省份,并在正文中划出了关于马铃薯土地耕作方法(第73页)、马铃薯种植密度和管理等等的描述。

（单位千俄石）

1888 年	1889 年	1890 年	1891 年	1892 年	1893 年	1894 年	1895 年
11 062	9 182	12 246	6 888	15 529	22 481	20 830	19 717
49 113	50 881	55 550	48 448	77 285	96 313	89 913	98 266

整个欧俄的收获量——243 130——100%
——255 232
——410 225——168%

[91]　至于通常的收获时间,那多半是在9月份,——黑土地带省份主要在9月上半月,非黑土地带省份在9月上半月或者下半月。收获马铃薯有时是在6月份或者8月初就开始了,有一次甚至到10月中才结束。

收获需时约1个月

[94]　至于收1俄亩马铃薯所需的工人人数,在这方面的资料很少。据莫吉廖夫和格罗德诺两省的报道,一个女工在中常年景一天可收2俄石。在中部农业省份,据计算,用木犁刨,每1俄亩约需一把或两把木犁,每把木犁配备20来个妇女和少年拾块茎,在白俄罗斯各省和波罗的海沿岸各省,人们认为刨马铃薯也需要同样多的工人,即35—40人。

20×2
每1俄亩

　这些活通常由日工来做……

[116]　据答复调查大纲问题的通讯员们说,各年和各地马铃薯产量上下的幅度很大。但是,根据已有的资料,块茎的平均收获量在不同省份为62至100俄斗不等,在国有土地上大部分是1俄亩收10俄石(80俄斗)左右。

[117]　　　　　　　　　　**马铃薯产量**

地　区　和　省　份	10年(1885—1894年)的平均产量	
	每1俄亩产的俄石数	
	地　主	农　民
	平　均	平　均
A.黑土地带		
中部农业地区		
1.库尔斯克………………………	49	42
2.奥廖尔……………………………	51	40
3.图拉………………………………	47	43
4.梁赞………………………………	42	38
5.坦波夫……………………………	43	38
6.沃罗涅日…………………………	39	35
伏尔加河中游地区		
1.萨拉托夫…………………………	34	30
2.辛比尔斯克………………………	38	31
3.奔萨………………………………	42	39
4.下诺夫哥罗德……………………	38	34
5.喀山………………………………	37	31
6.乌法………………………………	35	28
伏尔加河下游地区		
1.萨马拉……………………………	31	28
2.奥伦堡……………………………	25	28
3.阿斯特拉罕………………………	12	16
西南地区		
1.基辅………………………………	47	45
2.波多利斯克………………………	33	33
3.沃伦……………………………	40	36
小俄罗斯地区		
1.切尔尼戈夫………………………	44	37
2.哈尔科夫…………………………	40	35
3.波尔塔瓦…………………………	42	40
新俄罗斯地区		
1.比萨拉比亚………………………	23	23
2.赫尔松……………………………	21	19
3.塔夫利达…………………………	15	15
4.叶卡捷琳诺斯拉夫………………	22	21
5.顿河州……………………………	18	15

左栏批注（从上到下）：
＋ 7
＋11
＋ 4
＋ 4
＋ 5
＋ 4
＋ 4
＋ 7
＋ 3
＋ 4
＋ 6
＋ 7
＋ 3
－ 3
－ 4
＋ 2
＝
＋ 4
＋ 7
＋ 5
＋ 2
＝
＋ 2
＝
＋ 1
＋ 3

[118]

地　区　和　省　份	10 年(1885—1894 年)的平均产量		
	每 1 俄亩产的俄石数		
	地　主	农　民	
	平　　均	平　　均	
B. 非黑土地带			
工业地区			
1. 弗拉基米尔…………	35	30	＋ 5
2. 莫斯科…………	40	40	＝
3. 卡卢加…………	45	38	＋ 7
4. 雅罗斯拉夫尔……	45	40	＋ 5
5. 特维尔…………	47	35	＋12
6. 科斯特罗马……	36	25	＋11
白俄罗斯地区			
1. 斯摩棱斯克……	47	38	＋ 9
2. 维捷布斯克……	41	37	＋ 4
3. 莫吉廖夫……	54	45	＋ 9
4. 明斯克…………	44	35	＋ 9
立陶宛地区			
1. 维尔纳…………	40	33	＋ 7
2. 科夫诺…………	42	36	＋ 6
3. 格罗德诺……	40	35	＋ 5
波罗的海沿岸地区			
1. 里夫兰…………	67	51	＋16
2. 库尔兰…………	59	47	＋12
3. 爱斯兰…………	63	47	＋16
沿湖地区			
1. 圣彼得堡……	53	42	＋11
2. 普斯科夫……	40	35	＋ 5
3. 诺夫哥罗德……	38	35	＋ 3
4. 奥洛涅茨……	36	36	＝
北部地区			
1. 沃洛格达…………	—	—	
2. 阿尔汉格尔斯克……	—	—	
乌拉尔地区			
1. 维亚特卡…………	30	23	＋ 7
2. 彼尔姆…………	45	38	＋ 7
维斯瓦河沿岸地区	—	—	

[121]   ……<u>在中部农业地区</u>,即在目前最大的<u>马铃薯酿酒业中心</u>(这种酿酒业在 <u>60 年代刚</u>开始发展,<u>到 70 年代中才完全确立</u>)……

[122]   ……有充分根据认为这件事情取得成功完全是由于用马铃薯酿酒比起用其他农产品、主要是粮食酿酒<u>受益较大</u>而且经济上更为合理,<u>无论从酿酒业本身或从农业利益来看都是如此</u>。[①]

[128]   ……1876/77 年度—1879/80 年度期间,我国马铃薯酿酒业的地理分布和各个地区在这一生产领域中所占的比重发生了很大的变化,这就是说,<u>波罗的海沿岸各省</u>

[138—145]   欧俄 50 个省 1862/63 年度—1893/94

省　份	1864/65	1865/66	1866/67	1867/68	1868/69	1869/70	1870/71
1.中部农业省份							
．．．．．．							
共计………	(　244	73	117	208	264	271	735
欧俄总计……	(6 897	6 815	6 968	6 183.5	8 962	12 367	12 719

省　份	1879/80	1880/81	1881/82	1882/83	1883/84	1884/85	1885/86
1.中部农业省份							
共计………	7 242	9 883	10 566	14 308	19 153	(24 811	17 216
欧俄总计……	22 918	37 409	43 850	49 485	52 574)	(68 090	60 635

*)这些省份在 10 年间 1864/65 — 1873/74 ——　4 069(千普特),

　　　　　1874/75— 1883/84 ——　74 829

　　　　　1884/85 — 1893/94 ——200 771

---

① 参看本版全集第 3 卷第 256—257 页。——编者注

和西北各省已失去俄国马铃薯酿酒业唯一代表的地位，<u>由于其他一些地区也在同时发展这一行业</u>，在很大程度上给一些中部黑土地带省份让出自己的地位。

[130]　……马铃薯酿酒业的<u>地域分布日益扩展</u>，而且从80年代初开始，相对来说是<u>新兴的马铃薯酿酒业地区</u>，即工业地区、中伏尔加地区、小俄罗斯各省，<u>特别是中部农业省份</u>，<u>不仅在这方面已占十分显要的地位，而且在马铃薯酿酒总规模以及用马铃薯酿酒的工厂的相对数量上往往甚至处于领先地位</u>。

年度间酿酒用马铃薯数量（单位千普特）

1871/72	1872/73	1873/74	1874/75	1875/76	1876/77	1877/78	1878/79
329	745	1 083)	1 005	2 015	2 373	3 103	5 181
9 419	16 804	19 195)	(17 591	16 519	22 505	21 489	21 655

1886/87	1887/88	1888/89	1889/90	1890/91	1891/92	1892/93	1893/94
17 179	19 220	20 142	18 554	19 520	14 534	21 041	28 554)*)
54 549	66 611	60 255	73 405	66 618	75 274	74 489	96 270)

欧俄共计——106 325
　　　　　——305 999
　　　　　——696 196[①]

---

①　参看本版全集第3卷第257页。——编者注

省　份	1867/8	1868/9	1869/70	1870/1	1871/2	1872/3	1873/4	1874/5	1875/6	1876/7	1877/8	1878/9	1879/80	1880/1
1. 中部农业省份　……　共计　……	(12	13	17	29	27	33	40	39	55)	(56	69	81	114	151
欧俄总计	(600	728	749	722	677	789	831	779	777)	(759	795	825	818	967

*) 这些省份在 1867/68—1875/76
　　　　　　1876/77—1884/85
　　　　　　1885/86—1893/94

列宁在书的末尾记下了最有意思的主要问题,并在《俄国资本主义的发展》一书中利用了这些资料(见本版全集第 3 卷第 223、256—258 页)。

提示

间用马铃薯酿酒的工厂数量　　　　　　　　　27 年

1881/2	1882/3	1883/4	1884/5	1885/6	1886/7	1887/8	1888/9	1889/90	1890/1	1891/2	1892/3	1893/4
166	174	178	183)(	181	163	164	157	161	160	154	158	172)[*]
1 115	1 159	1 164	1 211)(	1 206	1 093	1 100	1 092	1 142	1 171	1 254	1 304	1 391)

　—— 265 ÷ 9,整个欧俄—— 6 652
　——1 172　　　　　　　—— 8 813
　——1 470　　　　　　　——10 753[①]

　　在第 **7** 编第 **2** 部分(《各省概述》)中,列宁着重注意的是酿酒业促进马铃薯播种面积扩大的资料,标出了农民和地主在种植这种作物时所使用的生产工具、农户和地主农场马铃薯的收获量、收 **1** 俄亩马铃薯所需的日工和童工的人数、某些省淀粉厂的数量、用泥炭作肥料等等情况。

载于 1940 年《列宁文集》俄文版
第 33 卷(非全文)

---

　　① 参看本版全集第 3 卷第 257 页。——编者注

在《耕作工具》一书上作的批注[61]

《普斯科夫省地主经济和农民经济中的耕作工具及
机器在农民经济中的应用》。对1898年农业概述的补充。
1899年普斯科夫版

（1899年6月以后）

[3]　　用什么耕地（材料份数）：

县	在地主经济中：					在农民经济中：				
	只用铁犁	主要用铁犁	主要用铁犁和木犁	主要用木犁	只用木犁	只用铁犁	主要用铁犁	主要用铁犁和木犁	主要用木犁	只用木犁
奥斯特罗夫	9	1	1	—		5	1	1	5	1
普斯科夫	9	1	3	—	2	1	4	8	9	7
奥波奇卡	9	1	4	1	3	3	—	2	6	7
波尔霍夫	12	1	7	5	9	—	—	—	3	38
新勒热夫	4	—	3	3	1	—	—	—	2	12
大卢茨克	4	1	6	—	2	1	—	—	8	5
霍尔姆	2	1	3	—	1	—	—	—	4	13
托罗佩茨	2	—	3	4	2	—	—	—	2	13
全省	53	8	26	15	23	10	5	11	39	96
（合计）	61			38		15			135	
百分数	45		22	33		9		7	84	

[6]　只要注意一下那些以使用铁犁为主的乡的变化,我们就会发现,无论拿地主经济还是拿农民经济来说,使用铁犁为主的乡从东向西逐渐增多,颇有规律。铁犁的使用率最高的是该省的西北部,特别是奥斯特罗夫县,那里已有资料可查的各乡中地主经济使用铁犁的占86%,农民经济使用铁犁的占62%。

[7]　……农民经济中以铁犁代替木犁的过程只包括3个县,到目前为止几乎没有超出同波罗的海沿岸边疆区接壤的地区;这一过程在奥斯特罗夫和普斯科夫两县很突出,在邻近的奥波奇卡县却迅速减弱,在全省其余的县就不大明显了。

[8]　使用铁犁是向谁学的（报道份数）:

| 县 | 答卷总数 | 向地主 | 波罗的海沿岸边疆区 | 向来自以下地方的移民 | | | | | | 向郊区村镇 | 向维捷布斯克省 | 向彼得堡 | 向南部各省 | 凭个人经验 |
				奥斯特罗夫县	普斯科夫县	奥波奇卡县	大卢茨克县	地方自治局及其农业货栈和展览馆	从书本					
奥斯特罗夫	14	9	1	1	—	—	—	—	—	2	—	1	—	—
普斯科夫	18	7	6	—	1	—	—	2	—	1	—	—	—	1
奥波奇卡	10	4	2	1	1	—	—	—	—	2	—	—	—	—
波尔霍夫	7	2	1	—	2	—	—	—	1	—	1	1	—	—
新勒热夫	6	1	1	—	—	—	—	—	—	1	—	—	—	—
大卢茨克	12	3	2	—	3	1	—	—	1	—	1	—	—	—
霍尔姆	8	3	1	1	2	1	—	—	1	—	—	—	—	—
托罗佩茨	9	2	2	1	2	—	—	1	—	1	—	—	—	—
全　省	84	31	15	6	10	2	1	1	6	2	4	2	1	2	1
百 分 数	100	37%		42%					7%	14%				

[9]　……有一批答卷直接或间接地说明波罗的海沿岸边疆区在全省铁犁普及方面的作用,这样的答卷差不多占全部答卷的一半(46%)。

[10]　何时采用铁犁(材料的份数):

县	在地主经济中:				在农民经济中:		
	不到5年	6—10年	15—20年	早已	不到5年	6—10年	15年
奥斯特罗夫……	—	1	—	—	1	1	—
普斯科夫……	—	—	—	4	4	1	—
波尔霍夫……	2	3	—	3	—	—	1
奥波奇卡……	3	1	2	—	—	—	—
新勒热夫……	—	4	—	1	—	—	—
大卢茨克……	—	—	2	1	1	1	—
霍尔姆……	1	3	—	—	1	1	—
托罗佩茨……	1	3	1	1	—	—	—
全　省……	7	15	5	10	7	5	1
百　分　数……	19%	41%	13%	27%	54%	39%	7%

……在农民经济使用的农具中,铁犁是15年前才开始出现的,而且是极个别的,这就是说比地主经济晚了15年……

[11]　……哪个地方离波罗的海沿岸边疆区愈远,哪个地方出现铁犁就愈晚。

[12]　由此可见,完全证实了我们的推测,即铁犁的普及程度是与三叶草播种面积而同步增长的,把地主经济或农民经济的有关资料比较一下就可以证实这一点。

[14]　铁犁是靠近波罗的海沿岸边疆区的地区开始使用的,在亚麻种植及与之有密切联系的大田植草中获得有利于它存在的种种经济条件,所有这些条件后来无论对全省铁犁的普及方向还是对其普及程度都起了调节作用。

[17]　总的来说,无论在农民经济中还是在地主经济中都有同样的趋向:该省从东南向西北,木耙逐渐为铁齿耙所取代。

[26]　……由于同样一些原因，劳动力的价格在<u>冬季极低</u>（有的地方早上打场的价格降到 5 戈比——可是管早饭），因此任何机器都不能同这样低的劳动报酬竞争。在这种情况下，"绳索"（连枷）和"锹"因价格低廉，几乎成了打场和簸谷不可代替的工具，由此不难理解，为什么簸谷机和脱粒机不怎么普及。一提到簸谷机，通讯员们差不多总是说，<u>这种机器在只有一份份地的农民中根本没有普及</u>，只有在<u>"私有者"</u>的农场，即<u>不仅有份地而且还有购买地的那些人的农场中</u>才能看到。　　注意

[27]　……亚麻种植的商业性质是这里购置簸谷机的动因：的确，亚麻业的这种利害争执，迫使农户尽快地把亚麻加工好送往市场，把全家所有劳动力集中起来加工亚麻纤维，而这种活众所周知需要花费大量人力，所以户主也不得不珍惜"冬季时间"，而以前在他看来这几乎是"躺在火炕上"休息的季节。因此，如何借助改良的机器来提高劳动生产率，就成了简单的经济核算的课题。　　注意

[28]　在每百俄亩春播地中各种作物的比例：

	亚麻	燕麦	大麦	其他粮食	商业性的（亚麻和燕麦）	消费性的	
					播种面积的百分比：		
亚麻地区	46.1	21.6	17.0	15.3	67.1	32.9	注意
波尔霍夫县	40.6	40.7	7.2	11.5	81.3	18.7	
非亚麻地区	10.9	50.0	17.0	22.1	60.9	39.1	

[31]　<u>脱粒机主以租赁方式给邻近的农民脱粒</u>：去年脱粒一垛（10 捆），收取 1 戈比，而且粮食的主人还必须派出 10 个工人；而今年脱粒的条件是：<u>粮食的主人派出 10 个工人，脱粒机主自己在工人协助下将粮食、燕麦或豌豆脱粒</u>，再用自己的簸谷机簸谷，簸一袋（一满袋为 1.25 俄石）燕麦，收取 13 戈比……　机器租赁，使户主习惯于共同使用

说得好!　机器,而且很可能只是向农户机具新的组织形式的一个过渡阶段,在新的组织形式下只有部分机具是每个农户的私有财产,而最贵的那部分农具,即能为许多农户服务的机器(脱粒机、揉麻机),则由许多农户共同购置。

载于1940年《列宁文集》俄文版
第33卷(非全文)

在 B. Φ. 阿尔诺德的书上
作的批注和计算[62]

《赫尔松县农户农业技术和
农业经济的一般特点》1902 年赫尔松版

(不早于 1902 年 4 月 20 日〔5 月 3 日〕)

[3] 什么样的土地可视为富裕的标志? 放牧休闲地自 　(1)
然应排除在外,因为有这种土地在赫尔松的条件下不过
是一件不可避免的坏事。其次,从播种面积中还应该把 　(2)
收成归地主的那部分实物租地扣除。在货币租地的情况 　(3)
下,我们从播种面积减去地租总额除以 30 所得的俄亩
数,这就是说我们把每 1 俄亩的总收入算做 30 卢布。也
许这个总收入我们算得高了一些。但是不要忘记,割草 　(4)
场的面积我们根本没有算在可利用的土地之列。

　　在少数情况下(2—3 例),如果业主有菜地,我们把
菜地的产值算做 6 倍于大田(1 俄亩顶 6 俄亩)。对业主 　(5)
的富裕程度有影响的种种偶然情况,我们当然不能完全
避免;我们在这方面的分类还很不完善……

[13] 下列作物在总播种面积中所占的面积(单位俄亩)

类别:	黑麦	小　麦:		大麦
		秋播	春播	
I··················	11.2	4.2	26.6	13.3
II·················	6.3	2.7	11.4	5.3
III················	4.1	0.5	10.5	5.1
IV················	1.5	0.6	6.4	4.0
V·················	3.0	0.2	3.9	2.9
VI················	0.9	0.3	2.2	0.9

[15]	黑麦	小　麦	大麦
		秋播和春播	
类　别:	产量	产量	产量
I··················	330	1 070	733
II·················	96	428	264
III················	86	292	200
IV················	40	231	191
V·················	55	118	127
VI················	11.4	66	36

[30] 每 **10** 户(平均)拥有各种大农具的数量如下:

	3	4		2	1
类别:	簸谷机	多铧浅耕犁	铁犁	收割机	脱粒机
I	10.0	15.3	11.2	10.0	1.6
II	8.6	10.0	8.3	7.4	0
III	8.2	10.3	6.8	4.1	0.2
IV	4.4	5.0	4.7	7.0	0
V	4.6	5.6	3.3	2.2	0
VI	2.9	2.7	2.3	1.1	0

注意　[54] 购买粮食的支出没有计算,因为支出多少与收成好坏关系极大,在现有收成、饮食标准和销售的情况下理论上是可以计算出来的。

在表格的第 **93** 页上,列宁计算了第 **1** 类(富农户)平均每户拥有耕地的俄亩数——份地、私有地、官地租地、私人长期租地、租期一年的租地以及粮垛租地,并记录如下:

$$10.9$$

$$6.2$$

$$3.9$$

$$7.0$$

$$10.7$$

$$12.7$$

$$\overline{\quad 51.4^{①} \quad}$$

在表格的第 **101** 页上，列宁注意的是第 **6** 类(最贫困户)的有关资料。列宁在这里只摘记了每户平均拥有耕地——份地和官地租地的俄亩数，因为其他栏的平均值都极小，他摘记如下：

$$3.06$$

$$1.13$$

[103—111]   表格 2.

	业主所得的粮食收获量(单位普特)						
	黑麦	秋播小麦	春播小麦	大麦	燕麦	黍类	
I 类…………	330	98	972	733	10.3	73	∑＝2 216
	2 133						
II 类…………	96	56	372	264	4.2	19	∑＝ 811
III 类…………	86	5	287	200	5.4	14.5	∑＝ 598
IV 类…………	39.5	4	227	191	—	11.4	∑＝ 473
V 类…………	55.2	4.4	114	127	1.7	9.0	∑＝ 311
VI 类…………	11.4	4.1	62	36	—	7.2	∑＝ 121

----

① 列宁错写为 49.4。——俄文版编者注

根据 B.Φ.阿尔诺德的调查资料
作的农户分类笔记

《赫尔松县农户农业技术和
农业经济的一般特点》1902 年赫尔松版

(不早于 1902 年 4 月 20 日〔5 月 3 日〕)

在**赫尔松** 124 个农户的调查中,要特别指出的是:(1)关于各类农民消费的资料,以及

(2)关于牲畜饲料的资料。这两种资料虽然不全,但很珍贵,因为这类资料无论在俄国文献中还是在外国文献中都是极少的。

(3)如果把书中所列的收支总额对比一下,可以看出从**小农户**到大农户的每俄亩收入**是下降的**(参看克拉夫基)[1]。一个很有意思的例子,它说明**不把消费考虑在内的收支资料是无用的**。

(4)资料最大的缺点是不连贯,不完备。调查的类型属于家庭收支调查,但是**没有贯彻到底**。没有关于粮食总消费量的资料,也没有关于购买粮食的资料(注意)——关于最后这一点的解释(第54 页第 3 节开头)是十分荒唐的。

因此不能自圆其说。在 VI、V、IV、III、II 和 I 各类中,即在**所有类别中**,农业支出和个人支出总额都远远超过农业收入**和其他**收入总额。(所以如此,也许是因为把粮食消费算做个人支出,而没

---

① 参看本版全集第 56 卷第 154—158 页。——编者注

有把粮食算在收入之列？这当然会有影响,但这一点还说明不了问题。)

把家庭收支的实物部分与货币部分分开也做得很不彻底,甚至**根本**没有做。

	粮食总产量	销售	用作牲口饲料	Σ	差额	粮食消费量(平均每1农户)
I	2 216	975 +	252 =	1 227	989	238
	811	283 +	161 =	444	367	174
III	598	250 +	107 =	357	241	139
	473	189 +	122 =	311	162	133
	311	139 +	75 =	214	97	139
VI	121	34 +	45 =	79	42	110

〔单位普特〕

〔赫尔松调查〕
个人消费支出

{显然纯属购买的}

用于食物	非食物产品	用于衣服	用于家庭陈设	Σ =
116.00	25.93	172.17	23.77	337.87
74.37	18.72	137.32	17.53	247.94
61.20	15.91	111.94	12.73	201.78
40.70	14.41	96.40	11.54	163.05
47.96	13.26	92.19	9.26	162.67
34.79	12.15	70.53	—	117.47

I 类

$$349.42 + 524.75 = 874.17 - 692.54 = 181.63$$

每1农户的粮食消费量

=171普特小麦,1普特按88.5戈比计=151卢布33.5戈比+67普特其他谷物,1普特按61戈比计=40卢布87戈比。

151.33+40.87=192.20=每1农户消费的粮食的价值。

类别	户数	平均每户使用的土地	平均每人使用的土地	土地数量		秋耕的农户数（及百分数）	%	平均每户播种总面积（单位俄亩）
				份地 + 私有地	租　地			
I	17	44.9	7.3	556.4 100%	849 153%	12	80	58
II	21	24.2	3.7			14	73	27
III	22	15.1	2.5	227.9 100%	339 149%	11	55	21
IV	18	10.3	1.8			9	50	13
V	24	8.2	1.3	180.3 100%	139.7 77%	8	36	10.7
VI	22	3.8	0.7			3	14	4.9
共计	124							

类别	牲畜饲料		谷糠（单位立方俄丈）平均每匹马	大　型 平均每 10 户				
	大麦（单位普特）						(δ)	
	平均每匹役马	平均每头猪		(α)脱粒机	(β)收割机	(γ)簸谷机	铁　犁	多铧浅耕犁
I	36.1	20.7	1.8	1.6	10.0	10.0	11.2	15.3
II	35.5	22.1	1.6	0	7.4	8.6	8.3	10.0
III	29.3	20.1	1.9	0.2	4.1	8.2	6.8	10.3
IV	30.7	21.2	1.6	0	7.0	4.4	4.7	5.0
V	26.2	10.9	1.3	0	2.2	4.6	3.3	5.6
VI	14.2	14.6	0.8	0	1.1	2.9	2.3	2.7
共计								

四种主要粮食播种面积（单位俄亩）	这些粮食		牲　畜		平均价值	
	产　量	销售量	平均每户有马＋犍牛	平均每户有　牛	1匹马（单位卢布）	1头奶牛（单位卢布）
	（平均每户）（单位普特）					
55.3	2 133	975	7.0	3.8	66.82	35.26
24.7	788	283	4.3	3.3	48.07	32.88
20.2	578	250	3.3	2.1	53.73	30.83
12.5	462	189	2.5	2.0	47.91	32.05
10.0	300	139	2.4	1.5	39.74	29.95
4.1	113	34	1.3	1.1	29.62	29.59

农　具:				平均每户雇工:		（平均每户）受雇天数	（平均每户）雇佣工作日＋和－
租用农具的农户（在该类农户中）的百分数:							
（α）	（β）	（γ）	（δ）	天　数	支　出（单位卢布）		
35	12	0	0	521	175.03	0	＋521
14	19	5	0	205	51.25	35	＋170
14	23	9	0	85	22.99	27	＋ 58
16	39	33	0	44	13.98	68	－ 24
0	25	21	21	9.5	3.88	63	－ 53.5
0	14	4	27	0	0	62	－ 62

类别:	家 庭 人 口						消 费			
	男人	女人	共计	家庭平均人口	15至60岁的男人总数	每户平均有15至60岁的男人	人均(各种)粮食消费量(单位普特)	人均食物支出(单位卢布)	衣服支出	
									男人	女人
									(人均支出,单位卢布)	
I	52	58	110	6.5	28	1.6	31	15.50	40.85	30.64
II	76	69	145	6.9	33	1.6	25	10.63	30.24	27.42
III	72	70	142	6.4	31	1.4	23	10.20	28.08	22.69
IV	53	53	106	5.9	31	1.6	23	7.03	23.91	20.64
V	81	89	170	7.1	33	1.4	22	7.37	23.37	21.96
VI	58	70	128	5.8	27	1.2	20	6.53	19.96	18.18
共计				6.5						

孩子	平均每户个人消费总支出（单位卢布）	农业资本总额（单位卢布）	各项农业支出总额	各项收入总额	（差额）＋－	平均每俄亩播种面积
9.31	349.42	2 319.75	524.75	692.54	＋167.79	2.9
8.56	251.33	1 335.48	244.33	275.37	＋ 31.04	1.1
7.88	204.93	987.96	146.58	232.78	＋ 86.20	4.1
6.90	161.87	803.53	114.21	177.56	＋ 63.35	4.9
6.82	175.28	625.70	73.73	116.46	＋ 42.73	4.0
5.90	128.75	432.79	56.63	85.70	＋ 29.07	5.9

在涅列赫塔县的统计汇编上作的批注

《科斯特罗马省统计资料汇编》。

第1卷。第3编。涅列赫塔县。1901年科斯特罗马版

（不晚于 1907 年 7 月）

在涅列赫塔县的统计汇编中，列宁注意到各类农户份地的产量表，这一表格表明产量有规律地随牲畜的增加而增加。根据统计汇编关于涅列赫塔县各类农户 1897 年按户调查的资料，黑麦产量为"种子的倍数"如下：

1. 无牲畜的农户　　　　4.16
2. 有 1 头小牲畜的农户　　4.18
3. 有 1—2 头大牲畜的农户　4.34
4. 有 3—4 头大牲畜的农户　4.53
5. 有 5—6 头大牲畜的农户　4.77
6. 有 6 头以上大牲畜的农户　5.03

列宁在印有科斯特罗马地方自治局刊物目录的汇编封面上，根据表格记下如下结论：

注意：　　第 255 页表格 Ⅶ—ж。**牲畜愈多,产量愈高**。

载于 1940 年《列宁文集》俄文版
第 33 卷

在《奔萨省估价统计调查总结》
一书上作的批注

《奔萨省估价统计调查总结(弗·古·格罗曼主编)》。
第3辑。第2部。第2篇。《按户普查总结》,第11编。
全省和按县总结。1913年奔萨版

(1913年11月30日〔12月13日〕以后)

[III] 《奔萨省估价统计调查总结》的这一编是对农户按
户普查的 <u>某些</u> 结果的结算。   注意

[3]　据调查,全省土地村社共有3 224个,入社农户
<u>264 615</u>户,男女人口 <u>1 629 502</u> 人。

如果除去新建的居民点,即所谓"银行区"及独立农庄
不算,那么共有村社2 756个,入社农户有 <u>260 417</u> 户,男
女人口 <u>1 601 196</u> 人……

下面叙述的是对农户按户调查的结果,<u>不包括新建的
居住点的居民</u>。这些居住点建立才2—3年,而且这个新   ??
组成的社会群体的全貌还很不清楚,所以不可能在统计中
显示出来。把这些居住点算进去会使调查结果走样……

平均每一户,或者也可以说平均每一个家庭 <u>有</u> 男女人
口 <u>6.15</u> 人。全省平均每户的劳动力为 <u>1.37</u> 人。

[4] 　在总数为342 066个男劳力中,识字的只有118 625人,或者说占34.7%,即⅓稍强,其余的⅔—— 都是不识字的。据1897年全俄调查资料,年龄18—60岁识字的男子占26.1%,可见,在将近15年内识字的男子人数增长近25%,或者说平均每年增长约2%……　但是必须预先注意,在农民中还有无地户,奔萨省就有5 927户,占农户总数的2%。

　　属于254 490个有地户农民的宜耕地总面积共计2 072 271.48俄亩……

[5] 　如果把居住点和独立农庄的土地撇开不算,那么农民土地按其法律性质可分为两大类:份地和非份地。前者面积为1 626 469.93俄亩,或者说占81.8%,即全部农民土地的⅘稍多,后者为362 510.49俄亩,或者说占18.2%,将近⅕。换句话说,农民务农的主要基地是份地……

　　属于村社的土地定期进行或可能进行重新分配,村社每个成员从供分配的份地中得到个人使用的一份。这种土地我们简称为"分得的"土地;在地方自治局统计文献中通常称之为"村社"土地。

　　所有权属于村社某个成员的其余份地,在统计文献中称之为"户有的"土地,它依照取得所有权的方法分为两类:(1)根据赎买条例第165条**63**赎买的份地,(2)由9/XI(14/VI)号法令**64**确认的……

　　分得的(村社)份地为1 392 853.06俄亩,占农民全部土地的70.11%,依照第165条赎买的土地——12 079.89俄亩,占0.59%,由9/XI号法令确认的土地——210 484.83俄亩,占10.60%;除农民在本村社范围内占有的份地外,他们还有别的村社的份地,数量为11 052.15俄亩,占0.56%。

……在份地总面积中,作为<u>买卖对象</u>的部分总的说来很小:<u>32 629.56 俄亩,在农民占有的全部土地中占 1.63%</u>……

[7] ……但是,不言而喻,第一,并非所有农户都有某种大牲畜;第二,有牲畜的农户其牲畜头数也不等,这一点从下列数据就可看出:

	农　　户		按马匹数量分类的农户				按奶牛数量分类的农户			
	无大牲畜者	有大牲畜者	无马者	有1匹马者	有2匹马者	有3匹以上马者	无奶牛者	有1头奶牛者	有2头奶牛者	有3头以上奶牛者
绝对数	44 879	215 538	83 036	125 670	41 620	10 091	61 612	169 405	25 102	4 298
百分比	17.3	82.7	<u>31.9</u>	48.2	16.0	3.9	<u>23.6</u>	65.0	9.6	1.8

[8] 在按户普查时,只对<u>18 至 60 岁的男劳力的副业活动作了登记</u>。这一调查结果表明,在总数为 260 417 个农户中,没有一个男劳力从事副业的农户为 137 821 户,占 <u>52.9%,有人从事副业的为 122 596 户,占 47.1%,也就是说这两类农户差不多相等</u>……

从事某种副业的男劳力登记在案的共有 <u>148 227 人</u>,<u>约占副业户男劳力的¾(75%)</u>,奔萨省所有农业人口男劳力的<u>⁴/₁₀(41.4%)</u>。

……但是我省无论从博物学或民族学的角度来看都有很大差别,此外,并不久远的过去所造成的历史后果,即<u>农奴制消灭后在农民土地分配上的差别</u>,现时仍有表现。

[16] 根据一个县得出的结论来判断全省情况的合理程度如何,对比一下下列两个资料就可以看出,一个是关于<u>莫克尚县 1 334 户</u>记述详细的资料,另一个是关于奔萨省所有 260 417 户的资料。

	平均有土地(单位俄亩)：				各类农户的百分数					
	中等家庭	1户	1人	1个劳动力	1匹马	无劳动力的户	有1个劳动力的户	有2个以上劳动力的户	无马者	有1匹马者	有2匹以上马者
莫克尚县 （记述详细的 1 344 户）………	5.96	7.81	1.31	5.86	7.43	6.0	63.0	31.0	<u>21.0</u>	56.0	23.0
奔萨省 （所有农户）………	6.15	7.65	1.24	5.56	8.17	8.5	58.0	33.5	31.9	48.6	<u>19.5</u>

注意 ‖ 　……可见，有详细记述的农户的土地、尤其是马匹，比<u>全省平均数略高</u>。

第 三 部 分

资本主义在工业中的
发展形式和阶段[65]

《军事统计汇编》资料分析[66]

《军事统计汇编》。第4编。俄国。

尼·尼·奥勃鲁切夫主编。1871年圣彼得堡版

（1893年秋和1899年1月30日〔2月11日〕之间）

[XVII]　　　　　前　言

[XXII—XXIII]　**工场工业**……　全部统计表均根据未加工的材料编制,主要材料是<u>在中央统计委员会借来的各省</u>有关<u>工厂</u>和手工业者的<u>资料</u>,还增补了工商业司和无定额税务司的<u>这些资料</u>,而且后者是关于交纳消费税的各行业的统计数字,被认为是基本的统计数字。这种作了系统分类的所有工厂的统计表的汇总,在我国统计资料中是首次出现,即使在其中很容易发现一些材料本身带来的疏漏和不确切之处,但不管怎么说,它已经相当近似地反映了我国工业总的发展。 1)

2)

　　正文是用来说明<u>各个行业的情况</u>并核对<u>其统计数字</u>的。其中主要提到同军需关系最密切的那些部门。在这些种行业中,不管本文中所谈到的在刊物上发表的文献资料怎样,都选用了各军事管理局,特别是军需管理局的十分珍贵的资料;某些行业,或者这些行业的某些部门,借助于这些资料而获得了新的意义。例如,在毛纺织业中,根据军需机关的资料,对<u>供应军队士兵呢的工厂</u>作了完整的、相当详细的<u>统计</u>;在亚麻业中,根据<u>这些资料</u>编出了亚麻纺纱厂和亚麻织布厂统计表,并选出农民粗麻布手工业特别发达的32个省农民粗麻布手工业的资料;在木材加工业中指出了炮兵部门和海军部门对木材的需要量和采伐量;<u>在制革业中,根据军需机关的资料,修正了从中央统计委员会得到的表格上的数字</u>,编制了给国家提供皮靴商品的工厂的统计表,并引用了一些有关小件皮革制品的资料;根据军械部的资料,扼要描述了硝的生产情况;最后,根据各种各样的文献资料(第415页),首次为面粉业和精面粉业编制了统计表。 3)

注意

列宁在汇编《领土和人口》篇中,把 1863 年欧俄的人口和领土资料与同一年《俄罗
[25—36]

编号	省　和　县	面　　　积	
		单位平方俄里 （不包括内水）	单位平方俄里 （包括内水）
1	阿尔汉格尔斯克省…………共计	13 681.34	13 924.61
2	阿斯特拉罕省……………共计	3 986.79	3 995.27
3	比萨拉比亚洲……………共计	648.95	647.15
4	维尔纳省…………………共计	700.69	733.03
5	维捷布斯克省……………共计	815.96	820.67
6	弗拉基米尔省……………共计	859.65	860.56
7	沃洛格达省………………共计	7 192.93	7 200.89
8	沃伦省……………………共计	1 294.68	1 295.17
9	沃罗涅日省………………共计	1 197.60	1 197.60
10	维亚特卡省………………共计	2 605.19	2 605.19
11	格罗德诺省………………共计	680.66	680.66
12	顿河军屯州………………共计	2 886.37	2 886.37
13	叶卡捷琳诺斯拉夫省………共计	1 225.27	1 225.27
14	喀山省……………………共计	1 116.00	1 116.00
15	卡卢加省…………………共计	560.97	566.97
16	基辅省……………………共计	924.46	924.46
17	科夫诺省…………………共计	736.36	739.11
18	科斯特罗马省……………共计	1 449.25	1 451.09
19	库尔兰省…………………共计	492.30	495.34
20	库尔斯克省………………共计	841.54	841.54
21	里夫兰省…………………共计	826.36	883.04
22	明斯克省…………………共计	1 695.67	1 697.01

斯帝国统计年鉴》(第 1 辑,1866 年圣彼得堡版)中的相应数据作了比较。

人　　口			每 1 平方俄 里 的居民人数	与《统计年鉴》的数字是否有出入
男	女	男女		
137 032	147 212	284 244	20	无
258 097	253 142	511 239	128	有(377 239)
544 648	481 698	1 026 346	1 583	无
446 106	453 887	899 993	1 167	无
383 334	393 405	776 739	952	无
585 347	631 272	1 216 619	1 415	无
466 023	508 700	974 723	135	无
811 874	790 841	1 602 715	1 238	无
948 046	990 067	1 938 113	1 618	无
1 048 973	1 171 628	2 220 601	852	无
447 893	446 301	894 194	1 314	无
472 160	477 522	949 682	328	无
607 827	596 924	1 204 751	983	无
787 151	819 971	1 607 122	1 440	无
469 683	495 113	964 796	1 720	无
1 008 117	1 003 978	2 012 095	2 177	无
518 096	534 068	1 052 164	1 429	无
499 862	574 109	1 073 971	741	无
272 324	301 532	573 856	1 166	无
907 728	919 340	1 827 068	2 171	无
446 836	478 439	925 275	1 120	无
501 606	499 729	1 001 335	590	无

[接上页]

编号	省　和　县	面　积	
		单位平方俄里（不包括内水）	单位平方俄里（包括内水）
23	莫吉廖夫省……………………共计	867.78	867.78
24	莫斯科省……………………共计	601.70	601.70
25	下诺夫哥罗德省……………共计	923.34	923.34
26	诺夫哥罗德省………………共计	2 152.38	2 199.52
27	奥洛涅茨省…………………共计	2 376.16	2 717.26
28	奥伦堡省……………………共计	4 418.09	4 418.04
29	奥廖尔省……………………共计	848.90	848.90
30	奔萨省………………………共计	688.84	688.84
31	彼尔姆省……………………共计	6 046.22	6 050.12
32	波多利斯克省………………共计	762.84	762.84
33	波尔塔瓦省…………………共计	902.86	902.86
34	普斯科夫省…………………共计	798.17	816.13
35	梁赞省………………………共计	761.49	762.67
36	萨马拉省……………………共计	2 885.36	2 885.36
37	圣彼得堡省…………………共计	812.03	813.65
38	萨拉托夫省…………………共计	1 514.69	1 514.69
39	辛比尔斯克省………………共计	883.28	883.28
40	斯摩棱斯克省………………共计	1 012.58	1 012.58
41	塔夫利达省…………………共计	1 105.75	1 161.12
42	坦波夫省……………………共计	1 202.08	1 202.08
43	特维尔省……………………共计	1 156.74	1 663.12
44	图拉省………………………共计	557.12	557.12
45	乌法省………………………共计	2 044.90	2 044.90

人　口			每1平方俄里的居民人数	与《统计年鉴》的数字是否有出入
男	女	男女		
451 064	473 016	924 080	1 064	无
801 634	762 606	1 564 240	2 598	无
616 337	668 859	1 285 196	1 392	无
494 664	511 629	1 006 293	467	无
141 227	155 366	296 593	125	无
460 557	455 700	916 257	207	有(1 843 371)
755 078	778 541	1 533 619	1 860	无
577 813	601 267	1 179 080	1 711	无
1 015 526	1 123 022	2 138 548	353	无
942 904	925 953	1 868 857	2 449	无
938 012	973 430	1 911 442	2 117	无
351 825	367 082	718 907	901	无
702 848	715 445	1 418 293	1 864	无
829 401	861 378	1 690 779	584	无
652 194	521 980	1 174 174	1 446	无
841 049	847 512	1 688 561	1 114	无
574 602	608 710	1 183 312	1 340	无
554 515	582 697	1 137 212	1 123	无
320 199	286 584	615 001	556	有(606 783)
986 669	987 915	1 974 584	1 643	无
726 975	791 102	1 518 077	1 311	无
573 300	579 170	1 152 470	2 069	无
645 741	650 370	1 296 111	633	(有)在《统计年鉴》中无

[接上页]

编号	省 和 县	面 积	
		单位平方俄里（不包括内水）	单位平方俄里（包括内水）
46	**哈尔科夫省**…………共计	988. 65	988. 65
47	**赫尔松省**…………共计	1 306. 38	1 306. 38
48	**切尔尼戈夫省**…………共计	951. 58	951. 58
49	**爱斯兰省**…………共计	358. 60	358. 60
50	**雅罗斯拉夫尔省**…………共计	621. 33	622. 38
	欧俄共计……………	86 039. 03	86 849. 23

[46]　……多数省的面积为 800—1 000 平方俄里,居民为 100 万至 150 万。但是各地与这一平均数的出入极大,即使极仔细地计算人口和面积的比例,这样得出的有关全帝国人口密度的任何平均数结论在逻辑上也是不能成立的,下列数字很容易令人确信这一点:

	面 积	人 口	每 1 平方俄 里 的居民人数
欧俄………	86 039 平方俄里	61 420 524 人	713 人
波兰王国……	2 216 〃 〃 〃	5 319 363 〃	2 400 〃
芬兰公国……	6 835 〃 〃 〃	1 794 911 〃	262 〃
高加索总督管区……	7 938 〃 〃 〃	4 507 531 〃	567 〃
西伯利亚……	256 321 〃 〃 〃	4 427 922 〃	17 〃
土耳其斯坦总督管区…	15 000 〃 〃 〃	1 059 214 〃	70 〃
共计……	374 349 〃 〃 〃	78 529 465 〃	209 〃

参看第 120 页

人　　　口			每1平方俄里的居民人数	与《统计年鉴》的数字是否有出入
男	女	男女		
792 012	798 914	1 590 926	1 610	无
694 791	635 347	1 330 138	1 018	无
728 385	758 987	1 487 372	1 564	无
153 543	159 576	313 119	872	无
443 476	526 166	969 642	1 561	无
30 335 104	31 077 202	61 420 524[①]	713	

[50]　　　**人口迁徙**

[88]　　　每1 000人中各年龄组的人口如下：

年龄	俄国	法国	比利时	年龄	俄国	法国	比利时	
0—1	38	25	26	30—35	71	72	70	
1—2	31	23	25	35—40	62	66	65	
2—3	30	22	24	40—45	52	60	60	
3—4	28	21	23	45—50	42	54	57	
4—5	27	20	23	50—55	34	48	44	
5—6	26	20	22	55—60	30	42	34	
6—7	25	20	22	60—65	23	35	30	
7—8	24	20	22	65—70	14	27	25	
8—9	24	19	21	70—75	8	19	16	
9—10	22	19	21	75—80	4	11	10	
10—15	109	94	97	80—85	2	5	6	20岁以内
15—20	101	90	90	85—90	1	2	1.5	—48.5%
20—25	91	85	90	90以上	1	1	0.5	25岁以内
25—30	80	80	75					—57.6%

　　列宁根据汇编中有关欧俄各等级人口划分的总计数字，计算了贵族和僧侣（合并为"α"组）、军人（"β"组）、荣誉公民[67]和商人（"γ"组）人数。列宁在文献资料第**125**页上计算了每**1 000**居民中上述各组有多少人，农民有多少人。

――――――――
　　① 见本版全集第3卷第513页。――编者注

[119]

[120—122]

各等级人

省　名	世袭贵族		非世袭贵族和职员		僧　侣		军　人	
	男	女	男	女	男	女	男	女
共计……	338 187	339 230	147 300	149 375	294 465	316 589	2 225 182	1 821 437

1 585 146　　　　　　　　　4 046 619

α　　　　　　　　　　β

[125]

每 1 000 居民中

省	世袭贵族	非世袭贵族	僧侣	世袭荣誉公民	非世袭荣誉公民	商人	小市民	行会工人
共计……	11.1	4.9	10.0	0.3	0.3	7.7	66.4	4.3

26.0　　　　　　　79.0

　　列宁从《军事统计汇编》上选出 1863 年城市人口数字和城市人口在人口总数中所占比重,核对了这些资料,并改正了奥伦堡省和乌法省的数据。

　　[131]　**人口按居住地点的划分**

　　[132]　城市人口和农村人口比例表

省	居民人数	
	城　市	县
欧　俄		
圣彼得堡省…………	638 902	535 272
莫斯科省…………	419 531	1 144 709
赫尔松省…………	344 604	985 534
塔夫利达省…………	119 435	487 348
比萨拉比亚州…………	199 414	826 932
阿斯特拉罕省…………	62 407	314 832
格罗德诺省…………	124 733	769 461
维捷布斯克省…………	101 172	675 567

口的划分

世袭荣誉公民		非世袭荣誉公民		商　　人	
男	女	男	女	男	女
8 878	8 624	8 955	8 846	235 173	230 823

$\sum = 6\,133\,064$
$(\alpha + \beta + \gamma)$

501 299

γ

各等级人数

国家农民	曾处于农奴制依附地位的农民	皇族农民和其他部门的农民	军人等级
379.9	377.8	54.6	66.3

812.3

[接上页]

省	居　民　人　数	
	城　　市	县
叶卡捷琳诺斯拉夫省……	150 484	1 054 267
哈尔科夫省…………	197 030	1 393 896
里夫兰省…………	112 670	812 605
萨拉托夫省…………	202 814	1 485 747
基辅省…………	224 531	1 787 564
爱斯兰省…………	34 559	278 560
库尔兰省…………	62 432	511 424
莫吉廖夫省…………	101 599	822 481
维尔纳省…………	93 808	806 185
明斯克省…………	102 328	899 007
奥廖尔省…………	155 798	1 377 821
阿尔汉格尔斯克省……	28 665	255 579
卡卢加省…………	92 380	872 416

[接上页]

省	居 民 人 数	
	城 市	县
切尔尼戈夫省………………	140 574	1 346 798
图拉省………………	107 543	1 044 927
雅罗斯拉夫尔省………………	87 053	882 589
奔萨省………………	102 692	1 076 388
特维尔省………………	126 911	1 391 166
波尔塔瓦省………………	157 047	1 754 395
科夫诺省………………	84 597	967 567
坦波夫省………………	152 923	1 821 661
沃伦省………………	146 041	1 456 684
斯摩棱斯克省………………	83 276	1 053 936
波多利斯克省………………	130 370	1 738 487
下诺夫哥罗德省………………	86 212	1 198 984
诺夫哥罗德省………………	67 487	938 806
奥洛涅茨省………………	19 854	276 739
弗拉基米尔省………………	80 193	1 136 426
库尔斯克省………………	119 937	1 707 131
喀山省………………	105 863	1 501 259
辛比尔斯克省………………	76 128	1 107 184
梁赞省………………	87 628	1 330 665
普斯科夫省………………	44 260	674 647
科斯特罗马省………………	57 280	1 016 691
沃罗涅日省………………	93 441	1 844 672
沃洛格达省………………	44 454	930 269
萨马拉省………………	76 003	1 614 776
奥伦堡省**) ………………	79 245	1 764 126
彼尔姆省………………	89 511	2 049 037
维亚特卡省………………	53 205	2 167 396
顿河军屯州………………	18 056	931 626
欧俄共计	6 087 070*)	54 822 239

参看第 36 页①
(61 420 524)

49 省。∑=60 909 309[《统计年鉴》数字]②。

*) 如果减去奥伦堡省的(79 000),加上奥伦堡省(第 154 页)①
和乌法省(第 159 页)①的,可得出人口总数为 61 420 524 人,城市
人口为 6 105 136 人③。

**) 奥伦堡省和乌法省城市人口=97 311。

① 指资料的页码。——编者注
② 见本书第 582 页。——编者注
③ 参看本版全集第 3 卷第 512 页。——编者注

[136—137]

省	城市居民点			农村居民点
	城市	其他城市居民点	共计	
……				
欧俄共计………	599	1 608	2 207	318 267
……				
波兰王国共计……	452	—	452	32 430
芬兰………	32	—	32	
西伯利亚				
……				
共计………	56	—	56	—
高加索				
共计………	51	—	51	11 912
全帝国共计			2 798	?

列宁在汇编第 **140**—**168** 页的城市居民点一览表中作了大量批注。列宁计算了弗拉基米尔、奥伦堡、萨拉托夫、辛比尔斯克、乌法等省以及比萨拉比亚州城市人口总数,并在页边作了总计。他在第 **147** 页基辅省的一些小镇名下面画了线,并写道:

有甜菜制糖厂

[147—148]

城市居民点名称	男女人口	根据 1893 年总历书[1]居民人数(单位千)
⸱⸱⸱⸱⸱		
16) 基辅省………		
塔利诺耶镇………	4 154	6.0
戈罗季谢镇………	6 923	10.9
斯梅拉镇………	7 031	14.7
⸱⸱⸱⸱⸱		
卡缅卡镇………	4 319	3.4

---

① 《1893 年总历书》1893 年圣彼得堡版。——编者注

[169]　上列统计表表明,大部分城市的人口为数甚微,的确,在所有城市居民点中人口超过 5 万的只有 16 个,即:

圣彼得堡⋯⋯⋯	539 471 人	维尔诺⋯⋯⋯⋯	69 464 人
莫斯科⋯⋯⋯⋯	351 609 〃	基辅⋯⋯⋯⋯⋯	68 424 〃
华沙⋯⋯⋯⋯⋯	180 657 〃	尼古拉耶夫⋯⋯	64 561 〃
敖德萨⋯⋯⋯⋯	118 970 〃	喀山⋯⋯⋯⋯⋯	63 084 〃
基什尼奥夫⋯⋯	94 124 〃	梯弗利斯⋯⋯⋯	60 776 〃
萨拉托夫⋯⋯⋯	84 391 〃	图拉⋯⋯⋯⋯⋯	56 739 〃
塔什干⋯⋯⋯⋯	80 000 〃	别尔季切夫⋯⋯	53 169 〃
里加⋯⋯⋯⋯⋯	77 468 〃	哈尔科夫⋯⋯⋯	52 016 〃

省	超过 1 000 人	超过 2 000 人
阿尔汉格尔斯克省⋯⋯⋯	6	1
阿斯特拉罕省⋯⋯⋯⋯⋯	33	12
比萨拉比亚州⋯⋯⋯⋯⋯	165	1
弗拉基米尔省⋯⋯⋯⋯⋯	41	4
沃洛格达省⋯⋯⋯⋯⋯⋯	6	—
沃罗涅日省⋯⋯⋯⋯⋯⋯	290	95
顿河军屯州⋯⋯⋯⋯⋯⋯	114	42
叶卡捷琳诺斯拉夫省⋯⋯⋯	101	55
喀山省⋯⋯⋯⋯⋯⋯⋯⋯	209	16
卡卢加省⋯⋯⋯⋯⋯⋯⋯	37	3
莫斯科省⋯⋯⋯⋯⋯⋯⋯	43	7
下诺夫哥罗德省⋯⋯⋯⋯	174	23
奥伦堡省⋯⋯⋯⋯⋯⋯⋯	138	19
波尔塔瓦省⋯⋯⋯⋯⋯⋯	317	82
梁赞省⋯⋯⋯⋯⋯⋯⋯⋯	209	49
萨马拉省⋯⋯⋯⋯⋯⋯⋯	368	99
圣彼得堡省⋯⋯⋯⋯⋯⋯	11	4
萨拉托夫省⋯⋯⋯⋯⋯⋯	277	80
辛比尔斯克省⋯⋯⋯⋯⋯	237	64
塔夫利达省⋯⋯⋯⋯⋯⋯	47	21
坦波夫省⋯⋯⋯⋯⋯⋯⋯	361	93
特维尔省⋯⋯⋯⋯⋯⋯⋯	7	2
图拉省⋯⋯⋯⋯⋯⋯⋯⋯	49	12
切尔尼戈夫省⋯⋯⋯⋯⋯	262	64
雅罗斯拉夫尔省⋯⋯⋯⋯	6	2
25 个省的村庄	**3 508**	**860**

其他城市居民点按人口划分如下：

51 个	居民超过	20 000 人	
112 个	〃 〃 〃	10 000 〃	
296 个	〃 〃 〃	5 000 〃	
1 219 个	〃 〃 〃	1 000 〃	
952 个	〃 〃 〃	100 〃	
148 个	〃 〃 〃	10 〃	
4 个	居民少于	10 〃	
40 个	无人口资料。		

$\sum = 2\,838?$

参看第 137 页

居民不到 5 000 人的——2 323,

不到 1 000 人的——1 104

为了作比较，我们引用了公布了**居民区名单**的 25 个省村庄人口密度的资料。这些村庄按人口划分如下[①]：

超过 3 000 人	超过 4 000 人	超过 5 000 人	超过 10 000 人	超过 15 000 人	超过 20 000 人
—	—	1	—	—	—
3	1	8	—	—	—
3	1	—	—	—	—
1	2	—	—	—	—
—	—	—	—	—	—
47	17	39	3	—	1
18	3	4	—	—	—
36	13	10	—	—	—
4	—	—	—	—	—
1	1	—	—	—	—
11	1	3	—	—	—
5	—	3	—	—	—
21	8	1	—	—	—
4	4	3	—	—	—
18	4	3	1	—	—
—	—	1	—	1	—
30	10	11	2	—	—
10	3	—	—	—	—
8	7	7	—	—	—
26	15	9	—	—	—
1	—	—	—	—	—
6	—	1	—	—	—
11	3	4	—	—	—
1	—	—	—	—	—
265	93	108	6	1	1

居民超过 1 000 人的——4 84
超过 2 000 人的——1 334[②]
1 000—5 000 人的——4 726

---

① 参看本版全集第 3 卷第 521 页。——编者注
② 同上。——编者注

[228] 农 业

[247]

见第25页。应为
511 239－210 000＝301 000
应为:1 590 926(第35页)
∑＝61 099＋301
(阿斯特拉罕省)＝61 400

省	1863 年的人口
阿斯特拉罕省…………	210 336
哈尔科夫省…………	1 590 916
共计…………	61 420 524

[262—263] ……埃里温省棉花种植业特别发达,1864 年这里播种棉花约 32 000 俄亩,收获量达 30 万普特,金额约 350 万卢布……

(季米里亚捷夫[68])
1876—9 年:**16 万俄亩**
1 500 万别尔科维茨

甜菜种植……目前甜菜种植面积超过 10 万俄亩,**甜菜总收获 700 多万别尔科维茨。**

……1864 年种植甜菜的有欧俄下列 18 个省:

省	甜菜种植面积		供给工厂的甜菜	大致金额
	属于工厂的	属于供货人的	单位千别尔科维茨	单位千卢布
基辅省	39 600	21 150	2 640	2 915
波多利斯克省	12 416	8 180	782	650
哈尔科夫省	9 103	6 200	580	580
切尔尼戈夫省	8 040	2 590	475	455
库尔斯克省	6 474	2 580	452	445
图拉省	5 413	2 380	313	344
坦波夫省	3 376	1 680	203	183
沃罗涅日省	2 563	1 500	196	157
波尔塔瓦省	2 303	1 400	185	180
奥廖尔省	2 437	1 170	130	105
沃伦省	2 119	1 150	141	113
沃罗涅日省	994	80	43	48
梁赞省	885	558	49	44
奔萨省	600	256	18	14
比萨拉比亚州	460	460	56	56
明斯克省	172	140	25	22
萨拉托夫省	113	80	7	6
卡卢加省	62	26	3	3
共计……	97 130*)	51 180	6 393	**6 290**

*) 1878/9 年——也将近 94 000 俄亩

除此之外，波兰王国，具体说是以下 4 个省，甜菜种植面积相当大：

	甜菜种植面积单位俄亩	甜菜收获量单位千别尔科维茨	大致金额（单位千卢布）
华沙省…………	15 200	920	1 015
拉多姆省………	1 120	71	120
卢布林省………	420	31	28
普沃茨克省……	512	26	34
共计…………	17 252	1 057	1 227

1876—9 年：
200 万别尔科维茨

[264] 根据财政部 1865 年的资料，欧俄有 28 个省种植烟草，面积超过 32 000 俄亩，年收获量超过[1] 184 万普特。这些省是：

1) 1878 年：
48 000 俄亩——
3 203 000 普特

	栽种面积单位俄亩	收获量
波尔塔瓦省……………………	9 425	554 255
切尔尼戈夫省…………………	9 287	600 218
萨马拉省………………………	7 116	302 357
比萨拉比亚州…………………	2 110	100 999
哈尔科夫省……………………	962	35 323
塔夫利达省……………………	750	28 823
图拉省…………………………	598	15 071
赫尔松省………………………	478	19 853
沃伦省…………………………	368	43 680
沃罗涅日省……………………	364	44 338
波多利斯克省…………………	324	8 610
萨拉托夫省……………………	157	21 412
坦波夫省………………………	151	14 513
斯塔夫罗波尔省………………	140	5 293
库尔斯克省……………………	134	21 363
奔萨省…………………………	51	5 727
梁赞省…………………………	37	2 576
下诺夫哥罗德省………………	32	2 771
明斯克省………………………	28	2 966
叶卡捷琳诺斯拉夫省…………	27	455
辛比尔斯克省…………………	26	6 090
基辅省…………………………	17	1 776
奥廖尔省………………………	9	313
阿斯特拉罕省…………………	8	762
奥伦堡省………………………	5	397
维尔纳省………………………	4	562
莫吉廖夫省……………………	3	170
顿河军屯州……………………	1	108
共计…………	32 691	1 840 729

1886—8 年：
45 000 俄亩——
400 万普特

1879年：
5 848 000维德罗

[266]　……比萨拉比亚葡萄园总共生产 250 万—300 万维德罗。

55 700 ÷ 243 =
229 万立方俄丈

[284]　如果把 1867 年拨给的成材总量换算成立方英尺，则接近于 55 700 万立方英尺，而最珍贵的建筑用木材只有 7 600 万，而薪炭用木材则为 48 100 万，或为 13.6%。

[285]　　　　　　　　　矿　业

在《军事统计汇编》矿业篇上画满了列宁的记号：标出黄金、有色金属、铁矿、煤、石油开采的地区和数量，统计出各种企业工人人数（为了作比较，还引用了 1890 年《工厂一览表》中的有关资料）。

[286]　俄国的矿业主要集中在以下地区：

（1）乌拉尔山脉两侧的以下几省：彼尔姆、乌法、奥伦堡、维亚特卡和沃洛格达等省，在这几省开采黄金、铂、铜、铁和煤。

[289—290]　最近各地黄金业的状况分别如下：

金矿产地	1866 年的情况 平均工人人数
......	
全西伯利亚私营的……	31 013

把 1866 年的资料按各主要地区划分，结果如下：

注意

欧　俄　　　 538 个矿，25 551 个工人，产金 　383 普特 9 俄磅 73 佐洛特尼克①
西西伯利亚　 95 个矿， 4 390 个工人，产金 　110 普特 18 俄磅 79 佐洛特尼克
东西伯利亚　410 个矿，29 736 个工人，产金 1 165 普特 30 俄磅 63 佐洛特尼克
全帝国共计 1 043 个矿，59 677*) 个工人，产金 1 659 普特 19 俄磅 13 佐洛特尼克

*)　1890 年：44 086——欧俄
　　　　　　　 9 512——西西伯利亚
　　　　　　28 242——东西伯利亚
　　　　　　　 268——芬兰
　　　　　　82 108

————————

①　旧俄重量单位，等于 4.266 克。——编者注

[296]　　　　　　　**铜**

[297]　1863—1867年各省炼铜情况如下：

省	年　份 (1863—1867)	工人人数
彼尔姆………	平均每年	3 763
乌法…………	平均每年	3 021
奥伦堡………	平均每年	563
喀山…………	平均每年	561
……		
共　　计	平均每年	10 427

注意

[299]　　　　　　　**铁**

　　……大部分铁厂靠农奴干活,这束缚了这一行业的自由发展。

[303]　各省按生铁平均产量(占帝国总产量的百分数)依次排列如下：

彼尔姆省·················· 54.05

卡卢加省·················· 7.19

下诺夫哥罗德省·········· 6.89

乌法省···················· 6.76

维亚特卡省················ 5.32

奥伦堡省·················· 2.57

弗拉基米尔省············· 1.72

奥洛涅茨省··············· 1.32

梁赞省···················· 0.68

坦波夫省·················· 0.64

图拉省···················· 0.45

维尔纳省·················· 0.43

奔萨省···················· 0.41

奥廖尔省·················· 0.33

明斯克省·················· 0.27　　$\sum=$

沃伦省···················· 0.06　　$<$

叶卡捷琳诺斯拉夫省······ 0.06　　$<$

西伯利亚·················· 8.57

波兰王国·················· 8.97

芬兰······················ 5.83

[304—305]

地　区　和　工　厂	高炉炼铁
．．．．．．	
卢甘斯克区…………………………………………	—
奥洛涅茨区…………………………………………	247 053
．．．．．．	
乌法县别洛谢尔斯基的卡塔夫工厂…………………	436 518
卡卢加县马利佐夫的柳季诺沃工厂和苏尔克缅工厂…………	388 108

别洛谢尔斯基-别洛泽尔斯基工厂（乌法县）——1890 年《一览

1890 年《一览表》。

[316]　　　　　　　工　场　工　业

[319]　中央统计委员会不满于以前的做法,从 1864 年起责成各地省统计委员会把工厂数目、工人人数及其生产总额以及每个省手工业者人数的年报表,连同其他资料一并送交给它。用这种办法收集到的资料,显然比以前工商业司收集到的工厂资料要更全面一些,更可靠一些。但从另一方面来看,这些资料有一个缺点,即有些省统计委员会往往把应列为手工业而不是工厂工业的极小的作坊,列入工厂数目之中;另外,在各省提供的资料中,并不总是把开工的工厂和停工的工厂区分开来,这也使数字有些夸大。然而即使有这些不足之处,各地统计委员会的统计表提出的材料总的来说是新的,整理工作比以往所有调查都好得多。

注意

注意

铸铁制品	产　　铁	型　　材	
		型铁	型钢
47 090	43 994	—	—
192 187	4 181	—	—
—	304 382	289 196	19 751
83 154	49 535	98 130	—

注意

表》中为制铁铸钢厂。柳季诺沃村的马利佐夫(铸铁)厂也载入

　　因此,我们在编制后面所附的我国工业的各种总表时,主要依照这个材料,而把财政部的资料只作为补充资料。但在说明交纳消费税的行业时,不得不采取相反的做法,以财政部的资料作为主要材料,因为这个机关与这些行业统计的准确性有直接利害关系。当我们把各种总表编成付印时,布申先生主编的财政部**年鉴**第1册出版了。它不包括所有行业,也没有提供我国工业的汇总情况;然而,就某些工业部门的材料的整理和布申先生对我国**大**企业作统计时所持的严谨态度来说,他的著作理应受到充分关注。我们在各个工业部门概述的结尾所列的最主要的工厂一览表就是以这本著作为资料来源的。我们为了同一目的而利用的材料还有目前对呢绒、制革、亚麻布和粗麻布等行业的详细统计进行整理的军需总处的某些资料。[①]

注意

① 参看本版全集第3卷第419—420页。——编者注

为了揭示《军事统计汇编》所列的工厂数目、工人人数和生产总额同奥尔洛夫1890年《一览表》的资料作了对比。列宁在《俄国资本主义的发展》第7章第2节（见本版全集第3卷第419—423页）中根据这一对比作出结论。[325]

欧　俄	共　　计			按奥尔洛夫的《一览表》1890年的资料		
	工厂	工人	生产总额	工厂数目	生产总额 单位：千卢布	工人人数
阿尔汉格尔斯克省……	2 340	6 417	1 213 943	86	3 439	1 876
阿斯特拉罕省……	125	596	703 429	150	3 688	2 510
比萨拉比亚州……	16 081	39 272	2 868 426	199	9 352	2 121
维尔纳省……	393	2 422	1 770 239	263	10 784	3 746
维捷布斯克省……	615	1 802	1 294 570	391	7 179	3 086
弗拉基米尔省……	1 820	73 022	46 483 362	538	117 847	113 749
沃洛格达省……	862	4 746	2 455 583	111	4 109	3 254
沃伦省……	845	6 361	4 138 305	354	20 872	10 666
沃罗涅日省……	1 538	7 645	9 390 521	566	25 503	6 522
维亚特卡省……	477	10 067	6 238 882	316	17 674	13 658
格罗德诺省……	1 213	8 968	8 034 805	510	14 947	11 504
顿河军屯州……	436	?	558 125	1 246	25 103	12 692
叶卡捷琳诺斯拉夫省…	836	5 894	4 842 171	374	27 274	17 042
喀山省……	343	5 515	6 142 608	193	15 722	9 634
卡卢加省……	497	12 374	6 600 425	237	8 188	9 219
基辅省……	794	45 751	21 543 794	663	77 998	39 676
科夫诺省……	466	1 152	1 041 925	220	6 203	2 422
科斯特罗马省……	1 072	11 265	9 368 396	326	29 980	32 931
库尔兰省……	441	2 045	5 050 808	430	15 825	5 507
库尔斯克省……	827	8 797	10 129 901	354	27 760	11 739
里夫兰省……	1 335	12 461	11 034 055	647	45 894	22 288
明斯克省……	594	3 540	2 912 548	324	12 003	3 066
莫吉廖夫省……	527	2 651	2 024 171	307	8 420	2 692

省						
莫斯科省……	1 641	112 810	119 182 422	1 737	246 129	192 909
下诺夫哥罗德省……	729	19 165	6 777 193	316	12 067	8 190
诺夫涅德省……	488	4 121	2 421 500	355	8 880	7 358
奥洛涅茨省……	275	1 180	1 199 030	27	1 598	1 000
奥伦堡省……	332	11 243	3 344 953	200	7 326	1 918
奥廖尔省……	285	24 844	11 873 426	478	25 740	15 747
奔萨省……	978	14 955	6 472 448	117	15 528	6 920
彼尔姆省……	1 976	44 198	30 919 904	1 029	26 817	14 151
波多利斯克省……	905	15 986	9 293 878	528	46 469	18 008
波尔塔瓦省……	972	15 291	4 233 664	286	16 497	4 829
普斯科夫省……	705	3 717	2 623 398	170	5 016	2 033
梁赞省……	1 152	13 616	9 211 994	647	21 592	16 130
萨马拉省……	554	4 915	4 946 571	171	13 035	3 991
圣彼得堡省……	717	60 354	90 465 796	672	177 771	84 315
萨拉托夫省……	713	12 244	9 537 324	775	23 760	13 370
辛比尔斯克省……	2 494	18 278	5 622 754	335	12 443	8 439
斯摩棱斯克省……	676	4 150	3 446 296	264	9 573	7 791
塔夫利达省……	612	2 769	1 644 067	275	4 806	3 340
坦波夫省……	441	14 765	8 385 114	259	27 552	9 707
特维尔省……	511	15 831	17 741 978	389	27 049	19 855
图拉省……	569	11 565	7 178 362	1 047	37 979	14 889
乌法省……	242	8 102	2 787 742	179	7 332	4 953
哈尔科夫省……	706	18 690	13 668 819	447	53 958	19 352
赫尔松省……	8 127	63 574	15 707 482	517	39 891	12 189
切尔尼戈夫省……	1 986	25 479	9 999 850	332	24 912	12 221
爱斯兰省……	339	5 986	10 174 736	295	41 210	8 534
雅罗斯拉夫尔省……	1 019	10 949	8 615 687	472	30 141	22 025
共计	70 631	829 573*)	583 316 905	21 124	1 500 871	875 764

*）应扣除制铁业工人人数（第 340 页），该数未列入 1890 年《一览表》。

列宁发现并改正了某些行业统计表中的多处刊误。例如,在第**328**页上,列宁划掉亚麻纺纱企业工人人数的数据,并在页边上标出:

刊误:应为 8 915。

在第**330、332、333**页和其他各页上都有这类修正。列宁还多处指出该汇编其他地方关于同一行业的资料不尽相同。

[338]

	制砖和制瓦		
	工厂	工人	生产总额
欧俄			
······			
共计···	4 584	27 084	5 053 204*)

*) 平均每一工人为 181.7 卢布

[354] **I. 毛纺织业**

[356] 有工厂毛纺织工业的地区可以分为<u>三类</u>:(a)从事毛纺织预备工序:洗毛、选毛、纺毛,其中纺毛经常同毛织相结合;(b)<u>主要从事军用粗呢生产</u>;(c)薄呢和毛织品制作得到发展。

[357] 有 17 个省属**第二类**。它们按参加供给陆军部呢料的工厂数目依次排列如下:<u>辛比尔斯克省——26 家</u>工厂,<u>奔萨省——21 家</u>,莫斯科省——15 家,<u>坦波夫省——8 家</u>,<u>萨拉托夫省——7 家</u>,<u>萨马拉省——6 家</u>,梁赞省——5 家,格罗德诺省——3 家,沃罗涅日省——3家,下诺夫哥罗德省、喀山省、奥伦堡省、斯摩棱斯克省、卡卢加省、图拉省、奥廖尔省和基辅省——各 1 家。<u>几乎所有这类工厂都是属于贵族的,厂里的活以前是强制干的</u>。[①]正如我们所看到的,它们主要集中在<u>伏尔加河、奥卡河和顿河流经的一些相毗邻的省份</u>,这是为了便于从莫斯科省和弗拉基米尔省弄到原材料和化学辅料。

102 家
(两个省 47 家)

注意

---

① 参看本版全集第 3 卷第 429 页。——编者注

Фабриканты.	Мѣстонахожденіе фабрикъ.			Число аппар.	Число прядильныхъ веретенъ	Рабочихъ.	Колич. поставлен. въ казну сукна въ арш.		
	Губер.	Уѣздъ.	Мѣстность.				Въ 1867.	Въ 1868.	Въ 1869.
Наіковы (3 фабрики.)	Московск.	Дмитров.	Слободищево.	16	4,060	533	?	3,990	24,200
Жучковъ		Коломен.	Лукерьино.	3	3,200	380	?	22,032	?
Муравлевъ		Серпух.	г. Серпуховъ	3	710	нѣтъ.	?	?	?
Шелашниковъ	Самарская.	Бугурус.	Исаклы.	8	750	180	28,500	10,400	14,500
Нагаткинъ			Нагаткино.	3	670	120	7,000	?	?
Дурасовъ (2 фабрики).			Сауруша.	11	2,700	800	?	53,950	59,300
Осоргинъ			Святодухово	17	2,400	400	?	?	31,100
Карамзинъ			Покровская.	7	500	150	?	?	12,779
Рычковъ		Бугульм.	Суза	6	1,150	360	30,000	16,250	?
Кротковъ		Ставроп.	Городище	14	2,220	500	90,000	18,200	25,550
Кн. Трубецкой		Ставроп	Муловка	8	2,580	360	?	35,000	33,600
Кн. Гагаринъ	Тамбовская.	Тамбов.	Сергіевская.	2	1,680	100	7,409	?	?
Лапины до заб.									
Ліонъ			Бондари	81	7,290	1,288	?	?	164865
Рагоза			Разсказово	53	4,000	530	?	76,336	134400
Федоровъ		Липец.	Семеновка.	4	528	250	14,000	5,200	7,276
Пашкевичъ		Козлов.	Богородское	5	1,220	271	37,055	13,000	8,133
Енгалычевъ		Темник.	Бердишево.	8	2,800	480	?	10,400	14,509
Рагоза		Тамбов.	Богословска.	20	2,000	444	?	2,348	?
Тулинова			Татаново	24	2,100	362	?	37 772	41,500
Дебердѣевъ М.	Саратовская.	Кузнец.	Пешелка	7	360	95	?	6,500	12,779
Дебердѣевъ				31	1,960	1,000	?	29,900	56,589
Асташевы		Кузнец.	Трескино	8	1,400	480	?	?	14,500
Гладковъ		Вольскаг.	Богородское.	7	950	215	22,236	7,300	14,500
Мишанъ			Индирка-Труево	12	1,180	210	?	15,600	21,900
Берновъ		Сердоб.	Архангельское	10	1,300	250	20,000	10,400	18,345
Колчина		Петровск.	Пятницкое	6	610	150	?	9,270	10,200
Ляпины	Рязанскан.	Рязанск.	Козары	19	1,680	387	26,292	18,886	39,527
Кондоиди		Спасск.	Инякино	15	2,070	330	47,262	19,220	25,378
Дмитріевъ			Сасыкино	14	1,680	290	?	18,200	25,556
Норманъ		Раненб.	Расы	7	1,200	140	?	26,000	18,200
Ларіоновъ		Рязанск.	Ситники	9	1,080	150	22,233	11,000	16,300
Рубираутъ	Гроднен.	Слоним.	Высоцкая	8	960	150	25,540	?	?
Шейн. рубин.			Рудня	2	240	50	?	2,650	3,951
Пинесы (2 фабрики).			Патерна-Косово	11	1,920	207	?	?	?
Гр. Толстая	Воронеж.	Воронеж.	м. Баръ	18	свѣд.	н.нѣтъ.	100000	22,400	?
Хрѣнниковъ			Буравлянка	11	2,300	330	?	15,000	20,080
Гарденинъ (3 фабр.)		Задонск.	Крутогорская.	13	4,080	620	?	16,900	?
Философова	Нижег.	Лукоян.	Кемля.	10	840	250	37,050	25,350	16,200
Осокинъ	Казан.	Рязанск.	Казань.	12	2,000	303	48,970	15,936	23,906
Бенардаки	Оренб.	Белебеев.	Троицкое	17	3,000	300	48,168	19,256	21,334
Савина	Смолен.	Ельнинс.	Зазмошье	6	1,420	160	42 234	8,465	11,040
Рябинина	Калуж.	Жиздр.	Брынь.	37	7,885	1,400	?	41,168	77,544
Ляпины	Тульск.	Алексин.	Алешкино	16	3,010	550	?	23,610	20,121
Вендрихъ	Орлов.	Волховск	Бабье.	4	1,140	378	?	10,620	14,607
Головиной	Кіевск.	с в	ѣ д е н	й	н	ѣ	т	ъ.	18,600
Итого 106 ф.				1461	181646	40830	2685972	1683501	2421260

列宁作有批注的《军事统计汇编》第 4 编第 359 页
（按原版缩小）

[358—359]

厂主	工厂所在地			工人人数	1890 年的变化	
	省	县	地点			
阿列耶夫 ………		辛比尔斯克	叶卡捷琳诺夫卡	470	×	
亚济科夫 ………		同上	亚济科瓦	360		
多尔戈鲁科夫公爵		先吉列伊	伊格纳托夫卡	365	商人从 1877 年起	
阿克丘林 ………		同上	季马希诺村	1 200	商人	
普里贝洛夫斯基		同上	伊兹梅洛沃	250		
托尔斯托舍耶夫	辛比尔斯克省	同上	马秋什基诺	110	商人	
伊里亚斯-阿克丘林…		同上	季马什基诺	300		
沃耶伊科夫家族 …		塞兹兰	萨莫伊基诺	700	商人阿克丘林	
库拉姆申·阿克丘林（2 家工厂）……		科尔松	古里耶夫卡	817		
萨波日尼科娃 ……		同上	利霍夫卡	320	阿列耶夫	
李维诺夫（2 家工厂）…	奔萨省	戈罗季谢	亚历山德罗夫斯科耶	1 410	商人彼得罗夫	4
舒瓦洛夫 ………		同上	斯卡尔特	199		5
佐洛塔列夫家族 …		同上	佐洛塔列夫卡	310	卡泽耶夫	1
谢利瓦诺夫 ………		同上	博戈柳博夫卡	350	同上	2
卡泽耶夫 ………		克连斯克	卢卡	290		3
特鲁别茨科伊公爵	萨马拉省	斯塔夫罗波尔	穆洛夫卡	360	商人阿列耶夫	
拉平家族(里昂工厂)…	坦波夫省	坦波夫	邦达里	1 288		
拉戈扎 ………			拉斯卡佐沃	530		
M. 杰别尔杰耶夫 ……	萨拉托夫省 }	库兹涅茨克	奔杰尔卡	95 1 000		
杰别尔杰耶夫 ………						
阿斯塔菲耶夫家族 ……		库兹涅茨克	特列斯基诺	480	阿谢耶夫	
格拉德科夫*)………		沃利斯克	博戈罗茨科耶	215	*) 见沃利斯克县，第 275 页[①]	

① 《萨拉托夫省统计资料汇编》，第 7 卷第 2 册：沃利斯克县，1892 年萨拉托夫版。——编者注

[接上页]
1890年
的变化

厂　　主	工　厂　所　在　地			工人人数
	省	县	地　点	
诺尔曼………… · · · · · ·	梁赞省	拉年堡	里亚瑟*)	140
托尔斯泰伯爵夫人…	沃罗涅日省	沃罗涅日	巴尔地区	无资料
赫连尼科夫………			布拉夫良卡	330
加尔德宁(3家工厂)		扎顿斯克	克鲁托戈尔斯克	620
菲洛索福娃………	下诺夫哥罗德省	卢科扬诺夫	克姆拉	250
奥索金…………	喀山省	梁赞	喀山	303
别纳尔达基………	奥伦堡省	别列别伊	特罗伊茨科耶	300
萨维娜…………	斯摩棱斯克省	叶利尼亚	扎莫希耶	160
里亚比宁娜………	卡卢加省	日兹德拉	布雷内	1 400
利亚平家族………	图拉省	阿列克辛	阿列希诺	550
文德里希……… · · · · · ·	奥廖尔省	博尔霍夫	巴比耶	378

(左栏"1890年的变化"：没有 没有 没有 没有 没有 有 没有 没有)

1 000工人以上的共9个

500—1 000工人的共16个

---

　　*)　见《梁赞省统计资料汇编》第2卷第1编(1882年)。拉年堡县，第330页：农民服徭役就是在工厂做工，这个工厂在1870年关闭。①

---

[360]　　属于**第三类**(即<u>生产薄呢及织品的地区</u>)的省份按生产总额顺序排列如下：<u>莫斯科省</u>、波兰王国、**格罗德诺省**、里夫兰省、切尔尼戈夫省、**圣彼得堡省**、卡卢加省、图拉省、波多利斯克省、基辅省、爱斯兰省、弗拉基米尔省、明斯克省、沃伦省。部分属于这一类的省有：沃罗涅日省、彼尔姆省、特维尔省、哈尔科夫省和比萨拉比亚州。<u>在属于这一类的各省中，工厂大部分是商人兴办的，其中一些工厂按设备和规模来说同外国的工厂差不多</u>……

注意

---

　　①　见本版全集第3卷第430页。——编者注

[365—367]　II. 亚麻和大麻业

省	工厂数目	县	所在地	厂　主	动力	锭子数	织机数	小纺坊的织机数	
维捷布斯克省	1	列日察	韦柳内村	亚诺夫斯基……	45 水力	1 000	52	—	
弗拉基米尔省	37	维亚兹尼基	维亚兹尼基亚尔采沃	杰米多夫……	95 蒸汽	12 000	100	995	弗拉基米尔省
"	—	维亚兹尼基	"	罗马绍夫……	手工	—	40	240	共有机器织机 406 台，而在 1890 年根据《一览表》——
"	—	"	"	尼基京……	手工	—	114	150	997 台机器织机＋418 台手工织机＋??*
"	—	"	"	先科夫……	20 蒸汽	—	255	500	1890年各厂工总共有织机 1 415 台
"	—	"	偏特里诺	叶扎罗夫……	12 蒸汽	—	51	300	*因为有 400 台未分为厂内厂外两类。
"	—	"	尼科洛戈尔	巴雷宾……	手工	—	150	700	
"	—	"	"	巴拉金……	〃	—	19	80	
"	—	"	"	B. 戈罗多夫……	〃	—	29	85	
"	—	"	"	E. 戈罗多夫……	〃	—	32	25	
"	—	"	"	谢林……	〃	—	8	25	
"	—	"	"	费佳宁……	〃	—	—	100	
"	—	"	"	加米涅夫……	〃	—	—	38	
"	—	"	"	科瓦廖夫……	〃	—	—	100	
"	—	"	"	E. 孔科夫……	〃	—	—	62	
"	—	"	"	卡拉什尼科夫……	〃	—	—	35	
"	—	"	"	叶利谢耶夫……	〃	—	—	100	
"	—	"	"	巴特拉科夫……	〃	—	—	25	
"	—	"	"	A. 孔科夫……	〃	—	—	13	

[接上页]

省	工厂数目	县	所在地	厂主	动力	锭子数	织机数	小织坊的织机数
弗拉基米尔省	—	维亚兹尼基	戈尔扎尼科洛	叶梅利亚诺夫……	手工	—	—	50
"	37	穆罗姆	穆罗姆市	И.贡多宾……	"	—	72	425
"	—	"	"	С.苏兹达利采夫……	"	—	20	250
"	—	"	"	А.苏兹达利采夫……	"	—	28	500
"	—	"	"	塔·苏兹达利采夫……	"	—	190	350
"	—	"	"	М.苏兹达利采夫……	"	—	150	240
"	—	"	"	Т.苏兹达利列夫…	"	—	42	250
"	—	"	"	В.苏兹达列夫兄弟…	"	—	12	60
"	—	"	"	佩尔洛娃……	"	—	130	170
"	—	"	"	佩尔洛娃……	"	—	172	164
"	—	"	"	科洛姆尼娜……	"	—	30	170
"	—	梅连基	梅连基	沃尔科尔夫……	20蒸汽马力	2 000	66	58
"	—	舒亚	科拉赫马村	谢尔巴科夫……	手工	—	—	—
"	—	"	"	В.别津诺夫……	"	—	60	540
"	—	"	"	А.别津诺夫……	"	—	—	18
"	—	舒亚	"	Ф.别津诺夫……	"	—	25	500
"	—	苏兹达利	苏兹达利市	Р.纳扎罗夫……	"	—	4	30
"	—	"	"	А.纳扎罗夫……	"	—	30	—
"					"	—	105	—
共计……					147马力	14 000	1 934	7 348

[377]　**绳索厂**。

· · · · · ·

） 共计18个厂

∑＝2 449 000卢布

III. 棉纺织业

[380]　总共 <u>1 548</u> 个棉织厂,计有 <u>3 000</u> 台自动织布机;<u>此外</u>,棉纺厂计有 <u>7 400</u> 台织布机,因此总共有 <u>10 740</u> 台织布机。[1]弗拉基米尔、科斯特罗马、莫斯科、梁赞、圣彼得堡和特维尔等省工厂数目最多。

[384]　**印花布**……

53 个工厂

∑＝22 961 000 卢布

　　染色和后处理……

15 个工厂

∑＝2 928 000 卢布

IV. 丝织业

[385]

[387]　**丝织厂**：……**莫斯科省**,莫斯科市,扎洛金厂 <u>206 961</u> 卢布;莫兹茹欣厂 <u>17 000</u> 卢布;叶梅利亚诺夫和罗什福尔厂 <u>162 000</u> 卢布;捷连季耶夫厂 <u>107 645</u> 卢布;**莫斯科县**马尔采-布罗多沃村,福米切夫厂 <u>152 175</u> 卢布;**博戈罗茨克县**,沙拉耶夫厂 <u>158 500</u> 卢布;索洛维约娃厂 <u>145 890</u> 卢布;И.П. 索洛维约夫和 Ф.С. 索洛维约夫厂 <u>141 750</u> 卢布;沙拉耶夫厂 <u>135 000</u> 卢布;**科洛姆纳县**,科洛姆纳市,雷巴科夫厂 <u>756 000</u> 卢布……

莫斯科省

10 个工厂

∑＝1 983 000 卢布

全部数字都与《年鉴》中的完全一样！

VI. 木材加工和蒸馏

[389]

　　……<u>显然</u>,统计表提供的资料在此情况下不可能是全面的、划分得很准确的:有些省,把一部分农民的或手工业者的作坊计算在内,另一些省却只限于大工厂[2]……　　在雅罗斯拉夫尔省有许多外形像风磨的小锯木厂。我们的工厂大部分还是水力发动的,只有 <u>26 个厂</u>是蒸汽发动的。

注意

---

①　参看本版全集第 3 卷第 433 页。——编者注

②　同上书,第 434 页。——编者注

<table>
<tr><td>注意</td><td>[391]　木材蒸馏业包括:树脂、树脂蜡、沥青、松香、焦油、松节油、木醋酸和甲醇。树脂和焦油蒸馏大部分是在普通的坑里或在专门造的炉灶中进行的。使用第一种方法的有:沃洛格达、诺夫哥罗德、科斯特罗马、阿尔汉格尔斯克和维亚特卡等省,而使用第二种方法的则是波罗的海沿岸各省和某些西部省份。</td></tr>
</table>

[392]　　　　　　　**VII. 制革业**

在汇编第 **396—397** 页上列举了生产总额超过 **1** 万卢布的全部制革厂。列宁用着重线划出生产总额超过 **10** 万卢布的一些工厂并在页边记下:

（注意　**欧俄**）

这里列举的工厂的生产总额＝14 206 000 卢布。

$$254 \text{ 个工厂} + \underline{4\,669\,000 \text{ 卢布}}(第 915 页上的补充)$$
$$+30 \text{ 个工厂} \quad 18\,875\,000 \text{ 卢布}$$

在 1890 年——49 个工厂的生产总额超过 10 万卢布($\sum$=1 365.2 万)。

总共 11 个工厂　[398]　**最好的工厂:山羊皮鞣制厂、麂皮厂、漆皮厂等。**
$\sum$=1 579 750 卢布

[400]　　　　　　**IX. 熬盐**
······

140 个工厂
3 226 个工人

工厂数目	省	每个工人生产额	每个熬盐厂生产额
30	阿尔汉格尔斯克省	356 卢布	1 834 卢布
3	沃洛格达省	469 〃	81 917 〃
9	下诺夫哥罗德省	2 393 〃	14 362 〃
1	诺夫哥罗德省	168 〃	67 400 〃
85	彼尔姆省	2 165 〃	59 951 〃
12	哈尔科夫省	1 606 〃 〃	11 462 〃 〃

$\sum$=140

1890 年阿尔汉格尔斯克省熬盐 448 万普特。

　　　　　　　　　　　　　　　　　1890:
[401]　**阿尔汉格尔斯克省**:涅科克工厂,熬盐

45 000   1890——

69 000 普特;乌什工厂——8 500 普特;卢德工厂——

6 800。**沃洛格达省**:列坚格工厂——93 000[1)],托捷姆工

*) 厂——112 000[2)],谢列戈夫工厂——219 000[3)]。**彼尔姆**

省:杰久欣工厂——1 717 000,连文盐场——3 593 000,

乌斯洛夫盐场——3 765 000,索利卡姆盐场——649 000

普特。**诺夫哥罗德省**:斯塔罗鲁斯克工厂——137 000。

下诺夫哥罗德省:巴拉赫宁工厂——18 000。**哈尔科夫**

省:斯洛翁工厂——260 000。**波兰王国**:采霍钦工

厂——397 000。**西伯利亚**:特罗伊茨克工厂——

100 287,伊尔库茨克工厂——319 000 普特。

1890 年
1) 74 000
2) 53 000
3) 141 000

---

*) 这些工厂的∑:欧俄熬盐——10 647 300 普特

其他地区——　　816 300

帝国共计——11 463 600 普特。

X. 烧砖和烧瓦业

· · · · · ·

最好的工厂坐落在两个首都的近郊,它们大多数用机器制砖;在其他的省手工制砖占多数。在技术方面我们的砖厂有待于多方改进。它们的主要缺点是砖窑设备差,耗柴量大;除京都工厂外,制出来的砖质量一般都不好,价格每千块 10—15 卢布。

根据此价格∑=5······[①]50 万—33.3 万块砖。平均:416 块。

1890 年 1 000 块砖平均价格=11.25 卢布,即略微便宜一点。

---

① 部分文字无法辨认。——俄文版编者注

第 345 页 1 200 万　　[414]　　　　　**XV. 烟草业**
消费税**69** ＝　500 万　　烟草厂生产总额目前达 1 700 万银卢布。(*)
（第 768 页）
――――――――――――
1890 年∑＝4 600 万
　消费税＝?

　　　　　　　　　[430]　　　　　　**XX. 榨油业**

　　[431]　……农民手工业不把劳动当一回事，工厂生产在
!?　这种农民手工业的有力竞争下逐年缩减。

　　　　[437]　　　　　# 交 通 道 路

　　[511]

铁路	运　货			
	1865	1866	1867	1868
	单位千普特			
・・・・・・				
总运量:	146 164	263 413	353 070	439 403*)

　*)　∑(1866—1868 年)＝105 600 万普特
　　　　　　　　÷3＝35 200 万普特①

　　　　　　(*)　在我们的统计表中这一行业的数字显得偏小，因
　　　　　为在制表时缺乏某些省份的必要资料。表中烟草厂的数目
　　　　　显然被夸大了；如果除去比萨拉比亚州的工厂（它们不过是
注意　一些烟草种植园)，那么全部烟草厂将是 400 家多一点。

――――――――――――
　　①　参看本版全集第 3 卷第 508 页。——编者注

[527]　　　　　　　商　　业

[539]　　　　1867年发出的营业执照和许可证的数目

省	小买卖执照				小买卖许可证		运贩执照	小贩执照	小市民营业执照
	全税的		半税的						
	一年	半年	一年	半年	一年	半年			
······									
共计······	142 681	17 310	26 237	2 090	135 956	18 294	6 051	7 582	42 415
	188 300				154 200		56 048		

[729]　　看一看销售地点,注意一下在较长时期内木材产
品的分配情况是很有意思的,这样就可以对这种几乎是生
活必需品的商品的国外市场情况有个概念:

	1828—32	1846—50	1857—61	1862—66	1868	1880 年
运往大不列颠	57.7%	50.7%	42.1%	39.3%	35.5%	40%
〃 〃 普鲁士	26.5%	21.3%	32.3%	37.4%	43.7%	35%
〃 〃 荷兰和比利时	5.5%	14.0%	12.5%	10.1%	9.2%	10%
〃 〃 法国	1.2%	4.8%	7.6%	4.2%	8.2%	4.5%
〃 〃 丹麦	7 %	5.0%	2.3%	3.7%	0.7%	
〃 〃 其他国家	2.1%	5.2%	5.2%	5.3%	2.7%	

载于1940年《列宁文集》俄文版
第33卷(非全文)

在塞兹兰—维亚济马铁路
概述上作的标记[70]

*《1894 年塞兹兰—维亚济马铁路在运输方面与前几年
相比的商业活动简况》。第 4 编。1896 年卡卢加版*

（1896 年和 1899 年 1 月 30 日［2 月 11 日］之间）

《俄国资本主义的发展》一书引用了 1890—1894 年塞兹兰—维亚济马铁路运输的农业机器、锅驼机及零件的资料。5 年内运输量几乎增加了两倍（见本版全集第 3 卷第 196 页）。现将该资料的有关段落照录如下。

[62]　农业机器、锅驼机及零件运输量（单位普特）：

	地方运输	运出	运入	直达运输	共计
1890 年……	15 682	31 780	15 345	12 354	75 161
1891 〃 ……	8 198	15 039	21 150	17 621	62 008
1892 〃 ……	11 364	19 713	33 358	23 559	87 994
1893 〃 ……	15 423	44 445	26 479	33 572	119 919
1894 〃 ……	21 619	89 588	38 802	61 675	211 684

[63]　从乌霍洛沃车站运出的主要是脱粒机。这些机器是在科尼诺村和斯梅科沃村制造的，有一部分是在梁赞省萨波若克县城制造的。科尼诺村有叶尔马柯夫、卡列夫和哥利科夫 3 家铸铁厂，主要制造农业机器零件。在上述两个村（科尼诺和斯梅科沃）几乎所有的人都从事机器的最后加工和装配工作。

列宁在翻阅概述时，还标出塞兹兰—维亚济马铁路如下货运资料：精糖运量及其从其他铁路的进货量（1890—1894 年）、盐的运量、维亚济马市油料作物的发运量由于该市新建了一些大型榨油厂而减少等资料。
[116]　**精糖运量:**

	地方运输	运出	运入	直达运输	共　计
1890 年	339 245	134 620	107 137	254 102	898 104
1891 年	296 944	167 398	190 689	268 842	923 873
1892 年	267 473	105 760	229 238	481 213	1 083 684
1893 年	216 288	106 544	296 088	786 313	1 405 233
1894 年	169 918	46 668	352 479	1 166 197	1 735 262

[123]　……1892 年运到卡卢加的盐较前两年几乎减少
了一半,而在以后的 1893 年和 1894 年,到货量降到微不
足道的规模。这是因为 1890 年和 1891 年运到卡卢加的
是顿涅茨克的盐,途中经过普罗托波波沃,从 1892 年开始
则是巴斯昆恰克的盐,那是从下诺夫哥罗德沿奥卡河运来
的。从 1893 年起,里亚日斯克不再这样进盐了,因为第
4804 号盐运价汇总表自 1892 年 10 月 1 日起生效,从萨
拉托夫码头运盐到里亚日斯克,比从巴特拉基运输,每车
皮运价便宜 11 卢布,因此盐开始从萨拉托夫沿梁赞—乌
拉尔铁路运往里亚日斯克。这个运价同样也影响到帕切
尔玛站盐的到货量,使之减少,因为从巴特拉基到该站运
一车皮 610 普特的盐,比原来的运价贵 12 个多卢布,所
以,原来从巴特拉基运盐来供应附近的斯帕斯、纳罗夫恰
特、克连斯克等城市,甚至下洛姆的部分地区的帕切尔玛
站,由于实行第 4804 号运价,不得不把自己的一部分食盐
销售地让给斯帕斯市附近莫克申河码头上新建的市场。
[134]　以前维亚济马市的油料作物发运量相当大,而在
去年(1894 年)葵花籽的发运量只有 2 000 普特。这种减
少是因为在维亚济马建立了一些新油坊,其中杰夫金先生
的榨油厂规模最为突出,它不仅在郊区收购全部油料作
物,而且还逐年增加从塞兹兰—维亚济马铁路和其他铁
路沿线许多车站的进货。顺便说一下,这一点可从以下统
计表中看出,该表显示了油料作物年到货量在 25 000 普
特以上的那些车站的到货情况……

在 E.И.克拉斯诺彼罗夫的
书上作的批注

《1890 年喀山科学工业展览会上的
手工业和手工艺》1891 年彼尔姆版

(1896 年 1 月 2 日〔14 日〕和
1899 年 1 月 30 日〔2 月 11 日〕之间)

[15] 展出的金属筛子底有铁的和铜的,另有成盘成束的金属丝;还展出了钓鱼用的钓钩。这些展品来自下诺夫哥罗德县别兹沃德诺耶村。……展出者之一,诺索夫先生,有一个工人人数很多的作坊,而另一位展出者松内什科夫先生却没有自己的作坊……展出者在莫斯科买进粗金属丝,又把它分发给各工匠的作坊。 ……他从用他的材料加工的工匠那里得到细金属丝,还从其他用买来的材料拉成这种金属丝的工匠那里补购一些细金属丝,然后将这种金属丝转手给其他手工业作坊,用它来织筛子底…… 此外,当地手工业者还用类似的方法为展出者做钓鱼竿、衣钩和舵链。产品由他销往俄国各地。总金额将近 2 万卢布。

注意

[16—17] ……展出者……获以下奖励:K. П. 普拉东诺夫获"铁栅栏和铁十字制作优秀"金质奖章,B. Ф. 扎克谢获"马掌生产全优"小银质奖章;Ф. A. 诺索夫以他在别兹

沃德诺耶村的作坊而获"金属筛底全优"小银质奖章；来
自别兹沃德诺耶村的 С.И.索尔内什科夫，获"促进铜铁
制品贸易发展"奖状……

!!!

见第 58 页

[61]　来自喀山的 М.И.加列耶夫荣膺皮鞋部最高奖赏
"亚洲式皮鞋、家具皮面、马鞍等皮制品优秀"荣誉奖
状……来自喀山的 М.В.卡特柯夫获各种皮制品类别的
最高奖赏"扶植手提箱生产，经营业务有方和皮制品高质
量"大银质奖章。

注意

[64]　喀山的展出者 П.В.谢京金和苏巴耶夫公司获手
艺部熟毛皮制品最高奖赏，即金质奖章。前者获"毛皮质
量特优"奖，后者获"毛皮鞣制优良"奖。

　　资本主义工场手工业分活到户的有趣例子(下诺夫哥罗德县
别兹沃德诺耶村——第 15 页)。

　　奖励包买主"扶植"等例子。

　　　　第 61 页
　　　　第 17 页
　　　　第 64 页及其他页

载于 1940 年《列宁文集》俄文版
第 33 卷(非全文)

根据尼·费·安年斯基的报告
就巴甫洛沃手工业经济情况
调查作的笔记[71]

《下诺夫哥罗德省地方自治局统计处处长
关于巴甫洛沃区手工业者状况的报告》,
载于1891年《下诺夫哥罗德航运业和
工业通报》杂志第1、2、3期

(1896年1月2日〔14日〕和
1899年1月30日〔2月11日〕之间)

安年斯基在其报告中认为:

工厂以及为工厂做工的手工业者的生产额约占总额²/₅"真正为在市场销售的手工业制品"约占³/₅。

然而,为工厂主做工的工人在巴甫洛沃区**占多数**(3 438 比 3 132)。①

安年斯基认为在穆罗姆县:

(1) 为康德拉托夫家族做工的——1 000 人

(2)"其他工人"——1 500 人——"在其他小作坊做工"。

但这是一个概算,很粗略,用资料就可驳倒。

----

① 见本版全集第3卷第377页。——编者注

即根据1890年的《一览表》中关于穆罗姆县的情况：

	工厂数	生产总额 (单位千卢布)	工人数 厂内工人	厂外工人	
康德拉托夫家族	2	186	260	＋355	＝615
其他的	4	16	86	＋ ？	＝ 86
	6	202	346	＋355	＝701
					＋？

如果康德拉托夫家族的确有将近1000个工人，这就是说，官方的资料比实际数字小得多。可见，工人的实际数字(厂内的和厂外的)，**几乎**比官方的数字(260和1000)**多三倍**。按这个比例率可得出

$$\underline{(86 \text{———} 300)}$$
$$(346 \quad 1\,300)$$

也就是说，在瓦恰区总共2500—2600个工人中，大概不少于半数是为工厂主做工的。

《索引》。巴甫洛沃区(下诺夫哥罗德省)[72]

工厂数	工人数	厂外工人数	
19	1 177	＋1 469	$\sum^{①}=$　619.5
10	651	＋ 644	$\sum$ ＝　420.5
29	1 828	＋2 113	$\sum$ ＝1 040
	3 941		

29	1 828	2 113	1 040	
2	77	84	94	{皮诺戈罗夫和谢多夫}
31	1 905	2 197	1 134	(千卢布)
	4 102			

根据《索引》穆罗姆区　　　　　　　　$\sum$＝420 500卢布

10家工厂——651个工人＋644个厂外工人　(($\sum$＝　1 295))

---

① 生产总额，单位千卢布。——编者注

	户	
	在自己家里做工	
	为市场做工的	为业主做工的
巴甫洛沃区··························	2 616	2 623
制革业··························	123	150
马具业··························	100	236
制毡业··························	141	370
大麻纺织业··················	163	1 096
共计	3 143	4 475
赫沃谢沃乡 (斧子)·············· ＋	29	60
	3 172	4 535

波特列索夫关于瓦恰区的资料——3 000 个工人。

为业主做工的:1 000 工人为康德拉托夫家族做工

$$
\begin{array}{l}
100 \\
200 \\
150 \\
200 \quad\quad (第136页) \\
\underline{70} \\
1\,720 \\
\underline{100} \quad -4 个业主各有 20—30 个工人 \\
1\,820 \quad ((为 3\,000 工人中的 60.7\%))。
\end{array}
$$

由此可见,在穆罗姆区为业主做工的也占**大多数**。

数		工 人 数			
在别人的作坊里当雇工的	共计	在自己家里做工		在别人的作坊里当雇工的	共计
		为市场做工的	为业主做工的		
716	5 955	3 132	2 819	619	6 570
788	1 061	181	182	877	1 240
244	580	137	223	242	602
65	576	204	476	68	748
128	1 387	197	1 340	111	1 648
1 941	9 559	3 851	5 040	1 917	10 808
128	217	41	60	136	237
2 069	9 776	3 892	5 100	2 053	11 045

$$7\ 153$$

巴甫洛沃的手工业

戈尔巴托夫县	$3\ 132 + 3\ 438$	$= 6\ 570$
穆罗姆县	$??\ 1\ 500 + 1\ 000$	$= 2\ 500$
（安年斯基—2）		

$$4\ 632 + 4\ 438(48.93\%) \qquad = 9\ 070$$
$$41 + \quad 196 \qquad\qquad =\quad 237$$
$$4\ 673 + 4\ 634 \qquad\qquad = 9\ 307[1]$$

载于1940年《列宁文集》俄文版
第33卷

---

[1] 见本版全集第3卷第377页。——编者注

对下诺夫哥罗德省手工业资料的加工整理[73]

《下诺夫哥罗德省土地估价材料》。经济部分

1. 第7编。戈尔巴托夫县。1892年下诺夫哥罗德版

（1896年1月16日〔28日〕和
1899年1月30日〔2月11日〕之间）

[X] 戈尔巴托夫县的地方调查于<u>1889年进行</u>……

[49] ……戈尔巴托夫县有几个大的手工业村,这些村里只有几户作为例外还在种地。这些村(<u>博戈罗茨科耶、巴甫洛沃、沃尔斯马和下伊兹贝列茨</u>)现有男女人口<u>21 752人</u>,占全县现有农民人口总数的18.7%。

[51]

区和乡	木材业和木材制品	按副业类别划分从事手工业的工人人数							
		V.建筑工程				VI. 缝纫业	VIII. 河运业	IX. 商业	X. 其他各种行业
		粗木工	锯工	掘土工	油工;火炉匠等				
………									
全　　县	2 517	1 137	720	169	195	237	729	858	2 796
		2 221				4 620			
					9 358				

[57—58]　1889年调查时,戈尔巴托夫县巴甫洛沃手工业区登记从事小五金业的有13个乡119个村(男女总人口56 914人)。在这些村从事各种小五金业的共5 954户:男劳动力6 570个,其他人2 741人(60岁以上的老年工366人,14—18岁的半劳力1 096人,14岁以下的童工432人,女工847人)。从事小五金业各村的男劳动力总共12 290人,因此这一行业占这些村劳动人口总数一半以上(54%)。这样,4 435个工人,即占劳动人口总数的36%,占包括小五金业在内的劳动力总数的67.5%,只从事手工业,不参加土地的耕作。其余2 135人,既从事手工业劳动,又从事农业劳动①……　戈尔巴托夫县各乡从事小五金业的村、户和劳动力人数及其同这些乡人口总数的比例见下表:

6 570+2 741
=9 311

	总		数	从事手工业的		
	村	户	劳动力	村	户	劳动力
巴甫洛沃村………	1	2 065	2 184	1	1 375	1 420
沃尔斯马村……	1	767	734	1	632	658
乡:						
图姆博季诺………	8	679	659	8	579	632
杰特科夫卡……	16	771	854	16	637	744
亚雷莫夫卡……	9	726	808	9	517	590
叶利扎罗夫卡…	26	1 390	1 681	25	816	996
沃尔斯米诺②……	10	693	730	10	356	377
索斯诺夫卡……	13	1 190	1 407	10	547	635
帕希戈列沃……	11	842	894	5	153	163
帕尼诺………	16	1 208	1 366	14	187	202
阿巴布科夫卡…	7	784	851	5	88	98
巴拉诺沃……	15	859	943	7	27	21
捷里亚耶瓦……	16	916	1 024	5	24	23
普斯滕………	13	1 293	1 504	3	15	11
共计	162	14 183	15 639	119	5 953	6 570
根据瓦·格里戈里耶夫的资料(1880—1881)③						
巴甫洛沃					1 305	1 642
沃尔斯马					444	595

---

①　参看本版全集第3卷第376页。——编者注
②　缺沃尔斯马。——俄文版编者注
③　瓦·尼·格里戈里耶夫《巴甫洛沃区制锁制刀手工业》(《伏尔加河流域手工工业研究材料》1881年莫斯科版)。——编者注

[59]　从下表中可以看出戈尔巴托夫县从事手工业人口按各种小五金业划分情况：

		削笔刀	锁	剪刀	餐刀	锉刀	天平	其他产品
(223)	村……	61	50	23	26	14	19	30
5 954	户……	2 349	2 013	562	371	319	215	125
	劳动力							
6 570	共计…	2 552	2 228	613	396	364	253	164
	%……	38.8	33.4	9.1	6.0	5.5	3.8	2.5

[61]　巴甫洛沃和沃尔斯马的手工业者根本不从事农业：这两个村的土地都租给邻村农民。

[62]　我们来看看巴甫洛沃区农民兼手工业者是怎样利用自己的土地。为此，我们把以乡为单位用不同方法经营份地的总户数列成一个专门统计表。

		自己耕种全部耕地	雇工耕种全部耕地	出租部分耕地	出租全部耕地
	a)				
472	1.图姆博季诺……	235	46	18	173
564	2.杰特科夫卡……	372	65	50	77
431	3.亚雷莫夫卡……	197	92	123	19
718	4.叶利扎罗夫卡……	371	249	42	56
313	5.沃尔斯米诺……	175	39	55	44
417	6.索斯诺夫卡……	165	154	48	50
2 915	共　计……	1 537	645	334	339
		1 515		336	419
	%　……	**53**	**22**	**12**	**13**

	自己耕种全部耕地	雇工耕种全部耕地	出租部分耕地	出租全部耕地	
б)					
7. 帕希戈列沃……	40	47	6	14	107
8. 帕尼诺……	68	72	11	16	167
9. 阿巴布科夫卡……	40	26	13	3	82
10. 巴拉诺沃……	13	6	—	4	23
11. 捷里亚耶瓦……	7	15	1	1	24
12. 普斯滕…………	12	1	—	—	13
共　　计……	180	167	31	38	416
%………	**43.5**	**40**	**7.5**	**9**	

……至于手工业的**组织问题**,我们在巴甫洛沃区会看到各种各样的组织形式,从一家一户的形式到使用蒸汽发动机的工厂都有。但总的说来,整个手工业的性质仍以小生产和家庭生产为主……

[63]　在巴甫洛沃的主要行业中,**制锁业**的分工最粗,而且保留的手工业形式最多;相反地,**餐刀业**和**手工业用刀业**——劳动专业化最发达的手工业——已经在相当大的程度上接近于工厂形式,或者,更准确地说,接近于手工工场形式。这里手工业者分工专门制造刀叉的零件;这里有打刀子和叉子的铁匠,刀子用料切割工、叉子打磨工、压印工、淬火工、抛光工、安装工。只有为数不多的业主和市场打交道,他们从别人那儿收购他们的制品,并搜集完整的刀叉……

7种专业

[64]　在目前巴甫洛沃市场至少可以说是不大景气的情况下,"为业主"做工的手工业者的经济状况,总的说来,比独立手工业者的状况要好一些……

注意

[65—66]　从下表中可以看到巴甫洛沃手工业中使用雇

佣劳动的数量。表中只列入在雇主的**作坊**里做工的工人，在家里按订货做工的工人则列入为业主做工的工人人数中。我们的统计表中的数字应看成是**最低限度**……

1880—81年		VI	巴甫洛沃	沃尔斯马	农村	共计	其　中				其他产品
巴甫洛沃	沃尔斯马						锁	削笔刀	剪刀	餐刀	
217	68	有雇佣工人的作坊数目……	155	72	90	317	125	124	26	19	23
528	337	其中工人数目…	345	128	135	608	210	198	49	97	54

	劳动力人数					
	五金	制革	马具	制毡	麻绳	共计
为集市做工的………………	3 132	181	137	204	197	3 851
为业主做工的………………	2 819	182	223	476	1 340	5 040
在别人作坊里做工的………	619	877	242	68	111	1 917
	6 570[①]	1 240	602	748	1 648	10 808

　　需要指的是，在谈到使用雇佣劳动的规模时所说的话，也适用于使用**非劳动年龄**者劳动的情况：在这方面，我们的数字大概也略低于实有的，在巴甫洛沃手工业中使用的童工和女工都超过所列举的规模……　在有小五金业的赫沃谢沃乡9个村，从事这一行业的有207户，237个劳动力……　在总数207手工业户中，**为自己做工的**29户（有41个工人），**为业主做工的**60户（有60个劳动力），让**劳动力去别人作坊**做工的128户（有136个手工业工人）；乡里除1家大工厂外有雇佣工人的作坊计有15个[②]。

29＋60＋128
＝217

[69]　制革业中除劳动年龄的男工外，还有从事辅助劳动的女工和非劳动年龄的男工。这种劳动使用的规模见下表：

---

① 见本版全集第3卷第377页。——编者注
② 同上。——编者注

	非劳动年龄的男工			女工	平均每100个男工有
	老年工	未成年工	童工		
制革工………………	52	159	56	219	40.0
制马具工…………	21	110	10	182	52.6
制手套工…………	24	29	16	1 155	556.0
共　计………	97	298	82	1 556	98.0

2 368 个男工
+1 556 个女工
+477 个老年工、未成年工和童工=4 401[①]

[73]　在戈尔巴托夫县**地方手工业中麻绳业**(生产粗细麻绳)也占有很重要的地位……

该行业的经济组织见下列数字：

	在自己作坊里做工的		在别人作坊里做工的	有雇佣工人的	
	自做自卖的	为业主做工的			
户……………	163	1 096	128	58	$\sum=1\ 445$
劳动力………	197	1 340	111	—	$\sum=1\ 648$

[102—103]　……我们认为可以用下列整数表示戈尔巴托夫县居民的消费量(一般地说比农民高一些)：<u>18普特黑麦,5普特春播谷物,总共23普特</u>……下诺夫哥罗德省马卡里耶夫县成年的椴皮席工一周的粮食消耗：黑面包16俄磅,黄米5俄磅,豌豆4俄磅和马铃薯5俄磅,一年共计：黑麦面包20普特32俄磅,黄米6.5普特,豌豆5普特8俄磅和马铃薯6.5普特,全部折算成黑麦约为36普特；假设劳动人口和非劳动人口相等,<u>每一个工人供养两个非劳动年龄的人</u>,我们从所举的例子中可得出每一个居民,不论年龄大小,平均约为24普特。

载于1940年《列宁文集》俄文版
第33卷(非全文)

───────────────

①　参看本版全集第3卷第364页。——编者注

2. 第10编。巴拉赫纳县。
1896年下诺夫哥罗德版

（1897年9月12日〔24日〕和
1899年1月30日〔2月11日〕之间）

[VII]　《下诺夫哥罗德省土地估价材料》经济部分第10编第2部分是巴拉赫纳县的资料,其基础是1889年夏季按照同年在戈尔巴托夫县、谢苗诺夫县和下诺夫哥罗德县进行的其他几次调查所采用的那些大纲实地调查得来的资料。这一调查……包括按户调查,其中有分别说明每1农户状况的资料……　和以前出版的各集汇编相比,这一

(1)　集汇编力求更严格地把说明该县一般自然历史条件和经

(2)　济条件的资料同与土地估价直接有关的材料和结论区别开来……

　　在汇总的有关农户状况的一般资料中,列宁着重注意的是各乡从事手工业的无马农民人数和不种地户户数的资料。

1. 各村和村社(绝对数)

乡、村、村社和农民类别	经营手工业户数	现有户数		
		有份地的		无份地的
		无马的		无马的
		有奶牛的	无奶牛的	
⋯⋯⋯⋯⋯ [54—55] 卡通基乡 卡通基村,原图尔恰尼诺夫家族的农民	141	4	112	34
卡通基村,原什科特(乌沙科夫)的农民	23	1	14	6

根本不种地

150 户无马

不种地

[接上页]

乡、村、村社 和农民类别	经营手工业户数	现有户数			
		有份地的		无份地的	
		无马的		无马的	
		有奶牛的	无奶牛的		
………					
卡通基村,原 A. H. 纳雷什金娜的农民…	167	9	105	60	不种地
………					
[58—59] 卡通基村,1 区,原托尔斯泰伯爵夫人的农民……	13	—	11	3	不种地
卡通基村,2 区,有全部产权的农民………	10	1	8	4	不种地
[62—63] 卡通基村,原波托茨基伯爵夫人的农民…	1	—	1	—	不种地
………					
[78—79] 科津乡					
索尔莫沃村,原国家农民………	306	42	89	21	152 户无马
………					
[126—127] 普列霍夫卡乡					
马卡里·普列赫村		41		41	82
原冯·维津的农民…	113	23	18	41	84 户不种地
[158—159] 切尔诺列茨克乡					
切尔诺耶村,原国家农民………	108	55	24	3	106 户不种地
………					
巴布什基诺村,原国家农民………	57	29	14	2	}根本不种地
热尔尼诺村,原国家农民………	97	56	19	19	
列舍季哈村,原国家农民………	120	77	31	1	
………					
共计………	633	376	135	34	

列宁在第158页上对切尔诺列茨克乡不种地户作了统计并记下:

615户不种地。

[166—167]

II. 各乡及各类别农民汇总表(绝对数)

经营手工业户	各户按牲畜头数划分									
	有份地者								无奶牛者	无任何牲畜者
	有4匹马以上者	有3匹马者	有2匹马者	有1匹马者		无马者				
				有奶牛者	无奶牛者	有奶牛者	无奶牛者			
共　计 <u>17 950</u>	90	215	1 357	8 834	529	3 585	2 736		3 265	2 371

6 321

手工业村

注意　**切尔诺耶村**及其所属乡,统计表第158页(几乎不从事农业)

索尔莫沃村:第78—80页

卡通基村:　第54—62页

　　　　　参看第81页(Ⅱb)。

卡通基村(**根本**不从事农业。**所有的**户都不种地)。

　　总共487户(现有份地户+无份地户)

　　男女人口1 305人(份地户)[①]。

普列赫村

　　129户,男女人口510人

　　113户经营手工业

------

① 参看本版全集第3卷第366页。——编者注

82 户无马

84 户不种地

71 户有识字人＝55%(全县＝45.4%)

载于 1940 年《列宁文集》俄文版

第 33 卷(非全文)

3. 第 11 编。谢苗诺夫县。1893 年下诺夫哥罗德版

(1896 年 1 月 16 日〔28 日〕和 1899 年 1 月 30 日〔2 月 11 日〕之间)

[177]　　　第二章　增补。农民的非农业副业①

[186]　**制匙业**……无论就劳力数量来说……还是就生产规模来说,都是突出的……

乡名	经营副业的村社数目	从事副业的							
		户数		劳动力		非劳动年龄的男人			妇女
		有份地的	无份地的	有份地的	无份地的	老年人	未成年人	儿童	
·· ···									
赫沃斯季科沃	92	1 608	231	1 868	141	214	364	124	1 392
沙尔杰日	13	538	27	636	21	10	103	38	154
·· ···	105								
全县…………	171	3 214	326	3 760	225	275	637	223	1 810

波里索夫斯基提到过这两个乡②,认为这两个乡有 59 个村(3 173 户)

---

① 参看本版全集第 3 卷第 100 页。——编者注

② А.И.波里索夫斯基的文章《谢苗诺夫县的制匙业》(载于《俄国手工业调查委员会的报告》1879 年版第 2 编)。——编者注

[187]　……171 个村 3 540 户有不同性别和年龄的 6 930 人从事木匙业…… **旋工**参加了制匙业,做其他木制器皿……

乡名	村社数目	从事旋光业的						妇女
		户数		劳动力		非劳动年龄的男人		
		有份地的	无份地的	有份地的	无份地的	老年人	未成年人	儿童	
全县……	39	167	3	201	3	15	12	—	1

$204+27+1=232$

[188]　根据以下资料,我们可以看出**染色业**的普及程度:

乡名	村数	户数		劳动力		非劳动年龄的男人		妇女
		有份地的	无份地的	有份地的	无份地的	老年人	未成年人	儿童	
共计…………	25	119	3	143	2	7	14	11	—

$145+32=177$

[189]

	村社数	户数		劳动力		非劳动年龄的男人		妇女
		有份地的	无份地的	有份地的	无份地的	老年人	未成年人	儿童	
制桶业 ·····|								
全县	32	132	3	151	3	17	7	—	—
小木制品业 (树条筐和篮) ····									
全县…………	45	179	11	209	7	21	18	8	3

$154+24=178$

$216+\ 50=266$
$266+178=444$
$135+190=325$

[190]　**制毡业**是谢苗诺夫县居第二位的副业。

[191]

乡 名	从事副业的							劳动力总数	11 个乡（而在 1879 年——10 个乡）
	户数		劳动力		非劳动年龄的男人		妇女		
	有份地的	无份地的	有份地的	无份地的	老年人	未成年人	儿童		
⋯⋯⋯									2 941＋239＝3 180
共　计⋯⋯⋯	2 941	239	3 824	214	256	416	72	8	4 038
									4 038＋256＋416＋80＝4 790

[192] 下表可供了解打铁业情况：

乡 名	经营副业的村社数	从事副业的							妇女	
		户数		劳动力		非劳动年龄的男人				
		有份地的	无份地的	有份地的	无份地的	老年人	未成年人	儿童		
⋯⋯⋯										1 467＋295＝1 762
全　县	90	1 467	295	1 851	273	46	257	39	—	1 851＋273＝2 124＋342＝2 466
						342				

[196—197] (1)**制匙业**[1]⋯⋯这个行业兴起不很久，大约 20—30 年⋯⋯ 制匙业后来扩展到边远地区，即奇斯 ‖

第 186 页统计表。见第 55 页:《手工业资料汇总》。[2]

---

① 参看本版全集第 3 卷第 361—362 页。——编者注
② 见本卷第 312—313 页。——编者注

当今手工业的发展	托波尔*)、哈哈尔**)等乡,它在那些地方存在**不过几年**,而不是几十年。

---

*)17 个村社,**)6 个村社和霍赫洛沃乡——13 个村社。

注意	[198—199]　这个专业最初是由**一些村**(例如,博戈亚夫连斯卡亚乡克鲁托伊夫拉格村,奇斯托波尔乡特列菲利哈村)<u>在附近的国有林区买进木材,只生产一些粗坯</u>,<u>再把这些粗坯运往制匙区出售……</u>　<u>谢苗诺夫的包买主把这种没有刮光、没有上色的匙以一定价钱卖给市郊村的妇女……</u><u>交换和分工这张复杂的巨网笼罩了辽阔地区的千家万户……</u>
!!**直到现在**!!	[200—201]　……谢苗诺夫的制匙工与包买主是<u>按老规矩用纸币进行结算的……</u>有时候他们也把匙<u>预先卖给</u>自己的邻居、有钱的农夫,<u>也就是说先要钱后交货……</u>　制
1年?(6 个半月——150 天)	匙工一年能做 15 000 — 25 000 把。假设一年平均做20 000 把,每一千把 3 卢布,总共可得 60 卢布,扣除 20 卢布材料费,<u>获**纯利约 40 卢布**</u>。匙的价格最高时,纯利可达50 卢布;农民们说,"<u>只够交租子,买衣穿</u>"。的确,赫沃斯季科瓦乡和博戈亚夫连斯卡亚乡每一个劳动力要交的各种捐税约 **10 卢布**,而沙尔杰日乡甚至达到 14 卢布……
从 9 月 8 日到4 月 23 日7 个半月$48 \div 7.5 = 6.6$	在拉里奥诺沃村,一个制匙工带着妻子一块干活,用他们的话说,从 9 月 8 日圣母诞辰一直干到叶戈列夫节(4 月23 日)……　收入共约 48 卢布 50 戈比,要是扣除工具磨损费,就剩 48 卢布。
18—19 小时18 小时	[207]　**编草鞋业**……　冬天夜里 12 点起床,干到晚上6—7 点,夏天从凌晨 3 点干到晚上 9 点。

[208—209]　**木材业……**　菲力波夫村(德罗兹多沃乡)布林诺夫磨坊是**劈柴和木材大宗采购活动**的中心。

1890年《一览表》**布林诺夫**商行 $\sum=25$ 万卢布 工人$=45$ 人。使用蒸汽机的磨坊

[211]　**制毡业……**①

村社数目	从事该行业的							
	户数		劳动力		非劳动年龄的男人			妇女
	有份地的	无份地的	有份地的	无份地的	老年人	未成年人	儿童	
毡　鞋　308	2 611	219	3 438	195	242	368	64	7
鞋　垫　55 *)	330	20	386	19	14	48	8	1
制毡的共计　363	2 941	239	3 824	214	256	416	72	8

$\overbrace{}^{3\,633}$ （毡鞋行）

$\underbrace{}_{4\,038}$ （制毡的共计）

$2\,611+219$ $=2\,830+350$ $=3\,180$
*)　1879—— 　　285 个村

[212]　制毡业组织接近于**家庭形式大工业**类型。在从事毡靴业的 2 830 户 3 633 个劳动力中，仅有 474 户 677 个劳动力是自做自卖的，这不到从事这一行业的总户数的 16.7% 和劳动力的 18.6%。其余的户和劳动力则用自己或业主的材料为业主工作。其中**在自己的作坊用业主的材料为业主工作的形式**，即"分活"制尤为普遍。这样工作的有 1 745 户 2 296 个劳动力，即占所有手工业户的 61.7% 和所有劳动力的 63.2%。有 60 户 85 个劳动力也是这样为业主工作，不过用的是自己的材料；有 495 户 508 个劳动年龄的人，或所有户的 17.5% 和劳动力的 14%，成为雇佣工人。这样，我们可以指出四类户和人：分材料和分活者，用自己的材料和用业主的材料为业主工作者，自做自卖的独立手工业者以及受雇工作的工人。分活户不超过 189 户；而

?

$$\begin{array}{r}1\,745\\+\ \ \ 60\\\hline 1\,805\\+\ \ 495\\\hline 2\,300\\+\ \ 474\\\hline 2\,774\\+\ \ 189\\\hline 2\,963\end{array}\qquad\begin{array}{r}2\,296\\+\ \ \ 85\\\hline 2\,381\\+\ \ 508\\\hline 2\,889\\+\ \ 677\\\hline 3\,566\end{array}$$

$18.6+63.2+14=95.8\%$

---

①　参看本版全集第 3 卷第 353—354 页。——编者注

为他们工作的户有 1 805 户,也就是说,每 1 分活户有 10 户领活户。

这就是说
$$\sum > 10\,000$$
$$> 3\,000$$

[214]　羊毛和牛毛是手工业的材料……　大业主每年购买羊毛上万卢布,拥有 4—5 个雇佣工人的中等业主,每年购买羊毛约 3 000 卢布。

[217]　……关于制毡业的一个部门**鞋垫业**说几句……

$$237 + 68 + 75 = 380$$

在 386 个劳动力中只有 75 个自做自卖,68 个当雇佣工人的,237 个用业主的材料为业主工作。

制毡业和鞋垫业总计①:

劳动力

为业主工作的……2 381+237＝2 618 ⎫
当雇佣工人的……　508＋68＝　576 ⎬ 3 194
　　　　　　　　　2 889　305 ⎭
自做自卖的……　　677＋75＝　752
　　　　　　　　3 566＋380＝3 946

[218—219]　各种打铁业的一个突出特点就是独立的手工业单位为数不多,大多是为业主工作的。在从事这一行业的 1 762 户 2 124 个劳动力中,有 1 007 户 1 278 个劳动力是为业主工作的,而且 951 户(或 54%),1 200 个劳动力(或 56.5%)是用业主的材料为业主工作的。

584 户或 608 个劳动力,即 33.1%户和 28.6%个劳动力是雇佣工人。而分活户不超过 39 户,因此每个分活户约有 26 个领活户。自做自卖户不超过 125 户,有劳动力 174 人。

$$\begin{array}{r} 1\,007 \quad 1\,278 \\ +\ 584 \ +\ 608 \\ 125 \qquad 174 \\ \hline 1\,716 \quad 2\,060 \\ +\ 39 \\ \hline 1\,755 \end{array}$$

---

① 参看本版全集第 3 卷第 354 页。——编者注

[1]   第四章。耕地

[77]　……有些最殷实的户主可能有些剩余黑麦供出售,但不管怎样,这类业主是极少数。可以设想,他们剩余的黑麦愈多,其他人缺欠的黑麦就愈多,所以总的来说,谢苗诺夫县的农民应被认为是买粮的农民,而不是卖粮的农民,黑麦是主要的粮食,而且几乎是唯一的粮食。

果真如此?!

[166]　宅园只有辅助意义,不能带来独立收入。出租宅园的事是很少见的,由此作出任何结论都太冒险。(*)出售宅园的事也同样是少见:即使出售,售价中也多半既包括土地本身的价值,也包括地面建筑物的价值。(**)

　　(*)　我们只是在已合并为一个大的居民点的波尔、科诺诺沃、穆希诺和马卡罗沃这几个近郊村才遇到为数较多的出租宅园土地的情况。但是这些工商业村的条件和该县其他地区的条件是极其不同的,因此根本不能把根据这些村的资料得出的结论搬到其他地区。

　　(**)　我们只掌握 8 份有关宅园土地本身售价的资料。出售这些土地的都是伏尔加河沿岸的村庄。根据这些资料,每俄亩平均售价为 81 卢布(在 24 — 139 卢布之间浮动)。

参看82页及以下各页的统计表

有一些有趣的　[167]
东西

第六章。森林

注意

  ……谢苗诺夫县主要是林业县。森林和灌木 315 838
俄亩,占全县可用面积的 59.5%…… 由于县里人烟逐
渐稠密,森林被砍伐,辟出一些没有树林的耕地……

[190] 一个中等农民家庭每年所需木材量如下:

注意

农舍取暖炉用·······························1.8 立方俄丈

澡堂用······································0.9 立方俄丈

谷物干燥房用····························1.3 立方俄丈

修建建筑物用····························0.6 立方俄丈

栅栏用·····································0.2 立方俄丈

    共　　计   4.8 立方俄丈

手工业资料汇总

1. **制匙业**。171 个村,6 个乡,**3 540** 户,**6 930** 人(第 187 页)[①]
  一部分人用业主的材料为业主工作,但人数不详(第 200 — **202**
页及以下各页)。

2. **旋光业**。6 个乡 39 个村,**170 户**,**232** 人(第 187 页)。
  110 个业主自做自卖,**8** 户用业主的材料为业主工作,**52** 户当
雇佣工人(204)。

3. **上色业**。2 个乡 25 个村,**122** 户,**177** 人(188)。
  当雇佣工人的"正好一半"(205)。[61 户自做自卖。61 户当
雇佣工人。]

---

① 指原书页码。——俄文版编者注

4. **制桶业和木制小商品业**。5 个乡[77 个]村,325 户,**444** 人(189)。大概是自己出售(206—7)。

5. **编草鞋业**。1 个乡,98 个村,672 户,**963** 人。自己销售(207)。

6. **制毡业**。11 个乡,3 180 户,**4 790** 人。

为业主工作的:2 618 个劳动力。当雇佣工人的——576 人,自做自卖的——752 人。∑＝3 946 个劳动力(217)。

7. **打铁业**。7 个乡 90 个村,1 762 户,**2 466** 人。

为业主工作的:1 007 户,1 278 个劳动力。

当雇佣工人的 584 户,608 人。自做自卖的——125 户,174 个劳动力。∑＝1 716(＋39)户,2 060 个劳动力。

为**业主**工作的(劳动力人数)　2.　　　8

6.　2 618

7.　1 278

2.　232　6.2 618＋　576

3.　177　7.1 278＋　608

6.4 790　3.　　　　88

7.2 466　2.　　10＋　70($^6/_{17}×232=81$)

7 665　　3 906＋1 342

5 248

载于1940年《列宁文集》俄文版
第33卷(非全文)

对谢·安·哈里佐勉诺夫的著作中关于弗拉基米尔省手工业资料作的批注和整理[74]

《弗拉基米尔省手工业》

1. 第2编。1882年莫斯科版

(1896年1月2日〔14日〕和
1899年1月30日〔2月11日〕之间)

[3] 制 鞋 业①

[20] 冬天,工作日从早5点开始一直持续到晚8点,而夏天,从早3—4点到晚7—8点。除两次喝茶吃饭花去两小时,工作日长达13—14小时。

列宁根据表1《弗拉基米尔省亚历山德罗夫县从事毛纺织业的村庄的按户调查》资料(原书第151—209页),统计了1880年工人(本户的和雇佣的)总数并记录如下:

$$
\begin{array}{r}
45 \\
\underline{1\,251} \\
1\,296
\end{array}
$$

---

① 参看本版全集第3卷第320页。——编者注

[267]　　　　　　制　毡　业①

[274]　1个工匠1周约用1普特羊毛,1个工作年度用 16—17普特,合110—180卢布。91个人干活每年共消耗羊毛约1500普特,总金额约1万银卢布。

1普特——16双
1 500　　24 000
　2 000×12
　=24 000

2. 第3编。1882年莫斯科版

(1897年7月29日〔8月10日〕和

1899年1月30日〔2月11日〕之间)

[IX]　　　　　　序　　言

[X]　我国工业的取向是什么:是生产者和生产工具相分离,还是相反,两者相结合? 工业资本化取决于什么:取决于市场组织条件,还是取决于使生产的技术条件发生变革的蒸汽动力和机械工具? 这种或那种工业对农业和村社状况影响如何,为什么它恰恰有这种影响? 工商业对居民的识字程度,对人民这个类型,人民的观点、风俗和习惯的形成起什么作用? 在农民和村社内部产生了哪些经济集团,它们的数量比例、社会意义如何,一个集团的向往、期望和"真理"同其他一些集团的热望和"真理"有什么区别?

问题提得非常正确!

　　什么时候这些问题解决了,我们就会看清我们祖国的未来,看清我国工业和农业的未来,就会在人民中看到并认清那些必然发展成为各个社会派别的集团、萌芽的意义。

[3]　　　　　　丝　织　业

　　列宁在原书第7—10页上标出了织工和手工业织工出身的大工厂主。

---

　　①　参看本版全集第3卷第320页。——编者注

列宁在《俄国资本主义的发展》一书中指出了这一点（见本版全集第**3**卷第**498**页）。

《财政部年鉴》第199页（始建于1795年）

[7]　靠近别尔柳科夫斯卡亚沙漠的博戈罗茨克县亚姆基诺乡阿夫多季纳亚村索洛维约夫家族的工厂（即伊万·伊万诺夫工厂和伊万·谢苗诺夫工厂）在50年代就享有盛名。索洛维约夫家族的这两家工厂始建于1795年……　在70年代初期，索洛维约夫家族的工厂自己有近350台织机，在外边租了约400台织机，因此两家工厂的年营业额共约70万—80万银卢布。亚姆基诺村、斯列多沃村、沃斯克列先斯科耶村、波钦基村、佳季基诺村、诺瓦亚村以及其他村的大多数天鹅绒织工都给索洛维约夫家族干活。索洛维约夫家族分发织物经纱不限于博戈罗茨克县，还分发给弗拉基米尔省波克罗夫斯克县（现已停发）。

《年鉴》中无

[8]　莫斯科省博戈罗茨克县莫尔济诺村距菲力波夫乡博罗夫科沃村、祖布佐沃村和诺瓦亚村16俄里。该村迄今还存在的库普里亚诺夫家族工厂，自古以来就享有盛名。

注意
*) 《一览表》
1879年——
19 700卢布，
79名工人

[9]　开创天鹅绒业的是尼库尔基纳村农民斯皮里东·叶夫多基莫夫和扎列奇亚村农民齐尔科夫。不过后者早已破产……　叶夫多基莫夫家族工厂不仅对本乡的，而且对波克罗夫县和亚历山德罗夫县毗邻各乡的天鹅绒织造业的发展起了明显的作用……　费多特·费多托夫大约在40年前在新谢尔吉耶夫乡村墓地村开创了天鹅绒业*)，给莫斯科商人和工厂主切尔内绍夫供应商品。

[19]　假设现有工厂数目(268)为100，其逐渐兴起的过程可用百分率表示如下①：

注意

1825—1850年的25年中	1850—1860年的10年中	1860—1870年的10年中	1870—1880年的10年中	1880年和1881年的2年中
15	6	44	181	22
6%	2%	16%	68%	8%

---

①　参看本版全集第3卷第306页。——编者注

[38]　<u>平均每个作坊</u>(小工房和家里一并计算)<u>有 7½个</u>
<u>工人</u>。只有本户工人的作坊 <u>140</u> 个;其中有 <u>268</u> 人工
作。有本户工人和雇佣工人的作坊 141 个;其中有 1 405
人工作(本户工人 <u>463</u> 人,雇佣工人 <u>942</u> 人)。全用雇佣
<u>工人的小工房</u> 36 个,其中有 <u>1 150 人工作</u>。

作坊	本户 工人	雇佣 工人
140	268	—
141	463 +	942
36	—	1 150
317	731	+2 092
	2 823	
	%	%
	25.9	74.1

　　我们把手工业作坊按工人人数分类,可得出下表:

年产值

有 1 　个工人的 21 个作坊 ⎫
有 2 　个工人的 53 个作坊 ⎪
有 3 　个工人的 35 个作坊 ⎬ 179 个小作坊; ⎫ 355 000
有 4 　个工人的 39 个作坊 ⎪ 其中有 543 人 ⎬ 卢布
有 5 　个工人的 31 个作坊 ⎭ 工作。 ⎭

有 6 — 9 个工人的 72 个作坊 ⎫
有 10 — 14 个工人的 29 个作坊 ⎬ 109 个中等坊;其 ⎫ 80 万
有 15 — 19 个工人的 8 个作坊 ⎭ 中有 1 109 人工作 ⎬ 卢布

有 20 — 29 个工人的 8 个作坊 ⎫
有 30 — 49 个工人的 5 个作坊 ⎪
有 50 — 79 个工人的 9 个作坊 ⎬ 25 个大作坊;其中 ⎫ 1 204 000
有 80 — 100 个工人的 2 个作坊 ⎪ 有 1 171 人工作。 ⎬ 卢布
有 100 以上个工人的 1 个作坊 ⎭

179 — 543
109 — 1 109
25 — 1 171
313   2 823**75**

∑ = 2 359

[39]　方才引用的百分率表十分清楚地说明了生产形式
问题。<u>小作坊很多</u>(57%),大作坊极少(8%),<u>平均起来每</u>
<u>个作坊工人人数不多</u>(7½人),这些情况掩盖了生产的真
<u>实性质</u>①,使人有理由认为它是非资本化的小手工业生
产。但是,既然 8%的工业作坊吸收了差不多半数工人,
产值占<u>商品总值 51%</u>,而 57%小作坊只提供全部工业产
品价值的 15%,那就不容置疑,<u>丝织业是大生产形式,而</u>
<u>不是小生产形式</u>。

注意

―――――――――

　　①　见本版全集第 3 卷第 350 页。——编者注

[44]

即本户工人
＋雇佣工人

	作坊主数目	作坊数目	织机数目	本户工人	雇佣工人	总数	占工人总数的百分比
工厂主…………	123	} 301 {	2 677	242	2 050	2 564	90.5%
包工－小工房主**76**	97			272			} 97%
在家工作的织工	67	67	140	143	33	176	6.5%
在农舍工作的小业主…………	31	31	52	74	9	83	3%

$$\sum = 318\text{——}399。2\,869。731 + 2\,092 = 2\,823。100\%$$

作坊　作坊　织机　本户　雇佣
主　　　　　　　　工人　工人

[55]　向工厂主乞求一普特或半普特粮食的织工真正是可怜和不幸的人。

！

[57]　老板对徒工非常厉害,经常打骂,不景气时就把他们赶走,直到这一时期结束……　织工处于几乎是给厂主当奴隶的地位,对厂主的一切要求都得照办。夏天,厂主打发织工下地,从他们中间指派帮工,迫使他们用妄诞的办法去抓鱼,在院子里修理东西,劈劈柴以及干诸如此类的"私活"……　织工经济上受奴役导致法律上的无权地位;但是这种无权地位在任何地方都没有表现得这么突出,以致负债的织工因未还欠厂主的债而受到体罚是习以为常的事。

！！

[63]　工厂要找廉价的织工,并在远离工业中心的织工的家乡找到了这种工人,在工业中心厂主之间的竞争提高了工资……①　工资从工业中心到周围地区是逐渐降低的,

注意 ‖

————

① 见本版全集第3卷第404、481页。——编者注

这是不容置疑的事实……① 　工厂必须跟随织工进入那些通过外出做零工而形成了一批熟悉业务的工人的村庄。②

[64]　有 150 台织机的叶夫多基莫夫一个半月的流动资本达 15 000 卢布。

1890 年《一览表》——14 500 卢布，70 名工人，统计表第 130 页："有份地的农民"！！！

[124—126]　大工业彻底战胜小工业,把分散在许多小工房中的工人联合到一个丝织厂里,这仅仅是时间问题,这种胜利来得愈快,对职工愈好。③ ……大生产使厂主的利益同工人的利益,一个人的富有同一些人的贫穷如此明显地对立起来,以致织工不可能产生使自己成为厂主的愿望。小生产并不比大生产多给织工什么东西,但是它没有大生产那样的稳固性,所以它使工人更深地陷入歧途。手工业织工有一种虚幻的憧憬…… 小业主,这是工业奴隶制度的化身…… 当厂主、小业主和包工一方面支配和剥削下层各经济等级,同时又受到上层各经济等级的剥削,因而使包买主同织工之间的经济鸿沟联结起来的时候,工人的社会意识就模糊起来,他们就堕入虚幻的想象中。在应该团结的地方却发生了竞争,而本质上敌对的各个经济集团的利益则一致起来。④

注意
注意

注意

注意

注意

原文如此！

注意

[191]　　波克罗夫县制箔业[77]农户统计资料

注意。这次普查的重要特点是,不仅包括了业主,而且也包括了雇佣工人。

---

① 见本版全集第 3 卷第 404 页。——编者注
② 同上书,第 390、481 页。——编者注
③ 同上书,第 397 页。——编者注
④ 同上书,第 397—398 页。——编者注

还有两种情况应该指出：

（1）雇佣工人户中往往兼有**各种雇佣工人**，即**各工业部门的**雇佣工作。注意。（整个无产阶级大军的形成。）

（2）有时在小业主户中也列入了雇佣工人（尤其是织工）。

在手工生产和小作坊的条件下，雇佣工人和业主很相近。

列宁根据"波克罗夫县制箔业农户统计资料"统计表（第 **192**—**195** 页），统计了独立生产户和不独立生产户的户数，以及其中雇佣工人和本户工人的人数，并记录如下：

独立的	8 户：15 个本户工人＋23 个雇佣工人＝38
不独立的	4 户　5 个本户工人＋ 1 个雇佣工人＝ 6
	20　　　　　＋24　　　　＝44

[207]　　　餐　巾　业

列宁在第 **219** 页算出了餐巾业的剩余价值（m），计算了餐巾业业主的利润和利润率。

现在计算一下业主的利润额。拿 9×18 公分、每条 90 戈比的彩色餐巾作例子。

材料——棉纱（1 俄磅）价值………………………41	戈比
材料损耗…………………………………………… 1	戈比
染　色…………………………………………… 5	戈比
织工工资…………………………………………18	戈比
小工房主租金…………………………………… 1	戈比
退卷和整经……………………………………… $\frac{1}{2}$	戈比
运费和机器修理………………………………… 2	戈比
后处理…………………………………………… 2	戈比
共　　计………………$70\frac{1}{2}$	戈比

$m=90$ 戈比中的 20 戈比＝大约 22％

企业主的利润约为 20 戈比,或 29%。最便宜的一种带色而无花边的餐巾,价值 55 戈比。

60 佐洛特尼克材料的价值(1 俄磅 30 戈比)…20		戈比
损耗………………………………………	½	戈比
染色………………………………………	5	戈比
织工工资…………………………………	10	戈比
小工房主租金……………………………	1	戈比
退卷和整经………………………………	½	戈比
运费和织机修理…………………………	2	戈比
后处理……………………………………	2	戈比
共　计………………	41	戈比

m＝55 戈比
中的 14 戈比
＝大约 25%

[223] 当手工业是居民的主业,而农业是副业时,雇工就<u>该倒霉了,他成了无地无产者或即将成为无地无产者。在这种情况下,根据份地大小和存栏牲畜头数,事先很容易将雇工和厂主区分开来。在手工业对农业的补助不大的地方,雇工和他的手工业业主的农业情况彼此之间没有什么区别,如果有区别的话,厂主的情况可能更差一些。</u>

我没有遇到过这类例子。见下面的统计表,在亚历山德罗夫县雇佣工人是比业主更好的庄稼人。

列宁根据《波克罗夫县和亚历山德罗夫县餐巾作坊统计资料》表(第**225—229**页)和《雇佣餐巾工经济状况统计资料》表(第**231—237**页),计算了从事餐巾业的户数、他们拥有的牲畜头数,摘录了能说明餐巾业雇佣工人经济状况的资料,并将所得资料汇总成表。

波克罗夫县	24 户	22 匹马	35 头牛	4 只羊
亚历山德罗夫县	6 户	10 匹马	12 头牛	15 只羊

	人口	男女人口	无马的	出租土地的	无地的
波克罗夫县	63 男 + 69 女 = 132。		4	2	1
亚历山德罗夫县	21 男 + 19 女 = 40。		—	1	—

餐巾业业主和雇佣工人的农业情况比较

		户数	人数	牲畜			无马的	土地的耕作			平均每户牲畜头数				无马的%
				马	牛	羊		出租	承租	无地	人口(男、女)	马	牛	羊	
波克罗夫县……	业主	24	132	22	35	4	4	2	1	1	5.5	0.9	1.4	0.1	16
	工人	42	316	22	40	17	21	7	3	3	7.5	0.5	0.9	0.4	50
亚历山德罗夫县	业主	6	40	10	12	15	—	1	—	1	6.6	1.6	2.0	2.5	0
	工人	19	137	36	47	104	2	—	—	2	7.1	1.9	2.4	5.4	10

[241]

毛织业和半丝织业

[242—243]　雅柯夫·米哈伊洛夫·克鲁奇宁一度做过麦米买卖。他到坦波夫省和萨拉托夫省的"草原"去采购黄米和麦米,用大车队将其运往莫斯科和亚历山德罗夫。<u>做麦米买卖使克鲁奇宁有了很大一笔资本</u>。随着铁路的修建和轮船的通航,京都和地方市场的粮价拉平了,粮食生意从用牲口的粮贩手里转到少数大买卖人—百万富翁手里。克鲁奇宁只好另找较为<u>有利的行业</u>。要开办新企业,雅柯夫·米哈伊洛夫本人年龄太大了。于是他的儿子伊万·米哈伊诺夫就着手经营这一事业。伊万·米哈伊洛夫<u>认为</u>开

注意
注意

注意

办工业企业,必须先熟悉织造业务。他先在亚历山德罗夫的祖博夫自动机织厂工作,但他很快就明白了,他是不能胜任这样大的事业的。伊万·克鲁奇宁进了库普里亚诺夫家族在莫尔济诺办的工厂,当时这家工厂生产半丝织品。他很快掌握了生产过程,同一些老板混得很熟,于是以师傅的身份自荐为他们效劳。库普里亚诺夫家族欣然接受这个建议,向克鲁奇宁提供了材料,收他 1 000 卢布押金作担保。克鲁奇宁工厂就在这种条件下在莫什宁诺兴办起来。[1]

资本从商业
转移到工业

载于 1940 年《列宁文集》俄文版
第 33 卷(非全文)

3. 第 5 编。1884 年莫斯科版

(1897 年 4 月 17 日〔29 日〕和
1899 年 1 月 30 日〔2 月 11 日〕之间)

[37]   佩列亚斯拉夫利县工业村社资料
[56]   棉   织   业

[65]   ……最大的经纪人伊万·马特韦耶夫·穆萨托夫在 4 个劳动组合中以劳动组合成员身份出现。在所有这些地方有一半窗口都是属于他的;修理和取暖费用也对分……如果不算佩拉伊哈村的一个古怪的农民,县里根本没有独立的工厂主。这个农民为了在邻近的集市上出售自己不多

!!

---

[1]   参看本版全集第 3 卷第 307 页。——编者注

的纺织品,自购棉纱,自己染色、打卷、整经,并用唯一的一台织机织布……

!!

[68]   小工房总共81个……它们属于85个业主……   虽然拥有小作坊的手工业者的人数几乎占业主的半数(43%),但他们在生产中起的作用不大:他们的作坊只能容下全部织机和全部工人的12%,因而当然不能提供多于12%的纺织品。

注意

[69]   问题的全部实质在于销售,在于市场组织的条件。1个,也许,甚至5—10个个体生产者会在当地集市上找到销路,但是当地市场消费不了几百、几千工人所生产的商品。能消费这些商口的是俄国遥远的省份,即外高加索和中亚的市场,而不是纳戈列和佩列亚斯拉夫利的市场。

注意

注意

[73]   织工和摇纬工所使用的材料,如:经纱、纬纱和蜡,是通过师傅和经纪人弄到的。织工和摇纬工既无小工房,又无织机,——这些都属于手工业作坊主。但织工仍然是资本家,因为固定资本中的梭子、钳子、刷子、椅子和小灯或灯架是属于他的。流动资本中的照明费和润滑梭子及箱座皮结用的低等橄榄油费用是由他承担的。

?!!

哈哈哈!

[75]   要算出平均工作日的长短是很困难的;只能说,扣除早饭、午饭和晚饭的时间,织工往往要在织机前干15—16小时。

注意

[78]   除去已经被我们从计算中扣除的取暖费用外,一个织工的开支如下:

工具修理…………………………………   25戈比
照明……………………………1卢布50戈比
付给摇纬工的经纱费……………1卢布20戈比

共   计……………………2卢布95戈比

原文如此!!!

因此,一个织工的平均年纯收入不超过15卢布……
84个手工业作坊主的农业情况只能如此。

注意
参看第68页,
这是小工房主

[100]   亚 麻 布 业

[114]   对前面所描述各行业的了解,使我们习惯于不相   注意
信手工工业虚假的独立性,在这里小作坊是一种伪装,在   注意
它的后面机灵的大企业主能很方便地避开没有经验的考
察者的耳目。

[134]   陶 器 业

[140]   ……陶器业者自己把自制的陶器直接销售给消   注意
费者,而不求助于包买主。①

[161]   制 桶 业

[167]   制桶区的农民从事木材业:运木材、锯薄板和整
理薄板。这些活很赚钱,但在锯薄板方面,佩列亚斯拉夫
利的农民在斯摩棱斯克省和莫吉廖夫省饥饿的农民中遇
到了最危险的对手,因为后者的技艺十分高超……

	有1个工人	有2个工人	有3个工人	有4个工人	有5个工人	共 计
西多尔基诺…………	20	6	3	1	—	45
梅里诺沃 ………	8	3	5	1	1	38
热尔季科沃…………	19	11	3	—	—	50
共　　计…	47	20	11	2	1	133

作坊　　　　　　　　　　　81

作坊

工人   47   40   33   8   5   133

———————

① 参看本版全集第 3 卷第 300 页。——编者注

?

[170]　为了弄清在当地和外出做木桶的意义,我们将 125 户分成 4 类:

注意

	平均每户有:					识字的人和上学的人的百分比
	牲畜	份地	男	女	男女共计	
(1)在当地制桶的 86 户……………	4.1	2.7	3	3.5	6.68	13.5
(2)有 8 名制桶匠外出做工的 6 户*)……	3.4	2.1	3.1	4.1	7.3	11.4
(3)有 24 名各种手艺人外出做工的 21 户**)	2.9	2.1	2.86	3.3	6.24	16
(4)未从事当地制桶业的 37 户…………	3	1.9	2.54	3.3	5.83	25
$\sum$ =150?　−21=129						

　　*)　这 6 户中,3 户同时也是**当地的**制桶匠(这 6 户被算入下面的 21 户中)。

　　**)　15 户(外出做零工,但不是制桶匠)中,有 9 户同时也是当地的制桶匠。

列宁在《佩列亚斯拉夫利县从事制桶业各村按户调查》统计表上,标出了 4 户制桶户,其中 3 户各有 1 名外出做零工的制桶匠,1 户有 3 名,并作了以下批注:

　　这 3 个制桶匠(外出做零工的)——6 匹马+13 头牛+3 只羊。
　　其余 3 个制桶匠(外出做零工的)——0 匹马+1 头牛+0 只羊。

---

[182]　　　　　　　　硫磺火柴业

. . . . . .

　　目前(1882 年)存在约 12 个火柴作坊……作坊里从

事火柴生产本身的劳力达100人(至少)。此外,各农舍
铡干草的约120人,糊纸盒的约50人。

[192]   看到这些工人时会使你大吃一惊:他们皮肤苍
白,面黄肌瘦,明显的营养不良。交谈时露出苍白的牙
床,牙齿一块块地剥蚀或是布满了黄绿的牙垢。再看脸
上和下颏,在下颌的周围,有微微发红的肿块、结疤的和
正在化脓的溃疡,——这是骨膜炎的症状。

注意

　　只有极度贫困才会使人操起这种工资甚微、却能使
人终身致残的行业。

注意

载于1940年《列宁文集》俄文版
第33卷(非全文)

在康·安·维尔涅尔《1890年莫斯科省博戈罗茨克县的手工业》一文上作的批注和计算

《1890年莫斯科省统计年鉴》1890年莫斯科版

(1896年1月2日[14日]和
1899年1月30日[2月11日]之间)

[3]　　　　博戈罗茨克县的手工业

[18]　　　　　　　2. 金属制品

[19]　无论是在**扎加里耶地区**或是在**古斯利齐地区**,作坊数目都略有减少。这种情况之所以发生,在前一个地区,部分是由于手工业作坊变成大作坊^(*)。部分是由于最小的作坊因被迫停产而数目减少了。在后一个地区,最小的作坊数目减少了。同时产生了大作坊^(**)。总的来说,手工业作坊变得略为大一些了。

　　一个完备的铜匠作坊不少于3人。因此雇佣厂外工人极为普遍…… 生产一年到头持续不断,只是在收获干

注意

　　(*)　例如在阿尔费罗沃,现在伊·费·舒瓦洛夫约有50名工人,舍卢哈诺夫 —— 16名以上,卢金诺夫 —— 18名;在佩尔胡罗沃,伊·吉亚普科夫 —— 17名,等等。

　　(**)　克鲁格洛瓦亚村福金作坊(统计表中未说明)。

草和庄稼时产量才有明显下降。夏天,工作日从早 4 时延续到晚 9 时,中间有两次休息吃饭(早饭 8—9 时,午饭 2—3 时,晚饭在下工以后)。在那些使用马力的作坊,自苦行者尼基塔节日(9 月 15 日)起,从夜间 1 时开始工作,做到早上 4 时,然后休息 3 小时,从早上 7 时再继续工作……

> 4—8;9—2;
> 3—9;4+5
> +6=15小时
> 1—4;7—4(?)
> 3+9=12小时
> 和两次休息

[21]　扎加里耶人是不同寻常的能工巧匠,不过很遗憾,贫困却并不总是使他们有可能实行必要的改进。尽管如此,他们在自己的生产中还是采取了许多新办法。例如,铸工已经在自己的作坊里采用了英国的石墨坩埚。他们在莫斯科的时候,仔细观察城市工匠的工作方法和工具,如果不让他们进作坊参观,他们就往窗户里看。扎加里耶人说:"有一次,有人从窗户往下浇开水,只是为了驱散我们的弟兄。"但是,扎加里耶人不仅需要技术上的指点,更需要样品。新样品的引进人通常是收购扎加里耶地区产品的莫斯科商人。他们见哪种商品畅销,就给扎加里耶人送去样品并规定价格;但按这些样品做活因定价低而无利可图。

> 注意
>
> 注意

[23]　金银线拉制作坊现在共有 19 家,即:伊万诺夫乡杜舍诺沃村——9 家,同一乡奥古德涅瓦亚村和普罗塔谢瓦亚村——各 4 家,诺温斯卡亚乡阿尔费罗瓦亚村——2 家。从事这一行业的工人,如概述结尾所附的统计表所表明的,共 154 人,也就是说,同 80 年代相比,这一行业略有萎缩(213 名工人)[①]。

> 154÷19
> =8.1

[24]　　　3. 角制品、蹄料制品和革制品

(A)伊利因斯卡亚乡有一个霍捷伊奇村,用公牛角制作梳子,这一行业在这里有 200 多年历史,而且已经发展到全村。现在霍捷伊奇村,几乎每家都有梳子修整工、制梳业主,要不就是角料商或梳子包买主。在该村大大小小

---

① 参看本版全集第 3 卷第 380 页。——编者注

的梳子作坊里从事制梳业的有 500 多人，一年加工 70 万到 100 万只牛角，生产 350 万到 550 万把梳子。如果我再注意到霍捷伊奇村只生产一种梳子而且是低档的，梳子几乎全由批发商经销，最后，正像下面我们将看到的，原料多半属于包买主和大手工业者，那就看得很清楚，这个村实质上无非是一个生产梳子的巨大的手工工场。①

注意 ‖

[26]　霍捷伊奇的十来个富裕农民和安齐费罗沃村的一个商人专门收购角料……　角料商往往同时也是制品包买主，有时还是制梳大业主。除在自己作坊生产外，他还"按计件工资"分发角料，也就是说，角料返回到他手里时已是做好了的梳子，而小的制梳业者只得到工钱……　处境特别坏的是那些被迫"按计件工资"领取角料的业主。实际上，他们的处境甚至比大作坊里的雇佣工人还坏……　"按计件工资"干活的手工业者聊以自慰的是，他是"业主"，他自行支配自己的时间（"睡够了就开始干，累了就收工"）；而实际上，穷困把他拴在机床上，对他来说，提高自己劳动生产率的唯一方法是，过度地使用本人的体力和全家的劳力。鉴于经营中长期亏损，他加班加点，让自己的妻子参加生产，让她做准备工作，叫未成年的孩子看机器，等等②。

注意　注意 ‖

注意 ‖

！

！ ！

　　冬天，在霍捷伊奇村，在"按计件工资"干活的"独立"手工业者的茅屋里，工作从夜间 1 点开始，大概很难说在什么时候停止②。

[34]　(D)　**制靴**业在县里很普遍；除农村手艺人以外，我们还看到 27 个或多或少比较大的手工业作坊。这些作坊按工人人数划分如下：

---

① 见本版全集第 3 卷第 373 页。——编者注
② 同上。——编者注

有 2 个	工人的作坊	1 个	2
有 3、4 个	″ ″ ″	5 个	18
有 5—7 个	″ ″ ″	7 个	42
有 8—10 个	″ ″ ″	7 个	63
有 11—13 个	″ ″ ″	2 个	24
有 14—16 个	″ ″ 织 ″	5 个	75

$$\sum = 224$$
$$(-215 = 9 = 4\%)$$

这些作坊中缝皮靴子的工人总共 215 人。

[36]　　　　　　**5. 手工织造业**

[39] ……雇佣织工或普通**织工**……和工厂工人的区别仅仅在于他们能自由支配自己的时间,不过这种自由是贫困迫使下的自由,他们干活时间往往比工厂工人多,还要让孩子看管机器,等等。总之,他们的处境比工厂工人更坏,而且他们所得的工资往往更少。　　　　　注意

[42] 他们的劳动报酬比大工厂低,而且只能如此,因为只有工人的廉价劳动才迫使资本家分散生产,把生产分散到全县各地。如果不是为了追求廉价劳动,生产早就集中到大工厂去了。　　　　　注意

生产棉织物的织工的平均日工资不超过 25—30 戈比,即每月大约 6—6.5 卢布,而他在工厂里做工可挣　　　少一半

12—14 卢布…… 手工业者的工作日也比工厂工人的要长一些。手工业者不知道什么笛声和班次,他想上工　　注意

就上工,想睡觉就睡觉,但在穷困的压力下,除吃饭时间外他一昼夜得干 14—15 小时,而在忙碌时候要干 16 小时,甚至 18 小时。妇女和儿童往往做工 12—13 小时。

[43] ……从表面上看,手工织工的处境比工厂工人更

坏。可是<u>手工织工比工厂工人有很大优越性</u>:织布不致使
他<u>脱离土地。</u>既然有这样大的优越性,因此就应该支持手
工织造业……   为了改善雇佣织工的境况,<u>工厂立法活动
也应括及较小的手工业作坊</u>,因为它们是<u>工厂大生产的家
庭体系</u>,只不过是<u>某个工厂的分厂罢了</u>。

??

很对

载于 1940 年《列宁文集》俄文版
第 33 卷(非全文)

根据彼·安·奥尔洛夫1879年的《一览表》对工业企业的资料作的分析[78]

《欧俄(包括波兰王国和芬兰大公国)工厂一览表》
1881年圣彼得堡版

(1896年1月2日〔14日〕和
1899年1月30日〔2月11日〕之间)

[V] 每家工厂的全部数字资料都是根据厂主或工厂主管人提供的资料记入《一览表》的。尽管在细心分析时常发现产值同工人人数、产量及工厂实力明显不符,但对这些数字未作过任何修正。修正所有这类不确切之处……没有任何可能……

注意

欧俄有500—1000名工人的工厂——168家

有1000名以上工人的工厂——85家。

81家工厂——159 955名工人。

列宁标出并修正了《一览表》中的错误和不准确的地方。例如,在第2页上误把库尔兰省2家梳毛企业和里夫兰省6家梳毛企业归入了毛纺业。列宁记下:

这是梳毛厂:见第683页

· · · · · · ·

这里也同梳毛厂混淆了:第684页

列宁根据彼·安·奥尔洛夫和 C.Γ. 布达戈夫 1894 年的《工厂一览表》，摘录了许多企业 1890 年的资料（生产总额和工人人数），从而得出这些企业十年（1879—1890 年）内发展情况的资料。如企业在 1890 年前停业（1894 年的《一览表》中无资料），列宁则加注：“1890 年——无”。如企业或商号名称改变，列宁则用新的名称，如企业迁至别处，则记下它的新址，等等。列宁用不同符号标出有 500—1 000 名工人的工厂（— ｜ ——）和有 1 000 名以上工人的工厂（— ‖ ——）。下面援引《一览表》中某些企业的资料（第 1 个数字为年生产总额，第 2 个数字为工人人数），以说明列宁采用的整理工厂统计资料的工作方法。

	生产总额 （单位卢布）	工人 人数
	······	

[5]　　制　毯　业

1890 年：

千卢布	工人 人数	莫斯科省		
		······		
		瓦·谢·**普罗托波波夫**，商人，莫斯科列福尔托沃区 5 街区——自有房。		
1890 年——无			6 000	10
		博姆，商人，在莫斯科。见制呢厂。叶·米·**彼什科娃**，女商人，莫斯科县 3 区斯帕斯–谢通村。		
120——157			106 600	49
		弗兰登公司。克林县科兹洛夫村。[1)		
			75 000	127

---

1) 1890 年：俄国地毯制品织造公司：47 万卢布，140 名工人。

	生产总额 （单位卢布）	工人 人数	1890 年	
			千卢布	工人 人数

[7]　　　　　制　呢　业

1890 年：372
家工厂（13 371
台织机）。
工人 46 740 人
$\sum^{①}=$
　35 539 000
　　卢布

[18]　　　　　　卡卢加省

利亚平兄弟，商人，日兹德拉县布伦乡贝尼村（向托尔斯泰
　　夫人租赁）。

· · · · · · ·

　　　　　　　　　　1 550 000　　　1 344

— ‖ —

1890 年——托
尔斯泰夫人有
15 万卢布，340
名工人

[20]　　　　　　莫斯科省

诺索夫兄弟，世袭荣誉公民，莫斯科列福尔托沃区，自有
　　房，306—308、320、348—350 号。

· · · · · ·

　　　　　　　　　2 251 800　　　1 607　　　　747——855

— ‖ —

B. 加涅希内和 H. 加涅希内兄弟公司，莫斯科哈莫夫尼
　　基区 5 街区，自有房，21 号和 18 号。

· · · · · ·

— ‖ —

　　　　　　　　　609 800　　　1 193　　　　　　无

[24]

巴布金兄弟公司，博戈罗茨克县库帕夫纳村。

— ‖ —

· · · · · ·

　　　　　　　　　3 400 000　　　1 808　‖　1 000——1 131

---

①　生产总额。——编者注

1890 年 千卢布	工人 人数		生产总额 （单位卢布）	工人 人数

阿尼西姆·**丘利亚耶夫**父子商号。两家工厂设在博戈罗茨克县，一家在 2 区奥布霍夫镇，另一家在 3 区彼得罗夫镇。

— ‖ ———
· · ———

800——1 060 ‖　　　　　　　　　　900 000　　1 230

瓦·伊·**阿列克谢耶夫**，荣誉公民，博戈罗茨克县格列布涅夫乡奥布拉兹佐沃村，"德·茹奇科夫父子商号"承租人。

— | ———
· · ———

无　　　　　　　　　　　　　900 000　　714

[27]　　　　　　　**圣彼得堡省**

托伦顿（公司），彼得堡县施吕瑟尔堡区涅瓦河右岸，84 号。

— | ———
· · ———

3 000——1 850　　　　　　　2 000 000　　913

纳尔瓦呢绒纺　亚·路·**什季格利茨**男爵，三等文官，扬堡县 2 区纳尔瓦河
织公司　　　　　附近。

— ‖ ———
· · ———

1 506——1 017　　　　　　　1 147 000　　1 074

[30]　　　　　　　**坦波夫省**[*]

——————————————————————

[*]　1890 年几乎所有的工厂都生产士兵呢。

——————————————————————

[31]

1890 年："拉斯"　维·雅·**拉戈扎**，女地主，同县大博戈斯洛夫卡村。
卡佐沃村附近　— | ———
　　　　　　　· · ———

371 000　　717

[32]　　　　　　　**切尔尼戈夫省**

阿·波·**库巴列夫**，商人，同上处。

139 000　　346[79]

	生产总额 （单位卢布）	工人 人数	1890 年 千卢布	工人 人数

[33]　薄毛纺织业和混纺织业

里夫兰省

罗伯特·**洛杰尔**,里加市季纳敏茨卡亚街 47 号。

| | 600 000 | 366 | 伊利格采姆斯
克毛纺织公司:
270——296 | |

[34]　　　**莫斯科省**

费·谢·**米哈伊洛夫**和米·费·米哈伊洛夫父子商号,莫斯
　　科谢尔普霍夫区 1 街区 23 号。
　·····

| | 461 000 | 270 | ‖ 2 000——1 094 | |

[38]

格·格·**伊萨科夫**,商人,莫斯科列福尔托沃区 1 街区,自
　　有房。
　·····

| | 450 000 | 350 | ‖ 230——100 | |

[40]

伊·**布季科夫**父子商号,莫斯科普列奇斯坚卡区 1 街区,
　　自有房,127 号。
—｜———
　·····

| | 1 011 500 | 820 | ‖ 1 200——1 140 | |

瓦·伊·**别洛夫**,商人,莫斯科罗戈日区 4 街区,自有房。
　·····

| | 457 500 | 370 | ‖ 240——298 | |

[41]

叶·伊·**阿尔曼德**父子,4 区普希金诺村。
—｜———

| | 2 400 000 | 781 | 620——1 076 | |

1890年 千卢布	工人 人数		生产总额 （单位卢布）	工人 人数

[43]　　　　　　　**编 织 业**

[44]　　　　　　　**莫斯科省**

波·加·**斯米尔诺夫**,商人,莫斯科皮亚特尼察区 5 街区,自
　有房,638 号。

　　　　· · · · · · ·

13——63　　　　　　　　　　　　　　　　　　30 000　　63

费·叶·**梅德维捷夫**,莫斯科罗戈日区,1890 年★[①]3 街区,
　自有房,447 号。

　　　　· · · · · · ·

78——85　　　　　　　　　　　　　　　　　　78 620　　55

[45]　　　　　**棉 花 加 工 业**

[47]　　　　　　　**梁赞省**

阿·伊·**拉普捷夫**,梁赞县韦列亚乡别兹缅尼科夫村。

140——104　　　　　　　　　　　　　　　200 000　　61

[48]　　　　　　**棉 纺 业**

　　　　· · · · · · ·

　　　　　　　　弗拉基米尔省

索比诺纺织公司,弗拉基米尔县索比诺村。

　　　　· · · · · · ·

　　　　——‖——

?——2 000　　　　　　　　　　　　2 200 000　　1 819

————————————

① 列宁用五角星★表示工厂有蒸汽机。——俄文版编者注

	生产总额 （单位卢布）	工人 人数	1890 年	
			千卢布	工人 人数

[49]

A．Я．巴林，荣誉公民，维亚兹尼基县 2 区尤扎村。　　　　　　　巴林纺织公司

未开业 2 390——1 961

伊·谢·马利佐夫，二等文官，梅连基县古谢夫纺纱厂。

— ‖ —

．　．　．　．　．　．

1 982 000　　2 921　　3 538——4 571

萨瓦·莫罗佐夫儿孙公司（尼科利斯科耶纺织公司），波克
　　罗夫县。

— ‖ —

．　．　．　．　．　．

5 004 000　　8 946　　13 302—17 252

巴拉诺夫家族（特罗伊茨科–亚历山德罗夫纺织公司），亚　巴拉诺夫家族
　　历山德罗夫县卡拉巴诺沃村。　　　　　　　　　　　　　纺织工场

— ‖ —

．　．　．　．　．　．

5 530 000　　4 248　　5 000——3 879

阿·瓦·科库什金，舒亚市实业咨议[80]。　　　　　　　　　1890 年

— ‖ —

1 040 000　　1 900　　　　　无

谢·尼·、梅·尼·和费·尼·加列林，"尼孔·加列林儿子商
　　行"，伊万诺沃–沃兹涅先斯克市。

— ‖ —

．　．　．　．　．　．

753 000　　643　　621——443

亚·卡列特尼科娃母子，舒亚县捷伊科沃村。　　　　　　　卡列特尼科娃
　　　　　　　　　　　　　　　　　　　　　　　　　　　　母子纺织公司。

— ‖ —

．　．　．　．　．　．

1890年 千卢布	工人 人数		生产总额 (单位卢布)	工人 人数
3 705——2 555			3 625 000	2 821

*)

*)1890 年捷津斯基工厂联合公司(舒亚市)

  1 429 000 卢布,**1 400 名**工人。

舒亚县科赫马村雅休宁斯基纺织公司。

  1 638 000 卢布,**1 147 名**工人。

[50] **莫斯科省**

[51]

П. 马柳京儿子公司,布龙尼齐县特罗伊茨科耶-拉缅斯科耶村。

  — ‖ —

  · · · · · ·

4 773——5 098		3 572 650	2 893

博戈罗茨克-格卢霍沃纺织公司,博戈罗茨克县 3 区格卢霍沃村。

  — ‖ —

  · · · · · ·

7 259——8 136		2 621 600	7 681

波克罗夫纺织公司,德米特罗夫县雅赫罗马河附近,县城附近。

  — ‖ —

  · · · · · ·

4 057——3 300		3 414 900	3 215

[52]

И.杰明商号,科洛姆纳县,萨德基村。

  — | —

  · · · · · ·

1 598——1 850		1 241 300	936

	生产总额 （单位卢布）	工人 人数	1890 年 千卢布	工人 人数

梁赞省

阿列克谢·伊万诺维奇、格拉西莫·伊万诺维奇·赫卢多夫
　兄弟叶戈里耶夫斯克纺纱公司，叶戈里耶夫斯克市。
—‖———
· · · · · · ·

	3 474 000	2 460	4 764 ——— 3 673

圣彼得堡省
　　　彼得堡：
涅瓦纺纱公司，罗日杰斯特沃区 3 街区小博洛特纳亚街　斯 莫 尔 尼 宫
　　11—13 号。　　　　　　　　　　　　　　　　　　　附 近
—‖———
· · · · · · ·

	3 380 000	1 718	3 630 ——— 1 460

叶卡捷琳戈夫纺纱公司，叶卡捷琳戈夫那边的沃伦金纳
　　亚村。
—|———
· · · · · ·

	2 000 000	685	2 500 ——— 653

老的—
萨姆普桑纺织公司，维堡区巴塔里翁内巷 1 号。
—‖———
· · · · · ·

	1 658 700	1 211	2 728 ——— 1 401

[53]
C. B. 戈列尼舍夫的继承人，河沿街 132 号。　　　　米特罗范尼耶
　　　　　　　　　　　　　　　　　　　　　　　夫纺织公司
—|———
· · · · · ·

	1 551 600	756	1 148 ——— 700

新纺织公司，环行河岸街 58—60 号。

	1 500 000	1 598	2 600 ——— 1 635

1890 年 千卢布	工人 人数		生产总额 （单位卢布）	工人 人数

1890 年。
圣彼得堡市　　涅瓦线纺公司：　　　　　　　　　　　　2 385——902
　　　　　　　特里乌姆法利内纺织公司（彼得
　　　　　　　戈夫公路）：　　　　　　　　　　475——280

斯摩棱斯克省

亚尔采沃纺织　阿·伊·**赫卢多夫**，实业咨议，杜霍夫希纳县 2 区亚尔采
公司　　　　　　沃村。

　　　　　　　— ‖ —
　　　　　　　· · · · · ·

4 000——3 106　　　　　　　　　　　　　2 731 125　　2 523

特维尔省

特维尔纺织公司，特维尔市附近。

　　　　　　　— ‖ —
　　　　　　　· · · · · ·

5 877——4 178　　　　　　　　　　　　　3 112 600　　4 650

[54]

贝尔格中校罗日杰斯特沃纺织厂，特维尔市附近。

　　　　　　　— ‖ —
　　　　　　　· · · · · ·

1 812——1 530　　　　　　　　　　　　　2 400 000　　2 717

*) 雅柯夫·**叶尔马柯夫**父子，上沃洛乔克市。

　　　　　　　— ‖ —

　　　　　　　　　　　　　　　　　　　1 780 000　　1 221

1 512——1 093　　*) 1890 年。上沃洛乔克市。库兹马·普罗霍

	生产总额 （单位卢布）	工人 人数	1890 年 千卢布	工人 人数
罗夫父子纺织公司,2 个工厂。			2 072 —— 1 300	

帕·和 B. **里亚布申斯基**兄弟,商人,上沃洛乔克县 1 区扎瓦
罗沃村。

— ‖ ——

· · · · · · ·

| | 1 130 000 | 2 003 | 1 020 —— 2 186 | |

雅罗斯拉夫尔省

雅罗斯拉夫尔棉制品大纺织公司,雅罗斯拉夫尔市。

— ‖ ——

· · · · · · ·

| | 2 900 000 | 3 000 | 8 000 —— 7 277 | |

格·瓦·**博戈莫洛夫**,商人,罗斯托夫县特罗伊茨科耶村。

· · · · · · ·

| | 105 000 | 211 | | |

奥斯卡尔·安·**布兰肯堡**,商人,雷宾斯克县 2 区普里利
波村。   }1890 年无
*)

· · · · · · ·

| | 38 860 | 49 | | |

---

*)1890 年。诺尔斯克棉纺公司(诺尔斯克镇附近):1 185 ——
1 639。见**麻纺业**。

爱斯兰省

克连戈尔姆纺织公司,瓦伊瓦尔斯克特区。

— ‖ ——

· · · · · · ·

			9 715 —— 4 578	
			＋**纺织**	
	6 620 250	2 530	公司—— 3 035	

1890 年 千卢布	工人 人数		生产总额 (单位卢布)	工人 人数

[55]　　　　棉　织　业

*) 清单[81]:

275——

其中 **66** 家工厂将棉纱分到各户。

清单中有 55 家工厂。

*)

(据官方资料有 411 家工厂,生产约 930 万件棉织物,约 250 万块头巾,总额 5 500 万卢布,工人 61 680 名,织机 53 750 台)。

弗拉基米尔省

列梅申斯克纺织公司,列梅什科村附近。

安·尼·**尼基京**,商业咨议,弗拉基米尔市 2 区。

—│—

· · · · ·

800——775　　　　　　　　　　　　　　　　850 000　　　580

弗拉基米尔县:

斯塔夫罗沃纺织公司

罗季翁·丹尼尔—·**巴热诺夫**,商人,斯塔夫罗沃村。

—‖—

350——451　　　　　　　　　　　　　　　1 650 000　　1 090

舒亚城:

伊·米·**捷连季耶夫**,商人

—│—

· · · · · ·

1 244——1 043[①]　　　　　　　　　　1 346 400　　　920

1 736——964　舒亚纺织公司(1883 年)。舒亚城。

680——460　涅布尔奇洛夫。同上:

舒亚县:

科·米·**马卡林**,农民,捷伊科沃村。用各村的 300 台织机,生产 5 千匹细平布。

厂外工人 300　　　　　　　　　　　　　23 500　　　385

① 参看本版全集第 3 卷第 432 页。——编者注

	生产总额 （单位卢布）	工人 人数	1890年 千卢布	工人 人数

谢·瓦·扎哈罗夫,农民,同上。

· · · · · · ·

尼孔·尼·福金,商人,库里扬诺沃村。　无资料。　　1890年　无

伊·尼·加列林,荣誉公民,伊万诺沃-沃兹涅先斯克市。

— ‖ ———

★① 工厂有一台 25 马力的蒸汽机和 893 台机器织机。

生产 383 000 匹细平布(52—75 俄尺)。

2 136 680　1 274②　2 058——1 483

[56]　　　　科夫罗夫县:

舒亚棉制品纺织公司,哥尔克村。　　　　戈尔基诺

— ‖ ——

· · · · · · ·

1 350 000　838　1 632——1 332

沃斯克列先斯科耶纺织公司,沃斯克列先斯科耶村。　谢利韦尔斯托夫

540 000　363　384——290

阿·瓦·科库什金,实业咨议,列日涅沃村。　　列日涅沃纺织公司

· · · · · · ·

402 500　434　380——331

[57]　杰尔别涅夫兄弟,商人,小罗斯季尔科沃村。工厂只从事各村生产的黄蓝粗布和细平布的后处理,有 1 000 台织布机,约生产 25 000 匹布。

105——35
[＋厂外工人:965]

· · · · · · ·

87 500　1 166　　　1 000

---

① 在原书中,左边的五角星★表示使用蒸汽机的工厂。——俄文版编者注

② 参看本版全集第 3 卷第 432 页。——编者注

		生产总额 （单位卢布）	工人 人数

1890年
千卢布　工人
人数

波克罗夫县：

不对

1) 维库尔·叶利谢耶夫·**莫罗佐夫**，商人，奥列霍沃村附
　近，<u>尼科利斯科耶纺织厂</u>。

— ‖ —

· · · · · ·

| | | 2 311 800 | 2 000 |

---

1) 1890 年在棉纺业中的数字——8 725 000 卢布，

9 500 名工人。

建于1881年。
原文如此**!!!**

阿·瓦·**斯米尔诺夫**，农民，利基纳村。

· · · · · ·

592——450

| | | 316 600 | 389 |

帕·丹·**库兹涅佐夫**，农民，佩图什卡村。

· · · · · ·

110——662

| | | 159 000 | 211? |

（622名厂外
工人）

[58]　**尤里耶夫波利斯基市**

· · · · · ·

*) 1890年：
　60 200

奥弗相尼科夫兄弟和**甘申**。生产各种棉织物 26 300*) 匹
　除<u>厂内工人</u>外，<u>另有各村约 1 700 人从事这项生产</u>。

386——1978
（1 800名厂外
工人）
佐洛图欣斯克
纺织公司

| | | 198 200 | 91 |

1) 伊·伊·**帕什科夫**，商人。生产吉克布、黄粗布和条格布
　3 650 匹。织布用的纱分发到<u>各村</u>。1890 年★

68——600
（500名厂外
工人）

| | | 38 600 | <u>375</u>? |

---

1)　应指出：建于 **1888** 年(**!!**)

	生产总额 （单位卢布）	工人 人数	1890 年 千卢布	工人 人数
阿·米·甘申，商人。工厂没有织布机，各村约有 750 台织布机。生产 16 100 匹吉克布、条格布和其他布料。				
······	134 300	768	94——756 （700 名厂外工人）	
瓦·斯·科尔尼洛夫，商人。				
······	393 000	430	1890 年无	

尤里耶夫县：

格·拉·卡尔佐夫，商人，彼得罗夫斯克村。各村有 80 台织布机，生产商品布——条格布和斜纹布。生产约 1 500 匹。

	6 600	90	25——207 （200 名厂外工人）

亚历山德罗夫县：

尼·加·科尔尼洛夫，商人，安德列耶夫斯科耶村。生产约 2 000 匹条格布。各村有 100 台织布机生产商品布。

	10 000	106	

阿·伊·巴拉诺夫，荣誉公民，斯特鲁尼诺村附近。

索柯洛夫棉纺织公司

······

— | ———

	522 500	751	4 950——2 771

弗拉基米尔省清单总计：55——19 294

　　其中厂外工人 4 470 人

---

[59]　　　　　**卡卢加省**

叶·亚·亚历山德罗夫，商人，博罗夫斯克县鲁西诺沃村。

······

	31 400	90	55——290

1890年 千卢布	工人 人数		生产总额 (单位卢布)	工人 人数

帕诺娃

阿纳尼·叶利谢耶维奇·**帕诺夫**,商人,塔鲁斯县格里博夫科村。

. . . . . .

8——40

6 000   57

清单中为 32 家 工厂

科斯特罗马省

涅列赫塔县：

1890 年：使用 蒸汽机的工厂 150——630 （建于 1888 年）

叶·伊·**巴甫洛夫**和德·谢·**巴甫洛夫**,商号,<u>皮斯佐沃村</u>。 生产约 8 000 匹细平布。各村有 <u>400 台织布机</u>工作。

44 000   —

[60]

安菲萨·安·**克列缅季耶娃**,女商人,<u>基谢廖沃村</u>。

. . . .

694——659

213 750   146

哥尔布诺夫 公司

哥尔布诺夫兄弟,商号,同上处。

— ‖ ——

. . . .

2 159——1 699

975 000   1 050

尤里耶夫县：

费·瓦·

<u>瓦·斯·**克拉西利希科夫**</u>,商人,同上。生产 11 000 匹细平 布、黄蓝粗布。给各村 560 台织布机的织工分发棉纱。

54——300

39 500   51

基涅什马县：

拉佐廖诺夫和 科尔米利岑 公司

尼卡诺尔·阿列克谢耶维奇·**拉佐廖诺夫**,世袭荣誉公民, 1 区,捷集诺村。

— | ——

. . . .

950——1100

490 000   700

	生产总额 （单位卢布）	工人 人数	1890年 千卢布	工人 人数
格·德·**拉佐廖诺夫**,商人,同上。★生产粗平布、细平布和大布 35 000 匹。<u>给各村 950 台织布机分发棉纱。</u>	135 600	100	744——	980

[61]

费·伊·**莫罗金**,商人,同上。★工厂里有 1 台打浆机、1 台捻线机和 2 台上浆机。<u>各村生产这类棉布 13 500 匹。</u>	89 000	75	70—— （500 名 厂 外 工人）	550
谢·德·**明多夫斯基**,荣誉公民,同上。生产这类棉布 17 200 匹。 　2 500 匹	111 450	09	13—— （255 名 厂 外 工人）	275

. . . . . .

维·库·**科诺瓦诺夫**,商人——1 区,<u>博尼亚奇卡村。</u> 工厂有 80 个染缸,近郊居民用 <u>700 台织布机织布</u>。生产 11 100 匹细平布、大布和蓝粗布。	12 000	214	科诺瓦洛夫蒸汽机厂,190 台织布机。	

. . . . . .

亚·彼·**科诺瓦洛夫**,世袭荣誉公民,同上。 — ‖ —			874 台织布机, 157 000 匹布	

. . . . . .

	1 660 400	2 026	??1 002——	1 150
伊·亚·**明多夫斯基**,商人,<u>小多尔马多夫。</u>			多尔马多夫纺织公司:	

. . . . . .

	186 850	770	745——	628

　　根据**谨慎**的估计,全省共有 263 家工厂,27 046 名工人,22 103 000 卢布。

1890年千卢布	工人人数		生产总额（单位卢布）	工人人数

莫斯科省

在清单中有 **142 家**工厂,其中 **32 家**分发棉纱,其中 **25 家**只是分发。

莫斯科市:

1890 年棉纺业:**达尼洛夫纺织公司**,谢尔普霍夫区 3 街区**达尼洛夫镇**。

—‖———

| 3 406——3 345 | | | 1 182 500 | 1 287 |

　　[64]　　**谢尔普霍夫县:**

　　[65]　　列·伊·和加·伊·**梅德维捷夫**,商人,巴杰耶沃村附近。

—│———

| 520——780 | | | 200 000 | 510 |

彼·伊·**里亚博夫**,商人,地址不详。

　　★工厂有 5 台 40 马力的蒸汽机。织布车间有 530 台织布机,生产 12 万匹细平布,每匹价值 4¼ 卢布,染色车间后处理和染色近 16 万匹。

—│———

| | | | 532 300 | 860 |

1890 年在棉纺业中——里亚博夫纺织公司,在涅费多瓦村附近。2 735 000 卢布,2 000 名工人。1890 年在棉织业中:1 045 000 卢布,650 名谢尔普霍夫市工人。两家中哪一家于 1879 年已有——??

	生产总额 （单位卢布）	工人 人数	1890年 千卢布	工人 人数

博戈罗茨克县：

1) 伊·伊·**格里亚兹诺夫**和 **Я. И. 拉布津**，商人，巴甫洛
夫镇。

　★工厂有 1 台 10 马力的蒸汽机，1 146 台织布机和
212 个印花台、染缸和箱。生产 555 000 条头巾和
745 000 俄尺细平布、假缎子、棉丝织物、大红布等等。
一部分细平布印花。

1) 1890 年——
毛织业：

1 300——1 528

— |

| | 1 057 000 | 852 |

注意

[69]　**科洛姆纳县：**

[70]

费·谢尔巴科夫
儿子纺织公司：

费·费·**谢尔巴科夫**，<u>农民</u>，奥焦雷村。

| | 39 000 | 350 | 1 300——1 304 |

马·和彼·**谢尔巴科夫**兄弟，商人，同上。

　★工厂有 1 台 25 马力的蒸汽机和 380 台织布机。生
产 10 660 匹细平布。

棉纺业

| | 39 000 | 213 | 670——730 |

米·瓦·**莫尔古诺夫**，商人，同上。

　★工厂有 290 台织布机。生产 9 300 匹细平布。

| | 60 800 | 400 | 1 500——2 230 |

1890 年在棉纺
业中莫尔古诺
夫儿子公司：

伊·伊·**莫尔古诺娃**，女商人，同上。

　★工厂有 180 台织布机。生产 15 000 匹细平布。

| | 75 000 | 200 | 1 000——1 000 |

‥‥‥‥‥

克林县：

А. **卡普斯京**、**Г. 克拉斯诺哥罗夫**和**考连**兄弟，商号，斯
帕斯–科尔科季诺沃村。

1890 年 千卢布	工人 人数		生产总额 （单位卢布）	工人 人数
注意		★工厂有 2 台 35 马力的蒸汽机和 495 台机器织布机。用外厂棉纱织细平布，每匹布花 1 卢布。		
		— ǀ —		
700——470			128 400	744
注意		奥西普·**特罗菲莫夫**，农民，巴图罗瓦亚村。工厂有 13 台织布机。用外厂棉纱生产 250 000 俄尺假缎子。		
			5 000	13
在棉纺业中。 维索科夫斯克 纺织公司		格·拉·**卡沙耶夫**和伊·**瓦西里耶夫**，商人，涅克拉西纳村附近。		
		·····ǀ·····		
3 212——2 794			1 300 000	538

清单中有关莫斯科市的总计：142——24 698 名工人——

清单中 **38 家工厂**	[81]	绦带业和饰边业

1890 年：55

（根据官方资料，50 家工厂产值

2 194　　　1 937

1 051 000 卢布，1 490 名工人）

清单中 20 家	[86]	麻　纺　业

[88]　　　**雅罗斯拉夫尔省**

罗斯托夫麻纺 公司	阿列克谢·列昂季耶维奇·**克金**，商人，公司。罗斯托夫县<u>涅罗</u>湖附近。

·······

| 644——975 | | | <u>115 000</u> | 279 |

	生产总额 （单位卢布）	工人 人数	1890年 千卢布	工人 人数

亚　麻　业

（根据官方资料有 69 家工厂，生产约 90 万匹亚麻布，产值
8 995 000 卢布。工人 13 417 名。织布机 12 350 台。）

清单中为62家
工厂。
其中 18 家分
亚麻给各村
（其中 7 家只
是分发亚麻）

弗拉基米尔省

[90]　**瓦连科夫兄弟**，梅连基市
　　　*)

| | 12 500 | 57 | | |

---

*)　1890 年：梅连基麻纺公司。

3 家工厂 $\begin{cases} 131 &— 113 \\ 416 &— 372 \\ 118 &— 191 \end{cases}$

日拉尔多夫"希尔和迪特里希"纺织公司：　18 ——　85

---

[91]　　**圣彼得堡省**

. . . . . .

奥赫塔亚麻布厂公司，圣彼得堡奥赫塔区亚历山大街
　　9—15 号。

—│—————

. . . .

| | 237 500 | 518 | | |

亚·路·什季格利茨男爵，三等文官，扬堡县 2 区纳尔瓦市
　　附近。

无

纳尔瓦麻纺公
司

. . . . . .

—‖—————

| | 1 347 800 | 1 078 | 750 —— 1 367 | |

| 1890年 千卢布 | 工人 人数 | | 生产总额 （单位卢布） | 工人 人数 |

[93]　　　　　　　丝　织　业

清单中为 126 家工厂

（根据官方资料,总共 154 家工厂,产值 7 875 000 卢布, 工人 10 850 名。）

[94]　　　　　莫斯科省
[97]

1890 年全部记入克列斯托沃兹德维任斯科耶村,我也把它们列入该村。

伊·彼·布拉什宁,商人,2 区祖耶沃乡克列斯托沃兹德维任斯科耶村。

★工厂有 1 台 16 马力的蒸汽机。生产波斯绸、罗缎和其他料子 118 000 俄尺。丝线分发给各村 250 台织机。

| | 161 900 | 125 |

谢·彼·佩罗夫,农民,同上乡杜布罗沃村。工厂有 16 台织机。生产 4 800 俄尺夹丝缎。

| | 2 400 | 16 |

41 万卢布, 765 名工人

尼科尔·布拉什宁、拉·布拉什宁和尼基塔·布拉什宁兄弟,商号,同上。工厂有 680 台织机。生产 471 000 俄尺罗缎、缎子和波斯绸。

| | 570 500 | 765 |

叶·安·帕尔申,商人,同上。工厂有 9 台织机。生产 4 000 俄尺波斯绸(每俄尺 1 卢布)和 2 000 条头巾。

| | 5 100 | 29 |

[102]　　　　　　　丝　带　业

清单中为 9 家

（总共 12 家工厂。575 名工人。产值 866 000 卢布。）

1890 年:18　　　1 209　　　　　1 143 000

	生产总额 （单位卢布）	工人 人数	1890年 千卢布	工人 人数

[139]　　　　　**各种纸制品**　　　　　　　　清单:24。

（总共 28 家工厂,1 263 名工人,产值 2 270 000 卢布）。　　3 家纸烟嘴厂

圣彼得堡省

圣彼得堡:

帝国儿童收容所纸牌厂,施吕瑟尔堡公路旁的亚历山　1890 年计算的
大村。　　　　　　　　　　　　　　　　　　　　工厂纸牌产值。

★工厂有 1 台 20 马力的蒸汽机。生产 413 000 打
纸牌。

| | 1 723 000 | 424 | 436——368 | |

[140]　　　　　**特维尔省**

瓦·**苏梅尔金**,[1] 商人。特维尔市 1 区 1 街区。生产 8 000 ‖

　　　　　　　　　　　　　　　1890 年:9 000 ‖

万个烟卷用的纸烟嘴。　　　　　　　　　　　　24——130

万个(=9 000 箱)

| | 30 000 | 281 | | |

---

1) 参看《报告和研究》[①]。

---

[141]　　　　　**锯　木　业**

（根据官方资料,总共 258 家工厂,产值 11 566 000 卢布,　清单:180 家
工人 7 950 名）

[144]　　　　　**莫斯科省**

★**伊·瓦·捷宁**,商人,莫斯科县。

| | 5 000 | 12 | 注意 | |

---

① 《俄国手工工业报告和研究》1892 年圣彼得堡版第 1 卷。——编者注

1890年千卢布	工人人数	生产总额（单位卢布）	工人人数

[159]　树脂业、焦油和松节油炼制业

清单：122 家　（根据官方资料，1 033[①] 家工厂，2 745 名工人，产值 100 万卢布。）

1890 年：只有 1 家工厂，建于 1884 年。

维捷布斯克省
· · · · · ·

1890 年：3——21——9 000（3 家工厂中有 2 家无资料）

弗拉基米尔省

[167]　化工和染料产品

[170]　　**莫斯科省**
· · · · · ·

染料工厂生产公司

列夫·尼·**克鲁格利科夫**，商人，莫斯科巴斯曼区 1 街区，自有房。

★工厂有 1 台 6 马力的蒸汽机。生产各种染料：铅丹、白粉、铜绿、赭石，等等。

195——20
1890 年——在莫斯科县德拉戈米洛沃关卡附近

| | | 142 600 | 40 |

叶戈尔·尼·**比利耶**，"苯胺和纯碱商号*)"，莫斯科苏谢沃区维亚特卡街久特富瓦家。

★工厂有 2 台蒸汽机。生产 1 万普特茜素染料。

600——90

| | | 50 000 | 15 |

945——30
670——40

*)　1890 年莫斯科市。"苯胺和纯碱"：
　　　《法尔布韦尔克》

---

① 见本版全集第 3 卷第 434 页。——编者注

	生产总额 （单位卢布）	工人 人数	1890年 千卢布	工人 人数
法国黑鞋油公司			422——	220
克列尔			200——	60

[172]
下诺夫哥罗德省

· · · · · ·

俄国铁路总公司。枕木浸锌工厂(1877年)43 000卢布,20名工人。

敖德萨市

· · · · · ·

敖德萨化工厂公司(1873年)			290——	60
法国黑鞋油总公司(1880年)			187——	143
布罗茨基(1885年)			169——	50

[173] **彼尔姆省**

· · · · · ·

"柳比莫夫—索尔韦公司"(索利卡姆斯克县)			1 028——	726
奥舒尔科夫兄弟公司(叶卡捷琳堡市)			76——	26

[175] **图拉省**
1)吉尔,商人,克拉皮夫纳县,私有田庄。

	54 000	34	61——	31

1) 吉尔煤炭矿井和化工工厂联合公司。

1890年 千卢布	工人 人数		生产总额 （单位卢布）	工人 人数

清单：334 　[192]　　　　　**炼　脂　业**

1890年：261

——3 370名 　（根据官方资料，总共521家工厂，生产200万普特脂油，

工人—— 　　　产值10 555 000卢布，工人3 912名。）

4 632 000卢布

　　　　　　　　　　　　阿尔汉格尔斯克省

20——23　　1890年：第1摩尔曼斯克捕鲸公司

2——34　　　　　"渔夫"公司

　　　　　　[195]　　　　　**莫斯科省**

　　　　　　　· · · · · ·

185——70　　"人造奶油"公司(1877年)

328——在油　同上（县里的）

坊附近

　　　　　　[227]　　　　　**蜡　烛　业**

　　　　　　（根据官方资料，总共179家工厂，900名工人。生产117 000

清单：161　　　普特蜡烛，产值2 750 000卢布。）

　　列宁用1890年的资料补充了蜡烛业篇（原书第227—235页）。数字相应地表示生产总额（单位千卢布）和工人人数。

　　　　　　　· · · · · ·

　　　　　　[228]　　　　　**弗拉基米尔省**

　　　　　　　· · · · · ·

	1890年 千卢布	工人 人数
教区工厂（1880 年）	257——20	

· · · · · · ·

沃伦省

· · · · · · ·

| 博恰耶夫斯基乌斯宾斯基大寺院 | 44——12 | |

沃罗涅日省

· · · · · · ·

| 教区工厂（1880 年） | 80——13 | |

[229]   ### 维亚特卡省

· · · · · · ·

| 教区工厂（1887 年） | 30——10 | |

· · · · · · ·

喀山省

| 教区工厂（1880 年） | 91——15 | |

· · · · · · ·

卡卢加省

| 教区工厂（1884 年） | 34——22 | |

	生产总额 （单位卢布）	工人 人数	1890年	
			千卢布	工人 人数

[230]

布拉戈维申斯克大教堂，同上，100普特。

| | 2 000 | 2 | 无 | |

基辅省

· · · · · ·

基辅-佩切尔大寺院(1821年)　　　　　　　　　35——18

库尔斯克省

教区工厂(1884年)　　　　　　　　　　　　354——37

兹纳缅斯基修道院　　　　　　　　　　　　　　2——3

科斯特罗马。教区工厂(1862年)　　　　　　52——9

[231]

明斯克省

平斯克教会工厂　　　　　　　　　　　　　　　6——2

· · · · · ·

敖德萨市

教区贫穷教徒赈济所(1853年)　　　　　　186——39

教区工厂[①]。滨海街29号。2 000普特。

| | 56 000 | 14 | | |

---

① 列宁把这4个字勾掉了。——俄文版编者注

	1890年 千卢布	工人 人数

． ． ． ． ． ．

奥伦堡省

| 奥伦堡神学校学区： | 66 —— 6 |

奥廖尔省

| 教区工厂(1888 年) | 81 —— 23 |

[232]
奔萨省

| 教区工厂(1873 年) | 139 —— 15 |

． ． ． ． ． ．

彼尔姆省

| 教区工厂(1876 年),彼尔姆市圣母安息女修道院 附近 | 31 —— 12 |

． ． ． ． ． ．

普斯科夫省

| 教区工厂(1885 年),普斯科夫市 | 94 —— 8 |

． ． ． ． ． ．

波多利斯克省
． ． ． ． ． ．

| 教区工厂(1889 年) | 102 —— 16 |

	1890年	
	千卢布	工人人数
[233] **梁赞省**		
教区工厂(1880年),梁赞市	184 —— 22	

· · · · · ·

萨马拉省

教区工厂	116 —— 24	

塔夫利达省

教区工厂(1887年),辛菲罗波尔市	179 —— 31	

[234] **坦波夫省**		
教区工厂(坦波夫市)	3 —— 2	

· · · · · ·

图拉省

教区工厂	150 —— 30	

· · · · · ·

哈尔科夫省

教区工厂(1879年)	140 —— 80	

· · · · · ·

[235] **切尔尼戈夫省**		
教区工厂(1872年)	125 —— 25	

列宁在制革业资料篇中(原书第 236—278 页),把全部制革厂的数据加起来,得出各省总计并记录如下:

		工 厂 数	生产总额 (单位千卢布)	工　人 人　数
阿尔汉格尔斯克	省	4	15.6	14
阿斯特拉罕	〃	22	216.6	99
比萨拉比亚	〃	3	101.8	17
维尔纳	〃	10	249.3	181
维捷布斯克	〃	23	1 085	266
弗拉基米尔	〃	28	366.55	241
沃洛格达	〃	9	236	104
沃伦	〃	25	151	215
沃罗涅日	〃	41	315	173
维亚特卡	〃	53	4 234	1 607
格罗德诺	〃	8	36.4	30
顿河州		6	19.5	30
叶卡捷琳诺斯拉夫省		13	345	75
喀山	〃	12	1 406	489
卡卢加	〃	37	827	248
基辅	〃	38	1 222.7	487
科夫诺	〃	10	60	52
科斯特罗马	〃	29	507	349
库尔兰	〃	7	106	73
库尔斯克	〃	36	673.5	310
里夫兰	〃	3	290	88
明斯克	〃	1	2	6
莫吉廖夫	〃	19	161	63
莫斯科	〃	42	4 249	1 911
下诺夫哥罗德	〃	87	819.2	519
诺夫哥罗德	〃	13	78	82
敖德萨市		5	832	173
奥洛涅茨	省	5	?	?
奥伦堡	〃	52	971	470
奥廖尔	〃	51	1 535	625
奔萨	〃	12	170	105
彼尔姆	〃	79	2 026	746
波多利斯克	〃	11	52	47
波尔塔瓦	〃	6	277	75
普斯科夫	〃	29	405	291

[接上页]

	工 厂 数	生产总额 （单位千卢布）	工 人 人 数
梁赞　　　省	26	593	285
圣彼得堡　〃	38	8 500	1 743
萨拉托夫　〃	65	581	255
辛比尔斯克　〃	18	170	68
斯摩棱斯克　〃	33	636	293
塔夫利达　〃	3	42	15
坦波夫　　〃	35	358	178
特维尔　　〃	68	3 325	1 630
图拉　　　〃	16	788	552
乌法　　　〃	26	340	137
哈尔科夫　〃	9	37	32
赫尔松　　〃	7	367	122
切尔尼戈夫　〃	44	287	258
雅罗斯拉夫尔〃	20	519	329

1879年的清单＋萨马拉省[82]：　　　1 312——40 860——16 408

1890年的清单：　　　　　　　　　1 518——26 793——15 527

[278]　　　# 熟制毛皮业

在清单中：　　（根据官方资料,总共550家工厂,产值3 232 000卢布,
　153 家　　　工人3 290名)

[285]　　　## 萨拉托夫省

((1890年:科尔布拉基村;切尔卡瑟村;巴甫洛夫卡村。))

((总计:14家工厂——30 000卢布——39名工人))

· · · · · · ·

辛比尔斯克省

!! 1890——全无!!

| | 生产总额
（单位卢布） | 工人
人数 | 1890年 | |
| | | | 千卢布 | 工人
人数 |

• • • • • •

[286]

伊·安·**布钦**,农民,同县日丹米罗夫卡村。生产1500张
　　羊皮。

| | 3 000 | 4 | | |

? 是否是扎多夫卡??

　　　　不是。

见美舍尔斯基和莫德扎列夫斯基的《汇编》①第56页（No29）

---

[287] **各种皮革制品**

[288] **圣彼得堡省**

彼得堡：

帕·格·库里科夫,商人。亚历山德罗–涅瓦区茨韦托奇纳亚街　　注意

99—100号。

　★工厂有1台30马力的蒸汽机。为军事部门和按私人订
　货生产马具、皮弹药箱、皮靴等物品。

— |　|

| | 2 265 400② | 568 | | |

1890年——**管理机关**（工作暂停）。

1890年:机器制鞋公司:60万卢布,514名工人。

---

① A.A.美舍尔斯基公爵和K.H.莫德扎列夫斯基主编《俄国手工工业资料汇
　编》,1874年圣彼得堡版。——编者注
② 参看本版全集第3卷第475页。——编者注

[304]　　　　烧 砖 业①

1890 年：
1 292—24 394（根据官方资料，总共 2 627 家工厂，28 800 名工人，产值
名工人——　　　　6 963 000 卢布）
7 249 000 卢布

列宁在烧砖业资料篇中（原书第 304—324 页），把所有工厂的数据加起来，得出 1879 年和 1890 年各省总计并记录如下：

	1879			1890		
	工厂数	生产总额（单位千卢布）	工人人数	工厂数	生产总额（单位千卢布）	工人人数
阿尔汉格尔斯克省				1	2	16
阿斯特拉罕　　"	14	123.1	264	23	172	508
比萨拉比亚　　"	9	28.5	77	16	38	152
维尔纳　　　　"	4	72.6	76	18	103	242
维捷布斯克　　"	3	9.6	48	5	12	39
弗拉基米尔　　"	11	40.7	106	21	48	231[1)]
沃洛格达　　　"	5	14.6	73	9	29	239
沃伦　　　　　"	4	12.1	101	13	39	120
沃罗涅日　　　"	12	42.5	163	13	32	138
维亚特卡　　　"	4	15.1	56	1	3	16
格罗德诺　　　"	4	19.8	60	19	169	595
顿河州	16	91.1	330	53	279	925
叶卡捷琳诺斯拉夫省	31	148.2	603	90	404	1 191
喀山　　　　　"	9	60.7	219	16	53	178
卡卢加　　　　"				8	16	39
基辅　　　　　"	21	214.6	551	72	459	1 505
科夫诺　　　　"	7	44.3	36	10	37	83
科斯特罗马　　"	5	17	50	10	25	94
库尔兰　　　　"	24	274	1 215	27	184	537
库尔斯克　　　"	11	34	136	15	65	186
里夫兰　　　　"				24	156	203
明斯克　　　　"	2	5.0	7	11	31	107
莫吉廖夫　　　"				2	4	5

---

　①　参看本版全集第 3 卷第 437 页。——编者注

[接上页]

	1879			1890		
	工厂数	生产总额（单位千卢布）	工人人数	工厂数	生产总额（单位千卢布）	工人人数
莫斯科　　省	33	1 032.1	2 951	81	2 177	4 706
下诺夫哥罗德 〃	12	52.4	188	10	46	201
诺夫哥罗德 〃	2	9.3	13	8	72	366
敖德萨　　市	3	31.3	72	8	62	123
奥伦堡　　省	16	184.9	347	8	53	111
奥廖尔　　〃	27	(41.2)[2]	186	16	36	98
彼尔姆　　〃	11	68.8	240	12	51	402
波多利斯克 〃	8	29.5	170	30	126	477
波尔塔瓦　〃	15	71.2	232	71	251	624
普斯科夫　〃	2	13.9	26	3	7	29
梁赞　　　〃	10	46.9	170	16	47	154
萨马拉　　〃				17	45	297
圣彼得堡　〃	52	2 151.0	7 927	29	649	3 736
萨拉托夫　〃	23	132.5	515	30	90	356
辛比尔斯克 〃	8	25	122	6	21	109
斯摩棱斯克 〃	18	98.4	274	13	52	230
塔夫利达　〃	14	40.3	127	111	345	1 075
坦波夫　　〃	6	16.6	68	9	28	132
特维尔　　〃	8	23.6	124	18	76	378
图拉　　　〃	7	39	87	4	10	40
乌法　　　〃	1	8	53	6	16	76
哈尔科夫　〃	22	145.4	716	60	318	1 162
赫尔松　　〃	6	25	77	14	106	231
切尔尼戈夫 〃	4	28.9	56	23	98	342
爱斯兰　　〃				6	62	218
雅罗斯拉夫尔 〃	14	42.6	145	10	36	200

清单中烧砖业总计：

　　1879 年：518——5 625 300 卢布——19 057 名工人

　　1890 年：1 096——7 240 000 卢布——23 222 名工人

1) 4 家有 64 名工人的工厂无生产总额（Σ）资料。

2) 16 200 卢布＝240 万块砖，10 万块砖＝675 卢布×61 000＝41 175 000。因此约为：41 200 卢布＝**614 万块砖**。

列宁在第329页上记下了他根据《一览表》关于陶器业和瓷砖业的数据算出的总计数字,并摘录了1890年有关资料:

清单中总计:70——504 600卢布——　840名工人

而1890年:143——857 000卢布——1 859名工人

清单同一总计(即生产总额超过2 000卢布的工厂)

[346]　　　　　铸　铁　业

1890年:126家工厂——5 030名工人——333万卢布。

[353]

1890年。辛比尔斯克省科尔孙县扎多夫卡村(铸造铁锅和磨坊用具)2—4—8名工人。

[355]　　钢轨轧制业、铸钢业和铁切削业

(24家工厂,13 630名工人,产值23 458 000卢布。)

1890年:32　　24 445　　　　　43 278 000

　　　　　　　　　　生产总额　　工人
　　　　　　　　　(单位卢布)　　人数

叶卡捷琳诺斯拉夫省

新俄罗斯煤炭钢轨公司。

(1890年:
8 963 000卢布,
6 326名工人)

★巴赫姆特县,亚历山德罗夫斯科耶村附近尤佐夫卡小市镇。工厂系外国人琼斯·尤斯创建,由炼铁(用当地矿石)、铁工和轧轨三部分组成。金属加工采用当地矿井开采的无烟煤。

2 000 000　　　1 300

没有该厂1879年的资料,这里所写的生产总额和工
人人数是根据前4年工厂生产率和工人人数得出的平
均数。

	千卢布	工人
1890年还有两家工厂:南俄久普罗诺夫斯克	7 200——	2 400
金属公司和亚历山德罗夫工厂	2 774——	2 500

· · · · · ·

钢轨总计:

　　第1)2——　1 650名工人——　1 857 000卢布。

　　第5)5——11 288名工人——20 735 000卢布。

	生产总额 (单位卢布)	工人 人数

下诺夫哥罗德省

· · · · · ·

[356]

伊·瓦·**德里亚赫洛夫**,商人,戈尔巴托夫县巴甫洛沃村。约生产2 000普特钢。

	生产总额	工人	
	4 600	5	1890年:3 000卢布,3名工人(约1 000普特钢)

科洛姆纳机器制造公司。

　　★阿尔达托夫斯克县库列巴基村①。

— ‖ ——

工厂里有5台蒸汽机,5个蒸汽锤等。用旧钢轨生产车厢轴和机车轴、轮箍、钢和型铁。

	生产总额	工人
	965 900	2 420

---

① 参看本版全集第3卷第438页。——编者注

（1890年——无。是否在采矿业数字中?）显然是的:关于这家工厂在《俄国的生产力》[①]（1896年）中有广告。参看第655页。

	生产总额 （单位卢布）	工人 人数

· · · · · ·

奥廖尔省

★**布良斯克轧轨、机械钢铁公司。** 布良斯克县奥廖尔—维捷布斯克铁路别日察站附近。1879年

— ‖

1890年:
8 485 000卢布，
4 500名工人

生产2 322 000普特钢轨,每普特2卢布40戈比（机器制造厂清单中标明的其他制品除外）*）

	生产总额	工人
	5 570 000	2 500

*）为了作比较,1879年的数字还应加上机器制造业（第366页）,因为1890年是算在一起的:

1879年:6 970 000卢布,3 265名工人

1890年:8 485 000卢布,4 500名工人

布良斯基制炮厂（官办的）,铸造火炮和火炮附件。

— ‖

	生产总额	工人
	850 000	700

1890年——［**无**（??）］机器制造业:**布良斯克兵工厂**:225 000卢布,323名工人。

---

① 弗·伊·柯瓦列夫斯基主编《俄国的生产力》。1896年圣彼得堡版。——编者注

Произв. Рабо-
Руб.   чихъ.

Рукавишникова, М. Г., наслѣдн. Тамъ-же.
Выдѣл. 18,500 пуд. стали, цѣною отъ 2 р. 20 к. до 3 р. 80 к.   51,800   25

Пятовъ, Сем. Феофил., п. поч. гр. Близь Нижн. Новгорода,
    въ дачѣ Марьинской пустоши.
На заводѣ 3 пар. маш. въ 43 с. Выдѣл. 8,360 пуд. стали,
92,700 пуд. рѣзнаго желѣза и небольшое колич. отливокъ.   231,000   98

Трусова, Марья Мих., купч. Семеновск. у., 2 ст., на р. Везломѣ.
Изготовл. рѣзное желѣзо.   5,300   24

Дряхловъ, Ив. Вас., куп. Горбатовск. у., с. Павлово.
Выдѣл. до 2,000 пуд. стали.   *90:8—3—3 р. до 1000 стали)*   4,600   5

Общество Коломенскаго машиностроительнаго завода. Арда-
    товскаго у., с. Кулебаки.
На зав. 5 пар. маш., 5 пар. молот. и проч. Изъ старыхъ рель-
совъ выдѣл. оси вагон. и локомотивн., бандажи, сталь и сорто-
вое желѣзо. *(1890: — отъ. К. Завод-ъ группы)*   965,900   2420

Заводчиковы, бр. Два завода: въ г. Череповцѣ и въ Чере-
    повскомъ уѣздѣ.
Одинъ зав. дѣйств. водою, другой паров. машиною. Разрѣзыв.
до 95 т. пуд. желѣза.   18,700   88

Копыльцевъ, Ал-дръ Петр., п. поч. гр. Череповскаго у., на
    р. Андогѣ (2 завода).
На заводахъ 6 нечей и 2 молота, дѣйств. водою. Проковыв. и
разрѣзыв. желѣзо для роздани гвоздарямъ.   19,500   42

Голицинъ, князь Конст. Федор. Того-же-у., д. Вахново (2 зав.).
Одинъ изъ заводовъ дѣйств. водою, на другомъ 1 пар. маш. въ
45 с. Разрѣзыв. до 150 т. пуд. желѣза.   30,000   120

Носыринъ, Кирьякъ Ерем. Устюжскаго у., 1 ст.
На зав. 2 пар. маш въ 24 с. Разрѣзыв. до 35 т. пуд. желѣза   7,000   21

Общество Брянскаго рельсопрокатнаго, механическаго и желѣ-
    зодѣлательнаго завода. Брянскаго у., близь Бѣ-
    жицкой ст. Орлов.-Витебск. ж. д.
Въ 1879 г. изготовл. 2.322,000 пуд. стальн. рельсовъ, по 2 р. 40 к
(кромѣ другихъ издѣлій, обозначенныхъ въ спискѣ машиностро-
ительныхъ заводовъ) X) *1850 — 8485т. 4500 р.*   5.570,000   2500

Брянскій пушечный заводъ (казенный).
Отливъ артил. орудія и принадлежн. къ нимъ   850,000   700
1890 —
(инженер. Брянскій арсенал: 225т. 323р.)

*X) Для сравненія надо К 1879, прибав. 1890
машиностр. (с. 366) тогда в 1890 г. съ сторо. видно:
1879 К: 6.870 пров. Р-въ: 3265
1890 : 8.485   4500*

[357]　　　　　　　**梁赞省**

俄国钢轨生产公司,普龙斯克县伊斯捷村。

　　见铁丝厂和铁钉厂名单。

看来,1879 年计算了整个工厂,而在 1890 年——只计算了一个小车间。

1890 年企业只标明:

"2 000 普特钢丝绳和 720 个钢丝床垫"。

1890 年:轧铁和铁丝公司,**207 万卢布**,**353 名工人**,

　　建于 1877 年。彼得堡区。小泽列尼纳街、7 号以及亚历山德罗夫铸钢钢轨公司(亚历山德罗夫斯科耶村):

　　　　　　　415 万卢布,617 名工人。

· · · · · · ·

机器制造业

1890 年:347 家工厂——46 465 000 卢布——46 514 名工人。

(根据官方资料,总共 187 家工厂,42 660 名工人,生产

　　总额 51 937 000 卢布。)

[367]

　　　　　　　圣彼得堡省

· · · · · ·

	生产总额 （单位卢布）	工人 人数

乔治·弗兰佐夫·**贝尔德**，科洛姆纳区大涅瓦河和普里亚什卡河河沿。

· · · · · · ·

— ‖ —

	3 102 700	1 514

1890 年：120 万卢布，920 名工人

俄法工厂联合公司（原贝尔德工厂）

1890 年。莫斯科公司**涅瓦机械厂**。

（1860 年）（地点不详）　　105 万卢布

1 800 名工人

［这是原谢米扬尼科夫工厂。1879 年它是否叫做"俄国机械和采矿公司"？所在地点相似。］

［372］　铁丝业和铁钉业

（总共 45 家工厂，4 386 名工人，产值 5 125 000 卢布)*）

	74	5 077	9 912 000

*）为了同 1890 年作比较——应从 1879 年的数字中扣除约 100 万：维克孙斯基——30 万卢布＋伊斯季因斯基——70 万卢布

［373］　科夫诺省

1890 年：
46 万卢布，
210 名工人。

格拉泽尔和季尔曼斯，普鲁士臣民。科夫诺市 2 区 3 街区大医院街。

· · · · · · ·

	145 000	102

还有 1 家工厂：**施米特**工厂，1890 年：50 万卢布，500 名工人①
[建于 1879 年]。

1890 年**库尔兰省利巴瓦市贝克尔**工厂：1 473 000 卢布，502 名工人。

	生产总额 （单位卢布）	工人 人数	
里夫兰省			
威斯特伐利亚工业公司，里加市，扎先戈夫，季纳敏茨卡亚街			1890 年：里加铁丝工业，1 233 000 卢布，346 名工人。
·　·　·　·　·　·	806 200	359	
莫斯科省			
·　·　·　·　·　·			
巴·谢·**古班诺夫**，商人，罗戈日区 5 街区瓦雷汉诺夫家，80 号。			1890 年：28 000 卢布54 名工人。
·　·　·　·　·　·	35 900	39	

1890 年：莫斯科五金公司(1884 年)：
187 万卢布，771 名工人。

[375]

·　·　·　·　·　·

梁赞省

俄国钢轨制造公司。

★普龙斯克县伊斯季耶村。工厂生产金属丝 1 万普特，铁路路轨连接零件约 107 000 普特，钉子 1 500 普

---

① 参看本版全集第 3 卷第 379 页。——编者注

	生产总额 （单位卢布）	工人 人数
（1890年： 21 000卢布， 120名工人）	特，生铁铸件2万普特，产值342 500卢布。此外，工厂还生产各种型铁约215 000普特。工厂用水力和蒸汽作动力。	
	731 300	856

1890年注明，"铁工厂铁丝和铁钉车间"。（（在1879年是这样吗?））当然不是：见第357页

---

[376]　　　　　　　　　**各种金属制品**

在清单中—— 170家工厂。 1890年： 289家。	（共计266家工厂，14 150名工人，产值13 263 000卢布）。 1890年：355　　15 648　　　　9 232 000	

· · · · · · ·

弗拉基米尔省

（1890年： 156 000卢布， 200名工人） （"厂外工人约 300人"）	1)德·德·**康德拉托夫**，商人，建于1835穆罗姆县瓦恰村。 ★	
	175 000	450

· · · · · · ·

---

1)　同上★。瓦·德·**康德拉托夫**（1886年）——3万卢布，60名工人。　　　　　　　　"厂外工人55人"。

[379]

	工人人数	千卢布	1890 年	
			工人人数	千卢布
共计:59 ——	851 ——	397	46 —— 1 796 ——	486
下诺夫哥罗德省清单:29 ——	750 ——	331.5	36 —— 1 700 ——	470
	30 —— 101 ——	65.5	10 —— 96 ——	16

[383]

．．．．．．．

1)图拉省

1) 1890 年只有 2 家工厂,有 > 50 名工人(103 和 180)
　　　只有 9 家工厂　　20 — 30 名工人
　　　只有 9 家工厂　　10 < 20 名工人
　　　只有 14 家工厂　　5 < 10 名工人

[396]　　　　　　　　面　粉　业　　　　　　　205 家使用蒸汽机的磨坊

各省总计:2 541 —— 61 253 000 普特 —— 11 071 名工人。

　　使用蒸汽机的磨坊:

　　1879 年:205 家 —— 21 353 000 普特 —— 3 621 名工人[1]。

总产量在 10 万普特以上的磨坊

　　　　1890 年:316

　　而 1879 年:134

[423]

1890 年克列缅丘格市使用蒸汽机的磨坊:11 —— 296 万普特 ——
　　　　　　　　　　　　　　　　　　　　　　　　380 名工人。

1890 年萨马拉市使用蒸汽机的磨坊:5 —— 3 537 000 普特 ——
　　　　　　　　　　　　　　　　　　　　　　　　476 名工人。

(最大的巴什基罗夫磨坊,170 万普特,200 名工人)

---

[1]　参看本版全集第 3 卷第 439—440 页。

[433]

23家使用蒸汽　　　　　　　¹⁾榨　油　业
机的工厂

---

1) 各省总计：2 450——6 486 000普特——7 207名工人①
　　清单：　272——5 771 000普特——2 941名工人。

---

[435]
· · · · · · ·
卡卢加省¹⁾

---

1) 1890年★。梅登县,塞兹兰—维亚济马铁路梅特列夫斯克站附
　　　　　近的马纽科夫——271 000卢布,20名工
　　　　　人。

　1890年★。库尔兰省利巴瓦市,**克列尔**(1880年)——
　　　　　　　　　　1 274 000卢布,120名工人。

---

[470]　　　　　　　　酿　酒　业

[481]　　　　　　　　**卡卢加省**

根据总计：			根据清单,卡卢加省		
单位 千卢布		工人 人数	单位 千维德罗		工人 人数
1879年:45——2 157——3 118			也是1879年:22——328——553		
1890年:10——2 873——350			1890年:10——249——308		
			328×8.88=2 912 000卢布		

---

[544]

甜菜制糖业

[553]

1890年。萨马拉省布祖卢克县博加托耶村附近(1884年)。

---

① 参看本版全集第3卷第440页。——编者注

伏尔加左岸制糖公司。225 000 卢布,517 名工人。

皇族领地司。季马舍沃工厂(布古鲁斯兰县季马舍沃村)925 000 卢布。390 名工人。

[557]

*)莫斯科省

	生产总额 (单位卢布)	工人 人数	

1)**莫斯科精制糖公司**。同上,亚乌扎区 3 街区,336 号。

· · · · · ·

　　　　　　　　　　2 812 500　　253

1890 年:
517 万卢布,
275 名工人。

2)**叶·安·恩涅尔斯—菲·彼·恩涅尔斯**(格涅尔联合公司)。

　　同上,哈莫夫尼基区 6 街区,自有房,544 号。

· · · · · ·

　　　　　　　　　　1 920 000　　286

1890 年:
3 873 000 卢布,
200 名工人。

3)**达尼洛夫精制糖公司**。同上,普列斯尼亚区 3 街区三山

　　关 1 号。

· · · · · ·

　　　　　　　　　　1 890 000　　200

1890 年:
4 325 000 卢布。
440 名工人。

*)　1890 年 4 家工厂:第 4 家。A.库兹涅佐夫公司(古布金的继承人)。351 000 普特精制方糖——1 935 000 卢布——185 名工人。

载于 1940 年《列宁文集》俄文版
第 33 卷(非全文)

在阿·克本论采矿和制盐工业的
文章上作的批注[83]

《俄国工业历史统计概述》。

德·阿·季米里亚捷夫主编。第1卷。

1883年圣彼得堡版

(1896年1月2日〔14日〕和

1897年2月17日〔3月1日〕之间)

[1] ## 采矿工业和制盐工业

[38] 莫斯科以北尼古拉铁路区树林逐渐伐尽,单这条铁路就消耗 75 000 以上立方俄丈木柴,换句话说,每年毁掉 3 000 多俄亩树林……

[63] 而俄国的钢铁业,可以说,**刚刚起步**。

[72] 在乌拉尔用搅炼法代替块炼法进展缓慢,这从工厂现有搅铁炉和熟铁块炼炉数量的对比中就可以看出:

	1859 年	1879 年
搅铁炉	188	262
熟铁块炼炉	1 051	541

注意

[110] 俄国铜器业萧条完全是由于乌拉尔工厂铜产量减少所致。国外铜价下跌,铜运进俄国的数量增加,应该说是对当地铜器业起不良影响的外部原因。

注意

[118] 俄国近三年来(1878—1881)对铜的总需要量(非实际的)平均 74% 是由进口铜来满足的,只有 26% 是由当地铜来满足的。

在 C.库利宾的采矿工业统计汇编上作的计算[84]

《1890 工厂年度俄国采矿工业
统计资料汇编》1892 年圣彼得堡版

(1896 年 1 月 2 日〔14 日〕和 1907 年 7 月之间)

[LXI]

采矿工业使用的发动机数量

1890 年俄国矿山、工厂和副业中的使用情况：

	蒸汽机和锅驼机	
	台数	马力
乌拉尔……………………	425	18 332
俄国中部…………………	219	10 348
波兰王国…………………	331	19 427
俄国西南部和南部…………	457	21 161
高加索……………………	371	5 389
俄国北部…………………	164	10 041
西伯利亚(西部和东部)………	42	755
芬兰………………………	60	1 288
共　计	2 069	86 731

$\sum=1\,265$ 和 $59\,882$

列宁根据汇编的统计表(第 **1—292** 页)，统计了金矿和白金矿、铜矿和汞矿的工人人数、开采锰矿、黄铁矿、铬铁矿和其他矿藏的工人人数以及冶金工厂、炼铜厂和其他工厂的工人人数。在许多页上有列宁作的标记：

在 1890 年《一览表》中已计算在内。

列宁修正了编者的多处计算错误。例如,在第 **238** 页煤矿开采量统计表上,编者把卢甘斯克矿区采煤工人总数错算为 **5 468** 人,列宁在这个总数旁作了记号,并写下准确的总数:

总计 3 172

列宁把这些计算结果列成一张简表(见本版全集第 **3** 卷第 **473** 页)。

在有俄国南部和西南部铁矿开采量资料的汇编第 **175** 页上,列宁记下:

参看《俄罗斯新闻》[85]1899 年第 **291** 号(10 月 21 日)。

在石油工业篇,列宁挑出 **15** 个原油年开采量在 **500** 万普特以上的大公司的资料。这些公司集中了全国约 **70%** 石油开采量。列宁在第 **263** 页上记下:

500 万普特以上的:15 家公司——160 378 000 普特——3 540 名工人;165 台蒸汽机,2 346 马力。

载于 1940 年《列宁文集》俄文版
第 33 卷(非全文)

对德·尼·日班科夫书中关于
斯摩棱斯克省工业统计资料作的整理[86]

《斯摩棱斯克省的工厂卫生调查》

(1896年1月2日〔14日〕和
1899年1月30日〔2月11日〕之间)

1. 第1编。1894年斯摩棱斯克版

[1] 斯摩棱斯克省的工厂工业

列宁把德·尼·日班科夫书中的资料与彼·安·奥尔洛夫和С.Г.布达戈夫合编的《工厂一览表》中各企业的资料加以比较,计算出**1890年**斯摩棱斯克省的工厂总数、工厂生产总额和这些工厂的工人人数,并记载如下:

根据1890年的《一览表》,斯摩棱斯克省共计264——9 573 000——7 791。其划分情况见第28页。

工厂按工业类别划分:

1. 省里有4家棉纺织厂,但其中仅亚尔采沃一家工厂的工人人数,竟超过斯摩棱斯克省工厂工业全部工人的1/3。格扎茨克县有两家各有20名工人的织布厂,杜霍夫希纳县也有两家工厂,其中一家有25名工人,而另一家,即亚尔采沃工厂则有3 106名工人……

《一览表》
1890年:

工人	生产总额 (单位千卢布)	工人
4	4 012	3 151
(1	4 000	3 106)

[14]

斯摩棱斯克省工厂和工厂型工业作坊清单

行业类别	业　　主	所　在　地	工人数	单位 千卢布 — 工人
1.	斯摩棱斯克			
蛋白厂	市立的	屠宰场附近	10	
使用蒸汽机的纱管筒管制造厂	格尔加季先利罗德	第聂伯河岸 3 区	19	{600 普特 [1] ? — 8 {200 普特 17 — 7 {100 普特 3 — 2
烧酒厂	帕·阿·马丘尔斯基	旧彼得堡街	8	2 — 2
蜡烛厂	沃兹涅先斯克修道院	1 区,布拉戈维申斯克街	7	4 — 3
蜡烛厂	康·罗·波斯图霍夫	列兹尼次克街	3	70 立方俄丈
蜡烛厂	玛·叶·舍韦列娃	拉切夫镇	2	
石灰厂	阿·彼·扎克瓦辛	同上	2	石灰 17 — 40
石灰厂	尼·谢·斯韦什尼科夫	同上	2	195 000 块
瓷砖厂	彼·安·布德尼科夫	监狱胡同	50	瓷砖 2 — 3
瓷砖厂	德·丹·卡尔采夫	拉切夫镇	2	?
瓷砖厂	尼·瓦·卡尔采夫	同上	2	
烧砖厂	塔拉斯·叶菲莫夫	旧莫斯科街	20	600 000 块砖:4 — 20
烧砖厂	塔·叶·伊菲纳季耶夫	古里和西蒙季教堂附近	20	
烧砖厂	尼·卡·鲁布佐夫	同上	10	300 000 块砖 2 — 8
烧砖厂	安娜·皮亚特尼茨卡娅	罗斯拉夫利公路	25	500 000 块砖 4 — 25
烧砖厂	叶·伊·博罗维科娃	同上	30	2)

注明了全部工厂(或单单其中一部分工厂)的资料,因此这里引用了 1890 年清单中完全可以进行比较的是 1890 年表格《一览表》的资料。

产量	单位	工厂	地点	业主	工人数
400 000	块砖 4——10	烧砖厂	波克罗夫山	佩·费·克瓦斯尼娃	5
270 000	块砖 2——24	烧砖厂	同上	阿·瓦·叶弗列缅耶夫	16
		烧砖厂	克拉斯宁路附近 1 区	格·马·谢·马特维耶夫	5
		烧砖厂	跑马场附近	尼·谢·阿尔布拉莫夫	2
		烧砖厂	同上	斯·丹·卡尔采夫	4
		烧砖厂	2 区,奥非米来尔镇	莫·伊·热林斯基和科·列夫	60
7 900	张皮 74——24	制革厂	3 区,彼得罗巴甫洛夫斯克街	彼·瓦·菲利莫诺夫	20
500	张皮 2——2	制革厂	新莫斯科街	伊·米·安德列耶夫	3
1 000	张皮 8——6	制革厂	同上	阿·杰·库德利亚科夫	3
700	张皮 5——6	制革厂	雷巴次卡亚街	卢·彼·谢苗诺夫	5
2 900	张皮 21——9	制革厂	同上	伊·彼·扬琴科夫	2
		制革厂	同上	德·卡·普捷列夫(1890:卡什佩罗夫,Л.И.?)	2
700	张皮 4——3	制革厂	基斯雷胡同	安·费·扬琴科夫	2
		煤油机碾米厂	3 区,富巴次卡亚卡亚 2 条	尼·瓦·施瓦尔次	8
		使用蒸汽机的制材厂	维捷布斯克公路	萨·叶·捷利金 Л.И. 捷利金	20
17 000	普特 50——20	使用蒸汽机的榨油厂	新彼得堡街	1890:斯维亚托维尔特维尔斯克京斯基 公爵夫人 克一切特维尔斯克京斯基 夫人	0
	18 ——4	使用蒸汽机的磨坊	第聂伯河岸 2 区	А.Г. 马列瓦内	10
		肥皂厂	旧莫斯科街	尼·卡·鲁布佐夫	5

1) 1890 年归 Я.Я. 舍科托夫所有。

2) 1890 年还有几家烧砖厂:卢金娜的,70 万块砖......5——20
同上......78 万块砖......4——20
克·斯维亚托波尔克京斯基娃的,50 万块砖......4——25
(第二家工厂)博罗维科娃

	行业类别	业　主	所　在　地	工人人数
214 000 维德罗 176——46	使用蒸汽机的啤酒厂	股份公司	新彼得堡街	40
118 000 维德罗 98——35	使用蒸汽机的啤酒厂	瓦·卡·叶列列缅科夫	旧莫斯科街	30
5　4	脂烛厂	尼·卡·鲁布佐夫	旧莫斯科街	2
14 500 普特马合烟 85——40	使用蒸汽机的烟草厂	彼·瓦·彼得罗夫	彼得罗夫巴洛夫斯克街	40
12 500 普特马合烟 56——15	烟草厂	叶·彼·加甫里洛夫	3区,彼得罗夫巴洛夫斯克街	20
	印刷厂	H.泽利多维娃	同上	50
	印刷厂	古萨罗娃	布拉戈维申斯克街	18
	印刷厂	西林	军校街	20
10——24	43.马车厂	吉·克利缅科夫	旧莫斯科街	24

列宁对斯摩棱斯克省每一个县的实际材料都作了这样的整理。作为例子,现照原样将列宁就斯摩棱斯克县和罗斯拉夫利县所作的一些记载和计算刊印如下:

[15]

斯摩棱斯克县 1)

关于酿酒厂——
数字=千维德罗
无水酒精

	行业类别	业　主	所　在　地	工人人数
24——35	1 个使用蒸汽机的酿酒厂	阿·阿丘尔斯基的继承人	1 集镇,卡缅斯克乡什克良纳亚宅院	30
4.4——12 22——20	使用蒸汽机的酿酒厂	马·古·高格尔	2 集镇,楚里科利夫斯克乡秋希诺	11
2.5——6	酿酒厂	阿·帕·马丘尔斯基	2 集镇,科罗霍特金乡皮亚斯加里哈	24
	烧砖厂	叶·格恩特罗罗西	2 镇,波戈列尔索沃 弗拉索沃 } 尔乡	8
	烧砖厂	费·维诺倖罗夫	2 村,弗拉索沃	5
2)	烧砖厂	阿·尼·翁利亚尔利亚 尔斯基	1 集镇,卡缅斯克乡诺沃谢利耶村	15
	10 4 个干酪制造厂			

[24]
[25]

罗斯拉夫利县 3)

	行业类别	业　主	所　在　地	工人人数
55——30 4)	使用蒸汽机的制材厂	玛·伊·巴热诺娃	梁赞诺夫乡格拉西沃村	25

1) 根据 1890 年的《一览表》。Н. И. 赫柳斯京制材厂★：巴舒特卡村附近（1890）7 —— 28。马特维耶夫斯科耶村（1869）

2) 根据 1890 年的《一览表》。А. К. 西比里亚科夫斯制革厂（1869）93——42（20 000 张皮）。

   1890 年。波卢耶克托夫（新别尔基诺村）。700 普特。　5 —— 2
   尤里耶夫（阿列菲诺田庄）。　450 普特。　3 —— 2
   普利亚捷尔济别尔格（莫辛基村）。　2 —— 2

3) 1890 年的《一览表》
   制革厂
   И.И. 波洛佐夫。洛巴列夫新村（1823）1 700 张皮 ········· 10 —— 10
   Г.И. 丰季科夫。斯摩棱斯克公路附近（?）800 张皮 ········· 3 —— 7

4) 1890 年——所有者
   1890 年罗斯拉夫利县
   其他的制革厂
   И.Н. 莫吉列夫采夫（1882）
   ★П. И. 古博尼娜。达尼洛夫卡独立农庄（1887）········· 20 —— 22
   ★М. Б. 别尔金娜。霍捷耶夫卡村（1890）········· 13 —— 15
   ★А. К. 缪欣。科瓦利村（1881）········· 12 —— 17
   ★В. С. 鲁萨诺夫。图什科沃村（1884）········· 11 —— 19
   ★И. И. 米哈列夫。别列夫卡村（1884）········· 6 —— 10
   ★И. С. 金茨堡。罗斯尼夫卡村（1890）········· 5 —— 12
   ★　罗曼尼欣。科兹洛夫卡村（1890）········· 4 —— 18
   ★Н. С. 莫吉列夫佐夫（1884）········· 2 —— 12

根据1890年的《一览表》

工厂数目	工人人数	行 业 类 别	全省共计	工人总数
1	3 106	棉纺织厂	1	3 106
3	45	棉织厂	3	45
8	1 639	玻璃厂	4	724
		精制玻璃厂	3	658
6	619	火柴厂	4	526
28	309	烧砖厂	101	595
7	115	使用蒸汽机和马力的榨油厂	10	274
—	—	农业榨油厂	158	306
26	472	制材厂	31	526
43	440	酿酒厂	44	425
2	16	烧酒厂	2	16
41	261	制革厂	71	275
37	99	干酪制造厂	70	225
—	—	焦油炼制厂	152①	187
10	125	啤酒厂	9	113
5	100	烟草厂	4	100
		印刷厂	8?	110?
3	87	绳索厂	7	96
6	39	使用蒸汽机的面粉厂	23	75
4	48	瓷砖厂	10	69
1	24	马车厂	2	43
1	80	椴皮席厂	1	40
—	—	碾米厂	21	31
7	21	蜡烛厂	10	30
2	6	石灰厂	6	38
2	11	农具厂	4	28
—	—	使用蒸汽机的纤管筒管制造厂	1	19
—	—	陶器厂	15	17
—	—	蜜糖饼干厂	7	16
—	—	梳毛厂	14	15

[27—29] 斯摩棱斯克省工厂概况

机器制造

---

① 见本版全集第3卷第426页。——编者注

[接上页]

<table>
<thead>
<tr><th>行 业 类 别</th><th>全省共计</th><th>工人总数</th><th colspan="2">根据1890年的
《一览表》</th><th></th></tr>
<tr><th></th><th></th><th></th><th>工厂
数目</th><th>工人
人数</th><th></th></tr>
</thead>
<tbody>
<tr><td>肥皂厂</td><td>6</td><td>11</td><td>2</td><td>6</td><td></td></tr>
<tr><td>脂烛厂</td><td>9</td><td>12</td><td>5</td><td>8</td><td rowspan="3">化工
部门?</td></tr>
<tr><td>煤炭厂</td><td>4</td><td>12</td><td>2</td><td>68</td></tr>
<tr><td>蛋白厂</td><td>1</td><td>10</td><td>—</td><td>—</td></tr>
<tr><td>糖浆厂</td><td>4</td><td>7</td><td>3</td><td>6</td><td></td></tr>
<tr><td>淀粉厂</td><td>1</td><td>7</td><td>—</td><td>—</td><td></td></tr>
<tr><td>制曲厂</td><td>3</td><td>6</td><td>2</td><td>4</td><td rowspan="2">化工
部门</td></tr>
<tr><td>磷钙石厂</td><td>1</td><td>6</td><td>1</td><td>6</td></tr>
<tr><td>铸铁厂</td><td>1</td><td>5</td><td></td><td></td><td></td></tr>
<tr><td>熬胶厂</td><td>1</td><td>4</td><td></td><td></td><td></td></tr>
<tr><td>骨头焙烧厂</td><td>1</td><td>2</td><td></td><td></td><td></td></tr>
<tr><td></td><td></td><td></td><td>2</td><td>12</td><td>打亚麻</td></tr>
<tr><td>**企业总数**</td><td>828</td><td>—</td><td>3</td><td>7</td><td>染色</td></tr>
<tr><td>**工人总数**</td><td>—</td><td>8 810</td><td>1</td><td>12</td><td>造纸</td></tr>
<tr><td></td><td></td><td></td><td>264</td><td>7 701</td><td></td></tr>
</tbody>
</table>

[1]　　　　　　A. 玻璃厂和精制玻璃厂

[33]　　　　II.И.A. 索柯洛夫的新杰列布日精制玻璃厂

[50]　……许多小木房顶棚漏水，许多窗户被打坏而用木板挡着，<u>地板完全下塌</u>，木板摇摇晃晃，污水从院里流向地窖，<u>弄得小木房臭烘烘的</u>。

列宁在第 **51—52** 页上计算了杰列布日精制玻璃厂工人（小工除外）的户数和每户人数，并记载如下：

总计（不包括小工）　98 户　527 人

列宁对其他大型企业也作了这样的计算。

[58]　　　　III.И.A. 索柯洛夫的马林斯克地区
　　　　　　　卡缅涅茨精制玻璃厂

[63]　全部机床是用水力运转的,由皮带传动装置带动轮子;这些传动装置在上面转动,可是在带动下面轮子的部位,传动装置就很低了,连中等身材的人**稍**不小心就会碰头。磨光是在一间小屋里进行,这里有三台整修机床,也由传动装置带动;这些机床下面很脏。这一车间的工人共约 150 人……

注意

[65]　没有工厂<u>澡堂</u>,只有像在杰列布日那样由工人自己盖的 10—12 间浴室。全厂工人都用这些浴室,好几家人同时洗。<u>所有的小木房都是工厂的,工厂供应劈柴。</u>为此,一座小木房如果住两家人的话,则由工厂每月扣每家 1 卢布;如果一家独住,则扣 2 卢布。

**即既是劈柴
钱又是房钱?
应该只是房钱。
见第 72 页第 5 节**

[72]　　　　　　　　　　**内部规章**
　　　　　　　　· · · · · ·

　　9.凡工作<u>不认真</u>、<u>违反规章</u>者,<u>行政部门</u>视其情节轻重酌情处以 <u>1—3 卢布</u>的罚款……

仅此而已!

　　11.工厂附设商店,工人<u>可自愿</u>在这里按当地价格购买必需的食品。

果真如此?

[73]　　　　**IV.佩希加村附近的 Л.З.古列维奇的
　　　　　普里谢利玻璃厂**

[83]　每个月领两次工资,但<u>所领的大部分不是钱</u>,而是食品,只有维尔纳器皿厂的<u>一些工匠</u>每周领钱,他们在罗斯拉夫利购买食品,为此,他们得<u>雇大车</u>,<u>尽管他们在这上面有些花费</u>,<u>但在全部吃的东西上所花的钱</u>,<u>仍然比从工厂小铺里购买要便宜</u>。

注意

[85]　工厂没有**学校**,因此徒工中不识字的比其他工厂要多得多。工人们说,他们本人并不反对交纳一定的费用作为学校的经费。

注意

[95]　　　　　　　　　　**内部规章**

[96]　5.住在工厂宿舍的工人,无论是夏天或冬天,在节假日和星期日,均可随意外出。而在工作日和上班时间,非经主任许可,不得外出。

真的吗?

З. уѣздный (посадъ
учитанные) всѣ
ф-ки по переписи 1890 г.
года, н. з. всѣ наши
будущаго сра-
щенія:

Списокъ фабрикъ, заводовъ и промышленныхъ заведеній фабрично-заводскаго типа Смоленской губерніи.

Родъ производства.	Владѣлецъ.	Мѣстонахожденіе.	Число рабоч.
Смоленскъ.			
1. Альбуминный заводъ.	Городской.	У боенъ	10
Бабино-швочная маст.	Гергарди и Родъ	3 ч. на берегу Днѣпра	19
Водочный заводъ	Пав. Ал. Мачульскаго.	Старо-Петербургская у.	8
Воскосвѣчный	Возиес. монастыря.	1 ч. Благовѣщ. у.	7
Воскосвѣчный	Кон. Ром. Постухова.	Рязницкая у.	3
Носкосвѣчный	Мар. Ев. Шевелевой	Рачевская слобода	2
Известковый	Ал. Пет. Заквасина.	Тамъ-же	2
Известковый	Ник. Сем. Сѣтинникова.	Тамъ-же	2
Изразцовый	Пет. Анд. Будникова.	Тюремный пер.	50
Изразцовый	Дм. Дан. Карцева	Рачевская слобода	2
Изразцовый	Ив. Вас. Карцева	Тамъ-же	3
Кирпичный	Тараса Ефимова	Старо-Московская у.	20
Кирпичный	Тар. Еф. Игнатьева.	У церкви Гурія и Симона.	20
Кирпичный	Ник. Кар. Рублова.	Тамъ-же	10
Кирпичный	Анны Пятницкой	Рославльское шоссе	25
Кирпичный	Евг. Ив. Боровковой.	Тамъ-же	30
Кирпичный	Пел. Фед. Квасцовой	Покровская гора	5
Кирпичный	Ал. Вас. Ефременкова.	Тамъ-же	16
Кирпичный	Гр. Мат. Матвѣева.	1 ч. у Красинской дер.	5
Кирпичный	Ник. Сем. Абрамова.	Около конскаго база .	2
Кирпичный	Сем. Дан. Карцева	Тамъ-же	4
Кирпичный	Ст. Ив. Жилинскаго, и Кс. Кс. Корева.	2 Офицерская слоб.	60
Кожевенный	Пет. Вас. Филимонова.	3 ч. Петропавловская у.	20
Кожевенный	Ив. Анд. Андреева	Ново-Московская у.	3
Кожевенный	Ал. Дем. Кузькина.	Тамъ-же	3
Кожевенный	Лук. Пет. Семенова.	Рыбицкая у.	5
Кожевенный	Ив. Пет. Гусенкова.	Тамъ-же	5
Кожевенный	Дм. Кантерева	Тамъ-же	5
Кожевенный	Анд. Фед. Янченкова.	Касный переулокъ	3
Круподерка зерн. зав	Н. В. Шварца.	3 ч. 2-я Рыбацкая у	8
Лѣсопильный з. пар	Сам. Ев. Зелькина.	Витебское шоссе	20
Маслобойный з. пар	Л. I. Зелькина.	Ново-Петербургская у.	10
Мельница вальц.	А. Г. Малеевыхъ	2 ч. на берегу Днѣпра	10
Мыловаренный з.	Ник. Кар. Рубцова.	Старо-Московская у.	2
Пивоваренный з.	Акціонерн. Общества.	Ново-Петербургская у.	40
Пивоваренный з. пер	Ал. Вас. Ефременкова.	Тамъ-же	30
Сальносвѣчный з.	Ник. Кар. Рубцова.	Старо-Московская у.	2
Табачная ф. пар.	Пет. Вас. Рыжакова.	3 ч. Петропавловская у.	40
Табачная ф.	Еф. Пет. Гаврилова.	Тамъ-же	2
Типографія	Н. Зездовича.	Благовѣщ у.	50
Типографія	Гусаровой.	Кадетская у.	18
Типографія	Силина.	Благовѣщенская у.	20
43 Экипажная з.	Тих. Клименкова.	Старо-Московская у.	24

列宁作有批注的德·尼·日班科夫《斯摩棱斯克省的工厂卫生调查》一书第14页

（按原版缩小）

[130]　14. 工人互相串通罢工以迫使厂主提高工人所得 | 真可笑
的工资并改变其他条件者,应负法律责任;尤其是主谋和
教唆者应受到严惩。

[161]　　## Γ. 干酪制造企业

I. 杜吉纳村附近的
M. A. 美舍尔斯卡娅干酪作坊

1890 年的《一览表》:建于 1841 年。手工操作。生产 1 800 普
特干酪和黄油,15 000 卢布,25 个工人。

[166]　　### II. 皮尤克列尔夫人的干酪作坊

1890 年的《一览表》(久克列尔)建于 1885 年。手工操作。生
产 700 普特干酪,6 000 卢布,2 个工人。

2. 第 2 编。1896 年斯摩棱斯克版

[121]　农村工厂因为工人夏天要下地干活而不常开工, | 注意
这种工厂所有的工人,都同固定的工厂工人有着显著的区
别,他们身着农服,保留着农村的习气,没有工厂工人所特
有的那种风度。①所有的工人都合伙吃饭并且自己做饭。

　　列宁在《俄国资本主义的发展》一书第 539 页(见本版全集第 3 卷第 495
页)的脚注中利用了德·尼·日班科夫关于兼务农的工厂工人人数的资料。
列宁在日班科夫的书的第 307、445、469 页的有关地方都画了着重线。

----

　　①　见本版全集第 3 卷第 258 页。——编者注

[307]　　**亚尔采沃 A. 赫卢多夫棉织品**
纺织公司纺织厂

[469]　　　表 IV. 工作时间长短和
工作是否固定

参看第307页
和第445页(兼
务农的工人占
10%—15%)

工厂	是　否　固　定			
	固　定		不　固　定	
	人数	百分数	人数	百分数
男工				
亚尔采沃	1 065	72.0	416	28.0
女工				
亚尔采沃	953	81.4	219	18.6

　　列宁在德·尼·日班科夫著作的许多页上(第 **152**、**158**、**192**、**200**、**206**、**234**、**240**、**288**、**298** 页),根据工厂的内部规章,算出一年中的非工作日天数(节日加星期日)。

载于1940年《列宁文集》俄文版
第33卷(非全文)

在 B.Φ. 斯维尔斯基论弗拉基米尔省工业的书上作的批注和计算[87]

《弗拉基米尔省的工厂和其他工业企业》
1890 年克利亚济马河畔弗拉基米尔版

(1896 年 1 月 2 日〔14 日〕和
1899 年 1 月 30 日〔2 月 11 日〕之间)

[3] 为了写我考虑已久的这本书,我原打算利用省管理局收藏的工厂详细登记材料,但经过仔细审阅并对其中一些材料(实地)核查,我确信必须亲自重新收集一切资料,主要是那些好久没有去过的企业的资料。这样的作坊有236 家。

这就是说,收集的远不是"全部"工厂的资料(613 家中的236家)

[9] 织亚麻布业,正像我们在下面将要看到的,早就成为弗拉基米尔省居民的一种行业……

[16] 舒亚、波克罗夫、亚历山德罗夫、科夫罗夫等县,目前棉织业特别发达……

[55] 工厂和其他工业企业的工人总数达95 460 人,其中:男工 59 908 人,女工 32 914 人,童工(12 岁以下的)26 381 人。这些工人的工资总额为 12 609 268。我们扣除其中挖泥炭工人的工资…… 工人不分性别和年龄的年平均工资为 137 卢布 85 戈比。

[58—60]

根据《一览表》(1890年) 企业数目和工人人数				行业名称	工 人	
类别	企业	工人			男工	女工
I,1,a	13	48 970	a	1. 棉纺业…………	11 308	10 856
I,1,b(和 f?)	60	26 823	b	机器织造业………	12 652	11 569
I,1,c—e	64	10 392	c	印花业…………	7 453	809
			d	煮染、漂白和后处理	2 478	474
染色和印花＋后处理			e I.	染红和印花	3 646	1 576
			f 纤	手工棉织业,各种织物的染色、后处理和分活站………	232	267
			维		37 769	25 551
I,2,a	7	5 291	a 加	2. 亚麻纺纱业………	3 820	2 626
打亚麻业	6	300	b	亚麻布机器织造业	1 111	595
I,2,b+c	31	5 954	c 工	亚麻布手工织造业,亚麻布的漂白及后处理和分活站……	746	296
亚麻织布业					5 677	3 517
I,3	9	413		3. 毛纺和织造业……	129	179
I,4	35	2 112		4. 丝绸加工: 丝织业和手工织丝绒业……	504	346
I,5	8	912		5. 书写纸和包装纸业: 书写纸业………	407	325
				包装纸、擦光漆、纸板等行业………	73	16
					480	341
IIa	27	4 388	a II.	坡璃厂……	3 350	184
IIb	3	1 486	b 矿	细瓷厂和粗瓷厂…	1 069	246
IIc	11	456	c 物	化工厂……	425	23
IId	13	250	d 加	火柴作坊……	64	92
IIe 石灰业	2	26	e 工	石膏厂……	15	—
					4 923	545

人　数		工　资		学　　校			医　　院			企业数目
童工	共计	总额	平均	数目	学生人数	平均多少工人有一名学生	数目	床位	平均多少工人有一张床位	
739	22 903	3 055 045	133.38	9	2 833	8.01	14	703	31.11	13
226	24 447	3 632 570	148.58	4	232	105.37	22	154	158.6	39
109	8 371	1 265 786	151.21	—	—	—	9	19	440.5	31
27	2 979	507 554	172.05	1	101	29.4	11	39	76.12	13
32	5 254	614 932	116.1	—	—	—	—	—	—	13
—	499	24 866	49.81	—	—	—	—	—	—	30
1 133	**64 453**	**9 100 753**	**141.19**	**14**	**3 166**	**20.55**	**56**	**915**	**72.1**	
91	6 537	650 360	99.49	1	100	65	2	20	326.3	8
44	1 750	192 047	109.78	1	50	34	2	16	109.4	4
26	1 068	54 847	58.84	—	—	—	—	—	—	20
161	**9 355**	**897 254**	**83.42**	**2**	**150**	**62.36**	**4**	**36**	**25.9**	
15	**323**	**29 841**	**92.57**							7
—	850	89 017	104.72	2	81	10.5	—	—	—	8
2	734	75 306	102.59				2	9	81.5	3
5	94	9 406	100.06	—	—	—	—	—	—	5
7	**828**	**84 712**	**101.30**	**2**	**87**	**9.7**	**2**	**9**	**92**	
811	4 345	591 179	136.08	10	436	9.9	8	35	124.1	25
159	1 474	326 721	221.65	1	108	13.6	2	16	92.1	3
—	448	63 764	142.26				2	5	89.6	10
27	183	11 412	62.35							4
—	15	2 760	184							1
997	**6 465**	**995 806**	**—**	**11**	**544**	**11.6**	**12**	**56**		

根据《一览表》(1890年)企业数目和工人人数			行业名称		工　人	
类　别	企业	工人			男工	女工
III　a	3	80	a	炼铁厂和铁工厂……	806	78
III　b+c	39	1 525	b	III. 黄铜厂	1 347	—
			c	金 属 加 工　轧箔厂	97	5
III　d	7	1 230	d	机械厂	1 954	—
III　e　铁丝和金属制品	16	864	e	钢制品厂	276	
					4 480	**83**
IV　a	8	236	a	酿酒业	160	
IV　b	5	36	b	IV. 啤酒—蜜酒和烧酒业……	34	
IV　c	32	309	c	精面粉业	235	6
			d	农 产 品 加 工　黑麦面粉业	328	
IV　e	12	116	e	榨油业	77	—
IV　(f—h)	19	182	f	小麦淀粉业	11	
			g	马铃薯擦碎业	35	
			h	淀粉糖浆业	132	
					1 025	**6**
V　a	26	178	a	制革厂	145	—
V　b	21	275	b	V. 羊装皮厂	376	—
V　c	7	17	c	有 机 物 加 工　肥皂厂和蜡烛厂	12	—
V　d	2	44	d	漆布业	35	
V　e	4	21	e	木材、树脂、桦树皮等的干馏	20	—
V　f　润滑油	1	16	f	石油及其余渣的提炼…	18	—
					606	**—**
VI	9	213		VI 木材的加工,制材厂…	**210**	—
VII　缺印刷厂	?	?	a	VII 各种小行业…	271	114
			b	铅印及石印业	103	
VIII　缺泥炭业[88]				VIII 机械采泥炭业	3 731	2 232
				共计………	59 908	32 914
				扣除泥炭工人………	—	—

人 数		工 资		学 校			医 院			企业数目
童工	共计	总额	平均	数目	学生人数	平均多少工人有一名学生	数目	床位	平均多少工人有一张床位	
4	888	129 890	146.10	—		—	4	22	40.4	6
6	1 353	215 654	159.27	2	116	11.6	4	18	75.2	9
28	130	13 743	105.7			—			—	2
88	2 042	499 983	244.85	1	80	25.5	2	32	63.9	16
—	276	41 643	150.88	1	40	5	1	5	55.2	7
126	**4 689**	**900 913**	**192.13**	**4**	**236**	**19.87**	**11**	**77**	**60.89**	
3	163	10 700	65.64	1	60	27	1	2	81.5	7
4	38	3 840	101.05							4
3	244	21 547	88.30							7
—	328	32 185	98.78							185
5	82	5 995	73.10							13
	11	1 040	94.54							4
	35	1 097	31.34							4
	132	8 135	61.62							5
15	**1 046**	**84 539**	**—**							
1	146	13 893	95.15							15
11	387	31 810	82.20							10
—	12	1 668	139							2
—	35	4 350	124.28							2
1	21	2 140	101.9							4
	18	1 972	109.55							1
13	**619**	**55 833**	**90.20**							
2	212	23 577	111.20							12
62	447	46 670	104.40							26
32	135	18 496	137							11
75	6 038	281 855	46.65				1	40	151	24
2 638	**95 460**	**12 609 268**	**133.29**	**36**	**4 324**	**22.23**	**85**	**1 135**	**84.10**	**613**
—	89 422	12 327 403	137.85	36	4 324	20.82	84	1 095	—	

此外,《一览表》中还有:

	企业	工人
编结制品……………………	1	50
绦带业……………………	2	164
宽边帽业……………………	3	13
木制品……………………	1	40
椴皮席业……………………	3	85
蜡制品业……………………	2	45
猪鬃业……………………	4	42
烧砖业……………………	16	145
瓷砖业和陶器业……………	2	14
铸钟业……………………	1	2
蜜糖饼干业……………	2	9
烟草业……………………	1	25

根据《一览表》(1890 年),弗拉基米尔省有 538 家工厂,113 749 个工人,产值 117 847 000 卢布。

列宁在弗拉基米尔省工厂统计索引中标出了各种资料。在这份企业索引的开头,列宁注明:

见第 8 页注释。

注意 ‖ [8] **注释**。用五角星★标出的地方自治局最近一次评估的年份,表示工厂登记材料在编制 1890 年的清单时已核实过。

列宁在资料的第 20 页和第 34 页上注明:

伊万诺沃－沃兹涅先斯克市共有工人 14 665 人。

《一览表》中:**伊万诺沃－沃兹涅先斯克**市。穆拉科夫开办?

——9 000 卢布,50 名工人(针织业:15 000 双长袜)。

[198]　　# 目　录

弗拉基米尔省工厂、磨坊和其他工业企业统计资料

　　列宁根据1890年的《一览表》对索引作了修改和补充,并从中引用了许多资料作比较,等等。

　　列宁在书的结尾,在该省企业统计资料目录中作了汇总。

索引中共计

开工的企业		403
水力发动的磨坊		185
	共计	588
泥炭沼地		24
	总共	612
停产或被撤销的企业		123
	加在一起总计	735

载于1940年《列宁文集》俄文版
第33卷(非全文)

在 Д.И. 施什马廖夫论下诺夫哥罗德和舒亚—伊万诺沃铁路区域工业的书上作的批注[89]

《下诺夫哥罗德与舒亚—伊万诺沃铁路区域
工业简明概论》1892 年圣彼得堡版

(1896 年 1 月 2 日〔14 日〕和
1899 年 1 月 30 日〔2 月 11 日〕之间)

[10]　奥比拉洛夫卡车站的联结支线……距离 5—10 俄里处,有几家很大的工厂:(1)列乌托夫棉纺厂,生产 204 000 普特细棉纱,有 73 050 纱锭;(2)巴拉申棉纺厂有 4 000 名工人,生产约 35 万普特棉纱;(3)维什尼亚科夫兄弟毛纺厂有 300 名工人,生产 1 万普特毛纱和棉毛混纺纱;(4)П.菲力波夫制呢厂有 500 名工人,生产呢绒、厚呢、棉毛混纺华达呢、法兰绒(10 万普特)。上述工厂同莫斯科的买卖关系除通过铁路进行外,也用马车沿弗拉基米尔公路运货。

建于 1843 年:218 万卢布,2 134 名工人。
建于 1846 年:3 045 000 卢布,2 687 名工人。奇若沃村维什尼亚科夫兄弟工厂。
建于 1823 年:65 000 卢布,70 名工人。

[11]　生产酸、金属盐、氨水和蒽蒎油(16 000 普特)的 П.马柳京儿子们的化工厂。工厂的营业额从前达 200 万卢布,现在不超过 30 万卢布;工厂有 350 人采掘泥炭,其中一部分被送往拉缅斯科耶(沿梁赞铁路)。巴布金兄弟

博戈罗茨克县沙洛夫斯克乡旧库帕夫纳村。建于?年,16 万卢布,239 名工人。

博戈罗茨克县库帕夫纳村。巴布金兄弟公司。100 万卢布，1131 名工人。同县，奥布霍夫斯克镇和彼得罗夫斯克镇（两家工厂），80 万卢布，1060 名工人。

制呢厂，1000 名工人生产约 2 万匹呢绒，价值 200 万卢布。阿尼西姆·丘利亚耶夫父子商号，1500 名工人生产约 3 万匹呢绒，价值约 300 万卢布；洛帕廷兄弟纺纱厂[1]，生产 45000 普特细棉纱，价值 60 万卢布。

斯捷潘诺沃车站(旧称博戈罗茨克)位于[*]伊格纳季耶夫斯克乡，该乡的一些村庄很早以来就生产锦缎、亚洲丝绸和处理蚕丝。这类手工业以如下几家大公司为中心：弗希夫金家族[2]、萨尔蒂科夫家族[3]、鲁达科夫家族[4]、马斯洛夫[5]等，总共约 15 家公司。一年之中在这一地区生产约 4 万匹锦缎和亚洲丝绸，处理蚕丝 1500 多普特；总产值超过 120 万卢布，而干活的人数有 1500 人，其中大部分在家里或在小工房干活。

---

　[*]　根据 1890 年的《一览表》，该乡（锦缎业）有：15 家工厂——590 名工人。$\sum = 208\,000$ 卢布。

((见该编第 116 页))

　1)　**博戈罗茨克县奥谢耶夫斯基乡格林科沃村（1860 年）。55 万卢布，487 名工人。**

　2)　博戈罗茨克县伊格纳季耶夫乡喀山村
　　　　　　2 家工厂：4 万卢布，48 名工人；
　　　　　　38000 卢布，80 名工人。

　3)　同县，伊格纳季耶夫乡喀山村
　　　　　　3 家工厂：1 万卢布，36 名工人；
　　　　　　8000 卢布，20 名工人；
　　　　　　4000 卢布，34 名工人。

　4)　同县，伊格纳季耶夫乡喀山村
　　　　　　1 家工厂：22000 卢布，36 名工人。

5) 同县,伊格纳季耶夫乡喀山村

1 家工厂:2 000 卢布,10 名工人。

[12]　　　　**博戈罗茨克市**

[13]　该区工厂中业务范围居首位的是博戈罗茨克—格卢霍沃纺织厂,它是扎哈尔·萨维奇·莫罗佐夫于 1842 年在格卢霍沃村建立的。在此之前,在这里有过一家不太大的染色作坊,是莫罗佐夫家族的始祖——萨瓦·瓦西里耶维奇·莫罗佐夫的祖耶夫斯克纺织厂的分厂。现在的博戈罗茨克—格卢霍沃纺织公司是俄国的第一家公司,它是扎哈尔·萨维奇建立的,于 1855 年 11 月 11 日经皇上批准开业。创办人的后裔达维德·伊万诺维奇·莫罗佐夫、阿尔谢尼·伊万诺维奇·莫罗佐夫和康斯坦丁·瓦西里耶维奇·莫罗佐夫现领导董事会……　纺织厂及其周围各分厂的年产值达 1 550 万卢布。纺织厂生产棉纱并织成布(本色的、漂白的和染色的)。纺棉纱约 25 万普特(60 支以下),26%的纱供出售,其余的由自己的织布厂和师傅**90**用来织成各种布匹(粗平纹布、细平纹布、细棉布、鼠皮布、棉绒布、灯芯绒和其他布匹),总共约 80 万匹……

[14]　这一切使格卢霍沃纺织厂的 8 000 人有了活干,而且在库兹涅察村的工厂及其附近各村干活的还有约 1 700 人。夏天,在泥炭沼地干活的还有 2 300 人……纺织厂附近有工资收入的师傅和手工业者约 7 000 人,工厂总共使近 2 万人有了活干……

博戈罗茨克—格卢霍沃纺织公司:博戈罗茨克县亚姆基诺乡格卢霍沃村。**7 259 000 卢布,8 136 名工人。**

离城 2 俄里,见下面

《一览表》中相同

《一览表》中 371 000 匹

$$
\begin{array}{r}
8\,000 \\
+\ 1\,700 \\
\hline
2\,300 \\
\hline
12\,000 \\
+\ 7\,000 \\
\hline
\text{共计 } 19\,000
\end{array}
$$

《一览表》572 000 卢布，740 名工人。
*) 《一览表》35 750 匹

《一览表》560 台织机

阿尼西姆·叶拉金父子商号。《一览表》:1 台蒸汽机,35 马力。《一览表》:30 万卢布,341 名工人(330 台织机)10 350 匹+24 000 条头巾。

《一览表》:20 万卢布,234 名工人。
1890 年:在丝织业中

《一览表》:130 万卢布,1 528 名工人。
根据《一览表》成件的衣料 128 000 俄尺及头巾 1 265 500 条

根据《一览表》:132 000 纱锭,2 948 台织机,

[16—17] 费多尔·叶拉金儿子们的博戈罗茨克工厂,生产毛料和毛棉混纺料约 10 万匹*),工厂营业额近 150 万卢布。在工厂干活的工人近 1 000 人……

工厂里有 750 台自动织机,它们是由两台 500 指示力的机器带动的。

就在这个城里还有一家也生产毛料和毛棉混纺料的上述商号亲属办的工厂。阿尼西姆·叶拉金的儿子们的工厂用 500 名工人、300 台自动织机和 130 台手工织机生产 4 万匹织物。前者用 7 台蒸汽机带动,总共为 185 额定马力……

营业额一年达 85 万卢布。A.库普里亚诺娃继承人的工厂营业额约为 30 万卢布,生产各种毛料……

[18] 市镇坐落在沃赫纳河和克利亚济马河的汇流处,是一个大的工厂村…… 巴甫洛夫镇,连同它的近郊,在发展工厂生产方面的地位仅次于博戈罗茨克市。大工厂中最为突出的是 3 家头巾印花厂:(1)Я.И.拉布津头巾印花、染色和织造厂,生产 120 万条纯毛的和半毛的头巾;它的年产值达 150 万卢布,工人有 2 750 人,这包括了在家干活的织工和镶边工、在工厂里干活的近 1 200 人……

[26—27] 萨瓦·莫罗佐夫儿孙公司的尼科利斯科耶纺织厂,包括棉纺织生产的一切部门,而且规模极大:纺纱(13 万纱锭)、织造(2 500 台

织机)、染色和后处理。约 12 000 人在工厂干活,此外,在夏季,约 3 000 人在泥炭沼地干活。棉纱产量达 35 万普特,其中的⅓供出售,其余的供加工:70 万匹粗平纹布、细平纹布和其他布匹。年产值为 1 500 万卢布。

13 302 000 卢布,17 252 名工人,362 125 普特,1 376 000 匹,13 302 000 卢布。

工厂所需物品如下:

棉花·······························约 360 000 普特
棉毛混纺纱···················约 8 000 普特
买来的商品···················约 120 000 普特
染料和其他材料···········约 117 000 普特
燃料(泥炭、焦炭等)·········约 7 500 000 普特
食品·······························约 442 000 普特

工厂各"分厂"。见第 33 页和第 34 页。{然而《一览表》把所有分厂都合在一起,尽管它们在不同的地方! }

　　所进的棉花有:美棉、埃及棉、中亚棉和高加索棉;22 000 方泥炭是在工厂附近自己的沼地中挖掘的。

　　22 000×300＝660 万普特 3 000 名工人,1 名工人——2 200 普特{5 000 万普特,近 25 000 名工人}

[32]

莫罗佐夫家族家谱

萨瓦·瓦西里耶维奇·莫罗佐夫

扎哈尔　　　　　　　阿布拉姆·莫罗佐夫

叶利谢伊　安德列　伊万　瓦西里　康斯坦丁　库兹马　费多尔　马卡尔　阿布拉姆　伊万　萨瓦　谢尔盖

维拉　阿列克谢　达维德　阿尔谢尼　康斯坦丁　叶夫斯塔菲　谢尔盖　伊万　达维德　谢尔盖　伊万　达维德　谢尔盖

维库拉·莫罗佐夫父子纺织公司。在尼科利斯科耶

博戈罗茨克—格卢霍沃纺织公司

特维尔纺织公司

萨瓦·莫罗佐夫儿孙尼科利斯科耶纺织公司

根据1890年《一览表》：

8 725 000 卢布，9 500 名工人

7 259 000 卢布，8 136 名工人

5 877 000 卢布，4 178 名工人①

13 302 000 卢布，17 252 名工人

总共 35 163 000 卢布，39 066 名工人①

———————

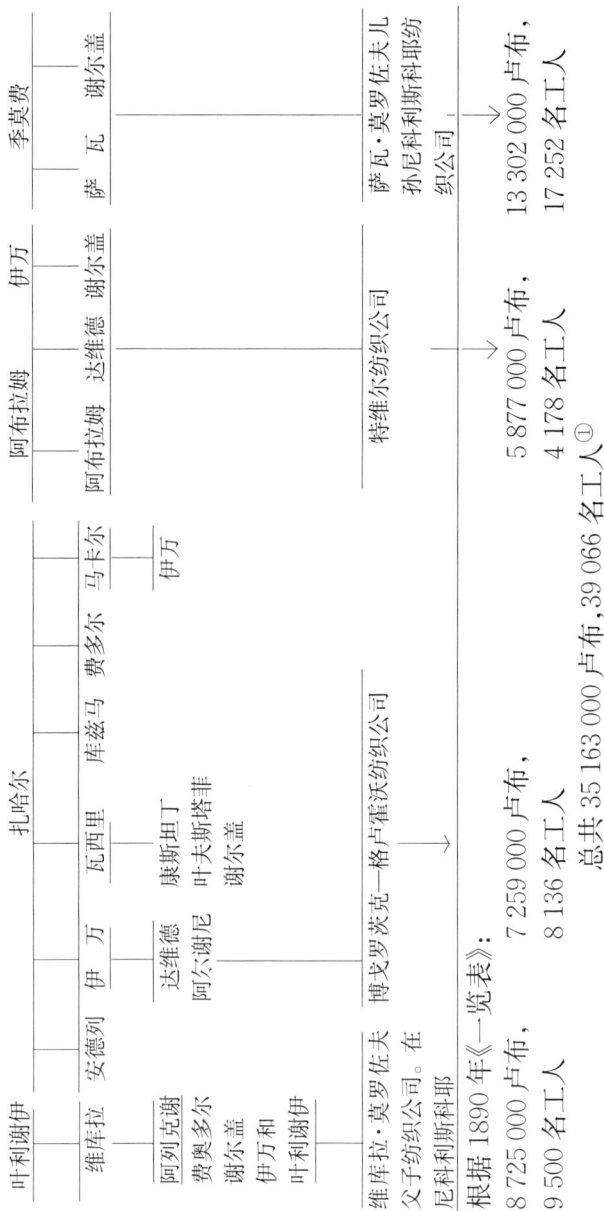

① 参看本版全集第 3 卷第 498 页。——编者注

[33] 萨瓦·莫罗佐夫的尼科利斯科耶纺织工场漂白厂,位于基尔扎奇河和克利亚济马河的汇流处,离车站 2 俄里,该厂漂白从奥列霍沃和伊万诺沃-沃兹涅先斯克送来的原色布,产值 50 万卢布。

[38]
弗拉基米尔市

[41] 伊万·谢尔盖耶维奇·马利佐夫 30 年代在实验室分解出秘方已失传的石榴红玻璃。这一发现对工厂扩大营业以及改进生产是一个新的推动力。

伊万·谢尔盖耶维奇充分认识到,农民吃饱了,地主的日子就好过了,鉴于农业的条件诸多不利,他得为自己的农民张罗必要的收入,而精制玻璃业需要的人手较少,于是他在 1846 年开办了一家棉纺厂,现在这个厂发展到营业额达几百万卢布,使 6 000 人有了活干。

[42]

原文如此!
正是这样!

《一览表》
3 538 000 卢布,
4 571 名工人

根据《一览表》	工人
(1) 古谢夫纺纱厂	4 571
(2) 古谢夫精制玻璃厂	670
	5 241

[50]
舒亚—伊万诺沃铁路和
穆罗姆铁路

[52] 伊万诺沃-沃兹涅先斯克市在 1871 年前曾是伊万诺沃村和沃兹涅先斯克镇…… 1751 年,现在的工厂主加列林家族的曾祖父创立了工厂亚麻织布业。

[53] 伊万诺沃-沃兹涅先斯克的居民有 4 万人,其中有工厂工人约 26 000 人。这些工人在营业额约为 3 800 万卢布的 46 家纺织厂干活。此外,另有 16 家小企业,它们使 1 500 人有了活干,营业额达 150 万卢布。

《一览表》(1890 年)。**伊万诺沃-沃兹涅先斯克市**

棉纺……………………	2—	584 名工人——		801 000 卢布
棉织……………………	12—	8 467	工人——	9 706 000 卢布
染色和印花……………	22—	5 521	工人——	15 148 000 卢布
后处理…………………	2—	69	工人——	73 000 卢布
共　计	38	14 641		25 728 000 卢布

铜制品(工厂用的				
滚筒和小滑轮):……	1—	30	——	10 000 卢布
金属制品:……………	1—	9		2 000 卢布
机器制造(制造和				
修理工厂锅炉):……	3—	401		282 000 卢布
刷子:…………………	2—	26		15 000 卢布
化工产品(矾油、盐等等)…	3—	117	——	249 000 卢布
椴皮席业:……………	2—	69		10 000 卢布
共　计	12—	652	——	568 000 卢布
总　计	50——	15 293		26 296 000 卢布

＋编结制品:…………	1	50	——	9 000 卢布
＋铁丝制品:…………	1	44	——	38 000 卢布
这样,官方的材料:……	50	15 293	——	26 000 000 卢布
实际上:	62	27 500	——	39 500 000 卢布

[56]　1817 年成立的库瓦耶夫印花布纺织公司,应该认为是伊万诺沃-沃兹涅先斯克的最大的商号之一。它是由农民雅柯夫·伊阿基莫维奇·库瓦耶夫开办的,起初是一家小的印花作坊,而且仅仅由自己的家庭成员来干活;到了 1845 年,虽然作坊有了很大的扩展,但仍然只是手工操作。在 1845 年才安装了第一台马力带动的印花机,而第一台蒸汽机在 1857 年才出现。从这一年起,作坊已经变成了一家大工厂,而且生产开始有了很大的发展。

染色和印花厂:
4 196 000 卢布,
1 206 名工人

注意

[57—58]　目前工厂创始人中还活着的只有尼孔·尼古拉耶维奇·福金,他在 1838 年创办了他的工厂。创办时仅仅是手工操作,厂外工人极其有限。大概将近 70 年代时,工厂由手工操作改为使用蒸汽机的机器操作。现在工厂有近 500 名工人,生产 20 多万匹印花布。细平纹布是从尼孔·尼古拉耶维奇入股的伊万诺沃-沃兹涅先斯克纺织公司[*]进的。印花布的主要销售地点是:下诺夫哥罗德、辛比尔斯克和雅罗斯拉夫尔省罗斯托夫的一些集市。

1890 年:印花厂:100 万卢布,400 名工人

注意
《一览表》:22 万匹

Н.Ф. 祖勃科夫的继承人的工厂,在本届中亚展览会上,因印花质量优异、图案多样化而获得了唯一的一块大金质奖章。该工厂建于本世纪 20 年代末。它像其他工厂一样,手工生产先改用马力带动,最后改用蒸汽机,逐步扩大营业。第一台蒸汽机是在 50 年代安装的。

印花厂:1 061 000 卢布,
344 名工人。
而他的棉织厂:
899 000 卢布,614 名工人

---

　　[*]　伊万诺沃-沃兹涅先斯克纺织公司建于 1880 年。织布厂有工人 2 500 名,生产约 40 万匹细平纹布。材料来自莫斯科和彼得堡,而销售点是各地方工厂。公司的成员是一些自己没有织布厂的当地工厂主。

1890 年:棉织厂:
2 805 000 卢布,
2 434 名工人

《一览表》:204 000匹

253 500匹

现在工厂生产 20 多万匹印花布,而在 1872 年建成的织布厂生产约 25 万匹细平纹布。

工厂里大约有 1 000 人干活,有几台总功率为 135 额定力的机器。商号的总营业额一年达 130 万卢布。商品是在莫斯科、下诺夫哥罗德、哈尔科夫和巴库销售的。因为绝大部分产品主要是为亚洲生产的,所以多半是经巴库运往波斯和中亚。

伊万诺沃-沃兹涅先斯克的其他工厂有:彼得·杰尔别涅夫的工厂 1),尼卡诺尔·杰尔别涅夫儿子们的公司 2),扎哈尔·科库什金和康斯坦丁·马拉库舍夫的工厂 3),其他工厂的行业性质虽然相同,但规模比上述工厂小得多。

	单位 千卢布	工人		单位 千卢布	工人
1)			印花厂	115——	230
2)	棉织厂:1 327——	1 034	″ ″ ″	463——	360
3)	600——	457	″ ″ ″	700——	263

!!

印花厂。佩拉格娅·彼得罗夫娜·科库什金娜和儿子们(建于1844年):23万卢布,110名工人

[59—60] 在舒亚市的工厂中…… 帕维尔·德米特里耶维奇·科库什金于本世纪 20 年代创办了一家工厂。印花布印花在 40 年代前一直是用手工方法进行的(最初只是由一些家属做),第一台印花机安上后,最初由马力带动,从 70 年代起马力带动改为由蒸汽机带动。现在工厂有两台印花机,110 名工人,生产约 4 万匹印花布…… 本世纪初,农民斯捷潘·伊万诺维奇·博勃罗夫把那个只生产蓝粗布的很小的

作坊从斯图皮诺村迁到舒亚来。<u>起初，博勃罗夫只靠他一家人干活</u>；逐渐扩大营业，他由生产蓝粗布改为生产宝蓝印花布。1873年创办人死后，事业就转到他的孙子、即现在的厂主丹·瓦·博勃罗夫手中……

　　亚历山德拉·卡列特尼科娃商号有棉纺织、印花和染色、后处理等业务，规模很大。印花厂建于1787年，后于1840年又经营染红布的业务，1862年建成棉纺织厂，1865年则建成大型漂白厂和染色-后处理厂。这家纺织厂的厂房很多，约有4000名工人在这里干活，其中有少量男童工。

[62]　<u>伊万·亚历山德罗维奇·科诺瓦洛夫的织造厂和后处理厂</u>，位于维丘加车站附近，<u>博尼亚奇基村和卡缅卡村</u>；工厂既织亚麻布，也织棉布，产量35万多匹。工厂里约有2300名工人干活。1812年开始营业。最初仅是手工生产，并且只生产亚麻布。是<u>逐渐扩大的，开始时工厂创办人只靠他一家人干活</u>，先是改为机械生产，用马力带动，后转为使用蒸汽机生产。大约在50年代，既没有放弃亚麻业，又经营棉纺织业。

[63]　　　**科夫罗夫市**

[69]　近郊农村的居民冬季外出到<u>先科夫继承人的洛谢沃亚麻纺捻线厂做工，该厂冬季约有1000人干活</u>；工厂的麻纱和线的产值（7万普特）达40万卢布。除这家有1俄里半铁路支线同车站连接的工厂以外，<u>还有许多居民在小工房里织亚麻布</u>。

注意

印花厂（建于1858年）：
56 000卢布，65名工人

纺纱厂（建于1862年）：
3 705 000——2 555
印花厂（建于1787年）：
616 000——619
后处理厂（建于1865年）：
　290 000——　317
4 611 000——3 491

全在**博尼亚奇基**镇（科斯特罗马省基涅什马县）：
棉织业：
1 002 000——1 150
叶·叶·科诺瓦洛娃
203 000——255
　印花业：卡皮通·尼科诺夫·科诺瓦洛夫
　126 000——90

注意

先科夫的继承人，**洛谢沃**镇（麻纺厂）
677 000——660

维亚兹尼基市

注意 | [70]　在维亚兹尼基车站地区,在不到 20 俄里的距离之内,有几个大业主,他们没有自己的工厂,而是在各个村用手工织机织布[1),他们的总营业额为 60 万卢布。

[1)在《一览表》中,在维亚兹尼基县,除了杰米多夫、先科夫、叶利扎罗夫和巴雷宾等人使用蒸汽机的工厂外,还有一些手工工厂:9——**463 名工人**——**105 000 卢布**。关于厂外的工作情况只字未提。

所有的农民都是尼科洛戈尔村(4)、卢克诺沃村、保斯托沃村、霍卢伊村和谢尔盖耶沃村的。

[从地图上看,霍卢伊距维亚兹尼基 20 多俄里。]

这段话逐字逐句抄自《手工委员会的报告》。[①] | [80]　在奥卡河对岸,距切尔诺耶站 14 俄里处,有一个现在在俄国少有的村子。这就是博戈罗茨科耶村。它有 8 000 居民,5 个教区,有宽阔的街道和石头砌的房子,宛如一座很好的县城。就人口、工商业而言,它不仅超过它所在的戈尔巴托夫县城,而且超过下诺夫哥罗德省除阿尔扎马斯以外的所有其他县城。

载于 1940 年《列宁文集》俄文版
第 33 卷(非全文)

---

① 《俄国手工工业调查委员会的报告》第 9 编,1883 年圣彼得堡版。——编者注

在莫斯科省地方自治机关
统计年鉴上作的计算和笔记

《1886 年莫斯科省地方自治机关
统计年鉴》1886 年莫斯科版

(1896 年 1 月 2 日〔14 日〕和
1899 年 1 月 30 日〔2 月 11 日〕之间)

1880 年和 1885 年
发给莫斯科省农民人口的居民证。

[6—7] 发出的各种居民证共计:

1876—1877 年	1880 年	1885 年	
			243 840
			+ 84 405
男⋯⋯⋯203 197	213 665	236 036	$\sum$ = 328 245
	221 469	243 840	1885 年
			男女居民
女⋯⋯⋯ 55 050	67 173	81 689	
	69 889	84 405	

这样,从 1877 年到 1885 年的 8 年中,男子身份证的数量增加了 20%,女子身份证的数量增加了 53%。这就是说,和 1877 年比较起来,1885 年女子离家外出谋生的比男子频繁得多⋯⋯如果只拿占莫斯科省总人口不到 50% 的劳动年龄人口来说,那可以算出,这种劳动人口有 54% 以上外出做零工。由此足以看出,减少外出谋生的需要和促使找

注意

一下子就露出了民粹派的问题提法 ‖	活干的人之间的竞争缓和这类办法,对当地居民该有多么重要的意义,也就是说,竭力提高莫斯科省农民的农业收入和手工业收入是多么重要……①

现在我们来看一下是哪些月份、哪个季节办证最多②。

[8]　　　　　　　　百分数

	男子		女子	
	1880 年	1885 年	1880 年	1885 年
1 月……	7.5	6.6	7.3	6.6
2 月……	4.8	5.4	5.2	5.4
3 月……	6.2	7.1	5.9	10.0
4 月……	14.5	17.9	16.0	15.0
5 月……	11.3	7.4	12.4	7.7
6 月……	5.9	5.0	6.4	5.9
7 月……	5.2	5.3	5.3	5.8
8 月……	9.5	10.3	8.0	9.5
9 月……	8.5	8.5	8.5	9.4
10 月……	9.2	9.9	9.8	10.5
11 月……	9.5	9.4	8.5	7.5
12 月……	7.9	7.3	6.7	6.6
	213 665	236 036	67 173	81 689
	$=100\%$	$=100\%$	$=100\%$	$=100\%$
	$\sum=100.1$		$\sum=99.9$	

[27]　……妇女从这一地区外出谋生人数最多的时期(4月份),看来往往正值农活开始;我们都知道,在沃洛科拉姆斯克县,的确有相当数量的妇女选择菜园工作为自己

---

① 参看本版全集第 3 卷第 534 页。——编者注
② 同上书,第 523—524 页。——编者注

的专业并以沃洛科拉姆女菜园主而闻名；这些妇女，大概在4月份，在她们外出到莫斯科附近地区种菜之前，办理了一大批居民证。

载于1940年《列宁文集》俄文版
第33卷(非全文)

在莫斯科省统计汇编上作的批注[91]

《莫斯科省统计资料汇编》。经济统计篇。

第 7 卷。第 3 编。1883 年莫斯科版

（1896 年 1 月 2 日〔14 日〕和

1899 年 1 月 30 日〔2 月 11 日〕之间）

[5]　正像上面所指出的,统计表中说的地方手工业,是指农民不离开本村、因而不用长期离开家而从事的那些手工业。比如,工厂就在本村或在本村附近,该村农民在工厂做工而回家休息和过夜,我们把这些人列为本地农民-工人;如果他们领身份证到远处的工厂去做工,与家庭不保持日常联系,我们就把这些人列为外出工人。

列宁在载有农民非农业副业资料的表"A"中,在使他感兴趣的关于从事金银线拉制业、首饰业(玻璃制品)、制靴业、制鞋业、缝纫业等行业的工人人数、本地和外出零工的平均工资等资料下面,画上了着重线。在第 13 页上,有列宁未作完的关于各行业每一个工人平均年工资的计算(7 469 540 ÷ 141 329[①])。列宁在《俄国资本主义的发展》一书中引用了莫斯科省家庭收支资料(见本版全集第 3 卷第 124 页)。列宁根据载有做本地零工和外出零工的农民的划分资料的表"Б",计算了外出建筑工人的人数,他在封底的内面记下以下总计:

---

① 参看本版全集第 3 卷第 407 页。——编者注

建筑工人人数？

外出的（第 20 页及以下各页）

瓦工和烧砖工	3 007
木工	2 322
油工和彩画工	664
	5 993

小工（这里包括，例如，

　铺路工）　　　　　　　12 423

载于 1940 年《列宁文集》俄文版
第 33 卷（非全文）

在沃利斯克县统计汇编上作的批注

《萨拉托夫省统计资料汇编》。第7卷。
第2册。沃利斯克县。1892年萨拉托夫版

（1896年1月16日〔28日〕和
1899年1月30日〔2月11日〕之间）

这表明外出的是贫困者

[36] 在外边生活的有1536户,男女人口4940人。外出户平均每户3.13人,而现有居民平均每户5.36人。

[56] 无役畜的农户,因不能亲自从事农业就找维持其经济状况的其他来源:副业、商业、手工业等等。从事这类职业,有较多的机会和时间来学会识字,而这对工业者比对农民更为必要。

注意

1.9÷0.12=16

7.2÷1.9=4

15.7÷6.2=2½

农户类别	无份地的		0—2.5口人		2.5—5口人		5—10口人		10口人以上	
	识字男人的百分比	每户播种面积	识字男人的百分比	每户播种面积	识字男人的百分比	每户播种面积	识字男人的百分比	每户播种面积	识字男人的百分比	每户播种面积
无役畜者…	167	0.12	195	0.8	164	0.8	164	1.2	231	1.9
有1头役畜者……	205	1.9	153	4.1	155	3.8	146	5.2	155	7.2
有2头以上役畜者……	279	6.2	186	13.4	198	10.6	180	10.4	188	15.7
	$\frac{6.2}{0.12}=51$		$\frac{13.4}{0.8}=16$		$\frac{10.6}{0.8}=13$		$\frac{10.4}{1.2}=9$		$\frac{15.7}{1.9}=8$ [1]	

---

① 列宁的计算表明,由于播种面积不同,上下两类农户的差别(写在表的下边)以及每一类内部的差别(写在表的左边)是多么大。——俄文版编者注

[73]　所有这些并行发展的现象,直接说明了大村庄的
商业性质和手工业性质,这一方面使居民养成文明的习
惯,而另一方面却使农民离开土地并削弱家庭关系。　　　注意

[40]　　　　　　　**切尔卡瑟乡**

　1.切尔卡瑟(兹纳缅斯科耶)村。农民不承担代役
租,有赐地、曾是乌瓦罗娃夫人的农民;大俄罗斯人。—
1—村庄位于卡梅舍夫卡和戈里亚奇卡两条小河岸旁,有
三排房子;村庄长4俄里,宽1俄里多。离萨拉托夫120
俄里,离沃利斯克和伏尔加河畔最近的商业点48俄里,
离最近的火车站80俄里。村里每逢星期四赶集,一年两
次大集市。30俄里远近的人都去那里赶集。

　注意。根据《工厂一览表》(1894年),切尔卡瑟村有**3家**制革
厂:**农民**莫列诺夫家族有**2家**($\sum$[①]=各3000卢布,各有2名工
人),萨布林有**1家**(2名工人,$\sum$=3000卢布)。工厂分别建于
1860年、1860年和1878年。

---

[43]　村里有许多手艺人,他们或者一直在村里干活,或
者外出做零工。**制革匠**主要鞣制档次较低的皮革、供制
靴用……　小制革匠就在当地集市上几十张几十张地买　　　见第40页
进生皮,也在赫瓦伦斯克县巴甫洛夫卡购买[1)]

---

　1)根据《一览表》,巴甫洛夫卡有两家制革厂(1884年和1865
年),都是小市民开的,各有2名工人。$\sum$=4000卢布和2000卢
布。那里还有1家农民开的鞣羊皮作坊(1877年)。$\sum$=2000卢
布,3名工人。

---

　① 生产总额。——编者注

根据《一览表》，
这里有2家鞣羊
皮作坊。2家都
是农民开的。各
有2名工人。
∑＝各2 000卢
布{各2 000张羊
皮}
（1850年和
1875年）

[45]　……除干计件活儿外，村里没有受雇去做工的……在40年代，村里总共只有<u>两个制革匠</u>，后来这个手艺由他们传给了别人；时尚带来了对这类制品的巨大需求："以前人们穿树皮鞋，而现在都穿靴子了"。**鞣羊皮匠**。村里有<u>4家</u>鞣羊皮作坊，其中<u>2家</u>只收本地农民的羊皮进行鞣制，而另外2家作坊在这里的集市上和在周围地区成批（一批100张或100张以上）收购生羊皮，经鞣制后出售。

[46—48]　**马具匠**。村里约有8户从事马具业。这种行业在这里早就有了；老人们在杜博夫卡和察里津学会了制造马具。<u>有能力的就自己干，没有的就到外边去干</u>……　**磨粉工**。许多本地农民很早以来就去各处磨普通面粉或精粉的磨坊干活；1861年以后，<u>这类工人的人数开始增加</u>……　**铁匠和钳工**。村里共有<u>12人做钳工和打铁手艺</u>……　丰收年景，<u>所有这些铁匠都去收割庄稼</u>，由此可见收入少到何种程度……　**制桶匠**。村里共有制桶匠<u>10人</u>。他们制作腌黄瓜的小桶和小木桶（水桶），并在集市上出售；此外，从事大田劳动之前也需要这种小木桶。<u>每逢冬季，他们就去酿酒厂和啤酒厂干活</u>。

注意

在《一览表》中
无

注意

[49]　**烧砖工人**。切尔卡瑟村的农民有<u>3家工厂</u>，还有<u>1家农庄办的工厂</u>。

[55]　……<u>村里约有一半人外出到磨坊干活挣钱（磨精粉工）</u>……

《一览表》
（1894年）中指出
1887年——
　　2名工人
∑＝2万卢布

[244]　<u>阿莱河上水力发动的面粉磨坊有为期25年的建房占地权</u>……

[275]　**新茹科夫卡村**。农民有赐地,曾是退伍中尉 H. II. 格拉德科夫的农民,大俄罗斯人……　从 10 岁起开始服徭役。那时地主就有工厂了,农民被迫在工厂里干活;一年给 3 个卢布。他们在工厂中工作到结婚,然后去服徭役①,服到 60 岁。厂里的固定工人都在地主家里当过仆人;月薪 1.5 卢布……　随着赐地的出现开始按登记丁口分地,这种分法一直沿用到现在。 | 注意

[276—277]　根据 1885 年村镇手工业者人数调查:制桶匠 3 人,铁匠 2 人,裁缝 6 人,护林员 7 人,粗木工 2 人,制靴匠 12 人,细木工 1 人和弹毛工 1 人……　村社于 1883 年向农民叶尔绍夫借了 200 卢布,借期 3 个月。 | 注意

[283]　**乌雷博夫卡村**、**卡赞斯科耶村**、**博戈罗茨科耶村——也一样**。——农民有赐地,曾是谢尔巴托夫公爵夫人的农民,大俄罗斯人。

[285—286]　根据调查,这里的手工业者人数中计有:雇农 18 人,管院子的 7 人,制靴匠 6 人,日工 5 人,裁缝 4 人,看守人 2 人,等等。农民在当地农庄做零活,冬天男的每天挣 30 戈比,夏天挣 60 戈比,吃自己的伙食……村社每年收磨坊河岸占用费 25 卢布,收集市场地费 40—48 卢布……

《一览表》(1894 年)中指的是农民加尼奇金的磨坊,1872 年——2 名工人。
$\sum$＝5 000 普特

德米特里耶夫卡村……　村社于 1885 年收小酒馆 30 卢布,收磨坊(为期 24 年的建房占地费)也是 30 卢布。

《一览表》1894 年:一个女小市民[92]
(1876 年)——2 名工人
$\sum$＝5 000 普特

[326]　人们历来就编椴皮席。单干的只有 5—6 户,其他的编席工受雇于包买主巴兰金,加工他的材料——韧皮纤维。

[336]　根据 1885 年的调查,村里有:木工 5 人,锯工 3 人,

① 见本版全集第 3 卷第 430 页。——编者注

《一览表》中无	男日工 5 人,女日工 4 人,雇工 20 人(其中 15 人在外边干活,一年收入 20—60 卢布),经商 3 人,磨粉工 6 人,铁匠 2人,从事其他手工业的 7 人……　1885 年村社收入为 809卢布 90 戈比,即:从小酒馆收入 350 卢布,从磨坊收入102 卢布 90 戈比＋124 卢布＋88 卢布,从租出的土地收入 145 卢布……
	[350]　国家农民中有 414 户从事副业,而皇族农民中有 35户;所有从事副业的人手中,在本地干的男性 487 人,外出的男性 25 人。主要的副业有:造船的 63 人,渔民 83 人,粮商11 人,食品杂货商 10 人,鱼商 2 人,衣料商 3 人,木材和树脂商 3 人,果园采摘工 3 人,粗木工 38 人,锯工 40 人,细木工 6 人,车轮制造匠 3 人,火炉匠 11 人,制靴匠 34 人,牧人17 人,磨粉工 33 人,裁缝 22 人,本地男性雇工和日工 76人,外出的 15 人,乞丐 6 人,等等。
1)《一览表》中无	[351]　根据 1885 年官方有关工商企业的资料,沃斯克列先斯科耶村计有:1 个酒类批发货栈,1 家小饭店,2 家酒馆,1家使用蒸汽机的面粉磨坊¹⁾,34 台风磨,10 个供商用粮仓,2家面食铺,1 家锯木作坊¹⁾。9 家粗木工作坊,4 家细木工作坊,2 家车轮作坊,4 家制桶作坊,6 个木材码头,1 家烧砖厂,3 家铁铺,1 家鞣羊皮作坊,1 家制革作坊,14 家制靴作坊,9家裁缝铺,2 家小布店,1 家带卖衣料的布店,11 个小摊……　有救济储金会和储蓄所……

　　根据《一览表》(1894 年),沃利斯克县有 22 家面粉磨坊。工人——44 人(每家磨坊 2 人!)。∑＝235 000 普特。

　　[不论∑＝3 000 普特、2 000 普特,还是∑＝10 000—20 000—24 000—27 000—32 000—40 000 普特,工人人数都各为 2 人!!!(共计:6 家磨坊,153 000 普特)]

载于 1940 年《列宁文集》俄文版
第 33 卷(非全文)

在德·尼·日班科夫《从1866—1883年的资料看外出谋生对科斯特罗马省人口迁徙的影响》一文上作的批注和计算[1]

《科斯特罗马省统计资料》。第7编。

1887年科斯特罗马版

(1896年1月2日〔14日〕和

1899年1月30日〔2月11日〕之间)

[20] 　他们合伙住在森林中匆促地、马马虎虎地搭成的茅屋里,屋子里没有炉子,以灶火取暖。<u>饭菜很坏</u>,面包放了一礼拜变得像石头一样硬,在这些临时搭起过夜的<u>地方</u>,空气污浊,生火时<u>很热</u>,早上又很冷,<u>经常穿着半湿的衣服</u>,这一切,<u>不能不损坏木材业者的健康</u>。[2]　　　　　注意

[25] 　……<u>在工厂的影响下</u>,农民开始住得干净得多,<u>可是却奢侈起来,酗酒、玩乐和堕落一年比一年厉害</u>;(e)工厂地区的生活<u>在各方面都很费钱</u>;例如,<u>由于工厂滥伐森林,7年来木柴价格上涨了一倍</u>。　　　　　注意

---

① 　关于德·尼·日班科夫的文章,参看本版全集第3卷第524页。——编者注
② 　同上书,第484页。——编者注

[26] 为了说明外出谋生的人增多,我们在统计委员会的出版物中找到了间隔较远的两个年份、即 1868 年和 1880

县	1868 年				每 100 个女人所领的
	每 100 个男人所领的				身份证和临时身份证
	一年的身份证	半年的身份证	全部身份证	2 个月和 1 个月的临时身份证	
……共 计…	4.8	5.7	10.5	13.3	0.85

23.8

[30]

县	男 的				
	身 份 证				冬季
	冬季	春季	夏季	秋季	
丘赫洛马………	13.7	61.4	13.0	11.9	15.0
索利加利奇……	11.2	67.4	10.1	11.3	21.9
加利奇…………	10.8	67.4	9.7	12.1	11.6
科洛格里夫……	10.5	40.0	9.7	39.8	8.6
布伊…………	19.8	44.8	14.3	21.1	14.1
科斯特罗马……	14.7	60.5	11.9	12.9	22.7
尤里耶韦茨……	22.0	22.2	25.6	30.2	17.1
马卡里耶夫……	16.2	19.1	12.2	52.5	20.0
基涅什马………	26.4	42.3	13.3	18.0	19.0
涅列赫塔………	21.2	36.9	21.9	20.0	18.5
瓦尔纳维诺……	12.0	26.0	13.5	48.5	17.2
韦特卢加………	16.4	37.7	29.5	16.4	8.2
12					
1880 年 12 个县总计	194.9	525.7	184.7	294.7*)	193.9
平均每县有 (÷12)……	16.2	43.8	15.4	24.6	16.2

年(相隔12年),发放身份证和临时身份证数目的资料,并
引述如下。各县是按发证多少的顺序排列的:

1880 年				
每 100 个男人所领的				每 100 个女人所领的
一年的身份证	半年的身份证	全部身份证	2个月和1个月的临时身份证	身份证和临时身份证
4.67	7.03	11.7	21.4	2.2

33.1

临时身份证			女　　的 身份证和临时身份证				
春季	夏季	秋季	冬季	春季	夏季	秋季	
40.8	26.0	18.2	24.0	40.0	16.0	20.0	
35.7	24.1	18.3	20.0	38.5	20.3	21.2	
44.1	21.1	23.2	18.8	40.0	23.5	17.7	
42.9	15.2	33.3	9.5	51.0	31.3	8.2	
50.0	16.8	19.1	12.4	47.5	26.7	13.9	$\sum=100.5$
37.3	17.3	22.7	23.5	34.6	22.2	19.7	
32.5	22.5	27.9	15.3	30.8	27.0	26.9	
26.8	17.7	35.5	23.5	28.0	26.0	22.5	
27.2	25.9	27.9	15.0	33.5	33.3	18.2	
40.7	23.1	17.7	20.7	28.4	23.6	27.3	
35.8	25.0	22.0	18.2	35.6	34.5	11.7	
74.2	9.7	7.9	7.1	64.9	20.9	7.1	
488.0	244.4	273.7*)	208.0	472.8	305.3	214.4**)	*)∑=1 200 **)∑=1 200.5
40.6	20.4	22.8	17.3	39.4	25.4	17.9=100	

注意

[34—36] 但外出谋生有一种不容争辩的好影响,这就是提高了识字率。我们顺便在这里引述关于各县识字率的资料来说明这些县的情况,还有一个原因是:识字率对死亡率、因而也对人口迁徙有影响,尽管是间接的影响①……

县	识 字 的		
	男 子		
	根据1867年的调查	1873—1875年结婚的人中	1880年入伍的士兵中
· · · · · ·			
西北各县…………	24.5	46.2	55.9
西南各县…………	17.5	23.7	34.9
东部各县…………	9.8	16.9	25.8

外出做零工的工厂区林区

注意

[38—39] <u>就生活设备来说</u>,外出做零工的县<u>大大超过农业地区和林业地区</u>(*):外出做零工的县建筑物宽敞得多,好得多,收拾得比较干净,很少让牲畜进住所,小木房多半是白色的,较为殷实的人家除小木房外还有暖和的住房。

————————

注意

(*)即使在同一个县的几个邻近的乡,生活方式也有明显的差别,这直接取决于居民所从事的职业,例如:<u>索利加利奇县丘德佐夫林业乡的人民和他们的整个生活</u>,就比外出做零工的<u>卡尔佐夫乡脏得多</u>。

载于1940年《列宁文集》俄文版
第33卷(非全文)

————————

① 参看本版全集第3卷第488、501、529—530页。——编者注

在斯·费·鲁德涅夫的文章上
作的批注和计算[93]

《1895 年莫斯科省统计年鉴》1896 年莫斯科版

(1896 年和 1899 年 1 月 30 日
〔2 月 11 日〕之间)

[1]   **1895 年制刷业调查**

[3] ……最近,制刷业发展很快,有些村靠妇女劳动和小孩劳动……	注意
[4] 农民们提供的资料在某种程度上表明手工业极其向往莫斯科这个销售市场,例如,某些富裕的制刷业业主最近为了经营这种行业而从农村迁往莫斯科…… 根据今年 8 月份的资料,从事制刷业的总人数,不分性别和年龄,为 1 424 人…… 1879 年从事这种行业的为 835 人……16 年中增加了 50%[①]……	注意 $1\,424 \div 835$ $=\mathbf{170.5\%}$

工业者人数:[①]

年份:	男子	%	女子	%	小男孩	%	小女孩	%	共计
1879 年	473	56.6	162	19.4	158	18.9	42	5.0	835
1895 年	723	50.8	438	30.7	154	10.8	109	7.7	1 424
增加＋或减少－的%	+50.7		+170.3		−2.9		+159.5		+70.5%

---

①   参看本版全集第 3 卷第 374 页。——编者注

注意

[8]   大作坊已广泛实行分工:我们从文献中看到一家这样的作坊,它分几部分,一部分做细木活,另一部分串鬃,还有一部分做刷子的后处理。当所有这些条件都具备,而且全部原料——线、铁丝、鬃、草都从外边买进来后,制刷业势必采取大生产方式,首先是采取这种家庭制刷业方式……   关于手工业户牲畜保有量的数据也确切地表明:现在同 1879 年相比,工业者中较穷的户多得了。

?   本应说
——工场手
工业方式

18.9+63.0
+18.3=100.2
??

平均每 100 户中有:

	无大牲畜户	无马户	有 1 匹马户	有 2 匹以上马户
1879 年………	4.6	8	64.7	27.3
1895 年………	8.5	18.9	63.0	18.3

[14]   1895 年树条编织业调查

[16]   在自己家里从事手工业的户数可以说差别很大,这在某种程度上是因为……农民转向土地,同时减少外出做零工……

是这样!

[20]   ……维亚济马地区各种树条制品行业迄今仍具有纯本户劳动组织形式。1879 年的调查根本未提及雇工的事,据 1895 年的调查发现,在自己住所从事手工业的共 208 户,有 197 户即 94.7%没有雇工,只有 11 户除本户劳力外还有雇工。这 11 户中,4 户只各有 1 名男徒工,1 户有 1 名女徒工,2 户各有 1 名女工,她们受雇夏天干大田活和家务活,但她们会编织,干完其他活以后还必须为业主做编织活。最后,在剩下的 4 户中:1 户有 1 名雇佣的编织能手,1 户有 2 名这样的工人,1 户有 3 名,还有 1 户有 1 名工人和 2 名男徒工。可见,在所记述的这个行业中,几乎都由本户劳力在进行生产。

注意

16名雇工

［22］　要问从何处购得原料,商品销往何处? 从大多数生产者(总数 208 户中的 108 户)那里听到的都是同样的回答:一切都从本地小饭店老板或包买主那里买,商品也只销售给他们。其余的 100 户中——13 户给本地的包买主和莫斯科市的商人干活;13 户把自己的制品供给莫斯科,即供给那里现有的编筐作坊和商人;*)93 户把制品供给地方自治局货栈和本地包买主;14 户把制品供给地方自治局货栈,有时直接供给莫斯科;24 户几乎只同地方自治局货栈打交道,最后,还有 3 户完全独立进行生产:自己采购树条并把制品销往各城市,不求中间人;这 3 户在某种程度上既是手工业生产者,又是包买主,又是卖筐的小贩。

134

33

38

3

208

注意

*)显然是 33:参看第 24 页:71 户(38+33)

这样,目前半数以上的手工业者只同本地的包买主打交道。所有这些农民都在受包买主的奴役……
［26］

| | | 它们所提供的商品金额 | |
类别:	户数	卢布	戈比
金额不满　25 卢布 …………………	29	297	50
25 卢布—　　50 卢布 …………	15	554	37
50 〃 〃 — 100 〃 〃 …………	15	1 049	79
100 〃 〃 — 200 〃 〃 …………	27	3 790	15
200 〃 〃 — 300 〃 〃 …………	11	2 565	23
300 〃 〃 — 400 〃 〃 …………	5	1 647	15
400 〃 〃 — 500 〃 〃 …………	5	2 326	19
500 〃 〃 —1 000 〃 〃 …………	2	1 224	—
1 000 以上…………………………	1	1 862	62
共　计 …………………	110	15 317	—

24 户提供
9 625.19
13 户提供
7 059.96

[27]

	各户按制品销售地点的分类	总户数	其中女男口	平户均人每口	从业事的手人工数	平均每户
最低的	（1）只供给包买主………	108	568	<u>5.2</u>	288	<u>2.7</u>
	（2）供给包买主和地方自治局货栈………	47	300	6.4	153	3.3
	（3）供给包买主和莫斯科…	13	74	5.7	45	3.5
较殷实的	（4）主要供给地方自治局货栈………	24	150	<u>6.2</u>	88	<u>3.6</u>
	（5）供给莫斯科和其他城市………	16	100	6.3	63	4.0
	共计………	208	1 192	5.7	637	3.1

货栈的实物工资制

[30]　由于供结算用的金额不足，货栈主任和作坊主不得不同本地一些商人协商，让他们凭他的字条给农民赊销食品。

载于1940年《列宁文集》俄文版
第33卷（非全文）

对雅罗斯拉夫尔省外出做零工资料作的批注和整理

《雅罗斯拉夫尔省概述》。第2编。

雅罗斯拉夫尔省农民的外出零工。

A.P.斯维尔谢夫斯基主编。1896年雅罗斯拉夫尔版

(1896年和1899年1月30日〔2月11日〕之间)

我本应试着把这本书的材料整理出来,这个材料是按乡收集起来的,很粗糙,因此,除了得出"有一些评论"这种结论,不能得出任何其他结论。但是评论的问题什么样的都有。

要是能按每个乡(从全省有资料可查的166个乡中)的材料对以下问题找出答案就好了:

> . <　　　(1)外出做零工增加还是减少?

　　　　　(2)从何时开始?

　　　　　(3)主要去做何种工作?

有 >　　　(4)有无改良农具?其数量是否增加?

种 >　　　(5)种不种牧草?有没有发展?

　　　　　　　是否指明:是在租地上、购买地上,还是在某些业主那里?

没有＜　　(6)是否雇用外来的工人？经常还是偶尔？光是外出
　　　　　做零工,还是也留下来做工？

　　　　(7)是否出租土地？经常吗？

　　　　(8)出租土地的条件是什么？

　　　　　　　　　　　　(a)修筑篱笆？

　　　　　　　　　　　　(b)交全部代役租？

　　　　　　　　　　　　(c)交部分代役租？

　　　　(9)有无撂荒地？增加还是减少？

　　　　(10)工人们何时回家:夏天还是冬天？

**按表格:在
总人数23 495
人 中 , 从 事
家 庭 手 工 业
的有2 695人,
即＞10%**

[1]　……省里的外出零工从那时起不仅没有减少,而且
具有更大的规模,规模逐年扩大。

[3]　种地是该县农民的主要活计,但这个县现在也还是
家庭手工业相当发达的地区:县里从事家庭手工业的约有
3 528人,即占全县现有人口的2.9%。

[6]　家庭^(*)手工业在所提到的2个乡中有相当大的发
展……

[8]　坐落在雅罗斯拉夫尔市对面的纳瑟里哈村、扎奥斯
特罗夫卡村、达尔马季纳村和库克先基村,靠在雅罗斯拉

注意

(*)　所谓"家庭手工业",我们指的是:(1)按订货生产某些产品
的农村手工业;(2)为不固定的市场生产商品的手工业者的手工
业;(3)家庭式的工厂工业,以至按大企业主-商人和厂主的订货
而进行的家庭劳动。

夫尔市<u>斯莫利亚科夫铸铁厂</u>¹⁾和<u>戈洛杜欣锯木厂</u>²⁾（在扎奥斯特罗夫卡)<u>挣钱为生</u>。

1890 年的《一览表》：

> 1)雅罗斯拉夫尔市附近的茹科沃镇。机器制造厂——63 000 卢布,96 名工人。
>
> 2)雅罗斯拉夫尔市附近(建于 1880 年)。4 万卢布,60 名工人。

---

[11]　单在布尔马基诺乡就有<u>100 多名铁匠和 10 名钳工和锯锉匠工作</u>。[1]	<u>按消费者还是厂主的订货?</u>
[12]　……在卡恰耶夫村(20)、戈列尼夏村(30)、捷利谢夫村和马尔金村,<u>75 户每逢冬季按订货织麻布</u>。	
[19]　23 户中有 82 人从事家庭手工业。其中:利西齐纳村 36 人,韦利奇科沃村 8 人,卡西诺沃村 12 人,总共 53 人[2]<u>制毡靴</u>。他们在冬天工作。商品做好后<u>在本地集市销售或卖给大的生产者</u>。这个行业很早就有,但现在正在缩小,"因为一些大的毡靴生产者正好在<u>马卡罗沃村</u>附近兴办了<u>使用蒸汽机的作坊,这些作坊开工后对劳力的需要大大减少了</u>"。	<u>在 1890 年的《一览表》中没有</u> 注意
[21]　"<u>人们开始从外出做其他种类的零工转到劳动报酬较优厚的工厂劳动</u>。"	注意
[22]　……省城雅罗斯拉夫尔县有韦利科耶这类<u>工业村</u>,有拥有 <u>15 000 人的大纺织工厂</u>这类工厂中心……	注意

根据《一览表》(1890 年)。雅罗斯拉夫尔大纺织公司(棉纺业)。在雅罗斯拉夫尔市,800 万卢布,7 277 名工人。

---

① 参看本版全集第 3 卷第 381 页。——编者注
② 应为 56 人。——编者注

原文如此!

[25]　裁缝和其他外出做零工的工人开始迁往城市,主要是迁往彼得堡从事手工业……于是,脱离自己的老本行、变成手工业工人的人对农活生疏了,都在城市和京都聚集起来。

*)　　　?

[32]　"……劳动组合*)干酪制造厂创始人 В.И.布兰多夫,还建议在科普里诺乡建造一家干酪制造厂…… 只有一头奶牛的较贫苦的农民把牛奶送去,当然会影响自己的饮食……"①

[33]　·　·　·　·　·　·(*)

? 《一览表》1890年:**农民皮革商**。3 900张皮子。(建于1840年。)3万卢布,15名工人

[38]　有6户从事家庭手工业。其中只有弗明基村从事制革业的值得注意:他们一年生产约8 500张皮,从"自己的小铺"销往雷宾斯克。

注意

[117]　饭馆业是柳比姆斯克县最突出的特征,它使柳比姆斯克县居民的类型及其生活方式具有十分特殊的面貌。……柳比姆斯克县所有居民长期地,也许几代都被培训从事这一行业……

!

[118]　这就是舆论,那些没有在彼得堡或其他地方居住过而只是从事农业或做某种手艺的人,一辈子都被人称为牧人,这种人很难找到老婆。②

在达维科沃村有制革厂(据《一览表》)

[145]　达维多夫乡计有手工业者和手艺人27名;其中:制靴匠14名,制毡靴匠3名,制革厂老板3名。

————

　(*)　现在全县有22家干酪厂和乳脂厂,产值53 007卢布;有70名工人在厂里干活。

————

① 见本版全集第3卷第248页。——编者注
② 同上书,第531页。——编者注

[160]　就生产规模来说,特别突出的只有乌格利奇市的造纸厂:它的年生产总额达 594 800 卢布,在厂里干活的工人人数为 391 人。

据 1890 年的《一览表》——482 000 卢布,183 名工人

[161—162]　"……手工业缩小是因为:部分是由于<u>农业逐渐缩小</u>,部分是由于牲畜不足和粮食歉收;此外,最近一个时期以来农民开始喜欢在附近的一些<u>城市</u>和外乡商业村镇的<u>集市</u>上购买各种成品"。

原文如此!

注意

[163]　他写道:"我们地区的农民不做<u>任何外出零工</u>和手艺活,<u>因为他们</u>有自己固定的职业——在<u>圣彼得堡</u>、莫斯科和其他遥远的城市从事商业活动……"

!!

[168]　如果土地交给邻居耕种,那么为此<u>每人得向后者交付 25 卢布</u>。

同中部黑土地带省份相比价格太高

[178]　……"外出谋生容易,<u>外出做零工的生活自由</u>,这就诱使人们外出做工,并使这种现象继续存在";"份地极其有限,因而劳力过剩——这就是外出做零工的原因"……

注意

[183]　约有 160 人去经商,<u>100 来人从事"农民"</u>劳动(农活)……

!　注意

[186]　以经营饭馆业和商业为主的地区所占的面积最大,——这是:柳比姆斯克县 1 区和 2 区,波舍霍尼耶县 3 区,达尼洛夫县 1 区,罗曼诺沃-博里索格列布斯克县 3 区、4 区和 5 区,雷宾斯克县 3 区和 2 区、1 区的一部分,雅罗斯拉夫尔县 3 区,罗斯托夫县 2 区和 3 区,乌格利奇县 1 区、2 区和 3 区的西半部,莫洛加县 3 区和梅什金斯克县的所有 3 个区。<u>建筑业区</u>由以下各区组成:达尼洛夫县 2 区,罗曼诺沃-博里索格列布斯克县 2 区,雅罗斯拉夫尔县 1 区和 2 区的一部分。<u>缝纫业区</u>,波舍霍尼耶县 1 区和 2 区的一部分,雷宾斯克县 1 区和罗曼诺沃-博里索格列布斯克县 1 区。<u>河运业区</u>由以下各区组成:莫洛加县 1 区和 2

(1)

(2)

(3)

(4)

(5)

(6)

(7)

区的一部分,雷宾斯克县3区和波舍霍尼耶县2区的一部分和柳比姆斯克县3区。外出从事蔬菜业在罗斯托夫县1区和乌格利奇县3区是普遍的现象。工厂行业在雅罗斯拉夫尔县4区和5区的一部分、2区和3区以及乌格利奇县和梅什金斯克县的个别乡都有。羊裘皮业在罗曼诺沃-博里索格列布斯克县5区和雅罗斯拉夫尔县3区北部是常见的。

[189]　必须对手工业进行有力的、广泛的和经常的援助(局部的和一时的援助根本没有用),即使这不能使手工业取得对工厂生产的胜利,也可以减轻现今国民经济某一部门从手工生产向机器生产过渡时经常发生的那种不幸。如果手工业者有购买材料的资金,有劳动组合组织,那么大资本主义加工业引入人民生活的结果就会略有不同。那时候,工厂要是获胜,那的确是全凭它在技术上和组织上的优越,而不是在没有对手的地方轻易地成了胜利者;其次,那时候,当工厂获胜时,强大的、并非孤立无援的手工业生产(*)可能在略为不同的、较为有利的条件下向资本主义工厂屈从……

[190]　此外,靠外出做零工生活的农民感到自己自由些,同其他等级的人在其他许多方面平等些,因而农村青年日益强烈地渴望到城市去。①

[191]　……由于废除了农奴制……俄国的经济生活前进了,虽然不尽如人意,但总还是前进了,就像火车离站那样愈走愈快……

一眼就能看出,这是在转述瓦·沃·先生和尼·—逊先生的高见!

竟说出这种话来!!!

注意

!

原来如此　!?那第6页上的定义、注释②往哪里放呢?

　(*)　所谓手工业生产,我们指的是如下情况下的生产:(1)劳动工具乃至全部资本都属于生产者本人;(2)这些生产者同时也是庄稼人。没有后一特征,生产可能被认为是"人民生产"、"劳动组合生产",但不是"手工业生产"。

----

①　见本版全集第3卷第531页。——编者注

②　见本卷第436页。——编者注

城市开始更加迅速地增长,同时还有一种新类型的居民点在增长,这是一种介乎城市与乡村之间的中间类型的居民点,即工厂中心①……在该省 10 个县中,农民人口外出做零工的占 11%—20%。这个数字就相当大了,但是,如果我们仔细想想这个数字意味着什么,那么在我们看来,这个数字的分量还要大。要知道这里算的是外出工业者与**全部现有**男女人口的百分比。而现有人口中,有多少儿童、多少年老体衰的老人和其他无劳动能力的人! 如果能算出这一类人的数量,——尤其是儿童的数量,从人口总数中扣除这一数量,只计算外出工业者与有劳动能力的人的百分比,那么这个百分比会提高到 40%—50%以至更多。其次,如果我们注意到,外出的主要是男人和身强力壮的人,那么外出使那么多劳力离乡弃农,其意义也就很明显了②……

注意

正是这样!

外出者共占 11%—20%,其中男工 7.7%—14%,占劳动人口 30%—56%③

[192]　这样,在雅罗斯拉夫尔本地人迁往城市的同时,其他省的居民却移居雅罗斯拉夫尔农村。

注意

[193]　凡对外出做零工问题感兴趣的人,我们可以向他们指出以下有关这一问题的**文献**……

　　5.韦辛《外出做零工在俄国农民生活中的意义》——《事业》杂志,1886 年第 6 期和 1887 年第 7 期……

《事业》杂志[94] 1886 年第 7 期和 1887 年第 2 期。

　　10.**赫尔岑斯坦**《谈谈外出做零工问题》——《俄国思想》杂志,1887 年第 3 期。文章叙述了所提及的日班科夫的著作的内容。

《俄国思想》杂志[95] 1887 年第 9 期(9 月份)

---

① 见本版全集第 3 卷第 520—521 页。——编者注
② 同上书,第 523 页。——编者注
③ 同上书,第 490 页。——编者注

| 工厂工业① | | | | 外出做手艺活的人数 | | | | | | | |
工厂数目	工人人数	生产总额（单位:千卢布）	县	火炉工,灰泥匠,瓦工	铺路工	油	工房盖工	粗木工	锯	工造船	细木工,旋工,家具蒙面工
159（57家磨坊）	1 703	4 510	1. 富宾斯克……	6	—	65	—	130	—	—	172
169（62家磨坊）	902	954	2. 乌格利奇……	—	—	37	41	42	225	—	261
92（?家磨坊）	1 642	1 568	3. 罗曼诺沃—博里索格列布斯克……	1 710	—	143	—	30	—	—	115
605（407家磨坊,107家铁铺）	1 302	705	4. 达尼洛夫……	4 682	911	80	255	122	157	—	20
41	210	108	5. 梅什金斯克……	42	—	41	5	190	40	—	427
75（13家干酪和乳脂制造厂，**无1家磨坊!!**）[1]	175	96	6. 柳比姆斯克……	92	—	26	—	17	—	—	339
237	17 695	18 425	7. 雅罗斯拉夫尔…	3 453	—	1 113	115	738	—	—	36
295（62家磨坊）	58?	283	8. 莫洛加……	8	—	6	—	1 185	974	539	363
1 255（66家磨坊,22家干酪和乳脂制造厂）	4 102	2 527	9. 罗斯托夫……	49	—	31	—	293	235	—	41
（810家马铃薯淀粉厂,淀粉…											

94家磨坊 114家铁铺	3 376*)	7	—	18	—	450	—	93
(182家磨坊， 135家乳脂和干酪制造厂)	448　793　269							
全省总计	29 107　29 445	10 049	911	1 560	416	3 197	1 631　539	1 867

建筑工人　20 170

*) $\left(\begin{array}{l}\text{其中：>930家磨坊}\\ \text{>170家干酪和乳脂制造厂}\\ \text{>221家铁铺}\end{array}\right)$²⁾

根据1890年《一览表》$\left[\begin{array}{l}\text{472家工厂，22 025名工人，}\\ \text{30 141 000卢布}\end{array}\right.$

$\left[\begin{array}{l}\text{其中：207家磨坊}\\ \text{48家干酪制造厂}\\ \text{无1家铁铺}\end{array}\right.$

根据1890年《一览表》有油坊 **10** 家，而根据这些资料：24(县№5)＋37(№2)＋19(县№4)＋29(№6)＋61(№9)＝**170**。

根据1890年《一览表》有马铃薯淀粉和糖浆作坊 31 家，而根据这些资料，单是罗斯托夫一县就有 **810** 家!!

1)在1890年《一览表》的清单中，柳比姆斯克县且有 **18 家磨坊**!!

2)十雷宾斯克县(第33页);22家作坊(53 000)。

① 参看本版全集第3卷第426页。——编著注
② 同上书,第261页。——编著注

注意：

（1）发展牛奶业和干酪制造厂的说明（第42页及其他各页）；

（2）发展（各类）牧草种植业的说明；

（3）农民渴望外出做零工、渴望平等的说明（第190页）；

（4）交出土地并贴补耕作费（第168页）。

载于1940年《列宁文集》俄文版
第33卷（非全文）

在卡卢加省外出做零工概述上作的批注和计算

《1896年卡卢加省统计概述》1897年卡卢加版

(1897年2月和1899年1月30日〔2月11日〕之间)

[Ⅲ] 当时认为只能在<u>每个村庄抽样调查几户</u>…… 为了避免选户的随意性……委托各村长对<u>二十分之一的户主</u>,即每个村的第1户、第21户、第41户、第61户等等进行调查,内容是:男女人口数、役马匹数、各种作物的播种数量和收割办法,以及收获的垛数,农户排列<u>采用保险单或税单的编号</u>,连那些根本未播种的户也不漏掉…… 确定类别界限,要考虑到按现行统计使农户类别在主要方面与相应类别大体一致(近来,播种面积被认为是分类的依据)。本编仅以按县总结的形式发表所收集的资料的分类统计。	注意
	注意
[Ⅳ] 根据这些材料的分类统计可以……阐明迄今仍然模糊不清的问题,如列入各种规模的农民经济企业范围的土地的生产率和价值以及"<u>土地搜集者</u>"在俄国农业生产中的作用问题。	?? 参看《俄国财富》杂志[96]

阿·彼舍霍诺夫

[22] ……根据<u>1886年</u>的资料,<u>100名男劳力中有46%外出做零工</u>。	注意
[23] ……<u>做零工的人数大大超过从事雇农劳动的人数</u>……某些县工人的季节工资,在很大程度上取决于这些县	注意

外出做零工的状况。

注意

[26—27]　……外出做零工的愈多,雇农的货币工资就愈高……依仗外出做零工,受雇者不仅有可能提高货币工资,而且更重要的是能提高实际工资。

注意

[29]　……地主老爷们埋怨说,零工的广泛发展是他们在劳力方面遇到麻烦的原因,我们认为这些大量的、有时是很尖锐的怨言是对这种推测的权威性的证实。

注意

说得含糊不清

[30]　……决定年工工资的不是地主的经济情况,而是农民的经济情况。

[39]　如果我们统计一下通讯员先生们关于各类县因外出零工的发展而缺乏劳力的报道,就会发现:

通讯员先生们的报道

参看第26页全年雇农的平均工资

	100名工人中外出做零工的人数	总计	诉说缺乏工人的报道	这类报道的百分比
69	I 类	60人以上	60	35	58
64	II 类	40—60人	79	33	42
59	III 类	不到40人	68	24	35

注意

外出做零工的愈少,对缺乏劳力的埋怨就愈少。

原文如此!!

[40—41]　来自塔鲁斯县扎瓦罗夫斯克乡的通讯写道:"业主……找工人很费劲……城市附近的居民被娇养惯了…… 当农业工人,被认为是可耻的事情,大家都想到城市去,在那里当无产阶级和游民;乡村则感到缺乏有能力的健康的工人"①…… 上面通过对季节工资的分析,我们看到,外出做零工使受雇从事农业劳动者有可能不仅提高自己的货币工资,而且也提高实际工资。这一点通讯员先生们本人也加以证明了,从下列对有关劳力价格变动问题的报道作了分类的表格中也可以看出②:

注意

注意

---

① 见本版全集第3卷第533页。——编者注
② 同上书,第532页。——编者注

县	提供的资料总份数	其　中			提高的原因			
		降低	保留原价	提高	外出谋生	96年的气候条件	劳力缺乏	不详
……								
共计……	190	8	86	96	<u>65</u>	9	7	15

……在这种情况下手工业的影响是通过两个途径表现出来的:其一——<u>加工工业中的工资高于农业中的工资</u>。谢苗诺夫先生(利赫温县瓦西里耶夫乡)写道:"要了解这种现象,只要看一看当地人和手艺人的工资差别就足够了。"其二——间接的途径:根据很多通讯员先生的评述,<u>手工业促进了农民中间新的需求的发展</u>(茶、印花布、靴、钟表等等),<u>提高了需求的一般水平</u>,于是对工资的提高产生影响。①

注意

注意

[43]　为了更详细了解农户播种面积问题,我们按秋播谷类作物播种数量对所有农户作了分类。第一类是完全不播种的农户;第二类——秋播作物播种量不超过15俄斗的农户;第三类、第四类和第五类——播种量为15—30、30—45和45—60俄斗的农户;最后一类是秋播作物播种量在60俄斗以上的农户。第一类占农户总数的7.4%,占全省农民总人口的3.3%。有关其他各类农户、它们的人口以及所利用的播种面积的百分数资料列表如下③:

见附录②,第113页。

类　别	I	II	III	IV	V	VI		IV+V+VI
农户……	7.4	30.8	40.2	13.3	5.3	3	92.6	21.6
人口……	3.3	25.4	40.7	17.2	8.1	5.3	66.7	30.6
							96.7	
播种面积…	—	15	39.9	22.2	12.3	10.6	100	45.1

---

①　见本版全集第3卷第533页。——编者注
②　指《1896年卡卢加省统计概述》的附录。——俄文版编者注
③　见本版全集第3卷第104页。——编者注

从这个表中就可以看出,不同类别的农户之间播种面积分配的<u>不平衡</u>,<u>在某种程度上</u>由于各类上等户平均人口多而<u>有所减轻</u>…… 但是这几类农户人口多并<u>不能使</u>不同类别的农户占用的土地<u>完全均等</u>……

!

役马的百分数①	I	II	III	IV	V	VI	共计	
	0.1	21.6	41.7	19.8	9.6	7.2	100	36.6
播种总收入的百分数(第83页)①	—	16.7	40.2	22.1	21.0		100	43.1

[48] ……<u>规模不同的农户的出租地和租地</u>(为期1年)<u>之间的比例是不同的</u>。

完全正确!

[53] 播种少的农户家庭成员为数不多,大概不可能打发其家庭成员去挣外水并以此为该农户挣到必要的<u>货币资金</u>。既然是这样,那么他们当然只能从当地手工业、家庭手工业或自己的农业中挣到货币资金。在省里的地方手工业不发达的情况下,后一来源往往是唯一的来源,而且播种面积少、人口少的农户,由于情势所迫,必须拨出较大的面积来种工业用作物,而使其饲料资源受到损失。

手工业同农业的结合使农业参加交换的过程更加复杂化

[103] ……价格愈高,实现消费基金同必要数量的粮食的价格<u>不相符合的危险</u>就来得<u>愈快</u>。

啊,这样的文风!!

[3] 卡卢加省所有居民中,外出做零工的计有:

男性居民　　156 000 人

女性居民　　 26 800 人

　　　　　　共计　182 800 人

---

① 见本版全集第3卷第104页。——编者注

……手工业的变动在数量方面并未减弱,也未发生任何 | 注意
起伏,它一直在向前发展,吸引愈来愈多的居民……

[4] 在卡卢加省的所有居民中,无论是在定居地还是在
其他地方转向手工业的,平均约占男性居民36%,占女性
居民6.3%,即占居民总数20.7%。

[5] ……根据每年发出的身份证的数字还不能算出使 | 对照
用身份证的人数,因为短期身份证一年之内对同一个人 | 日班科夫①
可发两三次。由于这种重复领取身份证的情况,可以认
为,身份证的数字超过持身份证外出的人数。

[6] ……有一件事实可以肯定:身份证的发放几乎在不
断增加,因而外出的总人数也在不断增加。

[13] ……男子和各户的为期一年的身份证一般比各种
期限的身份证都增加得快一些……外出做零工谋生日益
具有稳定的形式。

[17—18] 在大量必须外出做零工的农户中可以分以下
几类:第一类——派部分或全部劳动力短期外出做零工; | (1)
第二类——男人长期外出做零工,农活则交给妇女和未 | (2)
成年孩子去做;第三类——对这一类农户来说,种地已完
全没有可能,或者收入甚微,所以没有任何吸引力;在这
类农户中盛行男人和女人共同长期外出做零工和全家外 | (3)
出…… 全年或一年大部分时间都依赖在城里做工而获
得生活资料的家庭,有更多的根据认为它们的定居点是
城市而不是乡村,因为城市保证它们的生存,而乡村只不
过有亲属与赋税的联系。② | 说得对!

---

① 德·尼·日班科夫《从1866—1883年的资料看外出谋生对科斯特罗马省人口迁徙
的影响》。列宁关于这篇文章的笔记,见本卷第427—430页。——编者注
② 见本版全集第3卷第524页。——编者注

[11]　　　　　　　　　　　　　　　　　　　　　从事手工
　　　　　　　　　　　　　　　　　　　　　　（根据各村长和乡公

乡的编号	县名和乡名	共　　计					无手工业资	
		村	户	男	女	男女	户	男
····· 共计		**431**	**33 716**	**116 155**	**118 881**	**235 036**	**2 021**	**6 059**
	全省	**4 270**	**162 928**	**532 820**	**565 013**	**1 097 833**	**14 412**	**47 802**

[50—51]

　　　　　　　　　　　1885 年和 1895 年卡卢加省各乡公所发放外出许
　　　　　　　　　　　　　　　　　　　　　　　（根据乡公

县　　名	年份	男				一年的
		一年的	半年的	1 和 3 个月的	全部身份证	
····· 共　　计	1 885	34 640	66 921	54 335	155 896	6 435
	1 895	43 770	79 976	64 334	188 080	8 809

业的人数
所提供的资料)

料的	工业者人数					
	本地的			外出的		
女	男	女	儿童	男	女	儿童
6 323	**11 335**	**305**	**605**	**14 940**	**1 072**	**954**
49 066	**28 602**	**5 642**	**3 440**	**102 429**	**10 347**	**8 785**

$$102\ 429$$
$$10\ 347$$
$$8\ 785$$
$$\sum = 121\ 561$$

可证的数量以及各县使用外出许可证的月数资料
所的资料)

女			持全家身份证外出的人数	
半年的	1 和 3 个月的	全部身份证	男	女
7 806	5 146	19 387	6 137	5 751
10 515	7 390	26 714	8 456	8 012

$$188\ 080\ 男$$
$$26\ 714\ 女$$
$$8\ 456\ 男$$
$$8\ 012\ 女$$
$$\sum = 231\ 262$$

载于 1940 年《列宁文集》俄文版
第 33 卷(非全文)

在 E.И.克拉斯诺彼罗夫的
报告上作的批注

《1896 年下诺夫哥罗德全俄工业和
艺术展览会上的手工工业》1897 年彼尔姆版

(1897 年 2 月和 1899 年 1 月 30 日〔2 月 11 日〕之间)

▽!

[7] 下诺夫哥罗德展览会就其总体布局、就手工业展品及其智力环境而言,无疑具有全俄意义……

在什么地方?

[10] ……根据经过整理的资料,今后将以某种形式发表关于手工业者——全俄展览会展出者的全部资料供普遍使用,以前国家产业部对参加俄国各种地方展览会的手工业者、展出者就是这样做的。

[36] ……劳动组合的乳脂业在任何地方都可以很快办起来并得到巩固,只要农民有意从事这项生产;为此,只要有钱购买一台价值几百卢布的分离器和雇用一个可信赖的师傅就行了。目前,在库尔干地区开办了四家乳脂制造厂,营业额为几万卢布,并在一家商行的帮助下,用代售办法向国外销售奶油;在国外,销售奶油被认为是十分有利可图的,而且眼下销售量并不受限制。

注意

在根据1896年下诺夫哥罗德展览会资料对俄国工业的概述上作的批注

《1896年下诺夫哥罗德全俄工业和艺术展览会》
1897年圣彼得堡版

(1897年7月8日〔20日〕和
1899年1月30日〔2月11日〕之间)

[3]　　　　农机制造业概述

……同1882年上届全俄展览会相比,尽管价格普遍大幅度下降,<u>产值还是增加了近两倍</u>;可以看出,我们的工厂在这一段时间内所取得的<u>成绩</u>总的说来是<u>很大的</u>。 　　注意

[23]　　　　炼铁工业概述

[31]　<u>将来可能炼出的生铁总量为</u>:

南方…………………………11 400万
乌拉尔……………………… 7 600万
波兰的工厂………………… 1 500万
莫斯科郊区的工厂………… 800万
其他…………………………　<u>150万</u>
　　　　　　　　　　　21 450万

……<u>过10—15年以后,这个数字无疑会达到</u>。…… 　　　1895年
8 900万普特
!?

！　我们的<u>关税政策的英明和正确现在已得到实际证明</u>……

[32]　棉织品业概述

注意

[33]　……<u>1895年俄国用棉总量应为1 350万普特</u>。……<u>棉花的消费量增加50%以上</u>……　据工商业司计算，<u>1892年有4 331 508纱锭和100 630台机器织布机，自1879年(350万)以来共增加25%。</u>[①]

[59]　机纺毛纱和呢绒制品业概述

[60]　呢绒制品的生产，近12—15年来虽然<u>规模缩小</u>，但在质量方面这段时间却作出<u>很大成绩</u>……

[64]　制毯业和制毡业概述

1890年在欧俄——3家工厂——675 000卢布。

……代表工厂生产地毯的行业参展的是<u>5个工厂主</u>，他们的机织地毯年生产总额<u>约为275万卢布</u>。

[68]　亚麻业、大麻业和黄麻业概述

注意

[71]　在所考察的时期内，引人注目的是，机器织机取代了大部分手工织机……

[81]　清漆、干性油和油漆料业简评

[83—84]　一个白色颜料的展出者向展览会提供一份印好的说明书，其中毫无意义地就碱性醋酸铅在空气中

---

①　见本版全集第3卷第432—433页。——编者注

"**发酵**"发了一通议论,这最好地证明了这些工厂技术人员的水平。大多数生产铅白的工厂,是用我们所谓的"**环形**"法(对英国的方法稍加改变)获得铅白的⋯⋯ 而我们采用这种方法无非是明显地使工人中毒。

原文如此!

原文如此!

[136]　　　　**外衣成衣业概述**

⋯⋯⋯

　　在莫斯科从事男女服装、制服和军服生产的,首先是几家大的工商批发公司,它们的营业额超过 1 000 万卢布,其次是手工业作坊,这样的作坊在莫斯科约有 4 500家,生产总额约为 600 万卢布。在上述整个行业中就业的约有 2 万名工人(男工、女工和徒工)。

注意

　　上述金额——1 600 万银卢布中有 300 多万,即 20%左右,是以工资的形式在工人中间进行分配的。[①]

1 600 万卢布——2 万名工人

[137]　鉴于莫斯科的成衣生产总额就有这么多,那么应该估计到,在整个俄国,这种生产达到 1 亿卢布的生产额。[①]

1亿卢布——[125 000]名工人

载于 1940 年《列宁文集》俄文版
第 33 卷(非全文)

---

　　① 见本版全集第 3 卷第 410 页。——编者注

对维·斯·普鲁加文的著作中关于
弗拉基米尔省手工业的资料作的整理[97]

《弗拉基米尔省手工业》第 4 编。1882 年莫斯科版

（1897 年 4 月 17 日〔29 日〕和
1899 年 1 月 30 日〔2 月 11 日〕之间）

[3]　　　　棉　织　业

[5—6]　尼科利斯科耶纺织厂对库德基纳乡、乃至波克罗
夫县的棉织业的发展都有很大影响。该公司的创始人是
公司现在的业主们的始祖，已故的世袭荣誉公民萨瓦·瓦
西里耶维奇·莫罗佐夫。此人的一生很不寻常——与他
开创的事业后来所取得的真正巨大的成绩同样不寻常。[①]

!!?

[8]　波克罗夫县棉织业区东北部的棉织业，最早出现在
科罗瓦沃乡科罗瓦耶沃村。该村农民彼得·费多罗
夫·克拉舍宁尼科夫，即现在这里的工厂主彼得·克拉
舍宁尼科夫和波利卡尔普·克拉舍宁尼科夫的父亲，在
这里创建了织造业。

1879 年《一览表》中——42 000 卢布，51 名工人

[11]　从以上所述中可以看出，一批独立的厂主是从原来的
师傅成长起来的，他们靠把经纱分配给业主的办法获得足以
独立经营的资本……　在朝木匠业地区的方向，戈罗季谢村
是最后一个纯"工厂"性质的村子。在这个村子里还没有木
匠；农民"连小木房都不会修理"。在稍远的莫洛季诺村，有半

注意

注意　注意

①　见本版全集第 3 卷第 498 页。——编者注

数农民干木匠业;其余的是织工。这里有两名师傅。在马尔科夫村西北的多马什涅沃村,我们只见到一个厂主。从这些村落再往北和<u>西北</u>,又是<u>纯木匠业地区</u>……

[17]　在波克罗夫县的棉织业范围内,我们见到各种形式的手工业单位,从手工业小木房到使用自动机织的大工厂。所有这些形式可分为以下几类:

1. 手工业小木房。有两种:

(a)只有本户织工干活的手工业小木房。

(b)也有非本户工人同本户织工一块干活的手工业小木房。

2. 小工房。有两种:

(a)房主不分配经纱的小工房:他们不过是"小工房主",仅此而已。

(b)房主同时也是师傅的小工房:他们自己运进经纱并将其分发。

3. 大工房——有20台以上织机、属于独立厂主的大的手工工厂。

4. 自动机织厂。

目前这里最常见的工业生产单位形式是带有手工业性质的小生产形式,——也就是农民小木房。这样的小木房在波克罗夫县有3 400个,在其中做工的织工人数,1881年全年为4 903人。第二类工业单位是小工房。就数量来说,这样的小工房在我们所考察的棉业地区居于第二位。织机不足20台的小工房总共有149个;这些小工房现有织机1 721台,其中在1881年全年开机的有1 080台。

第三类小工房在县里有12个,拥有597台织机,1881年有280名织工操作。

县里有4家自动机织厂,第五家正在建设。在自动机织厂工作的织工总数约为3 200人。

按地区分工

企业数目		工人人数
3 400	——	4 903
149	——	1 080
12	——	597
4	——	3 200
3 565	——	9 780

缺第4项

3 561	——	6 580
3 400	——	4 903
161	——	1 327*)
3 561	——	6 230

注意
注意

　　*)　其中258名本户工人,1 069名雇工。共计161个小工房（第33页——161个小工房）,1 677台织机,1 360名工人（1 327名工人——第33页）。

[19]　据我们计算,库德基纳乡外出的农民总共只有70户（即仅占农民总数的6%）,专门去工厂的只有43户,即占3.7%。

注意
参看第51页:
1881年是很
不利的一年。
《一览表》
　1879年
1) 8 946人
2) 2 000

　　这一事实之所以引人注目,是因为在库德基纳乡有著名的莫罗佐夫工厂:尼科利斯科耶纺织厂和维·叶·莫罗佐夫工厂。前者约有17 000——18 000名工人[1],后者约有5 000名工人[2]。

这么说,
一年织120卷

[20]　一个织工一周平均至少能织3卷棉丝织物,每卷64—65俄尺。织工每做一卷平均得1卢布10戈比,也就是说,他的月工资将是13卢布20戈比,而从事手工业,一年干10个月,能挣132银卢布。

他需从中开支:

　　　卷纬工工资……　　18卢布
　　　照明和其他费用　　 4卢布
　　　　　　　　　　　　22卢布

[33]　如果把1881年全年开工的所有小工房按其劳力构成分类,可得到如下资料:

每1个小工房
　　3.3
　2.5＋5.5＝8

　　14.1
共计141个小工
房,1 327名工人

(1)只有本户工人干活的　　　其中本户工人共计57
　　小工房共计…………17
(2)本户工人和非本户工　　　其中本户工人　　201
　　人都有的小工房……80
(3)只有非本户工人的小　　　其中非本户工人　446
　　工房…………………44　　　非本户工人共计　623

　　由此可见,最常见的生产形式是业主的家属同非本户织工一起干活的小工房。

[35]　在波克罗夫县的手工棉织厂里,"本地的"织工同来自弗拉基米尔省其他县的"外地"工人一起干活。……

这里的平均工作日为 16—17 小时,其中应扣除吃早饭和午饭的时间 2 小时…… 空气又闷又污浊,灯光昏暗,一张张蜡黄瘦削的面孔,由于受筘座的震动,像发疟子似地颤抖着,这就是在工作时间您走进工厂时所看到的情景。在规定工作日长短和诸如此类的事情上,这里没有任何规章可循。

因此是14—15小时

[48]　尽管手工业收入微薄,尽管本地农民的经营状况都极差,然而这一切并不能迫使手工业者扔下自己的手工织机而去自动机织厂做工,尽管在这些工厂里织工可以比在家用手工织布多挣一倍钱(每月 12—18 卢布)……

这件事实是有说服力的证据之一,它证明俄国农夫极不喜欢从事雇佣劳动而坚定不移地追求独立的经济生活和活动。

注意

原文如此!!

[50—51]　现在我们来计算一下一个独立的小工厂主一落剪的平均收入。

一落剪的棉丝织物长 64—65 俄尺……一落剪的原料成本……6 卢布 95 戈比。

一落剪的工价为:

1.退卷	10 戈比
2.整经	5 戈比
3.染色	25 戈比
4.织造	1 卢布 10 戈比
	1 卢布 50 戈比

生产一落剪的全部成本是 8 卢布 45 戈比。加上运费等等,共为 9 卢布。

假定这样的棉丝织物每俄尺成本平均为 15 戈比,我们会看到,一个独立的织工每做一卷可得 9 卢布 60 戈比—9 卢布,即可得 60 戈比利润。

c＝7.50 　　　　　　　　　　　　　　　　　　　　％

v＝1.50 　$\begin{cases}0.40\ 退卷 \\ 1.10\ 织布\end{cases}$ 　染色,整经$\Big\}$ 　c＝78.3

　　　　　　　　　　　　　　　　　　　　　　v＝15.6

m＝<u>0.60</u> 　　　　　　　　　　　　　　　　　　m＝<u>6.1</u>

9.60 　　　　　　　　　　　　　　　　　　　　100％

$370÷6^{①}$
$＝6\ 166$

[52] 　独立小厂主所掌握的织机总数370台。用这些织机每年可生产17 300卷棉布,只占波克罗夫县<u>手工业者</u>生产的棉制品总数的6％。

　　因此,"手工业者"约生产

288 333 卷 ÷ 6 000 手工业者 ＝ 每人约45卷。

　　　　　　28万×7＝196万卢布

　　　　　　25万×7＝175万卢布,25万卷×10卢布

　　　　　　　　　　＝250万卢布。

　　　　　　假定∑＝200万卢布。

---

[53] 　……波克罗夫县的棉布手工织造业……<u>根本不能认为是危害织工农业生活的祸根</u>②……

!!! $\|$ [60] 　在工业危机时期,在危机给手工业者-织工造成的如此大损失的时候,土地是他们的唯一救星。<u>手工业和农业齐头并进,相互发展和繁荣。</u>③

　　参看表中小工房主雇佣农业工人的两个实例

$\begin{cases}第\ 52—53\ 页的表格 \\ 和第\ 58—59\ 页 \\ ?\ \ 60—61?\end{cases}$

---

① 　应为0.06。——编者注
② 　见本版全集第3卷第337页。——编者注
③ 　同上书,第338页。——编者注

[63]　本地的分裂教派**98**最突出、也最可爱的特点之一是,他们追求光明,渴望文化。旧礼仪派的读书人博学多识……

在这种情况下,不能不表示一种愿望,即一方面希望制止对这些农民出身的和平的进步派的种种迫害,另一方面,希望政府援助本地的居民……

> 千万别指靠这样的"援助者"!

[66]　……真正有文化的人——贵族和官吏们,对这种在俄国农民手工业生活环境中成长起来的独特的资产阶级是极其反感的。

> 那当然喽!!

[67—68]　……在家做工和在工厂做工的织工的计件工资往往相同,或者在厂的甚至还高一些。

> 注意

[73]　……迄今有些厂主宁愿用手工织机而不用自动织机生产条格布和诸如此类的布。出现这种情况的主要原因之一,是手工业者-织工安于极低的劳动价格……　由此我们可以看出,维持手工织造业的不单纯是技术原因。一般地说,在本村用手工织机生产棉布的织工安于极其微薄的工资,是发展工厂自动机织业的最大障碍之一……　商品生产,疯狂争夺市场,以便使市场充斥自己的产品;投机倒把加剧,大批工人逐步陷于贫困,资本集中迅速发展,危机带来饥饿和贫困——就是这些现象说明了手工织造业的特征,表明资本主义原则在其中普遍发展。

> 原文如此
> 注意
>
> 注意

[74—75]　可以采取一系列措施来振兴这里被极度破坏了的农业经济,从而减缓和阻止在手工织造业部门逐渐实现的剥夺工人阶级的过程。"在人民不幸的地方,资本主义积累得到加强。"可以举出的这类主要措施是,扩大农民土地占有,增加份地以及改善农民使用租地的条件……　在这一方面可提出如下建议:建立原料和商品的货栈和公司,总之要使手工业者有可能独立获得原料和销售成品

> 不是摘自尼·——逊先生的著作吗?? 结论对1881年来说是有代表性的(是否是在1881年3月1日**99**以后?)①

---

①　见尼古拉·——逊《我国改革后的社会经济概况》1893年圣彼得堡版第41页。——俄文版编者注

……使织工-手工业者有可能利用蒸汽动力和电力等来开动手工业木房和小工房中的织机…… 如果使织工-生产者有权从工厂的总收入中获得一定份额的利润,那是这类最理想、最有益的措施之一。在工厂经济领域,社会国家活动的最终目的和任务应该是:一方面——为了国家的利益赎买一切劳动工具,供人民临时租用;另一方面——建立这样一种生产条件的结构,它的基础应是人民和国家的需要,而不是在国家各种经济力量的商品资本主义组织条件下存在的市场、销售和竞争的利益。

!!哈—哈—哈!

原文如此!!

原文如此!!

一种浪漫主义的小资产阶级国家社会主义**100**!

[79] 刮板业和簸箕业

[95] 总的来说,萨尼诺村在智力和道德发展方面是特殊的现象。这一事实的原因,从上面所述的一切可以看出,主要在于当地农民赖以生存和发展的那些有利的经济生活条件。所以,萨尼诺村好像指明了应用什么方法来解决我国社会和国家生活中亟待解决的问题,即目前"饱食者"在安静的书房里正在设想各种各样的措施和方案试图加以解决的问题…… 给人民以土地,保证其手工业收入,不要妨碍人民的个性和村社生活的协调发展——这样,不必等多久,人民中蕴藏着的强大精神力量就会迸发出来……

*)??

原文如此!

---

*)? 萨尼诺村在阿尔古诺沃乡=木匠业的中心=外出零工中心,文化程度总的来说是提高了,见第 161、166、167 页及其他各页。①在 31 名制勺工中有 23 名木匠。

---

① 参看本版全集第 3 卷第 488 页。——编者注

列宁在富尼科沃戈尔乡赫梅列沃村按户调查的第**129**页上计算了业主从事地方手工业的户数和其中的工人人数(本户的和雇佣的),用第**132**页的数据(新谢尔卡、阿富希诺、富尼科沃戈尔、安齐费罗沃这几个村的),对这些资料作了补充,并记载如下:

户数	工人人数	
	本户的	雇佣的
30	64 ＋	5
7	17	2
37	81	7

附　录

农业工人
第 24 页
29

[76]

	作坊建立的年数							
	1 年	2 年	3 年	4 年	5 年	5 — 10 年	10 — 15 年	15 — 20 年
・・・・・・								
全县共计……………	24	14	7	5	7	53	10	35

57＋

$\sum$＝155

他在附录的第**84**页计算了波克罗夫县棉织厂数目和其中的织机台数并作了记录:

12 家工厂——587 台。

载于1940年《列宁文集》俄文版
第 33 卷(非全文)

在莫斯科省工业卫生调查总集上作的批注和计算[101]

《莫斯科省统计资料汇编》。卫生统计篇。第 4 卷

(1897 年 5 月 8 日〔20 日〕和
1899 年 1 月 30 日〔2 月 11 日〕之间)

1. 第 1 册。费·费·埃里斯曼主编。1890 年莫斯科版

[69—70]　我们曾多次指出,<u>从前有过世袭占有性质的工厂</u>,这一事实在俄国现代的工厂日常活动方式中起着突出的作用。这一现象,<u>按埃里斯曼</u>教授的公正意见,就其对俄国中部无地的工厂无产阶级的形成所起的作用来说,是十分重要的,因此完全值得历史学家、政治经济学家的注意,而我们还要指出一点,从工业卫生的角度来看也是如此。

[88]　所以,当只有英国一个国家于 1802 年首先颁布纤维品加工厂儿童劳动法时,俄国的法律至少在理论方面已超过许多西欧工厂法,尽管关于**标准**工作日等法令的确还停留在纸面上,而且只适用于"在工厂注册的农民"。

!!???

[91]　毋庸置疑,不仅在俄国大的工业中心,而且在小的工业区,就现有的工厂企业数目来看,存在着产生工厂无产阶级的历史条件和日常生活条件。

注意

[92]   ……例如，迫使梁赞人(普龙斯克、米哈伊洛夫、斯帕斯等县)抛弃自己故乡的农业，几乎是**整村整村地**涌进博戈罗茨克工业区的工厂。**102**

注意

[95—98]

表 I.
经我们检查的工厂的资料①

	工　人　人　数		
	最多时	最少时	现有的
·····			
全省共计············	146 338	94 214	114 381
	128%	82%	100%

[115]   表 VI.
工人在不同规模的企业和
各种行业的等级中的分布

工人人数   总共
   不到 16 人············· 2.4 ⎫
16—   50 人············· 5.9 ⎬ 13.4
  50—   100 人············· 5.1 ⎭

100—   500 人············· 23.9
500—1 000 人············· 20.1   44

1 000—2 000 人·············12.2 ⎫
2 000—5 000 人·············24.6 ⎬ 42.6
  超过 5 000 人············· 5.8 ⎭

共计···········100

---

① 参看本版全集第 3 卷第 287 页。——编者注

[128]

表 XII.

工人在各县和不同规模工厂企业中的分布

县		不到16人	16—50	50—100	100—500	500—1000	1000—2000	2000—5000	超过5000	共计	有500名以上工人的工厂中工人的百分比
					最多时的工人人数						
莫斯科	绝对数	568	1 231	1 701	11 044	8 030	3 950	4 320	—	30 844	52.8
	百分比	1.9	4.0	5.5	35.8	26.0	12.8	14.0	—	100	
博戈罗茨克	绝对数	561	1 733	2 680	11 685	8 490	5 700	2 500	8 500	41 849	60.1
	百分比	1.3	4.2	6.4	28.0	20.3	13.6	5.9	20.3	100	
布龙尼齐	绝对数	119	513	459	1 841	530	—	4 700	—	8 162	64.1
	百分比	1.5	6.3	5.6	22.5	6.5	—	57.6	—	100	
韦列亚	绝对数	237	465	255	200	500	—	2 500	—	4 157	72.2
	百分比	5.7	11.2	6.1	4.8	12.0	—	60.2	—	100	
沃洛科拉姆斯克	绝对数	357	535	287	263	—	—	—	—	1 442	—
	百分比	24.7	37.1	20.0	18.2	—	—	—	—	100	
德米特罗夫斯克	绝对数	20	125	434	1 840	2 200	—	7 500	—	12 119	80.0
	百分比	0.2	1.0	3.6	15.2	18.1	—	61.9	—	100	

地点	项目									合计	
兹韦尼戈罗德	绝对数	{ 38	618	730	—	1 400	—	—	—	2 786	50. 2
	百分比	1.4	22.2	26.2	—	50.2	—	—	—	100	
克林	绝对数	{ 756	1 080	328	595	1 790	—	—	—	4 549	39. 3
	百分比	16.6	23.8	7.2	13.1	39.3	—	—	—	100	
科洛姆纳	绝对数	{ 440	723	204	1 850	1 280	2 950	6 200	—	13 647	76. 4
	百分比	3.2	5.3	1.5	13.6	9.2	21.7	45.5	—	100	
莫扎伊斯克	绝对数	{ 82	60	110	—	1 350	—	—	—	1 602	84. 3
	百分比	5.1	3.7	6.9	—	84.3	—	—	—	100	
波多利斯克	绝对数	{ 99	649	250	1 477	2 527	—	—	—	5 022	50. 5
	百分比	2.0	13.0	5.0	29.5	50.5	—	—	—	100	
鲁扎	绝对数	{ 106	43	253	420	—	—	—	—	822	—
	百分比	12.9	5.2	30.8	51.1	—	—	—	—	100	
谢尔普霍夫	绝对数	{ 201	850	547	2 989	2 725	3 795	8 250	—	19 357	76. 3
	百分比	1.0	4.4	2.8	15.5	14.1	19.6	42.6	—	100	
共计	绝对数	3 584	8 625	7 398	35 044	29 422	17 795	35 970	8 500	146 338	62. 7
	百分比	2.4	5.9	5.1	23.9	20.1	12.2	24.6	5.8	100	

列宁在表**XIII**《工厂和工人人数在各县、各等级各类行业中的分布》(第**130—136**页)中,把面粉磨坊和精粉磨坊、染布、纸烟嘴、封套和制盒等作坊数及其中的工人人数划分出来。

[160]

表 XVIII.

最近 45 年来莫斯科省各家工厂
发动机的数量和功率

	1845	1855	1871	
	蒸汽机的数量和功率			
县	据萨莫伊洛夫	据塔拉索夫	据马季先	据我们核查
······				
全省共计········· {	51	61	471	703
		超过		
	937	1 269	6 502	10 832

[167]

表 XX.

发动机在各行业等级的分布①

发动机的种类　　　共　计
绝　对　数

蒸汽的··············140 ⎫
蒸汽和水力的·········· 53 ⎪
蒸汽和马力的·········· 6 ⎪
水力和马力的·········· 3 ⎬ 333
水力的·········· 42 ⎪
马力的·········· 89 ⎪
手工的··············747 ⎭

共计········1 080

---

①　参看本版全集第 3 卷第 495 页。——编者注

百　分　比

蒸汽的·····················13.0 ⎫
蒸汽和水力的············ 4.9 ⎬18.4
蒸汽和马力的············ 0.5 ⎭
水力和马力的············ 0.3 ⎬30.8%
水力的······················ 3.9
马力的······················ 8.2
手工的·····················69.2

[169—170]　　　表 XXI.

各主要行业类别和使用各种动力的<u>工人</u>的分布[①]

发动机种类　　　　　　　　共计

绝　对　数

机械发动机·················<u>92 302</u>

马力传动··················· 3 559*[)]

手工发动··················18 520

百　分　比　　　　　　　　　注意

机械发动机················· 80.7

马力传动··················· 3.1

手工发动··················· 16.2

(*)　根据第 163—166 页的表格的计算表明:这全是马力传动;既用马力传动、也用蒸汽和水力传动的不包括在内。

列宁在关于棉纺织业、丝织业和毛纺织业的资料(第 **176—177** 页)中摘出关于手工织机和机器织机的数据。

[209]　······**机器织布厂的女工比手工织布厂要多得**　　注意
多······

① 参看本版全集第 3 卷第 495 页。——编者注

傻瓜！！！

[210]　……在追求一己私利的<u>厂主</u>和在道义上负有保护弱者和无依无靠者的<u>责任的国家</u>之间定会发生与现代因童工而引起的斗争性质相同的新的斗争，不过将在另一种在经济和卫生方面并非不太重要的基础上——在保护<u>女工</u>的基础上进行。

[240]　……在各个不同的县，本地人出身的工人在县内工厂工人总数中所占的百分比完全不同……

参看第 124 页
——＝工业最发达的县
〜〜〜＝工业最不发达的县

县	本县工人的百分数	县	本县工人的百分数
莫扎伊斯克………	93.40%	<u>德米特罗夫斯克</u>	74.85%
<u>沃洛科拉姆斯克</u>	92.43%	<u>谢尔普霍夫</u>………	57.99%
克林………………	86.37%	韦列亚……………	51.90%
布龙尼齐…………	83.12%	波多利斯克………	51.38%
<u>鲁扎</u>……………	80.00%	<u>博戈罗茨克</u>……	50.38%
兹韦尼戈罗德……	77.16%	科洛姆纳…………	39.72%
・・・・・・		莫斯科……………	24.24%

注意

因此，我们可以作出结论：**一个县的工厂生产有巨大发展，会促进外地人流入该县。**①

[243]　本县出生的工人在本县和外县工厂做工的人数：

	本县	外县
1.布龙尼齐……………	5 442	1 734
2.博戈罗茨克…………	13 938	1 414
3.德米特罗夫斯克……	6 717	1 413
4.莫扎伊斯克…………	792	1 391
5.沃洛科拉姆斯克……	537	1 017
6.鲁扎…………………	228	970
7.谢尔普霍夫…………	8 849	941
8.莫斯科………………	5 476	840
9.波多利斯克…………	1 727	793
10.科洛姆纳……………	3 442	772

---

①　见本版全集第 3 卷第 504 页。——编者注

11. 兹韦尼戈罗德………1 172   532
12. 韦列亚……………………1 457^{*)}   338
13. 克林…………………………3 461   315

*) $\sum$＝53 238＝占工人总数 103 175 人的 51.6%[103]

（参看第 247 页）

[245]   表 XXII.

在本县工厂做工及在莫斯科省其他县工厂做工的男女工
人人数资料。

本县出生工人：   在本县工厂做工的

		男工	女工
· · · · · ·	共计	33 273	19 965
		53 238	

[247]   表 XXIII.

当地居民人数和本地出生工人人数的比例

县	外来的工人			本地出生的工人		
	男工	女工	总计	男工	女工	总计
· · · · · ·
共计	**43 823**	**22 018**	**65 841**	**47 419**	**27 577**	**74 996**

$\sum$＝140 837

[288—289]   ……表中所列的所有工人中，有 10% 不满
11 岁就进厂做工，有 33%，或整整三分之一的工人，不到
12 岁就进厂做工，即比我国新的工厂法规定的儿童进厂做
工的最小年龄还小。12—14 岁这个年龄进厂的人数相对
来说最多(30.71%)，总算起来，**幼年就进厂的占 63%** 左
右，即几乎占全部工人的 **²/₃**。已满 25 岁进厂的工人很少
(总共 9.42%)，——这一事实也表明：**我们在这里见到的**

注意

注意 ‖ 绝大多数是真正的工人阶层,他们可以说素来是工厂工
人,而不是偶然进厂的。

2. 第2册。叶·米·杰缅季耶夫和 费·费·埃里斯曼合编。1893年 莫斯科版

第 四 篇
工厂的工房和住房

[25] 问题在于,梭子有时猛烈地冲出织机打到工人脸
上,往往击中眼睛;筘座顶部有一块预防梭子向上冲出的
挡板,即使梭子冲出,也只能冲向下面或旁边,因而有时会
划破或损坏正在织的亚麻布。在我们的工厂里,则宁可保
持织物完好而不保全工人的眼睛。

!!

[27]　　　　大型织造厂
　在第 28 页上列宁计算了各类织造厂中平均每家工厂拥有的织机数和工
人数:第 I 类——大型织造厂(大多是染织厂,很少是织造厂),第 II 类——
织机不超过 100 台的规模不太大的工厂(大多是没有染色车间的织造厂)和
第 III 类——通常被地方自治局的统计学家算做手工业工厂的小织造厂。

（第 29 页）

每一家工厂	工人人数	
I　156 台织机	I　215	
II　34 台织机	II　43	
III　18 台织机	III　16	(22 ??)
第 35 页	第 36 页	

[29]　作坊本身不大,又摆满了织机,**相对来说**,简直是 **太挤了**。拿我们所采用的 3 立方俄丈的标准来衡量,我们看到,142 家作坊中只有 28 家符合这一标准,即占作坊总数的 19.7%,而使用机器的纺织企业,符合标准的则为 78%,而且主要是只供较少数工人使用的整经和络纱车间……　和使用机器的工厂的织造车间相比,手工织造作坊不符合我们所采用的每个工人 3 立方俄丈标准的要多得多:在那里,我们发现这样的织造车间占总数的 50%,而在这里,102 家作坊中就有 96 家,即占 94%。

注意

注意

[31]　按惯例,晚间照明完全由工人自己料理,每个织工或整经工点蜡或点灯的费用自理。当然,这样的照明总是很差的,即使煤油灯按喷嘴的大小来说可以达到足够的亮度,织工们为了节省让灯光若明若暗。厂主在这方面的干预也只限于偶尔要求织工不要使用煤油,而使用不太容易引起火灾的重煤油。──摇纬工(年幼的和年老的)由于工资微薄,点不起灯,晚上只好在织机旁几乎一片漆黑的过道上干活。

! 注意

注意

[34]　　　　　　**小型织造厂**
[35]

县	有工厂的村镇数	工厂数目	其　中小木房	织机台数
莫斯科…………… 5		17	21	177
克林……………19		34	56	732
谢尔普霍夫…… 1		7	9	116
科洛姆纳…………14		23	25	330
韦列亚………… 4		24	34	?
沃洛科拉姆斯克……11		31	53	682
兹韦尼戈罗德… 6		11	13	?
莫扎伊斯克…… 7		7	9	?
	67	154	220	2 037+?

112 家工厂
2 037 台织机。

平均每家工厂
18 台织机。

列宁在第 36 页上计算出每家工厂平均有多少工人,并记载如下:

$$2\,461 \div 156 = 16$$

$$2\,461 \div 112 = 22$$

注意

[36—37]　……每个工人只有很少量空气的作坊<u>更加常见</u>。在所有作坊中，近⅓的作坊每人得到的空气不到 1 立方俄丈，而³⁄₆——不到 2 立方俄丈。在这方面，三种类型手工织造厂之间有一定的序列性。不到 3 立方俄丈的，在第 I 类工厂中占总数的 78.5%，在第 II 类工厂中已占 83.7%。而在小型织造厂中，则占 93.6%。

注意

[38]　……在所检查的作坊里，空气差不多总是很难闻的，而且经常尘土飞扬，所以，用织工们自己的话说，"<u>不见天日</u>"。

注意

[39]　……小型织造厂晚间照明经常比头两类工厂更差。<u>这里晚间照明由工人自理</u>——每个织工(多半是女织工)自费照亮自己的织机。

[40]　　　　**3. 染色-漂白-后处理和印花厂**

[50]　……(*)

[97]　　　　　**9. 椴皮席厂**

注意

　……椴皮席厂的特点在于:<u>所有工人都住在做工的作坊里，从来都是带全家人，连吃奶的孩子也不例外</u>……

[98]　……<u>椴皮席作坊的每个宿舍，无论大小，都像单马栏一样，全家人昼夜 24 小时都在那里度过</u>。

注意

[102]　在饮食卫生方面，椴皮席作坊差得令人难以置信:<u>这是马厩，而不是作坊</u>。

注意!!

　(*)　这样一直延续到 1886 年 6 月 3 日法令**104**颁布。在禁止向工人收作坊照明费用以后，这种惯例当然就打破了，但<u>结果是相应地减少了印花工的计件工资</u>。

[105]　　　　**12. 制革、手套和制靴作坊**

[109]　**油漆作坊……**　空气污染严重,<u>不习惯的来访者</u>即使在作坊待不大一会儿<u>都会头痛得很厉害,甚至恶心</u>;尽管这样,<u>却没有一家工厂的油漆间或干燥室有通风设备。</u> ‖ 注意

[117]　　　　**15. 制毡和毡靴作坊**

……　**所有的制毡工都用砖砌的没有烟囱的大炉子取暖——"不用烟囱"**…… ‖ 注意

[253]　　　　第 五 篇
工人的卫生经济状况

[258]　　　　**II. 工厂工人同农业的联系。**

[280—282]　<u>这样看来,使工厂工人与土地断绝联系的最重要原因,是手工生产变为机器生产。</u>虽然比较起来手工生产的工厂数目还相当多,可是其中的工人人数,同机器生产的工厂中的工人人数比起来,却是<u>微不足道的</u>,因此我们所得到的<u>兼务农的工人百分比是很小的</u>,即全部成年工人的 <u>14.1%</u>与纯粹农民等级的成年工人的 15.4%①。 ‖ 注意

[283]　　　　表 XV.

从工人中派去干农活的	18 岁以上的工人	
从 0 到 5 %…………	5 322＝366%②	⎫ 55.9%
〃 5 〃 10…………	2 808　193	⎬
〃 10 〃 20…………	3 535　243	⎬
〃 20 〃 40…………	2 046　140	⎬
〃 52 〃 83…………	841　58	⎭
	14 552＝1 000	

　　① 见本版全集第3卷第494页。——编者注
　　② 此处应为‰。——编者注

[284]   表 XVI. 成年工人兼务农的时间的长短

		1 至 2 周	2 至 4 周	4 至 6 周	6 至 8 周	2 至 3 个月	3 至 4 个月	4 至 5 个月	5 至 6 个月	6 至 7 个月	7 至 8 个月	全部兼务农的工人人数
不分工种的全部工人	兼务农的人数	83	163	293	241	606	267	82	118	148	53	2 054
	百分比	4.0	7.9	14.3	11.7	29.5	13.0	4.0	5.8	7.2	2.6	100

37.9   32.6

[292]   从纯粹农民等级的**全部**成年男子和未成年男子中算出兼务农的工人的百分比,我们就可得出以下数字:

兼务农的工
人的百分比

有染房的手工棉织厂⋯⋯⋯⋯⋯⋯⋯⋯72.5
*)   丝织厂⋯⋯⋯⋯⋯⋯⋯⋯⋯⋯⋯⋯63.1
***)   瓷器厂⋯⋯⋯⋯⋯⋯⋯⋯⋯⋯⋯⋯31.0
手工印花厂和经线分活站⋯⋯⋯⋯⋯30.7
**)   制呢厂(全部生产)⋯⋯⋯⋯⋯⋯20.4
纺纱厂和自动机织厂⋯⋯⋯⋯⋯⋯⋯13.8
有印花厂和后处理房的自动机织厂⋯ 6.2
机器制造厂⋯⋯⋯⋯⋯⋯⋯⋯⋯⋯⋯ 2.7
机器印花厂和后处理厂⋯⋯⋯⋯⋯⋯ 2.3[①]

*)   有 4 700 台手工织机和 100 台机器织机加工丝绸、天鹅绒和锦缎(I,177)。

**)   有 4 130 台手工织机和 3 018 台机器织机加工毛线(同上)。

***)   在 25 家工厂中有 22 家是手工传动或脚踏传动的(I,165)。

———————————
① 见本版全集第 3 卷第 494 页。——编者注

[296]　不管情况如何,<u>不管是什么原因促使以前的农民变为工厂工人,但是这种专门工人已经存在了。</u>他们只被算做农民……　因此,在我们面前出现的是<u>一个已经形成的工人阶级</u>,这个阶级没有自己的家园,实际上也没有任何财产,这个阶级毫无羁绊,身无隔宿之粮。<u>这个阶级不是从昨天起才形成的,它已经有自己的工厂系谱,而且不小的一部分已经是第三代了</u>①。

[323]　　　　　　　**IV. 工作量(强度)**

[325]　　　　　　　表　I.
　　　　各工厂的工人人数和节假日天数

	一年中休息天数	根据1890年和1879年的《工厂一览表》这些工厂的工人人数
1. 谢尔普霍夫县 И.Н. 孔申纺纱厂…………	94	568
2. 布龙尼齐县拉缅斯科耶棉纺织厂………	89	5 098
3. 谢尔普霍夫县 Н.Н. 孔申纺织厂………	94	2 110
4. 谢尔普霍夫县米特罗范·谢里科夫棉织厂…	93	(1879年) 253
5. 谢尔普霍夫县 А. 马拉耶娃棉织厂………	99	523
6. 谢尔普霍夫县 Е. 伊琳娜棉织厂………	93	295
7. 布龙尼齐县 Ф. 谢尔盖耶夫儿子们的棉织厂…	90	(1879年) 208
8. 谢尔普霍夫县 П. 里亚博夫纺织和染色-后处理厂………	93	650
9. 科洛姆纳县 И. 杰明纺织和印花厂………	82	(1879年) 818
10. 谢尔普霍夫县特列季亚科夫家族公司棉织和印花厂	92	(1879年)2 510
11. 谢尔普霍夫县米·谢里科夫的儿子们的棉织和印花厂	102	(1879年) 860
12. 谢尔普霍夫县 Н.Н. 孔申公司印花厂………	93	1 313
13. 谢尔普霍夫县 А. 马拉耶娃印花厂………	99	170
14. 谢尔普霍夫县 Н.Н. 孔申商行漂白-染色-后处理厂	92	
15. 谢尔普霍夫县卡什坦诺夫兄弟制呢厂………	92	820
16. 谢尔普霍夫县 Д. 胡塔列夫制呢厂………	98	766

---

① 见本版全集第3卷第496页。——编者注

根据 1890 年和 1879 年的《工厂一览表》这些工厂的工人人数	[接上页]	一年中休息 天 数
160	17. 布龙尼齐县索柯洛夫兄弟制呢厂…………	100
58	18. 谢尔普霍夫县 C. 什利亚霍夫手工棉织厂…	98
90	19. 谢尔普霍夫县 A. 别利亚耶夫手工棉织厂…	101
	20. 布龙尼齐县 M. 列别捷夫的儿子们的手工棉织厂	102
(1879 年)25	21. 布龙尼齐县 T. 莫托夫手工棉织厂………	97
175	22. 布龙尼齐县 B. 乌沙科夫手工棉织厂……	126
125	23. 谢尔普霍夫县科切特科夫兄弟手工印花厂	100
80	24. 谢尔普霍夫县 Д. 科切特娃手工印花厂…	100
1890: 215	25. 谢尔普霍夫县 Г. 托洛孔尼科夫手工印花厂	91
110	26. 布龙尼齐县 A. 安东诺娃手工印花厂……	109
(1879) 30	27. 布龙尼齐县 Г. 舍列梅季耶夫设有经线分活站的染房………	101
(1879) 29	28. 布龙尼齐县 И. 萨尔蒂科夫设有经线分活站的染房………	101
(1890) 217	29. 布龙尼齐县 H. 申科夫设有经线分活站的染房	101
330 (1879) 12	30. 布龙尼齐县 Я. 克尼亚贾托夫设有经线分活站的染房………	100
8	31. 谢尔普霍夫县维·舒利金棉花加工厂……	93
20	32. 谢尔普霍夫县巴尔利亚耶夫兄弟棉花加工厂	93
24	33. 谢尔普霍夫县 П. 叶尔莫拉耶夫棉花加工厂	93
60	34. 布龙尼齐县库里诺娃瓷器厂…………	108
18	35. 布龙尼齐县 Я. 法尔塔利诺夫瓷器厂……	108
32	36. 布龙尼齐县 C. 法尔塔利诺夫瓷器厂……	108
220	37. 布龙尼齐县 M. 杜纳舍夫瓷器厂………	106
380	38. 布龙尼齐县 Г. 马尔柯夫瓷器厂………	106
320	39. 布龙尼齐县 A. 马尔柯夫瓷器厂………	106
(1879) 16	40. 布龙尼齐县 И. 费佳申瓷器厂…………	108

[接上页]

根据1890年和1879年的《工厂一览表》这些工厂的工人人数

	一年中休息天数	
41. 科洛姆纳县科洛姆纳机器和车辆制造厂……………	85	3 396
42. 谢尔普霍夫县别尔达诺索夫家族铸铁和机器厂……	89	61
43. 谢尔普霍夫县瓦尔金铸铁和机器厂…………………	94	28
44. 谢尔普霍夫县 H. 希巴耶夫锯木厂…………………	103	15
45. 谢尔普霍夫县 Π. 希巴耶夫锯木厂…………………	93	20
46. 谢尔普霍夫县 A. 阿斯塔波娃制革厂…………………	174	16
47. 谢尔普霍夫县 A. 科兹洛夫化工厂…………………	99	(1879) 6
48. 谢尔普霍夫县 A. 别利亚耶夫椴皮席厂…………………	64	$\sum=22\,713$　(1879)300
49. 谢尔普霍夫县 A. 米雅斯尼科夫椴皮席厂…………………	64	109
50. 谢尔普霍夫县 И. 巴拉克舍耶夫椴皮席厂…………………	64	
51. 谢尔普霍夫县 A. 马卡罗夫椴皮席厂…………………	64	(1879) 90
52. 谢尔普霍夫县 E. 菲尔萨诺娃椴皮席厂…………………	64	109
53. 谢尔普霍夫县科斯佳科夫家族精粉磨坊…………………	27	50
54. 谢尔普霍夫县 C. 马克耶夫精粉磨坊…………………	62	23 371

{当然,这两个数字只是大概的数字}

[缺第 46 号]

前 46 家工厂中最低——82   365

最高——126 $\dfrac{-98}{267}$

算术平均值$=\dfrac{4\,514}{46}=98.1$ 天

$22\times 12=264$

$22.5\times 12=270$

[328]　说到我们这里所有工厂的月平均工作天数,无论如何不能说超过 22 天半,确切地说,正像我们下面所看到的,只是 22 天。

[330]　我们的工厂平均工作天数应该是多少呢?这张图表就回答了这一问题。机器生产的工厂为 276 天,而手工生产的工厂则为 268 天。

$365-276=89$

$365-268=97$

参看第371页

[363]　用普通的计算算术平均值的方法能更确切地算出这里工厂每昼夜平均工作时间。它等于 12 小时又 39 分。因此,一周(如果在这一周内没有节日)平均工作小时为 76 小时。

[371]　最后,在我们这里各行各业所有工厂的周平均工作时间可确定为 74 小时(第 363 页和第 367 页),可是在英国,周平均工作时间不超过 56 小时,因此这里的周平均工作小时整整多⅓,即多32%。

$\left\{\begin{array}{l}\text{共计41家}\\\text{工厂有半}\\\text{节日}\end{array}\right\}$

[380—381]　　　　**III. 半节日**(*)

椴皮席厂的休息日

(第 48—52 号)

工作时间:从 10 月 20 日起,至 6 月 29 日止。

V	1 月 1 日	割礼节
V	1 月 6 日	显现节

(*) 在某些工厂,工作在过节前结束或在过节后中午开始。这些不完整的工作日被算做半节日。

1 月 7 日	约翰先知会议日	无
1 月 30 日	三圣会议日	无
2 月 2 日	主进堂日	无
3 月 25 日	先知圣母领报节	Ｖ
5 月 9 日	圣主教尼阔赖圣尸迁移日	无
5 月 25 日	第三次找到约翰先知头颅日	无
6 月 24 日	约翰先知诞辰	无
6 月 29 日	宗徒彼得和保罗致命日	无

有8月6日、
8月15日、
9月8日。

10 月 22 日	喀山先知圣母日	无
10 月 28 日	代替母神节	无
11 月 8 日	大天使米哈伊尔会议日	无
11 月 21 日	先知圣母进堂日	无
12 月 6 日	圣主教尼阔赖逝世日	无
12 月 24 日	圣诞节前夜	无
12 月 25 日	耶稣诞辰	Ｖ
12 月 26 日	先知圣母会议日	Ｖ
小斋占礼七日		无
耶稣受难周的星期六		Ｖ

耶稣受难周的
星期五

星期一是复活节的星期六

星期一
或星期二
是1月2日
圣诞节节期

耶稣升天节　　　　　　　　　　　　　　　　　　Ｖ

Ⅴ   圣灵降临节

星期日(36 个,偶尔 37 个)。

总计:1897 年 6 月 2 日的作息规范[105]在同一时期内:

+ 4 个节日

− 18 个节日

共计——14

在米·伊·杜冈–巴拉诺夫斯基《资本在我国手工工业发展中的历史作用》一文上作的批注

1897 年 4 月《新言论》杂志第 7 期

(1897 年 4 月和 1899 年 1 月 30 日〔2 月 11 日〕之间)

[25] ……家庭工业既是从工厂到"独立"手工业者的过渡,也是从"独立"手工业者到工厂的过渡。1)

---

1) 也许,有必要说明一下,最初的工厂,即由此开始进化的工厂,用马克思的术语来说,是<u>手工工场</u>——在这种工场里,不是用机器而是用手工操作。我们称大的工业企业为工厂,<u>不管它是</u>

(1) <u>用手工操作还是用机器操作</u>,这是因为:第一,现代的科学术语就 ??

(2) 是如此;第二,在俄国,这种形式的工业的历史<u>名称</u>就是如此。① ???

---

① 参看《俄国资本主义的发展》一书第 6 章第 1 节《工场手工业的形成及其基本特点》(本版全集第 3 卷第 346—347 页)。——编者注

对 1894—1895 年度彼尔姆省
手工业按户调查资料作的批注和整理[106]

《彼尔姆省手工工业状况概述》1896 年彼尔姆版

(1897 年 7 月 20 日〔8 月 1 日〕和
1899 年 1 月 30 日〔2 月 11 日〕之间)

列宁根据该书目录计算出手工行业的总数并记录如下:

共计 43 种手工业。

**列宁在一些手工业名称旁边作了各种批注和标记:例如,在制箱业旁边批了
"注意?"二字,并加上了问号。**

[1]　　　　引　　言

　!??　　　[3—4]　……为了使全俄国大地的思想界都能进行这项
工作,地方社会机构当然义不容辞应考虑提供尽可能充分
的材料,不仅提供地方手工业的样品,而且对这些样品作
出应有的说明,即为此作一些专门的调查,例如 1894—
注意　1895 年度用彼尔姆省地方自治机关经费对彼尔姆边疆区
手工工业已作了这一类的调查……　我们把手工业形式
的生产同资本主义形式的生产作了对比,认为它们之间的
主要差别如下:前者——生产工具和生产材料以及全部
劳动成果即产品,都属于劳动,构成劳动的财产,其产品通
过交换变为货币或等价消费品;后者——生产工具和生

产材料属于企业主,而生产却由雇佣劳动来进行……　企业主……把称之为利润一部分产品的交换价值攫为己有……手工业形式的生产和资本主义形式的生产相比,有以下较不利的、在某种程度上简直是毁灭性的条件。第一,手工业者和企业主-资本家相比,得不到……正常的贷款……第二,手工业者单独工作,得不到劳动力集中的好处……

[5]　手工业者的产品……主要是用当地获得的材料制作的……

[6]　所有的人,包括手工业者,无疑都具有剥削他人劳动的倾向……

[7]　人们有时把有雇佣工人的手工业者和盘剥者混为一谈……毫无道理……　这个定义不适用于有雇佣工人的手工业者,而适用于……实质上和生产本身格格不入的货币资本拥有者……　盘剥活动的方式是多种多样的:我们把高利贷者、产品包买主……组装作坊、出售手工业制品的商店等等都列入这一范畴。

[8]　然而盘剥活动……暂时还是手工业生产交换机器上必不可少的一个轮子。要是没有货币资本作中介,手工业就不复存在……问题不在于盘剥者,而在于手工业者资本不足……　总之,盘剥活动对手工业取得成就来说,无疑应该承认是件好事……　手工业信贷以及生产和消费之间进行交换的合作组织的任务,正是要消除这些造成盘剥活动或——更糟的是——资金匮乏的条件。①

[10]　与种地疏远的手工业,在同资本主义基础上的工业竞争中,失去了最可靠的保护,不种地的手工业之所以能够存在……主要应归功于独立业主的劳动具有对任何工厂的雇佣劳动的优越性……

[12]　……在彼尔姆边疆区,主要集中在工厂区的不种地

瞎说
第24、26、27页
哈哈哈
注意!!

注意

原文如此!
哦,可爱的蒲鲁东主义者!

参看第12页

---

①　参看本版全集第 3 卷第 330 页。——编者注

的手工业者绝不是无产者，而是户主，既是手工业作坊的业主，也是手工业作坊的雇佣工人，——不仅有自己的住处，而且有自己的菜园、割草场和公用牧场的户主……

[13] ……调查中对手工业人员作了进一步划分，除上面已说明的两类外，还分成三小类……(a)自做自卖的……(b)为订货的消费者工作的；(c)为订货的包买主工作的…… 在为订货而生产的两小类中，原料主要由订货人供给。所谓手艺，就是用现成原料干活……在上述第二小类中，我们所调查的，实质上，即就其主要形式来说，是采购原料，是从手艺到严格意义上的手工业的过渡阶段。至于第三小类，生产目的本身，是制品和产品自做自卖，这表明生产的纯手工业类型，但是，由于这一小类的手工业者缺乏流动资金，他们只好依附于供给手工业者以原料的各种所谓盘剥者，而别无出路……

[15] 如果我们在这样的作坊里看到，有的全户收入不成比例地高于那些低收入，那么我们不要忽略，这种收入相当大一部分主要是再现了：一、转到产品上的部分固定资本；二、与生产无关的商业中转性的劳动和费用；三、由主人包伙食的那些雇佣工人的食品价值。这些事实限制了可能发生的某些错觉，即夸大雇佣劳动，也就是资本主义成分对手工业生产的好处这类想法…… 采用的调查方法是就地按户调查…… 统计登记的组织工作……交由地方官先生们办理……

[16] 1894—1895 年度进行的彼尔姆省手工业按户调查包括全省各县……在某些情况下，只对典型的手工业作坊要求按户调查……在要求尽可能……完备地作出扩及全省的总结的情况下，我们用根据平均数求出的导数……来弥补调查资料…… 手工业户……核定为 8 991 户；我们为弥补调查的缺陷而用不同方法推算出的户数达 3 484 户。这样一来，现在经按户调查的手工业户占手工业户总数

参看手工业者的定义 [第]3—4—5[页]

！

注意

户数，而雇佣工人数呢？

注意

(12 475)的 <u>72%</u>……<u>制作粗麻布、呢绒等供出售的农妇未</u> ‖
<u>列入</u>这次手工业统计中……

手艺人：

$$
\begin{array}{r}
2\,821 \\
+\ \ 604 \\
\hline
3\,425 \div 72^{①} \\
= 4\,757^{107}
\end{array}
$$

[18]

县	手工业户数	手工业户的男女人数	1895年1月1日前		各县手工业居民同总人口的百分比	作者划分的类别(第31页)[108]
			各县(连同城镇)	男女居民人数		
昆古尔…………	1 733	8 523	132 750		6.4 %	I
克拉斯诺乌菲姆斯克	1 587	9 074	248 598		3.65%	I
奥萨…………	1 708	10 169	293 167		3.46%	I
沙德林斯克………	1 479	7 988	332 189		2.6 %	I
叶卡捷琳堡………	1 910	9 267	408 698		2.26%	I
索利卡姆斯克………	812	4 357	220 615		1.97%	III
奥汉斯克………	995	5 226	268 958		1.94%	II
伊尔比特………	378	2 211	152 658		1.44%	II
上图里耶………	632	3 255	242 143		1.34%	II
切尔登………	236	1 210	99 915		1.18%	II
卡梅什洛夫………	578	2 860	259 732		1.02%	III
彼尔姆…………	427	2 146	249 158		0.86%	II
全省总计	12 475	66 286	2 908 571 2 908 581		2.27%	

[19—20]　……我们利用1894—1895年度手工业调查
材料,并且以手工业者(本户工人和雇佣工人)人数的分配
资料为基础,按所加工材料的性质,将上述各县的手工业
者分类情况列表如下。

---

① 应为0.72。——编者注

县 （按地区）	手工业者人数			各县从事加工业的手工业者所占的百分比			
	总　共			畜产品	植物材料	金属及其他矿物	混合的
	本户工人	雇佣工人	共计				
………						全　省	
共　计………	15 258	5 183	20 441	33	28	25	14
		25.3%					

$=100\%$
$5\ 183 \div 20\ 441$
$=25.3$

注意

[23]　……我们将按各个县进行比较,表明从事以下加工业的手工业者人数的比例关系:(1)畜产品加工——利用畜牧业和农业的资源;(2)植物材料加工——利用林业资源;(3)金属加工——利用采矿冶金工业的生产能力。

[24—25]

县	各县在全省总数中占的百分比		
	从事畜产品加工业的手工业者人数	牲畜头数	主要粮食作物播种面积（单位俄亩）
昆古尔………	27.1	4.4	5.4
沙德林斯克………	24.8 ⎫68.9	11.5 ⎫25.1	15.9 ⎫29.5
叶卡捷琳堡………	17	9.2	8.2
奥萨………	7.4	10.7	12.0
奥汉斯克………	6.5	10.5	13.2
索利卡姆斯克………	4.8 ⎬25.1	8.0 ⎬48.9	6.5 ⎬51.7
克拉斯诺乌菲姆斯克	3.5	10.4	8.7
卡梅什洛夫………	2.9	9.3	11.3
彼尔姆………	2.3	7.0	5.7
伊尔比特………	1.9	7.3	7.1
上图里耶………	1.8	7.5	3.2
切尔登………	0.1	4.2	2.8
全　省	100.0	100.0	100.0

......从对手工业的详细描述中可以看出,以畜产品加工为基础的各行业较高的发展水平主要靠输入的原料来保证,例如,在昆古尔县和叶卡捷琳堡县就是<u>由地方制革厂和手工业制革作坊加工的生皮子来保证</u>的,这些县最主要的手工业之一的<u>制鞋业</u>所用的原料就是从这里得到的;<u>沙德林斯克县输入的原料是羊毛</u>,它为该县主要的手工业<u>制毡靴业</u>供应材料。

......

注意

县	各县在全省总数中占的百分比		
	从事植物产品加工的手工业者人数	从事混合行业,而主要是从事木材业的手工业者人数	森林面积(单位俄亩)(根据地方自治局税收资料)
奥萨	26.3 ⎫	16.2	4.2 ⎫
叶卡捷琳堡	14.0 ⎪	20.9	6.6 ⎪
奥汉斯克	10.8 ⎬61.3	8.8	3.2 ⎬20.7
克拉斯诺乌菲姆斯克	10.2 ⎭	—	6.7 ⎭
沙德林斯克	9.8	2.3	1.2
彼尔姆	6.3	—	9.1
昆古尔	5.7	—	3.3
索利卡姆斯克	5.2	15.0	9.3
伊尔比特	4.9	1.3	2.2
卡梅什洛夫	4.2	4.2	2.5
上图里耶	2.5	4.6	25.3
切尔登	0.1	—	26.4
全　　省	100.0	— ∑=73.3	100.0

[27]　在采矿工业<u>地区</u>对<u>建立手工业热作工场的某些限制</u>,是采矿工业县发展金属制品业的主要障碍......　世代相传掌握了采矿业的居民,以手工业方式继续发展熟练的工艺,在必要时<u>利用输入的原料</u>......

[30—31]

县 （按地区）	手工业者人数（按其产品和制品					
	自做自卖的			为包买主工作的		
	本户 工人	雇佣 工人	共计	本户 工人	雇佣 工人	共计
A. 西乌拉尔						
昆古尔…………	783	214	997	1 002	146	1 148
克拉斯诺乌菲姆 斯克…………	477	284	761	502	334	836
奥萨…………	1 094	443	1 537	420	185	605
奥汉斯克…………	652	375	1 027	14	3	17
索利卡姆斯克……	110	25	135	—	—	—
切尔登…………	22	17	39	—	—	—
彼尔姆…………	271	174	445	129	35	164
B. 外乌拉尔						
沙德林斯克……	449	161	610	1 205	326	1 531
叶卡捷琳堡……	1 357	600	1 957	801	406	1 207
伊尔比特…………	213	113	326	5	1	6
上图里耶…………	278	225	503	111	119	230
卡梅什洛夫……	230	34	264	56	—	56
共　计	5 936	2 665	8 601	4 245	1 555	5 800
		30.9%		20.8%	26.8%	

雇佣工人 4 220 人＝29.3%
总共　　 14 401 人[1]

————

① 见本版全集第2卷第246页。——编者注

销售的主要特点划分)						各县按制品和产品销售的主要特点划分的各类手工业者的比例			
为订货的消费者工作的			共　计						
本户工人	雇佣工人	共计	本户工人	雇佣工人	共计	自做自卖的	为包买主工作的	为订货的消费者工作的	
326	129	455	2 111	489	2 600	38	44	18	I
436	127	563	1 415	745	2 160	35. 2	38. 3	26. 5	I
895	186	1 081	2 409	814	3 223	47	20	33	I
560	118	678	1 226	496	1 722	59	1. 7	33. 3	II
1 084	19	1 103	1 194	44	1 238	10	—	90	III
22	6	28	44	23	67	57	—	43	II
171	69	240	571	278	849	52	20	28	II
317	32	349	1 971	519	2 490	24	62	14	I
527	149	676	2 685	1 155	3 840	50	32	18	I
166	31	197	384	145	529	62	1. 0	37	II
158	28	186	547	372	919	54. 7	25	20. 3	II
415	69	484	701	103	804	32	9	59	III
5 077	963	6 040	15 258	5 173[*]	20 441	41. 1[**]	28. 4	29. 5	
				5 183		42. 1			
	15. 9%			25. 3%					

　*)　有误：应为 5 183

　**)　见刊误　??

　　　雇佣工人　　　　　　　——5 183

　　　为包买主工作的手工业者——4 245

　　　　　　　　　　　　　　9 428＝46.1%

[31—32]

雇佣工人的百分比(第35页)	县	下列手工业者的百分比	
		为市场工作的	为订货的消费者工作的
26	I 类:沙德林斯克…………………	86	14
21	昆古尔…………	82	18
43	叶卡捷琳堡……………	82	18
59	克拉斯诺乌菲姆斯克………	73.5	26.5
33	奥萨…………	67	33
68	II 类:上图里耶……………	79.7	20.3
49	彼尔姆…………	72	28
37	伊尔比特……………	63	37
39	奥汉斯克…………	60.7	39.3
12	切尔登…………	57	43
14	III 类:卡梅什洛夫…………………	41	59
4	索利卡姆斯克…………	10	90

[36—37]

县	手工业户的男女			各县手工业户男女人数的百分比		在手工业发展中所占的地位（第 37 页）
	种田的	没有耕地的	共计	种田的	没有耕地的	
上图里耶………………	828	2 427	3 255	25.4	74.6	
克拉斯诺乌菲姆斯克……	2 579	6 495	9 074	28.4	71.6	5
昆古尔………………	2 144	3 206	5 350	40	60	2
叶卡捷琳堡……………	3 075	4 584	7 659	40.5	59.5	1
彼尔姆………………	1 452	482	1 934	74.8	25.2	
奥汉斯克……………	3 517	803	4 320	81.4	18.6	
卡梅什洛夫…………	2 040	310	2 350	86.8	13.2	
奥萨………………	7 690	1 034	8 724	88.1	11.9	3
沙德林斯克…………	5 832	164	5 996	97.3	2.7	4
伊尔比特……………	1 338	28	1 366	98.0	2	
索利卡姆斯克………	3 958	54	4 012	98.7	1.3	
切尔登………………	200	—	200	100	—	
共　计………	34 653	19 587	54 240	63.9	36.1	

县	亲自劳动参加生产的手工业者（本户工人和雇佣工人）人数	各县手工业劳动者的百分比	
叶卡捷琳堡……………	4 440	17.0	1
昆古尔………………	3 708	14.3 〉44.7%	2
奥萨………………	3 615	13.4	3
沙德林斯克…………	3 145	12.1 〉68.5%	4
克拉斯诺乌菲姆斯克……	3 049	11.7	5
奥汉斯克……………	1 966	7.6	

[41]

县	从事手工业时间					
	不足1年	不足2年	不足3年	不足4年	不足5年	不足10年
克拉斯诺乌菲姆斯克…	8	65	58	36	55	163
奥汉斯克………………	10	41	31	33	57	168
彼尔姆…………………	18	19	20	17	42	65
奥萨……………………	36	81	97	62	134	240
上图里耶………………	2	9	18	7	16	25
卡梅什洛夫……………	4	30	31	20	49	70
沙德林斯克……………	19	40	48	49	79	253
切尔登…………………	—	1	3	—	1	8
叶卡捷琳堡……………	27	86	63	49	157	240
昆古尔…………………	9	33	30	18	39	112
伊尔比特………………	1	9	13	5	13	36
索利卡姆斯克…………	4	19	13	8	38	109
共计	138	433	425	304	680	1 489

作坊数目

建于1845年以前 640

1845—55年 251

55—65年 533

65—75年 1 339

不等的户数

不足15年	不足20年	不足25年	不足30年	不足40年	不足50年	50年以上	共计	
133	139	46	61	39	13	35	851	I
158	136	54	46	45	13	11	803	II
49	36	14	30	27	10	33	380	II
176	228	82	109	92	35	57	1 429	I
28	19	9	22	9	5	9	178	II
79	70	32	35	31	14	10	475	III
198	204	76	71	28	35	10	1 110	I
6	4	5	2	3	1		34	II
184	245	99	136	76	54	119	1 535	I
116	126	72	104	79	30	346	1 114	I
41	48	15	24	12	10	5	232	II
107	122	84	111	92	31	5	743	III
1 275	1 377	588	751	533	251	640	8 884	

```
1875—85年    2 652
  85—95年    3 469
             ─────
             8 884
```

[42]

	县	手工业作坊系数					
		1845年前建立的	在以下10年内出现的:				
			1845—1855年	1855—1865年	1865—1875年	1875—1885年	1885—1895年
I	克拉斯诺乌菲姆斯克…………	2.7	1	3	8.2	21	29
II	奥汉斯克………………………	0.8	1	3.4	7.7	22.6	26.1
II	彼尔姆………………………	3.3	1	2.7	4.4	8.5	18.1
I	奥萨…………………………	1.6	1	2.9	5.4	11.5	18
II	上图里耶……………………	1.8	1	1.8	6.2	9.4	15.4
III	卡梅什洛夫…………………	0.7	1	2.2	4.7	10.6	14.5
I	沙德林斯克…………………	0.3	1	0.8	4.2	11.4	13.9
II	切尔登………………………	—	1	3	7	10	13
I	叶卡捷琳堡…………………	2.2	1	1.4	4.3	7.9	11.5
I	昆古尔……………………	11.5	1	2.5	5.8	8	8
II	伊尔比特……………………	0.5	1	1.2	4	9	7.7
III	索利卡姆斯克………………	0.2	1	2.0	6.8	7.3	6.5

原文如此!　‖　[45]　那些确认手工业遵循村社劳动继承性原则的统计资料,我们将在下一章叙述制革业的细节时加以引用和分析,制革业按本书描述手工业的次序是摆在第一位的。

[48]

1+3=6158+
+2347雇佣工人

1+3=3881+
+1594雇佣工人

类　　别	小类别	亲自劳动参加手工业生产的本户工人人数		
		男	女	共计
I	1			4 201
	2			4 146
	3			1 957
共　　计				10 304
II	1			1 648
	2			881
	3			2 233
共　　计				4 762
两类共计				15 066

[50]

亲自劳动参加
手工业生产的
男孩的百分比

I类：第1小类……………3.0%

　　　第2小类……………1.2%

　　　第3小类……………3.8%

II类：第1小类……………5.5%

　　　第2小类……………3.7%

　　　第3小类……………1.9%

小　类：

(1)自做自卖的

(2)为消费者工
　作的

(3)为包买主工
　作的

	类				别			
	I				II			两类
	小　类　别			共计	小　类　别			共计
	1	2	3		1	2	3	共计
雇佣工人人数：								
年　工	114	150	20	284	42	41	12	95	379
季节工	500	225	223	948	65	72	411	548	1496
计件工	716	145	262	1123	396	43	250	689	1812
日　工	423	161	89	673	247	126	171	544	1217
共　计	1753	681	594	3028	750	282	844	1876	4904

?? 胡说八道
见我的表格[1]

　　列宁在本书第53页和第54页上计算出两类手工业作坊的本户工人和雇佣工人数目，并从中分出使用雇佣劳动的作坊。

————————

① 列宁指的是他在《1894—1895年度彼尔姆省手工业调查以及"手工"工业中的一般问题》一文中所列的表格（见本版全集第2卷第259页）。——编者注

[53]

亲自劳动参加手工业生产的本户工人人数	各大小类别的手工			
	I 类			共计
	小 类 别			
	1	2	3	
5 个以上本户工人	80	8	23	111
4 个	111	34	37	182
3 个	274	204	152	630
2 个	681	814	361	185
1 个	1 108	1 729	433	3 270
无	31	32	7	70
共 计	2 285	2 821	1 013	6 119

[54]

	各大小类别的手工			
	I 类			共计
	1	2	3	
无雇佣工人的	1 585	2 331	762	4 678
有 1 个雇佣工人的	364	379	150	893
有 2 个雇佣工人的	164	76	39	279
有 3 个雇佣工人的	79	25	32	136
有 4 个雇佣工人的	33	3	6	42
有 5 个雇佣工人的	17	4	8	29
有 6 个雇佣工人的	8	2	5	15
有 7 个雇佣工人的	4	—	1	5
有 8 个雇佣工人的	7	—	—	7
有 9 个雇佣工人的	5	—	—	5
有 10 个以上雇佣工人的	19	1	10	30
共 计	2 285	2 821	1 013	6 119
有雇佣工人的户数	700	490	251	1 441
雇佣工人人数	1 753	681	594	3 028

有雇佣工人的作坊共**2 424**个,共有雇佣工人 4 904 人,其中:佣工人,1 994 个作坊——2 451 个雇佣工人。

业户户数

II 类				两类共计	本户工人人数
小　类　别			共　计		
1	2	3			
19	2	28	49	160	$929 \div 160 = 5.8$
47	7	43	97	279	1 116
106	43	119	268	898	2 694
291	167	456	914	2 770	5 540
457	377	683	1 517	4 787	4 787
15	8	4	27	97	—
935	604	1 333	2 872	8 991	15 066

$$\left.\begin{array}{c} 1\,116 \\ 2\,694 \\ 5\,540 \\ 4\,787 \end{array}\right\} \Sigma = 14\,137$$
$$\frac{+\ ?}{15\,066}$$

业户户数

II 类			共　计	两类共计	雇佣工人人数
1	2	3			
582	456	851	1 889	6 567	—
218	87	339	644	1 537	1 537
56	37	85	178	457	914
31	9	37	77	213	639
27	7	12	46	88	352
8	3	4	15	44	220
2	2	—	4	19	114
1	—	—	1	6	42
2	—	1	3	10	80
1	—	—	1	6	54
7	3	4	14	44	952*)
935	604	1 333	2 872	8 991	4 904
353	148	482	983	2 424	
750	282	844	1 876	4 904	

$$\left.\begin{array}{c} 1\,537 \\ 914 \\ 639 \\ 352 \\ 220 \\ 114 \\ 42 \\ 80 \\ 54 \\ 952 \end{array}\right\} \Sigma = 3\,952$$

[85 个作坊中有 1 242 个雇佣工人[109]

[平均每个作坊有 14.6 个雇佣工人][110]

*) 4 904(第 50 页)
$$\frac{-3\,952}{952}$$
$952 \div 44 = 21.6$

129 个作坊——**1 462** 个雇佣工人,430 个作坊——2 453 个雇

[55]　在两类手工业者中,自做自卖的第一小类都是在经济方面最有保障和最富裕的一类。如果本户工人亲自参加生产劳动没有成为手工业的基础和力量。如果手工业者一心想发财(这正是盘剥者的唯一动机),而不是利用本户的一切力量来巩固和发展自己的生产,那么我们就有理由预料,在这一*) 小类的作坊中用自己的劳动来进行生产的本户工人人数所占的百分比会最小。然而所引用的资料和所作的计算提供了可靠的依据,不容把手工业的利益[57]

*)　1
简直是捏造**)

		在一年的各个月份干活的手工业者			
		Ⅰ 类			
		小 类 别			共 计
		1	2	3	
1 月		2 795	3 269	2 338	8 402
2 月		4 486	2 106	1 030	8 122
？	刊误			1 530(3)	
3 月		2 134	3 525	2 245	7 904
4 月		2 136	3 027	1 497	6 660
5 月		3 111	1 359	1 743	6 213
6 月		1 960	1 937	2 184	6 081
7 月		1 770	1 777	1 407	4 954
8 月		1 672	952	4 987	4 611
？	刊误			1 987(2)	
9 月		1 696	2 815	1 134	5 645
10 月		2 649	3 196	1 604	7 449
11 月		3 444	4 356	2 509*)	9 309
？	刊误		3 356(1)		
12 月		2 552	3 858	2 911	9 321

*)　∑ =10 309

(1)　认为第 2 栏有刊误的依据——其他各栏减去 1 000,得出情况是这样!!)。
(2)　依据——4 987 这个最高数大大超过实际工人人数
(3)　依据——同 1 月份相比,最大的差额就在这里。
(4)　显然,第 2 栏和第 3 栏颠倒了,因为第 Ⅱ 类中的第 2 小同盘剥活动的利益混为一谈,因为正是在两类手工业者的第一小类中,亲自参加手工业生产劳动的<u>本户工人人数最多</u>的手工<u>作坊的百分比占优势</u>。

作者指的是有 3—5 个本户工人的作坊占的百分比最大

**) 在这两类中的第一小类都是如此

(1)有雇佣工人的作坊所占的百分比**最大**,

(2)全用雇佣工人的作坊所占的百分比**最大**,

(3)每个作坊的雇佣工人人数最多(第 51 页),

(4)雇佣工人的百分比最大,

(5)平均每个作坊的本户工人人数最多。

(本户工人和雇佣工人)人数

II 类				两类共计	
小　类　别			共　计		——— 最高数
1	2 3	3 2(4)			〰〰 最低数
<u>2 350</u>	2 445	1 014	5 809	14 211	
1 529	2 477	<u>1 882</u>	<u>5 888</u>	14 010	
1 981	2 598	1 110	5 689	13 593	
1 078	2 300	1 000	4 378	11 038	
1 080	2 414	<u>769</u>	4 263	10 476	
1 044	2 621	1 203	4 868	10 949	
957	2 539	1 181	4 677	9 631	
925	〰1 731〰	1 188	〰3 844〰	〰8 455〰	
824	1 993	1 085	3 902	9 547	
<u>755</u>	3 004	1 693	5 452	12 901	
992	2 875	1 819	5 686	14 995	＝5 686＋9 309
1 274	<u>3 221</u>	1 243	5 738	<u>15 059</u>	

的工人人数比 10 月份少,这不大可能(尽管第 II 类中的第 2 小类(2 551)。

类的工人总数为 1 163,而第 II 类中的第 3 小类为 3 077。

列宁在《概述》的第 **58** 页上纠正了属于手工业者的牲畜(马、牛)头数的资料。

	I 类
	小类别
	1……
已登记的牲畜:	
马(单位匹)…………………………………	4 728
牛(单位头)…………………………………	5 142
每户平均的牲畜头数:	
马	*) 1.7
牛	**) 1.9

  *) 显然是刊误。应为 $2.07(4\,728 \div 2\,285 = 2.07)$。

**) 显然是刊误。应为 $2.2(5\,142 \div 2\,285 = 2.2)$。

列宁在说明手工业工人数量变化的图表上(在该书第 **58**—**59** 页之间)划出 **10** 月到 **3** 月这段时期,并写下"冬季"二字,以表明冬季在手工业作坊做工的工人最多。

[64]

第 一 章
畜产品加工业

1. 制革业

!!

[68] ……手工业生产中的雇佣劳动失去了资本主义性质,因为村社土地占有制一视同仁地保证了手工业业主及其雇佣工人的手工业劳动的独立性。

[69] ……有时由于家庭劳力减少,一种手工业转为家庭能应付的另一种手工业……不只是手工业作坊的雇佣工人,还有地方工厂的雇佣工人在条件合适时就开办独立的手工业作坊……例如…… "有个业主先在佛敏斯基处(昆古尔市制革厂)工作,而在自己的作坊里只工作 3 个月"……不仅许多金属制品业的手工业者出身于铁工厂工匠,而且这些工匠中的某些人甚至开设了自己的作坊,仍未中断在工厂的工作……

насъ при детальномъ разсмотрѣніи промысловъ обращать особенное вниманіе на виды наемнаго труда, которымъ пользуются кустарныя заведенія, и на основаніи данныхъ судить—въ какой мѣрѣ то или другое заведеніе, тотъ или другой промыселъ тяготѣютъ къ вырожденію изъ кустарнаго типа производства въ капиталистическій, и каковы шансы этихъ стремленій, въ виду соперничества предпріятій чисто кустарнаго типа, въ той же средѣ.

Съ этой точки зрѣнія представляютъ особенный интересъ тѣ изъ числа зарегистрированныхъ заведеній, которыя теперь поддерживаются исключительно наемнымъ трудомъ, такъ какъ хозяева ихъ—бывшіе кустари—или по старости, или по отсутствію рабочихъ рукъ въ своей семьѣ, или по другимъ какимъ либо причинамъ нынѣ только завѣдываютъ своимъ предпріятіемъ, не внося въ производство личнаго труда. Такихъ кустарныхъ заведеній, какъ видно изъ вышеприведенной таблицы, зарегистрировано во всей губерніи 97, что составитъ по отношенію къ общему числу кустарныхъ заведеній, зарегистрированныхъ въ ней подворною переписью, 1,1%.

Во внѣшнихъ признакахъ, показывающихъ органическую связь кустарныхъ производствъ съ земледѣліемъ, наиболѣе характерными представляются кустарные рабочіе сезоны, которые опредѣляются приведенными въ слѣдующей таблицѣ данными о числѣ кустарей, семьянъ и наемныхъ рабочихъ, занятыхъ производствомъ по мѣсяцамъ года.

	Число кустарей семьянъ и наемныхъ рабочихъ, занятыхъ производствомъ по мѣсяцамъ года.								
	Группа I-я				Группа II-я				Итого по обѣимъ группамъ.
	Подгруппы.			Итого.	Подгруппы.			Итого.	
	1	2	3		1	2	3		
Январь	2795	3269	2338	8402	2350	2445	1014	5809	14211
Февраль . .	4486	2106	1530	8122	1529	2477	1882	5888	14010
Мартъ	2134	3525	2245	7904	1981	2598	1110	5689	13593
Апрѣль . . .	2136	3027	1497	6660	1078	2300	1000	4378	11038
Май	3111	1359	1743	6213	1080	2414	769	4263	10476
Іюнь	1960	1937	2184	6081	1044	2621	1203	4868	10949
Іюль	1770	1777	1407	4954	957	2539	1181	4677	9631
Августъ . . .	1672	952	1987	4611	925	1731	1188	3844	8455
Сентябрь . . .	1696	2815	1134	5645	824	1993	1085	3902	9547
Октябрь . . .	2649	3196	1604	7449	755	3004	1693	5452	12901
Ноябрь . . .	3944	2856	2509	9309	992	2875	1819	5686	14995
Декабрь . . .	2552	3858	2911	9321	1274	3221	1243	5738	15059

[70]

类别	小类别	从事本行业的户数	参加本行业劳动的本户工人人数	其中识字者人数	雇佣工人人数	单位卢布		欠债的户数	需要贷款的户数
						总收入额	为本行业的借款		
*) I	1	77	145	97	66	77 024.3	2 720	7	24
I	2	54	104	54	26	13 086.5	450	5	21
**)II	1	13	15	12	75	60 206	3 300	6	6
						÷ 13＝4 631			
II	2	3	2	1	5	600	—	—	—
II	3	1	1	—	—	105	—	—	—
		148	267	164	172	151 021.8	6 470	18	51

÷ 148＝1 020

卢布

*)　其中一个作坊 0 个本户工人＋10 个雇佣工人＝10 个工
**)　其中两个作坊 0 个本户工人＋55 个雇佣工人＝55 个工

[71]

	1 月	2 月	3 月	4 月
第 I 类 131 户从业人数	205	223	239	218
第 II 类 17 户从业人数	91	91	91	90

∑＝2 205

冬季(1)　　　1 253 ÷　6＝209

夏季(1)　　　952 ÷ 209＝　4.5

| 单 位 卢 布 | | | | 各户的纯收入 | 参看第 75 页每一个"本户工人"的平均纯收入（单位卢布） |
| 生 产 开 支 | | | | | |
材料费	工资	工具费	税金、租金等		
59 536.92	3 290.1	115	123.5	13 958.78	95.5
6 792.14	1 465	—	3.2	4 826.16	45.6
48 913.45	4 108	—	—	7 184.55	478.9
338.1	103	—	—	158.9	79.4
26	—	—	—	79	79
15 606.61	8 966.1	115	126.7	26 207.29	3 290÷66＝49.8

$3\,290÷66＝49.8$

$1\,465÷26＝56.3$

$4\,108÷75＝54.7$[111]

人。∑＝18 075。工资＝1 284。收入＝1 591(第 149 页的表格)。

人。∑＝24 200。工资＝2 180。收入＝1 800(第 150 页的表格)。

5 月	6 月	7 月	8 月	9 月	10 月	11 月	12 月	工作时间[112]
178	150	136	132	138	188	191	207	(1) 10.5
85	85	82	82	90	90	90	90	(2) 11.7

∑＝1 057

(2) $543÷6＝90$

(2) $514÷90＝5.7$

列宁根据第 **75** 页表中的资料算出手工制革作坊每个工人的平均工资：**8 966.1** 卢布 ÷ 172＝52.12。

雇佣工人人数	[75]　作坊按雇佣工人人数组合如下：	
—	无雇佣工人	57 家作坊,或者——38%
53	有 1 个雇佣工人	53 家作坊,或者——35.5%
44	有 2 个雇佣工人	22 家作坊,或者——15.5%
30	有 3 个雇佣工人	10 家作坊,或者——6.8%
8	有 4 个雇佣工人	2 家作坊,或者——1.4%
5	有 5 个雇佣工人	1 家作坊,或者——0.7%
32*)???	有 10 个以上雇佣工人	3 家作坊,或者——2.1%
‾172		

*)　172—140
（第 70 页）

见第 70 页,自上而下,自下而上;在 3 家作坊里有 65 个雇佣工人①。

[84]

类别	小类别	从事本行业的户数	亲自参加本行业劳动的本户工人人数	其中识字者人数	雇佣工人人数	单位卢布		欠债的户数	需要贷款的户数
						总收入额	为本行业的借款		
I	1	63	113	67	96	39 263.4	2 209	20	28
I	2	148	219	90	43	34 989	1 325	14	36
I	3	31	57	25	13	3 866	—	—	4
II	1	363	713	282	196	231 529	7 957	88	111
II	2	106	140	83	56	41 252.6	403	11	27
II	3	605	1 199	577	265	216 712	12 127	195	155
		1 316	2 441	1 124	669	567 612	24 021	328	328

---

①　见列宁在本卷第 504—505 页上所作的批注。——编者注

[76—77]　别洛雅尔斯克乡亚卢尼纳村的制革作坊主，有 10 名雇佣工人……　在沙尔塔什村……该村很多皮匠……不得不为这两家制革作坊的老板当计件工，用自己的工具在自己家里做活,加工皮子(16 人),或者当日工(39 人)……

怎么会这样？
$10+16+39$
$=65$,而不是
32
(第 75 页)??

[81]　　　　　3. 制鞋业

[82]　……在昆古尔差不多有一半城镇居民是为当地大包买主工作的鞋匠。

注意

参看第 91 页

单位卢布				
生产开支			各户的纯收入	每一个本户工人的平均收入
材料费	工资	税金、租金等		
19 648.65	7 422.82	—	12 191.93	107
19 672.96	2 483	—	12 833.04	54
	$\div 43=57.7$			
986.33	576.5	3	2 300.17	40
150 461.5	12 736	40	68 291.5	95
21 585.79	2 981.6	15	16 670.21	119
84 445.8	20 117	—	112 149.2	93
296 801.03	46 316.92	58	224 436.05	

$\div 669=69.2$

[86]

各个月份的手工业者(本户工人和雇佣工人)从业人

工作时间		1月	2月	3月	4月
11.4（1）	第Ⅰ类1074户从业人数…………	347	354	405	372
11.8（2）	第Ⅱ类242户从业人数…………	2332	2330	2337	2307

冬季（1）2059÷　6＝343

夏季（1）1885÷343＝　5.4

∧ 表示都已载入1869年《年鉴》1879年《一览表》中的全部制革作坊①

[87]　昆古尔主要的大包买主:波诺马廖夫,有125家作坊为其工作,西莫夫斯基赫——30家作坊,萨尔塔科夫——53家作坊,丘洛什尼科夫——53家作坊,佛敏斯基——92,丘瓦托夫——37,斯克里波夫——15,济里亚诺夫——10,等等。

共计445家作坊为8名包买主工作:其中217家作坊为2名包买主工作,166家作坊为3名包买主工作。

注意

[89]　至于昆古尔的大企业主,他们则是在自己的工厂里鞣制皮子,然后裁成制鞋皮料分配给手工业者。殷实的兼种地的鞋匠处境较为有利,他们能在自己方便的时候、市场情况较好的时候采购原料。但是大批手工业者鞋匠,尤其是单干者,正像我们所看到的那样,多半不是大量购买原料,而是买一周用的,许多人是买两周用的,这样,他们一直受市场价格波动的摆布。

[91]　所有制鞋作坊按纯收入划分如下:553家作坊纯收入在100卢布以下,428家作坊——100—200卢布,208家作坊——200—300卢布,64家作坊——300—400卢布,

① 《财政部年鉴》第1编（1869年）第225页和奥尔洛夫编《工厂一览表》（1881年）第260—261页。——编者注

数反映了制鞋业在各月的繁忙程度,这从下表就可看出:

5月	6月	7月	8月	9月	10月	11月	12月
349	274	260	250	380	260	351	341
2 298	2 261	2 171	2 267	2 299	2 310	2 335	2 381

(2) 14 025 ÷ 6　　= 2 337

(2) 13 603 ÷ 2 337 =　　5.8

32 家作坊——400—500 卢布,14 家作坊——将近 700 卢布,6 家作坊——将近 800 卢布,4 家作坊——将近 900 卢布,3 家作坊——将近 1 000 卢布,3 家作坊——1 000 卢布以上。 ∑ = 1 315,而不是 1 316[①]

[92]　制靴作坊按雇佣工人人数划分如下:

无雇佣工人的	982 家作坊	154
有 1 个雇佣工人的	154 家作坊	186
有 2 个雇佣工人的	93 家作坊	114
有 3 个雇佣工人的	38 家作坊	92
有 4 个雇佣工人的	23 家作坊	25
有 5 个雇佣工人的	5 家作坊	24
有 6 个雇佣工人的	4 家作坊	7
有 7 个雇佣工人的	1 家作坊	27
有 9 个雇佣工人的	3 家作坊	
有 10 个以上雇佣工人的	3 家作坊	

?? ∑ 是 1 306 家作坊,而不是 1316 家作坊

40 ÷ 3 = 13.3

∑ = 669

669 − 629 = 40

注意

　　……由于鞋匠世世代代总是不得不依赖这些企业主,制鞋技术本身在手工业者中间分成各种专业,制作靴子和矮靿皮鞋的这种那种配件。因此每个作坊只生产一种鞋,而且从商人那里收到的是成品,即皮鞋,例如,半高靿系带男皮鞋发来时已缝好,带衬里,靴子是抻开的,完全裁剪好的。按商品分工(在别列佐夫斯基作坊)甚至还有一种形式:一条街的鞋匠生产一种鞋,例如,皮鞋,而在另一条街则生产靴子,等等。

----

①　见该书第 84 页(本卷第 506—507 页)。——编者注

[94]

!!
1840—49 年—5
1850—59 年—2

4. 马具业

[95] 由于手工业生产遵循村社劳动的继承性原则,目前,一些古老的马具作坊没有保存下来……这样,在按户

[97—98] ……从事马具业的劳力按月划分情况:

	1月	2月	3月	4月
在第 I 类的 24 户中	56	56	26	2
在第 II 类的 22 户中	56	56	58	54

冬季(1) $217 \div 6 = 36$
夏季(1) $30 \div 36 = 0.8$

……作坊按本户工人人数划分如下:

大概是23??[113]

有 1 个本户工人的	27 家
有 2 个本户工人的	9 家
有 3 个本户工人的	8 家
有 4 个本户工人的	4 家

$?\sum = 48??$

$\underline{+\ 2}$

50

有两户完全使用雇佣劳动,总的说来,有 18 户在使用雇佣劳动,这 18 户按雇佣工人人数划分如下:

本	雇	徒
户	佣	
工	工	
人	人	工
4	+ 8	+ 1
0	+ 8	+ 4

有 1 个雇佣工人的	7 家作坊
有 2 个雇佣工人的	5 家作坊
有 3 个雇佣工人的	3 家作坊
有 4 个雇佣工人的	2 家作坊
有 8 个雇佣工人的	1 家作坊

比较大的马具作坊位于叶卡捷琳堡县沙尔塔什村和上伊谢季扎沃德;沙尔塔什村有一户有 8 个雇佣工人和 4 个徒工,另一户有 2 个本户工人和 4 个雇佣工人,还有 1 个徒工;最后,还有一户(上伊谢季扎沃德)有 6 个人:2 个本户工人和 4 个雇佣工人。总的说来,雇佣工人人数和种地类本户工人人数相比只占 17%,而和无地类相比则占 117%。既无地又无钱,手工业的独立性一般难以发挥。

工人按雇佣形式划分如下:

平均每人——51

季节工	17 人,	工资	1 054 卢布
日 工	3 人,	工资	163 卢布
计件工	22 人,	工资	1 135 卢布
共计	42 人,	工资	2 352 卢布

调查的46家马具作坊中,建立于本世纪40年代的有5家, 1860—69年——5
建立于50年代的有2家,建立于60年代的有5家,建立于 1870—79年——14
70年代的有14家,而其余20家则建立于最近15年…… 1880—95年——20
46

5月	6月	7月	8月	9月	10月	11月	12月	工作时间
2	2	2	2	20	23	28	28	(1) 6.8
50	49	49	49	54	55	53	51	(2) 11.5

(2) 329÷6＝55
(2) 305÷55＝5.5

　　……这里没有作为工人阶级形成的标志的年工,尽管　　　　!!
下面我们将看到在马具业中生产的假资本化相当发达。

[101] 在这里,和在其他手工业中一样,劳动受剥削的根
源不在于生产职能,而在于交换职能……马具包买主同依
附于他们的手工业者进行双重结算,在把原料交给手工业
者时,给原料定出特殊价格,而在收购手工业者的制品进
店时,又给制品定出特殊价格:在前一种场合价格定得过
高,在后一种场合却定得非常低…… 正确组织并广泛发
展的手工业信贷,显然可以阻止这种俄国风格的资本主义　　说得好!
的演进,而这种信贷在彼尔姆边疆区目前只是刚刚起步。

[102]　　**5. 熟制毛皮业**

[105] 按这些资料可算出熟制毛皮业中每个工人的平均
工资为:年工——90卢布,季节工——29.25卢布,计件
工——17.1卢布,日工——23.09卢布……

$$26\times1——26\atop9\times2——18$$ 44

　　较大的作坊——有3个或4个雇佣工人的——只有
5家;而其余的作坊中,有2个工人的9家,有1个工人
的有26家。

$$5\begin{cases}4\times3——12\\1\times4——\ 4\end{cases}16$$

40　　　60

[106] 种地户为了干农活雇用9个年工,总工资为305
卢布,14个季节工,工资为141卢布…… 熟制毛皮作坊
平均收益的差别……主要取决于工作日的数量……　　??

工作时间		1月	2月	3月	4月
6.6	(1)第 I 类 243 户中的从业人数	280	218	181	39
8.5	(2)第 II 类 21 户中的从业人数	31	25	12	12

冬季(1) 1 555 ÷ 6＝259
夏季(1) 162 ÷ 259 ＝ 0.6

[110]   **6. 毡靴**

[112]

类别	小类别	从事毡靴业的户数	参加本行业的本户工人人数	其中识字者人数	雇佣工人人数	单位卢布	
						总收入额	为本行业的借款
*)I	1	58	99	37	95	22 769.5	341
I	2	441	564	174	107	21 843.25	20
I	3	607	1 155	178	202	139 907.5	4 930
**)II	1	11	17	7	13	4 922	—
II	2	29	36	20	19	5 767.7	245
II	3	12	17	3	1	2 124.25	40
附注：计算错误。		1 158	1 892 1 888	419	437	197 334.2	165

*) 其中

I(1)3 家作坊。	3 个本户工人	+21 个雇佣工人	=24。	∑ ＝ 6 500。
" 1	0	+6	= 6。	∑ ＝ 1 500。
" 6	11	+38	=49。	∑ ＝ 5 291。
10 家作坊。	14 个本户工人	+65 个雇佣工人	=79。	∑ ＝13 291。

**) 其中

II(1)1 家作坊。2 个本户工人＋ 5 个雇佣工人＝ 7。∑ ＝ 1 700。

5 月	6 月	7 月	8 月	9 月	10 月	11 月	12 月
27	23	8	8	57	299	360	217
12	9	8	8	21	30	35	35

(2) $168 \div 6 = 28$
(2) $70 \div 28 = 2.5$

业

为本行业欠款的户数	需要贷款的户数	单位卢布				
		生　产　开　支			本　户　收　入	
		购买原材料费用	工资	工具、设备等费用	总额	按参加本行业的每一个本户工人计算
5	9	10 981.42	4 338.51	39.5	7 410.07	75
1	83	3 179.77	1 726.1	198.9	16 738 48	29.6
253	278	81 662.3	6 309.5	1 288.5	50 647.2	43
—	4	1 483.6	523	—	2 915.4	171
3	9	3 331.4	567	5	1 864.3	51
3	11	1 022.75	20	15	1 066.5	62
265	394	101 661.24	13 484.11	1 546.9	80 641.95	

$4 338 \div 95 = 45.6$ 卢布

$7 410 - 3 107 =$
$= 4 303 \div 85 = 50.6$
$1 726 \div 107 = 16$

工资＝$1 550 \div 21 = 73.81$。　　收入＝1 560（第 214 页的表格）
　　　　　　　　　　　　　　　　$1 560 \div 3 = \mathbf{520}$。
　　　　　　　360。　　　　　　265（第 215 页的表格）。
　　　　　　1 571。　　　　　　1 282（第 154 页的表格）。
工资　3 481。　　　　收入＝3 107（$\div 14 = 222$ 卢布）。

工资＝　340。　　　　　收入＝　860。

[113]

	有1个本户工人的	633家作坊,或54.6%
	有2个本户工人的	382家作坊,或32.9%
	有3个本户工人的	94家作坊,或 8.1%
	有4个本户工人的	28家作坊,或 2.4%
本户	有5个以上雇佣工人的	20家作坊,或 1.9%

· · · · · ·

$$\sum=274\begin{cases}117\\58\\27\\28\\20\\24\\163\div3=54.3!!??!\end{cases}\begin{array}{l}173\text{家作坊}\\\text{有雇佣工人}\end{array}$$

— 无雇佣工人的…………　985

有1个雇佣工人的……　117

有2个雇佣工人的……　29

有3个雇佣工人的……　9

有4个雇佣工人的……　7

有5个雇佣工人的……　4

有6个雇佣工人的……　4

有10个以上雇佣工人的　3

$\sum=437$　　1 158

[114]

工作时间

8.4　　(1)第Ⅰ类1 106户中的从业工人……… 1 243　1 004　849　677

8.0　　(2)第Ⅱ类52户中的从业工人………　48　　41　　25　　17

| | 1月 | 2月 | 3月 | 4月 |

冬季:(1)8 450÷6=1 408

夏季:(1)3 450÷1 408=2.4

[118]　……从市场购买羊毛每普特平均价格5.5卢布,而从包买主处获得的羊毛平均价格8卢布。

[124]　　　　**8. 角制品业**

[125]

工作时间

8.3

1月	2月	3月	4月	5月	6月	7月	8月	9月	10月	11月	12月
75	75	65	30	19	19	18	20	68	79	79	79

冬季…452÷6=75　　　夏季174÷75=2.3

[127]　　　　**9. 制刷业**

· · · · · ·

所有的制刷匠,除一人外……都为订货的消费者工

[117]　沙德林斯克毡靴匠的状况对于从经济依附关系方面研究手工业来说具有特殊的意义……全部毡靴作坊中约有 94%掌握在包买主手中……<u>手工业者的所有原材料都是从包买主那里得到的,因此多付大量利息……</u>

工人数

α)

β)

　　　　　　　　　α)

　　第一类的 18 户做 7 850 双毡靴,价值 12 270 卢布,为此购进羊毛 1 131 普特,价值 6 470 卢布,还购进 119.5 卢
　　　　　　　　　β)
布的各种材料;<u>为包买主工作的 610 户做 99 090 双毡靴</u>,价值 141 233.5 卢布,购买 9 478.2 普特羊毛,用去 78 255 卢布,购买各种材料又用去 4 180.05 卢布。

	一双毡靴的价钱	一普特羊毛的价钱	用一普特羊毛能制作的毡靴双数
(α)	1.56	5.80	6.94
(β)	1.42	8.25	10.45

5 月	6 月	7 月	8 月	9 月	10 月	11 月	12 月
500	423	394	479	977	1 630	1 930	1 794
17	18	14	16	32	74	80	75

(2) $343 \div 6 = 57$

(2) $114 \div 57 = 2$

作,用他们的材料。<u>一户自做自卖,制作 50 把刷子,价值 20 卢布……</u>

[128]　　　　　**10. 化蜡业**

……

　　16 家作坊总共化蜡 49 普特 18 俄磅,价值 1 395 卢布……在总收入中,原蜂蜡的价值占 41%,而手工业者的工资和燃料占 59%。

1 395 的 60%
=837 卢布

[129]

第 二 章

植物产品加工业

1. 家具业和旋光业

注意 ‖ [130—131] 在彼尔姆、沙德林斯克、奥萨、叶卡捷琳堡和昆古尔等县,总之,<u>在为市场的生产最普遍的地方</u>,作坊

. . . . . .

类别	小类别	从事本行业的户数	亲自参加本行业劳动的本户工人人数	其中识字者人数	雇佣工人人数	单位卢布	
						总收入额	为本行业的借款
I	1	97	157	36	20	10 356.5	518
I	2	155	199	98	28	17 331	313.75
I	3	38	72	53	12	10 387.8	235
II	1	51	71	36	6	12 529.1	240
II	2	83	129	83	39	20 605.5	1 162
II	3	49	81	59	22	18 352.9	204
		473	707 <u>709</u>	365	127	89 562.8	2 672.75

<u>?? 不是 5—6 个月,而仅仅是 2.7 个月从事农业</u>　种地户一年中用 5—6 个月从事<u>家具业和旋光业</u>,而其余的时间从事农业……

	一年各个月从业的本户工人			
总共 488	1 月	2 月	3 月	4 月
290 个作坊中的从业人数	370	356	356	307
183 个作坊中的从业人数	311	311	297	280

$$\sum I \quad 3\ 478 = \genfrac{}{}{0pt}{}{冬季——2\ 227 \div\ \ 6 = 371}{夏季——\underline{1\ 251} \div 371 =\ \ 3.3}$$
$$3\ 478$$

开设得最多。

欠债的户数	需要贷款的户数	单 位 卢 布				
		生 产 开 支			本 户 收 入	
		材料费	工资	税金、租金等	总额	按参加本行业的每一个本户工人计算
15	61	3 343.87	1 139.6 ÷20＝56.9	—	5 873.03	37.4
11	53	5 212.86	999	7	11 112.14	55.83
7	15	4 887.97	771.25 ÷12＝64.2	—	4 728.58	65.67
6	14	4 136.59	398 ÷ 6＝66	—	7 994.51	112.59
8	22	5 950.22	2 670.8 ÷39＝	—	11 984.48	144.39
7	16	8 332.52	1 582 ÷22＝71.9	—	8 438.38	97.55
54	181	31 864.03	7 560.65	7	50 131.12	

人数和雇佣工人人数

5 月	6 月	7 月	8 月	9 月	10 月	11 月	12 月
219	184	131	131	279	353	374	418
258	224	208	215	250	294	317	318

工作时间

I＝ 9.3 月

II＝10.6

II 3 283＝ 冬季——1 848 ÷　 6＝308
夏季—— 1 435 ÷308＝　 4.6
　　　　3 283

[132]　作坊按本户工人人数组合如下：

我用 304
$\sum = 475??$
而不是 473

无本户工人的	2 家作坊
有 1 个本户工人的	306 家作坊
有 2 个本户工人的	114 家作坊
有 3 个本户工人的	42 家作坊
有 4 个本户工人的	8 家作坊
有 5 个本户工人的	3 家作坊

注意

注意

[133]　南方的手工业者原先做最普通的家具,起先在彼尔姆市市场上出售,后来通过家具店出售;这些家具店开始供应南方手工业者新的式样,并且只收购按这些式样做成的家具,这逐渐提高了南方生产的技术。由于叶卡捷琳堡各家具店的努力,在上伊谢季的手工业者中也出现这种现象。

[145]

	1 月	2 月	3 月	4 月
第 I 类 369 户中的从业人数	579	537	456	148
第 II 类 76 户中的从业人数	127	127	109	50

冬季（1）3 179 ÷　6 = 529
夏季（1）　651 ÷ 529 = 1.2

城的附近

[150]　　　　　**4. 椴皮席和席包编织业**

[151]　奥萨县,尤其是萨拉舍夫斯克乡和克雷洛夫斯克乡,是这一行业的主要中心,在这里,一方面,奥萨县,尤其是巴什基尔林区,椴树林资源丰富,另一方面——卡马河沿岸粮食码头,尤其是从煮盐厂沿卡马河驶向下诺夫哥罗德……的盐运,对席包编织业制品的大量需求,促进了这一行业的发展。

注意

[140—141]　有一家锯木作坊有2个本户工人和6个季节雇佣工人。生产薄板约35万块,价值 1575 卢布。木材是在自己的份地上采伐的。修理、照明和手工业执照等项开支——共309卢布,工人工资——940卢布,纯收入为326卢布,按一个参加生产的本户工人计算,则为163卢布。薄板在当地销售,随便说一句,也供当地家具业之需。

注意

这就是说,未计算材料的价值!

2. 木轭制造业

卡梅什洛夫县库罗夫斯克乡和佩什明斯克乡的木轭和木鞍生产与家具-旋光业有关,当地有11户从事这种行业……

第200页的各表

在11家作坊里干活的有12个成年的本户工人,1个少年和1个老人。

14个本户工人

5月	6月	7月	8月	9月	10月	11月	12月
97	113	69	72	152	508	554	545
41	34	34	35	73	126	127	127

工作时间

(1) 7.2

(2) 8.1

(2) 743 ÷ 　6＝124
(2) 267 ÷ 124＝2.1

类别	小类别	从事本行业的户数	参加本行业的本户工人人数	其中识字者人数	雇佣工人数	单位卢布	
						总收入额	借款
*)I	1	99	206	37	252	38 681	63
I	2	16	26	8	6	1 120	—
I	3	132	283	65	167	18 921.5	—
II	1	4	8	—	14	1 245	—
II	2	1	1	—	—	15	
II	3	10	21	3	6	1 221	
		262	545	113	445	61 203.5	63

*) 其中

2 家作坊　0 个本户工人+24 个雇佣工人=24。∑ =　　730。

1 家作坊　1 个本户工人+31 个雇佣工人=32。∑ =13 000。

----

8 家作坊　<u>10</u> 个本户工人+<u>40</u> 个雇佣工人=<u>50</u>。∑ =　<u>4 440</u>。

11　　　　11 个本户工人+95 个雇佣工人=106。

注意

I （1）3 家作坊　3 个本户工人+43 个雇佣工人=46 个工人。

∑ =3 825。

I （1）1 家作坊　1 个本户工人+ 9 个雇佣工人=10 个工人。

∑ =1 200。

借款人数	需要贷款的人数	单　位　卢　布				参看有 31 个雇佣工人的作坊的总的 $\sum$！！
		生产开支		本户收入		
		材料费	工资	总额	按参加本行业的每一个本户工人计算	
6	70	21 772.35	6 664.4	10 244.25	49.72	38 681÷458＝84.4 卢布 1 个工人的收入
—	3	291.8	200	628.2	24.16	13 000÷32＝406 卢布 1 个工人的收入
—	66	5 544.5	3 705.4	9 671.6	35.23	
—	1	504	300	441	50.51	
—	1	5	—	10	10	
—	2	160	139	922	43.9	6 664÷252＝26.4
6	143	28 277.65	11 008.8	21 917.05		10 244－3 597＝ =6 647÷195＝34.0[114]

工资＝200。收入＝ 386（第 136 页的表格）。

工资＝970。收入＝2 460（第 95 页的表格）。

工资＝<u>1 350</u>。收入＝<u>751</u>（第 97 页的表格）。

　　　　　2 520　　　　　3 597÷11＝327

　　　$\boxed{÷95＝26.5}$

工资＝1 100。收入＝981（第 61 页的表格）。

工资＝ 300。收入＝183（同上）。

　　15 家作坊＝4 761÷15＝每 1 个本户工人 317 卢布。

[152] 从上表可以看出,1 家作坊平均有本户工人和雇佣工人 3.8 人。其中 15 家作坊全靠雇佣劳动干活。这些户的企业具有纯商业性质。所有这些业主由于拥有足够的流动资金,他们大量购买韧皮纤维并将其交计件工进行精加工,计件工用自己的编织机将韧皮纤维加工成包装用的粗席和席包。这些业主未算做手工业劳动人员,只有为这些业主干活的计件工被算做亲自参加生产劳动的手工业者,因而这些业主成为典型的盘剥者之一。这种剥削劳动的方式之所以存在完全是由于供手工业者采购原料的信贷发展得不够充分。

注意

?!!

‥‥‥‥

| | 各 月 的 从 | | | |
	1月	2月	3月	4月
第 I 类 247 户	803	721	558	108
第 II 类 15 户	43	39	21	9

冬季:(1) 3 687 ÷ 6=614
夏季:(1)   417 ÷ 614= 0.6

参看1879年的《一览表》第 158 页。在彼尔姆省只有 1 家工厂。

布季科夫[1]是奥萨市的商人。

Σ =24 000
180 个工人
(1879 年)

注意

注意

[155] 但是大多数奥萨的椴皮席手工业者(187 个手工业者当中有 132 个)都依附于收购他们的制品的包买主;这些包买主中最大的是缅沙科夫,他是莫斯托瓦亚村的农民,他收购 34 家作坊的制品,其次是奥萨的商人切尔登采夫和布塔科夫,他们收购 15 户的制品;最后,萨拉舍夫斯克乡的巴什基尔人——纳瑟列特金、克拉耶夫和赫特济·沙伊赫特季诺夫也是大包买主,大体上有 28 家作坊向他们交售制品。要顺便提一提的是,把产品销售给包买主的情况,在巴什基尔手工业者中间比在俄罗斯手工业者中间更为普遍,这大概是由于巴什基尔人的经济总是处在经济紊乱之中。

---

① 在彼·安·奥尔洛夫《工厂一览表》(1881 年圣彼得堡版)中就是这样写的。——俄文版编者注

[153]　所有作坊按雇佣工人人数划分如下：

无雇佣工人的　　　　146—55.8%
有 1 个雇佣工人的　　39—14.5%　39
有 2 个雇佣工人的　　30—11.5%　60
有 3 个雇佣工人的　　19— 7.9%　57　⎫　　445
有 4 个雇佣工人的　　11— 4.2%　44　⎬　∑＝249
有 5 个雇佣工人的　　 3— 1.1%　15　⎭　　196
有 8 个雇佣工人的　　 2— 0.7%　16
有 9 个雇佣工人的　　 2— 0.7%　18
有 10 个以上雇佣工人的　10— 3.6%　196÷10＝19.6

⎫ 14 家作坊
⎬ 就有 230 人
⎭ 即 > ½
　　∑＝445

业	者	人	数					工作时间
5月	6月	7月	8月	9月	10月	11月	12月	
54	48	48	48	111	529	248	828	(1) 6.6
9	9	9	9	9	29	40	43	(2) 7.5

(2) 215÷ 6＝36
(2)　54÷36＝ 1.5

[157]　席包编织业的卫生情况极差：场地狭窄，编椴皮席
弄得很脏，满是尘埃，小木房里堆放着的湿韧皮纤维散发
出潮气和臭味，——这个行业实行的工作日时间很长，一
昼夜 12—15 个小时，所有这一切造成极不卫生的生产环
境，为各种传染病，尤其是伤寒，提供了最合适的媒介。正
像我们在奥萨县历次卫生调查中所见到的，伤寒的确经常
发生在席包编织业这个疫源地，——发生在大企业主席
包作坊的十分拥挤的集体宿舍里，这些大企业主剥削的主
要是外来工人，后者多半来自维亚特卡省。不管手工编织
席包的作坊环境怎么不好，它还是比在上述私人企业主的
"集体宿舍"强。

注意

[157—158]

5. 绳

类别	小类别	从事本行业的户数	参加本行业的本户工人人数	其中识字者人数	雇佣工人人数	单位卢布	
						总收入额	为本行业的借款
*)I	1	58	179	48	106	71 673.05	675
						81 673.05	
I	2	6	11	5	37	32 334.5	—
I	3	1	2	—	—	125	—
II	2	2	5	2	—	379	—
II	3	1	3	2	—	250	—
		68	200	57	143	104 761.55	675
						114 761.55	

*)其中

3 家作坊	4 个本户工人	+46 个雇佣工人	=50。∑=
1 家作坊	1 个本户工人	+10 个雇佣工人	=11。∑=
4	5	56	61
+I, 2:2	5	35	40

[159]　作坊按雇佣工人人数划分如下:

$$\sum = -51 \begin{cases} 9 \\ 10 \\ 12 \\ 8 \\ 5 \\ 7 \end{cases}$$

$\dfrac{143}{92}$

有 1 个雇佣工人	9 家
有 2 个雇佣工人	5 家
有 3 个雇佣工人	4 家
有 4 个雇佣工人	2 家
有 5 个雇佣工人	1 家
有 7 个雇佣工人	1 家
有 10 个以上雇佣工人	5 家

$$92 \div 5 = 18.4$$
$$\sum = 143$$

在 7 家作坊里有 104 个雇佣工人(每家作坊 15 个工人)

索　业①

欠债的户数	需要贷款的户数	单 位 卢 布			
		生产开支		本户收入	
		购买原材料	工资	总收入	按参加本行业的每一个本户工人计算
4	20	58 444	6 946.5	6 282.55 16 127	35.09
—	—	23 836	5 213.5	3 285	298.63
—	—	100	—	25	12.5
—	1	214.4	—	164.6	32.92
—	—	180	—	70	22.33
4	21	82 774.4	12 160 ÷143= 85	9 827.15**	

刊误：
见第 188 页的各表

6 946.5÷106=65.5
卢布

——参看第 40—41
页的各表

**)显然是刊误：
仅伊尔比特一个县的收入
也不止这些。见另页②

29 912。　工资=2 795。　收入=3 169(第 188 页的各表)。
19 000。　工资=1 900。　收入=2 430(第 40 页的各表)。
48 912　　　　　4 695　　　　　5 599÷5=**1 119 卢布**
32 250　　　　　5 200　　　　　3 214

[160]　……第 I 类各户从业人数划分如下：

1月	2月	3月	4月	5月	6月	7月	8月	9月	10月	11月	12月	工作时间
148	145	131	149	130	133	115	114	121	132	164	162	11.1

冬季:882÷6=147　　　　　　夏季:762÷147=5.1

[162]　绳索业作坊中那些利用大量流动资本和大量雇佣劳力的作坊获得的手工业收入最高。这些作坊中有的作

注意

———————
①　参看本版全集第 3 卷第 357—358 页。——编者注
②　列宁在此处所说的"另页"尚未找到。——俄文版编者注

坊,尤其是在<u>昆古尔县乌斯季-基舍尔斯卡亚乡</u>所见到的作坊,<u>无疑已经具有工厂生产的形式</u>…… 这些企业主曾<u>经是真正的手工业者</u>,因此他们总是,也就是说在以前的

[164]   **榨**

[170]   我们将两类手工业户中从

工作时间		1月	2月	3月	4月	5月	6月
7.1(1)	第 I 类的 172 户……	250	311	306	107	40	67
6.4(2)	第 II 类的 12 户……	43	43	38	15	—	—

冬季:(1) 1 816÷ 6=303
夏季:(1)   346÷303=   1.1

注意　注意

[171]　因此,对于大多数榨油工来说,<u>一年工作时间将大致等于 120 天</u>。

[172]　现在,为了更详细地介绍某些榨油工的生产情况,我们举出两个相反的劳动组织类型:一户全用雇佣劳动进行生产,因此那里的生产开支最大,而另一户只用本户工人。这两户都只有 <u>3 个人做工</u>;两户的生产时间<u>相同</u>——从 10 月到 4 月;两个作坊均位于奥萨县,因而经济条件大致相同,最后,机械设备也相同。

注意

有雇佣劳动的油坊生产 <u>400</u> 普特油,价值 1 600 卢布,出售油渣 1 600 普特,价值 240 卢布,总金额 <u>1 840</u> 卢布。而开支如下:

2 000 普特种子价值…………1 550 卢布
3 个工人的工资……………… 150 卢布
取暖、照明、税金等…………   40 卢布
                          1 740 卢布
业主的收入………………………   100 卢布
                    总共 1 840 卢布

注意

[173]　第二户,生产 330 普特油,价值 1 320 卢布,出售油渣 1 000 普特,价值 150 卢布;共卖了 <u>1 470 卢布</u>。

多次调查中,喜欢自称为手工业者……我们认为我们的概述没有必要去掉这些建立在手工业基础之上的资本主义企业。　　　　　　　　　　　　　　　　　注意

油　业

业的劳动力人数按月汇总如下:

7 月	8 月	9 月	10 月	11 月	12 月
32	27	73	247	365	337
—	—	3	43	43	43

(2) $253 \div 6 = 42$
(2) $18 \div 42 = 0.4$

购买 1 650 普特种子用去…………1 270.5 卢布
取暖、照明等用去………………… 30 卢布
　　　　　　　　——1 300.5 卢布
本户收入………………… 169.5 卢布　　　　　$\div 3 = 56.5$
　　　　　　总共 1 470 卢布

[175—177]　其次,我们要引述榨油业中还存在真正的日常劳动组合的事实。在伊尔比特县波克罗夫斯科耶村和彼尔姆县加夫里亚塔村,五户共用两个油坊。这些劳动组合的起源是这样的:过去的大家庭农户分了家,而今亲属们(弟兄们)继续轮流使用油坊。这类劳动组合在榨油业中大概不少,但我们只举出登记在案的事实,这些事实之所以耐人寻味,主要是因为这些事实揭示了在工业作坊技术复杂、无法分割、而且价值相当高的条件下手工业保留村社劳动的继承性的具体情况。其次,这类日常的劳动组合显然是在手工业中按合作原则普及工厂型生产的重要先例……　如果我们碰到这样的事实,即彼得家的劳力减少了,他现在不得不把他的部分份地租给伊万,那么,这可能是暂时的现象:再过 2 年、5 年、10 年,这两户的劳力情况也可能发生变化,以致出租人和承租人会换个儿。

!!

!!

注意

!!
!! 信者得福

可见,村社土地占有制尽管过去和现在并不排除农民中财产的分化,但它没有使分化固定下来,没有在农民经济的各个部门形成一方有业主权利继承性、另一方有雇农义务继承性的<u>不同阶级</u>。说到我们的边疆区,虽然我们有

在第 179 页 1894—1895 年度调查收集到的面粉业资料统计表上,列宁算

$$13\,120 \div 226 = 58.0$$

[187—189]   **9. 树脂焦**

类别	小类别	参加本行业的户数	参加本业的本户工人人数	其中识字者人数	雇佣工人人数	单位　卢布		为本行业欠债的户数
						生产总收入额	为本行业的借款	
*) I	1	167	319	77	80	22 075.65	493	9
I	2	8	10	2	3	1 439	—	—
II	1	12	25	10	10	4 790	—	—
II	2	1	1	1	1	1 050	—	—
II	3	1	1	—	2	1 094	—	—
		189	356	90	96	30 448.65	493	9

*)其中:1 家作坊。2 个本户工人+1 个雇佣工人=3。∑ ＝　840。
　　　 1 家作坊。1 个本户工人+2 个雇佣工人=3。∑ ＝　270。
　　　 1 家作坊。1 个本户工人+5 个雇佣工人=6。∑ ＝　900。
　　　 2 家作坊。2 个本户工人+2 个雇佣工人=4。∑ ＝　350。
　　　 1.　　　 1 个本户工人+3 个雇佣工人=4。∑ ＝1 100。
　　　 3 家作坊。3 个本户工人+3 个雇佣工人=6。∑ ＝　980。
　 共计:
　　　 9 家作坊。10 个本户工人+16 个雇佣工人=26。∑ ＝4 440。

把第 I 类中的整个第 1 小类扣除,还有 309 个本户工人。

[190]

冬季:　760　　1月 2月 3月 4月 5月 6月 7月 8月 9月 10月 11月 12月

夏季:1 331　　 106　103　169　200　327　263　138　139　264　162　127　 93

足够的理由确认这些暂时的分化<u>不会随着时间的推移而</u>
<u>加剧</u>,相反地会逐渐缓和,但我们认为在这里论证这种情
况是多余的^(*)……

?!!

出 1 个雇佣工人一年的平均工资卢布数(第 I 类第 2 小类):

油炼制业

需要贷款的户数	单位　卢布					
	生产开支				本户收入	
	材料费	工资	工具和设备费	税金和租金	总收入	按参加生产的每一个本户工人计算
44	8 394.38	2 149.7	69	483.05	10 979.52	34.41
1	309	72		—	1 058	105.8
6	1 272	533		—	2 985	119.4
—	320	180			550	550
	260	240			594	591
51	10 555.38	3 174.7	69	483.05	16 166.52	

$2\ 149.7 \div 80 = 26.8$

工资＝ 84。　　　　　收入＝ 351(第 101 页的表格)。
工资　 30。　　　　　收入　 192(第 100 页的表格)。
工资　250。　　　　　收入　 598(第 137 页的表格)。
工资　　 4(原文如此!)。　收入　226(第 160 页的表格)。
工资　120。　　　　　收入　 858(第 161 页的表格)。
工资＝166。　　　　　收入　 472(第 220 页的表格)。

工资＝654。　　　　　收入＝2 697 ÷ 10＝269.7
　　÷16＝40。　　　　　8 282 ÷ 309＝26.8

(*)　但是我们认为,要说明<u>分化</u>的弥合,有我们这份描述手工业情况的材料 (1)
所引述的那些事实就足够了;然而,我们要特别指出:省内三个县的<u>榨油业在逐步</u> (2)
<u>分散经营</u>;我们往下还会看到省内各县<u>面粉业中的富有农民将同普通农民 一起参</u> (3)
<u>加劳动组合</u>;<u>分家和土地重分</u>是阻碍资金集中在少数人手中的因素,等等。　(4)

注意

[197]   最后,我们认为有必要指出,根据以往调查可以确认树脂焦油炼制劳动组合作坊的存在,它们是某些焦油工的集体财产。在克拉斯诺乌菲姆斯克县(叶纳帕耶夫斯克乡)、伊尔比特县(绍格林斯克乡)和沙德林斯克县(巴克拉诺夫斯克乡)都有这样的作坊。在沙德林斯克树脂焦油炼制作坊,每一个劳动组合由 3 人组成,另有一名雇佣工人……

10. 染蓝业

注意

[198—199]   染蓝业只是在农民中,也就是说,在自家纺纱很多、又习惯于用自织的布料做内外衣的地方,才能获得自身的发展……   这类作坊按本户工人人数划分如下:

[205—206]

11. 织造业

类别	小类别	从事本行业的户数	参加本行业的本户工人人数	其中识字者人数	雇佣工人人数	单位卢布	
						总收入额	为本行业的借款
*) I	1	25	42	16	91	8 829.9	1 345
I	2	2	2	1	—	6	
**) I	3	11	20	5	74	4 364	—
II	1	1	1	—		100	
II	2	3	3	—		207	
II	3	5	8	1	44	3 387	
		47	76	23	209	16 893.9	1 345

*) 其中:
4 家作坊   14 个本户工人+57 个雇佣工人=71。 $\sum$ =2 952。
2 家作坊   3 个本户工人+10 个雇佣工人=13。 $\sum$ = 772。
**) 其中:
2 家作坊   5 个本户工人+45 个雇佣工人(50)。 $\sum$ =2 320。

有 1 个雇佣工人	114	本户
〃 2 个 〃 〃 〃	78	
〃 3 个 〃 〃 〃	13	
〃 4 个 〃 〃 〃	9	
〃 5 个 〃 〃 〃	3	

……有 2 个雇佣工人的作坊总共 10 家，其余的 39 个工人在各家作坊工作。完全不使用雇佣劳动的作坊为 79%……

$10 \times 2 = 20$

即约 171 家作坊

……有关省内现有染蓝作坊建立年代的资料表明，染蓝业在其继承性条件方面也服从于村社劳动原则……

!!??

为本行业欠债户数	需要贷款的户数	单 位 卢 布			
		生产开支		各户的纯收入	本户工人中每一个女工的工资
		材料费	工资		
6	7	6 563.4	1 116.5	1 150	27.38
—	—	—	—	6	3
—	—	3 179	802	383	19.15
—	—	20	—	80	80
—	1	48	—	159	53
—	—	2 691	436	260	32.5
6	8	12 501.4	2 354.5	2 038	

工资＝ 71。收入＝202(第 219 页的表格)。
工资＝ 64。收入＝109(第　62 页的表格)。

工资＝525。收入＝205{第 219 页的表格}。

$$35 \times 1 = 35 \qquad 33 \times 1 = 33$$
$$\underline{11} \times 2 = \underline{22} \qquad 10 \times 2 = 20$$
$$46 \qquad 57 \qquad \underline{\ 2} \times 3 = \underline{\ 6}$$
$$45 \qquad 59$$

这就是说,有雇佣工人的作坊46家。

参看第219
页的表格

[207]　所有的户按本户女工人数划分如下……

	1	有1个雇佣女工	1家作坊
	8	有2个雇佣女工	4家作坊
$\Sigma = 69$	12	有3个雇佣女工	4家作坊
209	16	有4个雇佣女工	4家作坊
$-\ 69$	10	有5个雇佣女工	2家作坊
140	6	有6个雇佣女工	1家作坊
	16	有8个雇佣女工	2家作坊

$$140 \div 5 = 28 \qquad \text{有10个以上雇佣女工} \qquad 5\text{家作坊}$$
$$\Sigma = 209$$

[208]　　　　　各月从业总人数如下:

工作时间
11.4

1月	2月	3月	4月	5月	6月	7月	8月	9月	10月	11月	12月
220	199	197	195	194	194	194	194	196	226	229	229

冬季:$1\,300 \div 6 = 216$　　　夏季:$1\,167 \div 216 = 5.4$

[213]　　**14. 火柴杆、火柴箱和**
火柴盒的生产

第163页的
表格。
*)表中[没有]
!?①有:
第229页。
补充资料。

　　根据1894—1895年度的调查,有3户登记为火柴厂生产火柴杆和火柴盒:叶卡捷琳堡县下谢洛乡的下谢洛村和卡缅卡村各有1户,昆古尔县<u>克拉索夫乡</u>*)基尔扬诺沃村也有1户。

---

　　①　列宁勾掉了这两个字。——俄文版编者注

[214]　　　　　　　　**15. 烤面包业**

[215]　根据调查材料烤面包业的营业额和工人人数
如下：

	类	别	
	I	II	共计
作坊数目………………	27	17	44
亲自参加生产的本户工			
人人数………………	63	35	98
其中识字者人数………	43 ⎫118	26	69 ⎫
雇佣工人人数…………	55 ⎭	9	64 ⎭
总收入额(单位卢布)……	44 618.6	16 825	61 443.6
借款总额(单位卢布)……	350	100	450
欠债的人数…………	2	1	3
需要贷款的人数………	8	3	11
材料费(单位卢布)………	34 379.3	12 579.8	46 959.1
工资(单位卢布)………	2 497.2	382	2 879.2
税金(单位卢布)………	58	—	58
本户总收入(单位卢布)…	7 484.1	3 863.2	11 547.3
<u>按参加生产的每一个</u>			
<u>本户工人计算</u>(单位卢布)	<u>118.79!!!</u>	110.37	—　*)

---

*)　其中 4 家大作坊有 7 个"本户工人"——4 859÷7＝694 卢
布,其余的 56 个"本户工人"分散在 23 家小作坊——2 625÷56＝
47 卢布

　　4 家作坊有 42 个雇工——2 050÷42＝48 卢布

……尽管<u>雇佣工人占全体工人的 39%</u>,<u>烤面包业中</u>
<u>多半还是本户工人</u>。问题在于雇佣工人主要集中在<u>昆古</u>
<u>尔县的三家作坊里</u>,那里除去烤面包业还有糖浆业。

糖浆业和烤面包业

I(1) 3 家作坊。　　　7 个本户工人＋32 个雇佣工人＝39 个工人。

I(1) <u>1</u> 家作坊。　　　<u>0</u> 个本户工人＋<u>10</u> 个雇佣工人＝<u>10</u> 个工人。

　　　4 家作坊。　　　7 个本户工人＋42 个雇佣工人＝49 个工人。

[216]　<u>15</u> 户中有雇佣工人(34%)，面包房按雇佣工人人数划分如下：

	6	有 1 个雇佣工人	6 家作坊
	4	有 2 个雇佣工人	2 家作坊
	6	有 3 个雇佣工人	2 家作坊
	8	有 4 个雇佣工人	2 家作坊
注意	40 ⎰ 10	有 10 个雇佣工人	1 家作坊
	12	有 12 个雇佣工人	1 家作坊
	18	有 18 个雇佣工人	1 家作坊
	64		

[217]

1月 2月 3月 4月 5月 6月 7月 8月 9月 10月 11月 12月

129 131 100 100　96　92　92　92 123 146 133 135

冬季 774÷6＝129　　夏季 595÷129＝4.6

　　由此可见，夏天开业的最少，秋天和冬天最多。

　　彼尔姆省的面包师烤制各种面包、花形小甜面包和蜜糖饼干。44 家作坊共烤制：

*）在表中 (第 43 页) 没有！?? 有：第 229 页的 表格。

补充资料

蜜糖饼干	17 681 普特	金额 45 895.6 卢布
花形小甜面包	11 689 普特	金额 10 685　卢布
各种面包	1 560 普特	金额 2 463　卢布

共计 59 043.6 卢布*）

　　此外，两家作坊(昆古尔县别列佐夫斯科耶村)生产糖浆 2 200 普特，金额 2 400 卢布，因此 44 家作坊的总收入为 61 443.6 卢布；每户单从烤面包业得到的<u>平均收入</u>为 <u>1 341.9</u> 卢布。

$\sum$＝18 860 卢布。　工资＝1 250。本户收入＝4 559(见第229页的表格)。

$\sum$＝ <u>6 880</u> 卢布。工资＝ 800。　　收入＝ 300(见第68页的表格)。

$\sum$＝25 740 卢布。　工资＝2 050。　　收入＝4 859。

[220]

第 三 章
金属、岩石和粘土加工业

1. 打铁业

. . . . . .

打铁作坊数目

	1894—1895 年度按户调查的数字	1894—1895 年度非按户调查的登记数字，以及前几次调查的数字	共　计	
克拉斯诺乌菲姆斯克	369	76	445—	
奥萨	238	120	358	65%—85%
叶卡捷琳堡	173	142	315	为包买主工作
奥汉斯克	99	72	171	
索利卡姆斯克	75	76	151	
卡梅什洛夫	66	43	109	
伊尔比特	76	24	100	
上图里耶	30	57	87	
昆古尔	70	17	87	
彼尔姆	31	56	87	
沙德林斯克	28	51	79	
切尔登	6	7	13	
共　计	1 261	741	2 002	

[223]　根据 1894—1895 年度的调查,打铁业的手工业
人员总数和营业额如下:

| 类别 | 小类别 | 从事本行业的户数 | 参加本行业的本户工人人数 | 其中识字者人数 | 雇佣工人人数 | 单 位 卢 布 | | 欠债的户数 | 需要贷款的户数 |
						总收入额	为本行业的借款		
*)I	1	190	296	146	87	42 489.55	1 912	27	88
I	2	441	637	244	47	34 587.4	297	7	90
I	3	70	104	46	42	28 456.6	95	2	34
II	1	90	146	72	71	45 736.5	2 305	22	50
II	2	58	92	50	35	17 348.5	413	4	11
II	3	412	578	176	347	159 890.3	1 272	34	108
		1 261	1 853	734	629	328 508.85	6 294	96	381

*) 其中 1 家作坊。1 个本户工人＋2 个雇佣工人＝3。

注意

[228] ……不种地的户也有手工业萎缩现象,但这些户的工人被雇去割草或干其他农活。例如,比谢尔 1) 的制

各月从事打铁业的手工业者(本

工作时间		1 月	2 月	3 月	4 月	5 月
10.9 (1)	第 I 类各户	885	884	965	1 013	906
9.3 (2)	第 II 类各户	1 096	1 097	1 019	1 086	923

冬季　(1) 5 524÷　6＝921
夏季　(1) 4 551÷921＝　4.9

原文如此!! 啊,上帝!

[239—240] 我们在比谢尔和南卡姆斯基制钉工人劳动组合中,找到了手工业者在生产中没有形成阶级的新例证,——证明在农业和手工业中,就像我们在劳动组合的磨坊中看到的那样,分化在弥合。那些没有资金自办制钉工场的手工业者,就到富裕的手工业者的制钉工场工作,但不是当雇工,而是自己经营,支付一定的场地使用费。业

单　位　卢　布					
生产开支				本户收入	
材料费	工资	工具费	税金和租金	总收入	按参加生产的每一个本户工人计算
20 640.4	3 274.25	—	116	18 458.9	62.36
11 793.48	1 889	5	0.6	20 899.32	32.8
16 199.1	1 330.35	—	246	10 681.15	102.7
27 976.44	3 793.5	—	—	13 966.56	95.66
7 197	1 877	—	—	8 274.5	89.94
91 407.8	8 481.1	—	634	59 367.4	102.71
175 214.22	20 645.2	5	996.6	131 647.83	—

见第 113 页的表格

收入 2—3 卢布

1 889÷47=**40.4**　注意

∑=2 120。　　工资=148。　　收入=760。

钉工人只工作 8 个月，夏天则去<u>邻近地区干农活</u>。

1)第 142 页表格中多半是第 3 小类

户工人和雇佣工人）人数：

6 月	7 月	8 月	9 月	10 月	11 月	12 月
698	608	573	753	947	952	891
505	477	498	541	1 811	1 082	1 082

(2) 7 187÷　6=1 198
(2) 4 030÷1 198=　3.3

主本人除收租金外，显然还和这些外来人一块在同一个制钉工场工作，认为合伙生产的其他条件的∨对<u>自己是有利的</u>。当然，对这位<u>业主来说</u>，要是能把这些外来人当做雇工来盘剥，那就<u>更为有利</u>，但这办不到，因为这些外来人有钱自费购买铁和煤，也能支付鼓风工的工钱……

∨ 租金！

[244] “……矿主们通知部里说，乌拉尔手工业的发展

有损于大工业，因为即使在乌拉尔目前这种手工工业不发
达的情况下，乌拉尔的居民都不能给工厂提供必要数量的
工人；一旦居民在家里就能干活挣钱，工厂就会有完全没
活干的危险。"

！！

当然，大中小各种工业首要的、必不可少的条件是工
很好　业自由。

[245]

2. 锻铆业

[247—248]　作坊按雇佣工人人数划分如下：

$$\sum = 66 \begin{cases} 14 \\ 20 \\ 24 \\ 8 \end{cases} \quad 37 \begin{cases} \text{有 1 个雇佣工人} & \text{14 家作坊} \\ \text{有 2 个雇佣工人} & \text{10 家作坊} \\ \text{有 3 个雇佣工人} & \text{8 家作坊} \\ \text{有 4 个雇佣工人} & \text{2 家作坊} \\ \text{有 5 个以上雇佣工人} & \text{3 家作坊} \end{cases}$$

$$\frac{26 \div 3 = 8.6}{\sum = 92}$$

有 69 家作坊（63%）未使用雇佣劳动。雇佣工人按雇
佣条件划分如下：

年工	5,	工资	390 卢布
季节工	7,	工资	380 卢布
计件工	50,	工资	2 825 卢布
日工	20,	工资	1 247 卢布
共计	92,	工资	4 842 卢布

$\sum = 82$

[249]

工作时间

1月	2月	3月	4月	5月	6月	7月	8月	9月	10月	11月	12月
225	218	202	169	171	166	163	160	183	195	228	229

冬季：1 297 ÷ 6 = 216　夏季：1 012 ÷ 216 = 4.6

[257]

4. 铜制品业

[260]　没有本户劳动的一些作坊是属于苏克孙工厂的，
因此在那里，被调查的作坊中有⅓全靠雇佣劳动经营。总
共有 34 家作坊使用雇佣劳动……　所有铜制品户按雇佣
工人人数划分如下：

有 1 个雇佣工人	9	9	
有 2 个雇佣工人	6	12	
有 3 个雇佣工人	4	12	
有 4 个雇佣工人	4	16	
有 5 个雇佣工人	2	10	145
有 6 个雇佣工人	1	6	— 98
有 7 个雇佣工人	1	7	47
有 8 个雇佣工人	1	8	
有 9 个雇佣工人	2	18	
有 10 个以上雇佣工人	4	$47 \div 4 = 11.75$	

$$\sum = 34 \text{ 家作坊} \qquad \sum = 145$$

[261]

1月	2月	3月	4月	5月	6月	7月	8月	9月	10月	11月	12月
239	239	239	237	228	210	200	198	215	239	239	239

工作时间
11.3

冬季:$1\,434 \div 6 = 239$　　夏季:$1\,288 \div 239 = 5.3$

[265]　根据格·马诺欣于1883年进行的调查,在56家铜制品作坊中,全靠雇佣劳动经营的大作坊只有 5 家,本户工人和雇佣工人一块儿工作的中等作坊有 20 家,业主单干的小作坊有 31 家;因此,在作坊总数中,第一类占9%[1),第二类占36%[2),第三类占55%[3)。

是的!
1) 它们约占 24%$\sum$
2) 它们约占 55%$\sum$　　　　(VI,135)
3) 它们约占 21%$\sum$[115]

[268—269]　　**5. 不同的冶金业**

　　在这类行业中,我们首先要叙述叶卡捷琳堡县沙伊坦工厂一家手工企业的冶金业。关于这家企业,我们收集到的不仅有1894—1895年度按户调查资料,而且还有手工

第167页表格

业银行代办员因该企业主向银行申请贷款进行调查的资料…… 根据生产的劳动情况,<u>这个企业是严格意义上的手工业企业</u>,因为业主和他的两个儿子是生产的<u>主要劳力</u>,而雇佣劳动则是辅助劳力。雇佣工人有:<u>炼熟铁师傅</u>、他的帮手、铁匠、<u>3个</u>当吹炼炉鼓风工的女日工和<u>1个</u>在马力带动时赶牲口的人。业主(48岁)亲自在熔铁炉前工作,或在必要时替换炼熟铁师傅;业主的大儿子(20岁)是锻工,小儿子(12岁)在吹炼炉风箱旁工作。这样,该企业的全部劳力(本户工人和雇佣工人)共有10人。上述工人人数以及本户劳动和雇佣劳动在生产中的配置情况,是由手工业银行代办员查明的;根据<u>普查材料</u>,企业中工人总数也是10人,不过其中雇佣工人8人,本户工人2人……企业中除雇佣工人外还有<u>2个徒工</u>…… 这样,一年的全部原材料的价值为8 619.5卢布;如果再加上雇工工资<u>880</u>卢布,那么在上述生产总额中,本户纯收入为500.5卢布。

!!

2个本户工人
+8个雇佣工人
+2个徒工
　每1个雇佣
工人110卢布。
　每1个本户工
人167卢布。

原文如此!

[270—271] <u>手工业型</u>的第二个铸铁作坊普查时登记在奥汉斯克县奥切尔工厂名下。根据1894—1895年度的调查材料,这个熔铁炉生产农业机器用的,尤其是脱粒机用的各种生铁配件,价值达<u>3 000</u>卢布,还生产修理机器用的铸铁零件,价值30卢布……<u>业主本人是企业的主要劳力</u>,他有<u>1个师傅和3个雇佣小工</u>当助手…… 目前……已有<u>2个本户工人和8个日工</u>参加生产……雇佣工人工资——700卢布,本户的纯收入——615.5卢布。

第79页的表格 ∑
1890年:
　1个本户工人
+4个雇佣工人
　1895年:
　2个本户工人
+8个雇佣工人。
每1个雇佣工人
——87卢布。
每1个本户工人
——307卢布。
第145页的表格。

　　第三家熔铁作坊在1894 1895年度的调查时登记在克拉斯诺乌菲姆斯克县比谢尔工厂名下;由6家7人的劳动组合在这家熔铁作坊工作。生产用的材料是本地商人克柳任的,产品交给他,按件付酬,每普特铸铁10戈比……

注意

因此,根据 1894 — 1895 年度手工业调查资料,我们定为
<u>3 家企业</u>*⁾……

---

*⁾ 表中将是 8 家作坊,因为作者把 6 家劳动组合作坊算做 1
家,而表中算做 6 家: 第 145 页表格。

---

[272] 在结束对这类不同的冶金业的描述之前,我们要
谈一谈 Ф.Ф.阿纳尼因的企业。他是克拉斯诺乌菲姆斯克
县下谢尔金斯克村社(也是该县一个乡)的居民…… 阿纳
尼因本人和他的儿子是企业的主要劳力;雇工有:管熔铁炉
的<u>师傅和助手</u>,<u>3</u> 个翻砂工,<u>2</u> 个女鼓风工;此外,还有 <u>5</u>
个徒工。

2 个本户工人
＋12 个雇佣
工人(7＋5 个
徒工)

[273—274] ……阿纳尼因的企业并不违背他自己作为
企业主和生产领导者的<u>劳动利益</u>,现在就可以采取合作
经营方式…… 阿纳尼因的高炉生产涉及下谢尔金斯克
村社社员诸多的劳动利益,因为他们将为阿纳尼因的<u>工</u>
<u>厂开采和运送铁矿石</u>,为了高炉运转,还要从国有<u>林区采</u>
<u>运木材</u>。不管怎么说,下谢尔金斯克村社相当大一部分
<u>劳力都将是</u>阿纳尼因<u>企业的参加者</u>,因此这个企业可以
组织得像<u>村社干酪厂</u>那样,户主们将给阿纳尼因的工厂
送去矿石、煤和其他材料,<u>就像家庭主妇们给村社干酪厂</u>
<u>送去牛奶一样</u>。当然,这里的组织工作要比村社干酪厂
更复杂,尤其是在使用本地师傅和小工进行这一工作(用
矿石炼铁)的条件下……

注意

啊,多好的田

园生活!

正是这样!!

    根据以上所述,为了算出这类不同的冶金业的生产
总额,我们把阿纳尼因的企业也计算在内,把铸铁作坊原
料价值定为 <u>7 000</u> 卢布。这样,该类 6 家企业的生产总额
为 23 950 卢布。

这6家作坊的情况如下：

Ⅰ 1 (1) 2个本户工人＋8个雇佣工人＋[2个徒工]

Ⅱ 1 (2) 2　　　　＋8个雇佣工人　　　—

　　 [(3) 7个本户工人(用包买主的材料为包买主工作)

Ⅰ 3 2；3　　　　　　＋0

Ⅱ 3 4；4　　　　　　＋0
　　─────
　　　6

未列入调查材料

(4) 3个本户工人＋5个雇佣工人　　—

(5)

(6) 2个本户工人＋7个雇佣工人＋5个徒工

共计：6家作坊　　　　　　　　工人

[275]　　　　**6. 琢磨业和刻石业**

[277]　调查人员说："大理石加工者过去和现在都有按劳动组合原则来组织大理石业的想法"，但"只有⅓的大理石工匠，即17个户主，其中有15个承包人，实现了"这一想法。这个劳动组合有章程(1887年3月23日批准)，而且早在1886年11月就开业了。这项合作社试验结果，出现了一个实质上是承包者的劳动组合，他们互相串通来压低依附于他们的手工业者的工资。

注意

[281]　根据1894—1895年度的调查材料，亲自参加大理石制品生产的167个家庭手工业者的总工资为28 550卢布，而8个雇佣工人的总工资为730卢布；每个家庭手工业者的平均工资为170.95卢布，而每个雇佣工人的平均工资则为91.25卢布。

28 550＋5 153＋2 650＝36 353[116]

在该书的第**282**页关于琢磨业和刻石业的资料中，没有波列夫斯克工厂**1887**年的资料。列宁在空白栏旁写道：

统计表中没有？？ 在第232页补充资料中有。

[285]　这样，在1894—1895年度调查时登记的从事琢磨业和刻石业的23户中，有14户自购石头，而其余9户用包

$=12$。$\sum=10\,000$。　　　本户收入 500.5 卢布。欠债。

$=10$。$\sum=3\,030$　　　本户收入 615　　　欠债。

$=\;7$。$\sum=1\,120$(这实质上只是"手工业者"的计件工资)][1]

$=\;3$。$\sum=\;\;480$　　　收入同上　　$\Big\}$ 两者都不欠债。

$=\dfrac{4}{7}\quad\dfrac{640}{1\,120}$

$=\;8$。$\sum=2\,800$

$=14$。$\sum=7\,000$

　　51(16 个本户工人+28 个雇佣工人+7 个徒工)。$\sum=23\,950$ 卢布。

买主提供的材料工作。

[287]　只有 <u>13</u> 户使用雇佣劳动,其中:

有 1 个雇佣工人的	9 户	
有 2 个雇佣工人的	1 户	
有 3 个雇佣工人的	2 户	23 个雇佣工人
有 6 个雇佣工人的	1 户	

……112 户按亲自参加生产的本户工人人数划分如下:

有 1 个本户工人的	52 户	
有 2 个本户工人的	34 户	
有 3 个本户工人的	15 户	
有 4 个本户工人的	8 户	
有 5 个以上雇佣工人的	3 户	本户工人

[289]　　　　　　**7. 陶器业**

[292]　各月从业人数如下:

1月	2月	3月	4月	5月	6月	7月	8月	9月	10月	11月	12月	工作时间
232	228	216	197	139	166	120	117	158	197	231	232	10.0

冬季 $1\,336\div6=223$　　　　夏季 $897\div223=4.0$

---

[1]　列宁勾掉了关于这家作坊的资料,而在下面列入了关于 I、II 两类的第 3 小类的两个作坊的材料。——俄文版编者注

[295]　……有⅔的户的纯收入约为 50 卢布;在大户中,有 2 户在叶卡捷琳堡*)县,1 户在卡梅什洛夫**)县,2 户在昆古尔***)县。这 5 家作坊,以及另外 4 家各有 2—5 个

*)	表格	第 168 页	I(1) 2 家作坊。	4 个本户工人
			I(1) 3 家作坊。	2 个本户工人
**)	表格	第 206 页	I(1) 1 家作坊。	0 个本户工人
***)	表格	第 46 页	I[(1) 2 家作坊。	3 个本户工人
有误: 这是制砖的			I (1) 1 家作坊。	1 个本户工人

注意　‖　……上釉器皿作坊是非商业单位,而是真正资本化的生产……　在这种情况下,我们即使不从手工业企业的总数中删去这种具有资本主义性质的作坊,那么,说实在的,

原文如此!　‖　由于本户工人亲自参加生产劳动,甚至在手工业全用雇佣劳动来经营的那三种情况下,企业的全部成就也是建立在作坊主本人的技术素养和亲自参加生产之上。

类别	小类别	从事本行业的户数	参加本行业的本户工人人数	其中识字者人数	雇佣工人人数	单 位 卢 布	
						总收入额	为本行业的借款
I	1	229	558	152	218	17 606.5	264
I	2	34	60	10	7	2 866.5	—
II	1	9	15	5	95	3 510.5	—
II	3	1	3	—	2	245	—
		273	636	167	322	24 228.5	264

雇佣工人的作坊,<u>专门生产上釉的器皿</u>……在卡梅什洛夫县已经知道,有 <u>2 个工人的上(绿)釉器皿作坊的产值为 255.8 卢布</u>……

+4 个雇佣工人 = 8。	$\sum$ = 1 250。	本户收入=300。
+6 个雇佣工人 = 8。	$\sum$ = 1 037。	本户收入=332。
+4 个雇佣工人 = 4。	$\sum$ = 600。	本户收入=190。
+8 个雇佣工人 = 11。	$\sum$ = 266。	本户收入 = 94。
+7 个雇佣工人 = 8。	$\sum$ = 450。	本户收入 = 65]①

[298]   **8. 制砖业**

[299]   在按户调查的现存制砖作坊中注明创办时间的有 <u>172 家</u>……

272

根据 1894—1895 年度按户调查资料,制砖业的营业额和人员总数见下表:

欠债的户数	需要贷款的户数	单 位 卢 布				
		生产开支			本户收入	
		材料费	工资	税金、租金等	总收入	按一个本户工人计算
7	55	2 915.55	4 560.55	4	10 126.4	<u>18.14</u>
—	—	342	500	20	2 004.5	33.4
—	2	566.95	2 104	22.5	817.05	54.47
—	—	—	140	—	105	35
7	57	3 824.5	3 704.55 7 304.55	46.5	13 052.95	—

注意!!
4 560÷218=**20.9**

---

① 方括号中的文字已被列宁勾掉。——俄文版编者注

[300—301]

		第 169 页:I(1)1.1+ 5= 6。
参看表格第 169 页。	叶卡捷琳堡县	II(1)1.1+65=66 个工人。
120。	奥萨县	I(1)2.3+13=16。
74。	奥汉斯克县	II(1)3.4+24=28。
第 32 页。	切尔登县	I(1)1.0+ 4= 4。
11。	彼尔姆县	I(1)1.0+ 4= 4。
第 182 页。		I(1)1.1+ 8= 9。

注意	……一年之中制砖的时间相当有限,因此总感到本户劳力<u>不足</u>,<u>所以在制砖业中就**大量使用雇佣劳动**</u>。雇佣工人占参加这一行业的总人数的 33%,而且作坊按雇佣工人数划分如下:	
50	有 1 个雇佣工人	50 家作坊
46	有 2 个雇佣工人	23 家作坊
33	有 3 个雇佣工人	11 家作坊
28	有 4 个雇佣工人	7 家作坊
40	有 5 个雇佣工人	8 家作坊
18	有 6 个雇佣工人	3 家作坊
14	有 7 个雇佣工人	2 家作坊
8	有 8 个雇佣工人	1 家作坊
9（∑=246）	有 9 个雇佣工人	1 家作坊
<u>76（322—246)??</u>	有 10 个以上雇佣工人	5 家作坊
∑=322		

怎么会是这样?? 1—65 个工人,而 5—76???

20 家作坊有 5 个以上雇佣工人,共有 165 个工人

∑ =　　99 卢布。	工资 =　29 卢布。	收入 =　　40 卢布。
∑ =2 130。	收入=320 卢布。	工资=1 560
∑ =　455。	收入　269	工资　　81
∑ =　760。	收入　209	工资　339
∑ =1 060。	收入　537	工资　500
∑ =　425。	收入　177	工资　104
∑ =　800。	工资=500 卢布。	收入　293

[304]　总的说来,所有被调查的作坊按所得的纯收入划分如下:

获得　50　卢布以下的	222 家作坊	每家作坊　35 卢布*)	=7 770
获得　50—100 卢布的	35 家作坊	每家作坊　75	=2 625
获得100—200 卢布的	11 家作坊	每家作坊150	=1 650
获得200—300 卢布的	2 家作坊	每家作坊250	=　500
获得300—400 卢布的	1 家作坊	每家作坊350	=　350
获得400—500 卢布的	2 家作坊	每家作坊450	=　900
			13 795 卢布

而实际上13 053 卢布

*)　229 家作坊的本户工人平均每人 18 卢布(见第 299 页),相形之下,这个数字过高了。

[305]　……业主和雇佣工人的利益是十分一致的,所以在这个行业中虽然没有正式登记的劳动组合,但实际上在业主和他们的雇佣工人之间存在着牢固的合伙关系。

参看第301页实例

注意

[306]　　　　　　　　　　　　　　　　第四章　混合
[308]　　　　　　　　　　　　　　　　　　　　　　1. 马车

类别	小类别	从事本行业的户数	参加本行业的本户工人人数	其中识字者人数	雇佣工人人数	单位卢布	
						总收入额	为本行业的借款
I	1	323	510	188	84	49 369.65	2 012
I	2	341	542	123	22	21 164.5	1 434
I	3	32	59	20	2	3 601	—
II	1	75	120	63	25	30 398.6	1 910
II	2	41	74	44	9	10 727.9	65
II	3	28	36	27	6	4 427.4	264
		840	1 341	465	148	119 689.05	5 685

左注：*)

$49\ 369 \div 594$
$= 1$ 个工人
83 卢布

*)　其中

1 家作坊　　0 个本户工人 + 6 个雇佣工人 = 6 个工人。

2 家作坊　　2　　　　　+ 8　　　　　= 10

3　　　　　　2　　　　　+14　　　　　= 16

[309—310]　82 个使用雇佣劳动的作坊按雇佣工人人数划分如下:

有 1 个雇佣工人	51 家作坊
有 2 个雇佣工人	16 家作坊
有 3 个雇佣工人	8 家作坊
有 4 个雇佣工人	3 家作坊
有 5 个雇佣工人	2 家作坊
有 6 个雇佣工人	1 家作坊
有 13 个雇佣工人	1 家作坊

注意

51
32
24
41 { 12
10
6
13

∑ =148

材料加工业
制造业

欠债的户数	需要贷款的户数	单位卢布				
		生 产 开 支			收 入	
		材料费	工资	税金、租金等	总收入	按参加生产的每一个本户工人计算
33	147	24 409.72	5 214.75	50.69	19 694.49	38.61
9	59	7 048.67	947	—	13 168.83	24.29
—	19	578	90	—	2 933	49.71
			÷2＝45			
25	33	17 043.26	2 132	5.4	11 217.94	93.48
			÷25＝85.2			
2	11	4 446.7	1 514	—	4 767.2	63.07
7	6	1 182.8	130	—	3 114.6	83.33
			÷6＝21.6			
76	275	54 709.15	10 027.75	56.09	54 896.06	—

!! 5 215 ÷ 84 ＝**62.08**
947 ÷ 22 ＝ **43.0**　注意

∑＝　900。工资＝　200。　收入＝　415(表格第 11 页)。
∑＝4 330。工资＝1 230。　收入＝1 342(表格第 122 页)。
5 230　　　1 430　　　1 757
5 230 ÷ 16＝327 卢布(1 个工人)

……这样，在马车制造业的雇佣工人中大多数人是计件工和日工，正像我们下面将要看到的那样，这是因为在马车制造业当时的经营情况下，支配雇佣劳动的，不是像工厂那种雇佣劳动在技术上的集中，而是缺乏生产的流动资本的手工业者在资金上的依附关系……

哎呀，这种文字!

[316]　借助于手工业贷款，是能够使马车制造业的手工业者摆脱包买主和装配作坊业主的，其必备条件是：把做

注意	零件的手工业者组织成若干批劳动组合,而且每一批都应有制造市场所需各种部件(如:车厢、运转部分和车轮等)的制造者参加。手工业银行恰恰在这方面发挥作用,
(1)	根据手工业银行的倡议,并且在其各地的代办员的协助下,目前在马车制造业中成立了三个劳动组合:一个是
(2)	卡姆巴尔斯克工厂马车制造工匠的劳动组合,它由 8 名家庭手工业者组成,另有 2 名徒工和 2 名雇佣的辅助工;
(3)	另一个是伊尔比特县哈尔洛夫乡普列代纳亚村的手工制轮匠劳动组合(5 名家庭手工业者),还有一个在叶卡捷琳堡县格林斯科耶村……

各月从业

	1 月	2 月	3 月	4 月	5 月
第 Ⅰ 类的各户	927	913	976	998	795
第 Ⅱ 类的各户	221	194	185	159	172

$$(1)\ 5\,698 \div\quad 6 = 949$$
$$3\,569 \div 949 =\quad 3.7$$

[322]　……浅耕犁制造业有农业作基础,它的雇佣劳动是临时性的,而且有相当多的徒工——这一切加在一起,创造了一系列有利条件,保证浅耕犁制造业这种手工业生产类型具有最独立的形式……

!!

浅耕犁制造业各月的从业手工业者人数:

冬季　$646 \div 6$
　$= 107$
[夏季]$494 \div 107$
　$= 4.6$

1 月	2 月	3 月	4 月	5 月	6 月	7 月	8 月	9 月	10 月	11 月	12 月
130	133	170	157	135	68	52	40	42	85	85	43

[317]　**2. 浅耕犁制造业**

[321]　32 家作坊使用雇佣劳动的情况……

有 1 个雇佣工人	10 家作坊	10
有 2 个雇佣工人	7 家作坊	14
有 3 个雇佣工人	7 家作坊	21
有 4 个雇佣工人	4 家作坊	16
有 6 个雇佣工人	2 家作坊	12
有 7 个雇佣工人	1 家作坊	7
有 8 个雇佣工人	1 家作坊	8

$\left.\begin{array}{r}16\\12\\7\\8\end{array}\right\}43$

88

的劳力:

6 月	7 月	8 月	9 月	10 月	11 月	12 月	工作时间
507	418	398	453	910	979	993	(1)　9.7
165	152	162	178	183	188	221	(2)　10.9

(2) 1 192 ÷　6 = 199
988 ÷ 199 =　4.9

[325]　**3. 农业机器制造业**

[326]　总共调查了 94 家作坊,按县划分如下:

克拉斯诺乌菲姆斯克	34
奥汉斯克	22
奥萨	12
叶卡捷琳堡	10
昆古尔	6
卡梅什洛夫	3
沙德林斯克	2
彼尔姆	3
索利卡姆斯克	1
伊尔比特	1

参看第147—8页关于克拉斯诺乌菲姆斯克县萨拉宁斯克工厂情况的统计表

[329]　34 家作坊有雇佣工人,按雇佣工人人数划分如下:

$$\begin{matrix}17\\10\\15\\\left.\begin{matrix}4\\20\\6\\13\end{matrix}\right\}43(\Sigma=72)\end{matrix}$$

$\Sigma=85$

	有 1 个雇佣工人	17 家作坊
	有 2 个雇佣工人	5 家作坊
	有 3 个雇佣工人	5 家作坊
7 家作坊	有 4 个雇佣工人	1 家作坊
	有 5 个雇佣工人	4 家作坊
	有 6 个雇佣工人	1 家作坊
	有 10 个以上雇佣工人	1 家作坊

[330]　根据关于 82 家作坊的资料,劳动力数量按月划分如下:

冬季 $1\,088\div6$
$=181$
[夏季] $891\div181$
$=4.9$

1月	2月	3月	4月	5月	6月	7月	8月	9月	10月	11月	12月
186	181	173	163	157	147	146	125	153	175	187	186

[332—333]　所有制造农业机器的作坊按所得纯收入数量(其中包括本户工人的工资)划分如下:

获得 100 卢布以下的	45 家作坊
100 至 200 卢布	20 家作坊
200 至 300 卢布	3 家作坊
300 至 400 卢布	5 家作坊
400 至 500 卢布	2 家作坊
500 至 600 卢布	3 家作坊
600 至 700 卢布	1 家作坊
700 至 800 卢布	1 家作坊
800 至 900 卢布	1 家作坊
将近 1 000 卢布	1 家作坊

$\Sigma=82$,而不是 94

注意 | ……登记的共:44 座炼铁炉——分属 32 家作坊,17 台车床——分属 17 家作坊,钻床——8 台;缺关于其余作坊的资料。

[334]　　　　　**4. 制箱业**

[335]　在涅维扬斯基工厂从事制箱业的总共 10 家作坊,其中 4 家是装配作坊,而其余的则生产零件——箱子和铁制品;在本戈夫斯克工厂调查了 4 家作坊,在别列佐夫斯科耶——2 家,在沙尔塔什——1 家。其他县登记的共 8 家作坊(奥汉斯克——1 家,奥萨——4 家,上图里耶——3 家)……

	10—4 家装配
	4
	2
	1
	8
	25 家作坊

[336]　15 家有雇佣工人的作坊按工人人数划分如下:

有　1 个雇佣工人	2 家作坊	2
有　2 个雇佣工人	5 家作坊	10
有　3 个雇佣工人	4 家作坊	12
有　4 个雇佣工人	3 家作坊	12
有 11 个雇佣工人	1 家作坊	11
		47 雇佣工人

[348]　　　　　　7. 筛子业

　　筛子业使 45 户种地户得到一小笔外水,这 45 户是:昆古尔县萨任乡 18 户,彼尔姆县斯列坚斯克乡 7 户,克拉斯诺乌菲姆斯克县阿尔马兹乡、莫斯托夫斯克乡和彼得罗巴甫洛夫斯克乡 16 户,奥汉斯克县(波萨德斯卡亚乡奥韦林村)1 户,奥萨县(斯卢德卡村——陶申乡和克里亚热-乌斯季诺夫斯卡亚村)3 户……

　　在上述所有 46 户中,从事手工业的有 80 个本户工人和 4 个雇佣工人。参加该行业的 80 个本户工人中,成人 73 人,男孩 7 人。所有作坊按本户工人人数划分如下:

$\sum =45,$
而不是 46

有 1 个本户工人	26 家作坊
有 2 个本户工人	11 家作坊
有 3 个本户工人	6 家作坊
有 4 个本户工人	1 家作坊
有 5 个本户工人	2 家作坊

$\sum =46$

[337]

叶卡捷琳堡县涅维扬斯基工厂(第173页的表格)

II(1) 2家作坊。1个本户工人＋13个雇佣工人＝14。∑＝5 850
（÷14＝417.8）。

II(3) 8	11	＋ 8	＝19。∑＝1 335
			（÷19＝ 70.26）。

10家作坊。12个本户工人＋21个雇佣工人＝33。∑＝7 185。

[352] **10. 采矿业**

62。第51页的
表中有误

[353] 由此可见，总共有63户从事粗石、陶土、石灰和石板的开采；亲自参加该行业的有98个本户工人和60个雇佣工人，总共158人。

[357] **结束语**

[360] 其次，我们从研究1894—1895年度手工业按户调查资料本身也可以看出，在定为420万卢布的手工业生产总值中，手工业者加工的来料占35%，而其余65%的产值则包括他们所拥有的原材料、本人的工资和生产所需的各种流动资金，归手工业者所有。在资本主义的生产形式下，这样的组合是不存在的……手工业者用属于订货者的材料为这些订货的消费者工作，为国民经济，实则是为农民提供重要的服务，使农民可以不必把自然经济变为货币经济……手工业者只要通过贷款预先得到必要的流动资金，就能用自做自卖来弥补他为订货工作时迫不得已的空闲，这不是为了取消为消费者的订货工作，而是为了弥补它的不足……

??!

!!
哎呀!!

注意
原文如此!!

原文如此!

国民经济的迫切利益要求它所生产的原料能就地加工，尽最避免货币介入交换过程……

[361—362] 但是，信贷只是设法保证手工业的独立性这个总问题的一部分。还必须使交换过程合理化，以利于

工资＝1 300 （÷13＝100） 351 （÷8＝44）	收入＝1 617（÷ 1＝1 617）。 984（÷11＝89.45）。
工资＝1 651。	收入＝2 601。

手工业原料的采购，方便手工业制品的销售……由手工业银行在手工业者中建立各种各样的劳动组合这件事，在手工业银行驻全省各地的、人数众多的、<u>受造福人民的思想鼓舞</u>并能在行动上而不是口头上为造福人民服务的代理人的协助下取得成功，是完全有根据的。

原文如此！

　　对省内手工业总体的和局部的考察都表明，<u>在村社土地占有制的情况下，手工业是建立在农业的基础上的</u>，因此，经济中心对繁荣手工业的关心，应同对在农民的农业经济内部实行合理的贷款、交换和生产原则的关怀紧密结合起来，即在农民中推广设有原料和成品货栈的<u>小型信贷机构</u>，以及一些比较好的农业合作生产形式。

瞎扯

啊，蒲鲁东
主义者！

　[363]　"彼尔姆省地方自治局人民劳动监理处"的规划正是在这个基础上制定的；<u>实现这一规划，是我边疆区为普遍完善手工业和农民耕作业的联系进一步采取措施的首要条件</u>……　　其次，在谈到彼尔姆边疆区手工业的各种需要时，不能不希望尽快解决排除妨碍它顺利正常发展的各种障碍问题……

原文如此！！
啊！啊！"规
划""措施"

不过是"其次"？？
？

　[364]　因此，就彼尔姆边疆区本身来说，我们把地方手工业年生产总额定为<u>500万卢布以上</u>。这个总额固然只占边疆区工厂工业（采矿工业除外）生产总额<u>3 000多万卢布</u>的1/6，但是我们不应忽略与边疆区这个和那个工业部门有利害关系的劳动人员的人数：<u>从事工厂工业的劳动力人数为19 000人，而从事手工业的劳动力人数为26 000人</u>[*]）。

原文如此！！
这个比较真
不错

我们再看一下 1894—1895 年度手工业按户调查资料,我们看到,亲自参加手工业劳动的将近 2 万人(<u>本户工人</u>和<u>雇佣工人</u>、男人和女人、成年人、青少年和儿童)的年工资总额约为 130 万卢布,<u>每一个人平均</u>**) ——约 <u>65</u> 卢布。

*)　其中 28.4%为包买主工作,即 7 384 人。

其中 25%雇佣工人

还有 <u>20.8%</u>为包买主工作

45.8%[117]

**)　每个本户工人"平均"70 卢布

每个雇佣工人"平均"<u>49 卢布</u>

—21

[365]　因此,只有给农民的农业以贷款援助才能**根治**这种病痛,使<u>滋养手工业的根系</u>茁壮起来。国家银行的新<u>章程</u>以及与其有关的<u>小额信贷机关的条例</u>,是使农村摆脱缺钱状态的开端。因此,地方社会机关该做的、为农村的需要而操心的个人该提倡的,<u>只能是努力办好新事业</u>,使这种贷款援助<u>仅仅</u>提供给按<u>立法者</u>的本意应该给予援助的人,这也正是上述关于建立<u>人民劳动监理处</u>这一专门的地方社会<u>机关</u>的设想的主要目的之一。

！

啊,上帝！

啊,"只能是"！

《彼尔姆省手工工业状况概述》一书最后是一些统计资料表。

列宁仔细研究和整理了这些原始的调查材料。这有大量着重标记、计算、分类等等为证。为了说明这一点,现从大量的有类似计算、批注等等的表格中选出几页,照录如下。

[1]　1894—1895 年度彼尔姆省手工业

经济状况按户调查收集的统计资料表

[33]

行业、县、乡和村	类别	小类别	从事本行业的户数	亲自参加本行业劳动的本工人人数	其中识字者人数	雇佣工人人数	单位卢布	
							生产总额	为本行业所需的借款
⋯⋯⋯								
昆古尔市								
1. 制革业⋯⋯⋯	II	1	2	2	2	8	8 200	1 000
2. 制鞋业⋯⋯⋯	II	1	166	381	166	19	99 391.5	6 320
	II	2	5	9	7	—	1 886	85
	II	3	462	954	479	124	122 546	11 303
3. 抻鞋面业⋯⋯⋯	II	3	3	1	3	6	942	—
4. 皮革后处理业⋯⋯	II	3	1	5	1	—	175	—
5. 马具业⋯⋯⋯	II	1	4	4	1	—	8 175	500
	II	2	1	3		—	360	—
6. 肥皂业⋯⋯⋯	II	1	2	3	2	2	2 150	360
7. 细木工业⋯⋯⋯	II	1	2	4	4	—	710	20
	II	2	6	9	8	—	3 070	875
8. 打铁业⋯⋯⋯	II	1	11	15	9	17	8 540	630
9. 钳工业⋯⋯⋯	II	2	5	7	3	—	1 400	90
10. 铜制品业⋯⋯⋯	II	2	5	8	3	—	1 795	282
11. 拉手和螺钉业⋯	II	2	1	3		—	1 249	200
	II	3	1	1	2	—	975	50
12. 锻铆业⋯⋯⋯	II	1	3	3	2	—	1 010	70
13. 马车制造业⋯⋯	II	1	2	2	1	—	1 250	—
全市共计	—	—	682	1 412	702	196	263 824.5	21 785

整个第 II 类。　　　　　　　　1 608 个工人，

其中第 2 小类:22 家作坊 44 个工人。

为什么包括昆古尔市，而不包括其他市???

（总共 633 家作坊——1487 个工人）

702 ÷ 1 412 = 49.7[①]

────────

① 即识字者占本户工人的 49.7%。——编者注

全市共计 II(1) 193。　　415 个本户工人＋　56 个雇佣工人＝　471

II(2)　22。　　　36 个本户工人＋　　8 个雇佣工人＝　　44

II(3) 467。　　961 个本户工人＋132 个雇佣工人＝1 093

682。1 412　　　　　　＋196　　　　　＝1 608

[51]

行业、县、乡和村	类别	小类别	从事本行业的户数	自加行劳的户亲参本业动工户人本工人数	其中识字者人数	雇佣工人人数	单位　卢布	
							生产总额	为本行业所需的借款
‥‥‥‥								
昆古尔县								
‥‥‥‥								
共计			28	44	18	13	5 685	—
‥‥‥‥								
全县共计	—	—	1 112	2 102	1 042	447	441 669.74	24 245
全市总计				2 549				

□有误:27

其中不包括市

全县——　　430

＋

全市　　　　682

1 112

列宁在第 **219** 页织造业一栏中特别注意索罗夫斯科耶村的一些作坊有 **57** 名女工，年工资总额为 **71** 卢布，并记下：

$$!!! \ 57 \text{ 名女工 } !!$$

列宁在第 **230** 页铜制品业一栏中着重划出关于苏克孙工厂的资料，计算出该厂每个雇佣工人的工资和每户的收入，并相应地记下："**每人——111 卢布**"和"**每户——1 181 卢布。注意**"。**由此可见这些作坊的资本主义性质。**

本书正文注释

· · · · · ·

在第 61 页第 2 张统计表中，亲自参加手工业生产劳动的V者总人数为 5 703 人，可是在书的第二篇第 232 页的按户统计表中，这个总数为 5 727，因而相差 24 人。按户统计表之所以把这个数字弄错了，是因为有时误把识字者总数中的本户工人算入亲自参加生产劳动这一类人中去了。这一错误在表格印完后才被发现。

V识字者

就是说，从业的本户工人总数（15 066）也不对吧???

[130]

行业、县、乡和村	类别	小类别	从事本行业的户数	亲自参加本业劳动的户工人数	其中识字者人数	雇佣工人人数	单位 卢 布	
							生产总额	为本行业所需的借款
· · · · · ·								
克拉斯诺乌菲姆斯克县								
· · · · · ·								
[149] 全县共计……	—	—	856	1 375	5 447	627	265 768.55	2 533.5
叶卡捷琳堡县							*\) 根据地	
1.制革业							工厂每一个人	
· · · · · ·								
别洛雅尔斯克乡亚卢尼纳村	I	1	1	—		10	18 075	—
[150] 沙尔塔什乡沙尔塔什村	II	1	2	—		55	24 200	—
[231] **8.银制品业**								
上伊谢季乡上伊谢季扎沃德…	II	3	2	3			292	30
巴加里亚克乡巴加里亚克村	I	2	1	2	2	—	80	—
[232] · · · · · ·								
全省共计………	—		8 991	15 066	2 727	4 904	2 693 317.67	85 430.78

5 727

2 693 318 ÷ 19 970＝134.8

为本行业欠款的户数	为本行业需要贷款的户数	单位卢布				
		生产开支			税金、租金等	本户收入
		材料费	工资	工具、设备等费用		
						20 823÷627= **33.2***)
27	165	124 804.29	20 823.05	859	2 737.5	116 545÷1 375 116 544.71 =84.7

方自治局统计机关的资料,克拉斯诺乌菲姆斯克县
(男人或女人)的平均工资为 **78.7** 卢布

—	1	15 200	1 284	—		1 591
—	2	20 220	2 180	—		1 800 参看1879年《一览表》第 262 页
1	—	92	—	—		200
—	—	22.4	—	4		53.6
1 100	2 556	1 368 405.9	238 992.24	21 044.34	11 061.23	1 053 813.96

238 992÷4 904=**48.73** 卢布
(1 个雇佣工人)

1 053 813.96÷15 066
=**69.94** 卢布
(1 个本户工人)

载于 1940 年《列宁文集》俄文版
第 33 卷(非全文)

根据 E.И.克拉斯诺彼罗夫的 著作中的资料对彼尔姆省 手工业状况作的分析[118]

《1887 年在叶卡捷琳堡市举行的
西伯利亚—乌拉尔科学工业展览会上的
彼尔姆省手工工业》

(1897 年 8 月 17 日〔29 日〕和
1899 年 1 月 30 日〔2 月 11 日〕之间)

1. 第 1 编。1888 年彼尔姆版

[2] 　　　　　叶卡捷琳堡县

[9] 　……手工业馆的展出者绝大多数的确是**手工业者**，就是说，他们自己家里有作坊，本人在作坊里工作，有自己家里人或伙伴的帮助……

剥削雇佣劳动的手工业者显然尚未完全成为工业资本家，他仍有权保留手工业者的名称，是因为相当大一部分生产是靠他本人和他家里人完成的……建立在合作社基础上而不是个体企业基础上的对手工业者的贷款，会真正帮助全部手工业者，而如果贷款考虑的是个人，那么他们会经不起诱惑，利用他们所得的贷款把人民的手工业变为个人的资本主义企业。

!?!?

[22] ……"**只有**取暖用煤炉**值得注意**,而且价钱不贵"。这才是真正的手工工业的真正成就! ……这不是铁路上能干的工匠的随心所欲,而是除了自己的脑袋和一双手只有两名助手的真正手工业者的劳动。

!

[24] 我问瑙莫夫先生,为什么不从较好的救火车中选择一种有名的、合适的型号来仿制,他回答说:……如果大家都不要我们的老式车,而且加以嘲笑,那我就会提供尚未有过的车型! …… 看看伊里亚·穆罗梅茨**119**这个俄罗斯人的情况吧! 这个涅维扬斯克人 100 年来待在一个地方不动,当他感到再也待不下去的时候,他就迈步前进了!

"易如反掌!"

[28] **铸铁业**……

[29] 在小件铸铁用品制造方面工厂垄断了铸铁业,这种垄断和人人嫌弃的、过了时的老古董——涅维扬斯基"乌拉尔型"的救火车一样,是不能振兴乌拉尔的工厂事业的。

注意

[30] 此外,取决于企业主个人的很大一部分规章,在相当大的程度上压制着完全受熔铁炉支配的雇工的个人素质。

真莫名其妙!

[31] **制箱**业是劳动分工细、零件生产专业化的那一类手工工业的优秀代表,正因为如此,许多单独作坊在经济上依附于组装各种零件并将成品直接销往市场的中心作坊。中心作坊同时也是输送并向各零件作坊分配原材料的渠道。

叶卡捷琳堡县

注意

[32] ……中心作坊的年产值:

Д.谢良金, 15—20 人,平均 17 人,产值 15 000 卢布		
M.谢良金, 5—25 人,平均 15 人,产值 11 500 卢布	39 500
П.谢良金, 5—30 人,平均 17 人,产值 13 000 卢布	
科舍列夫, —— 人,平均 4 人,产值 6 000 卢布	
博戈莫洛夫, —— 人,平均 8 人,产值 8 000 卢布	5
阿列克谢耶夫,4— 8 人,平均 6 人,产值 2 400 卢布	

	赫拉姆科夫，	— 人，平均 4 人，产值 4 000 卢布
	丹尼洛夫，	2—8 人，平均 5 人，产值 2 000 卢布
9	别洛夫，	<u>2—4 人，平均 3 人，产值 2 500 卢布</u>
		共计 79　　64 400 卢布

$\left\{\begin{array}{l}\text{每个工人——806 卢布}\\\text{每个工人}\quad\text{830 卢布}\end{array}\right.$ 3 个业主 49 个工人，产值 39 500 卢布
6 个业主 30 个工人，产值 24 900 卢布
<u>9 个业主 79 个工人，产值 64 400 卢布</u>

而第 36 页？

[36] ……1881 年在涅维扬斯基工厂约有 1 000 户<u>靠制箱业为生</u>。根据展览会的资料来判断，从那时起，制箱业在最近 7 年中<u>至少没有缩减</u>，很可能还扩大了。

[37] ……<u>大资本家离开了制箱业的舞台</u>……

有代表性的自白！

[39] <u>我们的全部手工工业受着私人资本的控制</u>，因此，如果只让<u>本人经营自己制品的手工业者进手工业馆，那么我们的手工业馆就会空空如也</u>……

[40] **马车制造业**……

哪 3 家，有本户工人还是雇佣工人？

[41] 11 家车轮作坊…… 在这 11 家作坊中，3 家有自己的锻造间。

注意

[42] ……<u>手工业者为一些装配者制造零件</u>。大部分情况是这样的：富裕农民自己雇一些人，这些人有的弯制轮圈，有的做车厢，有的旋轮毂，有的用所有做好的部件"装配成轮子"并给轮子安上铁箍……有些一手向集市推销车轮和整车的富裕的装配者本人就是<u>手工业主</u>，不过这样的装配者为数不多。大多数手工业者是在自己家里为装配者做上述某种大车零件的户主。

注意

[46] 制木桶业……

[49] ……迄今无人认为刺柏有什么重要用途，用罗斯梅斯勒的话说，刺柏被认为是森林的无产者。所以，<u>俄国工</u>

业日益复杂的需要以及俄国活动家们知识渊博的阅历使
我们在材料方面开了眼界……

[52] ……**琢磨业**……

[60]	数量	%	
只有本户参加生产的作坊……………273		85	
有 1 个雇佣工人参加的………… 27		8	27
有 2 个雇佣工人参加的…………8			16
有 3 个雇佣工人参加的…………4			12
有 4 个雇佣工人参加的…………4		7	16 }62
有 5 个雇佣工人参加的…………2			10
有 8 个雇佣工人参加的…………1			8

哈哈哈!

$$\sum = 89$$

[62] 而现在,包买主之间的竞争已经被他们以合伙形式
的互相串通所代替,工人们已经感到它的压力……

注意

[65] 消除琢磨业某些部门卫生状况恶劣的各种指令能
否取得成效,也将取决于对琢磨业的经济状况有利影响如
何。印章琢磨工在这一方面的状况尤为突出,因为在这些
作坊里,人们生活在金刚砂的尘土和垃圾中,可以说是生
活在死神的怀抱里。

注意

陶器业……

[69—70] ……普济纳先生创办他的陶器厂,是为了在
当地居民中、在手工业陶器工中传播陶器业的高级知
识……普济纳先生的事业,是全俄国都已知道并给予应有
评价的公益活动之一……为了协助德国工匠而雇用了当
地农民……他们答应减少工资,在工厂做工三年,为的是厂
方能教会他们陶器生产。德国工匠……千方百计地剥削厂
主普济纳先生,因此,他不得不年年更换他们。然而,当地农

哈哈哈!

!!! 混账东西!
就是说,不让
降低工资!

！	民仍然乐意在工厂工作。……这样一直延续到1886年，而在整个这段时间里有过许多失败和损失，都是由于德国人。
为了业主不受"剥削"	[71]　对我向普济纳先生建议是否可以从其他省招些徒工进厂……他完全同意，但有一个条件——人要年轻，能干，识字，有很好的品德。
	[72]　制鞋……业……
啊，当然啰	[74]　工匠有时整年都是单独工作，在这种时候要找两三个人做助手。
"手工业者"的又一功绩——"爱国主义"	[82]　手工工业中的事和人，他们的日常生活、习俗和富裕总是明显可见的；哪里好，哪里就是祖国**120**这句座右铭只适用于手工业资本家，而不适用于手工业者……　**制革业……**
哎呀！	[85]　我们来看一下制革业的历史就会看到，小制革作坊的数量在减少，相反，大制革作坊即工厂却在发展，它们的生产在扩大。……请把大卫的投石器——贷款借给制革手工业者，那样，工厂——歌利亚**121**也许会让出一点自己在整个皮革市场上赢得的战果给他。

　　列宁在该书第**97—98**页对下塔吉尔的上图里耶县手工业中心产销独立的和不独立的手工业者作坊的生产规模和作坊数量作了统计。这里铁制品"手工业者"年生产总额约为**20**万卢布，其中厂商企业的雇佣工人占**6**万卢布，余下**14**万卢布，其中**37 000**卢布是依附于包买主或厂主的手工业者，即实际上在家做工的手工业者生产的。

[114]　克拉斯诺乌菲姆斯克县

注意	[149]　……根据斯卡洛祖博夫先生的资料，在制鞋业中心伊尔金扎沃德……大约有500户从事制革制鞋业……制革和制鞋作坊4大业主之一有大约200个固定工；不其富裕的鞋匠为这些财主工作，而且有一些雇工不多的小作坊

……这一家作坊的上述固定工人人数也包括<u>在自己家里</u>
<u>用现成材料做鞋的鞋匠</u>……

根据 1894—1895 年度的调查,在伊尔金扎沃德两地(上伊尔
金和下伊尔金扎沃德)从事制鞋业的 4 户各有 4 个本户工人(I 和
II 2)——表格第 131 页。而伊尔金扎沃德的制革业则完全未标
明(表格第 130 页)。①

[154]   彼 尔 姆 县

[161]   这样,我们把本户工人和雇佣工人加起来,得出作
坊的劳力人数如下:

本户工人加雇佣工人:	作坊数目:	
2	1	
3	3	
4	4	
5	3	15
6	1	6
8	2	16
11	1	11
		48

工场手工业很有意思的实例(制箱业,大车业)。

制革制鞋业("手工业者"同工厂联系的实例)。

作者的甜言蜜语,第 9 页(《人民的手工业》和《资本主义》的
比较)。

---

① 引自《彼尔姆省手工工业状况概述》。——编者注

浅耕犁制造业的资本主义组织。

2. 第 2 编。1889 年彼尔姆版

[2]   彼 尔 姆 县

[5]   在提到的一些地方中,尤戈沃扎沃德和斯列坚斯克乡在手工业广泛发展方面特别突出。在尤戈沃扎沃德有手工业者和户主手艺人117人,雇佣工人366人;在斯列坚斯克乡,304家作坊共有业主本户手工业者611人,雇佣工人——103人。尤戈沃扎沃德的手工业者和手艺人的年产值为50 310卢布,而斯列坚斯克乡为72 611卢布……

[9—10]   **细木业**……   根据1881年的资料,尤戈沃扎沃德细木业(连同旋光业)的业主手工业者为18人,从当地居民招的雇佣工人为80人,因此总共为98人……

[11—12]   彼尔姆家具店出售尤戈沃的家具,尤其是软座家具,冒充莫斯科的、喀山的和其他定价高的外地产品,从尤戈沃的家具获利50%—200%……   尤戈沃的手工业者没有直接从消费者那里获得订货,完全依赖彼尔姆家具店,所以不管愿意不愿意都必须把自己的产品送往那里销售……

[33]   **打铁业和钳工业**……

[40]   ……内特温斯克工厂生产铁制厨房用具,主要是水桶。这里有3家器皿作坊……这里也和许多其他手工业一样,经济中心是建立在流动资金的基础上的……

克拉斯诺彼罗夫先生的中心是建立在空谈的基础上的

细木业(为商店生产的)

工厂村手工业集中

3. 第3编。1889年彼尔姆版

[1]　　　昆 古 尔 县

[3—4]　……昆古尔的制革业是把工厂工业V手工工业有机地联系起来,使全省各县的上述两个不同工业部门双方受益和共同发展这一思想的典型的体现……就昆古尔的大制革业来说,工厂与手工业者的关系是比较亲密的,是由来已久的,而且是工厂工作全面安排的基础之一……工厂同手工工业实行正常的联合……　从那些展览会资料中得知,在标明的工人人数中,属工厂的只有105人,外来的45人,在自己家里做工的1300人;在萨尔塔科夫先生那里,120人当中在工厂的5人,外来的——15人,在家做鞋的约100人……现将同大制革工业紧密相连的手工工业部门列举如下:

　1. 皮革加工。

　2. 皮鞋缝制。

　3. 拼粘碎皮供选用。

　4. 螺钉铸造业(制靴用螺钉)。

　5. 生产制靴用"双帽靴钉"。

　6. 生产制靴用的木楦。

　7. 草木灰业——生产皮革厂用的草木灰。

　8. 生产所谓的"树皮粉"即柳树皮粉,供工厂鞣制皮革用。

V 和 ??

原文如此!

说得对!

注意

注意

……获得金质奖章，不仅是由于制革质量好，而且是由于"**产量多，给附近居民提供了挣钱的机会**"……

!!

皮革加工……在克列斯托沃兹德维任斯卡亚乡……有 41 个户主以及 82 个雇佣工人在工作…… 手工业者为昆古尔的工厂主工作……

[7] 所有的加工者都兼顾农业，但自己种地的不多；农活全由雇佣工人（季节工）来做，他们空闲时帮助手工业者加工皮革……

[8] **缝制男女鞋**……

注意

[10] 在菲力波夫乡波列塔耶瓦亚村有 14 人做农民穿的普通鞋，而且其中大多数人像富人那样让其他手工业者缝鞋，例如，萨·斯克柳耶夫就给菲力波夫乡各村 50 个鞋匠分活。

[11] **拼粘碎皮**，是手工业的一个单独部门…… 沙代斯卡亚乡沙代卡村（3 人）、日利纳亚村（3 人）、克列斯托沃兹德维任斯卡亚乡季卡亚村和利波瓦亚村（4 人）的农民为该行业建立了作坊，让 8—10 岁的男孩和女孩在这里做工。

[12] 以前每天在比较富裕的农民手工业者那里干活的小孩约有 20 人……干这种工作的小孩，这里叫做"骗子"①，大概是因为他们给碎皮抹上胶；抹胶工每天工资 10 戈比。

[15] **制毡业**……

(1)抖松

[16] 作坊里的酷热几乎难以忍受。工匠们光着膀子干活。工人们一大早就来到作坊，用几根绳子（一端用绳子固定在墙上，另一端攥在操作者手里）把事先晾干摊在地板上的羊毛抖松…… 然后 1 个工人（通常是业主家的

---

① 双关语，"骗子"（"мазурик"）和"涂抹"（"мазать"）有相同的词根。——编者注

工人)把一块粗麻布摊在桌上,在粗麻布上再铺一层一定厚度的羊毛,同时注意把羊毛铺得厚薄均匀……　擀毡工领到一卷羊毛以后,坐到长凳上,用脚在地板上擀毡。这就是全部工作……

(2)摊开

(3)擀毡

不是任何人都干得了这一行的,即使现在在干的人也是逐渐才习惯于作坊里又热又闷的环境的。身体较强壮的人至多干 15 年,其结果是得肺病。干活的多半是年轻人。

注意

[29]　**浅耕犁和双轮木犁业**……

[33]　科切绍夫兄弟制出约 900 张浅耕犁,每张按 4 卢布、3 卢布 80 戈比或 3 卢布 50 戈比出售;正如所述,特种轻便浅耕犁每张按 2 卢布 50 戈比出售。

因此
$$\sum = (大约)$$
$$900 \times 3.45$$
$$= 3\,000 卢布$$
$$3.45 = \frac{13.80}{4}$$

[47—48]　**绳索和线绳制作**……　乌斯季-基舍尔斯卡亚乡有绳索业……很早以来就具有纯工厂性质。7 个农民有工厂,工厂占地长约 160 俄丈,宽约 3 俄丈。约 200人在绳索作坊工作,一年加工大麻约 3 万普特。大麻买进价每普特 2 卢布—2 卢布 50 戈比—2 卢布 80 戈比—3 卢布,甚至 3 卢布 50 戈比……　绳索制作从打麻开始……①

见《索引》,
第 152 页②。
1890 年《一览表》
第 105 页。就是
说,材料约值
75 000 卢布

[50]　　　　　　**奥　萨　县**

[68]　**编制椴皮席和席包**……　这一行业既有手工工业的形式,又有大工业企业的形式,后者附设大型编席包作坊、拥有大量雇佣工人,主要是外来工人……　奥萨县编席包作坊具有工厂性质,由于卫生情况极差而声名很坏……　无论大工业者还是手工业者都在展览会上,都在手工业馆展出了展品。

注意

---

①　关于绳索业加工原料的各道工序,见本版全集第 3 卷第 358 页。——编者注

②　《工厂索引。俄国的工厂工业》1897 年圣彼得堡版。——编者注

列宁在该书第 **69** 页上就 **3** 个乡分出有 **2** 台以上织机的 **45** 家编席包作坊，并算出它们有织机 **136** 台（**166** 个编席包作坊共有织机 **257** 台）。

[74—75] **榨油业方面**……　各村榨油作坊情况如下：

	作坊数	手工业者人数		年产量
		本户的	雇佣的	
——平均每家作坊 680 卢布　共计………	25	25	24	17 000 卢布

[78]
卡梅什洛夫县

[82]　**旋光业**……

[86]　卡梅什洛夫县有旋光业的所有村庄共有旋光和染色作坊约 35 个（旋光作坊 23 个，染色作坊 11 个，还有 1 个旋光和染色合在一起的作坊），有本户工人 39 人，雇佣工人 45 人，成年人和未成年人都计算在内。如用百分数表示，本户工人为 46.4%，雇佣工人为 53.6%。

[87]　……这样一来，本户工人和雇佣工人按作坊划分如下：

雇佣工人数 本户工人数	0	1	2	3	4	5	6	作坊数
共计	**16**	**2**	**12**	**2**	**2**	**1**	—	**35**
工人数 { 本户的	36	3	—	—	—	—		39
雇佣的	—	2	24	6	8	5	—	45
共　计	36	5	24	6	8	5		84
	41		43					

[96]　……旋工的主要工作实际上是种地……

[97]　……旋光业靠雇佣工人进行生产……而本户劳力则用于经营管理。

从事旋光业者的畜牧业可以说情况也很好。比如,卡梅什洛夫县生产旋光制品的 28 户就有 145 匹马,168 头奶牛和 276 头小牲畜,平均每户有 5.2 匹马,6 头奶牛和 9.8 头小牲畜,即羊和猪。

[98]　**陶器业……**

[114]　陶器业在卫生方面,正像上面已经部分地谈到的那样,对工人的健康没有一点好处。室内空气经常闷热、潮湿,加上老是坐着干活,几乎所有在这一行业干的时间较长的陶器工都严重贫血和乏力。至于他们的智力发展情况,在这方面他们也说不上是好的,因为工作单调使他们对周围的一切都漠然处之,以至有些迟钝。

||注意

[172]　　　　　**结　束　语**

[173]　……只有当现有各行各业的经济合理化时,手工工业的继续稳固发展才算有了保证。

||!!!

制革业:工厂和在工厂工作的手工业者(第 4 页及以下各页)

(有时也有雇佣工人)

(作者的空谈)　　　　　　　　——加工工人(同上)

　　　　　　　　　　　　　　——制靴工(同上)

　　　　　　　　　　　　　　——粘碎皮

　　　　　　　　　　　　　　(剥削童工)。

资本主义手工工场的实例——绳索厂(第 48 页)。

旋光业——在很小的生产中雇佣劳动得到很大发展的实例

（第 82 页及以下各页）。

　　（（作为耕作者是比较富裕的：第 97 页））

载于 1940 年《列宁文集》俄文版
第 33 卷(非全文)

关于维亚特卡省手工业的批注

《有关维亚特卡省手工业状况的资料》。

第 2 编。1890 年维亚特卡版

(1897 年 12 月 10 日〔22 日〕和

1899 年 1 月 30 日〔2 月 11 日〕之间)

[20] **脚蹬式纺车业**

[26] 随着从事手工业的人数增加,工资逐渐降低,<u>而农民日益普遍地使用工厂的棉织品</u>①,对此或许也起了促进作用。

[27] <u>在维亚特卡省还有不少偏僻地区,特别是在北部,几乎没有人知道脚蹬式纺车</u>。正是在这些地方,一旦出现脚蹬式纺车,我们觉得,<u>这种手工业可能新产生出来</u>②。 | 注意

[44] **制箱业**

[47] <u>在维亚特卡省,板箱逐渐取代了从前农民家用的山杨和椴树编的椭圆形的"箱"和"筐"</u>(这种"箱子"是里面用薄"板条",也就是用劈下来的而不是锯成的小板条编的箱和筐)。现在这些东西很少见,即使有,也只是在维亚特卡省北部各县最偏僻最贫穷的地区。 | 注意

---

① 见本版全集第 3 卷第 304 页。——编者注
② 同上。——编者注

注意　‖‖ [51]　……一些长期专为包买主工作的制箱工不安锁,而将不带锁的箱子卖给他们,因为包买主自己用较低的价格大批买进箱锁,所以他们安装自己的锁。

[66—67]　尽管制箱工把产品卖给包买主的价格较集市价格便宜,但近年来,由于集市价格太低,制箱工根据以下原因认为这种销售还是比较合算的。制箱工把制品预售给包买主,因而得到一些定金,有时数额还相当可观,而且在一定时期内他的工作有了保障,他做好的箱子可以直接运往包买主的货栈,无须为集市摊位白花钱,也不必为不

注意　‖‖ 一定成功的自销浪费时间。

!! [72]　就伦理方面来说,这个行业应算做最可爱的行业之一,因为全部工作从头到尾都是在自家人中、在家庭环境中进行的,在这里每个制箱工一周之内从清晨到深夜都在干他的活,因此没有时间去串门或下小馆……

载于1940年《列宁文集》俄文版
第33卷(非全文)

在弗拉基米尔省
手工业资料上作的计算

《俄国手工工业报告和研究》。第4卷。
1897年圣彼得堡版

(1897年7月8日〔20日〕和
1899年1月30日〔2月11日〕之间)

列宁在弗拉基米尔省手工业资料中计算了该省各县手工业者总数,把其中的织工单独列出。"**2 149**"这个数字表示舒亚县手工业者人数,这里未单独标出织工人数,因此列宁打了一个问号。

[212—215]　　弗拉基米尔省
手工业汇总表

县	手工业名称	男女手工业者人数
弗拉基米尔	· · · · · ·	
苏兹达利	共　计	420
	织造业…………	1 677
	· · · · · ·	
苏多格拉	共　计	1 940
	织造业…………	2 417
	· · · · · ·	
	共　计	3 182

县	手工业名称	男女手工业者人数
佩列斯拉夫利	织造业………… ······	370
	共　计	898
戈罗霍韦茨	织造业………… ······	800
	共　计	7 395
亚历山德罗夫	织造业…………	1 895
	共　计	2 709
舒亚	······ 粗细木工业…… 钳工业………… 织造业………… 马车制造业…… 篮筐业………… 缝纫业………… 陶器业…………	2 149
	共　计	4 154
梅连基	······	
	共　计	784
波克罗夫	织造业、络丝业 和剪波里斯 绒业………… ······	4 394
	共　计	5 255
尤里耶夫	织造业………… ······	1 703
	共　计	1 844

县	手工业名称	男女手工业者人数
维亚兹尼基	· · · · · ·	
	织造业…………	3 374
	· · · · · ·	
	共　计	6 343
	· · · · · ·	
科夫罗夫	织造业…………	971
	· · · · · ·	
	共　计	1 679
穆罗姆	· · · · · ·	
	共　计	9 383
	所有的县	45 986[*)]

*)　其中织造业
……17 601＋?
（从2 149中）

关于下诺夫哥罗德省
外出做零工情况的笔记[122]

《1896 年下诺夫哥罗德省的农业概况》

1897 年下诺夫哥罗德版

(1897 年和 1899 年 1 月 30 日〔2 月 11 日〕之间)

在第 **119—125、207—208** 页上，列宁特别注意通讯员从各地写来的关于因工厂工业发展而劳动力价格提高和外出做零工现象增加的大量报道。列宁根据下诺夫哥罗德省 1896 年夏季外出做零工的资料（第 **200—209** 页），计算了外出做各种零工的各有多少个县，并记载如下：

河运业	10 个县
木工,造船工,锯工	11 个县
建筑工人(瓦工等)	6 个县
农业工人	5 个县
土方工程	2 个县
工厂工作	11 个县

[210]

注意 ‖ 所有反映有半数以上证明夏季外出做零工的人数在 1896 年较以往各年大为增长。我们为了作比较而引用的 1893 年的同类数字，使人有一定的理由把夏季外出做零工的农民人数增长看做持续的现象。就在这张表中的资料，也部分地说明了外出人数持续增加的原因；正如大部分通讯员所谈到的,外出做零工的好处近年来明显增大了。对表中两个问题的回答几乎完全相同,这类回答无意中使人以为夏季外出做零工的增长同它的好处有因果关系。

[212]　除外出做零工比较有利这个原因外,促使下诺夫哥罗德省农民夏季离乡背井外出寻找幸福的还有不少其他的原因。在后一类原因中,缺少土地这个原因居于首位。农民外出找活干,是因为他们在家里无事可做:土地少或者划给的份地土质差……　农民失去农具和耕畜,主要是失去了马匹,这是迫使农民放弃耕种自己的份地、愈来愈多地外出做零工的另一个原因。阿尔扎马斯县瓦茨卡亚乡的一位通讯员报道说:"外出谋生的是最无房无马的农民,他们的家底薄,自己没有耕地的马匹……"

[213]　地方副业、手艺、手工业等等的衰落,在造成农民经济破坏、外出做零工增多的诸原因中占第三位。

载于 1940 年《列宁文集》俄文版
第 33 卷(非全文)

对统计年鉴中工厂统计资料的整理[123]

《俄罗斯帝国统计年鉴》。第1辑。1866年圣彼得堡版

(1898年2月24日〔3月8日〕和
1899年1月30日〔2月11日〕之间)

[I]　　　　　　　序　言

[XXVII]　各省没有共同的、一致的、经得起推敲的工厂行业分类；甚至各省对于什么应当算做工厂也没有一致的定义，例如许多省把风力磨坊、烧砖场和小工业作坊都算进工厂数中，而有些省却没有把它们计算在内，<u>因此，连各省工厂总数的比较材料也失去了意义</u>。①

注意

[3]　　　　　欧俄各省的面积和人口

[4—5]······

乌法省无（当时它同奥伦堡省合并）见第20页。

编号	省和州的名称	人口			按《军事统计汇编》校正②
		男	女	男女	
2	阿斯特拉罕省	191 097	186 142	377 239	511 239
28	奥伦堡省	920 984	922 387	1 843 371	2 212 368 连同乌
41	塔夫利达省	320 199	286 584	606 783	615 001 法省
	欧俄总计	30 082 790	30 826 519	60 909 309	61 420 524

---

①　见本版全集第3卷第418页。——编者注
②　见本卷第264页。——编者注

[3]　　　　　　第 一 章
　　　最主要的金属和矿物的开采

　　在第 9 页 1860—1863 年砂金开采统计表上，列宁划出 1863 年欧俄采金场工人人数资料，并记载如下：

　　　　　　欧俄——23 933

　　在第 11 页 1860—1863 年白金开采统计表上，列宁划出 1863 年乌拉尔工厂工人人数资料，并记载如下：

　　　338。

[12—13]　采铜……　　　1863 年

工 厂 名 称	工人人数
I. 官营乌拉尔工厂	
博戈斯洛夫斯克区…………………	1 130
彼尔姆区…………………………	1 022
II. 皇室管理处的工厂	
阿尔泰区…………………………	229
III. 私营工厂	
彼尔姆省…………………………	1 941
奥伦堡省…………………………	4 433
维亚特卡省………………………	364
喀山省……………………………	865
萨马拉省…………………………	停业
西伯利亚吉尔吉斯人地区………	(III)
外高加索地区……………………	1 064
共　计…………………	——

乌拉尔　6 738

"其他"　　865

$\sum = 11\ 048$

[16—17]　生铁和铁统计表……　　1863 年

工　厂　名　称	工人人数	
皇室管理处的工厂		
涅尔琴斯克区………………………	*)493	
阿尔泰区……………………………	*)326	
官营工厂		
奥洛涅茨区…………………………	1 054	
叶卡捷琳堡区………………………	(д)822——	
兹拉托乌斯特区……………………	3 805——	乌拉尔——9 936
戈罗布拉戈达特区…………………	3 732——	乌拉尔以外——
博戈斯洛夫斯克区…………………	——	2 102
沃特金斯克区………………………	1 577——	
卢甘斯克区…………………………	651	
尼古拉耶夫工厂(伊尔库茨克省下乌金斯克区)	*)397	
私营工厂		
乌拉尔区　彼尔姆省	49 646 ⎫	
奥伦堡省	8 221 ⎪	乌拉尔:70 519
维亚特卡省	11 786 ⎬	
沃洛格达省	856 ⎭	
莫斯科区　下诺夫哥罗德省	3 876 ⎫	
奔萨省	1 076 ⎪	
科斯特罗马省	— ⎪	
弗拉基米尔省	2 235 ⎪	莫斯科区以外:
梁赞省	517 ⎬	=15 849
坦波夫省	2 552 ⎪	
图拉省	195 ⎪	
奥廖尔省	327 ⎪	
卡卢加省	5 071 ⎭	
共　　计……………………	<u>99 257</u>**)	**) ∑=99 215 (已核对)

　　在第 17 页上,列宁在总结各表(第 3—17 页)的数字时,对全俄采矿工业各部门工人人数作了汇总。他将所得的数据同《财政部年鉴》(第 1 编,1869 年)作了对比。

ж железа въ 1862 и 1863 г.

1862.									
КОЛИЧЕСТВО ВЫПЛАВЛЕННАГО ЧУГУНА.		КОЛИЧЕСТВО КРИЧНАГО ЖЕЛѢЗА.		КОЛИЧЕСТВО ПУДЛИНГОВАГО ЖЕЛѢЗА.		КОЛИЧЕСТВО УКЛАДА И РАЗНОЙ СТАЛИ.		ЧИСЛО РАБОЧИХЪ.	
п.	ф.	п.	ф.	п.	ф.	п.	ф.		
47.568	26	16.509	29	1.397	7	250	11	434	
79.794	10	25.256	23	—		850			
199.313		1.764		—		—		1.069	
64.988		24.895		3.209	33	—		1.879	
136.588	13	103.315	28	2.161	14	34.903	34	2.966	
836.144		266.144		19.916		9.818		4.897	
—		(6) 27.497		365.445	10	10.641		1.962	
8.000		—		—		—		195	
20.967	12	15.006		—		—		360	
7.470.068	26	3.044.223	7	2.583.089	6	52.577	29		
1.069.611		389.143	19	295.347		10.888	30	10.189	
796.495	3	395.335	28	135.058		469	35	8.915	
92.954		79.784		—		—		306	
564.316		135.694		318.971		—		3.265	
34.101		1.923		—		—		161	
126.897		65.189		38.012		—		1.518	
92.884		21.750		—		—		438	
332.899		135.928		247.712		—		3.875	
64.119		6.861		—		—		197	
25.589		10.874		—		—		231	
940.602		—		267.903		—		4.501	
13.004.030	10 (з)	4.764.095	14 (з)	4.278.222	15 (г)	120.379	19 (з)		

1863.									
-34.680	36	24.144	20	728		801	21	493	
24.156		18.892	17	—		730		326	
146.648		1.660	31	—		—		1.054	
189.859		54.219	36	6.232	2	28.133	10½	822	
33.776		87.202		—		3.805		3.733	
997.905	5	235.819	17½	30.978	10	1.176	15		
—		22.780		356.780		15.940		1.577	
3.395		—		—		—		651	
30.130	8	15.461	5	—		—		597	
8.681.936	15	3.608.406	10	3.232.806	31	49.522	32	49.646	
1.021.977	16	458.930	16	447.272		23.059		8.221	
870.324	10	466.602	12	147.622	12	333	37	11.786	
125.673		83.231	13	—		—		856	
1.074.418		110.005	20	603.912	30	—		3.876	
45.343		506	35	—		—		1.076	
153.146	15	82.401	24	44.267	21	—		2.235	
94.060	25	25.684	2	—		—		517	
173.138		159.260		63.862		—		2.859	
61.263	4	10.176		—		—		195	
58.736	8	—		—		—		327	
1.083.799	30	35.423	8	130.053		—		5.071	
14.904.364	12 (6)	5.500.690	26½ (з)	5.064.014	26 (г)	119.696	35½	99.257	(т+)

Отд. II

采金　　　57 957 名工人。其中欧俄—23 933
采白金　　　 338 名工人。其中欧俄—　 338
采铜　　　11 048 名工人。其中欧俄— 9 755
炼生铁和铁 99 257 名工人。其中欧俄—98 041
　　∑＝168 600 名工人　　　　　　132 067

1890 年这些行业

　　总共有 334 360 名工人。

　　欧俄 274 748 名工人。①

参看《年鉴》第 36 页 ⎛1864 年：176 144 名工人。⎞
　　　　　　　　　　⎝1865 年：173 301 名工人。⎠
　　　　　　　　　　 1866 年：187 730 名工人。

[28]　　　　　　　　　　1863 年

按《年鉴》各栏划分，1863 年矿业
工人(第 36 页)分别为：

乌拉尔官营工厂　　　　　——[12 088]　＋采金场的 4 127?)
　　　　　　　　　　　　　　　　　　＝16 215

乌拉尔以外的官营工厂　——2 102
皇室管理处的工厂　　　——[1 048]　（＋采金场的 3 243?)
　　　　　　　　　　　　　　　　　　＝4 291

乌拉尔私营工厂　　　　——[77 595]（＋彼尔姆省私有林区
　　　　　　　　　　　　　　　　　采金场的 8 764??)
　　　　　　　　　　　　　　　　　　＝86 359

莫斯科附近的私营工厂　——15 849
高加索私营工厂　　　　——1 064
西伯利亚吉尔吉斯人地区工厂——　 —
煤矿　　　　　　　　　——　？
帝国的其他工厂　　　　——　865
位于工厂区以外的采金场　——41 823(57 957—上面已指出)
　　　　　　　　　　　　　　∑＝168 568

---

① 参看本版全集第 3 卷第 456 页。——编者注

[53]　　　　　　　　第　三　章
　　　　　　　　不交纳消费税的工厂

[55] I.欧俄工厂总数

省　　　名	各 省 总 数		
	工厂	工人	生产额（单位：卢布）
·　·　·　·　·　·			
欧俄共计………………………	11 810	357 835	247 613 845①
	注意		

在第 **72** 页《**1863 年欧俄最引人注目的工厂名单**》的末尾，列宁写道：

大概，这里只包括生产总额不低于 4 万卢布的工厂（再少的未见）。

在第 **91** 页《**1862 年各省无定额税实际收入**》表上，列宁作了这样的记载：

其中包括身份证收入，参看第 68 页。

载于 1940 年《列宁文集》俄文版
第 33 卷（非全文）

———————

①　见本版全集第 3 卷第 555—556 页。——编者注

在米·伊·杜冈–巴拉诺夫斯基的报告《俄国工业发展统计总结》讨论情况的报道上作的批注[124]

1898年在圣彼得堡出版的《帝国自由经济学会学报》
第2卷第5期

（1898年2月27日〔3月11日〕和
1899年1月30日〔2月11日〕之间）

[1] **米·伊·杜冈–巴拉诺夫斯基**宣读报告:《俄国工业发展统计总结》[(1)]…… **瓦·巴·沃龙佐夫**。关于尼古拉·—逊先生犯了一个大错误这种说法,我要指出一点,他虽然没有分出1865年小作坊的工人,但根据最新资料判断,<u>这可能使总数夸大10%—15%。这绝非重大的统计错误。</u>[①]　　　?

[3] **瓦·伊·波克罗夫斯基**。我同意瓦·巴·沃龙佐夫的说法,卡雷舍夫教授犯的错误绝非什么大错,他所比较的是同一类的数字。　　　!

[4—6] **尼·费·安年斯基**。我们要讨论的是一个极其重要的和原则性的问题,因为它决定<u>俄国工业向哪方面发展</u>……我们除对象本身所包含的困难外,还有其他一些人为的困难,即<u>出现了论战因素</u>。总的来说,在<u>讨论问题时</u>,论战因素愈少愈好……　　　!

---

(1) 该报告载于1898年《帝国自由经济学会学报》第1卷第1页。

① 参看本版全集第3卷第421页。——编者注

瓦·巴·沃龙佐夫。米·伊·杜冈-巴拉诺夫斯基说官方的工厂工人数字不准确,并认为<u>至少</u>应增加 30%才对……随着时间的推移,统计,尤其是<u>工厂统计,会更加准确</u>。<u>工厂督察员对工厂统计很重视</u>……我国工业的成绩在报告人的叙述中被夸大了。如果米哈伊尔·伊万诺维奇不是拿 1893 年同 1863 年相比,而是同当时<u>工厂工人多得多的 40 年代相比</u>,如果相比的两个时期相隔不是 30 年而是 45 年,那么工业的成绩就不会像现在这样表现为工人人数增加了 140%,而是只增加了 80%—100%……针对报告人提出的种种责难,我要说,<u>我们是经济学家,而不是统计学家</u>。我们是根据数字和公认的资料作结论的。

?

?

农奴!

是这样吗?

[7]　**安·安·布劳**。我与最近这次工厂统计关系相当密切,很了解它的不足之处。统计数字<u>非常靠不住</u>……　工人的数字实际上比所显示的起码要多 25%,因为隐瞒事实真相对厂主是有利的;他们害怕增税和各种限制,呈报的工人人数比实有的要少……　至于 60 年代,甚至 70 年代初,<u>我国的经济学家通常所使用的数字确实没有什么价值</u>……　不久前,一位省长在他的报告中提供了一些资料,从这些资料看,每一个工厂平均不超过一个半工人。的确,<u>省长们过去提供的资料都是这样的,因为这些资料把手工业作坊和手艺作坊同工厂混为一谈了</u>……　拿最近的数字同以往年代的资料进行比较时,应认真注意这一情况……　总之,利用过去的数字必须严格地加以鉴别……

注意

[8－10]　**米·伊·杜冈 巴拉诺夫斯基**……　<u>直到 60 年代工厂仍是手工工场,没有使用机器,无法同手工业者竞争</u>。

[14]　**尼·费·安年斯基**……　首先我要提一下向我们展示的那张图表,在这张图表上有 5 条曲线……只有下边 2 条曲线可以认为是可靠的……　其余 3 条,<u>包括反映工厂工人人数变动的那条主要曲线,都是很不可靠的</u>。

[15]　80 年代中期设立了<u>税务督察</u>,并逐渐推广到许多

省份。<u>这本应对工厂统计有所改进</u>。在实行督察的那些))
省份，<u>近些年来的资料应该是比较完整、比较准确的，但这</u>)) 注意
还并不是说要改变所登记的事实本身。

[16—17] 那么图表上还剩下些什么呢？据我看，它不
仅经不住米哈伊尔·伊万诺维奇对卡雷舍夫教授和
尼·—逊先生的结论所采取的那种严格的鉴别，而且也
经不住较为宽容的鉴别……

米·伊·杜冈-巴拉诺夫斯基……现在和从前一样，
关于工厂工人人数的资料仍然用那种老办法搜集，——
<u>即通过警察局</u>，而绝不是通过工厂视察员，他们与这些数
字完全无关。后来我指出：有理由认为，<u>以前的数据所以</u>
<u>被夸大，恰恰是由于把本户工人也计算在内了</u>。

[19] **彼·伯·司徒卢威**……可以随便怎样批评米哈伊
尔·伊万诺维奇的结论，但他所指出的尼·—逊的失误
确实是尼·—逊的**幼稚的错误**，可以为**统计讲习班**提供
一个**不能这样对待统计材料**的实例。 对

[27—28] **米·伊·杜冈-巴拉诺夫斯基**…… 有位统
计学家谈到俄国时，把工人人数同居民总数相比，谈到其
他国家，例如谈到英国时，却把工人只同全国成年人相比，
于是得出结论说，英国56%的人口从事<u>加工工业</u>，俄国则
<u>为1.32%，你们对这种方法怎么看？在卡布鲁柯夫教授</u>
<u>的《农业经济学讲义》中，你们看到的正是这种对比方法</u>。 注意
这种统计方法对吗？

[37—41] **瓦·伊·卡斯佩罗夫**…… 我还要讲一讲下
面这一现象。工商业司不久前出版了工厂索引。我很高
兴使用该司的资料，因为在这份索引中注明每家工厂一年
开工日数。原来，<u>俄国工厂平均每年开工165天</u>。工人有
几个月不干工厂的活，而去干别的事，就是让位给"丰收
老爷"效劳。从索引可以看出，我国有35%的工厂每年开
工不到200天。①

——————

① 见本版全集第3卷第496页。——编者注

[68—81]　**瓦·巴·沃龙佐夫**……　在现今世界工业发展的情况下,刚资本化的国家只有在特殊情况下<u>才能做到:既使本国劳动人口变为工厂人口</u>(这也是<u>文明的而不是肮脏的资本主义的使命</u>),使本国工业在技术上得到完善,又避免<u>赤贫现象明显发展</u>……

注意

！

[89—91]　**彼·伯·司徒卢威**……　俄国也有移民。但总的说来,俄国可以说是新老殖民地地区的聚集体,其经济发展进程恰恰在人口历史发展方面展现了一幅相当独特的画卷。我提醒诸位注意米留可夫不久前在他的一本非常好的著作中所指出的情况。他总结道:"最近两个世纪以来,俄国整个北半部和中部,人口几乎没有变动,或者说增长极慢……　从18世纪中叶才开始同北半部合并的南半部增长特别快,在人口密度方面赶上了,甚至超过了中部。"(《俄国文化史论文集》,1898年圣彼得堡第3版第1册第33页)

非常正确！

载于1940年《列宁文集》俄文版
第33卷(非全文)

对人口普查资料的分析[125]

1. 城市和城市人口

《1897年俄罗斯帝国第一次人口普查》。

第1编。1897年1月28日按县调查的帝国人口。

1897年圣彼得堡版。

第2编。1897年1月28日调查的城市人口。

1897年圣彼得堡版

(1898年4月25日〔5月7日〕和

1899年1月30日〔2月11日〕之间)

列宁仔细研究了调查材料,修正了计算的错误,把第1编和第2编的资料作了比较和订正。

[第1编,第5页和第17页]

I. 1897年按县调查的俄罗斯帝国人口

省和县	常 住 人 口			其中在城市的
	男 性	女 性	男、女	
……				
50个省共计……	46 447 963	47 767 452	94 215 415	11 830 546

而根据第2编
12 027 128＝12.76%

列宁重新核算第 **2** 编第 **5—23** 页各省人数总计,从而得出 **1897** 年 **1** 月 **28** 日城市现有人口数量(**12 027 128**)。

下面,列宁根据第 **1** 编和第 **2** 编算出城市常住人口和现有人口在全国总人口中所占的比重。

$$11\,830\,546 \div 94\,215\,415 = 12.55\%$$

$$12\,027\,128 \div 94\,215\,415 = 12.76\%^{①}$$

列宁在第 **12**、**13**、**18** 页上(第 **2** 编)计算了里加、莫斯科和圣彼得堡市内及市郊人口数量,并作了相应的记载:

282 943······   1 035 664······   1 267 023。

列宁在第 **33** 页(第 **2** 编)上核实了锡尔河省奇姆肯特县各城市的行政管理资料,该编编者原把这些城市划归该省佩罗夫斯克县。

列宁在调查材料的第 **2** 编中摘录每个省的城市数目,并作了大致计算:

大约 $15 \times 60 = 900$ 个城市

列宁在该书(第 **2** 编)的封面上按人口数量对欧俄(**50** 个省)城市作了如下分类:

这里算出欧俄 50 个省共 604 个城市^②

城市数目	人口数目(单位千)
5 个	> 200
9 个	100—200
30 个	50—100
45 个	25—50
154 个	10—25
161 个	5—10
103 个	3—5
94 个	1—3
9 个	< 1
?? 610	

---

① 参看本版全集第 **3** 卷第 **512—513** 页。——编者注
② 同上。——编者注

欧俄 50 个省中

人口超过 20 万的城市	人口在 10—20 万的城市	人口在 5—10 万的城市
基辅……………247 432	阿斯特拉罕…113 001	维捷布斯克… 66 143
里加………………282 943	基什尼奥夫…108 796	德文斯克……… 72 231
莫斯科……1 035 664	维尔诺………159 568	伊万诺沃－沃兹涅先
圣彼得堡…1 267 023	顿河畔罗斯	斯克……… 53 949
敖德萨………405 041	托夫………119 889	日托米尔…… 65 452
5 个城市……3 238 103	叶卡捷琳诺	沃罗涅日…… 84 146
	斯拉夫……121 216	别洛斯托克… 63 927
	喀山…………131 508	新切尔卡斯
	萨拉托夫……137 109	克………… 52 005
	图拉…………111 048	塔甘罗格…… 51 965
	哈尔科夫……174 846	别尔季切夫… 53 728
	9 个城市　1 176 981	科夫诺……… 73 543

人口在 5—10 万的城市

利巴瓦……… 64 505	喀琅施塔得… 59 539
库尔斯克…… 52 896	察里津……… 55 967
明斯克……… 91 494	塞瓦斯托波尔 50 710
下诺夫哥罗德 95 124	特维尔……… 53 477
奥伦堡……… 72 740	赫尔松……… 69 219
奥廖尔……… 69 858	尼古拉耶夫… 92 060
奔萨………… 61 851	伊丽莎白格
叶卡捷琳堡… 55 488	勒………… 61 841
波尔塔瓦…… 53 060	雷瓦尔……… 64 578
克列缅丘格… 58 648	雅罗斯拉夫尔 70 610
萨马拉……… 91 672	30 个城市　1 982 426
44 个城市	$\Sigma = 6\ 397\ 510$

载于 1940 年《列宁文集》俄文版第 33 卷(非全文)

2. 弗拉基米尔省和下诺夫哥罗德省城市和工商业村人口数量

（不晚于 1907 年 7 月）

城市:伊万诺沃－沃兹涅先斯克…………… 54 208 ⠀⠀⠀⠀全省人口

　　弗拉基米尔………………………28 479 ⠀⠀⠀⠀1 515 691

　　舒亚…………………………………19 583

　　科夫罗夫………………………………14 571

　　穆罗姆………………………………13 271

　　维亚兹尼基……………………… 8 862

　　梅连基………………………………… 8 909

　　佩列亚斯拉夫利－扎列斯基………… 10 639

　　苏兹达利…………………………… 6 412

　　亚历山德罗夫……………………… 6 810

　　尤里耶夫波利斯基………………… 5 759

　　基尔扎奇…………………………… 4 851

　　苏多格达…………………………… 3 182

　　波克罗夫…………………………… 2 785

　　戈罗霍韦茨………………………… 2 297

⠀⠀⠀⠀⠀⠀⠀⠀⠀⠀⠀⠀⠀⠀⠀⠀⠀ 190 618

Все насел. губ-ии = 1.515.691.

Гор. Ив-Вознесенск ... 54.208
Владимир ... 28.479
Шуя ... 19.583
Ковров ... 14.571
Муром ... 13.971
Вязники ... 8.862
Меленки ... 8.909
Переславль зал. ... 10.633
Суздаль ... 6.412
Александр ... 6.810
Гусев-Новин ... 5.759
Киржач ... 4.851
Суворова ... 3.182
Покров ... 2.785
Гороховец ... 2.297
190.678

Увяз. у. Собино ... 5.486
  " Ундол ... 2.075
Алекс. у. М.-Алексан. фабр. (тксвх) ... 7.627
  " Сокол. морр. (б) ... 6.259
Вязн. у. Мстера ... 4.147
  " Юр. фабр. ... 3.378
Колчуг ... 2.219
Ковр. у. Леднево ... 2.739
Меленк. у. Гус. бр.-пр. фабр. ... 12.007
Гус. Р Ефремов ... 3.498
Нечаевка ... 2.120
Муром. у. Панфилов ... 2.157
Карачарово ... 2.134
Под. у. Колбово ... 25.233
Орехово ... 7.219
Дулево ... 3.412
Шуйс. у. Тейково ... 5.780
Кохма ... 3.337
100.824

列宁摘用的弗拉基米尔省和下诺夫哥罗德省城市和
工商业村人口数量的手稿的一页

弗拉基米尔县

索比诺……………………………5 486

温多尔……………………………2 075

亚历山德罗夫县

巴拉诺夫家族特罗伊茨科-亚历山德

罗夫纺织工场………………………7 627

同上家族的索柯洛夫纺织工场…………6 259

维亚兹尼基县

姆斯乔拉……………………………4 147

尤扎,工厂村镇………………… 3 378

霍卢伊……………………………2 219

科夫罗夫县

列日涅沃……………………………2 739

梅连基县

古西棉纺厂………………… 12 007

巴塔舍夫家族古斯洛夫工厂…………3 495

佩索奇诺棉纺厂……………………2 120

穆罗姆县

潘菲洛沃……………………………2 157

卡拉恰罗沃……………………………2 134

波克罗夫县

尼科利斯科耶·····················25 233

奥列霍沃························ 7 219

杜廖沃·························· 3 412

舒亚县

捷伊科沃·························· 5 780

科赫马·························· 3 337

100 824

弗拉基米尔省

其中有雇佣工人
或手工业的户

全部农户总数················· =294 125　　　—

有亲属关系者的农户··········· =272 669}α　14 498}β}

单身者农户··················· = 14 723}　　986}

α　　　　β
287 392—　15 484

无亲属关系者的农户··········· = 6 452　　　—

机关产业··················· = 281

下诺夫哥罗德省

下诺夫哥罗德县

别兹沃德诺耶·······3 296

阿尔达托夫县

库列巴基·············4 857

伊列夫斯基矿厂·····3 653

维克萨·············2 664

纳雷什基诺·········2 538

新德米特罗夫卡·····2 313

阿尔扎马斯县

维耶兹德诺耶········3 221

切尔努哈···········2 901

新乌萨德···········2 851

克拉斯诺耶·········2 835

阿拉季·············2 432

索巴基诺···········2 243

大弗拉格···········2 110

克鲁托伊迈丹········2 027

巴拉赫纳县

索尔莫沃··········	6 345
戈罗杰茨··········	6 330 [1]
戈尔杰耶夫卡···	5 598
达里亚新村········	3 505
索尔莫沃工厂·····	2 963
梅什亚科夫卡·····	2 497
大科济诺··········	2 057

瓦西里县

斯帕斯科耶········	4 494 [1]
鞑靼马克拉科沃···	3 760
瓦特拉斯··········	3 012 [1]
沃罗特涅茨········	2 509
福基诺···········	2 363
俄罗斯马克拉	
科沃··········	2 282
安德列耶夫卡·····	2 230
尤里诺一村·······	2 189 [1]
索斯诺夫卡·······	2 179
谢米扬纳·········	2 079
韦尔希尼诺········	2 000

戈尔巴托夫县

巴甫洛沃·········	12 431
博戈罗茨科耶···	12 342
沃尔斯马·········	4 674
索斯诺夫斯科耶···	2 259

克尼亚吉宁县

大穆拉什基诺·····	5 341 [1]
科丘诺沃··········	2 296
伊恰尔基··········	2 104

卢科扬诺夫县

科奇库罗沃········	4 751
纳鲁克索沃········	4 543
伊恰尔基··········	4 359
马达耶沃··········	4 111
里佐瓦托沃········	3 822
尼基京诺··········	3 692
阿兹拉皮诺········	3 606
洛巴斯基··········	3 365
托尔斯基迈丹·····	2 614
亚兹·············	2 453
伊利因斯科耶·····	2 348
克尔久舍沃········	2 312
乌丘耶夫斯基	
迈丹··········	2 301
拜科沃···········	2 228
古利亚耶沃········	2 196
瓦西里耶夫卡·····	2 178
大博尔季诺·······	2 089

马卡里耶夫县

雷斯科沃··········	8 473

---

[1] 参看本版全集第 3 卷第 365 页。——编者注

谢尔加奇县

克柳奇希…………3 587

克柳切沃…………2 859

克拉德比希………2 802

卡基诺……………2 794

萨尔甘……………2 739

伊特马诺沃………2 615

比察………………2 554

延多维希…………2 493

阿奇卡……………2 470

托尔巴……………2 434

阿拜莫沃…………2 236

斯托尔比希………2 121

阿克图科沃………2 003

234 928

3. 关于各类工人和仆役的计算

《1897 年俄罗斯帝国第一次人口普查》。

从 1897 年 1 月 28 日俄罗斯帝国第一次
人口普查资料看工人和仆役的职业类别和
出生地的分布。1905 年版

（不晚于 1907 年 7 月）

[III]　中央统计委员会完成了最初几个阶段的工作，即把材料摊开并在个人卡片上打孔，以便在最终计算时，能按每种职业取得单项统计数字：(1)以个人名义或受他人委托独立工作者的数字；(2)手工业和其他职业中的低级职员的数字；(3)雇佣工人、服务人员和仆役的数字。

为确定统计表最终格式（表格应反映出调查资料整理结果）而召开的专门会议……决定对这个问题的答案不予整理。

然而，前内务大臣 Ф. 普列韦认为，最好从调查材料中挑出有关雇佣工人和仆役的资料，对这些资料进行补充整理，而不管调查资料的整个整理工作如何。这一点照办了。

本编收录了当工人和仆役者的部分统计数字……

9 156.1—8 942.8 [V]　在第一次人口普查时以工人和仆役身份出现者的
＝213.3(?)　　总人数为 9 156 080 人(*)……

工人和仆役在帝国各主要地区的分布情况如下:

	工人和仆役总数	其中:			
		工人	%	仆役	%
欧俄……………	6 809 909	5 162 171	75.8	1 647 738	24.2
维斯瓦河沿岸各省………	1 179 156	905 672	76.8	273 484	23.2
高加索…………	498 311	407 131	81.7	91 180	18.3
西伯利亚………	403 177	333 147	82.6	70 030	17.4
中亚…………	264 067	233 864	88.6	30 203	11.4

由此可见,欧俄和维斯瓦河沿岸各省工人和仆役人数最多。而且各地当然是工人占多数,全俄平均工人约占工人和仆役总数的 77%。就帝国的各个地区来说,这个百分数在 75.8% 和 88.6% 之间浮动。在俄国的亚洲部分,工人与仆役相比所占的百分比最大,这是因为这些地区的城市生活不太发达,异族居民在这里占多数,他们很少雇人干家务。

	[VII]	总人数
255.9	商业…………………………………	255 947
1 095.1	日工和小工………………………………	1 095 084
2 113.1	⎧各机关的仆役…………………	167 309
	⎪工厂和庄园的仆役…………	226 754
	⎨住房仆役………………………	162 071
	⎩家庭仆役……………………	1 556 987

(*)　这个数字只包括那些以受雇服务和做工为主业的人。无疑,除这些人以外,还有不少以受雇当侍役和做工为副业的人,这尤其是指从事农业的农民。

农业	2 722.9
工业	2 390.8
交通	365.0
商业	255.9 ⎫ 6.2
日工和小工	1 095.1
仆役	2 113.1
	$\sum$ = 8 942.8

[X] 根据调查材料,从事加工工业和采矿工业的总人数(应该认为其中包括小手艺业和手工工业的**工人**)为2 598 379 人。

$$\begin{array}{r} 2\,598.4 \\ -\ 2\,390.8\,(\text{第 VII 页}) \\ \hline 207.6? \end{array}$$

载于 1940 年《列宁文集》俄文版
第 33 卷

在尼·亚·卡雷舍夫论俄国工业的书上作的批注和计算

《俄国国民经济资料。

1.90年代中叶我国的工厂工业》

1898年莫斯科版

（1898年8月8日〔20日〕和

1899年1月30日〔2月11日〕之间）

[4]　1885年根据该司上述资料,在50个省有17 014个工厂,而在维斯瓦河沿岸各省有2 329个……10年间50个省的工业企业减少了2 436个,即减少了14.3%,而在维斯瓦河沿岸地区几乎没有变动(增加17个)。实际上差额应该更大一些,因为……这两项数字是不可比的:1895年的数字包括交纳消费税的企业的数字,而在1885年的数字中却没有包括。因此,应肯定所有60个省的工厂数实际上都减少了,而50个省的减少数量比显示的14.3%要多。其原因就在于近来工业资本集中,在于小工厂数量大为缩减和大工厂规模扩大。

??

?

列宁引用1890年《工厂一览表》中的资料来反驳作者的计算。

[5—7]　看一下各省工厂的地理位置,可以得出以下顺序……

据 1890 年
《一览表》

第 I 类(500 以上)
（1）莫斯科省…………1 380　　1 737
（2）弗拉基米尔省……989　　538
（3）圣彼得堡省………794　　672
（4）里夫兰省…………730　　647
（5）彼得库夫省………690
（6）华沙省……………684

　共　计……5 267＝29.2%

第 II 类(500—350)
（7）维亚特卡省………500　　316
（8）下诺夫哥罗德省…498　　316
（9）赫尔松省…………471　　517
（10）格罗德诺省………455　　510
（11）萨拉托夫省………454　　775
（12）基辅省……………445　　663
（13）彼尔姆省…………362　　1 029

　共　计……3 185＝17.6%

第 III 类(350—250)
（14）沃伦省……………330　　354
（15）哈尔科夫省………329　　447
（16）明斯克省…………322　　324
（17）叶卡捷琳诺斯拉
　　夫省………………315　　374
（18）梁赞省……………315　　647
（19）奥廖尔省…………312　　478
（20）沃罗涅日省………309　　566
（21）波多利斯克省……297　　528
（22）爱斯兰省…………296　　295
（23）波尔塔瓦省………266　　286

据 1890 年
《一览表》

（24）坦波夫省…………256　　259
（25）切尔尼戈夫省……253　　322

　共　计………3 949＝21.8%

前三类共计　　12 401＝68.6%

第 IV 类(250—150)
（26）比萨拉比亚省……　　199
（27）维尔纳省…………　　263
（28）维捷布斯克省……　　391
（29）顿河州……………　　1 246
（30）科夫诺省…………　　220
（31）科斯特罗马省……　　326
（32）库尔兰省…………　　430
（33）库尔斯克省………　　354
（34）莫吉廖夫省………　　307
（35）塔夫利达省………　　275
（36）特维尔省…………　　389
（37）图拉省……………　　1 047
（38）雅罗斯拉夫尔省…　　472
（39）卡利什省…………
（40）苏瓦乌基省………
（41）谢德尔采省………
（42）库班州……………

第 V 类(150—50)
（43）阿斯特拉罕省……　　150
（44）沃洛格达省………　　111
（45）喀山省……………　　193
（46）卡卢加省…………　　237
（47）诺夫哥罗德省……　　355
（48）奥伦堡省…………　　200

据1890年
《一览表》

(49)奔萨省·············· 117

(50)普斯科夫省········· 170

(51)萨马拉省·········· 171

(52)辛比尔斯克省······ 335

(53)斯摩棱斯克省······ 264

(54)乌法省············ 179

(55)凯尔采省··········

(56)沃姆扎省··········

(57)卢布林省··········

(58)普沃茨克省········

(59)拉多姆省··········

(60)巴库省············

(61)伊丽莎白波尔省···

(62)捷列克州··········

(63)梯弗利斯省········

(64)伊尔库茨克省······

(65)托博尔斯克省······

(66)图尔盖省··········

第 VI 类(50以下)

(67)撒马尔罕州········50

(68)库塔伊西省········41

(69)锡尔河州··········36

(70)奥洛涅茨省········35   27

(71)阿尔汉格尔斯

克省·········33   86

(72)费尔干纳省········33

(73)斯塔夫罗波尔省···23

(74)阿穆尔省··········20

(75)埃里温省··········20

(76)谢米列奇耶省······19

(77)叶尼塞斯克省······ 9

(78)塞米巴拉金斯

克省········ 8

(79)乌拉尔省·········· 6

(80)达吉斯坦省········ 3

共　计······336＝1.9%

连一个工厂也未标明的行政单位

(81)扎卡塔雷专区······

(82)卡尔斯州··········

(83)黑海省··········

(84)外贝加尔州········

(85)滨海州··········

(86)托木斯克省········

(87)雅库特州··········

(88)萨哈林··········

(89)阿克莫林斯克州···

(90)阿姆河区··········

(91)外里海州··········

哈哈!!　……把这些资料与1885年同类资料相比,我们可以看出只有三省(维亚特卡省、下诺夫哥罗德省和里夫兰省)当时每个省的工厂不到350个,在10年间超过了这个数字……

哈哈!　工厂数量减少过程同工业比较发达、比较老的地区关系不大……如果我们能在 1885 年的数字上加上交纳消费税的工厂的数字,上述差额实际上大概还会大得多。　　哈哈!

[18]在作坊内外工作的年龄不同的男女工人总共 1 135 356 人。这个数字分布如下:

		作坊内的工人数量:
在 50 个省··············	946 466＝83.6%	885 555
在维斯瓦河沿岸边疆区··········	157 751＝13.0%	152 951
在高加索············	19 957＝ 1.8%	19 941
在中亚领地·········	9 425＝ 0.9%	9 298
在西伯利亚········	7 757＝ 0.7%	7 151
共　计	1 135 356＝100 %	1 074 896
	$\sum$ ＝1 141 356	

[19]　但是,如果把工人人数与人口数相比,工人人数的这种绝对增长赶不上人口的自然增长。根据我们计算,1866 年工厂工人(不包括矿业工人)占人口的 1.11%[(*)],1891 年(不包括交纳消费税的工厂)则占 0.92%,而上面所引的 1894—1895 年度工厂工人人数(包括交纳消费税的工厂)只占人口的 0.89%……现在我国工厂工人人数同西方各国相比占人口的极小一部分,而且未必能随人口的增加而相应增加。　　?!!

[20]　工人总数(1 135 356)可分成不等的两部分:在工厂工作的为 1 068 896 人＝93.8%,而在工厂外,按工厂的订货在家工作的为 66 460 人＝6.2%。后一个数字在该司的资料中第一次披露,因此特别引人注意,它表明我国的所谓"厂外分车间"进展有多大。我们还不能断定这个数字的准确程度,不能断定它实际上比标明的多多少。但如果这个数字离真实情况不是特别远,那就不能断言工厂直接奴役农村小生产(手工业和手艺)已达到很大规模:整个俄　　果真!?

(*)　摘自《军事统计汇编》第 4 卷的资料对比。　　!!

！！ 国有几百万手工业者和手艺人,相比之下 66 500 人不算多……

[21] ……在工厂内工作的工人按性别和年龄划分如下:

成年男工	719 591	=67.3%
成年女工	237 266	=22.2%
男女青工	91 947	= 8.6%
男女童工	20 092	= 1.9%
共 计	1 068 896	= 100%

（成年女工、男女青工、男女童工合计 32.7%）

……将上面这些数字同以往年代的类似资料对比是很有意思的……

	1887 年	1888 年	1889 年	1890 年	1891 年	1894/5 年
男工	73.0%	71.6%	72.1%	71.8%	69.0%	67.3%
女工和童工	27.0%	28.4%	27.9%	28.2%	31.0%	32.7%

不难看出,我国女工和童工的数量明显地逐渐增长……

[23] 也就是说,假定 80 年代中叶每 10 家工厂的平均工人数为 100,我们可以看出,10 年内这个数字几乎增加了¾(73%)。但这个比例甚至低于实际比例,因为 1885—1886 年度的数字只是指大工厂(年产值在 1 000 卢布以上),而 1894—1895 年度则是包括全部工厂*)……

[24] 工人总数在各省的分布情况如下……

*) 不对。工人人数不足 16 的手工工厂往往被略去。

每一工厂平均工人数	工厂数	1890 年《一览表》		
			第Ⅰ类(50 000 人以上)	
	1 380	192 909	(1) 莫斯科省………………	208 400
125	989	113 749	(2) 弗拉基米尔省………	123 200
			(3) 彼得库夫省…………	87 500
	794	84 315	(4) 圣彼得堡省…………	87 400
			(5) 华沙省………………	50 800
			共 计………………	557 300=49.2%

	每一工厂平均工人数	工厂数	1890年《一览表》
第 II 类(50 000—25 000)			
(6)科斯特罗马省⋯⋯⋯⋯⋯⋯⋯40 000	242	165	32 931
(7)基辅省⋯⋯⋯⋯⋯⋯⋯⋯⋯39 700		445	39 676
(8)里夫兰省⋯⋯⋯⋯⋯⋯⋯⋯29 300		730	22 288
共　计⋯⋯⋯⋯⋯⋯⋯109 000=9.6%			
第 III 类(25 000—15 000)			
(9)雅罗斯拉夫尔省⋯⋯⋯⋯⋯23 800			22 025
(10)波多利斯克省⋯⋯⋯⋯⋯⋯23 200		297	18 008
(11)哈尔科夫省⋯⋯⋯⋯⋯⋯⋯23 200		329	19 352
(12)特维尔省⋯⋯⋯⋯⋯⋯⋯⋯23 000			19 855
(13)赫尔松省⋯⋯⋯⋯⋯⋯⋯⋯16 700		471	12 189
(14)梁赞省⋯⋯⋯⋯⋯⋯⋯⋯⋯16 100		315	16 130
共　计⋯⋯⋯⋯⋯⋯⋯126 000=11.1%			
三类总共　　792 300=70.0%			

[25]　在一些省(特别是莫斯科附近的省)可以看出工厂数量较少,而工人人数较多;在另一些省(例如,彼尔姆省、维亚特卡省和萨拉托夫省),这两个标志向相反的方向变动。这种差别视各省哪种规模的工厂占优势而定。因此,对工厂工人的地理分布有影响的,不仅是工厂企业的数量,而且还有有利于大生产靠小生产而发展的这些或那些条件。

!

[26—27]　除莫斯科附近的老区和圣彼得堡省外,维斯瓦河沿岸两个工业省、基辅区、哈尔科夫区和赫尔松区,即莫斯科、圣彼得堡、维斯瓦河沿岸、西南部和南部这些中心地区都属于此列。换句话说,这些中心地区的工业大型化看来比其他工业不太发达的省份发展得快;就这方面来说,它们走在发展过程的最前列。哪里工厂多一些,哪里建立

注意??

工业企业的条件较为有利,哪里上述现象就表现得较突出、较明显…… 女工和童工的分布情况也是这样。在欧俄这两类工人人数**超过平均数**(31.8%)的省份有:(1)莫斯科中心地区(弗拉基米尔省、莫斯科省、科斯特罗马省、雅罗斯拉夫尔省、特维尔省、斯摩棱斯克省、梁赞省——从弗拉基米尔省的43.6%到雅罗斯拉夫尔省的34.9%);(2)圣彼得堡中心地区(圣彼得堡省——32.2%和爱斯兰省——40.0%);(3)西北部中心地区(格罗德诺省——42.7%和明斯克省——37.1%);(4)位于前两个中心地区的影响交会点的诺夫哥罗德省(32.6%);(5)南部一个省份——顿河省*)——48.5%(比例最大)…… 这些差别也

*) 很可能如此,由于**烟草业**和**洗毛业**[36—37]

根 据《一览表》1890年			50 个省			
			企业数	%	总产量	%
—	1	500 卢布以下	869 }1 499	6.2 }	201 512	—
—	2	500—1 000	630	4.6 }30.8	491 837	—
3 482	3	1 000—2 000	909	6.6 }	1 387 859	0.1
5 615	4	2 000—5 000	1 862	13.4 }	6 566 147	0.5
2 921	5	5 000—1 万	1 989	14.2	14 835 708	1.1
3 165	6	1 万—25 000	2 726	19.4	45 219 119	3.3
3 406 {	7	25 000—5 万	1 701	12.1	61 537 577	4.6
	8	5—10 万	1 222	8.7	88 114 523	6.5
1 998	9	10—50 万	1 534	10.9	336 677 848	24.8
326	10	50—100 万	265	1.9	183 757 799	13.5
121	11	100—200 万	142	1.0	198 527 707	14.6
72 {	12	200—300 万	48	0.3	115 004 516	8.5
	13	300—400 万	19	0.2	63 210 718	4.6
	14	400—500 万	10	0.1	44 739 551	3.3
22 {	15	500—1 000 万	21	0.3	140 122 891	10.3
	16	1 000 万以上	5		58 202 818	4.3
			∑=13 952 14 578—626			

不能说都是<u>由于这种或那种行业在当地占优势</u>,因为正像上面所指出的,在上述每一个中心地区较普遍的都不是一类而是好几类行业。　　??

[33]　……<u>在这个或那个行业类别中占优势的企业愈小,看来它就愈想更快地扩大。</u>　　??

[34]　……在 9—10 年内,各地每家工厂的平均年产值都**大大**提高了——全俄平均提高 83%,即超过 ⅘。我们还记得,1885—1886 年度的资料只涉及**大**工业(1 000 卢布以上的),而 1894—1895 年度的资料涉及**所有**工厂。因此,上述差额应比所指出的还要大。　　正好相反

共　　　计				
企 业 数	%	总 产 量	%	
<u>1 117</u>	3.7	248 343	—	$\sum$＝1 839
<u>722</u>	3.2	562 893	—	其中食品
1 071	5.9	1 655 349	0.1	加工——
2 208	13.2	7 771 463	0.8	1 259(第
2 437	14.6	18 212 347	1.8	45 页)
3 417	21.8	57 056 126	6.0	
2 154	13.8	78 066 231	7.8	
1 558	9.3	112 095 749	10.8	
1 942	11.1	424 899 897	32.4	
319	1.8	220 253 584	14.6	
170	0.8	235 294 863	11.5	
57	0.3	137 835 053	4.0	
24	0.1	80 206 303	3.0	
11	—	49 188 358	1.6	
28	0.1	188 200 198	3.5	
5	—	58 202 818	2.1	
$\sum$＝17 240				
共计 18 071—831				

[40]   为此我们把上述数字同我们为 1885—1891 年间计算出的平均数相比,发现生产率下降的有以下各省:在东部——彼尔姆省(从 22.6 到 13.1),维亚特卡省(从 8.0 到 6.7),辛比尔斯克省(从 9.5 到 7.0),阿斯特拉罕省(从 3.0 到 2.1);在西北部——普斯科夫省(从 3.6 到 2.3),维捷布斯克省(从 6.7 到 2.1);在北部——阿尔汉格尔斯克省(从 3.2 到 1.3);在南部——比萨拉比亚省(从 4.8 到 2.7)……工业倒退现象只是出现在大工业原先就不太发达的少数地区。特别是彼尔姆省和维亚特卡省,那里工人人数不多而企业数量较多,这证明那里小型工业占优势。这些省份的年收入减少,可以说明小企业在同大企业的竞争中处境艰难。

8个省

??

?

[50—51]   我国企业数量因受中等规模生产单位增加的影响而减少。较小的让位给较大的……   在工厂的工人总数仍在绝对增长,但同西方国家相比数量还很小,而且落后于人口的自然增长……   在各类行业中都可以看出上述工人平均数增长的情况,但增长最多的不是那些早已建起较大型的工厂的行业(如棉花、亚麻、羊毛、金属的加工业),相反,倒是那些较小型的工厂占优势的行业(食品和畜产品的加工业)。

?

胡说

?!!?

胡说

哈哈!

    总的说来,无论同工厂工人总数相比,还是同手工业者和手艺人(从他们中间招收"厂外"工人)总数相比,"厂外"工人人数都是不多的。但他们是存在的,这证明有产生这类工人的基础。他们大多数都在北部和东北部的多林地区……

载于 1940 年《列宁文集》俄文版
第 33 卷(非全文)

根据 1879 年《工厂一览表》汇总的各行业大企业数目

(1896 年 1 月 2 日〔14 日〕和
1899 年 1 月 30 日〔2 月 11 日〕之间)

1879 年有 16 名和 16 名以上工人的工厂的数目
（欧俄）

毛纺业	34	丝带业	7
制毯业	4	染色业	60
制毡业	10	后处理业	35
制呢业	216	绳索业	81
毛织业	134	漆布业	20
编结业	11	制帽业	15
棉花加工业	9		1 252
纺纱业	55	造纸业	97
纺织业	208	壁纸业	19
印花布业	89	棉制品业	9
绦带业	31		125
打亚麻业	34	锯木业	111
亚麻纺纱业	20	家具业	38
亚麻织布业	52	木制品业	8
丝织业	103	纸浆业	3
锦缎业	24	瓶塞业	5

列宁《1879年有16名和16名以上工人的工厂的数目》手稿

精制糖业·······················29   乐器业·························· 8

烟草业······················175   马车制造业·················· <u>41</u>

                <u>1 464</u>   <u>77</u>

橡胶业··························· 3   共计·····················4 551

矿物油业······················12 $27\ 986 - 4\ 551 = 23\ 435$[126]

火药业··························· 8

铅笔业··························· 5

载于 1940 年《列宁文集》俄文版
第 33 卷

在论普斯科夫省手工业的书上
作的批注和计算

《普斯科夫省农民的手工业及其
在 1895—1897 年的状况》
1898 年普斯科夫版

(1898 年 11 月 24 日〔12 月 6 日〕和
1899 年 1 月 30 日〔2 月 11 日〕之间)

[1]　　　　　**I. 外出做零工**

……普斯科夫省各乡公所于 1895 年发出的身份证总数为 61 925 张,其中男性 45 973 张,女性 15 953 张……在 1896 年发出的身份证总数中,男性 <u>43 765 张</u>(少 2 208 张),女性 <u>16 133 张</u>(多 180 张)。

[3]　……从 1865 年到 1876 年期间<u>男性居民</u>外出许可证的发证量资料。在下表中……作了计算,表明到 1896 年每一个县身份证发证量增加的倍数。

县	1865—75年十年间年平均发证量	1876年男性身份证发证量	1896年发证量超过的倍数[*]		[*]
			与1865—75年十年平均量相比	与1876年发证量相比	$=43\,765$
托罗佩茨……	260	252	5.0	5.1	
霍尔姆………	313	290	4.7	5.0	
普斯科夫……	1 471	1 930	6.0	4.6	
奥斯特罗夫…	1 229	1 233	4.2	4.2	
新勒热夫……	2 027	1 856	2.7	3.0	
奥波奇卡……	1 962	2 007	3.0	2.9	
大卢基………	1 776	2 545	3.9	2.7	
波尔霍夫……	2 677	4 831	3.3	1.9	
共计……	11 715	14 944	3.9[①]	2.9	

谢·柯罗连科[②]计算出普斯科夫省过剩工人为164 469人。[③]

[7]　假设1895年全年的身份证发证量为100,各个季度所占的百分比分别为:

	男性	女性	
春季………………………	30.3%	27.8%	
夏季………………………	22.6%	23.2%	
秋季………………………	26.7%	29.7%	最多
冬季………………………	20.4%	19.3%	最少
	100%	100%[④]	

[9]　……春季外出做零工适应木材流送、航运对工人的需要和农活的需要。夏季则主要是建筑工程需要木工、灰泥匠等职业工人……

[24]　**渔业**在普斯科夫省若干地区居民的经济中占有十分重要的地位……在新勒热夫县阿克谢诺夫乡中心……

---

① 参看本版全集第3卷第254页。——编者注
② 谢·亚·柯罗连科《从欧俄工农业统计经济概述看地主农场中的自由雇佣劳动和工人的流动》1892年圣彼得堡版。——编者注
③ 参看本版全集第3卷第526页。——编者注
④ 同上书,第524页。——编者注

只有 30—40 个比较富裕的户主是职业渔民,他们组成三个单独的劳动组合。这种劳动组合选出"当家人",其职责是租借水域,卖鱼和指挥捕鱼。

[25] 捕鱼一部分是由劳动组合成员本人进行,一部分是由邻村农民中招来的雇佣工人"帮手"进行。……[*]

$$250+187+$$
$$313+250=$$
$$1\,000(单位千)$$

$$250\,000\div1\,500$$
$$=166$$

[26] "胡瓜鱼的中等捕获量为 25 万普特,可得 100 万卢布。这些钱都到哪儿去了? 我们试在参与胡瓜鱼业的人中大致分配一下。按参考价格,县和市价格差额为 25%——这只是商业利润;商贩从 100 万中获得 25 万卢布;胡瓜鱼烘干厂厂主把 11% 用于烘干(木柴、盐、工钱),还可得不少于 25% 的余额,即 187 000 卢布;余下的 563 000 卢布,一多半归'领头人'(大鱼网主);如果余额为 25 万卢布,并在所有捕鱼人中进行分配,那么收入的确是不高的;但如果注意到,这 100 万包括所有渔民的捕获量,也包括我们的渔民在丘茨科耶湖捕到的胡瓜鱼,最后,注意到参考价格总是高于实际价格,而零售价还要低,那么捕鱼人的收入实际上减到了极其微薄的数额。"

     列宁在研究第 V、VII、IX、XV、XIX 页上 1895 年和 1896 年各乡身份证发证量的资料时,特别注意关于男性外出做零工的地点和外出所从事的职业的资料,以及地方工业和手工业行业的资料。

$$\sum=1\,705人$$

    (*) 根据县管理局 1894 年搜集的资料,从事渔业的情况如下:斯洛博茨克乡有渔业业主 300 人和胡瓜鱼烘炉业主 100 人,佩切尔斯克乡——35 人,洛加佐夫乡——396 个业主(其中胡瓜鱼烘炉业主 4 人),托罗申乡——52 人,普斯科夫-格拉茨乡——渔业业主 18 人,工人 78 人,胡瓜鱼烘炉业主 85 人,奥斯坚乡——渔民 500 人(其中业主 30 人,工人 470 人)和胡瓜鱼烘炉业主 45 人,锡多罗沃乡——96 人。

在特维尔省统计年鉴上作的批注

《1897 年特维尔省统计年鉴》
1898 年特维尔版

（1898 年和 1899 年 1 月 30 日〔2 月 11 日〕之间）

[26]　早在 1893 年我们就注意到特维尔省<u>外出零工在</u>
<u>急剧增加</u>，我们认为这是土地缺乏、作为<u>人民福利主要来</u>
<u>源</u>的农作物减产，因而居民的<u>经济福利降低</u>造成的。<u>在</u>
<u>上一年，即 1896 年，外出零工也确有增加</u>……　<u>外出从</u>
<u>事副业者往家乡寄钱却减少了。</u>

[27]　下列<u>外出许可证</u>发证数量比较表是最近四年的
资料。

曾发出：

	男　性	女　性	全　户	共　计
1893 年	229 594	63 718	16 808	<u>310 120</u>
1894 年	235 725	62 283	16 969	<u>317 977</u>
1895 年	241 494	65 698	17 520	<u>324 712</u>
1896 年	243 425	67 372	18 046	<u>328 843</u>

310 000

[28]　……1893 年居民领到的外出许可证总共 310 120
张，1896 年——328 843 张，<u>由此可见四年内增加了 18 723</u>
<u>张，即增加 5.6%</u>……　如果把每张单人身份证算做一个

注意

人,再加上凭全户身份证外出做零工的人数,那么<u>所有外出做零工的人数为</u> 309 870＋52 079＝<u>361 859</u>······ 1896年全省人口为 1 774 296 人,其中男性 849 836 人,女性 924 460 人,<u>外出做零工的男性占全部男性居民的</u> <u>30.4%</u>,女性占女性居民的 8.9%,总的来说,全部外出谋生的人占 20.3%。

注意

[32] 前几年外出做零工人数最多的是在<u>春季——4 月和 3 月</u>······

38.0

<u>春季身份证发出</u> ······················ <u>38.1%</u>

夏季身份证发出 ······················ 19.1%

秋季身份证发出 ······················ 20.6%

冬季身份证发出·······················<u>22.3%</u>[①]

100.1

载于 1940 年《列宁文集》俄文版
第 33 卷(非全文)

---

① 参看本版全集第 3 卷第 523—524 页。——编者注

对《财政部年鉴》中工厂
统计资料的整理[127]

《财政部年鉴》第1编(1869年)。

阿·波·布申主编。1869年圣彼得堡版

(1897年5月25日〔6月6日〕和
1899年1月30日〔2月11日〕之间)

在第 **I** 篇《财政》的目录中,列宁作了批注:

身份证的收入

列宁在免交消费税的工厂的资料这一部分标出了年份:

1866 年

[30] **II. 1869 年国家收入一览表**

	1868 年收入一览表中的总收入		1869 年预期的总收入		
	卢布	戈比	卢布	戈比	
I. 国家通常的收入					
⋯⋯⋯					
税收:					
⋯⋯⋯					
10. 身份证收入⋯⋯⋯⋯	1 728 500	—	1 842 700	—	‖ 注意

第 III 篇
工业和商业

[4—5]　　I. 1864—1866 年
砂金的开采

用蓝铅笔标出了位于工厂区采金场的,因而在第 36 页上列入这些区的工人人数。

	采金场的平均工人人数		
	1864 年	1865 年	1866 年
在位于工厂区以外的采金场的	40 672	42 218	45 433

（参看第 36 页）

	1865 年采金场的平均工人人数
· · · · · ·	· · · · · ·
欧俄共计	23 152
全帝国共计	55 765

$$+\begin{array}{l}23\ 152（欧俄）\\32\ 613（西伯利亚）\end{array}$$

[35]　VII. 1864 年、1865 年和 1866 年的采石盐量

		1864 年	1865 年	1866 年
	A) 石盐:			
	· · · · · ·			
埃里温省	库利平矿区··················	401 154½	582 503	1 208 515
	纳希切万矿区··················	81 496	159 117	161 456

[36] IX. 各作业场、工厂和矿场工人人数资料

	人　数	人　数	人　数
乌拉尔官营工厂·············	17 828	18 818	21 598
乌拉尔以外的官营工厂·····	2 826	2 308	2 243
皇室管理处工厂·············	8 180	7 807	8 785
乌拉尔私营工厂·············	85 162	83 397	89 385
莫斯科附近的私营工厂·····	16 992	14 561	16 424
高加索私营工厂·············	1 138	1 410	1 431
西伯利亚吉尔吉斯人地区 工厂··············	550	246	861
煤矿(4)··················	689	745	751
帝国其他工厂(4)············	2 107	1 801	819
位于工厂区以外的采金场···	40 672	42 208	45 433
	176 144(5)	173 301(5)	187 730(5)

第 56 页：
(4) 资料不全
(5) 没有资料的石盐场工人未列入这些总数。

采金场见第 5 页。

[68—69] I. 甜菜制糖厂、工人人数
和燃料消费量明细表

省	工人人数	
······		
共计················		$\begin{array}{r}75\,096\\ +\ 5\,823\\\hline 80\,919②\end{array}$
1 866—67	75 096	

精制方糖业工人人数，
见第 298 页①。

---

① 见本卷第 637 页。——编者注
② 见本版全集第 3 卷第 261 页。——编者注

[70—71]　II. 工厂使用的甜菜数量和提取的砂糖数量明细表

省	工厂土地播种面积（单位俄亩）	甜 菜收获量	向他人买进量	甜 菜总用量	所得砂糖
		单位十普特			单位普特
共计:					
1862—63	45 962	2 090 190	1 282 710	3 372 900	1 939 000
1863—64	50 596	3 204 120	1 773 400	4 977 520	2 866 800
1864—65	50 580	3 380 580	2 914 900	6 295 480	3 942 580
1865—66	53 027	2 188 161	2 707 756	4 895 917	2 322 245
1866—67	52 976	3 673 794	5 012 572	8 686 366	4 246 280
Σ	253 141	14 536 845	13 691 338	28 228 183	
5 年平均:	50 628	2 907 369	2 738 267	5 645 636	

[103]　VI. 啤酒厂和蜜酒厂数目一览表

省	啤 酒 厂	蜜 酒 厂	
		和啤酒厂在一起的	单独的
	‥‥1866 年	‥‥1866 年	‥‥1866 年
‥‥‥‥‥ 欧俄共计‥‥‥‥‥‥	1944	244	143

$\Sigma = 2\ 331$
$-\quad 244$
（重复）
$2\ 087$[1]

1866 年
（第 140 页）

[137]　**免交消费税的**

工厂的资料

[138]　　　　　　　　　　**引言**

注意 ‖ [139]　在有些地方所谓的手工业完全或部分列入了明细表，在另一些地方则未列入。在与农业生活或与其他独立行业密切相关的一些行业中，情况更为混杂。比如，有些省标出有几百个焦油厂，其中 5/6 只有 1 名工人，年产值仅几十卢布，但也被列入工厂总数中，而在其他一些

注意　注意 ‖

---

① 见本版全集第 3 卷第 442 页。——编者注

СВѢДѢНІЯ ОБЪ ОТДѢЛЬНЫХЪ ФАБРИКАХЪ.

(1) 2-го стана; *В. Ф. Яновскаго.*

(2) Въ томъ числѣ пять фабрикъ въ г. **Вязникахъ**, а именно: 1) *О. и Н. Сенъ-ковыхъ;* существуетъ съ 1763 г.; раб. 1,521; дѣйствуетъ коннымъ приводомъ; становъ 1,117; выдѣлывается полотенъ 3,615 шт., отъ 11 до 30 р., фламскихъ 17,800 шт. по 8 р. 50 к., фламскаго гвардейскаго 2,800 шт. по 10 р. 50 к., равентуха 12,000 шт. по 5 р. 50 к. сѣраго равентуха 4,000 шт. по 5 р.; всего на 315,890 р.; пряжа доставляется съ собственной льнопрядильни въ Костромской губ., прочіе матеріалы покупаются въ г. Вязникахъ. (По выставкамъ 1839 г.—большая серебряная медаль, 1865 г. малая золотая медаль.)—2) *В. Ф. Демидова;* раб. 2,179; дѣйствуютъ паровою машиною въ 15 силъ; стаповъ 1,650; выдѣлывается полотенъ, шириною отъ 3 ар. до ⁴/₄, 5,585 шт., отъ 14 р. до 47 р., фламскихъ 15,150 шт., отъ 9 до 12 р. и равентуха 10,500 шт. по 6 р. 50 к.; всего на 300,741 р.; покупка матеріаловъ въ Вязникахъ; сбытъ въ С.-Петербургѣ и Москвѣ. (По выставкамъ 1853 г.—большая серебряная медаль, 1865 г.—малая золотая медаль.)—3) *В. Е. Елизарова;* существуетъ съ 1798 г. въ 1859 г. введено механическое бѣленье полотенъ и пряжи, и аппретура полотенъ на манеръ голландскихъ; рабочихъ при фабрикѣ 201, въ сосѣднихъ селеніяхъ 380; дѣйствуетъ паровою машиною въ 12 силъ; становъ при фабрикѣ: механическихъ 51, ручныхъ 7 и въ селеніяхъ 380; приготовляется полотенъ широкихъ 500 шт. на 12,500 р., пятичетвертныхъ 250 шт. на 8,000 р., фламскаго армейскаго 3,000 шт. на 27,000 р., равентуха 2,000 шт. на 12,000 р., паруснаго 550 шт. на 4,400 р., брезента 850 шт. на 4,250 р., полотна рубашечнаго 7,000 шт. на 73,500 р. и подкладочнаго 3,000 шт. на 22,500 р.; а всего на 159,150 р. Пряжа пріобрѣтается съ льнопрядиленъ; сбытъ въ С.-Петербургѣ.—(По выставкѣ 1829 г., малая золотая медаль;—имѣетъ Государственный гербъ).—5) *Н. Л. Никитина;* существуетъ съ 1791 г.; раб. 160; становъ при фабрикѣ 100, въ сосѣднихъ селеніяхъ 90; выдѣлано полотенъ: 4-хъ аршинныхъ 45 шт. по 70 р.; 3-хъ аршинныхъ 65 шт. по 40 р., 2½ аршинныхъ 250 шт. по 35 р., 2-хъ аршинныхъ 400 шт. по 25 р. и прочихъ 535 кусковъ отъ 17 до 14 р. за шт., фламскихъ 1,870 шт. по 10 р. 50 к., равентуха 1,500 шт. по 7 р.; всего на 60,421 р. Пряжа покупается въ Костромской и Ярославской губ. и въ Москвѣ, прочіе матеріалы въ Вязникахъ. Сбытъ въ С.-Петербургѣ. (По выставкѣ 1861 г.—публичная похвала, 1865 г.—малая золотая медаль).—5) *П. С. Помиткевой;* раб. 36, сум. произв. 30,158 р.—6) Въ дер. **Петриной;** *Барыбина;* раб. 150; становъ 160; сум. произв. 18,500 р.—7) Въ слоб. **Мстерѣ;** *Фатьянова;* раб. 32; становъ 34; сум. произв. 11,900 р.—8) Тамъ-же; *Панкратова;* раб. 20; стан. 17; сум. пр. 7,600 р.—9) Въ с. **Нижегорахъ;** *В. И. Серина;* раб. 29; стан. 17; сум. пр. 13,975 р.—10) Тамъ-же; *Городова,* раб. 36, становъ 28, сум. производства 7,032 р.

(3) Всѣ 11 въ г. **Муромѣ.** 1) *М. и А. Суздальцевыхъ;* раб. при фабрикѣ 141 и по сосѣднимъ селеніямъ 485; становъ при фабрикѣ 30, въ селеніяхъ 430; выдѣлывается полотенъ, фламскихъ 5,143 шт., отъ 9 р. 25 к. до 8 р. 75 к., брезента 388 штукъ, по 4 руб. 75 к., бѣленыхъ 4,683 штуки, отъ 11 до 81 руб.; всего на 142,681 руб. Пряжа покупается въ Нижегородской и Костромской губ., также въ гг. Костромѣ и Ярославѣ; сода и известь въ С.-Петербургѣ и Муромѣ; сбытъ въ С.-Петербургѣ, Москвѣ и на Нижегородской ярмаркѣ.—2) *С. Т. Суздальцева;* раб. при фабрикѣ 80 и до 500 по сосѣднимъ селеніямъ; становъ 500; приготовляется полотна фламскаго, по 9 р. 50 к., 6,100 шт., равентуха по 6 р. 50 к. 2,600 шт., бѣленаго, отъ 12 до 26 р., 3,350 шт., брезента по 5 р. 800 шт. и двунитки по 10 р. 500 шт.; всего на 129,180 р. Пряжа покупается въ Нижегородской губ. и г. Муромѣ; сбытъ въ С.-Петербургѣ, Москвѣ и на мѣстѣ.—3) *Т. И. Суздальцевой;* раб. при фабрикѣ 135, по сосѣднимъ селеніямъ 325; становъ при фабрикѣ 64, по селеніямъ 293; выдѣлывается полотенъ бѣленыхъ 750 шт., отъ 11 р. 50 к. до 31 р., фламскихъ 5,780 шт., по 9 р. 50 к. до 11 р. 50 к., равентуха 2,180 шт., по 6 р. 25 к., парусныхъ 1,350 шт., по 11 р. и брезента 500 шт., по 4 р. 75 к., всего на 104,320 р. Сбытъ въ Муромѣ, на Нижегородской ярмаркѣ и въ казенныхъ подрядахъ.—4) *М. С. Емельянова;* существуетъ съ 1790 г.; раб. 656; становъ на фабрикѣ 45, по селамъ 426; выдѣлано полотенъ разныхъ 9,758 шт. на 97,397 р. Покупка матеріаловъ въ Костромской и Владимірской губ.; сбытъ въ Муромѣ и на Нижегородской ярмаркѣ. (По выставкамъ: 1865 г. похвальный листъ, по Парижской выст. 1867 г.—почетный отзывъ).—5) *П. С. Перловой;* раб. при фабрикѣ 70, въ окрестныхъ селеніяхъ 340; становъ при фабрикѣ 36, въ селеніяхъ 289; полотенъ бѣленыхъ по 12 р. 4,768 шт., фламскихъ по 9 р. 870 шт., равентуха по 6 р. 800 шт., пестряди по 5 р. 800 шт., двунитки по 8 р. 700 шт. и брезента по 5 р. 30 к. 250 шт.; всего на 79,521 р. Матеріалы покупаются въ Москвѣ, на Нижегородской ярмаркѣ, въ Костромской губ. и частью въ Муромѣ; сбытъ въ С.-Петербургѣ, Москвѣ и на ярмаркахъ.

地方,地主的一些相当大的焦油厂却被漏掉了……　关于工厂的<u>工人人数</u>和产值的记载往往完全不符合实际……有时也提出生产价格,但是显然不敷所示数量的<u>工人</u>最起码的<u>生活</u>需要。有的只标明住在工厂内的工人人数。<u>根本不计算在家干活的或不住在厂里的工人。</u>比如,在有些织造厂,工人人数是 10,而织机是 800、900,甚至更多。
[145]　(5)在科赫马村有 3 家工厂:1)**A. Γ. 谢尔巴科夫**工厂;工人 <u>1 354</u> 人;织机 1 000 台……　2)**A.И. 别津诺夫**工厂;工人 <u>605</u> 人;织机 400 台……

　　(11)　其中基涅什马市有 2 家:1)**B. A. 巴拉诺娃**工厂,工人 27 人,生产总额 7 500 卢布;2)**B. C. 切尔卡索夫**工厂,工人 4 人,生产总额 2 600 卢布;3)博尼亚奇基村的**A. Π. 科诺瓦洛夫**工厂,建于 1813 年,蒸汽机发动,工人 <u>608</u> 人……

注意

注意　注意

大部分工人为厂外工人。《军事统计汇编》,第 367 页①

根据《军事统计汇编》,小工房主有358＋1 200 台织机

　　列宁根据表 **4**(绳索厂)计算出欧俄各省工厂数目、工人人数和生产总额。列宁把芬兰、外高加索边疆区和西伯利亚的同类指标加入得数。

[147—149]　　　## II. 大麻纺织业

······

省名和县名	工厂数目	工人人数	生产总额
······			
	108 个企业	3 101	3 224 000
共计············	142	3 219	3 261 586
	??		
	126*)	3 166*)	3 244 000*)

① 见本卷第 282 页。——编者注

*)　此处总计有误,显然是因为把外高加索边疆区和西伯利亚的数字算重了。

列宁根据表5(棉纺厂)计算出欧俄各省工厂数目、其工人人数和生产总额。列宁把芬兰各省和波兰各省的同类指标加入得数。

[151]　　　　　　　**III. 棉纺织业**
· · · · · ·

省名和县名	工厂数目	工人人数	生产总额
· · · · · ·	46	39 073	48 659 000
共计……………	67	43 778	53 322 170
*)见第149页注释	59*)	42 766*)	52 014 000*)

列宁根据表6《棉织厂》(该书第156页),计算出工厂数目、工厂工人人数、生产总额(单位千卢布),并作了相应的记载:

$$436^① —— 59\ 136 —— 31\ 568$$

在《年鉴》引用的各个工厂的资料中,列宁在页边和文中作了大量批注,这表明了列宁对数字指标的研究过程。例如,在该书第157页同一厂主的棉织厂资料旁,列宁在书的白边上记下:

　　在棉纺厂中已计算在内

列宁在第158—159页上计算出弗拉基米尔省舒亚县工厂工人数目,并单独计算出厂外工人人数,即在家、在农村完成工厂订货的工人人数,并记载如下:

第8条注释中工人共计＝17 364人
其中：在厂工人……………………………4 549
　　　厂外工人……………………………7 399
　　　混合………………………………5 416(3个工厂)
　　　　　　　　　　　　∑＝17 364

---

①　参看本版全集第3卷第431—432页。——编者注

在厂工人	厂外工人	在厂工人	厂外工人	在厂工人	厂外工人	在厂工人	厂外工人
244	2 000	15	560	468		2 462	
227	1 830	1 037		164		277	
420	—	536		132		144	
849	—	26	554	132		4	
205[①]	670[①]	40	285	404	1 500	134	
				1917		128	

《年鉴》对在家工人人数的统计不完全，而且没有逐县统计。例如，莫斯科省博戈罗茨克县就没有这类资料。因此，列宁在书的页边（第**162**页）写道：

这么说来，博戈罗茨克县就没有在家的工人吗？

列宁在该书第**182**页（毛纺业——制呢厂）计算出欧俄**34**个省制呢厂的工厂数目、工厂工人人数和生产总额，并作了相应的记载：

$$399 —— 72\ 638[②] —— 30\ 422。$$

在《年鉴》上有列宁直接写在正文中的大量批注，既有对遗漏和错误的修正，也有批评和反驳的意见。例如，在第**194**页上，列宁注意到莫斯科一家毛织品和混纺织品工厂的生产总额数据显然过低（工人**255**人，而年生产总额**1 800**卢布），在页边打了三个惊叹号。在第**200**页上，列宁就《年鉴》编者对莫斯科省部分丝带厂的评价提出如下意见：

……　　此外**3**家小作坊，工人**44**名；生产总额<u>4 560</u>　这不是小作坊
卢布。

列宁在核对《年鉴》编者的计算时，多次写道："正确"、"已核对"、"未列入表格"，发现计算错误时就加以修正。

在第**215**页和第**225**页上，列宁划分出彼尔姆省沙德林斯克县和普斯科夫省新勒热夫县鞣革厂的数目、工人人数和生产总额的资料。列宁从一些全县的数据中，减去最大企业的有关数据，得出其余工厂的概况。

---

①　见本版全集第3卷第432页。——编者注
②　同上书，第429页。——编者注

省名和县名	工厂数目	工人人数	生产总额
‥‥‥‥			
31. 彼尔姆省			
‥‥‥‥			
沙德林斯克[114]‥‥‥	7	28	8 585
‥‥‥‥			
34. 普斯科夫省			
‥‥‥‥			
新勒热夫[120]‥‥‥‥	5	6	10 049

列宁在彼尔姆省昆古尔县鞣革厂索引中(该书第 **225** 页),着重标出未列入索引的一些小厂的资料,并计算出平均每家工厂的工人人数和生产总额。现将汇编中的有关段落和列宁的计算照录如下:

特别注意   ‥‥‥(110)在**昆古尔**市有 34 家作坊‥‥‥   此外,县里还
参看《索引》   有 <u>27 家小作坊</u>,有<u>工人 45 名</u>,<u>生产总额 17 404 卢布</u>。

平均每个作坊 1.66 名工人;645 卢布。

$$\begin{array}{r}7 \quad\quad 28 \quad\quad 8\,585 \\ 1 \quad\quad 16 \quad\quad 5\,335 \\ \hline 6 \quad\quad 12 \quad\quad 3\,250\end{array}$$
    ‥‥‥(114)其中 **M. M. 伊万诺夫**作坊 16 名工人,生产总额 5 335 卢布。

    ‥‥‥‥

$$\begin{array}{r}5 \quad\quad 6 \quad\quad 10\,049 \\ 1 \quad\quad 2 \quad\quad 3\,024 \\ \hline 4 \quad\quad 4 \quad\quad 7\,025\end{array}$$
    (120)   **新勒热夫**市共 5 家作坊;其中最主要的是 **B.E. 波乌梅茨基**作坊;工人 2 名;生产总额 3 024 卢布。

[260]

在玻璃业产生之前,有 16 名或 16 名以上工人的工厂共 1 368 家。‖

[280—281]　　**表51. 各种铁制品工厂**

省名和县名	工厂数目	工人人数	生产总额
(a)白铁制造厂………	8	142	66 056
(b)铁丝厂…………	5	321	462 398
(c)金属线网厂……	3	32	23 626
(d)弹簧厂…………	3	81	42 486
(e)针布厂…………	5	39	74 928
(f)制针厂…………	6	879	133 633
(g)别针厂…………	4	44	24 320
(h)刀子厂(8)			
(小刀除外)………	12	2 160	458 395
共　　计……	46	3 698	1 286
而欧俄(50个省)	34	3 498	1 205

……(8)(a)　**弗拉基米尔省,穆罗姆县,瓦恰村**;(a)
德·德·康德拉托夫厂;1830年成立;工人75名;生　　1——75——60.7
产餐刀8 000打,每打1卢布85戈比—20卢布,厨师
用刀10 000把,每把35戈比—2卢布50戈比,制靴用
刀和制马具用刀10 000把,每把8—40戈比,细木工
和粗木工用的工具等等,总金额60 700卢布。在莫斯
科、圣彼得堡、下诺夫哥罗德和巴甫洛沃村销售。——
下诺夫哥罗德省,戈尔巴托夫县,沃尔斯马村;(b)**A.**
扎维亚洛夫和Φ.扎维亚洛夫兄弟工厂;工人650名;　1——650——125.1
工作台150个,砂轮90台;制造刀子、刮脸刀和剪子
28 256打,价值125 094卢布,(1865年获国徽奖章,
一种别在安娜绶带上的金质奖章)。**地点同上**;(c)
Π.扎维亚洛夫和И.扎维亚洛夫兄弟工厂;工人110
名;生产总额13 260卢布。**地点同上**;(d)**舍列梅季耶**　1——110——13.3
夫伯爵暂时义务农工厂;有铁铺100家;工作台(在家　?——902——6.7
里)250个,马拉砂轮3台,手摇砂轮20台,工人902
名,生产总额6 610卢布[①]。**地点同上**;(e)**Φ.扎维亚**
洛夫和И.扎维亚洛夫兄弟工厂;工人25名;生产　　1——25——2.2

---

①　见本版全集第3卷第419页。——编者注

? —— 1 645 —— 128.3	总额 2 220 卢布——在**巴甫洛沃村**和**巴甫洛沃乡**；有许多
1 —— 116 —— 50	在家里的小作坊；共有工人 1 645 名；生产总额 128 296
1 —— 34 —— 10.8	卢布。**地点同上**；(f)**Ф. И. 瓦雷帕耶夫工厂**；工人 116 名；
1 —— 20 —— 7.6	生产总额 50 000 卢布。销往彼得堡、莫斯科、君士坦丁堡
28 —— 108 —— 12.5	（在 1861 年展览会上获大银质奖章；1865 年获国徽奖
1 —— 8 —— 5	章）。**地点同上**；(g)**А. И. 卡利亚金工厂**；工人 34 名；生
+?	产总额 10 760 卢布。**地点同上**；(h)**А. Н. 巴宁工厂**；工人
1 —— 180 —— 12.6	20 名；生产总额 7 595 卢布，此外，28 家小作坊，有工人
1 —— 35 —— 24	108 名；生产总额 12 470 卢布——在**图拉市**；(i)**潘捷列耶**
1 —— 19 —— 15	**夫工厂**；工人 8 名；生产总额 5 000 卢布，还有若干小作
+?	坊。——**梁赞省，扎沃德镇村**；(j)**雅柯夫列夫工厂**；工人

180 名；生产总额 12 650 卢布(刀和叉 6 000 打)。——在

华沙；(k)**科贝林斯基工厂**；工人 35 名；生产总额 24 000

卢布。**地点同上**；(1)**舒列尔工厂**；工人 19 名；生产总额

15 000 卢布，还有若干小作坊。[1]

在瓦恰村共计……………	1 ——	75 ——	61	已计算
在沃尔斯马村共计……	3 ——	785 ——	141+? ——	902 —— 7
在巴甫洛沃村共计……	31 ——	278 ——	81+? ——	1 645 —— 128
				未计算

---

[1] 其中在波兰王国	—— 6 ——	126 ——	32
	2 ——	10 ——	5
	2 ——	10 ——	5
	2 ——	54 ——	39
	12 ——	200 ——	81

[298]　　　　　**XVII. 精制方糖业**

表 66. 精制方糖厂

省名和县名	工厂数目	工人人数	生产总额
1.**基辅省**··················	**6**	**2 572**	**6 047 114**
县：兹韦尼戈罗德·········	1	398	1 287 000
卡涅夫·············	1	84	133 000
切尔卡瑟··········	4	2 090	4 627 114
2.**莫斯科省**··············	**5**	**579**	**5 493 650**
莫斯科县··············	5	579	5 493 650
3.**奥廖尔省**··············	**1**	**156**	**80 500**
布良斯克县············	1	156	80 500
4.**奔萨省**···············	**1**	**44**	**13 500**
奔萨县···············	1	44	13 500
5.**波多利斯克省**··········	**6**	**1 286**	**666 888**
县：文尼察···········	3	524	518 900
卡缅涅茨-波多利斯克	2	500	33 588
奥利戈波尔·········	1	262	114 400
6.**圣彼得堡省**··········	**5**	**732**	**10 324 845**
圣彼得堡县··········	5	732	10 324 845
7.**图拉省**··············	**1**	**43**	**212 500**
图拉县··············	1	43	212 550
8.**哈尔科夫省**··········	**2**	**411**	**1 367 791**
苏梅县··············	2	411	1 367 791

有16名和16名以上工人的工厂1 808家。

　　　　　　　　　5 823
27 —— 5 823 —— 24 206

[306]

1866 年计算	工厂数目	工人人数	生产总额
磨粉厂……………	2 176	7 707	35 755 347
榨油厂……………	1 903	6 454	2 408 247
炼油脂厂…………	797	6 992	12 967 629
洗毛和选毛厂………	33	4 911	2 904 515
骨头熬炼、焙烧、粉碎厂……………	22	195	292 774
熬胶厂……………	102	552	152 745
焦油炼制厂………	440	690	112 550
树脂蒸馏和松节油厂…	229	693	315 558
钾碱厂……………	206	1 198	455 982
硝石厂……………	85	2 851	361 511
石膏厂……………	8	87	129 051
石灰厂……………	146	793	357 481
水泥厂……………	3	260	121 200
烧砖厂……………	2 127	?	3 932 167
制瓦厂……………	39	139	690 500
陶器厂[**] ………	616	1 715	400 084
制材厂……………	179	3 556	3 886 798
∑=	9 111	38 793[***]	65 244 000 卢布

÷181.7＝
21 640 名
工人[*]

[*] 见《军事统计汇编》第 338 页[128]。

[**] 在上面第 257 页上已经计算过了。

[***] 根据《军事统计汇编》，此数＝126 757(不包括炼油脂厂和制瓦厂)。

注意

……(c) 从上面刊印的一些作坊的资料中看得很清楚，在许多行业中，显然由于误解而把许多完全不带工厂性质的纯手艺作坊和纯手工业作坊列入工厂表内。因此在某些行业中，工厂总数显然应当说是被过于夸大了，无论就整个帝国，还是就各个省来说，都没有可能作出工厂总数的正确结论。——《年鉴》编辑部不愿把<u>一些不确切的、显然夸大了的数字</u>介绍给大家,决定暂不作出任何总计。^①

载于1940年《列宁文集》俄文版
第33卷(非全文)

---

① 参看本版全集第3卷第417—418、420—421、437页。——编者注

根据 A. И. 斯基布涅夫斯基的
资料作的关于博戈罗茨克县
工人住房情况的笔记

（不早于1901年）

保健医师 **A. И. 斯基布涅夫斯基**《博戈罗茨克县〈莫斯科省〉工厂工人住房情况》1901年莫斯科版。

48.8%的工人住在工厂的工人集体宿舍

32.5%的工人住在自己家里

18.7%的工人住的是私人房子

载于1940年《列宁文集》俄文版
第33卷

在O.Э.施米特的书上作的批注[129]

《下诺夫哥罗德省戈尔巴托夫县
巴甫洛沃小五金区》第1编
1902年下诺夫哥罗德版

(1902年4月22日〔5月5日〕以后)

[19]……对于手工业可以指出以下的变化：

手工业户数增加了971户，即 <u>16.0%</u>

参加手工业的人数：

男劳动力增加了………1 407人，即 <u>17.0%</u>

未成年男子增加了……1 140人，即 <u>51.4%</u> 　　注意

妇女增加了…………3 132人，即 <u>195.3%</u>

[22]　　　1889年和1901年现有劳动力

按所从事的工作分类

（相对数字）

居民类别和乡	每100名现有劳动力						
	1889年			1901年			
	只从事手工业的或兼收割青草的	从事手工业兼大田劳动的	不从事手工业的	只从事手工业的	从事手工业兼收割青草的	从事手工业兼大田劳动的	不从事手工业的
‥‥‥‥‥‥ 共　计……………	54.9	35.5	9.6	68.9	7.3	16.9	6.9

注意

[27]　　　巴甫洛沃地区各户在农业方面分类的资料

乡	每 100 现有注册户中不种地户					
	1889 年			1901 年		
	有份地的	无份地的	总共	有份地的	无份地的	总共
・・・・・・						
全区(不包括巴甫洛沃和沃尔斯马村)…………	10.0	87.3	25.8	13.4	95.3	32.9

注意

[33]　　为了对巴甫洛沃和沃尔斯马村除外的所有村庄作出总计,我们可以分别研究一下有份地户和无份地户的这些变化……

全区各村(除巴甫洛沃和沃尔斯马村以外)

户　　　　别	1889 年					
	有马户	无马户	有奶牛户	无奶牛户	有牲畜户	无牲畜户
・・・・・・	每 100 户中					
有份地的……	58.9	41.1	83.2	16.8	89.4	10.6
无份地的……	4.3	95.7	26.2	73.8	35.6	64.4
共计……	47.7	52.3	71.6	28.4	78.4	21.6

[28]　……专业化的过程是否也涉及到……许多户……

乡	每 100 现有注册户中					
	1889 年			1901 年		
	只从事农业的	从事农业兼手工业的	只从事手工业的	只从事农业的	从事农业兼手工业的	只从事手工业的
····· 全区(不包括巴甫洛沃和沃尔斯马村)··················	15.5	58.7	25.8	5.3	61.8	32.9

注意

现有注册户按拥有牲畜情况分类

1901 年					
有马户	无马户	有奶牛户	无奶牛户	有牲畜户	无牲畜户
54.4	45.6	74.6	25.4	88.1	11.9
3.8	96.2	18.2	81.8	32.8	67.1
42.3	57.7	61.1	38.9	74.9	25.2

[61]

乡	每 100 户从事五金业的户中			每 100 名从事五金业的劳动力中		
	在自己家为集市工作的	在自己家为业主工作的	在他人作坊工作的	在自己家为集市工作的	在自己家为业主工作的	在他人作坊工作的
· · · · · · ·						
全区··············	33.4	52.1	14.5	35.9	50.8	13.3
注意	−	+	+	−	+	+
全区,1889 年··············	43.9	44.1	12.0	47.7	42.9	9.4

[67]

	1889 年		1901 年	
	有雇佣工人户的百分比	平均每个雇工户的雇佣工人人数	有雇佣工人户的百分比	平均每个雇工户的雇佣工人人数
· · · · · ·				
全区	5.3	1.9	6.9	1.7
· · · · · ·				

注意 ‖ 手工业者的独立完全是虚幻的,因为他完全依附于包买主……

第 **19** 页和第 **40** 页。妇女和儿童人数的增加。

第 **22** 页、第 **28** 页和第 **33** 页。脱离农业。

第 **27** 页。不种地的户增加。

第 **61** 页(和第 67 页)。**手工业**的状况。

载于 1940 年《列宁文集》俄文版
第 33 卷(非全文)

关于巴甫洛沃的一本新书的笔记

《下诺夫哥罗德省戈尔巴托夫县
巴甫洛沃小五金区》。O.Э.施米特著。
第1编。1902年下诺夫哥罗德版

（1902年4月22日〔5月5日〕以后）

关于**巴甫洛沃**的一本新书

注意：

——手工业由来已久（第2页）——从17世纪开始

第 4 页:区内有居民**5万人**。（在12年内+11%）

第12页:儿童减少。——出生率降低或儿童死亡率提高。

第13页:在巴甫洛沃,45%的人识字或上学

52%的男人识字。

第**15—18**页——**无**。

第19页:户数增加11%。手工业户+ 16%

男劳动力　　+ 17%

非劳动年龄的男子+ 51%

妇女　　　+195%　　　‖注意

第20页：| 1889年 | 1901年 |

88—— 95%　手工业户

90—— 93　劳动力

37—— 48　非劳动[年龄]的男子

9—— 25　女劳动力（注意）

第21页:——由于生育能力减弱

第22页:——   1889 年   1901 年

54.9%——   76.2%从事手工业

注意 $\left\{\begin{array}{l} 35.5 \\ 9.6 \end{array}\right.$ ——   16.9 从事手工业+农业

——   6.9 从事农业

100.0 —— 100.0

第27页:26%和33%不种地。

第29页:靠雇工种地的百分比很大(约为种地户的½)。

第28页:无生产专业化(??)。[结论不对,是根据"农业同副业结合"的过渡性问题作出的。]

第30页:牲畜减少

以及第 **32** 页:顺便说说:

	1889 年	1901 年	无房屋户的百分比(第36页)
沃尔斯马:	731 户和	790 户	5.6— 6.8
巴甫洛沃:	1 801 户和	1 930 户	7.2—11.7

按拥有马匹数划分(第34页)

马	1889 年			1901 年		
	%			%		
4 和 >	— 0.5	$\left.\begin{array}{l} \end{array}\right\}13.8$	$\left.\begin{array}{l}\end{array}\right\}2.5\%$	0.3	$\left.\begin{array}{l}\end{array}\right\}10.2$	$\left.\begin{array}{l}\end{array}\right\}1.9\%$
3	— 2.0			1.6		
2	— 11.3			8.3		
1	— 45.0			44.2		
有马的:	58.8			54.4		
0	41.1			45.6		
	100.0			100.0		

列宁《关于巴甫洛沃的一本新书的笔记》的一页

第 61 页：| 1889 年 | | 1901 年 |

　　　　48——36%　　为集市工作

　　　　43——51　　　为业主工作

　　　　9——13　　　当雇佣工人

第 63 页：制锁业萧条。过度劳累等等。

第 66 页："**手工业者**"中妇女的%比雇佣工人中的大。　　　注意

第 67 页：有雇佣工人的作坊占 **5.3**%和 **6.9**%

　　　　（雇佣工人的平均数为 **1.9** 和 **1.7**）

主要结论：

（1）手工业在发展（区很大）。

（3）女工和童工增加。

（2）脱离农业。

（3）资本主义依附关系增长。

（3）手工业者过度劳累, 等等。

>

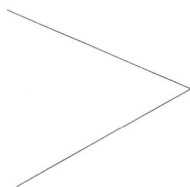

注意　《下诺夫哥罗德省工厂估价材料》**1895 年**？还是 **1896年**,下诺夫哥罗德版。

要弄到：

　　弗拉基米尔省土地估价材料。第 5 卷,戈罗霍韦茨县,第 3 编《农民的手工业》,1901 年版。

　　[第 17 卷。库尔塔科伊-洛帕廖夫。1896][①]

---

　① 布罗克豪斯和叶弗龙出版的《百科词典》第 17 卷。——编者注

百科词典中的《手工工业》条目(布罗克豪斯和叶弗龙出版,第17卷,第120—127页)署名:В.Я.(从撰稿人名单中可以看出是**瓦·加·亚罗茨基**)——是用传统的民粹主义精神写成的。

有一栏半的篇幅(一开头!)用于"定义"。结论是:"我国手工工业最正确的定义是:**俄国农民特有的、作为农业的副业的、产品供销售的家庭小生产组织**。〈黑体是В.Я.用的〉如果在某些个别情况下,这一定义所包含的某种特征实际上不存在,那么应承认这是对正常形式的俄国手工工业的偏离。"

……"在我们俄国,手工业者转变为普通雇佣工人的情况……尚未见到"(122),如此等等,赞扬了同土地的联系等等,等等[在"绝大多数情况"下——同农业有联系,等等]。

"在巴甫洛沃区手工业的资本化曾一度开始加强,即家庭单干的作坊开始变成比较大的有雇佣工人的作坊;但近来发现在制锁匠中较地道的手工工业形式似乎又恢复了,这是因为采用了简化的焊接法(自焊),即使没有较复杂、因而较贵的机具也能干活。还发现,有雇佣工人(来自本地居民)的作坊比单干户更难同生产同类产品的纯工厂生产相竞争。"(第124页)

载于1940年《列宁文集》俄文版
第33卷

在Γ.И.罗斯托夫采夫的书上作的关于德米特罗夫县手工业者劳动和生活条件的笔记[130]

《莫斯科省统计资料汇编》。卫生篇。第8卷。

第2编。莫斯科省德米特罗夫县各村庄

小手工业的卫生状况。1902年莫斯科版

（不晚于1907年7月）

[5] ……我们县的小手工业既经常处于对健康极为有害的环境中,也给农民的日常家庭生活带来许多麻烦,因为多半是在小木房里操作,而这种小木房本来就窄小不便。

[13] 作坊、工厂的劳动,从时间上说是比较正规的……可是一般说来,小手工业受劳动报酬低的影响,劳动时间比工厂劳动长得多。

注意

工作日开始得很早,从早上4点甚至3点开始,到晚上9—10点结束。因此工作日为17—19个小时。同时规定早饭1—2个小时,午饭½—1个小时。因此昼夜工时达15—18个小时。

注意

[15—16] ……在从事小手工业的工人中,不客气地说,是些很小的孩子,确切地说,是5—10岁的小孩,而且人数相当多,竟达到809人,即占总人数的8.01%。这批工人中固

注意《《然多数是8—10岁的儿童,但是,有时也遇见日复一日工作的5、6、7岁的儿童,甚至有时遇见3岁的儿童,不过很少…… 这种加紧剥削童工的现象,除纯粹卫生方面的

注意《《影响外,还有像我在专门调查中所指出的,对儿童上学的时间缩短也有影响。

注意‖[19] ……他们强使儿童在各自家里,或在不受监督的手工工厂里干活。

[20—21]

手工业增长（＋）或衰落（—）[同80年代相比]

行　　业	共计	占总数的百分比	从事手工业的村镇数目
饰绦业………	3 150	31.22	62
棉织业………	2 273	22.58	103
丝织业………	769	7.62	20
制鞋业………	701	6.94	76
首饰业………	647	6.41	36
卷烟烟嘴业…	420	4.16	23
梳子业………	411	4.07	46
编筐业………	299	2.96	10
十字绣花业…	287	2.84	30
陶器业………	150	1.48	6
玩具业………	126	1.24	8
玩具–焊接业…	124	1.22	24
金箔业………	77	0.76	15
其他手工业…	654	6.48	—
共　计………	10 088	100.0	459

+（第25页）
—（第37页）
+（第45页）
+（第48页）
·（第55页）
+（第59页）
?
+（第66页）
+（第67页）
—（第68页）
?
?
?

总计：
已知增长的：56%
已知衰落的：24%

[27]　无论饰绦,还是带子、花边和穗子,都是在称做工厂的专门作坊里制作,或者在小木房里制作。大多数工人是在小木房里干活。比如,根据这次调查的直接统计,在所有104家作坊中干活的为1 143人,可见,其余2 007人在自家小木房里干活。

1 143÷104=11

　　列宁根据饰绦业、穗子业和花边业作坊卫生状况统计表的资料(第**29—33 页**),计算出作坊数目和作坊中的工人人数,把有 **16—20** 名工人和 **21—30** 名工人的作坊划分出来,因为这些作坊实际上是资本主义企业。

$$688+200+106=994 \text{ 名工人在 } 88 \text{ 家作坊}$$
$$6 \text{ 家作坊} \text{——} 21\text{—}30 \text{ 名工人的作坊} \text{——有 } 154 \text{ 名工人}$$
$$8 \text{ 家作坊} \text{——} 16\text{—}20 \text{ 名工人的作坊} \text{——有 } \underline{141} \text{ 名工人}$$
$$295 \text{ 名工人}$$

第　5 页：对健康极为有害的环境

第 11 页：大多数手工业**在发展**

第 13 页：工作日比在工厂长

第 16 页：童工 3(!!)—7 岁!

第 17 页：工厂工人和手工业者的年龄

第 18 页：工厂工人和手工业者的性别

第 19 页："祖传的专业"

第 22—23 页：微薄的工资

第 25 页：手工业的发展

第 27 页：**在家**和在作坊里的工人

第 27 页：手工业发展的汇总资料

载于 1940 年《列宁文集》俄文版
第 33 卷(非全文)

外出做非农业零工的工人人数计算

《1897 年和 1898 年交纳消费税的各种行业和
印花税票统计》1900 年圣彼得堡版

（不晚于 1907 年 7 月）

列宁在确定 **1897** 年和 **1898** 年外出做零工的工人人数时，利用了居民证数量统计表资料（该书第 **354—361** 页）。列宁从全俄居民证总数中减去非欧洲省份的数据。列宁在《俄国资本主义的发展》一书中利用了这项计算结果（见本版全集第 **3** 卷第 **525—526** 页）。

因而，欧俄 50 个省：　　因而，欧俄 50 个省：

$$
\begin{array}{r}
9\ 495\ 699 \\
\underline{91\ 842} \\
9\ 403\ 857 \\
\underline{70\ 662} \\
9\ 333\ 195
\end{array}
\qquad
\begin{array}{r}
8\ 259\ 944 \\
\underline{-\quad 412\ 147} \quad\text{（高加索、西伯利亚和中亚）} \\
7\ 847\ 797 \\
\underline{-\quad 38\ 207} \quad\text{北高加索（斯塔夫罗波尔，捷} \\
7\ 809\ 590 \quad\text{列克，库班）}
\end{array}
$$

列宁根据同一些表格计算了南部各省的居民证数量，在计算 **1897** 年的数量时扣除了斯塔夫罗波尔省的数字，在计算 **1898** 年的数量时扣除了斯塔夫罗波尔省和阿斯特拉罕省的数字。

$$
\begin{array}{r}
507\ 275 \\
\underline{-\quad 70\ 662} \\
436\ 613
\end{array}
\qquad
\begin{array}{r}
428\ 810 \\
\underline{-\quad 38\ 207} \\
390\ 603 \\
\underline{-\quad 76\ 552} \\
314\ 051
\end{array}
$$

此外，列宁对 **1898** 年中部黑土地带省份（图拉省和梁赞省除外）也作了类似的计算。现将原表格和列宁的计算照录如下。

LVIIб. 1898 年居民证发证数量统计表

省	居民证总数
中部黑土地带省份	
沃罗涅日………………………	207 858
库尔斯克………………………	285 650
奥廖尔…………………………	222 345
奔萨……………………………	140 280
梁赞……………………………	370 300
萨拉托夫………………………	161 309
辛比尔斯克……………………	188 212
坦波夫…………………………	212 966
图拉……………………………	244 690
共　计………………	2 033 610

$$
\begin{array}{r}
2\ 033\ 610 \\
-\quad 244\ 690 \\
\hline
1\ 788\ 920 \\
-\quad 370\ 300 \\
\hline
1\ 418\ 620
\end{array}
$$

　　列宁按全部居民证的数量把欧俄各省加以分类:并分出以下几类省份:外出做非农业零工占优势的省份,过渡类省份和外出做农业零工占优势的省份(见本版全集第 3 卷第 528 页)。

省份分类和一些欧俄省份	省份数
首都省份………………………………………	2
北方省份………………………………………	5
维亚特卡省……………………………………	1
彼尔姆省………………………………………	1
中部工业省份…………………………………	7
图拉省…………………………………………	1
共计………………………………	17
喀山省…………………………………………	1
库尔斯克省……………………………………	1
波罗的海沿岸各省……………………………	3

载于1940年《列宁文集》俄文版
第33卷(非全文)

在《俄国资本主义的发展》一书第2版上作的批注和计算[131]

弗拉基米尔·伊林《俄国资本主义的发展。
大工业国内市场形成的过程》增订第2版。
1908年圣彼得堡版

（1910年3月3日〔16日〕以后）

[VI]　或者是革命摧毁旧地主经济,粉碎农奴制的一切
残余,首先是大土地占有制。

[VII]　……给各工人阶级进一步实现其真正的和根本的
社会主义改造任务创造了最有利的条件。

[18]　在我们所关心的国内市场问题上,从马克思的实
现论中得出的主要结论如下:资本主义生产的扩大,因而
也就是国内市场的扩大,与其说是靠消费品,不如说是靠
生产资料。换句话说,生产资料的增长超过消费品的增
长……　可见,资本主义国内市场的扩大,在某种程度上
并"不依赖"个人消费的增长,而更多地靠生产消费。但
是,如果把这种"不依赖性"理解为生产消费完全脱离个
人消费,那就错了:前者能够而且也应该比后者增长得快
(其"不依赖性"也仅限于此);但是不言而喻,生产消费最
终总是同个人消费相关联的。

[20]　在资本主义固有的无限制扩大生产的趋向和人民
群众有限的消费(所以是有限的,是因为他们处于无产阶
级地位)之间,存在着明显的矛盾。马克思在一些原理中
也确认了这种矛盾,而民粹派却喜欢用这些原理来论证
他们所谓国内市场在缩小、资本主义不先进等等的观点。

土地占有制
工人阶级

[21]　在所有这些原理中,只不过是确认了上面讲的无限制扩大生产的趋向和有限的消费之间的矛盾而已。[*]如果从《资本论》的这些地方得出结论,说什么马克思不认为资本主义社会有实现额外价值的可能,说什么他用消费不足来解释危机等等,那就是再荒谬不过的了。马克思在分析实现时指出:"不变资本和不变资本之间的流通最终要受个人消费的限制";但是这个分析也指出了这种"限制"的真正性质,指出了消费品在国内市场形成过程中的作用要比生产资料小些。

[405]　最近《工厂视察员报告汇编》中引用了一些按工人人数划分工厂类别的资料。下面是1903年的这种资料:

1908年（俄国66省）

工厂数目	工人人数
5 403	63 954
4 569	152 408
2 112	150 888
2 169	496 329
433	280 639
299	663 891
14 985	1 808 109

工人类别	俄国64省		欧俄50省	
	工厂数目	工人人数	工厂数目	工人人数
工人在20以下者	5 749	63 652	4 533	51 728
21—50工人者	5 064	158 062	4 253	134 194
51—100工人者	2 271	156 789	1 897	130 642
101—500工人者	2 095	463 366	1 755	383 000
501—1 000工人者	404	276 486	349	240 440
超过1 000工人者	238	521 511	210	457 534
共　计………	15 821	1 640 406	12 997	1 397 538

有100名和100名以上工人的工厂

1908年		1903年	
工厂数目	工人人数	工厂数目	工人人数
2 901	1 440 859	2 737	1 261 363

　（*）　杜冈-巴拉诺夫斯基先生的看法是错误的,他认为马克思提出的这些原理同马克思自己对实现的分析相矛盾(1898年《世间》杂志第6期第123页《资本主义与市场》一文)。在马克思那里并没有什么矛盾,因为他在分析实现时就已指出了生产消费和个人消费的联系。

载于1934年《列宁文集》俄文版
第25卷(非全文)

俄国某些省份工人人数总结资料摘录

摘自亚·瓦·波果热夫《俄国工人的数量
和成分统计》一书1906年圣彼得堡版[132]

（1910年9月底—11月）

波果热夫，第20页及以下各页（附录，表2）——1902年（工厂工业和矿业）。

圣彼得堡省	— —182 459 名工人
哈尔科夫省	— — 38 391 〃 〃
弗拉基米尔省	— —149 008 〃 〃 〃
科斯特罗马省	— — 61 541 〃 〃 〃
莫斯科省	— —295 642 〃 〃 〃
叶卡捷琳诺斯拉夫省	— —129 469 〃 〃 〃
6个省	856 510

乌法省……………………………	48 253 名工人
顿河州……………………………	65 480 〃 〃 〃
塔夫利达省………………………	23 353 〃 〃 〃
3个省	137 086

巴库省·····························59 242

梯弗利斯省····················· 6 427

巴统州····························· ?

65 669＋?

伊尔库茨克省·····················14 302

华沙省·····························65 053

　　　　共计：

欧俄 3 个省······················137 086

高加索·························· 65 669

西伯利亚······················· 14 302

$\sum$＝217 057

华沙省····························＋　65 053

282 110

巴统州···········457

卡尔斯省········ ?

苏呼姆专区····· ?

俄国某些省份和工业部门
工人人数资料摘录

根据《1912 年统计年鉴》一书。

В.И.沙拉戈主编。1912 年圣彼得堡版

（1912 年 5 月 8 日〔21 日〕以后）

代表大会委员会统计汇编(沙拉戈主编)：

1910 年(第 202 页)

工厂工人人数		(1910)
弗拉基米尔省·············· 194 154		工厂工
科斯特罗马省·············· 87 755		人人数
莫斯科省·············· 335 190	乌法省 ·············· 5 839
叶卡捷琳诺斯拉夫省· 31 706	塔夫利达省 ·············· 10 105
圣彼得堡省·············· 154 014	顿河州 ·············· 17 240
哈尔科夫省·············· 43 330	
Σ＝846 149	巴库省 ·············· 41 072
	梯弗利斯省 ·············· 4 676
50 个省共计 ·············· 1 624 578	
全俄共计 ·············· 1 951 955	华沙省 ·············· 73 625

工人人数	**帝国共计**	**其中:**	
		顿涅茨煤田	栋布罗瓦煤田

煤炭工业·················174 061　　133 402　　　　25 109

（第 132 页）（1908 年）

石油工业·············24 203　　（巴库地区）

（第 139 页）（1910 年）

　　　　　　　　　　3 198　　（石油蒸馏厂

　　　　　　　　　　　　　　　同上,第 141 页）

黄金·················81 235

（1908 年,第 145 页）

白金·················　555

铁矿·················29 705

（1908 年,第 147 页）

锰工业(同上)·············2 855

　　　　　　　┌ 银铅········　421

　　　　　　　│ 有光泽的白银 155

　　　　　　　│ 铅··········　—

　　　　　　　│ 铜矿·······12 211

　1908 年　　│ 铜锭·······9 158

第 150—151 ┤ 锌·········1 765

 —152 页　　│ 炼锌·······1 087

　　　　　　　│ 硫磺矿······　13

　　　　　　　│ 石棉·······4 390

　　　　　　　└ 盐·········11 514

		俄国南部	**乌拉尔**	**波兰王国**
Σ	制铁工业······(1909 年)			
	（第 155 页）	53 357	146 000	15 354

交纳消费税的行业

第179页　制糖业　　　　　(1906年)……117 031

第179页　酿酒业　　　　　(1906年)…… 35 801

第179页　烧酒业　　　　　(1906年)…… 2 827

第180页　啤酒业　　　　　(1906年)…… 19 803

第180页　烟草业　　　　　(1906年)…… 38 875

第180页　火柴业　　　　　(1906年)…… 18 190

1910年(第202—203页)

厂内工人人数　　　　　　$\sum$

	51—100	101—500	501—1 000	>1 000	
弗拉基米尔省……	3 984	32 079	31 137	123 766	
叶卡捷琳诺斯拉夫省……………	3 834	9 936	2 097	10 070	
科斯特罗马省……	1 827	10 153	12 761	60 568	
莫斯科省…………	22 429	76 274	51 011	167 199	
圣彼得堡省………	11 178	47 903	29 887	54 690	
哈尔科夫省………	3 242	11 226	11 630	11 988	
$\sum$=	46 494	187 571	138 523	428 281	800 869
欧俄50个省……	130 676	421 301	258 592	636 438	1 447 007
全俄共计…………	164 561	530 631	309 757	717 891	1 722 840

根据1908年调查(第199页),工人(工厂工人＋矿业工人＋交纳消费税工厂工人＋铁路工人)总数(全帝国?)……2 253 787 人

其 他 批 注

列宁在翻阅和研究某些文献资料时,只作了简短的批注和计算。

列宁根据 **1897** 年俄国第一次人口普查材料《**VI.** 弗拉基米尔省。第 **1** 册》,计算出古谢夫棉纺厂人口总数(基本人口＋外国国民)并记载如下:

$$
\begin{array}{r}
11\ 981 \\
26 \\
\hline
12\ 007
\end{array}
$$

列宁在阅读科斯特罗马省评价委员会记录时,对科斯特罗马省地方自治局在实践中所采用的计算盈利和评估工厂资产的方式和方法感到兴趣。他在记录表明省评价委员会确定企业的盈利为其资产价值的 **6%** 的几处作了着重标记。实际盈利大大超过这种很低的评估额(为了减少各种税款)。同时,厂主们还有权向评价委员会个别申请降低厂房和机器的估定价值。列宁在页边上对记录的这一段作了标记。

列宁还标出了评价委员会关于把小手工业作坊不列入拟评价的企业的问题提交省地方自治会议审议的意见。

列宁在舒申斯克村流放期间,阅读了《**1896** 年莫斯科省统计年鉴》。他对 **1896** 年莫斯科省各县地方自治局收支预算感到兴趣。在第 **25**、**31**、**33** 和 **39** 页上,列宁对省地方自治局预算支出部分的个别项目的总计额作了修正。在预算用途表中,把用于道路维修、社会救济、补助金、退休金等等的支出单独列出。

在下诺夫哥罗德县统计汇编——《下诺夫哥罗德省土地估价材料》第 **8** 编中,列宁给别兹沃德诺耶乡农户(**581** 户)的资料作了着重标记,并在表的第 **4** 页上记下:

其中手工业户　479＝82.4%

391 户不种地。

　　在表的第 5 页上列宁标出斯洛博茨克乡的识字者比例占"第一位",别兹沃德诺耶乡占"第二位"(59.5%和57.7%的户有人识字或上学)。列宁在《俄国资本主义的发展》一书中利用了这些资料(见本版全集第 3 卷第379—381 页)。

附　　录

《俄国资本主义的发展》
一书第2版合同

伊林

资本主义的发展

1906年5月26日于**圣彼得堡**

我,签约人,把我的《俄国资本主义的发展》一书第2版出版权按以下条件全部让给波波娃出版社所有:

(1)该书第2版出版后,每一印张(**4万个排版字母**)奥·尼·波波娃付给我100卢布。

(2)以后每次出版,奥·尼·波波娃都应付给我在出版第1版时所得稿费的一半。[①]

(3)第2版印数……册由出版者酌定。

(4)第2版出版后,奥·尼·波波娃免费送给我25册书。

(5)如果该书某版售完,奥·尼·波波娃不愿再版,则该书版权无偿转归本人。[①]

(5)交稿后,出版者应支付给我25%本人应得的稿费,余额在

---

① 这一条勾掉了。——俄文版编者注

出书后付清。出书时间不得晚于 1906 年 10 月。

　　第 2 条和第 5 条是我勾掉的。**弗·乌里扬诺夫**。

译自 1970 年《〈俄国资本主义的发展〉

一书准备材料》俄文版第 1—627 页

注　释

1　列宁的《俄国资本主义的发展》一书收载于本版全集第3卷。这本书是列宁在1895年底—1899年1月,即他因彼得堡工人阶级解放斗争协会案件在彼得堡被捕和被流放到西伯利亚舒申斯克村期间撰写的,而为撰写这本书收集和整理材料,则在他被捕以前很久就开始了。本卷就是列宁为准备撰写及修订《俄国资本主义的发展》一书而作的笔记的辑录。

　　《俄国资本主义的发展》出了两版:1899年第1版和1908年第2版。《俄国资本主义的发展》问世以后,合法马克思主义者曾为之不安和恼怒。他们中间的帕·尼·斯克沃尔佐夫写了一篇题为《商品拜物教》的文章,竟说列宁的著作是与马克思的经济学说相抵触的。这种论断其实是从自由主义民粹派的刊物《俄国财富》杂志那里搬来的,这家杂志把马克思同他的俄国信徒对立起来。与此同时,列宁的著作受到了社会民主党人读者的热烈欢迎。在一封从莫斯科监狱寄出而被宪兵扣留的信中,一个政治犯写道:"伊林的书使我非常高兴。我一口气把它读完了,遗憾的是来不及再读一遍就赶忙归还了。"1899年7月25日格鲁吉亚文报纸《犁沟报》刊登了当时住在高加索的俄国社会民主党人伊·伊·卢津的书评,文中指出这部著作的反民粹派倾向,同时称赞它作了"十分科学的客观的研究"。

　　关于《俄国资本主义的发展》一书的撰写和出版的经过,可参看本版全集第3卷第587、589—590、733—740页,第53卷第13、58、61、63、64、67、69—72、74—76、78、79、82、85等号文献。——1。

2　根据列宁的亲属的回忆和列宁青年时代的友人的证明,列宁是1888年在喀山开始研究马克思《资本论》的。在萨马拉居住时,《资本论》第

1卷和第2卷是列宁案头的必备书。列宁研究《资本论》第3卷是在彼得堡。在监狱和流放地撰写《俄国资本主义的发展》期间，列宁继续研究《资本论》。列宁在他读过的《资本论》书上（《资本论》德文版第1卷1872年汉堡版，第2卷1885年汉堡版，第3卷1894年汉堡版；俄文版第1卷1872年圣彼得堡版，第2卷1885年圣彼得堡版），在不同时期用各种颜色的铅笔和墨水作了大量批语和标记。这反映了列宁对《资本论》所作的系统的研究。本卷这一部分所收载的只是列宁在《资本论》各卷上所作的笔记的一部分，即同他在《俄国资本主义的发展》一书中谈到的马克思的论点有关的批注。

　　在《俄国资本主义的发展》一书中，列宁是依据这一著作的写作计划和目的来使用马克思《资本论》的。这本书以专门一章《民粹派经济学家的理论错误》开头，并在这一章中探讨了马克思政治经济学关于资本主义再生产和国内市场问题的基本原理。该书第1版序言说，这一章"可算是本书其余部分即事实部分的引言，而在以后的阐述中可以不必多次引证理论"（见本版全集第3卷第6页）。从这本书可以看到，列宁在研究俄国资本主义的发展时，始终把马克思主义原理应用于俄国具体情况并加以发展，同时也捍卫了马克思主义的基本原理，揭露和批判了民粹派和合法马克思主义者歪曲马克思主义和阉割马克思主义革命内容的行为。——3。

3　列宁在《俄国资本主义的发展》一书中，曾引用马克思关于钟表业的论述，来说明家庭劳动的广泛发展是资本主义工场手工业时期的一个特点（见本版全集第3卷第401页）。——6。

4　列宁在《俄国资本主义的发展》一书中引用了马克思的这段论述（见本版全集第3卷第347页）。——7。

5　指《资本论》德文版第1卷1872年汉堡版第808页。作为对该书的增补，在这一页和第809页上有一份关于1831—1866年期间联合王国谷物和面粉的输入和输出的统计材料。这份材料是从英国议会文件的材料《粮食、谷物和面粉。答可尊敬的下院1867年2月18日的征询》引来的。在《资本论》的以后各版中，这份统计材料已收入正文（见《马克思恩格斯文集》第 5 卷第 520—521 页）。——10。

6　指对机织花边进行最后加工。——12。

7　列宁在《俄国资本主义的发展》一书第 7 章评述大机器工业时发展了马克思的这一论点（见本版全集第 3 卷第 415 页）。——15。

8　列宁在《俄国资本主义的发展》一书中援引了马克思的这段论述（见本版全集第 3 卷第 406 页）。——15。

9　《资本论》俄文版第 1 卷由尼·彼·波利亚科夫于 1872 年出版。这一卷的很大一部分（第 2 章《货币转化为资本》、第 3 章《绝对剩余价值的生产》和第 4 章《相对剩余价值的生产》的一部分）是格·亚·洛帕廷翻译的。米·亚·巴枯宁也参加过《资本论》第 1 卷的翻译工作，但他不能胜任这项工作，不久就搁下了。在洛帕廷因 1871 年营救尼·加·车尔尼雪夫斯基出流放地失败而被捕后，第 1 卷改由尼·弗·丹尼尔逊（尼古拉·—逊）继续翻译，为此他也利用了其他译者的译文。《资本论》俄文版第 2 卷于 1885 年 12 月出版，是丹尼尔逊翻译的。《资本论》俄文版第 3 卷于 1896 年出版，这一卷是丹尼尔逊根据恩格斯寄给他的准备出版的德文版的校样从 1894 年 3 月开始翻译的。

　　　列宁在《俄国资本主义的发展》中引用的《资本论》引文，是他根据德文版自己翻译的，他同时还指出俄文版译文中的一些不确切的地方。有材料证明列宁参加了德文第 3 版的俄文翻译工作，并同伊·伊·斯克沃尔佐夫-斯捷潘诺夫一起校订了 1907 年出版的《资本论》俄文版第 2 卷译文。在 1909 年版《资本论》第 1 卷封面上刊印的莫斯科出版社关于《资本论》全三卷用俄文出版的报道中提到列宁参加了翻译工作，1908 年《俄国思想》杂志第 8 期发表的关于《资本论》俄译本的文章也证实了这一报道。——18。

10　列宁在《俄国资本主义的发展》一书中引用了恩格斯在《资本论》第 2 卷序言中对约·卡·洛贝尔图斯-亚格措夫的评论（见本版全集第 3 卷第 45 页）。——20。

11　列宁在《俄国资本主义的发展》一书中引用了马克思的这一论点(见本版全集第 3 卷第 28 页)。——20。

12　列宁在《俄国资本主义的发展》一书中摘引了这段论述(见本版全集第 3 卷第 34 页),摘引时用的是自己的译文。——21。

13　列宁在《俄国资本主义的发展》一书中摘引了这段论述(见本版全集第 3 卷第 39 页),摘引时用的是自己的译文。——23。

14　列宁在《非批判的批判》一文中引用了这一论点(见本版全集第 3 卷第 569 页),引用时用的是自己的译文。——24。

15　列宁在《俄国资本主义的发展》一书中援引了《资本论》第 3 卷关于资本主义工场手工业产生过程的这段论述(见本版全集第 3 卷第 347 页)。——26。

16　列宁在《俄国资本主义的发展》一书中引用了这一论点(见本版全集第 3 卷第 227 页)。——26。

17　列宁在《俄国资本主义的发展》一书中对俄国资本主义发展的具体分析,是从说明农业的资本主义演进和农民的分化开始的。在该书的第一部分中还探讨了地主经济的社会经济制度及其在改革后时代的变化,考察了农村中的农奴制残余。

　　为了深入研究资本主义在农业中的发展和农民的分化过程,列宁细心研究了大量有关村社和农民经济以及有关地主经济中的资本主义制度和徭役制度的文献。在有关农民经济的资料中,根据地方自治局统计材料编纂的大量统计汇编和概述占首位。

　　沙皇俄国省、县两级的地方自治局,是 1861 年农民改革后沙皇政府为管理学校、医院和地方经济事务而成立的。地方自治局设统计机构,做了大量的统计工作,包括农业和手工业按户调查、农民家庭收支调查等等,并出版了包含有丰富事实材料的各县和各省的概述和统计汇编。但是地方自治局统计人员多数是民粹派,他们整理这些调查资料时带有倾向性,采取了错误的分类法,结果使这种极其丰富的材料失去价值,往往变成一栏一栏的毫无意义的数字。从中看不到各类农户的本质差别。农民阶级分化的特点和特征被掩盖了起来。

为了获得说明农业资本主义演进的可信的材料,列宁做了极其浩繁的工作。从列宁在为撰写《俄国资本主义的发展》而研究的书籍上所作的批注及其他一些准备材料中,人们可以看到,列宁是怎样一步一步地分析和批驳民粹派、资产阶级经济学家和统计学家的论据的。

列宁在地方自治局统计汇编上所作的批注表明,他是如何揭示农村的分化过程的各种表现形式,怎样采取各种方法把国内不同地区的农户统计资料加以汇总和分类的。列宁常常在统计汇编的页边上自己作计算,编制统计表,对农户作科学的马克思主义的分类。

列宁仔细研究每一份多少有点价值的资料,核查和对比其中的事实和数字,然后利用确实可靠的材料在《俄国资本主义的发展》中全面分析农业的资本主义演进。

本卷这一部分收载的材料有列宁的关于农户和农民家庭收支统计和分类的 4 种笔记,以及列宁在许多统计汇编、报告、概述、文集和专题著作上作的评语、批注和核算。最为列宁注意的是欧俄一些省和个别县的统计材料,其中包括莫斯科、弗拉基米尔、下诺夫哥罗德、沃罗涅日、萨拉托夫、萨马拉、彼尔姆、波尔塔瓦、塔夫利达等省的统计材料。——27。

18　瓦·沃·(瓦·巴·沃龙佐夫)是俄国自由主义民粹派主要理论家之一。他写《俄国资本主义的命运》一书,如他自己所说,用意在于把"资本主义和民粹主义的学者和始终一贯的政论家"的注意力吸引到对"俄国经济发展规律"的研究上来。他的这本书的特点是,为了迎合民粹主义的偏见而在材料选择上带有极为明显的倾向性,并对经济现实作歪曲的描述。列宁在《俄国资本主义的发展》一书中以及其他较早的著作中,批判了瓦·沃·的这本书。列宁在萨马拉居住期间曾写了一篇批判此书的文章,后来带到了彼得堡。这篇文章的手稿至今尚未找到,据这一时期熟识列宁的马克思主义者们回忆,其标题大概是:《瓦·沃·等人的著作对民粹主义的论证》。

在有列宁批注的瓦·沃·的这本书上,盖有萨马拉市亚历山大公共图书馆的印章。因此这些批注大概是 1889 年 9 月 5 日（17 日）—1893 年 8 月 20 日（9 月 1 日）列宁在萨马拉居住期间作的。

马克思也读过瓦·沃·《俄国资本主义的命运》这本书，并在书上作了批注。马克思划出了作者在该书前言中提出的如下论点：马克思学派的代表认为，"资本主义生产在俄国必定会占据统治地位"。在第 32 页上，马克思标出了作者所谓最近 10 年俄国大工业衰落这一论点；在第 42 页上标出了所谓俄国的气候条件不利于资本主义工业制度的建立这样一个论断。马克思在第 50 页上对瓦·沃·的一个论断打了叹号，这个论断是：俄国不能同西方竞争，因为西方国家"正在集资本、技术知识和发明创造于一身，造就出工厂主兼技师的典型"，他还在"工厂主兼技师的典型"这几个字下面加了着重标记。——29。

19　尼·亚·卡雷舍夫的书评评介的是民粹派统计学家、彼得罗夫斯克农学院教授阿·费·福尔图纳托夫的《欧俄黑麦的收成》一书。该书于 1893 年在莫斯科出版。——35。

20　在尼·亚·卡雷舍夫《根据地方自治局的统计资料所作的俄国经济调查总结。第 2 卷。农民的非份地租地》一书上，列宁作了许多批注，本卷没有全部引用。列宁着重研究该书中有关农民租地的事实资料，检验这些资料的可靠程度和可比程度，批判作者所采取的不正确的分类方法，驳斥作者所作出的符合自由主义民粹派基本观点的结论。

列宁初读卡雷舍夫的这一著作是在该书出版以后不久，1894 年上半年他就在彼得堡工艺学院学生马克思主义小组中作过批判地分析该书的发言。——37。

21　列宁在这里写的数字"44"，是指第 3 章的页数。下边第 4 章标题旁边写的"77"和第 5 章标题旁边写的"137"（见本卷第 40 页），也是指它们的页数。——38。

22　C.卡普斯京的小册子《何谓土地村社》，在把村社理想化、对证明村社解体的经济现实中的事实避而不谈或加以曲解的民粹派著作中，堪称典型。列宁仔细研究了这本小册子，并作了许多批注。——41。

23　指《土地村社研究材料汇编》1880 年圣彼得堡版。C.卡普斯京的小册子是根据这本《汇编》写成的。列宁在小册子上作的批语指出,这位民粹派作者的结论与《汇编》的事实内容并不符合。《汇编》收载的文章详细记述了 9 个村社和穆拉耶夫尼亚乡,列宁在批语中把这个乡算做 1 个村社。此外,《汇编》还有一篇文章对 1 个村社作了简短记述(文章的作者是 Л.利奇科夫)。由于资料贫乏,列宁对它未加注意。在《汇编》的各种材料中,彼·彼·谢苗诺夫对农民家庭收支的调查比较出色,列宁认为这一调查有益的地方就在于它论述了各类农民(见本版全集第 3 卷第 124 页)。

马克思研究过大量有关俄国土地关系的俄文出版物,其中也包括《土地村社研究材料汇编》一书。马克思在《汇编》上作的许多标记,证明他力求了解俄国村社经济生活形式的多样性。在个别场合,他还试图对俄国某些独有的现象作出评定。例如,在《汇编》第 31 页评述由一个家族发展起来的村社中的财产关系的地方,马克思写了批语:"家族——村社"。

俄国农民改革中赎地的金额引起了马克思的注意。他对鲍威尔关于布拉兹诺夫乡的文章中的资料打了几个问号和叹号。在这个乡里,一俄亩不带树林的土地,赎金达 25 卢布,而在自由买卖中一俄亩带树林的土地才值 9 卢布。马克思仔细研究关于割地和关于农民交付地主的租金等问题,研究村社土地重分的制度、连环保以及村社为"开导"欠交税款者而采用的体罚等。马克思作的《土地村社研究材料汇编》一书摘录和提要,载于联共(布)中央马克思恩格斯列宁研究院编的《马克思恩格斯文库》1952 年版第 12 卷第 121—139 页。——41。

24　指农奴制俄国对应交纳人头税和应服税民兵役义务的男性居民即所谓"登记丁口"所进行的特别人口调查。调查的范围包括农民和小市民,不分年龄大小和有无劳动能力。俄国人头税开征于彼得一世时代,这种登记从 1719 年开始,共进行了 10 次,最后一次是在 1857 年。许多村社按登记丁口重分土地,所以农户的份地面积取决于它的登记丁口数。——42。

25 指《俄罗斯帝国法律汇编》第10卷,这一卷收编了调整财产关系的各项法律。——42。

26 尼·安·布拉戈维申斯基于1893年以单行本形式在莫斯科出版的调查材料,是欧俄123县农户经济资料汇编的综合。作者在该书序言里说,他编这一本汇编的目的是"把散见于各种汇编中最为重要的经济资料汇集在一起"。这一任务已由作者以非常细心的、认真负责的治学态度完成了。列宁仔细研究了这本汇编,在书中作了许多批注,并按奶牛头数把农户作了分类。在单独一份笔记(见本卷第48—56页)中,列宁还根据该书资料,按照他采用的标志,即按照役畜头数、奶牛头数,把农户作了分类,并把有关副业的资料综合成为一个表。列宁在笔记本中和在该书页边上写的笔记表明,他是如何核对事实资料并加以分类,如何为他在《俄国资本主义的发展》第2章第10节(见本版全集第3卷第117—118页)作出的科学结论和概括作准备的。列宁还在《评经济浪漫主义》这一著作中利用了布拉戈维申斯基的书中的综合资料(见本版全集第2卷第188页)。——44。

27 维·斯·普鲁加文《弗拉基米尔省尤里耶夫县的村社、手工业和农业》一书反映了自由主义民粹派通常的观点;列宁对该书的评价,见专门的笔记(本卷第63—72页)。列宁利用了该书的事实部分,首先是按户调查的资料。他在该书正文中按照他制定的方法加工整理了这些资料,并在专门的笔记中把农户作了分类。列宁在研究伊利因斯卡亚乡按户调查资料(前国家农民、暂时义务农民和所谓私有农民)时,作了许多批注和计算,纠正了表中的错误,作了自己的汇总等等。他常常直接在表上作计算,写批语。

列宁在撰写《俄国资本主义的发展》的过程中,曾不止一次地研究普鲁加文的这本书。——57。

28 复活节和圣母帡幪日都是东正教节日,前者在过了春分第一次月圆后的第一个星期日(一般在俄历3月22日和4月25日之间),后者在俄历10月1日。——60。

29 指"份地出租价格和份地要支付的各项费用总额之间的差额"(见维·斯·普鲁加文《弗拉基米尔省尤里耶夫县的村社、手工业和农业》一书第2章附录)。——64。

30 列宁在这里统计的是伊利因斯卡亚乡的手工业作坊,材料是从该乡的按户调查资料中选出的。他在笔记本上对每一作坊记一圆点,然后按10点为一组来整理。——72。

31 农民家庭收支的具体资料能够最清楚地表明农民的分化和各类农户间的巨大差别,因此列宁曾根据多种统计文献来考察这方面的资料。1890年彼尔姆省奥汉斯克县沃兹涅先斯克乡村民经济状况按户调查统计资料总结,就是这类文献中的一种,这一调查是在统计学家 E.И. 克拉斯诺彼罗夫的领导下进行的。应当指出,这本书采取了反科学的方法对按户观察的资料进行加工,如书中的收支材料按整个乡来引用,农民的收入和支出与"中等"农户相关联,农户的经济类别被忽略,按宗教标志(是正教还是旧教派)进行分类,所有这些都使这种资料失去了价值。

　　列宁在自己的笔记中对农民的支出作了计算,确定了农民家庭收支中支出部分的结构。他利用间接资料按播种面积作了农户分类,这样就弄清了这些农户的社会经济类型。——73。

32 指修桥补路的开支。在沃兹涅先斯克乡,这种支出平均每个纳税人每年为2卢布64戈比。该乡纳税人口总数为2 515人,所以总支出按年计算为6 639卢布60戈比。——74。

33 《俄国资本主义的发展》第2章第1节利用了塔夫利达省统计汇编的资料和弗·叶·波斯特尼柯夫的《南俄农民经济》一书(列宁在书上作的批注,见本版全集第1卷第467—475页)。列宁认为塔夫利达省地方自治局统计人员采取的按播种面积的农户分类法是成功的。"由于粗放耕作条件下的谷物农业系统在这个地区占优势,这种分类法能够使人精确地判断每类农户的**经济**"(见本版全集第3卷第53页)。列宁对波斯特尼柯夫的书给予了好评。波斯特尼柯夫正确地指出了农民经济分化的事实以及村社中和农民土地占有方面的变化,虽然未能对这些现象给予科学的评价。

　　列宁在《俄国资本主义的发展》第2章第1节中按照他所采取的方法对波斯特尼柯夫引用的资料作了整理,并用地方自治局统计汇编的资料加以补充。列宁根据这些资料指出,民粹派经济学家所使用的"平均"指标是完全不能成立的,这些指标把农民描绘成为在阶级方面和财产方面没有差别的群众。列宁利用塔夫利达省统计人员的资料,揭示了中农和贫苦农民受农民资产阶级的排挤、土地集中到富裕农民手里的情形。这种土地集中的现象在份地中就已表现出来(这方面土地的分配根本不像民粹派经济学家所断言的那样是平均的),而在购买地和租地中表现得尤为突出。这些富裕农民已经变成了小土地占有者和农场主。这样,经列宁整理的地方自治局关于南俄农民经济的统计资料就不容置辩地证明了农民的资本主义分化和农民资产阶级在农村的统治。——77。

34　列宁为了说明全国各个地区的农民分化过程,在《俄国资本主义的发展》一书中利用了大量的地方自治局统计汇编。关于下诺夫哥罗德省,他引用了克尼亚吉宁、瓦西里和马卡里耶夫3县的统计汇编,这3县以农业为主,有发达的商业性农业和手工业(见本版全集第3卷第98—100页)。列宁把地方自治局在同一年代(1887—1888年)、按同一提纲对上述3县进行调查而得到的统计调查资料合并到一起,同时利用了下诺夫哥罗德统计人员按役畜对农户所作的分类。属于下诺夫哥罗德省这一类的县还有卢科扬诺夫县,该县的统计汇编列宁也看过。列宁根据下诺夫哥罗德材料所编制的统计表反映了全俄"非农民化"的过程,并确证了份地、购买地和租地、播种面积、牲畜都集中于富裕户手里的事实。富裕农民把商业性农业和资本主义农业同工商企业结合在一起,贫苦农民则把出卖自己的劳动力同微不足道的播种面积结合在一起,即变成有份地的雇农和日工。——80。

35　列宁在波尔塔瓦省的统计汇编上划出了他感兴趣的资料,在页边上作了计算,按播种面积和租地面积作了农户分类,并把霍罗尔、康斯坦丁格勒、皮里亚京3县的同类农户的资料加以综合。列宁通过整理这些材料，得到了各农户播种面积和租地的分配极端悬殊的资料，以此为依据，他在《俄国资本主义的发展》第2章第8节中说明了农民的分化过程（见本版全集第3卷第103—104页）。

汇编中《农村居民的职业》一篇也引起了列宁的注意。他划出并汇总了这3县建筑工人的人数（房盖工、木工、火炉工、抹灰工等等）。汇编的编者错误地把他们算做从事建筑业的农民，而实际上他们大多数是雇佣工人。——95。

36　看来是指原属波尔塔瓦省康斯坦丁格勒县卡尔洛夫卡镇的贵族领地的农民。18世纪俄国女皇安娜·伊万诺夫娜赏赐布·克·米尼希元帅10万俄亩土地。卡尔洛夫卡镇就是米尼希创建的。——97。

37　列宁在《俄国资本主义的发展》一书中曾指出，沃罗涅日省汇编的特点是资料极其完备，分类法也极多。列宁作了批注的该省汇编现存两本，即泽姆良斯克县和科罗托亚克县的汇编。在这两本汇编的统计表中，列宁标出了他感兴趣的资料——各类农户（当雇农的农户；不雇雇农也不当雇农的农户；雇用雇农的农户）用自己的牲畜或雇工耕种的土地的数量，并纠正了汇编中的计算错误。

列宁在《俄国资本主义的发展》第2章第6节引用了泽姆良斯克和科罗托亚克两个县的地方自治局统计资料（见本版全集第3卷第95页）。——102。

38　列宁在1896年1月16日从彼得堡监狱写给亲属的信中曾索要特维尔地方自治局的汇编（见本版全集第53卷第16号文献）。在撰写《俄国资本主义的发展》一书的过程中，列宁不止一次地查阅这些汇编。列宁根据特维尔省3县（卡申县、斯塔里察县、特维尔县）的副业详表综合了各乡的资料，计算了建筑工人的数量，包括本地的和外出的在内。与此同时，列宁还注意到特维尔县最为普遍的获利很高的温室业和省自治局报告中关于农民欠交税款增长的资料。——104。

39　此处数字计算不准确。《列宁全集》俄文第4版和第5版已订正为："该

县174家农民和7家私有主共有4 426多个温床框,即平均每户约有
25个。"(见本版全集第3卷第274页)——106。

40　彼得节是东正教节日,在俄历6月29日。——109。

41　在《萨马拉省统计资料汇编》第6卷第14页以及以下各页上,有关于巴
拉科沃村和巴拉科沃乡的经济资料。列宁在《俄国资本主义的发展》中
根据1887—1888年当地的调查引用了巴拉科沃村农民(包括外地人以
及不经营的农民)的人数和识字率的资料(见本版全集第3卷第394
页)。——111。

42　列宁在《俄国资本主义的发展》第2章第3节和《论所谓市场问题》一文
中考察了萨拉托夫省的地方自治局统计资料(见本版全集第3卷第
74—86页,第1卷第89—90页)。他主要是利用了卡梅申县的资料,
在萨拉托夫省各县中只有该县把农户按役畜作了分类。列宁批驳了萨
拉托夫统计人员按份地把农村无产者同农村资产阶级加到一起的分类
法,因为用这种方法得出的虚假的"平均数"掩盖了农民的分化。列宁
在他的著作中按经营的规模和类型(按役畜和播种面积)进行分类。列
宁还利用卡梅申县地方自治局统计资料来证明民粹派关于农民租地的
观点的荒谬性。

　　在写作《俄国资本主义的发展》所需的书籍中,萨拉托夫地方自治
局统计汇编是列宁在1896年1月16日从彼得堡监狱寄出的信中索要
的(见本版全集第53卷第16号文献)。他在监狱中和在流放地都研究
过这些汇编。——112。

43　列宁在《俄国资本主义的发展》中引用了斯·费·鲁德涅夫关于欧俄
19个省148个县农业工人人数的资料(《萨拉托夫地方自治机关汇编》
1894年第6号和第11号)。列宁认为鲁德涅夫的著作是对地方自治
局统计资料的极有价值的汇总(见本版全集第3卷第210页)。
——115。

44　列宁根据《俄国工业历史统计概述》(第1卷和第2卷)一书的资料,描

绘了70年代商业性农业的发展,首先是甜菜制糖业、马铃薯淀粉业和榨油业的发展。列宁还根据同书的资料对欧俄50个省平均每一口人的谷物和马铃薯产量作了计算。——116。

45 在《俄国资本主义的发展》这一著作的《商业性农业的发展》一章中,谈到了饲养牛犊这样一种商业性畜牧业。这种副业在诺夫哥罗德省、特维尔省以及其他离两个首都不远的地方都相当普遍。列宁为此引用了Γ.Н.贝奇科夫的著作(见本版全集第3卷第247页)。列宁在自己的批注中还标出此书作者有关高利贷这种"农民副业"的资料。他划出波德别列兹耶乡和马里伊诺乡的两种"收入":大多数副业人口(日工、牧人、小工、家庭仆人、劈柴工、小手工业者)1881年共收入96 016卢布,连生活费都不够,而当地的高利贷者却有68 160卢布的收入,确保了资本增加的可能性。——123。

46 地方自治局保健医生尼·伊·捷贾科夫和彼·菲·库德里亚夫采夫向赫尔松省地方自治局医生和代表第十三次全省代表大会所作的报告于1896年在赫尔松出版。列宁在研究农业中工人阶级的形成过程时曾利用过这些报告。报告所依据的调查是在新罗西亚这一机器使用和农户积聚都特别发达的俄国农业区进行的。

　　从列宁在这些著作上作的批注可以看出,列宁对农业工人流动的方向和方式、成千上万的外来雇农集中到雇主所会集的劳动力市场、雇农的劳动条件和报酬情况等问题非常感兴趣。列宁对雇农的职业病及地方自治人士在1895年赫尔松发生霍乱和饥民暴动后所制定的卫生预防措施也很注意。——126。

47 列宁在《俄国资本主义的发展》一书中对小农户雇工比大农户贵这一事实作了解释(见本版全集第3卷第215页)。——133。

48 军马调查是沙皇俄国对动员时适合军队使用的马匹的统计调查,带有对农民经济进行普查的性质,通常每隔6年进行一次。军马调查提供了马匹在农户间分配的资料。通过对军马调查资料的分析,列宁指出对小农的剥夺在进一步发展,无马户和有1匹马户在增加。列宁在他的书中批判民粹派分子把农户无马化现象说成是进步因素,并把农民中马匹的分配问题变成毫无内容的数字计算作业。

本卷收载了列宁加工整理1893—1894年军马调查资料的笔记。他在1898年2月7日从舒申斯克寄给亲属的信中,曾索要载有这次调查材料的《中央统计委员会汇刊》(见本版全集第53卷第39号文献)。——156。

49 列宁在1897年4月17日和5月25日给安·伊·乌里扬诺娃-叶利扎罗娃的信中曾索要《收成和粮价对俄国国民经济某些方面的影响》这一文集(见本版全集第53卷第22、25号文献)。在文集第2卷的封面上列宁写有"1897.10.4.",看来是他在舒申斯克村收到和开始研究该书的日期。在撰写《俄国资本主义的发展》时,列宁仔细研读了这部文集,在文集页边上作了许多批注,批驳了民粹派分子的论据和偏见。

列宁在自己的一些著作中指出,《收成和粮价的影响》一书的作者们是民粹派经济学家,他们犯了许多错误(见本版全集第4卷第115—116页)。他们闭眼不看商业性农业的发展,宣称自然经济是"合理的",把工役制描绘成是对农村居民的一种"帮助"。在该书的引言中,编者代表全体作者表示完全赞同财政部关于1895年国家收支预算报告中所表述的关于粮价对俄国国民经济的影响问题的官方观点。列宁严厉地批判了民粹派经济学家拿来作为武器的这种官方的地主的观点(见本版全集第3卷第184、224—225、278页及其他各页)。

在批判民粹派谬误的同时,列宁仔细地研究了文集的一些文章中包含的具体事实材料,根据其他书刊进行核对,独立地把资料作了分类,并在《俄国资本主义的发展》一书中加以批判的利用。例如,列宁根据尼·费·安年斯基文章中的事实材料(第1卷第170页),对农业的自由雇佣制、工役制或混合制在欧俄某些省份的分布情况作了汇总。这些材料根据其他书刊作了些许补充后,被采用于《俄国资本主义的发展》一书(见本版全集第3卷第166—167页)。——162。

50 列宁从此表所列的44个省中剔除了5个省(阿斯特拉罕、奥伦堡、维亚特卡、彼尔姆和沃洛格达);这些省份也未编入列宁用来分析俄国各种经济制度的分布的尼·费·安年斯基的统计地图。——174。

51　列宁由此往下即在这本文集第 317—347 页上写的批语,对尼·亚·卡雷舍夫关于农民租地的论断作了批判性的评价(参看本版全集第 3 卷第 174 页)。——187。

52　对分制佃农是指向地主租地而把一年收成的一半以实物形式交给地主的小农。——189。

53　农村居民财产不均和社会分化的重要标志之一,是农民家庭的每人平均年支出。列宁根据两组农民家庭收支资料(梁赞省 11 户,沃罗涅日省 67 户)算出,富农户每人平均年支出为最贫困农户同样指标的好多倍(1 比 11 和 1 比 15。见该文集第 2 卷第 8 页)。根据同一标志把有赐地的农民和国家农民加以对比,则未表现出明显的分化(1 比 1.1。同上书,第 11 页),因为这两类农民中的每一类都既有大农户,也有贫苦农户。——195。

54　列宁从费·安·舍尔比纳的文章引用的所有农民家庭收支表中挑出191 份,作为 10 个不同省份最全面和最可靠的资料(见该文集第 2 卷第 6—7 页)。在第 14—15 页上,列宁标出了这些家庭收支表按俄国不同地区的分布情况。——197。

55　潘·阿·维赫利亚耶夫的著作(《特维尔省统计资料汇编》第 13 卷第 2编《农民经济》)是民粹派伪造经济现实的典型例子。列宁在书上作的批注彻底揭露了这个民粹派分子的伪造手法,证明他为了否定农民分化所采取的有偏见的和肤浅的分类法,无论在理论上和方法论上都是站不住的,驳斥了他作出的所谓各个农户在土地使用和牲畜占有方面是均等的、其中并没有资本化的因素等论断,指出他关于改革后的农村的"人民生产"的议论是毫无根据的。列宁在《俄国资本主义的发展》中对维赫利亚耶夫的著作作了详尽的评价(见本版全集第 3 卷第 105—106 页)。——207。

56　在萨拉托夫统计人员的著作中,瓦·安·约诺夫的报告《萨拉托夫省私有经济和农民经济方面的特有现象》也引起了列宁的注意。该报告是在 1898 年 3 月 11 日作的,并在《帝国自由经济学会学报》上发表。列宁看过报告的抽印本,并在上面作了批注。——218。

57 在《1897 年莫斯科省统计年鉴》一书的正文中和页边上,列宁对他感兴趣的 1896—1897 年度莫斯科省农民的副业和非农业外水的资料画上了着重线。许多批注是关于牛奶业的。列宁对一些资料作了标记,这些资料证明在农民向莫斯科销售牛奶方面已经开始资本化,这一行业在向牛奶和奶制品收购商的手里集中,这些人借给农民高利贷,并按抬高了的价格向农民出售他们所需的一切商品。列宁还标出了关于外出谋生的工资和伙食费用等资料。——219。

58 《沃罗涅日省综合汇编》是《俄国资本主义的发展》一书大部分付印后列宁在流放地舒申斯克村收到的(书上有列宁标的时间"1898.11.8.")。这本沃罗涅日省 12 个县的汇编,由费·安·舍尔比纳编写,是 1884—1891 年这 8 年中所进行的按户调查统计材料的概述。泽姆良斯克和科罗托亚克两县的调查(列宁在这两县的统计汇编上的批注,见本卷第102—103 页)是在 1886 年和 1887 年进行的。列宁指出沃罗涅日统计人员加工整理调查资料的方法有缺陷,他们所采取的按份地进行农户分类的方法是站不住的。列宁批评了舍尔比纳所计算的平均家庭收支统计资料,指出它带有虚构性,因为这个民粹派分子把富裕农户和最贫困农户混在一起,这样就得出一个经过粉饰的"平均数"(见本版全集第3 卷第 124 页)。沃罗涅日地方自治局统计人员在评价农民副业时陷入混乱,他们把所有有份地的雇佣工人都笼统地称做"工业者"。

　　尽管如此,沃罗涅日省汇编仍有有用的实际资料。列宁在《俄国资本主义的发展》第 8 章第 2 节中引用了这本综合汇编的资料,这些资料证实即使在沃罗涅日这样的农业省份,乡村地区的工商业人口也不比城市里的少(同上书,第 522 页)。列宁在该书第 2 章第 6 节中也利用了沃罗涅日省汇编的资料。——221。

59 这个综合表的材料,列宁在《俄国资本主义的发展》一书中已引用(见本版全集第 3 卷第 522 页)。列宁在《综合汇编》中标出了他所使用的材料。——222。

60　《根据业主方面的材料所编的农业统计资料》一书的第 7 编，谈的是欧俄马铃薯的栽培。这一编是《俄国资本主义的发展》一书接近完成时列宁在舒申斯克村收到的。在书上有列宁亲笔写的收到日期："1898. 12.4."。

　　列宁的大量批注表明，他对俄国引进和推广马铃薯的历史、马铃薯播种面积和收获量的增长、马铃薯田的耕作工具和耕作方法、马铃薯的技术加工（马铃薯淀粉业和酿酒业）进行了非常仔细的研究。列宁标出了欧俄马铃薯主要产区，加工整理了各省栽培马铃薯的资料。他还根据这些资料计算了地主农场的马铃薯收获量比农户的高多少。——223。

61　普斯科夫省地方自治局统计处工作人员 H.Φ.洛帕廷所写的《耕作工具》一书，是对 1898 年普斯科夫省农业概述的补充。该书所用的材料是 150 份关于地主经济和农户采用耕田工具和机器情况的通信调查表。从列宁在这本书中所标出的地方来看，他对亚麻种植业的商业性质对于购置改良工具和机器的影响感兴趣。——234。

62　B.Φ.阿尔诺德《赫尔松县农户农业技术和农业经济的一般特点》一书，是该县 124 个农户资料的综合，这些资料是通过家庭收支抽样调查的方法取得的。列宁仔细研究了这本书，在单独的笔记中对农户作了分类（见本卷第 242—247 页）。列宁认为"资料最大的缺点是不连贯，不完备"。在阿尔诺德的书的封面上，列宁记有他收到这本书或开始对它进行研究的时间："1902.5.3."。——239。

63　指 1861 年农民改革时颁布的《关于赎买的条例》的第 165 条。这一条规定：愿意把自己的一份土地从村社分出的户主，向县金库交清了他那一份土地应摊的赎买贷款，则村社必须尽可能在一个地方划给他一份土地。——250。

64　指沙皇政府 1906 年 11 月 9 日（22 日）颁布的关于允许农民退出村社并

把自己的份地变为私产的法令(经国家杜马和国务会议批准后,被称为1910 年 6 月 14 日法令,通称斯托雷平法令)。——250。

65　《俄国资本主义的发展》一书第一次对改革后俄国工业中资本主义演进的阶段和形式作出了马克思主义的分析。列宁详细地考察了俄国工业中资本主义发展的三个主要阶段,展示了由小商品生产到资本主义生产的合乎规律的转变,即由分散的小生产发展出资本主义的简单协作,资本主义的简单协作以后发展成为资本主义工场手工业,工场手工业又发展成为工厂,成为大机器工业。

　　列宁在撰写《俄国资本主义的发展》的过程中,仔细研究了大量根据各省、县手工业户按户调查和抽样调查编纂的地方自治局统计资料汇编,以及所有研究手工业的专门著作。为了分析从事小商品生产的手工业者的资本主义分化,列宁以手工业户的大小为依据;小手工业者按其生产额、有无雇佣劳动、技术设备状况等等来分类。而且对每一种手工业都按其特点采用不同的依据来进行分类。

　　列宁批评了民粹派那种把手工业说成是某种由"劳动组合原则"占优势的、没有经济矛盾和阶级矛盾的"人民生产"的企图,而描绘出一幅使"手工业生产"四分五裂的深刻矛盾的图景,展示了大多数"独立业主"破产、少数业主变成资本家的情景。

　　为了说明工场手工业的特征,列宁详细地分析了从织造业到首饰业的一系列(10 个以上)行业的经济和技术状况。这些行业包括上百种手工业。

　　他根据具体分析,作出了关于工场手工业的技术和分工、各个地区的专业化以及工场手工业的经济结构的结论。

　　为了展示出俄国大机器工业的实际发展情况,列宁详细地分析了6 个工业部门的历史统计资料,从各种统计书刊中挑选出比较合适的材料,来说明该工业部门发展的特征。

　　列宁在对官方工厂统计资料进行核对、整理、汇总和分类等方面做了大量工作。沙皇俄国工厂统计组织得很糟。企业是由不同的主管部门(工商业司、无定额税务司、矿业司等等)分别统计的。而且由于各省按不同的提纲、不同的方法、不同的规模进行统计和调查,统计材料很难进行比较,统计资料的整理也就困难重重。

列宁工作的特点是对材料作具体的、全面的分析,一步一步地研究、核对和概括有关俄国工业中资本主义发展的极为丰富的实际材料和数字材料。列宁把经过仔细核对的个别企业和国内个别地区的资料作为研究的基础,对每一个大工厂都作了研究。经过耐心细致的研究工作,列宁作出了关于俄国工业中资本主义发展形式和阶段的结论和总结。

本卷第三部分收载的列宁在统计汇编和调查材料中作的批注和计算,首先与欧俄工业和手工业的状况有关。——253。

66　由沙皇俄国总参谋部一批军官编写而由尼·尼·奥勃鲁切夫少将主编的《军事统计汇编》(第4编,1871年版),是一本1 000多页的厚书。列宁在《俄国资本主义的发展》中对这本汇编给予了总的评价(见本版全集第3卷第419—420页)。《军事统计汇编》作为19世纪60年代工厂统计方面的一本汇总著作,在马克思主义者和民粹派关于俄国资本主义发展问题的辩论中,起了特殊的作用。民粹派援引这本把60年代工厂数目过分夸大了的汇编,与较为晚期的一些资料进行比较,从而断言俄国工业在衰退,俄国资本主义的发展没有根据。列宁和其他研究者揭露了民粹派统计学家这种伪造手法,证明他们使用的汇编数字是站不住的(见本版全集第3卷第419—422页)。

列宁称这本汇编的工厂统计资料是"可笑的数字",这首先是指《工场工业》那一篇的材料。在这一篇中,工厂统计资料的数字来源极其不同,甚至还包括热心美化沙皇俄国经济现实的省长们的"奏章",所以这些数字根本不能使用。

为了揭露汇编对1866—1867年工厂数目、工人人数和生产总额(产值)的过分夸大,列宁把这些数字与彼·安·奥尔洛夫和C.Г.布达戈夫合编的1890年《工厂一览表》、《财政部年鉴》等资料作了比较。经过对来源不同的统计资料进行仔细分析之后,列宁不容置辩地证明,与民粹派关于工厂数目和工人人数在19世纪最后30多年里有所减少的论断相反,这两者实际上都大大增加了。

列宁批判地利用了《军事统计汇编》许多章的材料。他综合了有关人口的资料,计算出全部非生产人口数量,并从其中划分出三个类别:贵族和僧侣;军人阶层;工厂主和商人。由于对城市型居民点的目录进行了仔细核对,他对欧俄人口作了统计分类,并按人口数字对大城市作了统计分类(见本版全集第3卷第512—513页)。《军事统计汇编》的《矿业》篇,是列宁撰写《俄国资本主义的发展》第7章第4节的资料来源之一。

　　马克思也认真研究过《军事统计汇编》(第4编)一书,并作了大量的摘录,占他的一本草稿本的24页。他在该书的页边上没有写批注,但根据他画在正文里的着重线也可以判断他当时(1875年)对俄国生活和国民经济的哪些方面感兴趣。他作了标记的有关于人口迁徙、赎地手续、前农奴的土地配置、农户牲畜头数等资料。马克思还仔细翻阅了关于货币流通和信贷问题的几篇,不时地在页边记下政府实行某种财政措施(发行公债、停止信用券流通等)的年份。——255。

67 荣誉公民是沙皇俄国从1832年起开始采用的特权称号,以敕令授予"小市民"或"僧侣"这些等级中的有一定学历和地位的人。荣誉公民不服兵役,不纳人头税,不受体罚,有权参加城市自治机关。1858年,俄罗斯帝国共有荣誉公民21 400人。十月革命后,这一称号被废除。——261。

68 这里是指德·阿·季米里亚捷夫主编的《俄国工业历史统计概述》第1卷1883年圣彼得堡版。——268。

69 消费税是对大众日用品以及劳务征收的一种间接税。——286。

70 在《1894年塞兹兰—维亚济马铁路在运输方面与前几年相比的商业活动简况》一书的封面上,列宁的批注:"第62—63页"。该书这两页载有1890—1894年农业机器、锅驼机及其零件的生产和运输情况的资料。通过对资料的分析,列宁断定农机制造业的生产额在粮价下跌的几年里有很大增长,"工厂"生产与所谓"手工业"生产有联系,后者不过是工厂的"厂外部分"(见本版全集第3卷第196页)。——288。

71 为了研究巴甫洛沃手工业者的经济状况,列宁使用了多种文献资料,其中也包括下诺夫哥罗德省地方自治局统计处处长尼·费·安年斯基的报告。这一报告是以 1889 年戈尔巴托夫县统计调查资料和 1891 年巴甫洛沃村手工业品生产和销售情况补充资料为依据的。列宁把作者的资料同《工厂一览表》和《工厂索引》作了比较,查明安年斯基的错误在于他把巴甫洛沃区全部生产额的 $^3/_5$ 归于手工业生产。而实际上正像列宁所查明的那样,该区雇佣工人加上在自己家里做工的工人占多数,资本主义生产占统治地位。列宁在《俄国资本主义的发展》第 6 章《资本主义工场手工业和资本主义家庭劳动》(见本版全集第 3 卷)中使用了安年斯基报告中的实际材料。——292。

72 此处算式中的数字取自《工厂索引。俄国的工厂工业》一书。列宁后来在《俄国资本主义的发展》一书中利用了这些计算(见本版全集第 3 卷第 379 页。巴甫洛沃区评述见该卷第 376—379 页)。——293。

73 列宁仔细分析了下诺夫哥罗德省地方自治局关于戈尔巴托夫、巴拉赫纳和谢苗诺夫 3 个县手工业的统计资料,把为集市工作的手工业者同在别人作坊里工作的和"为业主"工作的工人区别开来。《俄国资本主义的发展》一书从上述各县统计汇编引用了许多例子,说明资本主义工场手工业如何过渡到资本主义机器工业,"手工业"订货人和包买主如何变成被地方自治局统计人员和民粹派经济学家笼统地称之为"手工"工业那种工业中的真正厂主。譬如,在下诺夫哥罗德省戈尔巴托夫县和谢苗诺夫县的 7 种手工业中,据地方自治局统计人员的计算,共有"手工业者" 16 303 人,但在这个数目中,有 8 520 个"手工业者"是在家里为"业主"工作的,有 3 169 个是业主作坊里的雇佣工人,也就是说两者都是雇佣工人。因此,"许多被按资本主义方式使用的工人被列入了'手工业者'数目之内"(见本版全集第 3 卷第 409 页)。

列宁在编制每一男女人口的消费表时,为了把各种粮食折成黑麦,利用了下诺夫哥罗德统计人员采用的标准(同上书,第 136 页)。这些统计人员以尤·爱·扬松制定的系数为折算根据,计算了折合成黑麦的每个成年工人一周(一月、一年)粮食消费量。——296。

74　谢·安·哈里佐勉诺夫的著作《弗拉基米尔省手工业》第2、3、5编,包含有关于手工业的经济状况和技术状况的丰富材料。列宁指出,作者对手工业和农业的相互关系问题作了非常详细的研究,还指出他试图区别对待各种手工业者这一做法具有积极的意义。但是哈里佐勉诺夫尚未能够作出农民无论在农业中或在工业中都在分化为小资产阶级和农村无产阶级这一结论(见本版全集第3卷第337页)。

　　列宁细心地研究了哈里佐勉诺夫著作中引用的实际材料,把这些材料同其他统计书刊(《财政部年鉴》和1879年《工厂一览表》)中引用的有关资料进行比较,对作坊按建立时间进行分类,分析某些商品的各加工阶段,统计各部门作坊数目、机器织机和手工织机台数、工人人数、独立的和不独立的手工业者人数,等等。《俄国资本主义的发展》一书广泛利用了哈里佐勉诺夫书中引用的、经列宁核对和加工整理过的实际材料。

　　列宁在1897年4月17日从克拉斯诺亚尔斯克寄出的信中索要《弗拉基米尔省手工业》最后3编(其中第3编和第5编的作者是哈里佐勉诺夫,第4编的作者是维·斯·普鲁加文,见本版全集第53卷第22号文献)。他在舒申斯克村研究了这几本书。——314。

75　列宁在这里简化了原书的统计表,把丝织业作坊按1—5个工人、6—19个工人、20个和20个以上工人分为三大类。这里的计算列宁部分地用于《俄国资本主义的发展》一书(见本版全集第3卷第349—350页)。——317。

76　包工是小工房主的别称。包工或小工房主把自己的小工房租给工厂主当厂房,本人也在里面做工。根据与工厂主所订的合同,他们负责房屋供暖和修缮,给织工运送原料,给工厂主运送成品,有时还执行监工的职责。——318。

77　制箔业是指用金、银、铜及其他金属制箔的手工业,这种金属箔用于装饰,特别是圣像和教堂用具的装饰。——319。

78　《欧俄(包括波兰王国和芬兰大公国)工厂一览表》是一种收载工厂统计

资料的手册，一共出过3版。1881年的第1版收的是1879年的资料；1887年的第2版收的是1884年的资料；1894年的第3版收的是1890年的资料。所有这些年份的《一览表》都是以工厂主向工商业司呈送的报表为基础的。《一览表》的第1版和第2版是彼·安·奥尔洛夫编的，第3版是奥尔洛夫和С.Г.布达戈夫合编的。

列宁认为《工厂一览表》第1版是70年代最珍贵的资料。他在《俄国资本主义的发展》第7章第2节里对这一手册作了总的评述(见本版全集第3卷第422—423页)，并在自己的书中广泛利用了《一览表》所有3版的统计资料。他对这些资料作了核对和全面分析，同时指出并纠正了所发现的错误。列宁统计了1879年有16个和16个以上工人的工厂数目(欧俄)，并另外算出不到16个工人的小作坊数目；他考察了某些企业和商号的发展，认为《一览表》中引用的工人人数资料有问题，因为其中未列入在家里做工的工人；他在按各个行业所作的汇总中，指出分活到各个家庭去的企业的数目；他统计出列入各行业清单的企业总数，以及每一行业按省的总计资料，并且整理了工厂工业集中于最重要的中心的资料。

列宁根据包括欧俄103个工厂中心(这些工厂中心大约集中了工厂工人总数的一半)的统计表里的资料，划分了俄国工厂中心的三种主要类型(城市、工厂村和"手工业"村)；他进一步把列入表内的103个中心按每个中心工人人数和中心种类(城市和乡村的)加以分类；他分析这种分类的结果而得出结论："俄国**工业**人口的数量大大地超过**城市**人口。"(见本版全集第3卷第479页)——333。

79 列宁在《一览表》中关于商人阿·波·库巴列夫的工厂(切尔尼戈夫省克林齐镇)的资料后面附了1883年《呼声报》第24号的一则关于该厂毁于火灾的简讯。——336。

80 实业咨议和下面提到的商业咨议(见本卷第344页)是沙皇俄国政府于1800年设立的授予大工业资本家和商人的荣誉称号。——339。

81 列宁在《俄国资本主义的发展》一书中提到：《工厂一览表》这一出版物"提供了生产总额在2 000卢布以上的全部企业清单。其他小的以及同手工业分不开的企业没有列入清单之内，**但包括在《工厂一览表》引用的总计资料中**"（见本版全集第 3 卷第 422 页）。此处列宁按每一行业统计出书中指出的工厂数，而在页边记下列入清单的工厂数。——344。

82　根据 1879 年《一览表》，萨马拉省有 75 家制革厂，产值 277 000 卢布，工人 250 名。——364。

83　列宁在《俄国资本主义的发展》一书第 7 章第 4 节（见本版全集第 3 卷）中利用了阿·彼·克本文章中的资料。——380。

84　C.H.库利宾是俄国矿业学术委员会的秘书，他编的俄国采矿工业统计资料汇编被列宁列入《俄国资本主义的发展》第 7 章论采矿工业的第 4 节的资料来源（见本版全集第 3 卷第 444 页）。同一章第 5 节和第 7 节也使用了这个汇编的资料。汇编中所引用的资料是 1890 工厂年度的，也就是说，实际上是 1890—1891 年的，因为俄国有些工厂会计年度从 5 月或 8 月开始，在个别情况下甚至从 10 月或 11 月开始。会计年度如此多种多样，是由集市日期和水路运送大批产品通常在通航期末等等因素所决定的。列宁在汇编上作了多方面的批注。他用着重标记划出并按各采矿工业部门和各矿区计算蒸汽机的台数和马力，划分出一些有关采矿工业工人数目的栏目的指标并加以汇总。——381。

85　《俄罗斯新闻》（«Русские Ведомости»）是俄国报纸，1863—1918 年在莫斯科出版。它反映自由派地主和资产阶级的观点，主张在俄国实行君主立宪，撰稿人是一些自由派教授。从 1905 年起成为右翼立宪民主党人的机关报。1917 年二月革命后支持资产阶级临时政府。十月革命后被查封。

　　这里说的是 1899 年《俄罗斯新闻》第 288、291 号刊载的 B.C.鲁德涅夫的通讯《从叶卡捷琳诺斯拉夫到克里沃罗格（南部冶铁工业区旅行随笔）》。该文含有俄国南部铁矿工业状况的实际资料。——382。

86　德·尼·日班科夫的《斯摩棱斯克省的工厂卫生调查》（第 1 编，1894

年)详细地记述了工厂的卫生状况。该书还对斯摩棱斯克省工厂工业情况作了概述,这是作者根据他从省工厂视察员那里得到的资料写成的。列宁根据书中开列的斯摩棱斯克省各县、市工厂目录,仔细研究了全省的工业情况,把各企业的资料(生产总额、工人人数)逐一地与彼·安·奥尔洛夫和С.Г.布达戈夫合编的1890年《工厂一览表》加以比较;把日班科夫漏掉的企业的资料补进他的厂名清单;按行业类别对所有的企业进行计算和分类。单个工厂的劳动条件和工人生活条件、内部规章等资料,也引起了列宁的注意。——383。

87 B.Ф.斯维尔斯基的《弗拉基米尔省的工厂和其他工业企业》一书,根据作者1890年调查的资料,详尽地记述了弗拉基米尔省工业企业的情况。书中的弗拉基米尔省工厂汇总表引起了列宁的注意。该表把全部企业分成8类,每一类又分成若干部门和行业类别。列宁用符号("a"、"b"、"c"等等)在表上标出每个行业,并按这些行业类别计算企业的总数。为了确定这些资料的可靠性,列宁把它们与1890年《工厂一览表》进行了比较。在单个企业记述中,列宁划出了经济和技术的各个方面、工人的生活条件等材料。——395。

88 列宁在《俄国资本主义的发展》一书中引用了1890年弗拉基米尔省泥炭采掘工人的人数(见本版全集第3卷第490页)。——398。

89 《俄国资本主义的发展》一书曾援引许多大工厂主出身于小手工业者这一事实,来说明三种主要的工业形式(简单商品生产、工场手工业和大机器工业)之间有着密切而直接的联系。Д.И.施什马廖夫的这本书就是在这方面被引用的文献资料中的一种(见本版全集第3卷第498页)。在该书的封面上,列宁亲笔写道:"作者—**施什马廖夫**"。列宁在书中标出了下诺夫哥罗德与舒亚—伊万诺沃铁路工业区一些工厂的历史和经济状况的材料;在作者引用的资料旁边,列宁批上了从1890年《工厂一览表》中摘录出来的相应的资料来进行对比。——405。

90 指在自己家里干精细活的工匠。——407。

91　《俄国资本主义的发展》一书广泛利用了莫斯科省地方自治局举办的该省手工业者按户调查的资料。这些材料发表于《莫斯科省统计资料汇编》(第6、7两卷,《莫斯科省手工业》,共5编)以及安·阿·伊萨耶夫的专门著作(共两卷)。这里收载的只是现存的列宁作过批注的《汇编》第7卷第3编。

　　列宁根据按户调查的资料,把手工业者按等级(I—低级,II—中级,III—高级)——按每个作坊的工人人数,有时按生产额及其技术设备等等——加以分类。列宁把分类的资料综合成莫斯科省农民小手工业汇总表(见《俄国资本主义的发展》一书《附录一》)和《俄国资本主义的发展》第5章的一个表(见本版全集第3卷第312页)。第5章第4节关于小商品生产者分化成资本家和雇佣工人的论述,就是以莫斯科省手工业的材料为依据的。在《俄国资本主义的发展》第6章和第7章里,也有些地方引用了莫斯科省手工业的资料。——420。

92　指小市民 A.C.切列帕诺娃的磨坊(见《欧俄工厂一览表》1894年圣彼得堡版第494页)。——425。

93　斯·费·鲁德涅夫的这篇文章根据1879年和1895年两次收集的材料,研究了莫斯科省制刷业和树条编织业中发生的变化。列宁在刊登于《莫斯科省统计年鉴》的这篇文章中划出了关于行业的显著扩大、妇女和儿童被吸收参加生产,关于机器台数的增加,关于工场手工业分工的发展、手工业者对包买主的依赖的加深以及关于大作坊的数目由于业主把活分到家里去做而减少等资料。上述最后一种情况说明,家庭劳动丝毫也不排除资本主义工场手工业这一概念,而且在这种情况下它还是资本主义工场手工业进一步发展的标志(见本版全集第3卷第374页)。——431。

94　《事业》杂志(«Дело»)是俄国进步的科学、文学刊物,1866—1888年在彼得堡出版。1883年起是温和自由派的刊物。——441。

95　《俄国思想》杂志(«Русская Мысль»)是俄国科学、文学和政治刊物(月刊),1880—1918年在莫斯科出版。起初是同情民粹主义的温和自由派的刊物。90年代有时也刊登马克思主义者的文章。1905年革命后成为立宪民主党右翼的刊物,由彼·伯·司徒卢威和亚·亚·基泽韦捷尔编辑。十月革命后于1918年被查封。后由司徒卢威在国外复刊,成为白俄杂志,1921—1924年、1927年先后在索非亚、布拉格和巴黎出版。——441。

96　《俄国财富》杂志(《Русское Богатство》)是俄国科学、文学和政治刊物。1876年创办于莫斯科,同年年中迁至彼得堡。1879年以前为旬刊,以后为月刊。1879年起成为自由主义民粹派的刊物。1914年至1917年3月以《俄国纪事》为刊名出版。1918年被查封。

这里说的是阿·瓦·彼舍霍诺夫的《论"土地搜集者"在俄国农业生产中的作用问题》一文。该文载于1897年《俄国财富》杂志第7期。——445。

97　列宁在《俄国资本主义的发展》中多次引用民粹派统计学家维·斯·普鲁加文的《弗拉基米尔省手工业》第4编(波克罗夫县)一书。列宁在利用该书实际资料的同时,批判了作者的民粹派偏见。从列宁在普鲁加文著作页边上作的批注可以看出,他非常仔细地整理了关于手工工业的实际资料,并把引用的资料同1879年《工厂一览表》作对比,使之更加准确。——456。

98　分裂教派也称旧教派或旧礼仪派,是17世纪从俄国正教分裂出来的教派,1906年以前受沙皇政府的迫害。——461。

99　1881年3月1日(13日)是沙皇亚历山大二世被民意党人刺死的日子。——461。

100　国家社会主义是一种企图利用国家权力进行社会改革的资产阶级改良主义思想,主要代表为约·卡·洛贝尔图斯-亚格措夫和斐·拉萨尔。自由主义民粹派也提出了各种别出心裁的"国家社会主义"方案。列宁所批判的维·斯·普鲁加文的方案,就是这类小资产阶级"国家社会主义"的变种。——462。

101　《俄国资本主义的发展》一书第 7 章《大机器工业的发展》的最后两节即第 11 节和第 12 节,利用了卫生统计汇编(《莫斯科省统计资料汇编》第 4 卷第 1、2 册)的实际材料。这本汇编载有地方自治局保健医生收集和整理的 1879—1885 年莫斯科省工厂卫生调查的综合报告。列宁仔细地整理了汇编的材料,计算了兼务农的工人的百分比和务农的时间、工厂的工作日数和节假日数,把汇编的资料同 1879 年《工厂一览表》作了比较,把莫斯科省各县分为工业县和工业最不发达县两类。工厂的劳动强度、工资报酬以及工厂卫生状况等问题吸引了他的注意。他还计算了每一家工厂平均有多少工人等等;在这两册统计资料中有列宁作的大量批注和计算。

　　　列宁指出,莫斯科卫生统计,即叶·米·杰缅季耶夫的著作(《莫斯科省统计资料汇编》第 4 卷第 2 册),对大机器工业彻底割断工厂工人同农业的联系的问题进行了实际研究(见本版全集第 3 卷第 493 页)。列宁利用这些资料揭露了民粹派对事实的歪曲,他们硬说俄国资本主义生产依赖工人－耕作者,俄国工人认为在工厂劳动只是副业,等等。列宁还引用了莫斯科地方自治局统计工作人员对 10 万名以上工厂工人进行调查的资料,这些资料驳斥了民粹派经济学家抹杀资本主义所造成的人口流动性的进步意义的论据(同上书,第 504—505 页)。——464。

102　以上是列宁在载于《莫斯科省统计资料汇编》第 4 卷第 1 册第 1—92 页的亚·瓦·波果热夫的《18 世纪末 19 世纪初莫斯科省世袭占有性质的工厂及其日常活动》一文上的批注。列宁在《俄国资本主义的发展》第 7 章第 3 节引用了这篇文章(见本版全集第 3 卷第 430 页)。——465。

103　列宁在《俄国资本主义的发展》一书中利用了对莫斯科省 103 175 个工厂工人进行的调查的资料(见本版全集第 3 卷第 504 页)。——471。

104　指 1886 年 6 月 3 日(15 日)颁布的《关于对工厂工业企业的监督和厂主与工人的相互关系》的法令。该法令主要是对厂主随意课处工人罚款作了某些限制,因此通常被称为"罚款法"。列宁在《对工厂工人罚款法的解释》这本小册子中详细分析和批判了这个法令(见本版全集第 2

卷）。——474。

105　指 1897 年 6 月 2 日（14 日）颁布的缩短工厂工作日和规定节日休息的新工厂法。列宁在《新工厂法》这本小册子中对它作了详细的分析和批判（见本版全集第 2 卷）。——482。

106　《彼尔姆省手工工业状况概述》是根据俄国技术协会彼尔姆分会的倡议，在地方自治机关的参加下，以 1894—1895 年度彼尔姆省手工业按户调查材料（E.И.克拉斯诺彼罗夫领导了调查材料的整理工作）为基础而编写的一部巨著。列宁在《1894—1895 年度彼尔姆省手工业调查以及"手工"工业中的一般问题》一文（见本版全集第 2 卷）中对这份调查材料作了详细的分析。他在《俄国资本主义的发展》一书中，也广泛地使用了这一调查材料。

　　列宁在《概述》一书上作了大量批注。这些批注说明，他对该书资料的研究着重于两个方面：第一，使用和整理关于手工工业状况的实际调查资料；第二，对书中反映的民粹主义偏见进行原则性的批判。《概述》的作者们对调查材料进行综合和分类的方法在经济学上是不科学的，在统计学上也是不正确的，他们掩盖了由于资本的渗入及其在手工工业中占统治地位而在"手工业者"中间引起的矛盾。

　　列宁批判了民粹派统计学家把大作坊和小作坊（大作坊业主和个体手工业者）混在一起，并据此得出虚假的平均数的做法。民粹派统计学家在手工业调查中回避雇佣工人及其家庭（在调查材料中没有雇佣工人家庭的按户调查资料），只登记业主及其作坊。列宁指出，必须采取科学的统计分类法，根据作坊中的工人数（既包括本户工人也包括雇佣工人）对手工业者进行分等（分类）。经列宁用科学方法整理过的内容广泛的手工业调查材料不容置辩地证明，工业中手工业者分化成为资本家和雇佣工人，是同作为耕作者的农民的分化携手并进的。

　　列宁在书上写的"1897.7.20."，即他在舒申斯克村收到该书并开始对其进行研究的日期。——484。

107　列宁在这里计算的是全省手艺人的总数。2 821 和 604 这两个数字，列宁取自该书第 45 页和第 46 页的统计表；这两个数字表示为订货者工作的手工业者人数；列宁把这两个数相加，得出经过调查的手艺人人数（3 425）。该书说，经过调查的手工业者为全体手工业者的72％。根据这一说明，列宁算出手艺人总数为4 757。——487。

108 在《概述》第31—32页上，彼尔姆省各县按手工业性质分为如下3类：Ⅰ类，手工工业发展水平较高，为市场工作的手工业者百分数最大；Ⅱ类，手工业发展水平较低，但为市场工作的手工业者占大多数；Ⅲ类，手工工业发展水平不高，按消费者订货而工作的手工业者大体上占优势。——487。

109 列宁计算的是雇佣工人人数和使用雇佣劳动的手工业者户数。他计算出有6个和6个以上及有10个和10个以上雇佣工人的作坊的工人人数（1 242和952）。——499。

110 列宁在《1894—1895年度彼尔姆省手工业调查以及"手工"工业中的一般问题》一文中利用了这些资料。他在文中指出，85家作坊平均每家有14.6个雇佣工人，"这已是工厂主，已是资本主义作坊的老板了"（见本版全集第2卷第255页）。——499。

111 列宁在这里计算的是平均1个雇佣工人的工资。——505。

112 关于确定工作时间的方法，见本版全集第2卷第273—277页。——505。

113 列宁在这里发现《概述》中两处提到的同一个本户工人人数资料不一致：在第96页的统计表里，"参加本行业的家庭手工业者"人数为81，可是按照第97页的统计表里的资料（27＋18＋24＋16）得出的数字却是85。他认为这里可能有排印错误。——510。

114 列宁从《概述》一书第61页的统计表里摘录了奥汉斯克县4家最大的椴皮席席包作坊的经济资料。列宁在该书第151页上作的计算，用具体实例证明民粹派的"平均数"是完全站不住的。根据该书作者引述的关于席包业的资料，全行业总收入为38 681卢布，平均1个工人（雇佣

工人＋本户工人)合 84.4 卢布;平均 1 个本户工人的纯收入为 49.72
卢布。但是如果按列宁的意见把大作坊划出,结论就完全不同了。1
家有 31 个雇佣工人(＋1 个本户"工人")的工厂,总收入为 13 000 卢
布,平均 1 个工人合 406 卢布。在 11 家大作坊里,平均 1 个本户工人
的纯收入为 327 卢布,而平均 1 个雇佣工人的年工资为 26.5 卢布。如
果从作坊总数中除去这 11 家作坊,那么平均 1 个本户工人的纯收入总
共只有 34 卢布。——521。

115 列宁在这里计算的是每一类作坊在苏克孙工厂各铜制品作坊的总生产
额中所占的百分比(根据格·马诺欣《彼尔姆省的手工工业》一文,该文
载于《俄国手工工业调查委员会的报告》第 10 编)。——539。

116 列宁计算的是从事大理石制品业以及琢磨业、刻石业和透石膏制品业
的家庭手工业者的总工资,有关资料在该书第 281、282、287 页。
——542。

117 列宁在这里计算的是无产者在手工业者中所占的比重。手工业者总数
的 28.4％为包买主工作,他们是非独立的手工业者;这里包括本户工
人和雇佣工人在内。如果单算本户工人,专为包买主工作的则占
20.8％。其次,手工业者总数的 25％其实是手工业者的雇佣工人。由
此可见,全部手工业者的 45.8％(25％雇佣工人加 20.8％本户工人),
实际上应算做为冒充"手工业者"的资本家工作的无产者。——556。

118 列宁在研究彼尔姆边疆区手工业发展情况时,也利用了 1887 年西伯利
亚—乌拉尔展览会上彼尔姆手工业部分的材料。该材料是地方自治局
统计人员 E.И.克拉斯诺彼罗夫编写的,分 3 编。列宁在每一编上都作
了许多批注、计算和着重标记。例如,他计算了所有各行业和各县的本
户工人人数和雇佣工人人数、作坊数,算出了每一个作坊的平均生产额
(产值)。他标出了各种行业的技术装备和生产组织的特点;研究了手
工业作坊主和雇佣工人所经营的农业的情况;计算出工人的工资和手
工业者的利润;研究了工人的劳动条件和生活条件;标出了关于童工的
数量和工资的资料。所有这些经列宁用科学方法整理和分析了的材料

和统计资料,都反映出资本主义在手工工业中的发展,这表现在雇佣劳动使用的增长和资本主义工场手工业的发展上。

列宁还细心研究了克拉斯诺彼罗夫编写的其他出版物中有关手工工业的实际材料。这些出版物是《1890年喀山科学工业展览会上的手工业和手工艺》和根据1896年下诺夫哥罗德展览会的资料所作的关于手工工业状况的报告(见本卷第290—291、452页)。——562。

119 伊里亚·穆罗梅茨是俄国民间传说中的勇士,俄罗斯12—16世纪壮士歌中的主人公之一。——563。

120 哪里好,哪里就是祖国一语出自古希腊喜剧作家阿里斯托芬的剧本《财神》。剧本说,小偷的主神赫耳墨斯前来投靠家里住着财神的凡人克瑞密罗斯,情愿做个仆役。有人问他,这样他岂不是离开了众神?难道他觉得离乡背井的生活好?他答道,哪里好,哪里就是祖国。列宁认为这句话是资产阶级最重视的原则。——566。

121 这里是借用基督教圣经里的故事:英雄大卫曾用投石器击杀非利士巨人歌利亚(见《旧约全书·撒母耳记上》第17章)。——566。

122 列宁在《俄国资本主义的发展》一书最后一章即第8章的第2节中,研究了外出做非农业零工的问题。列宁认为在工业中心谋得生活资料的农民,应属工业人口。列宁的这一经过科学论证的结论,彻底驳倒了民粹派经济学家一再重复的所谓俄国工人是仅仅赚取外水的种地的农民这种官方观点。

为了说明外出做非农业零工的情况和测定工业人口,列宁使用了多种统计书刊:莫斯科省和特维尔省的统计年鉴,雅罗斯拉夫尔省、下诺夫哥罗德省和卡卢加省的概述,德·尼·日班科夫根据科斯特罗马省材料所写的关于外出谋生对人口迁徙的影响的著作等等。列宁根据上述统计书刊中的实际资料,统计了关于发给外出谋生的农民的身份证的资料,按一年四季对外出做零工进行分类,并按外出零工的种类对各县加以分类,按年龄和性别分析外出做零工者的组成,对不同来源的有关资料进行比较以核对其可靠性。列宁还顺便针对这些汇编的编者们的民粹主义错误观点写了许多批评性的评语。——580。

123　《俄罗斯帝国统计年鉴》(《Статистический временник Российской империи»)
是俄国工厂统计的重要出版物，由内务部中央统计委员会出版。厂主
和企业主向财政部工商业司呈送的有关工人人数和生产总额的报表，
是《统计年鉴》的主要资料来源。列宁在《俄国资本主义的发展》一书
中，利用了许多取自《统计年鉴》的资料。例如，在第 8 章第 2 节，他引
用了欧俄一些年份的人口数量的数字，其中 1863 年的资料就是引自
《统计年鉴》第 1 辑第 5 页上的一个表，并根据一些省的其他统计书刊
进行过核对和订正的(见本版全集第 3 卷第 512—513 页)。经过相应
的核对，列宁从《统计年鉴》中引用了 60 年代采矿工业的资料，包括关
于矿业工人人数的资料。在《统计年鉴》第 1 辑第 3—17 页最重要金属
和矿物开采情况统计表部分，列宁计算出采矿工业各部门工人人数，并
作了全俄汇总。列宁在研究 1866 年国家预算时，特别划出身份证的收
入资料，用以说明外出做零工和人口从农村迁往城市的情况。

　　列宁在 1898 年 2 月 7 日从舒申斯克村寄给母亲的信中索《统计
年鉴》(第 1 辑第 1 编)一书，而在 1898 年 2 月 24 日的信中告诉她该书
已收到(见本版全集第 53 卷第 39、42 号文献)。——582。

124　米·伊·杜冈-巴拉诺夫斯基 1898 年 1 月 17 日在自由经济学会第三
部会议上作的《俄国工业发展统计总结》这一报告以及同年 2 月 7 日和
21 日讨论这个报告的材料，列宁是在舒申斯克从《自由经济学会学
报》的抽印本上读到的。列宁在报告上注明"1898.2.27."，大概是指他
在舒申斯克村收到和翻阅这个抽印本的日期。列宁对报告指出《军事
统计汇编》(见注 66)数字有错误的那部分给予了肯定的评价(见本版
全集第 3 卷第 420—421 页)。

　　列宁分析了报告中所列的一个关于 1860—1879 年俄国工厂工业
工人人数以及集市数目、生铁和原棉的产量和收成的统计图，认为图中
的资料不准确。他根据自己的 1864—1879 年和 1885—1890 年 34 种
行业的统计表(同上书，第 555 页《附录二》)，在杜冈-巴拉诺夫斯基的
统计图上注明了准确的工人人数资料。——589。

125　列宁在《俄国资本主义的发展》一书中对俄国1897年第一次人口普查总结作了马克思主义的分析。他在该书许多章节,特别是在第2版的补充部分阐述了这一问题。他剖析了官方对普查资料的加工整理,认为其重大缺点是过分压低了工业人口:在统计城市人口时排除了工业村镇的人口,可是在许多省份,工业人口主要并非集中于城市,而是集中于已转变为相当大的工业中心的工商业村镇(见本版全集第3卷第520页)。

　　列宁在《俄国资本主义的发展》一书中,为了说明城市的发展,利用了1897年人口普查材料前两编的资料(同上书,第512—514页)。这两编的编者回避了俄国工人阶级的发展和分布问题,这反映了统治阶级那种不愿让人们了解工人问题的意向。只是到1905年,即普查结束后的第8年,沙皇政府内务部中央统计委员会才按照1897年的普查资料部分地公布了工人和仆役分布的材料。但即使在这个材料里,关于俄国工人阶级人数的资料也是伪造的,因为它人为地过分压低了手工工业中工人的数目,并且对外出做非农业零工和农业工人的迁移都不加考虑。

　　本卷引用了经列宁整理的以下调查材料:1897年人口普查材料第1、2两编;弗拉基米尔省和下诺夫哥罗德省的资料;各类工人和仆役的分布。这些材料表明,列宁如何重新核算了各省人数总计,计算出城市常住人口和现有人口在全国总人口中占的比重,摘录了最大城市人口数,以弗拉基米尔省和下诺夫哥罗德省为例比较了城市和工商业村镇人口数,计算出工人阶级在各生产领域中的分布。——593。

126　列宁计算的是工人人数在16名以下的小企业的数目。27 986这个数字是依据1879年《工厂一览表》的资料得出的。《工厂一览表》第695页指明,欧俄工厂总数是26 067。列宁又从因缺少工人人数资料而未列入《一览表》的2 541个企业中,拿出1 919个小企业"大致地补充"到此数上。这一点他在《俄国资本主义的发展》一书中曾指出(见本版全集第3卷第423页)。——619。

127　列宁在揭露沙皇俄国工厂统计材料极其不能令人满意的状况时指出,

《财政部年鉴》与其他统计书刊相比有它好的地方，即提供了年生产总额超过1 000卢布的工厂清单（按业主姓氏）（见本版全集第3卷第418页）。列宁根据《年鉴》的资料指出民粹派经济学家尼·—逊、尼·亚·卡雷舍夫、尼·阿·卡布鲁柯夫等人在统计方法上的错误，按列宁的说法，他们看来对工厂统计的主要资料完全无知，而且不加批判地使用歪曲经济实际情况的《军事统计汇编》的资料（同上书，第420页）。为了评价60年代俄国工业状况，列宁在《俄国资本主义的发展》一书中的许多地方利用了取自《年鉴》的实际资料。他在《年鉴》上作了大量批注，包括对各省外出做零工的规模、历年各种行业工厂工人数量等等的计算和统计。

列宁在1897年3月26日从克拉斯诺亚尔斯克寄给亲属的信中请求把《年鉴》寄给他。在1897年5月25日从舒申斯克村发出的信中还说到《年鉴》（和一些其他书籍）是他工作上最需要的（见本版全集第53卷第20、25号文献）。列宁在《1894—1895年度彼尔姆省手工业调查以及"手工"工业中的一般问题》和《论我国工厂统计问题》中也引用了《年鉴》（见本版全集第2卷第263、303页，第4卷第10、13页）。——625。

128　列宁在《军事统计汇编》第338页上计算出烧砖厂和制瓦厂每1个工人的生产总额为181.7卢布（见本卷第276页）。他用这个数字来除烧砖业的生产总额，推算出工人数为21 640。——638。

129　O.Э.施米特编写的巴甫洛沃小五金区比较总计使用了1889—1890年度和1901年这两次地方统计调查的资料。这些资料表明，在两次调查之间的12年内，手工业资本化加强了，在家里为业主工作的人和雇佣工人的百分比从51％增加到64％；为集市工作的手工业者的百分比相应地减少了。伴随着这一过程的是：资本主义的依从关系的增长，劳动强度的加大，妇女和儿童被吸收进生产里来，手工业者同农业愈益分离，贫困更加严重。——641。

130　医生Г.И.罗斯托夫采夫调查过莫斯科省德米特罗夫县的手工业状况。根据他写的《莫斯科省德米特罗夫县各村庄小手工业的卫生状况》，列宁仔细研究了手工业工人劳动和生活的卫生条件。他划出了对健康极为有害的环境、工作日比工厂里的长(长达 17—19 个小时)、童工中小的只有 3—7 岁、工资微薄等情况。列宁根据德米特罗夫县手工业卫生状况统计表的资料(第 29—33 页),对该县手工业作坊数目作了统计,并从中划分出有 16 名以上工人的大作坊;它们实际上是工厂,但被作者错算做手工业作坊了。——649。

131　《俄国资本主义的发展》一书第 2 版出版后,列宁仍未停止对这本书的修订工作。他在一本第 2 版的书上改正了一些排印错误,作了些着重标记,并作了关于 1908 年底俄罗斯 66 省(芬兰未计)工业企业按工人人数分类的新资料的笔记。这些资料系引自 1910 年在彼得堡出版的《1908 年工厂视察员报告汇编》一书,因此列宁的这段笔记只能是 1910 年或者更晚一些时候写的。这本书的扉页上有列宁的亲笔外文署名:"Uljanow"。——655。

132　列宁在 1910 年 9 月底—11 月写的《论俄国罢工统计》一文中提到了亚·瓦·波果热夫的这本书(见本版全集第 19 卷第 378 页)。——657。

人 名 索 引

A

阿布拉莫夫,尼古拉·谢苗诺维奇(Абрамов,Николай Семенович)——385。

阿尔曼德,叶夫根尼·伊·(Арманд,Евгений И.)——337。

阿尔诺德,В.Ф.(Арнольд,В.Ф.)——239—241、242—247。

阿尔先尼·Д—ко(Арсений Д—ко)——140。

阿克莱,理查(Arkwright,Richard)——8。

阿克丘林,Т.库拉姆申(Акчурин,Т.Курамшин)——279。

阿克丘林,Ю.С.(Акчурин,Ю.С.)——279。

阿列克谢耶夫(Алексеев)——563。

阿列克谢耶夫,瓦西里·伊万诺维奇(Алексеев,Василий Иванович)——336。

阿列耶夫,А.И.(Алеев,А.И.)——279。

阿列耶夫,Х.(Алеев,Х.)——279。

阿列耶夫,Х.Х.(Алеев,Х.Х.)——279。

阿纳尼因,Ф.Ф.(Ананьин,Ф.Ф.)——541。

阿斯塔波娃,А.Е.(Астапова,А.Е.)——479。

阿斯塔菲耶夫家族(Астафьевы)——279。

阿谢耶夫,А.В.(Асеев,А.В.)——279。

埃里斯曼,费多尔·费多罗维奇(Эрисман,Федор Федорович)——165、464、472。

埃—尔(Э—р)——138。

安德列耶夫,加甫里尔(Андреев,Гавриил)——58。

安德列耶夫,伊万·安德列耶维奇(Андреев,Иван Андреевич)——385。

安东诺娃,А.И.(Антонова,А.И.)——478。

安年斯基,尼古拉·费多罗维奇(Анненский,Николай Федорович)——173、

C

D

H

哈里佐勉诺夫, 谢尔盖·安德列耶维奇（Харизоменов, Сергей Андреевич）——
114、314——327。

赫尔岑施坦, 格里戈里·马尔科维奇（Герценштейн, Григорий Маркович）
——441。

赫拉姆科夫（Храмков）——564。

赫连尼科夫（Хренников）——280。

赫柳斯京, Н.И.（Хлюстин, Н.И.）——387。

赫卢多夫, 阿列克谢·伊·（Хлудов, Алексей И.）——342。

胡塔列夫, Д.М.（Хутарев, Д.М.）——477。

J

基谢廖夫（Киселев）——224。

吉尔（Гилль）——357。

吉亚普科夫, 伊·（Тяпков, И.）——328。

济里亚诺夫, П.С.（Зырянов, П.С.）——508。

季尔曼斯（Тильманс）——374。

季米里亚捷夫, 德米特里·阿尔卡季耶维奇（Тимирязев, Дмитрий Аркадьевич）——
116、268、380。

加尔德宁（Гарденин）——280。

加甫里洛夫, 叶弗列姆·彼得罗维奇（Гаврилов, Ефрем Петрович）——386。

加列林, 费多尔·尼科诺维奇（Гарелин, Федор Никонович）——339、411。

加列林, 梅福季·尼科诺维奇（Гарелин, Мефодий Никонович）——339、411。

加列林, 谢尔盖·尼科诺维奇（Гарелин, Сергей Никонович）——339、411。

加列林, 伊·尼科诺维奇（Гарелин, И.Никонович）——345、411。

加列耶夫, М.И.（Галеев, М.И.）——291。

加米涅夫（Каменев）——281。

加尼奇金, Я.И.（Ганичкин, Я.И.）——425。

加涅希内, В.（Ганешиный, В.）——335。

L

佩尔沃夫(Первов)——282。

佩罗夫,谢·彼·(Перов,С.П.)——354。

皮诺戈罗夫,В.С.(Пиногоров,В.С.)——293。

皮亚特尼茨卡娅,安娜(Пятницкая,Анна)——384。

皮尤克列尔——见久克列尔,Е.А.。

普济纳(Пузына)——565。

普拉东诺夫,К.П.(Платонов,К.П.)——290。

普里贝洛夫斯基(Прибыловский)——279。

普利亚捷尔-济别尔格,И.Г.(Плятер-Зиберг,И.Г.)——387。

普列韦,Ф.(Плеве,Ф.)——603。

普鲁加文,维克多·斯捷潘诺维奇(Пругавин,Виктор Степанович)——57—
　　62、63—72、456—463。

普罗霍罗夫,库兹马(Прохоров,Кузьма)——342—343。

普罗托波波夫,瓦·谢·(Протопопов,В.С.)——334。

普洛特尼科夫,米哈伊尔·亚历山德罗维奇(Плотников,Михаил Александрович)
　　——205。

Q

齐尔科夫(Цирков)——316。

切尔登采夫(Чердынцев)——522。

切尔卡索夫,В.С.(Черкасов,В.С.)——631。

切列帕诺娃,А.С.(Черепанова,А.С.)——425。

丘利亚耶夫,阿尼西姆(Тюляев,Анисим)——336、406。

丘洛什尼科夫,А.П.(Чулошников,А.П.)——508。

丘普罗夫,亚历山大·伊万诺维奇(Чупров,Александр Иванович)——162、192。

丘瓦托夫,А.П.(Чуватов,А.П.)——508。

R

热林斯基,斯捷潘·伊波利托维奇(Жилинский,Степан Ипполитович)——385。

日班科夫,德米特里·尼古拉耶维奇(Жбанков,Дмитрий Николаевич)——

149、383—394、427—430、440、449。

扎克谢, B.Φ.(Заксе, B.Φ.)——290。

扎洛金(Залогин)——283。

扎维亚洛夫, A.(Завьялов, A.)——635。

扎维亚洛夫, И.(Завьялов, И.)——635。

扎维亚洛夫, П.(Завьялов, П.)——635。

扎维亚洛夫, Φ.(Завьялов, Φ.)——635。

扎伊采夫(Зайцев)——282。

泽利多维奇, Н.(Зельдович, Н.)——386。

祖勃科夫, Н.Φ.(Зубков, Н.Φ.)——413。

祖博夫(Зубов)——323。

佐洛塔列夫家族(Золотаревы)——279。

————

B.Я.——见亚罗茨基, 瓦西里·加夫里洛维奇。

文 献 索 引

阿尔诺德, B. Ф.《赫尔松县农户农业技术和农业经济的一般特点》(Арнольд, В. Ф. — Общие черты агрономической техники и сельскохозяйственной экономики крестьянских хозяйств Херсонского уезда. Изд. Херсонского уездного земства. Херсон, тип. О. Д. Ходушиной, 1902, 300 стр.) —— 239—247。

埃里斯曼, 费·费·《根据 1879—1885 年的调查莫斯科省工厂工业现状的一般资料》(Эрисман, Ф. Ф. Общие сведения о настоящем положении фабрично-заводской промышленности Московской губернии по исследованиям 1879 — 1885 гг. — В кн.: Сборник статистических сведений по Московской губернии. Отдел санитарной статистики. Т. IV. Ч. I. Общая сводка по санитарным исследованиям фабричных заведений Московской губернии за 1879 — 1885 гг. Под ред. Ф. Ф. Эрисмана. М., 1890, стр. 93 — 178) —— 465—470、479—480。

——《关于工人的资料》(Сведения о рабочих. — В кн.: Сборник статистических сведений по Московской губернии. Отдел санитарной статистики. Т. IV. Ч. I. Общая сводка по санитарным исследованиям фабричных заведений Московской губернии за 1879 — 1885 гг. Под ред. Ф. Ф. Эрисмана. М., 1890, стр. 179—307) —— 470—472。

——《莫斯科省工厂工人的食品供给》(Пищевое довольствие рабочих на фабриках Московской губернии. — В кн.: Сборник статистических сведений по Московской губернии. Т. IV. Ч. II. Общая сводка по санитарным исследованиям фабричных заведений Московской губернии за 1879 — 1885 гг. Сост. д-ром Е. М. Дементьевым и проф. Ф. Ф. Эрисманом. М., 1893, стр. 463—516) —— 165。

安年斯基,尼·费·《地主农场中的粮食生产价值》(Анненский, Н.Ф.Стоимость производства хлеба в частновладельческих хозяйствах. — В кн.: Влияние урожаев и хлебных цен на некоторые стороны русского народного хозяйства. Под ред. проф. А.И.Чупрова и А.С.Посникова. Т.I.Спб., 1897, стр.157 — 245) —— 173、175、176 — 180。

—《关于巴甫洛沃区手工业者状况的报告》(Доклад по вопросу о положении кустарей Павловского района. — «Нижегородский Вестник Пароходства и Промышленности», 1891, №1, стр.10 — 16; №2, стр.40 — 45; №3, стр.58 — 62) —— 292 — 295。

—《农业劳动的价格与收成和粮价的关系》(Цены на земледельческий труд в связи с урожаями и хлебными ценами. — В кн.: Влияние урожаев и хлебных цен на некоторые стороны русского народного хозяйства. Под ред. проф. А. И. Чупрова и А. С. Посникова. Т. I. Спб., 1897, стр. 517 — 532) —— 194。

奥尔洛夫,彼·安·《欧俄(包括波兰王国和芬兰大公国)工厂一览表》(Орлов, П.А.Указатель фабрик и заводов Европейской России с Царством Польским и Вел. кн. Финляндским. Материалы для фабрично-заводской статистики. Сост. по офиц. сведениям деп. торговли и мануфактур.[По сведениям за 1879 г.].Спб., тип. бр. Пантелеевых, 1881, IX, 754 стр.) —— 316、333 — 379、456、458、477、478、479、508、522、561、615 — 619。

奥尔洛夫,彼·安·和布达戈夫,С.Г.《欧俄工厂一览表》(Орлов, П.А. и Будагов, С. Г. Указатель фабрик и заводов Европейской России. Материалы для фабрично-заводской статистики. Сост. по офиц. сведениям деп. торговли и мануфактур. Изд. 3-е, испр. и значит. доп. [По сведениям за 1890 г., доп. сведениями за 1893 и 1894 гг.].Спб., тип. В. Киршбаума, 1894, II, XVI, 827 стр.) —— 152、270、272 — 273、274 — 275、279 — 280、281 — 282、284 — 285、286、292 — 293、308、318 — 319、334、335、336、337、338、339、340、341、342、343、344、345、346、347、348、349、350、351、352、353、354、355、356、357、358、359、360、361、362、364 — 365、366 — 367、368、369、370、373、374、375、376、377、378、379、381、383、384 — 387、388、389、390、

393、394、396、398、400、401、406、407、408、409、410、411、412、413、414、416、423、424、425、426、437、438、439、443、477、478、479、571、607—608、610—611、612。

巴塔林，亚·费·《蔬菜业和果园业》（Баталин, А. Ф. Огородничество и садоводство. — В кн.: Историкостатистический обзор промышленности России. Под ред. Д. А. Тимирязева. Т. I. Сельскохозяйственные произведения, огородничество, садоводство и домашние животные. Горная и соляная промышленность. Спб. , 1883, стр. 1—42）——118—119。

贝奇科夫，Г.Н.《诺夫哥罗德县3个乡农民经济状况和经营按户调查试验》（Бычков, Г. Н. Опыт подворного исследования экономического положения и хозяйства крестьян в 3-х волостях Новгородского уезда. Новгород, 1882, 116, 70, 111 стр.）——123—124。

彼得罗夫，В.В.《1891年冬的副业和非农业外水》（Петров, В. В. Промыслы и внеземледельческие заработки в зиму 1891/92 года. — В кн.: Статистический ежегодник Московской губернии за 1892 г. М. , 1892, стр. 1—22）——204。

彼舍霍诺夫《论"土地搜集者"在俄国农业生产中的作用问题》（Пешехонов. К вопросу о роли собирателей земли в русском земельном производстве. — «Русское Богатство», Спб. , 1897, №7, стр. 34—50）——445。

波果热夫，亚·瓦·《俄国工人的数量和成分统计》（Погожев, А. В. Учет численности и состава рабочих в России. Материалы по статистике труда. Изд. Императорской Акад. наук. С прил. табл. и 18 картодиагр. Доложено в заседании ист.-филол. отд. Императорской Акад. наук 18 янв. 1906 года. Спб. , тип. Акад. наук, 1906, XXV, 114, 224 стр.）——657—658。

——《历史部分》（Часть историческая. — В кн.: Сборник статистических сведений по Московской губернии. Отдел санитарной статистики. Т. IV. Ч. I. Общая сводка по санитарным исследованиям фабричных заведений Московской губернии за 1879—1885 гг. Под. ред. Ф. Ф. Эрисмана. М. , 1890, стр. 1—92）——464—465。

波克罗夫斯基，瓦·伊·《收成和粮价的波动对人口自然迁徙的影响》

（Покровский, В. И. Влияние колебаний урожая и хлебных цен на естественное движение населения.—В кн.: Влияние урожаев и хлебных цен на некоторые стороны русского народного хозяйства. Под ред. проф. А. И. Чупрова и А. С. Посникова. Т. II. Спб., 1897, стр. 171 — 370）——205—206。

波里索夫斯基, А.《谢苗诺夫县的制匙业》（Борисовский, А. Ложкарство в Семеновском уезде.—В кн.: Труды комиссии по исследованию кустарной промышленности в России. Вып. II. Спб., 1879, стр. 7—28）——305—306。

布拉戈维申斯基, 尼·安·《地方自治局按户调查经济资料综合统计汇编》（Благовещенский, Н. А. Сводный статистический сборник хозяйственных сведений по земским подворным переписям. Т. I. Крестьянское хозяйство. М., тип.-лит. Т-ва И. Н. Кушнерев и К⁰, 1893, XVI, 267 стр. На русск. и франц. яз.）——44—56。

查斯拉夫斯基, 瓦·伊·《外出做农业零工与农民迁徙的关系》（Чаславский, В. И. Земледельческие отхожие промыслы в связи с переселением крестьян.—В кн.: Сборник государственных знаний. Под ред. П. Безобразова. Т. II. Спб., 1875, стр. 181—211）——127。

戴维, П. П.《1842年彼尔姆省的马铃薯暴动》（Деви, П. П. Картофельный бунт в Пермской губернии в 1842 г. Рассказ крестьянина П. Г. Гурина.—«Русская Старина», Спб., 1874, №5, стр. 86—120）——224。

［丹尼尔逊, 尼·弗·］《我国改革后的社会经济概况》（圣彼得堡）（［Даниельсон, Н. Ф.］Очерки нашего пореформенного общественного хозяйства. Спб., А. Бенке, 1893, XVI, 353 стр.; XVI л. табл. Перед загл. авт.: Николай—он）——129、461、589、590、591。

杜冈-巴拉诺夫斯基, 米·伊·《俄国工业发展统计总结》（Туган-Барановский, М. И. Статистические итоги промышленного развития России.（Доклад, читанный в заседании III отд. И. В. Э. Общества 17-го января 1898 г.).—«Труды Императорского Вольного Экономического Общества», Спб., 1898, т. 1, №1, январь—февраль, стр. 1—41）——589。

——《资本在我国手工工业发展中的历史作用》（Историческая роль капитала

в развитии нашей кустарной промышленности. —«Новое Слово», Спб.，1897，№7，апрель，стр.1—3(2-ой отд.))——483。

——《资本主义与市场》(Капитализм и рынок.(По поводу книги С. Булгакова «О рынках при капиталистическом производстве». Москва, 1897 г.).— «Мир Божий»，Спб.，1898，№6，стр.118—127)——656。

福尔图纳托夫，阿·费·《论粮价和收成与俄国农业的某些变化的关系》(Фортунатов, А.Ф. О связи хлебных цен и урожаев с некоторыми изменениями в русском земледелии. — В кн.: Влияние урожаев и хлебных цен на некоторые стороны русского народного хозяйства. Под ред. проф. А. И. Чупрова и А. С. Посникова.Т.I.Спб.，1897，стр.247—276)——35、180—182。

——《欧俄黑麦的收成》(Урожаи ржи в Европейской России. М.，тип. М. Г. Волчанинова，1893，IV，255 стр.)——35。

哥卢别夫，А.《甜菜制糖业》(Голубев, А. Свеклосахарное производство.—В кн.: Историко-статистический обзор промышленности России. Под ред. Д. А. Тимирязева. Т. II. Произведения фабричной, заводской, ремесленной и кустарной промышленности.Спб.，1886，стр.3—45)——121。

格里戈里耶夫，瓦·尼·《巴甫洛沃区制锁制刀手工业》(Григорьев, В.Н.Кустарное замочно-ножевое производство Павловского района. (В Горбатовском уезде Нижегородской губ. и в Муромском уезде Владимирской губ.).—В кн.: Рагозин, В. Материалы к изучению кустарной промышленности Волжского бассейна.Прил.к изд.«Волга».М.，1881，стр.XI—XVI，1—124，10)——297。

——《收成和粮价对俄国城市居民的影响》(Влияние урожаев и хлебных цен на городское население России. — В кн.: Влияние урожаев и хлебных цен на некоторые стороны русского народного хозяйства. Под ред. проф. А. И. Чупрова и А. С. Посникова. Т. II.Спб.，1897，стр.117—169)——205。

哈里佐勉诺夫，谢·安·《弗拉基米尔省手工业》(Харизоменов, С. А. Промыслы Владимирской губернии. Вып. II, III, V. М., А. Баранов, 1882—1884. (Труды комиссии по устройству кустарного отдела на Всерос. пром. и худож. выставке 1882 г.).3 т.)

第2编(Вып. II. Александровский уезд.1882，XII，353，IV стр.)——314。

第3编（Вып.III.Покровский и Александровский уезды.1882,X,256, 149 стр.）——315—323。

第5编（Вып.V.Переяславский и Александровский уезды.1884,VIII,231 стр.）——323—327。

——《[〈萨拉托夫省统计资料汇集〉一书]导言》（Введение[к книге «Свод статистических сведений по Саратовской губернии».—В кн.: Свод статистических сведений по Саратовской губернии.Ч.1.Таблицы.Сост.под ред.С.Харизоменова.Изд.Саратовского губ.земства,Саратов,1888,стр.1— 53）——114。

赫尔岑施坦,格·《谈谈外出做零工问题》（Герценштейн,Г.К вопросу об отхожих промыслах.— «Русская Мысль», М.,1887,№9,стр.147—165）——441。

杰缅季耶夫,叶·米·《工厂的工房和住房》（Дементьев,Е.М.Рабочие и жилые помещения на фабриках и заводах.—В кн.:Сборник статистических сведений по Московской губернии.Отдел санитарной статистики.Т.IV.Ч.II.Общая сводка по санитарным исследованиям фабричных заведений Московской губернии за 1879 — 1885 гг.Сост.д-ром Е.М.Дементьевым и проф.Ф.Ф. Эрисманом.М.,1893,стр.1 — 252）——472—475。

——《工人的卫生经济状况》（Санитарно-экономическое положение рабочих.—В кн.:Сборник статистических сведений по Московской губернии.Отдел санитарной статистики.Т.IV.Ч.II.Общая сводка по санитарным исследованиям фабричных заведений Московской губернии за 1879—1885 гг.Сост.д-ром Е. М.Дементьевым и проф.Ф.Ф.Эрисманом.М.,1893,стр.253 — 462）—— 475—482。

捷贾科夫,尼·伊·《赫尔松省农业工人及其卫生监督组织》（Тезяков,Н.И. Сельскохозяйственные рабочие и организация за ними санитарного надзора в Херсонской губернии.(По материалам лечебно-продовольственных пунктов в 1893 — 1895 гг.).(Доклад XIII губернскому съезду врачей и представителей земских управ Херсонской губ.).Изд.Херсонской губ.земской управы.Херсон,тип.О.Д.Ходушиной,1896,II,300 стр.）——126—144、149、155。

卡布鲁柯夫，尼·阿·《粮价对欧俄私人地产的影响》（Каблуков, Н. А. Значение хлебных цен для частного землевладения в Европейской России. — В кн.: Влияние урожаев и хлебных цен на некоторые стороны русского народного хозяйства. Под ред. проф. А. И. Чупрова и А. С. Посникова. Т. I. Спб., 1897, стр. 97 — 156）——168 — 175。

——《1895 — 1896 年度在莫斯科大学授课用的农业经济学讲义》（Лекции по экономии сельского хозяйства, читанные в Московском университете в 1895/6 г. М., 1897, 228 стр. (Издание для студентов)）——591。

卡尔波夫，А.《博戈罗茨科耶村及其周围地区的手工业》（Карпов, А. Промыслы села Богородского и его окрестностей. — В кн.: Труды комиссии по исследованию кустарной промышленности в России. Вып. IX. Спб., 1883, стр. 2420 — 2470）——416。

卡雷舍夫，尼·亚·《俄国国民经济资料》（Карышев, Н. А. Материалы по русскому народному хозяйству. I. Наша фабрично-заводская промышленность в половине 90-х годов. С 5 картогр. (Оттиск из «Известий Московского Сельскохозяйственного Института», год IV, кн. 1). М., 1898, 52 стр.）——606 — 614。

——《国民经济概述》（Народнохозяйственные наброски. — «Русское Богатство», Спб., 1893, №5, стр. 17 — 42）——35。

——《农民的非份地租地》（Крестьянские вненадельные аренды. М. — Дерпт, 1892, XIX, 402, LXV стр. (В изд.: Итоги экономического исследования России по данным земской статистики. Т. II)）——37 — 40、49 — 50。

——《农民的非份地租地决定于粮价和收成的波动情况》（Крестьянские вненадельные аренды в зависимости от колебаний хлебных цен и урожаев. — В кн.: Влияние урожаев и хлебных цен на некоторые стороны русского народного хозяйства. Под ред. проф. А. И. Чупрова и А. С. Посникова. Т. I. Спб., 1897, стр. 277 — 377）——182 — 189。

卡普斯京，С.《何谓土地村社。从〈土地村社研究材料汇编〉得出的结论》（Капустин, С. Что такое поземельная община. Выводы из «Сборника материалов для изучения сельской поземельной общины». Спб., тип. И.

Вощинского, 1882, 20 стр.) —— 41 — 43。

卡塔列伊, В. И.《特维尔省和雅罗斯拉夫尔省的手工工业》(Каталей, В. И. Кустарная промышленность Тверской и Ярославской губерний. Исследования 1888 г. — В кн.: Отчеты и исследования по кустарной промышленности в России. Т. I. Спб., 1892, стр. 216 — 282) —— 355。

柯罗连科, 谢·亚《从欧俄工农业统计经济概述看地主农场中的自由雇佣劳动和工人的流动》(Короленко, С. А, Вольнонаемный труд в хозяйствах владельческих и передвижение рабочих, в связи с статистико-экономическим обзором Европейской России в сельскохозяйственном и промышленном отношениях. Спб., тип. В. Киршбаума, 1892, 864 стр.; 17 л. карт. (Деп. земледелия и сельской пром. С.-х. и стат. сведения по материалам, полученным от хозяев. Вып. V)) —— 126、127、128、133、134、621。

科捷利尼科夫, В. Г.《家畜》(Котельников, В. Г. Домашние животные. — В кн.: Историко-статистический обзор промышленности России. Под ред. Д. А. Тимирязева. Т. I. Сельскохозяйственные произведения, огородничество, садоводство и домашние животные. Горная и соляная промышленность. Спб., 1883, стр. 1 — 70) —— 119 — 120。

克本, 阿·彼·《采矿工业和制盐工业》(Кеппен, А. П. Горная и соляная промышленность. — В кн.: Историко-статистический обзор промышленности России. Под ред. Д. А. Тимирязева. Т. I. Сельскохозяйственные произведения, огородничество, садоводство и домашние животные. Горная и соляная промышленность. Спб., 1883, стр. 1 — 164) —— 380。

克拉夫基, 卡·《论农业小生产的竞争能力》(Klawki, K. Über Konkurrenzfähigkeit des landwirtschaftlichen Kleinbetriebes. — In: «Landwirtschaftliche Jahrbücher», Berlin, 1899, Bd. XXVIII, S. 363 — 484) —— 242。

克拉斯诺彼罗夫, Е. И.《彼尔姆省统计材料》(Красноперов, Е. И. Статистические материалы Пермской губернии. Вознесенская волость, Оханского уезда, Пермской губернии. Итоги статистических сведений, собранных подворным исследованием экономического положения сельского населения Оханского уезда, Пермской губернии, произведенным в 1890 г. Пермь, 1893) ——

73—75。

——《1887 年在叶卡捷琳堡市举行的西伯利亚—乌拉尔科学工业展览会上的彼尔姆省手工工业》（第 1 编）（Кустарная промышленность Пермской губернии на Сибирско-Уральской научно-промышленной выставке в г. Екатеринбурге в 1887 г. Вып. 1. Уезды Екатеринбургский, Верхотурский, Красноуфимский и Пермский. Пермь, тип. Губ. земской управы, 1888, 169 стр. (Работы Стат. бюро, учрежд. при Пермской губ. земской управе))——562—567。

——《1887 年在叶卡捷琳堡市举行的西伯利亚—乌拉尔科学工业展览会上的彼尔姆省手工工业》（第 2 编）（Кустарная промышленность Пермской губернии на Сибирско-Уральской научно-промышленной выставке в г. Екатеринбурге в 1887 г. Вып. 2. Уезды Пермский и Оханский. Пермь, изд. Пермского губ. земства, 1889, 43 стр. (Работы Стат. бюро, учрежд. при Пермской земской управе))——568—569。

——《1887 年在叶卡捷琳堡市举行的西伯利亚—乌拉尔科学工业展览会上的彼尔姆省手工工业》（第 3 编）（Кустарная промышленность Пермской губернии на Сибирско-Уральской научно-промышленной выставке в г. Екатеринбурге в 1887 г. Вып. 3. Уезды Кунгурский, Осинский, Камы-шловский, Ирбитский, Шадринский, Соликамский и Чердынский. Пермь, изд. Пермского губ. земства, 1889, 174 стр. (Работы Стат. бюро, учрежд. при Пермской губ. земской управе))——569—574。

——《1890 年喀山科学工业展览会上的手工业和手工艺》（Кустарные промыслы и ремесла на Казанской научно-промышленной выставке 1890 г. Пермь, тип. губ. земской управы, 1891, 103 стр. (Работы Стат. бюро, учрежд. при Пермской губ. земской управе))——290—291。

——《1896 年下诺夫哥罗德全俄工业和艺术展览会上的手工工业》（Кустарная промышленность на Всероссийской промышленной и художественной вы-ставке 1896 г. в Нижнем Новгороде. Пермь, 1897)——452。

库德里亚夫采夫，彼·菲·《1895 年塔夫利达省卡霍夫卡镇尼古拉耶夫市集的外来农业工人和对他们的卫生监督》（Кудрявцев, П. Ф. Пришлые сельскохозяйственные рабочие на Николаевской ярмарке в м. Каховке, Таврической губернии, и санитарный надзор за ними в 1895 году. (Доклад XIII губернскому съезду врачей и представителей земских управ Херсонской губернии). Изд. Херсонской губ. земской управы. Херсон, тип. О. Д. Худошиной, 1896, II, 168 стр.) —— 145—155。

库利宾, С.《1890 年工厂年度俄国采矿工业统计资料汇编》(Кулибин, С. Сборник статистических сведений о горнозаводской промышленности России в 1890 заводском году. По офиц. данным сост. С. Кулибин. Спб., тип. В. Киршбаума, 1892, IV, CVIII, 293 стр.) —— 381—382。

拉戈津, В.《伏尔加河流域手工工业研究材料》(Рагозин, В. Материалы к изучению кустарной промышленности Волжского бассейна. Прил. к изд. «Волга». М., тип. М. П. Щепкина, 1881, XVI, 124, 10 стр.) —— 297。

拉普, Е.《酿酒业和烧酒业》(Рапп, Е. Винокуренное и водочное производство. — В кн.: Историко-статистический обзор промышленности России. Под ред. Д. А. Тимирязева. Т. II. Произведения фабричной, заводской, ремесленной и кустарной промышленности. Спб., 1886, стр. 1 — 93) —— 121。

里希特, 德·伊·《私有地产的债务》(Рихтер, Д. И. Задолженность частного землевладения. — В кн.: Влияние урожаев и хлебных цен на некоторые стороны русского народного хозяйства. Под ред. проф. А. И. Чупрова и А. С. Посникова. Т. I. Спб., 1897, стр. 379—421) —— 189—190。

列宁, 弗·伊·《俄国资本主义的发展。大工业国内市场形成的过程》(Ленин, В. И. Развитие капитализма в России. Процесс образования внутреннего рынка для крупной промышленности. Изд. 2-е, доп. Спб., «Паллада», 1908, VIII, VIII, 489 стр. Перед загл. авт.: Владимир Ильин) —— 655—656、665。

——《经济评论集》(Экономические этюды и статьи. Спб., тип. Лейферта, 1899, 290 стр. Перед загл. авт.: Владимир Ильин) —— 497、498—499。

——《1894—1895 年度彼尔姆省手工业调查以及"手工"工业中的一般问题》(Кустарная перепись 1894/95 года в Пермской губернии и общие вопросы «кустарной» промышленности. — В кн.: Ленин, В. И. Экономические этюды и статьи. Спб., тип. Лейферта, 1899, стр. 113 — 199) —— 497、

498—499。

列维茨基，И.《粮食产量》(Левитский, И. Хлебная производительность. — В кн. : Историко-статистический обзор промышленности России. Под ред. Д. А. Тимирязева. Т. I. Сельскохозяйственные произведения, огородничество, садоводство и домашние животные. Горная и соляная промышленность. Спб. , 1883, стр. 26—67)——117。

——《农业性工业概述》(Общий обзор сельскохозяйственной промышленности. — В кн. : Историко-статистический обзор промышленности России. Под ред. Д. А. Тимирязева. Т. I. Сельскохозяйственные произведения, огородничество, садоводство и домашние животные. Горная и соляная промышленность. Спб. , 1883, стр. 1—22)——116。

林科，И. 和库凯尔，Ф.《淀粉业和糖浆业》(Линко, И. и Кукель, Ф. Крахмальное и паточное производства. — В кн. : Историко-статистический обзор промышленности России. Под ред. Д. А. Тимирязева. Т. II. Произведения фабричной, ремесленной и кустарной промышленности. Спб. , 1886, стр. 102—136)——122。

鲁德涅夫，斯·费·《欧俄农民的副业》(Руднев, С. Ф. Промыслы крестьян в Европейской России. — «Сборник Саратовского Земства», 1894, No 6, стр. 189—222)——115。

——《1895 年制刷业和树条编织业调查》(Щеточный промысел и плетение из прутьев по исследованию 1895 г. — В кн. : Статистический ежегодник Московской губернии за 1895 г. М. , 1896, стр. 1—42, прил.)——431—434。

鲁德涅夫，В.С.《从叶卡捷琳诺斯拉夫到克里沃罗格(南部冶铁工业区旅行随笔)》(Руднев, В. С. От Екатеринослава до Кривого Рога. (Из поездки по Южному железопромышленному району). — «Русские Ведомости», М. , 1899, No 291, 21 октября, стр. 3)——382。

罗斯托夫采夫，Г.И.《莫斯科省德米特罗夫县各村庄小手工业的卫生状况》(Ростовцев, Г. И. Мелкие (кустарные) промыслы в селениях Дмитровского уезда Московской губ. в санитарном отношении. Изд. Московского губ. земства. М. , «Печатня С. П. Яковлева», 1902, 98 стр. (В изд. Сборник стат. сведений по Московской губернии. Отд. санитарный. Т. VIII. Материалы по изучению санитарных условий труда и быта рабочих фабрично -заводских, ремесленных и др. предприятий. Вып. 2)) —— 649—651。

洛帕廷，Н.Ф.《普斯科夫省地主经济和农民经济中的耕作工具及机器在农民经济中的应用》(Лопатин, Н. Ф. Орудия обработки пашни в селовом и крестьянском хозяйствах Псковской губ. и применение машин в крестьянском хозяйстве. Добавление к сельскохозяйственному обзору за 1898 год. Псков, тип. Губ. земства, 1899, 35 стр. (Стат. отд. Псковской губ. земской управы))——234—238。

马克思，卡•《资本论》(德文版第 1 卷)(Marx, K. Das Kapital. Kritik der politischen Ökonomie. Bd. I. Buch I. Der Produktionsprozeß des Kapitals. 2. Aufl. Hamburg, Meißner, 1872, 830 S.)——5—17。

——《资本论》(德文版第 2 卷)(Das Kapital. Kritik der politischen Ökonomie. Bd. II. Buch II: Der Zirkulationsprozeß des Kapitals. Hrsg. von F. Engels. Hamburg, Meißner, 1885, XXVII, 526 S.)——20。

——《资本论》(德文版第 3 卷上册)(Das Kapital. Kritik der politischen Ökonomie. Bd. III. T. 1. Buch III: Der Gesamtprozeß der kapitalistischen Produktion. Kapitel I bis XXVIII. Hrsg. von F. Engels. Hamburg, Meißner, 1894, XXVIII, 448 S.)——25—26。

——《资本论》(德文版第 3 卷下册)(Das Kapital. Kritik der politischen Ökonomie. Bd. III. T. 2. Buch III: Der Gesamtprozeß der kapitalistischen Produktion. Kapitel XXIX bis LII. Hrsg. von F. Engels. Hamburg, Meißner, 1894, IV, 422 S.)——26、171。

——《资本论》(俄文版第 1 卷)(Маркс, К. Капитал. Критика политической экономии. Соч. Карла Маркса. Пер. с нем. Т. I. Кн. I. Процесс производства капитала. Спб., Изд. Н. П. Полякова, 1872, XIII, 678 стр.)——18—19。

——《资本论》(俄文版第 2 卷)(Капитал. Критика политической экономии. Под ред. Ф. Энгельса. Пер. с нем. Т. II. Кн. II. Процесс обращения капитала. Спб., [тип. М-ва путей сообщения (Бенке)], 1885, XXI, 403 стр.)——

21—24。

—《资本论》(俄文版第 3 卷)（Капитал. Критика политической экономии. Под ред. Ф. Энгельса. Пер. с нем. Т. III. Кн. III. Процесс капиталистического производства, взятый в целом. Спб., тип. Демакова, 1896, XLVI, 734 стр.）——655—656。

马雷斯，Л. Н.《农民经济中粮食的生产和消费》（Маресс, Л. Н. Производство и потребление хлеба в крестьянском хозяйстве.—В кн.: Влияние урожаев и хлебных цен на некоторые стороны русского народного хозяйства. Под ред. проф. А. И. Чупрова и А. С. Посникова. Т. I. Спб., 1897, стр. 1—96）——165—168、200。

马诺欣，格·《彼尔姆省的手工工业》（Манохин, Г. Кустарная промышленность Пермской губернии.—В кн.: Труды комиссии по исследованию кустарной промышленности в России. Вып. X. Спб., 1883, стр. 2899—3018）——539。

美舍尔斯基，А. А. 和莫德扎列夫斯基，К. Н.《俄国手工工业资料汇编》（圣彼得堡）（Мещерский, А. А. и Модзалевский, К. Н. Свод материалов по кустарной промышленности в России. Сост. по поручению Отд. статистики Императорского рус. геогр. о-ва действ. членами кн. А. А. Мещерским и К. Н. Модзалевским. Спб., тип. бр. Пантелеевых, 1874, IX, 630 стр.）——365。

米留可夫，帕·尼·《俄国文化史论文集》（Милюков, П. Н. Очерки по истории русской культуры. 3 изд., испр. и доп. Ч. 1. Население, экономический, государственный и сословный строй. Спб., «Мир Божий», 1898, XXI, I, 228 стр., 2 л. карт., табл.）——592。

尼古拉·—逊——见丹尼尔逊，尼·弗·。

普鲁加文，维·斯·《弗拉基米尔省手工业》（Пругавин, В. С. Промыслы Владимирской губернии. Вып. IV. Покровский уезд. М., А. Баранов, 1882, VII, 169, 87 стр.）——456—463。

—《弗拉基米尔省尤里耶夫县的村社、手工业和农业》（Сельская община, кустарные промыслы и земледельческое хозяйство Юрьевского уезда, Владимирской губернии. М., А. Баранов, 1884, VIII, 151, 229 стр.）——57—72。

普洛特尼科夫，米·亚·《论收成和粮价对手工业的影响》（Плотников，М. А. О влиянии урожаев и хлебных цен на кустарные промыслы. — В кн. : Влияние урожаев и хлебных цен на некоторые стороны русского народного хозяйства. Под ред. проф. А. И. Чупрова и А. С. Посникова. Т. II. Спб. , 1897, стр. 97 — 115）——203 — 205。

丘普罗夫，亚·伊·《粮价和收成对土地所有权变动的影响》（Чупров, А. И. Влияние хлебных цен и урожаев на движение земельной собственности. — В кн. : Влияние урожаев и хлебных цен на некоторые стороны русского народного хозяйства. Под ред. проф. А. И. Чупрова и А. С. Посникова. Т. I. Спб. , 1897, стр. 423 — 516）——191 — 192。

丘普罗夫，亚·伊·和波斯尼科夫，亚·谢·《引言》（载于《收成和粮价对俄国国民经济某些方面的影响》一书）（Чупров, А. И. и Посников, А. С. Введение. — В кн. : Влияние урожаев и хлебных цен на некоторые стороны русского народного хозяйства. Под ред. проф. А. И. Чупрова и А. С. Посникова. Т. I. Спб. , 1897, стр. I — LXIV）——162 — 165。

日班科夫，德·尼·《从 1866 — 1883 年的资料看外出谋生对科斯特罗马省人口迁徙的影响》（Влияние отхожих заработков на движение народонаселения Костромской губернии по данным 1866 — 83 годов. (С диагр. и объяснением к ним). — В кн. : Материалы для статистики Костромской губернии. Изд. Костромского губ. стат. ком. Под ред. В. Пирогова. Вып. VII. Кострома, Губ. тип. , 1887, стр. 1 — 117）——427 — 430、440 — 441、449。

——《斯摩棱斯克省的工厂卫生调查》（第 1 — 2 编）（Жбанков, Д. Н. Санитарное исследование фабрик и заводов Смоленской губернии. Изд. Смоленского губ. земства. Вып. I — II. Смоленск, 1894 — 1896, 2 т.）

　　第 1 编（Вып. I. 1894, 290 стр. ）——383 — 393。

　　第 2 编（Вып. II. 1896, III, 477, 66 стр. ）——393 — 394。

——《外出谋生对人口迁徙的影响》（Влияние отхожих промыслов на движение населения. — «Врач», Спб. , 1895, №23, стр. 637 — 640）——149。

舍尔比纳，费·安·《农民的收支及其对收成和粮价的依赖关系》（Щербина, Ф. А. Крестьянские бюджеты и зависимость их от урожаев и цен на хлеба.—В кн.: Влияние урожаев и хлебных цен на некоторые стороны русского народного хозяйства. Под ред. А. И. Чупрова и А. С. Посникова. Т. II. Спб., 1897, стр. 1 — 96)——194 — 203。

—《沃罗涅日省 12 个县综合汇集》(Сводный сборник по 12 уездам Воронежской губернии. Стат. материалы подворной переписи по губернии и обзор материалов, способов по собиранию их и приемов по разработке. Воронеж, тип. В. И. Исаева, 1897, 1058 стр.)——195 — 196、221 — 222。

施米特，О.Э.《下诺夫哥罗德省戈尔巴托夫县巴甫洛沃小五金区》(Шмидт, О. Э. Павловский сталеслесарный район Горбатовского уезда Нижегородской губ. Сравнительные итоги статистических исследований 1889 и 1901 гг. Вып. I. Изд. Нижегородского губ. земства. Н. Новгород, тип. П. И. Конышева, 1902, 69 стр. (Стат. отд. Нижегородской губ. земской управы))——641 — 648。

施什马廖夫，Д.И.《下诺夫哥罗德与舒亚—伊万诺沃铁路区域工业简明概论》(Шишмарев, Д. И. Краткий очерк промышленности в районе Нижегородской и Шуйско-Ивановской жел. дор. Изд. в пользу и на средства кассы взаимопомощи при Нижегородской жел. дор., при содействии местных фабрикантов. Спб., тип. В. В. Комарова, 1892, 92 стр.)——405 — 416。

舒尔茨，А.А.《特种作物》(Шульц, А. А. Специальные культуры. — В кн.: Историко-статистический обзор промышленности России. Под ред. Д. А. Тимирязева. Т. I. Сельскохозяйственные произведения, огородничество, садоводство и домашние животные. Горная и соляная промышленность. Спб., 1883, стр. 68 — 141)——117、118、119、268。

斯基布涅夫斯基，А.И.《莫斯科省博戈罗茨克县工厂工人住房情况》(Скибневский, А. И. Жилища фабрично-заводских рабочих Богородского уезда Московской губернии. Изд. Московского губ. земства. М., «Печатня С. П. Яковлева», 1901, 74 стр. (Сборник статистических сведений по Московской губ. Отд. санитарной статистики. Т. VIII. Материалы по изучению санитарных условий труда и быта рабочих фабрично-заводских, ремесленных и др.

предприятий. Вып. 1)) —— 640。

斯维尔斯基，B.Ф.《弗拉基米尔省的工厂和其他工业企业》(Свирский, В. Ф. Фабрики, заводы и прочие промышленные заведения Владимирской губернии. Владимир на Клязьме, тип. Губ. земской управы, 1890, 67, 198 стр. (Изд. Владимирской губ. земской управы)) —— 395 — 404。

瓦·沃· —— 见沃龙佐夫，瓦·巴·。

瓦列夫斯基，M.C.《1842—1843 年彼尔姆边疆区外乌拉尔地区的农民风潮》(Валевский, М. С. Волнения крестьян в Зауральской части Пермского края в 1842 — 1843 гг. — «Русская Старина», Спб., 1879, № 11, стр. 411 — 432; № 12, стр. 627 — 646) —— 224。

韦辛，列·巴·《外出做零工在俄国农民生活中的意义》(Весин, Л. П. Значение отхожих промыслов в жизни русского крестьянства. — «Дело», Спб., 1886, № 7, стр. 127 — 155; 1887, № 2, стр. 102 — 124) —— 441。

维尔涅尔，康·安·《1890 年莫斯科省博戈罗茨克县的手工业》(Вернер, К. А. Кустарные промыслы Богородского уезда Московской губернии. 1890. — В кн.: Статистический ежегодник Московской губернии за 1890 г. М., 1890, стр. 1 — 59) —— 328 — 332。

维赫利亚耶夫，潘·阿·《农民经济》(Вихляев, П. А. Крестьянское хозяйство. Изд. Тверского губ. земства. Тверь, тип. Тверского губ. земства, 1897. X, 313 стр. (В изд.: Сборник статистических сведений по Тверской губернии. Т. XIII. Вып. 2)) —— 207 — 217。

沃龙佐夫，瓦·巴·《大经济中发生了什么事情?》(Воронцов, В. П. Что делается в крупном хозяйстве? — «Северный Вестник», Спб., 1886, № 2, стр. 26 — 57) —— 114。

—《俄国农业和工业的分工》(Разделение труда земледельческого и промышленного в России. — «Вестник Европы», Спб., 1884, № 7, стр. 319 — 356) —— 114。

—《俄国资本主义的命运》(Судьбы капитализма в России. Спб., тип. М. М. Стасюлевича, 1882, 312 стр.) —— 29 — 34。

西斯蒙第，让·沙尔·莱奥纳尔·西蒙德·德《政治经济学新原理，或论财富同人口的关系》(Sismondi, Y. C. L. Simonde de. Nouveaux principes d'économie politique, ou de richesse dans ses rapports avec la population. T. I. Paris, 1819, VIII, 437 p.)——20。

谢苗诺夫,彼·彼·《对"计划"的答复》(Семенов, П. П. Ответы на «Программу». Мураевенская волость. (Рязанской губернии).—В кн.: Сборник материалов для изучения сельской поземельной общины. Изд. Императорских Вольного Экономического и Русского Географического Обществ. Под ред. Ф. Л. Барыкова, А. В. Половцова и П. А. Соколовского. Т. I. Спб., 1880, стр. 37 — 158) ——195。

亚罗茨基,瓦·《手工工业》(Яроцкий, В. Кустарная промышленность.—В кн.: Энциклопедический словарь. Т. XVII. Изд. Ф. А. Брокгауз и И. А. Ефрон. Спб., 1896, стр. 121 — 127)——648。

扬松,尤·爱·《俄国与西欧各国的比较统计学》(Янсон, Ю. Э. Сравнительная статистика России и западноевропейских государств. Т. II. Промышленность и торговля. Отдел I. Статистика сельского хозяйства. Спб., 1880, XII, 663 стр.)——32。

——《余粮和国民口粮》(Хлебные избытки и народное продовольствие.— «Отечественные Записки», Спб., 1879, №10, октябрь, стр. 476 — 496) ——32。

伊林,弗·;伊林,弗拉基米尔——见列宁,弗·伊·。

伊萨耶夫,安·《莫斯科省手工业》(第 1 — 2 卷)(Исаев, А. Промыслы Московской губернии. Изд. Московской губ. земской управы. Т. I—II. М., 1876, 2. т.)

　　第 1 卷(Т. I. Вып. 1. Тип. А. И. Мамонтова. I. Изделия из дерева. 1. Мебельный промысел. XI, 94; 3 л. табл.)——31。

　　第 2 卷(Т. II Тип. и лит. С. В. Гурьянова. 1. Металлические промыслы. 2. Гончарный промысел. III, 200, IV стр.)——31。

约诺夫,瓦·安·《萨拉托夫省私有经济和农民经济方面的特有现象》(Ионов, В. А. Характеристические явления в области частновладельческого и крестьянского хозяйства Саратовской губернии.—Труды Императорского Вольного Экономического Общества. Спб., 1898, т. 1,

No2，март—апрель，стр. 79—116）——218。

扎布洛茨基-杰夏托夫斯基，安·帕·《П. Д. 基谢廖夫伯爵和他的时代》
（Заблоцкий-Десятовский，А. П. Граф П. Д. Киселев и его время. Материалы
для истории императоров Александра I，Николая I и Александра II А. П.
Заблоцкого-Десятовского. Т. 2. Спб.，тип. М. М. Стасюлевича，1882，355，VIII
стр.）——224。

*　　　*　　　*

《百科词典》（Энциклопедический словарь. Т. XVII. Изд. Ф. А. Брокгауз и И. А.
Ефрон. Спб.，тип. И. А. Ефрона，1896，482 стр.）——648。

《北方通报》杂志（圣彼得堡）（«Северный Вестник»，Спб.，1886，No2，стр. 26—
57）——114。

《奔萨省估价统计调查总结（弗·古·格罗曼主编）》（Итоги оценочно-
статистического исследования Пензенской губернии под общ. рук. В. Г.
Громана. Серия III. Исследование земельных имуществ. Ч. II. Подворная
перепись крестьянского хозяйства. Отд. 2-ой. Итоги сплошной подворной
переписи. Вып. 11. Погубернские и поуездные итоги. Пенза，1913，22 стр.
（Пензенское губ. земство））——249—252。

《彼尔姆省手工工业状况概述》（Очерк состояния кустарной промышленности
в Пермской губернии. Пермь，тип. Губ. земской управы，1896，609 стр.；
XVI л. картогр. и диагр.，1 карта.（Обзор Пермского края））—— 484—
561、566。

《波尔塔瓦省经济统计汇编》（第 8、14、15 卷）（Сборник по хозяйственной статистике
Полтавской губернии. Т. VIII，XIV，XV. Изд. Полтавской губ. земской управы，
Полтава，1888—1894，3 т.）

　　—第 8 卷（Т. VIII. Хорольский уезд. Вып. I. Собр. и обр. Стат. бюро Полтавского
губ. земства под ред. Н. Терешкевича. 1888，477 стр.）——94—96、98、99。

　　—第 14 卷（Т. XIV. Константиноградский уезд. Собр. Стат. бюро Полтавского
губ. земства под рук. Н. Терешкевича. Обр. и изд. под ред. Н. Кулябко-
Корецкого. 1894，VI，243，551 стр.；1 л. карт.）——96—100。

—第 15 卷（Т. XV. Пирятинский уезд. Собр. Стат. бюро Полтавского губ. земства под рук. Н. Терешкевича и Я. Имшенецкого. Обр. и изд. под ред. Н. Кулябко-Корецкого. 1893, 593 стр. ; 1 л. карт. ）——96、98、99、100—101。

《财政部年鉴》（第 1 编）（Ежегодник министерства финансов. Вып. I. На 1869 год. Сост. под ред. А. Б. Бушена. Спб. , тип. Майкова, 1869, V, 363 стр. ）—— 273、283、316、508、584、587、625—639。

《从1897 年 1 月 28 日俄罗斯帝国第一次人口普查资料看工人和仆役的职业类别和出生地的分布》（Распределение рабочих и прислуги по группам занятий и по месту рождения на основании данных первой всеобщей переписи населения Российской империи 28 января 1897 года. [Спб.], 1905, 49 стр. (Первая всеобщая перепись населения Российской империи 1887 г. Под ред. Н. А. Тройницкого)）——603—605。

《帝国自由经济学会第三部会议上就米·伊·杜冈-巴拉诺夫斯基的〈俄国工业发展统计总结〉这一报告所进行的讨论》（Прения по докладу М. И. Туган-Барановского « Статистические итоги промышленного развития России» В III отделении Императорского Вольного Экономического Общества. (Стенографический отчет). —« Труды Императорского Вольного Экономического Общества», Спб. , 1898, т. 2, №5, сентябрь—октябрь, стр. 1—107）——589—592。

《帝国自由经济学会学报》（圣彼得堡）(« Труды Императорского Вольного Экономического Общества», Спб. , 1898, т. 1, №1, январь—февраль, стр. 1—41)——589。

—1898, т. 1, №2, март—апрель, стр. 79—116——218。

—1898, т. 2, №5, сентябрь—октябрь, стр. 1—107——589—592。

《俄国财富》杂志（圣彼得堡）(« Русское Богатство», Спб. , 1893, №5, стр. 17—42)——35。

—1897, №7, стр. 34—50——445。

《俄国的生产力》（Производительные силы России. Краткая характеристика различных отраслей труда—соответственно классификации выставки. Сост. под общ. ред. В. И. Ковалевского. Спб. , тип. А. Лейферта и др. , [1896]. XI,

1249 стр. (М-во финансов. Комиссия по заведованию устройством Всерос. пром. и худ. выставки 1896 г. в Н. Новгороде))——370。

《俄国工业历史统计概述》(第 1、2 卷) (Историко-статистический обзор промышленности России. Под ред. Д. А. Тимирязева. Т. I—II. Спб., тип. А. С. Суворина, 1883 — 1886. (Всерос. пром. худ. выставка 1882 г. в Москве). 2 т.)

——第 1 卷 (Т. I. Сельскохозяйственные произведения, огородничество, садоводство и домашние животные. Горная и соляная промышленность. 1883, 545 стр.) ——116 — 120、268、380。

——第 2 卷 (Т. II. Произведения фабричной, заводской, ремесленной и кустарной промышленности. 1886, V, XVI, 935 стр.)——121 — 122。

《俄国旧事》杂志 (圣彼得堡) («Русская Старина». Ежемесячное историческое издание. Спб., 1874, № 5, стр. 86 — 120)——224、225。

——1879, № 11, стр. 411 — 432; № 12, стр. 627 — 646——224、225。

《俄国手工工业报告和研究》(第 1、4 卷) (Отчеты и исследования по кустарной промышленности в России. Т. I, IV. Спб., 1892 — 1897. 2 т.)

——第 1 卷 (Т. I. Тип. В. Киршбаума, 1892, стр. 216 — 282)——355。

——第 4 卷 (Т. IV. 1897, стр. 189 — 215)——577 — 579。

《俄国手工工业资料汇编》——见美舍尔斯基，А. А. 和莫德扎列夫斯基，К. Н.。

《俄国手工工业调查委员会的报告 (第 2、9、10 编) (Труды комиссии по исследованию кустарной промышленности в России. Вып. II, IX, X. Спб., тип. В. Киршбаума, 1879 — 1883. 3 т.)

——第 2 编 (Вып. II. [Калужская и Нижегородская губернии]. 1879, стр. 7 — 28)——305。

——第 9 编 (Вып. IX. [Костромская, Тульская и Нижегородская губернии]. 1883, стр. 2420 — 2470)——416。

——第 10 编 (Вып. X. [Тверская, Ярославская, Тульская, Владимирская, Пермская губернии]. 1883, стр. 2899 — 3018)——539。

《俄国思想》杂志 (莫斯科) («Русская Мысль», М., 1887, № 9, стр. 147 — 165)

——441。

《俄罗斯帝国法律汇编》(Свод законов Российской империи. Т. 10. Ч. I. Спб.，1887，488 стр.)——42。

《俄罗斯帝国统计年鉴》(Статистический временник Российской империи. Изд. Центр. стат. ком. М-ва внутр. дел. I. Спб.，1866，XXXVI，XV，523 стр.)——257、259、261、264、582——588。

《俄罗斯帝国统计资料》(第 37 卷)(Статистика Российской империи. XXXVII. Военно-конская перепись. 1893 и 1894 гг. Под ред. А. Сырнева. Изд. Центр. стат. ком. М-ва внутр. дел.，Спб.，тип. П. И. Бабкина，1896，II，XXII，245 стр. На рус. и франц. яз.)——156——160。

《俄罗斯新闻》(莫斯科)(«Русские Ведомости»，М.，1899，№291，21 октября，стр. 3)——382。

《弗拉基米尔省手工业》(Кустарные промыслы Владимирской губ. — В кн.: Отчеты и исследования по кустарной промышленности в России. Т. IV. Спб.，1897，стр. 189——215)——577——579。

《弗拉基米尔省手工业》(第 2——5 编)(Промыслы Владимирской губернии. Вып. II—V. М.，А. Баранов，1882——1884. (Труды комиссии по устройству кустарного отдела на Всерос. пром. и худ. выставке 1882 г.). 4 т.)

——第 2 编(Вып. II. Александровский уезд. Исследование С. А. Харизоменова. 1882，XII，353，IV стр.)——314、315。

——第 3 编(Вып. III. Покровский и Александровский уезды. Исследование С. А. Харизоменова. 1882，X，256，149 стр.)——315——323。

——第 4 编(Вып. IV. Покровский уезд. Исследование В. Пругавина. 1882，VII，169，87 стр.)——456——463。

——第 5 编(Вып. V. Переяславский и Александровский уезды. Исследование С. А. Харизоменова. 1884，VIII，231 стр.)——323——327。

《弗拉基米尔省土地估价材料》(Материалы для оценки земель Владимирской губернии. Т. V, Гороховецкий уезд. Вып. III. Промыслы крестьянского населения. Владимир на Клязьме，тип. Губ. земской управы，1901，38，81 стр. (Оценочно-экон. отд. Владимирской губ. земской управы))——647。

《各省和各区域经济状况资料汇编》(Свод данных об экономическом состоянии губерний и областей. Б. м.,[189],35 стр.)——205。

《根据地方自治局的统计资料所作的俄国经济调查总结》(Итоги экономического исследования России по данным земской статистики. Т. II. Крестьянские вненадельные аренды. М.—Дерпт, тип.-лит. Г. Лакмана, 1892, XIX, 402, LXV стр.)——37—40,49—50。

《根据业主方面的材料所编的农业统计资料》(第 5 编)——见柯罗连科,谢·亚·《从欧俄工农业统计经济概述看地主农场中的自由雇佣劳动和工人的流动》。

《根据业主方面的材料所编的农业统计资料》(第 7 编)(Сельскохозяйственные статистические сведения по материалам, полученным от хозяев. Вып. VII. Возделывание картофеля в Европейской России. Спб., тип. В. Киршбаума, 1897, X, 162, 152 стр. (М-во земледелия и гос. имуществ. Отд. сельской экономики и с.-х. статистики))——223—233。

《工厂视察员向女王陛下内务大臣的报告书》(Reports of the inspectors of factories to Her Maiesty's Principal Secretary of state for the Home Department for the half year ending 31st October 1856, London, 1857)——7。

《工厂索引》(Перечень фабрик и заводов. Фабрично-заводская промышленность России. Спб., тип. И. А. Ефрона, 1897, 63, VI, 1047 стр. (М-во финансов. Деп. торговли и мануфактур))——125、293、295、571、591、634。

《公共卫生。枢密院卫生视察员报告书》(Public Health. Reports of the Medical Officer of the Privy Council. Sixth Report. With appendix. 1863, London, 1864)——12。

《国务知识汇编》(Сборник государственных знаний. Под ред. В. П. Безобразова. Т. II. Спб., 1875, 773 стр.)——127、128。

《赫尔松省医务通讯》(«Врачебная хроника Херсонской губернии», 1895, №12)——139—140、152—153。

《军马调查》——见《俄罗斯帝国统计资料》(第 37 卷)。

《军事统计汇编》(Военно-статистический сборник. Вып. IV. Россия. Под общ.

ред. Обручева. Спб., Военная тип., 1871, XXX, 922, 235 стр.) —— 255 —
287、582、609、628、638。

《科斯特罗马省评价委员会》[记录]（Костромская губернская оценочная
комиссия. [Протоколы]. Кострома, [1898], 94 стр.) —— 662。

《科斯特罗马省统计资料》（Материалы для статистики Костромской губернии.
Изд. Костромского губ. стат. ком. Под ред. В. Пирогова. Вып. VII. Кострома, Губ.
тип., 1887, 117, 93, 29 стр.) —— 427 — 430、440、449。

《科斯特罗马省统计资料汇编》（Сборник статистических сведений по Костромской
губернии. Т. I. Нерехтский уезд. Вып. 3. Таблицы сведений о крестьянском
населении, землевладении и хозяйстве（по подворной переписи 1897 года）.
1900 год. Изд. Костромского губ. земства, Кострома, Губ. тип., 1901, 2, 265 стр.
（Оценочно-стат. отд. Костромской губ. земской управы）) —— 248。

《梁赞省统计资料汇编》（Сборник статистических сведений по Рязанской
губернии. Т. II. Вып. I. Раненбургский уезд. Изд. Рязанского губ. земства.
Скопин, тип. Благих, 1882, II, 334, II стр.) —— 280。

《莫斯科材料和食品参考价格月报》（Ведомость о справочных ценах на материалы и
припасы в Москве. За январь—декабрь 1883 г. М., Моск. гор. тип., 1883, 11 т.)
—— 205 — 206。

《莫斯科省手工业》（第 5 编）—— 见《莫斯科省统计资料汇编》（经济统计篇）。

《莫斯科省统计资料汇编》（经济统计篇）（Сборник статистических сведений
по Московской губернии. Отдел хозяйственной статистики. Изд. Моско-
вского губ. земства. Т. VII. Вып. III. Промыслы Московской губернии. Вып.
V. Сост. Стат. отд. Московской губ. земской управы. М., тип. С. В.
Гурьянова, 1883, 212 стр.) —— 202 — 203、420。

《莫斯科省统计资料汇编》（卫生统计篇）（Сборник статистических сведений
по Московской губернии. Отдел санитарной статистики. Т. IV. Ч. I—II,
VIII. Вып. 1 — 2. М., 1890 — 1902, 4 т.)

　—— 第 4 卷第 1 册（Т. IV. Ч. I. Общая сводка по санитарным исследованиям
фабричных заведений Московской губернии за 1879 — 1885 гг. Под ред.
Ф. Ф. Эрисмана. Тип.-лит. И. Н. Кушнерев и К°. 1890, XXV, 315 стр.; 23 л.

диагр. и картогр.)——464—471。

——第 4 卷 第 2 册（T. IV. Ч. II. Общая сводка по санитарным исследованиям фабричных заведений Московской губернии за 1879—1885 гг. Сост. д-ром Е. М. Дементьевым и проф. Ф. Ф. Эрисманом. Тип.-лит. И. Н. Кушнерев и К^0.1893, X, 516 стр.)——165—166、472—482。

——第 8 卷 第 1 编（T. VIII. Материалы по изучению санитарных условий труда и быта рабочих фабрично-заводских, ремесленных и др. предприятий. Вып. 1. Скибневский, А. И. Жилища фабрично-заводских рабочих Богородского уезда Московской губернии. «Печатня С. П. Яковлева», 1901, 74 стр.)——640。

——第 8 卷 第 2 编（T. VIII. Материалы по изучению санитарных условий труда и быта рабочих фабрично-заводских, ремесленных и др. предприятий. Вып. 2. Ростовцев, Г. И. Мелкие (кустарные) промыслы в селениях Дмитровского уезда Московской губ. в санитарном отношении. «Печатня С. П. Яковлева», 1902, 98 стр.)——649—651。

《农业年鉴》(«Landwirtschaftliche Jahrbücher», Berlin, 1899, Bd. XXVIII, S. 363—484)——242。

《欧俄工厂一览表》——见奥尔洛夫, 彼·安·;奥尔洛夫, 彼·安·和布达戈夫, С. Г.。

《欧洲通报》杂志(圣彼得堡)(«Вестник Европы», Спб., 1884, №7, стр. 319—356)——114。

《普斯科夫省农民的手工业及其在 1895—1897 年的状况》(Промыслы крестьянского населения Псковской губернии и положение их в 1895—97 гг. Псков, 1898, II, 29, XXIV стр. (Стат. отд. Псковской губ. земской управы))——620—622。

《普斯科夫省地主经济和农民经济中的耕作工具及机器在农民经济中的应用》——见洛帕廷, Н. Ф.。

《萨拉托夫地方自治机关汇编》(«Сборник Саратовского Земства», 1894, №6, стр. 189—222)——115。

《萨拉托夫省统计资料汇编》(Сборник статистических сведений по Саратовской губернии. Изд. Саратовского губ. земства. T. VII, X, XI. Саратов, тип. Саратовской губ. земской управы, 1883—1892, 3 т.)

——第 7 卷第 2 册（T. VII. Ч. 2. Вольский уезд. 1892, III, 583 стр.）——279、422—426。

——第 10 卷（T. X. Кузнецкий уезд. 1891, III, 396 стр.）——112。

——第 11 卷（T. XI. Камышинский уезд. 1891, 979 стр.）——113。

《萨拉托夫省统计资料汇集》（Свод статистических сведений по Саратовской губернии. Ч. 1. Таблицы. Сост. под ред. С. Харизоменова. Изд. Саратовского губ. земства. Саратов, 1888, 902 стр.）——114。

《萨马拉省统计资料汇编》（经济统计篇）（第 6 卷）（Сборник статистических сведений по Самарской губернии. Отдел хозяйственной статистики. T. VI. Николаевский уезд. Изд. Самарского губ. земства. Самара, Земская тип., 1889, 1133 стр.）——111。

《世间》杂志（圣彼得堡）（«Мир Божий», Спб., 1898, №6, стр. 118 — 127）——656。

《事业》杂志（圣彼得堡）（«Дело», Спб., 1886, №7, стр. 127 — 155; 1887, №2, стр. 102 — 124）——441。

《收成和粮价对俄国国民经济某些方面的影响》（Влияние урожаев и хлебных цен на некоторые стороны русского народного хозяйства. Под ред. проф. А. И. Чупрова и А. С. Посникова. T. I—II. Спб., тип. В. Киршбаума, 1897, 2 т.）

——第 1 卷（T. I. VIII, LXIV, 533 стр.）——35、162—193。

——第 2 卷（T. II. VIII, 381, 99 стр.）——194—206。

《塔夫利达省统计资料汇编》（Сборник статистических сведений по Таврической губернии. Сост. Стат. бюро Таврического губ. земства. Изд. Таврического губ. земства. Симферополь, Таврическая губ. тип., 1885 — 1887, 2 т.）

——《第 1 卷附录》（Прил. к 1-му тому сборника. Статистические табл. о хозяйственном положении селений Мелитопольского уезда. Вып. I. 1885, 287 стр.）——76—78。

——第 5 卷（T. V. Статистические таблицы о хозяйственном положении селений Бердянского уезда. 1887, 342 стр.）——78—79。

《特维尔省统计资料汇编》（Сборник статистических сведений о Тверской губернии. T. IV, VIII, X, XIII. Изд. Тверского губ. земства. Тверь, 1890 —

1897.（Стат.отд.Тверской губ.земской управы).4 т.）

—第 4 卷（Т. IV. Старицкий уезд. Тип. Губ. правления，Губ. земства и Ф. С. Муравьева.1890，2，124 стр.）——104。

—第 8 卷（Т. VIII. Тверской уезд. Вып. 1. Описание уезда（текст）с 20-ю картогр. Тип. Губ. правления，1893，267 стр.）——105—107。

—第 10 卷（Т. X. Кашинский уезд. Тип. Тверского губ. земства，1894，346 стр.）——107—110。

—第 13 卷（Т. XIII. Вып. 2. Крестьянское хозяйство. Сост. П. А. Вихляев. Тип. Тверского губ. земства，1897，X，313 стр.）——207—217。

《土地村社研究材料汇编》（Сборник материалов для изучения сельской поземельной общины. Изд. Императорских Вольного Экономического и Русского Географического Обществ. Под ред. Ф. Л. Барыкова，А. В. Половцева и П. А. Соколовского. Т. I. Спб.，тип.-лит. А. М. Вольфа，1880，XI，393，65 стр.；4 л. карт.）——41、42、43、195—196。

《沃罗涅日省 12 个县综合汇编》（Сводный сборник по 12 уездам Воронежской губернии. Стат. материалы подворной переписи по губернии и обзор материалов，способов по собиранию их и приемов по разработке.［Сост. Ф. А. Щербина］. Воронеж，тип. В. И. Исаева，1897，1058 стр.）——195、221—222。

《沃罗涅日省统计资料汇编》（Сборник статистических сведений по Воронежской губернии. Т. III，V. Изд. Воронежского губ. земства. Воронеж，тип. В. И. Исаева，1886—1888，2 т.）

—第 3 卷（Т. III. Вып. I. Землянский уезд.1886，XIV，43，337 стр.）——102。

—第 5 卷（Т. V. Вып. I. Коротоякский уезд.1888，IV，170，II стр.）——102。

《下诺夫哥罗德航运业和工业通报》杂志（《Нижегородский Вестник Пароходства и Промышленности》，1891，No1，стр.10—16；No2，стр.40—45；No3，стр.58—62）——292—295。

《下诺夫哥罗德省工厂及其他工业企业估价材料》（Материалы для оценки фабрик，заводов и других промышленных заведений Нижегородской губернии. Изд. Нижегородского губ. земства. Н. Новгород，тип.《Н. И.

Волков и К⁰», 1902, XXV, 335, III, II стр. (Стат. отд. Нижегородской губ. земской управы)) ——647—648。

《下诺夫哥罗德省土地估价材料》(Материалы к оценке земель Нижегородской губернии. Экономическая часть. Вып. II, IV, VII, VIII, IX, X, XI, XII. Изд. Нижегородского губ. земства. Н. Новгород. 1888 — 1897. (Стат. отд. губ. земской управы). 8 т.)

—第 2 编 (Вып. II. Лукояновский уезд. Тип. Т-ва А. Ржонсницкого, 1897, 291 стр.) ——80—81。

—第 4 编 (Вып. IV. Княгининский уезд. Тип. И. Соколенкова, 1888, 442 стр.) ——81—84。

—第 7 编 (Вып. VII. Горбатовский уезд. Тип. Нижегородского губ. правления и Т-ва А. Ржонсницкого, 1892, 700 стр.) ——296—301。

—第 8 编 (Вып. VIII. Нижегородский уезд. Тип. Нижегородского губ. правления и Т-ва А. Ржонсницкого, 1895, 457 стр.) ——662—663。

—第 9 编 (Вып. IX. Васильский уезд. Тип. Нижегородского губ. правления и Т-ва А. Ржонсницкого, 1890, 428 стр.) ——85—89。

—第 10 编 (Вып. X. Балахнинский уезд. Отд. II и прил. Тип. Губ. правления, 1896, 628 стр.) ——302—305。

—第 11 编 (Вып. XI. Семеновский уезд. Тип. Т-ва А. Ржонсницкого, 1893, 748 стр.) ——87, 305—313。

—第 12 编 (Вып. XII. Макарьевский уезд. Тип. Т-ва (б. Соколенкова), 1889, 549 стр.) ——90—93。

《新言论》杂志 (圣彼得堡) («Новое Слово», Спб., 1897, №7, апрель, стр. 1 — 33) ——483。

《雅罗斯拉夫尔省概述》(Обзор Ярославской губернии. Вып. 2. Отхожие промыслы крестьян Ярославской губернии. Под ред. секретаря Губ. стат. ком. А. Р. Свирщевского. Ярославль, тип. Губ. правления, 1896, IX, 193, 14 табл.) —— 435—444。

《1861 年英格兰和威尔士人口调查》(Census of England and Wales for the year 1861, Vol. III. London, 1863) ——15。

《1880 年和 1885 年发给莫斯科省农民人口的居民证》(Виды на жительство, выданные крестьянскому населению Московск. губ. в 1880 и 1885 гг. — В кн. : Статистический ежегодник Московского губернского земства. 1886 г. М., 1886 стр. 1—28)——417—418。

《1886 年莫斯科省地方自治机关统计年鉴》(Статистический ежегодник Московского губернского земства 1886 г. М., тип. Исланьева, 1886, VI, 372 стр.)——417—418。

《1887 年在叶卡捷琳堡市举行的西伯利亚—乌拉尔科学工业展览会上的彼尔姆省手工工业》——见克拉斯诺彼罗夫，Е. И.。

《1890 年工厂年度俄国采矿工业统计资料汇编》——见库利宾，С.。

《1890 年莫斯科省统计年鉴》(Статистический ежегодник Московской губернии за 1890 г. М., тип. М. П. Щепкина, 1890, 472 стр.)——328—332。

《1892 年莫斯科省统计年鉴》(Статистический ежегодник Московской губернии за 1892 г. Изд. Московского губ. земства. М., тип. Д. И. Иноземцова, 1892, 401 стр.)——204。

《1893 年总历书》(Всеобщий календарь на 1893 г. Спб., Г. Гоппе, 1893, XI, 632 стр.)——265。

《1894 年塞兹兰—维亚济马铁路在运输方面与前几年相比的商业活动简况》(Краткий обзор коммерческой деятельности Сызрано-Вяземской желез-ной дороги по перевозкам за 1894 год, сравнительно с таковыми же перевозками за предыдущие годы. Вып. IV. Калуга, 1896, 209 стр.)——288—289。

《1895 年莫斯科省统计年鉴》(Статистический ежегодник Московской губернии за 1895 г. М., 1896, 382, XII, 131 стр.)——431—434。

《1896 年弗拉基米尔省农业概述》(Обзор Владимирской губернии в сельско-хозяйственном отношении за 1896 год. Изд. Владимирской земской управы. Владимир на Клязьме, 1897, IV, 191, 3 л. диагр.)——161。

《1896 年卡卢加省统计概述》(Статистический обзор Калужской губернии за 1896 год. (Год первый). Изд. Стат. отд. Калужской губ. земской управы. Калуга, «Печатня С. П. Яковлева», 1897, 6, XVI, 461 стр. (Прил. к докладу Калужской губ. земской управы очередному губ. земскому собранию по статистике))——445—451。

《1896年莫斯科省统计年鉴》(Статистический ежегодник Московской губернии за 1896 г. М., Т-во скоропечатни А. А. Левенсон, 1897, 676 стр.)——662。

《1896年下诺夫哥罗德全俄工业和艺术展览会》(Всероссийская художественная и промышленная выставка 1896 года в Нижнем Новгороде. Со множеством худ. илл. зданий, павильонов, витрин, портретов и пр. и пр. Спб., Г. Гоппе, 1896, 202 стр.)——453—455。

《1896年下诺夫哥罗德省的农业概况》(Сельскохозяйственный обзор Нижегородской губернии за 1896 год. Изд. Нижегородского губ. земства. Н. Новгород, тип. Т-ва А. Ржонсницкого, 1897, VIII, 214, 242 стр.)——580—581。

《1896—1897年度莫斯科省农民的副业和非农业外水》(Промыслы и внеземледельческие заработки крестьянского населения Московской губернии в 1896/97 году.—В кн.: Статистический ежегодник Московской губернии за 1897 год. М., 1897, стр. 1—55)——219—220。

《1897年俄罗斯帝国第一次人口普查》(Первая всеобщая перепись населения Российской империи 1897 г. Вып. 1, 2, 5, 6. Спб., 1897—1905, (Изд. Центр. стат. ком. М-ва внутр. дел). 4 т.)

——第1编(Вып. 1. Население империи по переписи 28-го января 1897 года по уездам. Сост. Центр. стат. ком. на основании местных подсчетных ведомостей. «Печатня С. П. Яковлева», 1897, 29 стр.)——593—594。

——第2编(Вып. 2. Население городов по переписи 28-го января 1897 года. Сост. Центр. стат. ком. на основании местных подсчетных ведомостей. «Печатня С. П. Яковлева», 1897, 42 стр.)——593—595。

——第5编(Вып. 5. Окончательно установленное при разработке переписи наличное население городов. Под ред. Н. А. Тройницкого. Тип. Т-ва «Обществ. польза», 1905, 48 стр.)——596—602。

——第6编(VI. Владимирская губерния. Тетрадь 1. Под ред. Н. А. Тройницкого. Тип. Е. Евдокимова, 1900, II, 110 стр.)——662。

《1897年莫斯科省统计年鉴》(Статистический ежегодник Московской

губернии за 1897 г. М., Т-во скоропечатни А. А. Левенсон, 1897, 610 стр.)
——219—220。

《1897年特维尔省统计年鉴》(Статистический ежегодник Тверской губернии
за 1897 год. (С 2 картогр.). Изд. Тверского губ. земства. Тверь, тип.
Тверского губ. земства, 1898, VII, 582, XIX стр. (Стат. бюро Тверской губ.
земской управы))——623—624。

《1897年和1898年交纳消费税的各种行业和印花税票统计》(Статистика
производств, облагаемых акцизом, и гербовых знаков за 1897 и 1898 гг.
Сост. в Стат. отд. Глав. упр. Спб., тип. Е. Евдокимова, 1900, XIII, IX, 632
стр. (Глав. упр. неокладных сборов и казенной продажи питей))——
652—654。

《1903年工厂视察员报告汇编》(Совд отчетов фабричных инспекторов за 1903
год. Спб., 1906, XVI, 208 стр. (М-во торговли и пром-сти. Отд. пром-сти))
——656。

《1912年统计年鉴》(Статистический ежегодник на 1912 год. Под ред. В. И.
Шараго. Спб., 1912, 536 стр. (Совет съездов представителей промыш-
ленности и торговли))——659—661。

《医生》杂志(圣彼得堡)(«Врач», Спб., 1895, №23, стр. 637—640)——149。

《有2 000以上居民的城市和县居民点》(Города и поселения в уездах,
имеющие 2 000 и более жителей. Спб., 1905, 108 стр. (Первая всеобщая
перепись населения Российской империи 1897 г. Под ред. Н. А.
Тройницкого))——596—602。

《有关维亚特卡省手工业状况的资料》(Материалы по описанию промыслов
Вятской губернии. Вып. II. Вятка, тип. Маншеева, 1890, 386 стр.)——
575—576。

《……自由雇佣劳动……》——见柯罗连科, 谢·亚·。

《祖国纪事》杂志(圣彼得堡)(«Отечественные Записки», Спб., 1879, №10,
октябрь, стр. 476—496)——31—32。

《列宁全集》第二版第 57 卷编译人员

译文校订：刘功勋　蒯启发
资料编写：丁世俊　张瑞亭
编　　辑：江显藩　钱文干　许易森　任建华
译文审订：岑鼎山

《列宁全集》第二版增订版编辑人员

李京洲　高晓惠　翟民刚　张海滨　赵国顺　任建华　刘燕明
孙凌齐　门三姗　韩　英　侯静娜　彭晓宇　李宏梅　付　哲
戢炳惠　李晓萌

审　　定：韦建桦　顾锦屏　柴方国

本卷增订工作负责人：任建华　赵国顺

项目统筹：崔继新

责任编辑：孔　欢

装帧设计：石笑梦

版式设计：周方亚

责任校对：马　婕

图书在版编目(CIP)数据

列宁全集.第57卷/(苏)列宁著;中共中央马克思恩格斯列宁斯大林著作编译局编译.
　—2版(增订版)-北京:人民出版社,2017.3(2024.7 重印)
ISBN 978-7-01-017141-8
Ⅰ.①列… Ⅱ.①列… ②中… Ⅲ.①列宁著作-全集　Ⅳ.①A2
中国版本图书馆 CIP 数据核字(2016)第 316468 号

书　　　名　**列宁全集**
　　　　　　LIENING QUANJI
　　　　　　第五十七卷
编　译　者　中共中央马克思恩格斯列宁斯大林著作编译局
出版发行　**人民出版社**
　　　　　　(北京市东城区隆福寺街 99 号　邮编 100706)
邮购电话　(010)65250042　65289539
经　　　销　新华书店
印　　　刷　北京新华印刷有限公司
版　　　次　2017 年 3 月第 2 版增订版　2024 年 7 月北京第 2 次印刷
开　　　本　880 毫米×1230 毫米 1/32
印　　　张　24.625
插　　　页　4
字　　　数　617 千字
印　　　数　3,001—6,000 册
书　　　号　ISBN 978-7-01-017141-8
定　　　价　60.00 元

ISBN 978-7-01-017141-8

9 787010 171418 >